冀祥德作品系列

依法治志与地方志转型升级

冀祥德 ◎ 著

当代中国出版社
Contemporary China Publishing House

图书在版编目(CIP)数据

依法治志与地方志转型升级 / 冀祥德著. -- 北京：当代中国出版社, 2022.10
ISBN 978-7-5154-1191-0

Ⅰ.①依… Ⅱ.①冀… Ⅲ.①地方志—研究—中国 Ⅳ.①K29

中国版本图书馆 CIP 数据核字（2022）第 102262 号

出 版 人	冀祥德
责任编辑	姜楷杰　战盈彤
责任校对	康　莹
印刷监制	刘艳平
封面设计	乔智炜　鲁　娟
出版发行	当代中国出版社
地　　址	北京市地安门西大街旌勇里8号
网　　址	http://www.ddzg.net
邮政编码	100009
编 辑 部	（010）66572264
市 场 部	（010）66572281　66572157
印　　刷	北京润田金辉印刷有限公司
开　　本	720毫米×1020毫米　1/16
印　　张	40印张　2插页　574千字
版　　次	2022年10月第1版
印　　次	2022年10月第1次印刷
定　　价	108.00元

版权所有，翻版必究；如有印装质量问题，请拨打（010）66572159 联系出版部调换。

我把方志解读为"方圆天下，志书古今"之意。方志，世界历史文化长河中最具中国特色的璀璨明珠，赓续我国已经2000多年。于古，有"治天下者以史为鉴，治郡国者以志为鉴"之说；于今，有"为当代提供资政辅治之参考，为后世留下堪存堪鉴之记述"之示。"修志问道，以启未来。"党的十八大以来，新时代方志人凝心聚力，勇毅前行，开拓创新，高歌猛进，在"冷部门"做出了"热事业"，不仅凝练出"修志问道，直笔著史"的新时代方志人精神，而且，创造出"依法治志""两全目标""十大工程""转型升级""地方志两个一百年目标"等一个个标志性概念和历史性成就，必将在中国地方志历史上留下浓墨重彩的一笔。

——题记

目 录

001　第一编
依法治志

- 005　论依法治志
- 026　修改《条例》抑或《史志法》立法
- 028　以宪法修正案引领地方志转型升级
- 034　为盛世修志提供坚实法律保障
- 041　及时制定全国地方志第二个规划纲要
- 047　《中华人民共和国史志法》立法思考
- 061　新时代地方志法治化建设思考

067　第二编
两全目标

- 071　为全国第一次省市县三级综合年鉴全覆盖而努力
- 074　"两全目标"与精品志书的关系
- 078　"两全目标"与精品年鉴的关系
- 083　实现年鉴全覆盖目标的"五个一"计划
- 089　《广西通志》的示范作用
- 093　省级志书是实现"两全目标"的关键

099	地方志资料是志书的质量基础
106	"两全目标"对西藏的意义
111	保持地方志高位运行态势
128	"两全目标"与援藏援疆
138	必须实现地方志"两全目标"
152	确保"两全目标"按时保质完成
160	全力推进"两全目标"决胜攻坚
167	打赢"年鉴全覆盖"攻坚战
175	为全面建成小康社会贡献"志"礼
188	实现一项伟大世界文化创举
192	跑好"两全目标"最后"一公里"
199	决胜全国年鉴第一次省市县全覆盖目标
212	向"两全目标"冲刺

219　第三编
十大工程

223	落实《规划纲要》，实施"十大工程"
230	实施中国年鉴精品工程
236	实施全国信息方志与数字方志建设工程
241	实施中国名镇志文化工程
245	实施中国地方志学科建设工程
248	实施全国方志馆研究建设工程
256	推进方志学成为一级学科
260	努力打造全国名镇志历史文化品牌
267	质量是中国年鉴精品工程的根基
271	发挥省级综合年鉴引领示范作用
278	把全国方志网打造成地情网
281	加强全国史志期刊平台建设

- 289　做好新时代全国地方志通讯工作
- 296　实施全国名镇志、名村志文化工程
- 303　用名村志留住乡愁
- 310　方志馆让地方志"立起来"
- 315　影像志让地方志"活起来"
- 319　信息化让地方志"热起来"
- 326　扎实推进中国年鉴精品工程
- 331　扎实推进中国名镇志、名村志文化工程
- 340　用精品年鉴记录新时代
- 345　持续抓好中国名镇志文化工程
- 349　持续抓好中国名村志文化工程
- 354　实施中国方志文化走向世界工程
- 357　实施志鉴出版资助工程及中国扶贫志文化工程
- 366　方志馆的功能特征和传播价值
- 376　实施全国地方志人才队伍建设工程
- 382　努力打造有灵魂有内涵的中国名镇志
- 388　编纂出流芳百世的中国名镇志
- 395　为打造精品名村志和抗日战争志不懈努力
- 400　全面实施全国地方志"十加 X"工程
- 404　努力打造乡村特色文化品牌
- 412　加快构建方志学一级学科
- 417　中国名镇志、名村志是一项长久文化工程

427　**第四编**

转型升级

- 431　迎接地方志发展的春天
- 438　书写地方志发展新篇章
- 445　推进马克思主义方志文化阵地建设

450	要把地方志工作做成一项伟大事业
454	以年鉴事业引领地方志转型升级
458	地方志转型升级的理论准备
461	新时代地方志发展要有新思路、新目标
469	在全国范围内实施地方志转型升级
482	围绕"三大主题"推进地方志转型升级
488	全面推进地方志从一项工作向一项事业转型升级
494	以习近平新时代中国特色社会主义思想指导地方志转型升级
503	转型升级是方志人的新时代担当
510	为新中国成立70周年贡献"志"礼
529	县级地方志是转型升级的基础
541	打造长三角一体化方志文化矩阵
547	加强地方志转型升级理论研究
557	转型升级与志书政治部类编纂改革
565	转型升级，吉林先行
571	转型升级的山东经验
578	实施全国地方志第二次转型升级

601　结语
开启地方志第二个一百年目标新征程

605	第五届中指组及其办公室：开拓创新，创造辉煌
623	第六届中指组及其办公室：接续奋进，勇毅前行

633　缩略语简表

第一编

依法治志

原来只以为法学崇高、远阔、精邃和博大，当从法学投身方志学，才知道自己是"坐井观天"。自然科学我不懂，但在哲学社会科学领域，各学科有其独特术业，然又有共同规律。所以，从法学到方志学，不仅所谓的"华丽转身"并不是什么难事，而且将两者融会贯通、相互借力，更会创造出一片局外人意想不到的新天地。

依法治志、《中华人民共和国史志法》立法就是法学和方志学的学科结合研究。

——题记

论依法治志[*]

依法治志作为方志学理论一个新的增长点，是在依法治国、建设社会主义法治国家的大背景下，伴随着新方志事业的跨越式发展形成的。依法治志不是对依法修志的否定与"抛弃"，而是对依法修志的发展与"扬弃"，依法治志是依法修志的升级目标和创新发展。依法治志有其独特而丰富的内涵和外延，从体系结构到主体话语都体现出严密的规范逻辑。依法治志的目标是实现地方志从一项工作向一项事业转型，推动地方志活动从行政化向法治化升级。依法治志目标的实现路径需要按照科学立法、严格执法、公正司法、全民守法这一中国特色社会主义法治新要求设计规划。这些路径包括但不限于制定《中华人民共和国史志法》，严格执行地方志法律法规，积极推动地方志活动司法化，着力培育全社会依法治志意识等。依法治志是一个艰巨而复杂的系统工程，需要理论上的科学论证、观念上的理性创新与实践中的着力推行。

在我国，编修地方志可追溯至春秋战国时期，连绵不

---

[*] 原文发表于《中国地方志》2016年第5期。《中国人民大学复印报刊资料·历史学》2006年第12期全文转载。《中国社会科学文摘》2006年第8期转载主要内容。

断,源远流长,延续至今。"回顾浩瀚的人类历史长河,审视世界不同文明的源流演变,我国历代先贤圣哲通过修史修志,以文字记述为主要形式,传承着中华民族的文化血脉。"[1]方志这一中国独有民族文化的传承不辍与历久弥新,体现了中华文化之博大精深,展现出中华民族之勤劳伟大。"盛世修志,志载盛世"。自20世纪80年代初,各地大规模重启地方志编纂工作,时至今日,首轮修志已基本完成,第二轮修志也进入关键时期。中华人民共和国成立以来,党和政府高度重视地方志工作。1985年4月,国务院办公厅转发《中国社会科学院关于加强全国地方志编纂工作领导的报告》[2];1996年11月,国务院办公厅出台《关于进一步加强地方志编纂工作的通知》[3];2006年5月18日,国务院颁布《地方志工作条例》;2015年8月25日,国务院办公厅印发《全国地方志事业发展规划纲要(2015—2020年)》。近两年,习近平总书记、李克强总理、刘延东副总理多次对地方志作出重要讲话、重要批示,对地方志事业发展提出了要求,指明了方向。当前,地方志事业正处于全面发展、转型发展与繁荣发展时期,亟须方志学理论的创新发展与科学指导,研究出合乎方志学理论的基本范畴和知识模型,为地方志事业发展奠定坚实的理论基础。

《规划纲要》增加了一个新的概念——依法治志。这一概念是在怎样的背景下形成的,其价值和意义是什么?依法治志与依法修志、依法治国是什么关系?如何界定依法治志的内涵和外延?依法治志的目标是什么,以及如何实现这一目标,尽快构建起符合国家与社会公共价值的多元化体系等一系列问题,都为方志学理论与实务界高度关注。本文拟就上述问题略述管见。

---

[1] 刘延东:《在接见全国地方志系统先进模范代表时的讲话》,《中国地方志》2016年第1期。

[2] 国办发〔1985〕33号,中国地方志指导小组选编:《中国方志文献汇编》(上),方志出版社1999年版,第238页。

[3] 国办发〔1996〕47号,中国地方志指导小组选编:《中国方志文献汇编》(上),方志出版社1999年版,第241页。

一、依法治志的提出

依法治志是伴随着我国从建设社会主义法制国家到建成社会主义法治国家的战略目标调整，伴随着地方志从一项工作向一项事业的转型升级，由依法修志逐步发展形成的。依法治志的提出，是公平有序的法治国家、法治政府、法治社会的内生性要求，是地方志活动发展的历史趋势与必然规律。

（一）从建设社会主义法制国家到建设社会主义法治国家

党的十一届三中全会决定将工作中心转移到经济建设上来，提出保障人民民主、健全社会主义法制的目标，中国开始了依法治国的历史性进程。1997年党的十五大，依法治国被上升为"党领导人民治理国家的基本方略"。1999年3月召开的九届全国人大二次会议上，"依法治国，建设社会主义法治国家"又写入了宪法，成为一项不可动摇的宪法原则。"历史证明，依法治国，是人民的共同愿望，是历史发展的必然要求，是人类文明进步的重要标志，是建设社会主义伟大事业的根本大计。"[1] 党的十八大以来，力行法治的决心与思路更是清晰可见，从提出"全面推进依法治国"到"建设法治中国"，从"科学立法、严格执法、公正司法、全民守法"的法治新十六字方针到依法治国、依法执政、依法行政共同推进，法治国家、法治政府、法治社会一体建设。

尤其是2014年召开的以"全面推进依法治国重大问题"为主要议题的十八届四中全会，更是进一步明确："全面推进依法治国，总目标是建设中国特色社会主义法治体系，建设社会主义法治国家。这就是，在中国共产党领导下，坚持中国特色社会主义制度，贯彻中国特色社会主义法治理论，形成完备的法律规范体系、高效的法治实施体系、严密的法治监督体系、有力的法治保障体系，形成完善的党内法规体系，坚持依法治国、依法执政、依法行政共同推进，坚持法治国家、法治政府、法治社会一体建设，实现科学立法、严格执法、公正司法、全民守

---

[1] 王家福、李步云等：《论依法治国》，《法学研究》1996年第2期。

法，促进国家治理体系和治理能力现代化。"十八届四中全会以来，以习近平同志为核心的党中央治国理政的"四个全面"战略布局、"五位一体"总体布局已经形成，其中全面依法治国与全面深化改革是实现全面建成小康社会的"鸟之两翼、车之双轮"。同时，全面依法治国是坚持和发展中国特色社会主义的本质要求和重要保障，又是全面建成小康社会、全面深化改革、全面从严治党的法治基础与法治保障。

2015年12月，中共中央、国务院印发《法治政府建设实施纲要（2015—2020年）》指出："党的十八大把法治政府基本建成确立为到2020年全面建成小康社会的重要目标之一，意义重大、影响深远、任务艰巨。"并再次重申"要坚持依法治国、依法执政、依法行政共同推进，坚持法治国家、法治政府、法治社会一体建设，深入推进依法行政，加快建设法治政府"，与此同时建设社会主义先进文化。要通过建成法治政府，建设法治社会，最终建成法治国家，实现真正的良法善治。

从建设社会主义法制国家到建设社会主义法治国家，代表了当代中国国家治理体系和治理能力现代化追求[1]。那么，法制与法治这两个概念到底有什么区别呢？法制，或称法律制度，通常是指一个国家的一套法律以及相关的各项制度，包括制定和实施法律的一整套制度，如立法制度、司法制度等。法治作为一种国家治理的理论，主张国家的长治久安和兴旺发达，关键的因素和条件在于法律与制度的有无和好坏[2]。因此，"法治"与"法制"是两个迥然不同的概念，在内涵上有本质区别。

1."法制"没有先进与落后之分。法制是一种事实判断，就人类文明的历程来看，有国家有法律就有"法制"。而"法治不同于法制。法治不仅是一种制度形态，而且是一套价值体系"[3]。所以"法治"只有在社会经济、社会文明和民主政治发展到较高层次时才能产生。1999年之前，各级政府文件包括法律文本，使用的都是"法制"概念。1999年3

---

[1] 关于该问题之专论，详见冀祥德：《国家治理现代化与社会治安综合治理法治化》，《贵州民族大学学报》2015年第2期。

[2] 参见李步云、陈贵民：《关于法治与法制的区别》，《人大工作通讯》1998年第8期。

[3] 张文显、黄文艺：《法理学论丛》，法制出版社2010年版，第18页。

月14日《宪法修正案》在宪法第五条第二款增加"依法治国,建设社会主义法治国家",把原来"建设社会主义法制国家"的"制"改成了"治"。这一观念上的改变,反映出深层次上的法律价值理念的转化。中国社会的转型发展以及法益和公正的完善使得法治的延伸成为概念和实践中的共识。

2. 法制是静态的,法治是动态的。法制是指在一个历史的时间横断面上,所有法律性规范文件的总称,构成法律制度。法律制度生成于法律渊源。法律渊源即"法律的渊源,也称'法源',或'法律规范的渊源',是指法律规范首次出现的地方,换言之,首创法律规范的文件才是法律的渊源;作为法律渊源的文件都是法律规范的表现形式,所以,有些法学著作也把法律的渊源叫作'法的形式'。"[1]因此,一般来讲,我国社会主义法的渊源主要表现为有权创制法律规范的国家机关制定的规范性法律文件,即制定法。制定法具有不同的层次和范畴,根据宪法和有关法律的规定,我国法的渊源可以分为宪法、法律、行政法规、地方性法规(民族自治法规、经济特区的规范性文件)、规章(部门规章、地方政府规章)、特别行政区的法律、国际条约(国际惯例)。此外,"在当代中国还存在着同正式法的渊源相区别的非正式的法的渊源。这些非正式的法的渊源主要包括政策、判例、习惯等,这些非正式的法的渊源不具有正式法的渊源的形式和效力,但在特定条件下可作为一种法的辅助渊源。"[2]因此,从法学角度看,习惯也可以作为一种法律渊源的辅助的非正式形式。

法治不仅指门类齐全、体系完整的法律制度体系,还包括这些法律制度在实践中的运行状况,系通过静态法律文本的动态运行,实现国家的现代化治理与社会秩序的良好维护。法治国家建成与法治社会的实现以健全的法律制度为前提,在此基础之上产生一种动态的、立体的法律运行轨迹,即所谓"良法之治"。法制强调法律的制定、构造和功能,

---

[1] 张文显:《法哲学通论》,辽宁人民出版社2009年版,第179页。
[2] 张文显:《法理学》,法律出版社1998年版,第83页。

法治追求内化于心、外化于行，各归其位、各得其所。

3.法治与法制的区分还体现在两者内涵及要求不同。法制主要是从立法和执法这两个层面来讲的，法治则包括立法、执法、司法、守法四个方面。按照党的十一届三中全会决定，我国社会主义法制的基本要求是有法可依、有法必依、执法必严、违法必究，主要强调法律的制定与遵守。党的十八届四中全会做出《中共中央关于全面推进依法治国若干重大问题的决定》，提出"坚持依法治国、依法执政、依法行政共同推进，坚持法治国家、法治政府、法治社会一体建设，实现科学立法、严格执法、公正司法、全民守法，促进国家治理体系和治理能力现代化"，强调立法、执法、司法、守法齐抓共管，使得多种社会力量不断整合和全面推进，对法治的概念进行了全方位、多角度的规划。

在社会主义法制建设阶段，主要是解决有法可依问题，立法是核心。在该时期，由于法制形态还在较低的位阶层面运行，国家和社会治理对法治还未产生更高层次的价值追求。依法治国，建设社会主义法治国家，则明确了法治成为国家和社会治理的根本手段，通过国家治理体系与治理能力现代化建设，通过法治国家、法治政府、法治社会一体建设，最终建成中国特色社会主义法治国家。可以说，从依法修志到依法治志的过程，基本上体现了地方志活动中，从建设社会主义法制国家到建设社会主义法治国家的认识与行动转变过程。同时，还应该认识到，在建设社会主义法制国家阶段也不可能产生依法治志的理论与实践。在当前我国建设社会主义法治国家的背景下提出依法治志，这是全面推进依法治国的应有内涵与必然体现。

（二）从依法修志到依法治志

中华人民共和国成立后，尤其是改革开放以来，为了确保地方志事业不断繁荣发展，稳步推进，地方志工作由行政推动走向依法修志，再到依法治志。1996年11月，国务院办公厅出台《关于进一步加强地方志编纂工作的通知》，标志着中华人民共和国地方志工作步入制度化阶段。在此明确了地方志工作在社会主义文化建设事业中的地位，完成了省市县三级志书体系的建构，确定了志书"每20年左右续修一次"的国家要求,提出了建立一支德才兼备的修志工作队伍,以及制定和完善有关规章制度的工作要求。这对于促进我国地方志工作尤其是新方志编修工作的制度化发展具有重要意义。但由于地方志的编纂是政府通过行政命令和行政手段组织实施,在解决问题的重点、领导的主观意志等方面存在一定差异,导致了地方志工作区域发展不平衡。另外,由于地方志工作受机构及领导调整的影响较大,同一基层政府的修志政策也存在不连贯、不协调,甚至不一致的现象,很大程度上阻碍了我国地方志工作的顺利开展。

2006年5月18日,国务院颁布的《条例》是我国历史上第一部有关地方志的全国性法规,结束了地方志工作无法可依的历史,标志着地方志编修工作从此进入有法可依、依法修志阶段。《条例》明确规定了依法修志是各级地方政府工作的职责。其颁布及时有效地解决了地方志工作中出现的问题,使地方志工作走上法制化的轨道,是依法治国精神在地方志领域的彰显,对于我国地方志工作的有效开展具有重要作用。

依法修志是在地方志工作无法可依,只能靠行政手段来开展工作时,通过《条例》的颁行来实现有法可依。在当时的历史背景之下,《条例》在地方志活动中发挥了很大作用。但随着地方志事业的进一步发展,《条例》的不适应性逐步凸显:一方面,社会实践的发展与需求对地方志事业的内容及方式提出了更高要求;另一方面,地方志事业经过多年人才积累、使命提升,已经具备了进一步繁荣发展的条件。近年来,地方志活动正在进行着以下几个转变:第一,从平面的修志"一本书主义"向立体的修志、读志、用志等多业并举转变。地方志不再是"沉睡的书",更是"活着的精神"。改革开放以来的30多年间,我国新编地方志工作重新起步,地方志工作的重心是修志,然而,地方志的生命不仅体现在对于文明的记述与传承,更在于为社会发展大局提供服务。目前,充分挖掘、开发利用地方志资源是推动地方志事业发展的工作重点。第二,从一项工作向一项事业转变。工作,是为谋生而从事的体力或者脑力劳动;事业,是人所从事的,具有一定目标、规模和系统而对社会发展有影响的经常活动[1]。经过多年发展，不仅在地方志领域已经形成了一支从上到下高水平的专业人才队伍，而且人们对地方志活动的认识已经发生了很大变化，地方志不仅仅是一项工作，而且已经成为全体方志人"修志问道，以启未来"的事业，这一事业更包含着巨大的时代担当与历史使命。第三，从政府主导向政府支持、社会广泛参与转变。地方志事业不仅仅是政府机构的工作，也需要社会的广泛参与，从而更进一步发挥志书在存史之外的资政、育人功能。而实现这样的转变，依法修志已经严重不适应，必须走向依法治志。

总之，随着社会主义法治国家建设的深入发展，依法修志已经完成了其使命，内外因素推动下有了升级到依法治志的迫切需要。换言之，依法治志是依法修志发展的基本目标。《规划纲要》的出台，标志着地方志治理体系与治理能力从依法修志向依法治志的现代转型，是和我国与时俱进的法治国家建设进程相适应的。正如2015年12月29日刘延东副总理在接见全国地方志系统先进集体和先进个人代表时讲话中所言，地方志工作要"紧跟时代步伐，勇担历史使命，忠实记录中国共产党领导人民坚持和发展中国特色社会主义的光辉历程和丰功伟绩，翔实记载中华民族走向复兴、实现中国梦的伟大进程"[2]。立足中国国情，吸纳传统精髓，遵循一般规律，从顶层到基层，实现地方志的全面改革和创新发展。

二、依法治志的价值

依法治志的提出，不仅是一个概念的变化，也蕴含了深刻的价值，具有重要的历史意义和现实意义。在我看来，依法治志的价值至少体现于如下几个方面。

（一）依法治志是依法治国的必然要求

依法治国是坚持和发展中国特色社会主义的本质要求和重要保障，

---

[1]《现代汉语词典》第6版，商务印书馆2014年版，第1188页。
[2] 刘延东：《在接见全国地方志系统先进模范代表时的讲话》，《中国地方志》2016年第1期。

是全面建成小康社会、全面深化改革、全面从严治党的法治基础与保障。"法治不仅是西方社会的治理模式,同样也是现代中国社会治理的必然选择。"[1]全面推进依法治国,就要不断完善中国特色社会主义法律体系,使我国国家治理的各个方面都进入法治化轨道。依法治志是在当前我国建设社会主义法治国家的背景下提出的,它是全面推进依法治国的题中之意,是依法治国的重要组成部分,是依法治国的必然要求,是依法治国在方志领域的具体展开;同时,依法治志中独特的"存史、资政、育人"功能,对依法治国的实现也有积极推动作用和记载传承功能。

(二)依法治志是地方志定位转型的根本保障

对照《条例》和《规划纲要》之名称,可以发现,在对地方志的定位上,有了从"工作"到"事业"的变化。把地方志定位于一项工作与定位于一项事业显然是有本质区别的。地方志想要实现从一项工作到一项事业的定位转型,离不开依法治志的法治保障。中国社会科学院党组书记、院长,中指组组长王伟光在第五次全国地方志工作会议上指出,自2008年第四次全国地方志工作会议召开至今,首轮修志任务已经全面完成,修志硕果累累。然而,随着全面深化改革的进行,地方志事业面临着进一步发展的机遇,同时也是挑战。要积极开发利用地方志资源,为各级党委、政府科学决策和中心工作开展提供有益借鉴;为中国文化兴盛夯实基础;为培育和弘扬社会主义核心价值观提供滋养。要实现地方志转型发展,必须将地方志事业纳入法治化轨道,在识志、修志、管志、用志等方面形成法治秩序,使志书能更好地发挥"存史、资政、育人"作用,更好地服务于社会主义建设的大局,服务于中华民族伟大复兴的大局。

(三)依法治志是依法修志发展的基本目标

要正确认识依法治志与依法修志之间的关系,依法治志不是对依法修志的否定,也不意味着当初依法修志提法错了。依法修志是在地方志工作无法可依,只能靠行政命令、行政手段来开展时,伴随着《条

---

[1] 王利明:《中国为什么要建设法治国家?》,《中国人民大学学报》2011年第6期。

例》的颁行而产生的，这也是《条例》对地方志工作的最大贡献，在当时建设社会主义法制国家的历史背景之下，发挥了不可替代的作用。但是随着建成社会主义法治国家的时代要求，依法修志已经不适应我国新方志事业发展需要，需要升级发展到依法治志。所以，依法治志不是对依法修志的否定与"抛弃"，而是对依法修志的发展与"扬弃"，是依法修志的升级版。在这样一个双重价值目标体系中，法治建设和地方志的兼容性是现代法治文明发展的综合反应，是法治建设不断周延化的具体表现。

（四）依法治志是加强国家文化软实力建设的重要保障

《中共中央关于全面推进依法治国若干重大问题的决定》提出，要加强重点领域的立法，"建立健全坚持社会主义先进文化前进方向、遵循文化发展规律、有利于激发文化创造活力、保障人民基本文化权益的文化法律制度"。地方志是记载一个地方自然、政治、经济、文化、社会历史和现状的资料性文献。"地方志工作作为一项承上启下、继往开来、服务当代、有益后世的文化基础事业，已成为社会主义先进文化建设中的一项系统工程，发挥了资政、存史、育人的重要作用。"[1]2014年4月，刘延东副总理强调，要把地方志"作为文化强国建设的一项重要工作来抓"[2]。社会主义文化建设是我国社会建设的重要组成部分，依法治志的提出符合党中央关于加强文化法治建设和重视哲学社会科学领域立法工作方略、方针的要求，有利于实现社会主义文化建设的法治化，推动我国国家文化建设的发展。

三、依法治志的内涵与外延

从依法修志到依法治志的转变，绝不只是从"修"到"治"的文字转换，无论其内涵还是外延，依法治志都极大地丰富和发展了依法修志。

---

[1]《国务院法制办公室负责人就〈地方志工作条例〉的有关问题答记者问》，《中国地方志》2006年第6期。

[2] 刘延东：《与第五次全国地方志工作会议部分会议代表座谈时的讲话》，《中国地方志》2014年第5期。

（一）依法治志的内涵

依法治志就是在全面深化改革，全面推进依法治国，建设社会主义法治国家的新形势下，以"一纳入、八到位"为总要求，使地方志从传统单一的依法修志向依法识志、依法修志、依法研志、依法用志、依法管志、依法存志和依法传志转型发展。

依法治志的基础在于形成符合地方志事业发展的客观规律，并能有效保障地方志事业顺利有序开展与发展，层次分明、配套合理的地方志法律体系。依法治志最基本的标志是，建立完备的地方志法律体系和完善的相关配套体制机制，最终目的是使与地方志相关的法律能够在地方志事业的各个方面得到普遍、切实地制定并遵守，实现地方志事业的法治秩序，其核心在于逐步实现地方志事业发展的常态化、制度化、法治化。

（二）依法治志的外延

从依法治志的内涵中可以看出，依法治志的外延包涵了依法识志、依法修志、依法研志、依法用志、依法管志、依法存志和依法传志七大方面。

1. 依法识志。依法识志就是怎样认识和定位新时期的地方志。一方面，要从历史的考察中找寻地方志的社会地位。"志者，所以志一代之典章因革废兴，上以备太史之采风，下以存乡邦之掌故，使后之人征文考献观法有资。"[1]另一方面，要从实践中，从中国共产党带领全国各族人民实现中华民族伟大复兴的中国梦过程中，来总结、凝练和定位新时期的地方志工作机构和地方志工作者。志书作为官修权威资料，起着重要的"存史、资政、育人"作用，"直笔著信史，彰善引风气，为当代提供资政辅治之参考，为后世留下堪存堪鉴之记述"[2]，阐明了地方志工作者作为史官、史家的定位。地方志工作者在历史上是史官的地位，在

---

[1] 清宣统《山东通志·序》，国家图书馆藏乙卯秋山东通志刊印局排印本，第1页。
[2] 2015年12月28日，中共中央政治局常委、国务院总理李克强对全国地方志工作的重要批示，见《中国地方志》2016年第1期。

当今现实中应当是史家的定位；志书的功用绝不是可有可无，其在政治、经济、文化各领域均有不可替代的作用，所以要依法识志。

2. 依法修志。依法修志是指构建科学完备的依法修志体系。主要包括：第一，确定修志主体及其职责，依法确定各级政府在地方志编纂等方面的职责；第二，确定修志队伍的构成，地方志编纂人员实行专兼职相结合，专职编纂人员应当具备相应的专业知识，并吸收有关方面的专家、学者参与；第三，确定地方志资料收集程序与方法，依法开展地方志资料收集，防止职责履行不到位、侵犯他人知识产权等行为；第四，依法保障地方志编修人员的合法权利，包括物质保障与精神保障两个层面，以及应有的署名权等著作权中的人身权与财产权。

3. 依法研志。我国的修志传统虽然源远流长、赓续不绝，但方志理论研究和方志学学科始终未获得应有的学术地位。依法治志提出后，对于方志理论研究的要求会越来越高，要求方志学者既要运用新理论、新方法，进行综合性、多学科交叉的深入研究；又要摆脱以往封闭的研究思维与羁绊，在做好传统方志理论研究的同时，创新研究理念，研究地方志转型发展中的新情况、新问题，提出新思路、新措施，着力推动方志学学科地位提升。

4. 依法用志。依法用志是指依法对地方志资源的开发利用。地方志工作应当为地方经济社会的全面发展服务，县级以上地方人民政府负责地方志工作的机构有责任积极开拓社会用志途径，通过建设资料库、网站、微信、微博等多种方式，加强地方志工作的信息化建设，为公民、法人和其他组织利用地方志资源提供便利。组织开发利用方志资源，着力构建读志用志体系，发挥其为地方经济社会发展服务的功能是整个地方志事业的核心和归宿。坚持依法用志，就是要转变思想观念，发挥资源优势，积极探索用志途径，拓宽用志新领域，为领导决策服务、为公众服务、为地方经济社会发展服务。

5. 依法管志。依法管志是指依法进行志书的审查验收、编辑出版、保存管理、督导检查，以及依法规范各类地方志活动，研究治理各类地方志违法行为。首先要依法确定工作主体，合理配置权力结构以及工作职责；其次要依法确定工作程序，做到权力制约、职责到位、程序有效、监督有序。《规划纲要》提出的地方志编修、理论研究和学科建设、质量保障、资源开发利用、工作保障五大体系，主要就是从依法管志的角度设计的，确保地方志事业发展有制度、有规范，体系化。坚持依法管志，就要求各级党委政府、社会机构、机关团体、企事业单位积极配合和支持地方志工作，不管是资料搜集还是机构人员配备等。"对地方志书进行审查验收，应当组织有关保密、档案、历史、法律、经济、军事等方面的专家参加"[1]，若不配合、不作为，就要承担相应的法律责任。要把各类地方志违法行为纳入法治调整范围，依法查处，确保地方志活动在法治轨道上运行。

6. 依法存志。依法存志是指除了传统志书年鉴的存储外，还应包括地方志书编纂过程中基本资料的留存、相关机构的收藏利用，以及与现代信息技术相结合的数字化存储。《条例》第十四条规定："在地方志编纂过程中收集到的文字资料、图表、照片、音像资料、实物等以及形成的地方志文稿，由本级人民政府负责地方志工作的机构指定专职人员集中统一管理，妥善保存，不得损毁；修志工作完成后，应当依法移交本级国家档案馆或者方志馆保存、管理，个人不得据为己有或者出租、出让、转借。"中指办推出的"全国数字方志与信息方志建设工程"，其核心内容是"三网一馆两平台"，"三网"是指中国国情网、中国地情网、中国方志网。其中，中国地情网就是各地地情的纵向排列；中国国情网是把各地地方志、年鉴中的地情资料全部数字化，按照自然、政治、经济、文化、社会五大部类，把全国的信息整理横排；中国方志网是中指办官方门户网站；而中国地情网、中国国情网和中国方志网的依托就是国家数字方志馆。在完善原有地方志传统保存模式的同时，进行数字化、现代化地保存。

7. 依法传志。依法传志不仅是指对我国修志传统及其成果从古至今的传承，还包括将中华民族这种独特的文化传统薪火相续、代代相济；

---

[1] 国务院《地方志工作条例》第十二条，《中国地方志》2006年第5期。

不仅是指将方志文化在中华大地传扬,还包括将中国方志文化传播到世界各地。尤其是在总结坚持中国道路、构建中国制度、研究中国理论、总结中国实践、推广中国经验的新形势下,《规划纲要》要求,扩大对港澳台、对外学术交流与合作,采用多种形式,加强与中国香港、澳门和台湾地区以及国外的高等院校、科研机构、档案机构和图书馆等单位的学术交流与合作。同时,服务国家文化"走出去"战略,推介一批高质量地方志成果,充分展示地方志的当代价值及永恒魅力,推动方志文化走向世界,增强方志文化影响力。中国方志文化作为世界文化浩瀚历史长河中的独特风景,应该依法得到广泛的传播,让中国方志文化走向并影响世界,让世界通过中国方志文化了解真实的中国。目前,中指办推出"中国方志文化走向世界工程",其意义就在于此。

四、依法治志的目标

与依法修志相比较,依法治志与依法治国的关系更加密切,与国家与社会发展的中心任务更加契合,对社会的关注度和影响力更加提升,地方志事业的目标更加远大。概括而言,依法治志的目标就是通过"七个转变",实现"七化"目标,确保地方志事业全面、协调、创新、持续发展。

(一)从单一修志转变为多业并举,实现地方志事业的全面化

随着社会的进步和地方志事业的发展,传统意义上修志的内涵大大拓展,地方志工作已经不仅仅指编纂志书,而是包含了方志事业的管理和开发利用等一系列行为。正如朱佳木同志所说:"地方志工作并不仅仅是编书,尤其不是编一部书,而是以编纂地方志书、地方综合年鉴为中心所进行的组织管理、理论研究、编纂指导、审查验收、开发利用等一系列工作。"[1]当前,地方志活动已经进入到新的发展阶段,坚持依法治志,就是应当实现地方志由单一编纂志书到志、鉴、史、馆、库、

---

[1] 朱佳木:《深入学习贯彻〈地方志工作条例〉努力开创地方志工作新局面——在学习贯彻〈地方志工作条例〉经验交流会上的讲话》,《中国地方志》2011年第11期。

网、用、会、刊、研等多业并举的转变，彻底摒弃"一本书主义"，实现地方志事业的全面发展。

（二）从依靠行政命令转变为依据法律法规，实现地方志事业的法治化

"地方志工作涉及社会生活各个方面，在社会主义市场经济条件下，仍靠过去的行政命令方式组织编纂地方志，已难以适应形势的需要。"[1]将地方志工作纳入依法治志轨道，通过法律形式来确定地方志的性质、原则、任务，地方志机构的设置及其职责，地方志主体的权利与义务，有关机构与人员地方志职责，以及违法责任等，才能规范各类地方志行为，保障地方志活动沿着正确方向健康有序发展。在理论上，应该从依法治国的高度把握依法治志的内涵与外延，改变传统地方志观念，更新地方志思维，用新的地方志理论指导地方志活动从行政化转向法治化。

（三）从地方志系统行为转变为国家社会责任，实现地方志事业的社会化

地方志事业是一项浩大而复杂的社会文化系统工程，功在当代，利在千秋，仅靠地方志系统难以担此重任，只有在党委政府的重视支持下，全社会齐抓共管，才能实现"为当代提供资政辅治之参考，为后世留下勘存勘鉴之记述"的历史使命。地方志涉及人类的全部活动，仅编修地方志书而言，就要横陈百科、纵贯历史，包括经济、政治、文化、社会、生态文明，需要各行各业的参与和支持，以及地方志机构的统一协调。实施依法治志，就是转变对地方志的定位认识，改变地方志活动是地方志机构职责的观念，形成党委领导、政府主持、地方志工作机构组织实施、社会各界广泛参与的地方志事业格局，把地方志活动从狭隘的地方志系统行为转变为国家社会行为，实现地方志事业的社会化。

---

[1]《国务院法制办公室负责人就〈地方志工作条例〉的有关问题答记者问》，《中国地方志》2006年第6期。

（四）从一个职业转变为一个专业，实现地方志事业的专业化

职业，是"个人在社会中所从事的作为主要生活来源的工作"[1]；专业，是"具有专业水平和知识""专门从事某种工作或者职业"[2]，换言之，专业是需要特殊的智力和过程培养与完成的，能够提供专门性社会服务的一种专门技术职业。以志鉴编纂为代表的地方志活动具有很强的专业性，不是任何人都可以从事并胜任。依法治志要求地方志活动应该从一个职业向一个专业转变。地方志的专业化要求，要从逐步建立地方志专业准入制度开始，不断提高地方志从业门槛，通过创新地方志人才培养机制等，实现地方志事业的专业化。

（五）从修志为志转变为围绕中心、服务大局，实现地方志事业的功能化

虽然近些年来，地方志的"存史、资政、育人"功能不断被强调，但是人们对地方志功能的认识还是集中于存史，对其资政、育人功能认识严重不足，而且一些地方志工作机构和地方志工作者，也多是只管埋头修志，缺乏围绕国家、地区、系统中心工作开展地方志活动的思维。依法治志要求地方志工作必须创新，要围绕中心，服务大局，主动服务，主动作为，尤其是要找准切入点和结合点，把地方志事业融入国家经济社会发展的中心工作中，深入挖掘开发利用地方志资源，充分发挥地方志为国家战略以及地方经济社会发展服务的功能。

（六）从三级学科转变为一级学科，实现方志学学科的独立化

一般认为，在实然上，方志学在我国学科门类中是历史学下的三级学科；在应然中，关于方志学是否是，以及是否应当成为独立学科，方志学理论界一直见仁见智，即使对于方志学从属于哪个一级学科，也有"历史学说""地理学说"和"史地同属说"之争，至今没有形成通说。这种理论研究状况，在一定程度上制约了地方志事业的发展，至少是对地方志事业创新发展引领不够、指导不力。方志学理论界对方志学学科

---

[1]《现代汉语词典》第6版，商务印书馆2014年版，第1672页。
[2]《现代汉语词典》第6版，商务印书馆2014年版，第1708页。

定位尚且不明，实践中地方志工作被边缘化也就不足为奇。我认为，地理学、历史学、政治学、经济学、法学、教育学、民族学、人类学、社会学、语言学等学科与方志学都不是种属关系，在依法治志理论体系下，方志学应该成为我国一个独立的一级学科，并应建构其完整的二级学科和三级学科。由于篇幅所限，在此不展开论述。

（七）从方志人精神的普适化转变为方志人精神的个性化，实现方志人定位的精准化

一般认为，《规划纲要》颁行前，方志人精神是"淡泊名利，甘于奉献，恪尽职守，锲而不舍，开拓进取"。这一方志人精神，不仅没有提炼出方志人精神不同于其他行业人员精神的独特性，也没有表达出方志人自古至今独有精神内核的传承性，而且具有其他多种行业均可共享的普适性。《规划纲要》将"修志问道，直笔著史"规定为方志人精神，既实现了方志人精神从普适化到个性化的转变，又实现了方志人独有精神追求的可传承性，尤其是对方志人"直笔著信史，彰善引风气"的精准定位。

五、依法治志目标的实现路径

研究依法治志，不仅要在解读其内涵与外延的基础上，建构其目标，还要在全面依法治国、建设社会主义法治国家的总体目标下，探寻依法治志目标的实现路径。总体来说，依法治志目标的基本路径，要遵循依法治国目标的基本路径，按照中国特色社会主义法治建设新要求，从科学立法、严格执法、公正司法和全民守法方面予以规划设计。

（一）科学制定《中华人民共和国史志法》

健全的地方志法律体系是依法治志的前提条件。《地方志工作条例》颁行后，对地方志工作开展发挥了重要作用。但是，10年来，地方志理论与实践发生了很大变化，特别是伴随着地方志从一项工作向一项事业的转型，《地方志工作条例》在法律效力位阶，地方志定位、原则及任务，地方志机构的设置及其职责，地方志主体的权利与义务，有关机构与人员的地方志职责，以及地方志违法责任查究等方面存在不适应，需要按

照科学立法的要求,以《地方志工作条例》和《规划纲要》为基础,制定《中华人民共和国史志法》。

我认为,制定《史志法》要处理好几个关系:一是《史志法》与宪法的关系。《史志法》立法必须以宪法为根据,不得与宪法相抵触。二是《史志法》与中国特色社会主义法律体系的关系。《史志法》要与中国特色社会主义法律体系保持一致,避免同法律体系内其他法律法规发生矛盾和冲突。三是《史志法》与地方志地方性法规、规章的关系。要通过《史志法》的制定,形成法律效力位阶递进、层次分明、结构严谨科学的地方志法律体系,并使得地方志法律体系尽可能涵盖地方志事业的各个方面,实现地方志各项工作都有法可依。四是制定《史志法》与修改地方志地方性法规的关系。制定《史志法》的同时,要研究地方志地方性法规的修改,实现地方志法律体系的协调一致与上下贯通。

(二)严格执行地方志法律法规

"法律的生命力在于实施。如果有了法律而不实施,或者实施不力,搞得有法不依、执法不严、违法不究,那制定再多法律也无济于事。"[1]因此,依法治志的实现,不仅仅有科学立法的问题,还有严格执法的问题。地方志工作中严格执法的内容包括:其一,各级政府、机关团体、企事业单位及个人,要严格遵守《史志法》,积极履行地方志义务,实现有法必依;其二,地方志机构要严格依照《史志法》组织地方志编纂、管理、使用,克服地方志编纂、管理、使用的随意性和主观性,做到有法必依、执法必严;其三,对于各类地方志违法行为,各级地方志管理机构要依照《史志法》予以查究,严厉查处地方志违法行为;构成犯罪的,依法追究刑事责任,做到执法必严、违法必究。把依法治志的重心落实在执行上,体系性地理解法治概念,强调对《史志法》的精神统领。

(三)积极推动地方志活动司法化

相当长的一个历史时期以来,地方志活动的行政化特征明显。依法治志理论要求地方志活动应当从行政化转向法治化。地方志活动法治化

---

[1]《习近平关于全面依法治国论述摘编》,中央文献出版社2015年版,第57页。

除去科学制定地方志法、实现有法可依,严格执行地方志法、实现有法必依、执法必严、违法必究之外,还要实现地方志活动的司法化。地方志活动的司法化主要是指在地方志纠纷处理以及地方志违法行为查究中,建构地方志司法程序,把地方志活动纳入公正司法范畴,以司法的中立性、终局性、公正性和强制性,裁判地方志违法行为,确保程序公正与实体公正。公正司法是现代社会民主政治文明进步的重要标志,是现代国家经济发展和社会稳定的重要保证。需要看到的是,地方志活动的司法化还有很长的路要走,不仅需要当代方志人的研究构建与积极推动,还需要几代方志人的持续努力与接力推进,实现真正的法治和公平正义。

(四)着力培育全社会依法治志意识

"法律的权威源自人民的内心拥护和真诚信仰。"[1]有权威的法律才能被遵守;法律只有被遵守,才能从字面上的法转化为行动中的法。党的十八届四中全会之所以将全民守法规定为社会主义法治新要求,就是要强调法律必须被遵守。法律遵守有积极遵守与消极遵守、主动遵守与被动遵守、自愿遵守与强制遵守之分,建成中国特色社会主义法治国家重在追求法律的"内化于心,外化于行",强调的是法律应当成为全体人民的共同追求和自觉行动。毋庸讳言,虽然我国地方志文化传承不辍,源远流长,但是地方志并未形成普遍社会意识,尤其是没有形成家喻户晓的公众意识。仅就依法修志而言,也只是在一定范围内的共识,而依法治志作为新的意识形态,其全民意识培育无疑任重道远。我认为,在全民依法治志意识培养中,既要实行国家机关"谁执法谁普法"的普法责任制,强化各级地方志机构的主体责任,又要认识到依法治志是全社会的责任,只有将依法治志与弘扬社会主义法治精神,依法治志与建设社会主义法治文化,依法治志与增强全社会厉行法治的积极性和主动性紧密结合在一起,全社会的依法治志意识才能培育形成。

我认为,在上述依法治志目标的实现路径中,科学制定地方志法,

---

[1]《中共中央关于全面推进依法治国若干重大问题的决定》(2014年10月23日)。

是依法治志目标实现的前提；严格执行地方志法，是依法治志目标实现的关键；积极推动地方志活动司法化，是依法治志目标实现的保障；着力培育全社会依法治志意识，是依法治志目标实现的基础。

党的十八大以来，全面推进依法治国作为新一届党和国家领导人治国理政的战略布局，已经被提高到重要的议事日程。地方志作为历史智慧的结晶和维系中华民族血脉亲情的重要力量，越来越受到党和国家领导人以及各级党委政府的重视支持。地方志从"一本书主义"迈向一项伟大事业，并且越来越向弘扬社会主义核心价值观，繁荣社会主义先进文化，建设社会主义文化强国，提升中华文化软实力，服务中国文化"走出去"战略舞台中央迈进。在依法治国理论体系与实践展开日臻成熟完善的同时，依法治志理论的提出与深入研究时不我待。目前，方志学科的理论发展正在经历从碎片化、粗犷化、结构化向体系化、精细化、精致化的知识转型，法治和理性是对地方志理论体系个性化建构的内生性要求。方志学科的多元综合呈现出的优势融合与个性差异，要求必须以法治作为根本指引；方志学科的结构功能呈现出的历史脉动性，应契合于法治发展的实践样态；方志学科创新体系的秩序性，需要按照法律逻辑规则进行系统调和。依法治国总目标统领下的依法治志，就是要对地方志发展起到提纲挈领式的引航作用，对改革创新地方志制度发挥统帅性价值。

依法治志作为依法治国不可或缺的组成部分，更是地方志事业转型发展战略决策。依法治志作为一个价值判断，需要在考虑学科本土性价值的基础上引入普世性价值判断，强调地方志的主体性，在摹本和经验之间寻找出一条均衡之道，这不仅是地方志事业建设的核心愿景，也是法治发展的重要思维方法。只有在依法治志的理论语境以及规范性法治建设的转向之中，以地方志发展为着眼点，以法治为视角和分析工具，动态把握法治对地方志事业发展的理性指引功能，优化其配置和运行模式，才是一种高层次的问题解决之道。依法治志既尊重了地方志发展和法治建设二元架构的平衡，也在一定时间内实行了渐进式、分阶段地整合式前进。依法治志是社会科学发展转型中的传统文化承载方式与现代法治文明碰撞交织的一种综合反应，是实现决策科学化的基本价值蕴含。在中华民族伟大复兴的征程中，将地方志工作纳入法治轨道，符合全面推进依法治国的时代要求，不仅对地方志事业的繁荣发展具有重要意义，而且对推进社会主义文化建设具有重大促进作用。同时，依法治志是地方志事业发展的必然趋势，是地方志领域内一次重要的理论突破与制度变革，是一个艰巨而复杂的系统工程，需要理论上的科学论证、观念上的理性创新与实践中的着力推行。全体方志人应当坚定信念，主动作为，正确面对和处理在依法治志目标实现道路上可能出现的各种困难和挑战，肩负起通过依法治志实现地方志事业转型发展的历史使命，在实现中华民族伟大复兴的中国梦进程中有所担当，尤其是在中国方志文化走向世界并影响世界的宏大工程中勇于担当，善于担当。

修改《条例》抑或《史志法》立法 *

2006年5月18日,中华人民共和国国务院令第467号颁布《地方志工作条例》。10年来,《条例》发挥了重要作用,开启了地方志依法修志、依法治志的新篇章,有效地调动了社会各界支持和参与地方史志工作的积极性、主动性和自觉性,对于落实依法治国方略,实现依法治志,推进地方志持续科学发展,具有重要的意义。但是,依法治国战略的实施,建设法治政府步伐的加快,对地方志法治化建设提出了更高的要求。随着经济和社会的发展,地方志工作从"一本书"到多业并举,出现了不少新情况、新问题。而《条例》颁布实施已有10周年,有些内容已不能完全适应地方志事业发展的需要。广大地方志工作者强烈呼吁修订《条例》,也有关心地方志工作的人士通过国家信访局、人民日报内参消息等多种途径,建议修订《条例》,将乡镇村志编修纳入《条例》。

习近平总书记强调,在整个改革过程中,都要高度重视运用法治思维和法治方式,发挥法治的引领和推动作用,加强对相关立法工作的协调,确保在法治轨道上推进改革。要

---

* 根据2016年5月13日在纪念国务院《地方志工作条例》颁布实施10周年座谈会的总结讲话整理。

推进地方志事业科学发展，这个会议非常及时，而且恰逢其时。

本次座谈会上，邱新立同志简要介绍了全国地方志法治化建设概况；5名省级地方志工作机构负责人进行了大会交流，介绍了经验；在自由发言环节，多位代表满怀着对地方志的深情，就《条例》修订完善发表了意见，还就学习贯彻中央办公厅、国务院办公厅2016年3月27日联合印发的《关于开展承担行政职能事业单位改革试点的指导意见》的相关事项进行了讨论，各位同志都提出了具有针对性的意见和建议，对于地方志事业发展具有巨大价值。李培林同志发表了重要讲话，为今后地方志法治化建设指明了方向。他的讲话立意高远，从2000多年的旧志编纂历史着眼，强调了地方志编修之所以能持续不断、延绵不绝，与行政推动分不开，与"官修"传统分不开。通过回顾新中国地方志的发展进程，尤其是法治化的发展历程，进一步强调了坚持依法治志的重要意义。李培林同志还总结了地方志法治化建设的经验，指出了不足，提出了要求。我们要紧紧围绕李培林同志提出坚持正确政治方向、牢固树立法治思维、科学修订完善《条例》、切实加强严格执法、强化全社会依法治志意识等5项要求，坚定信念，坚持依法治志，推进地方志法治化建设，推动地方志事业科学发展。总体来说，我认为，这次会议达到了统一思想、提高认识、梳理问题、总结经验，表扬先进、鞭策后进、树立理念、明确方向的预期目的，非常成功。

我们要按照全面推进依法治国战略的要求，高度重视运用法治思维和法治方式，发挥法治的引领和推动作用，加强对相关立法工作的协调，确保在法治轨道上推进改革。第一，会务组要如实做好会议记录，抓紧汇总整理，完整反映大家对修订完善《条例》的意见和建议。第二，与会人员要结合会议讨论情况，进一步思考如何修改完善《条例》，尽快提交书面修改意见。书面修改意见应包括要对《条例》哪条哪款进行修改、如何修改以及修改的论证理由。第三，要根据会议记录和有关修改建议，着手起草《条例》修订建议稿。在广泛征求各方面意见的基础上，尽快将修订建议稿报送国务院法制办，启动《条例》修订程序。第四，我正在考虑组织精干力量，成立地方志立法专家建议稿课题组，加快开展《中华人民共和国史志法》立法可行性研究。

以宪法修正案引领地方志转型升级[*]

2018年3月11日，第十三届全国人民代表大会第一次会议通过《中华人民共和国宪法修正案》，实现了我国宪法的又一次与时俱进。修改后的宪法，更好地体现了全党和全体人民的意志，更好地展示了中国特色社会主义制度的优势，更好地适应了推进国家治理体系和治理能力现代化的要求，为动员和组织全国各族人民夺取新时代中国特色社会主义伟大胜利提供有力宪法保障。

宪法是国家的根本法，是治国安邦的总章程，是党和人民意志的集中体现。习近平总书记强调，宪法是国家的根本法，坚持依法治国首先要坚持依宪治国，坚持依法执政首先要坚持依宪执政。我们必须坚持把依法治国作为党领导人民治理国家的基本方略、把法治作为治国理政的基本方式，不断把法治中国建设推向前进。

治国无其法则乱，守法而不变则衰。宪法必须随着时代的发展而发展。我国现行宪法自1982年通过后，这次宪法修改之前，根据我国改革开放和社会主义现代化建设的实践

---

* 根据2018年3月27日在黑龙江省第十次地方志工作会议上的讲话整理。

和发展，在党中央的领导下，全国人大于1988年、1993年、1999年、2004年先后4次对个别条款和部分内容作了必要的、也是十分重要的修改，共通过31条宪法修正案。本次宪法修改距上一次宪法修改已经14年。在这14年中，中国特色社会主义事业有了长足发展，特别是党的十八大以来，以习近平同志为核心的党中央团结带领全国各族人民，统筹推进"五位一体"总体布局、协调推进"四个全面"战略布局，推进党的建设新的伟大工程，形成一系列治国理政新理念新思想新战略，推动党和国家事业取得历史性成就、发生历史性变革，中国特色社会主义进入新时代。党的十九大在新的历史起点上对新时代坚持和发展中国特色社会主义作出重大战略部署，提出了一系列重大政治论断，确立了习近平新时代中国特色社会主义思想在全党的指导地位，确定了新的奋斗目标。在新的历史条件下，面对新的历史任务，对宪法进行必要的修改，对党和国家事业发展具有重大指导和引领意义。

中国特色社会主义最本质的特征是中国共产党领导是习近平新时代中国特色社会主义思想的重要论断，这是历史事实和现实写照，将其充实进宪法总纲第一条第二款，与宪法对我国国体的规定内在统一起来，是中国共产党执政规律和社会主义建设规律的体现。宪法有必要将坚持党的领导从具体制度层面上升到国家根本制度层面，使之具有更强的制度约束力和更高的法律效力，推动党的领导通过社会主义制度的执行有效落实到国家治理的各个领域、各个环节、各个方面，包括处于新时代转型升级的地方志工作。

结合全国地方志事业的发展，我对黑龙江省的地方志工作提几点意见，供大家在工作中参考。

一、认真学习贯彻习近平新时代中国特色社会主义思想和宪法修正案精神，引领地方志事业发展新征程

当前和今后一个时期，希望黑龙江省地方志系统要继续认真学习、贯彻落实党的十九大精神和宪法修正案精神，深刻领会和全面贯彻习近平新时代中国特色社会主义思想，切实提高政治理论水平，强化理论武

装。要把学懂、弄通、做实党的十九大精神和习近平新时代中国特色社会主义思想作为一项政治责任,要充分认识、认真思考、深刻理解方志人在把我国建成富强民主文明和谐美丽的社会主义现代化强国中所肩负的新使命和新担当,做到真学、真懂、真信、真用。要突出地方志政治性这一主题,将宪法修正案和深化党和国家机构改革的决定落实到地方志工作中去。要深刻领会习近平新时代中国特色社会主义思想、中国共产党领导是中国特色社会主义最本质的特征等载入宪法的重大意义,紧紧把握历史脉搏,在新的历史起点上,不断开拓创新。要立足地方志工作实际,充分认识党的十九大精神对全国地方志事业转型升级的重大指导意义,认真思考坚定文化自信、不断铸就中华文化新辉煌、以我为主加强中外人文交流、在历史进步中实现文化进步等新论述对地方志工作的新期待、新要求,进一步明确方志人在把我国建成富强民主文明和谐美丽的社会主义现代化强国过程中所肩负的新使命,准确把握全国地方志事业进入新时代的具体内涵。

二、明确新时代新定位,深入推进地方志事业转型升级

党的十九大报告中指出:"经过长期努力,中国特色社会主义进入了新时代,这是我国发展新的历史方位。"当前中国特色社会主义进入新时代,全国地方志事业也进入了新时代。全国地方志事业进入新时代主要表现在:其一,新时代是地方志承前启后、继往开来,在新的历史条件下进入实现在全国范围内全面推动地方志从一项工作向一项事业转型升级的时代。其二,新时代是地方志实现省市县有志有鉴,实现国志、省志、市志、县志、乡镇志、村志、社区志和综合年鉴从中央到社区的全覆盖,地方志成为国家、民族、社会、各级党委政府不可或缺的伟大事业的时代。其三,新时代是全国方志人不懈奋斗、开拓创新、不断扩大地方志的功能和影响力,让每一个中国人都能在地方志中找到自己的位置,地方志实现家喻户晓,方志人挺直腰杆的时代。其四,新时代是全体方志人勠力同心,弘扬精神,奋力挖掘弘扬方志文化,继而助推建设社会主义文化强国的时代。其五,新时代是方志文化引领中华文

化日益走向世界文化舞台中央,向世界贡献中国智慧和中国方案的时代。新时代,地方志事业迎来了新的历史起点和新的历史方位,更需要不断创新发展和全面推动转型升级,在全面建成小康社会和建设社会主义现代化强国的进程中发挥自己应有的作用,为实现"两个一百年"的奋斗目标贡献"志"力。

三、把握发展新机遇,不断提升服务经济社会发展能力

当前,地方志事业迎来了千载难逢的发展机遇,迎来了最好的发展时期。党中央、国务院高度重视地方志工作,习近平总书记、李克强总理、刘延东副总理多次就地方志工作发表重要讲话,作出重要指示、批示。中办、国办出台一系列重要文件,将地方志工作纳入各地国民经济和社会发展规划,地方志顶层设计更科学,地方志发展方向更明确。各地党委政府高度重视地方志工作,采取措施大力支持地方志工作,为地方志事业的发展提供了良好的环境和条件。社会各界普遍关注地方志工作,地方志资料的权威性、准确性得到了广泛认可,地方志日益走进群众的生活。

机不可失,时不再来。面对大好局面,希望黑龙江地方志系统进一步凝聚共识、激发自信、勠力同心、奋发有为、开拓创新,进一步推进地方志事业全面转型升级,开创新时代地方志工作新辉煌。一是要坚持志鉴双修,按时保质实现"两全目标"。"两全目标"是刚性任务,是各级政府的法定责任。2018年,是实现"两全目标"的攻坚年,现在距离2020年实现志鉴"两全目标"不足3年,时间紧、任务重。希望黑龙江省高度重视,借助省委、省政府督办督查优势,科学规划,全力推进,力争早日全面完成"两全目标"。对志书编纂进度缓慢和尚未实现一年一鉴的县(区)予以重点督促指导。在首轮修志中,黑龙江省高质量地完成了253部志书编纂任务,还出版了各类志书1230部,进度上位居全国第三位。但目前在推进"两全目标"进度上,黑龙江省已经落后于全国很多省(自治区、直辖市),要正视差距,自我加压,迎头赶上,再创辉煌。对已经完成第二轮修志任务的地区和部门要指导好开展

名镇名村志、特色志编纂工作，及时总结编修经验，精心做好第三轮修志的规划与资料准备。特别是当前一些部门即将启动新一轮机构改革，涉及机构整合重组，要在改革的过程中注意留存好史志资料，避免下一轮修志时面临资料缺失的问题。二是要坚持依法治志，为地方志事业的健康持续发展提供坚强保障。依法治志是依法治国的必然要求，是地方志事业转型升级的根本保障。要以宪法修正案为统领，全面理解习近平总书记依宪治国的理论内涵，以"一纳入、八到位"为总要求，以地方志法规规章为根本依据，以行政督促检查为重要手段，全面推进依法治志，为地方志转型升级提供坚实的法治保障，实现地方志从单一的依法修志到依法识志、依法修志、依法研志、依法用志、依法管志、依法存志和依法传志的转型发展，完成从围绕自身工作向围绕经济社会发展大局转变，实现地方志事业的全面化、法治化。三是要坚持人才强志，抓好队伍建设和理论研究。事业能不能发展，主要在队伍，关键在人。近年来黑龙江省地方志系统对人才队伍建设高度重视，不断加强培训交流力度，拓展人才培养形式，壮大专家人才队伍，为"两全目标"的实现提供了人力和人才资源保障。希望你们继续保持和发扬，为建立地方志人才队伍培训常态机制、不断完善用人机制和激励机制，发扬老一辈方志人学理论、钻理论的传统，不断提升方志人才队伍的政治素质、业务本领和理论研究水平，在方志基础理论和应用理论研究方面创造出更多成果。四是要坚持科技兴志，提高地方志信息化建设水平。要主动适应信息传播的新趋势、新要求，努力抓好地方志网站和方志馆建设，不断拓展地方志资源数字化应用的新途径、新手段，推动地方志与时俱进，贴近大众，贴近发展，贴近需求，开创方志利用工作的新局面。要积极指导市、县开展方志馆建设的方案论证、立项、布展等工作，丰富"黑龙江省数字方志馆"的内容，做好中国龙志网站维护管理，用好微信、微博、政务头条号等新媒体平台，加强地方志和地情文化宣传，推进各地地方志网站建设，整合省市县三级网络资源，逐步实现地方志信息资源的共享互通。五是要坚持主动用志，切实发挥地方志在促进经济社会发展中的重要作用。要围绕国家利益、经济社会发展中心和人民群众需要三个方面开拓创新,彰显地方志价值、展示地方志魅力、提升地方志影响力,做"活"做"热"地方志事业,开创地方志高质量发展的新局面。刚才何伟志主任的报告中提到,省志办围绕全省中心工作编纂出版了一批特色志书,各市县也结合本地实际,进行了许多有益尝试,收到了很好的反响。希望同志们继续发挥优势,围绕黑龙江省发展战略和文化产业发展布局,加大对地情信息资料的研究,加强与相关单位的交流合作,实现资源整合、工作联合,推进中华优秀传统文化、抗联文化、创业文化、旅游与文化、对外交流交往历史研究等相关工作,服务全省工作大局、服务党委政府中心工作,弘扬龙江精神,讲好龙江故事,不断提升地方志资源开发利用水平,打造鲜明的文化名片,创造更多的文化成果,为经济社会发展发挥独特作用。

进入新时代,踏上新征程。让我们紧密团结在以习近平同志为核心的党中央周围,深入学习贯彻习近平新时代中国特色社会主义思想和党的十九大精神,不忘"修志问道,以启未来"的初心,牢记"为当代提供资政辅治之参考,为后世留下堪存堪鉴之记述"的使命,在转型升级中不断开创地方志事业发展新局面,朝着地方志"两个一百年"的目标奋力前进。

为盛世修志提供坚实法律保障*

在全体与会代表的共同努力下,"依法治国与依法治志论坛——《地方志工作条例》颁行12周年座谈会"即将闭幕。下面,我对此次论坛作总结。

一、论坛总体评价

正如李林研究员在开幕式致辞中所说,这次论坛是坚持以习近平新时代中国特色社会主义思想为指导,深入贯彻党的十九大和十九届二中、三中全会精神的具体体现,是推进全面依法治国的具体法治实践,必将对建设中国特色社会主义法治体系、深化依法治志产生重要影响。这次论坛汇集方志学界和法学界及相关领域专家学者,共商共谋全面推进依法治志、加快《史志法》立法进度等议题。论坛学术气氛浓厚,与会专家学者持论严谨、发言踊跃、交流深入,达到了统一共识,明确方向,同心协力,为强起来的中国盛世修志提供坚实法律保障的预期目的,是一次成功的全国性学术研讨会议。此次论坛可以用几个字概括。

---

* 根据2018年5月18日在依法治国与依法治志论坛上的总结讲话整理。

第一"高"。其一，领导重视程度高。作为一次横跨方志界和法学界的盛会，此次论坛得到中指组领导的高度重视和大力支持。中国社会科学院副院长、学部委员，中指组常务副组长李培林在繁忙工作中，到会并致辞，对《史志法》立法工作寄予殷切希望。中国法学会副会长，中国社会科学院法学研究所所长、学部委员李林今日凌晨返京，马不停蹄地出席会议并致辞，从依法治国的高度解读《史志法》立法的意义，对《史志法》在文化立法方面的积极意义予以高度肯定。两位学部委员的参会更是对我们会议的极大认可。其二，学者关注程度高。今天到会的法学界专家有：中国社会科学院法学研究所副所长、研究员莫纪宏，所长助理、研究员周汉华，民法研究室主任、研究员谢鸿飞，宪法与行政法研究室主任、研究员李洪雷，国际法研究所研究员赵建文；中国法学会《民主与法制》杂志社总编辑刘桂明；军事科学院军队政治工作研究院副院长张社卿，解放军党史军史研究中心军事志研究室主任李涛，军事科学院解放军党史军史研究中心副研究员刘心嵩；北京大学法学院教授湛中乐，中国人民大学法学院教授冯玉军，中国政法大学法学院副院长、教授许身健，中国政法大学法学院教授侯淑雯，浙江大学光华法学院教授王敏远，临沂大学法学院院长、教授姚建涛及院长助理罗亚海。到会的方志界专家有：北京市地方志编纂委员会办公室原主任王铁鹏、河北省地方志办公室主任杨洪进，山西省地方志办公室党组书记、主任张志仁，吉林省地方志编纂委员会党组书记、副主任李云鹤，江苏省地方志编纂委员会办公室负责人漆冠山，江西省地方志编纂委员会办公室党组书记、主任梅宏，湖北省地方志编纂委员会办公室党组书记、主任吴凤端，广西壮族自治区地方志编纂委员会办公室党组书记、主任梁金荣，四川省地方志工作办公室党组书记、主任陈建春。短短一天的会程中，有24位专家发言，4位专家点评，发言深入，点评到位，共商依法治志向纵深迈进、《史志法》立法加快推进，共同展望地方志工作法治化前景，形成浓厚的学术氛围。其三，媒体关注程度高。《光明日报》、《中国青年报》、《法制日报》、《法制晚报》、人民网、《中国社科报》等众多媒体关注《史志法》立法，参会并进行了宣传报道。有关领导、专家、媒体的高度重视，确保了此次会议成功举办。

第二"新"。此次论坛是方志学界与法学界、理论界与实务界、高校与科研院所专家学者之间第一次大规模思想交流的碰撞。会上，法学家与方志学家们发表真知灼见，共谋依法治志。有法学家表示不参会不知道地方志如此重要，地方志工作任务如此艰巨；有方志学家表示感觉像参加了一次高水平的法学培训。此次论坛是方志学第一次向法学打开了一扇窗户，是法学第一次走进方志学，法学与方志学在依法治志这一个点的交汇与撞击，产生了巨大的能量。

第三"广"。其一，参会范围广。这次论坛不仅有地方志系统的专家学者，还有来自中国法学会、北京大学、中国人民大学、浙江大学、中国政法大学、中国社会科学院大学、中国社会科学院法学研究所等全国一流高等院校、科研机构的法学家参加，是近年来我们召开的一次重要学术会议。其二，研讨视野广。围绕依法治国与依法治志的关系，有的学者探讨依法治志价值、目标、原则、功能、实现路径等理论方面的议题，有的学者聚焦《史志法》立法相关问题，还有的学者关注志鉴图书出版的相关法律、修志编鉴中的著作权等实务问题。

第四"实"。其一，主题切合实际。此次论坛主题是全面推进依法治志，推动《中华人民共和国史志法》立法可行性研究。这个主题非常契合新时代地方志事业发展的需要，非常接地气。这次会议必将在地方志法治化进程中留下浓墨重彩的一笔。其二，后勤保障扎实。中指办两年前就开始筹备依法治国与依法治志论坛。我们面向全社会征集论文，并从200多篇论文中，优中选优，选了30篇论文的作者参加论坛。同时积极与各大高校、科研机构的法学家约稿，向地方志系统专家约稿，确保论坛质量。近期，又抽调各处室精干力量组成会务组，多次召开会议，协调、督促工作进展，精心谋划，周密安排，做了大量扎实细致的工作，保证了会议的实效。

在此，我谨代表中指组及其办公室向为会议顺利召开付出艰辛劳动的会务组同志表示感谢，向投稿的各位作者表示感谢，向应邀而来的各位法学家、方志学家表示感谢。

二、会议的主要收获

大会主要围绕全面推进依法治志和加快《史志法》立法两个主题展开热烈研讨，与会专家学者积极建言，提出了许多极具价值、可资借鉴的重要理论与观点。

第一，关于依法治志的探讨。与会专家们认为，依法治志是依法治国方略在地方志工作领域的具体体现，是依法治国的有机组成部分。有的专家从方志传统、文化立法的需要、文化安全等方面阐述了依法治志的历史价值和时代价值。有的专家重点梳理了中指办在地方志转型升级与依法治志方面的工作，从无法可依到《条例》《规划纲要》颁布，从"一本书主义"到"十业并举"等七大方面阐述了中指办在地方志法治化建设上所做的探索。有的专家则重点分析一个省份的地方志法治化建设情况，剖析个案，指出地方志事业法治化进程中存在的诸多问题，并提出依法治志的实现路径。有的专家从理论和实践两方面提出了依法治志的实现路径，指出在理论层面要开拓地方志行政法理论研究领域，建立地方志行政法学科体系；在实践层面要完备地方志行政法律体系，规范参与地方志活动各主体的权利义务，确立地方志工作机构行政执法主体资格并使工作职责法定化，明确地方志工作者行政执法人员身份，严格地方志行政执法，严惩地方志违法行为。

第二，关于《史志法》立法必要性的探讨。与会专家认为，《史志法》立法是全面推进依法治国的必然要求，并且从不同角度探讨了《史志法》立法不仅必要，而且紧迫。有的专家通过分析地方志事业发展模式的升级，即由原来的线性发展到多元系统的发展等，提出地方志事业转型升级需要立法保障。有的专家重点分析了在新时代下《条例》的局限性与不适应性，提出需要迫切提升《条例》法律位阶，指出《史志法》立法是时代的呼唤。有的专家结合全面推进依法治国，深化依法治国实践，加快建设中国特色社会主义法治体系和法治国家的大背景，分析地方志事业发展所面临的问题，提出必须加快《史志法》立法。有的专家从《史志法》的历史渊源和现实基础入手，指出在依法治国的大背景下，史志法的编修应该也必须成为全社会的共识。有的专家从新时代弘扬优秀传统文化的角度，阐述了加快《史志法》立法的必要性和紧迫性。

第三，关于《史志法》立法过程中应重点考虑的几个问题。专家们从立法理念和立法技术角度，从不同的侧面指出了《史志法》立法过程中应注意的问题。其一，《史志法》立法站位问题。专家们指出，史志要从国家需要出发，站在国家层面，跳出部门触角的局限性，根据宪法开展立法，符合中央加强道德领域突出问题专项立法的相关意见，彰显社会主义核心价值观。其二，《史志法》立法要注意结合史志工作的特点，回应地方志本质属性、呼应地方志事业发展、顺应地方志工作实践、解决事业发展中的突出问题。例如要拓展地方志工作的内涵和外延、强化面向全社会征集地方志资料的法律规定、切实维护地方志工作者的权益、明确对拒不执行和违反《条例》行为的惩处、突出贯彻落实"一纳入、八到位"工作主线等。其三，《史志法》立法要注重科学性、准确性，应该明确调整范围、立法宗旨、管办关系、事企分开等。其四，《史志法》立法应该注意粗细结合，首先解决方向性、框架性问题，同时要给地方立法留出空间。其五，《史志法》立法应该立足于全民史志事业。其六，《史志法》立法应处理好纵向与横向的关系，处理好史与志的关系，处理好方志编纂与中华多元一体的关系。有专家指出《史志法》立法应该重点解决法律责任问题；有专家指出《史志法》立法应明确经费与组织保障、著作权与稿费等问题；有专家强调，《史志法》立法应该关注地方史的管理、主管部门管理指导范围等问题；还有专家提出《史志法》立法中应当注重三个转向：位阶上的从法规到法律、强制力上的从软法到硬法、实践性上的从纸面的法到行动的法。

与会专家学者还提出许多具体的、可操作的意见建议，如有的学者结合自身工作实际，对志鉴图书出版中的著作权、图书出版合同、图书出版政府采购等相关问题作了论述，在此不再一一列举。论坛气氛热烈、节奏紧凑，在思想的交流与碰撞中，迸发出丰富的思维火花。专家学者的意见建议、理论观点，极大地拓展了《史志法》立法的视野与思路，为修订完善立法建议稿打下坚实基础，为在依法治国背景下、在社会主义文化大发展大繁荣背景下，全面推进依法治志贡献了智慧与力量。

三、关于全面推进依法治志、加快《史志法》立法的几点思考

第一，要从大局出发来推进《史志法》立法。党的十八大以来，明确提出全面推进依法治国、加快建设社会主义法治国家战略任务。依法治志是全面推进依法治国的题中之意和重要组成部分，也是依法治国的必然要求，是依法治国在方志领域的具体展开。《史志法》立法是实现依法治志最有效的途径，要从党和国家的需要出发，站在实现中华民族伟大复兴中国梦、维护国家文化安全、推进社会主义文化强国建设的高度来考虑《史志法》立法工作，统一思想，把为党立言、为国存史、为民修志落到实处。

第二，要抓住机遇推进《史志法》立法。党的十八大以来，以习近平同志为核心的党中央高度重视文化建设，围绕文化强国战略提出了一系列重大战略思想和要求，十九大报告将文化建设提高到前所未有的高度。在地方志层面，习近平总书记、李克强总理和刘延东副总理多次发表重要论述、重要讲话和作出批示。大到文化事业，小到地方志工作，都面临千载难逢的发展机遇。同时，公共文化市场缺乏监管现象突出，史志工作也存在法律空白，"反者道之动"，我们要变挑战为机遇，落实党中央"加强文化法制建设，依法管理文化事业"和"要重视哲学社会科学领域立法工作"指示精神，推动《史志法》立法，助力中华民族伟大复兴中国梦的实现，维护国家文化安全，建设社会主义文化强国，完善文化方面法律体系，推进史志事业科学健康发展。

第三，要群策群力推进《史志法》立法。"万人操弓，共射一招，招无不中。"今天的论坛可谓群贤毕至，希望法学界专家发挥优势，积极投入《史志法》立法研究，推进史志工作立法实践，助力中国特色社会主义法治建设与文化建设。希望地方志工作者利用多年来从事地方志工作的经验，沿《条例》的方向继续前行，切实加强地方志法治化建设，

着力开展《史志法》立法的理论与实践问题研究，在全国范围内全面推动地方志工作转型升级。相信在大家的群策群力、共商共议下，《史志法》立法工作一定能够再上新台阶。

第四，要发扬方志人精神推进《史志法》立法。党的十八大以来，全国地方志工作者以习近平新时代中国特色社会主义思想为指导，提出"修志问道，直笔著史"的方志人精神、"三耐一强"的仙人掌精神，奋发有为，开拓创新，地方志工作卓有成效。在全面推进依法治志、加快《史志法》立法进程中，要继续保持这股韧劲。在地方志转型升级的过程中，要聚焦法治化建设，迎难而上，稳住阵脚，拿下高地。

依法治国，依法治志，是全体法学和地方志工作者的共同责任。希望在大家的共同努力下，加快《史志法》立法，营造风清气正的文化氛围，打造出高质量的史志作品，为人民日益增长的美好生活需要提供文化载体，为中国强起来盛世修志提供坚实法律保障。方志自信方能文化自信，期待在不久的将来，每一个中国人都能在地方志中找到自己的位置，把地方志"用起来"，将地方志"立起来"，让地方志"活起来"，叫地方志"热起来"，使地方志"强起来"。

及时制定全国地方志第二个规划纲要[*]

依法治志是一个系统工程。《规划纲要》作为依法治志的重要措施，要接续起来，成为地方志事业不断壮大发展的法治保障。第一个《规划纲要》即将于2020年12月30日完成其历史使命，我们要未雨绸缪，提前策划、提早拟定出第二个《规划纲要》，即《全国地方志事业发展规划纲要（2021—2025年）》，着力推动中办、国办印发。今天，我主要讲三个方面的问题。

一、对第一个《规划纲要》的制定过程作简要回顾

第一个《规划纲要》是我国第一部全国地方志事业规划性文件，文件的出台翻开了地方志历史性的一页，标志着地方志事业走上"规划先行"、以科学规划引领科学发展的道路，是地方志发展进程中的重要里程碑。

从2013年12月20日中指组第五届一次会议提出"要进一步统筹规划好全国地方志工作""考虑制定全国地方志事业发展规划"开始，到2015年8月25日国办印发第一个《规

---

[*] 根据2019年10月19日在全国地方志事业发展规划研讨会上的讲话整理。

划纲要》，其起草和制定历时近2年，先后经过三个阶段：其一，汇编部分省区市已出台的地方志事业发展规划以及国家有关行业部门的发展规划，确定起草思路，明确大致时间安排，完成草案。其二，深入基层开展专题调研，广泛征求意见，凝聚地方志系统共识，形成送审稿。其三，征求国家有关部委、解放军、武警部队等的意见，完成向国务院办公厅的报批工作，推动《规划纲要》正式出台。

第一个《规划纲要》的起草与制定凝聚了全国地方志系统的集体智慧，是广大方志人创新精神的充分体现，它的出台实现了7个"首次"：首次将地方志事业的发展纳入国家"全面建成小康社会、全面深化改革、全面依法治国、全面从严治党"总体战略，与实现"两个一百年"奋斗目标和中华民族伟大复兴的中国梦紧密联系，成为国家战略在文化领域不可或缺的组成部分；首次明确地方志事业走"体系化"建设的思路，明确提出到2020年，基本形成"五位一体"的地方志事业发展综合体系；首次确立走依法治志的道路；首次系统思考地方志事业中长期存在的一些难题的破解思路；首次重新审视地方志工作机构的工作范围；首次将地方史的编写纳入地方志事业规划；首次将"为国存史""治天下者以史为鉴，治郡国者以志为鉴""修志问道，直笔著史"等概念写入《规划纲要》。

第一个《规划纲要》印发后，中指办和地方各级地方志工作机构精心组织、迅速发动，抓学习，抓宣传，出台了一系列规划文件和实施意见。31个省区市以及新疆生产建设兵团出台了本地地方志事业发展的规划性文件。全国地方志系统顶层设计从无到有，从有到多，从多到优，有力地引领了地方志事业的科学发展。

二、第一个《规划纲要》的落实情况

5年来，全国地方志系统以落实"一纳入、八到位"为重点方向，紧紧围绕"两全目标"攻坚，着力推动全国地方志"十大工程"协同发展，《规划纲要》提出的总体目标和主要任务基本完成。

（一）聚焦主责主业，全力攻坚"两全目标"

2017年8月，中指组召开"两全目标"推进会，拉开攻坚"两全目标"的序幕。2018年初,中指组成立"两全目标"督查小组,从2018年第一季度起实行季通报制度,目前已发布通报5期;今年6月,中指组召开"两全目标"调度会,吹响决胜"两全目标"的冲锋号。其中,山东、广东完成第二轮志书规划任务。广东、北京、上海等省市实现2017年卷三级综合年鉴公开出版全覆盖,江苏、天津、上海等省市实现2018年卷三级综合年鉴公开出版全覆盖。地方各级党委政府、地方志工作机构制定时间表、路线图,利用行政督查、年度考核、表彰先进等措施,强力推进"两全目标"。

(二)坚持因地制宜,特色志鉴和旧志整理成果丰硕

中指办大力实施中国名镇志文化工程、中国名村志文化工程、中国名山志文化工程、中国名酒志文化工程等名志系列工程,出版中国名镇志丛书38部、中国名村志丛书27部,名酒志、名山志的编纂也取得了阶段性成果。全系统积极编纂特色志鉴,开展旧志整理,取得丰硕成果。

(三)加强质量建设,严把志鉴质量关

按照第一个《规划纲要》要求,扎实推进中国志书精品工程、中国年鉴精品工程,抓好地方综合年鉴质量评审。目前,已出版中国精品志书6部,评审打造出中国精品年鉴18部。各地也相继实施志鉴精品工程,通过进一步规范编纂流程,狠抓志鉴质量。

(四)加强法治化建设,推进依法治志

中指办深入开展《条例》修订、《中华人民共和国史志法》立法可行性调研。除辽宁、重庆外,其他省区市和新疆生产建设兵团均出台省级地方志法规规章。同时,除重庆外,31个省(区、市)和新疆生产建设兵团均出台本地区地方志事业发展规划文件,形成了比较完备的法规体系。

(五)坚持"互联网+",加强地方志信息化建设

中指办大力实施全国信息方志和数字方志建设工程,开通中国方志网、中国地情网、中国国情网;国家数字方志馆挂牌;"两全目标"在线统计系统上线;形成"方志中国"微信矩阵。全系统加快推进网站、

数据库、微信平台建设。截至目前,建成省市县三级地情网站602个,数字方志馆(数据库)267个,新媒体485个。

(六)加强基础设施建设,稳步推进方志馆工作

中指办积极推进方志馆研究建设工程,举办全国方志馆馆长论坛,举行首届全国方志馆讲解员大赛,国家方志馆"魅力中国"展览开展。建成国家方志馆黄河分馆、知青分馆,累计接待游客分别达11.48万、44.67万人次。截至目前,共建成各级方志馆603个。

(七)坚持围绕中心,提高资政服务水平

中指组及其办公室坚持国家利益至上,编纂出版《汶川特大地震抗震救灾志》,组织编纂《中国南海志》《三沙市志》,牵头编纂国家社科基金重大项目《中国抗日战争志》及中国地方抗日战争志丛书,组织中华一统志编修可行性论证。实施全国地方志"一体两翼"用志工程,编纂《中华家训精编100则》《中国古代为官箴言》。以县志为基础合作拍摄《中国影像方志》,在中央电视台累计播出266集。《中国影像志·名镇名村》首批拍摄6集,在中央电视台播出3集。各地紧紧围绕党委政府中心工作,发挥资政作用,服务领导决策。

(八)注重理论研究,加强方志学学科建设

中指组及其办公室依托中国地方志学会及各个分会,定期召开年会或学术会议,充分发挥学会的学术引领作用。5年来,举办全国性学术研讨会议20余次。组织"南岳衡山杯"首届全国地方志系统优秀论文奖征文及评奖活动。创刊《中国年鉴研究》季刊和《中国方志馆研究》年刊,推进《中国地方志》名刊建设。截至2018年底,全系统出版教材、理论著述、工具书1269部。中指办积极探索与高等院校合作开展方志学学位学历教育,在方志出版社设立博士后工作站,招收博士后3人。

(九)指导培训并重,加强人才队伍建设

2015年12月,全国地方志系统先进模范座谈会在京召开,对全系统32个先进集体代表和10名先进工作者进行表彰。从2016年起,中指组连续4年召开全国地方志工作经验交流会,分别交流全国和省市

县三级地方志工作经验。5年来，中指办举办培训班31期，培训人员4400余人次。各地通过多种形式的学习培训，提升干部素质。在2019年的机构改革中，全国地方志系统以对党忠诚、对事业负责的态度，讲政治、顾大局，做到个人利益服从集体利益、国家利益，坚决贯彻中央关于深化党和国家机构改革的决策部署，坚决服从本级党委政府关于地方志工作机构的设置要求，做到了思想不乱、工作不断、队伍不散、干劲不减，体现出强烈的责任意识和担当精神。

（十）加强学术交流，推动中国方志文化走出去

5年来，中指办积极推进中国方志文化走向世界工程。从2017年起，连续举办方志文化走向世界国际学术研讨会。积极加强与国外相关机构的交流互访。截至目前，共组织学术出访11批、计43人次，分别与中国香港、中国澳门、中国台湾地区和日本、马来西亚、美国、加拿大、英国、法国、德国、埃及等国家开展学术交流。中指办多方推动《香港志》《澳门志》编纂。同时，服务国家文化"走出去"战略，推介一批高质量地方志成果走向世界。

（十一）民族地区与贫困地区地方志援助实现新进展

全国地方志系统主动服务国家精准扶贫战略，实施方志扶贫。中指组出台《关于全国地方志系统支援西藏、新疆地方志工作的意见》。中指办积极推进民族地区与贫困地区志鉴出版资助工程。截至目前，确定资助志书4批35部，其中出版10部、即将出版6部；确定资助年鉴4批59部，其中即将出版15部。

回顾5年的成绩，可以肯定地说，地方志事业的大繁荣、大发展离不开科学规划的引领，新时代地方志事业要想在全国范围内实现转型升级和跨越发展，就必须有一个好的事业规划。今天会议的目的，就是要再次做好顶层设计，科学谋划今后的发展。

三、关于第二个《规划纲要》的编制

《规划纲要》的编制必须既要坚持从实际出发，又要遵循严格的程序，务必稳步扎实推进。此前，我带领起草小组拟写了第二个《规划纲

要》讨论稿，今天提交会议讨论。下面我对这个讨论稿作简要说明。

结合第一个《规划纲要》的贯彻落实情况，参考国家有关行业部门的发展规划，以第一个《规划纲要》文本为参考，通过调整、补充、增删部分内容，形成了目前的讨论稿。

这个讨论稿共5100多字（第一轮《规划纲要》4800多字），分指导思想与基本原则、总体目标与主要任务、保障措施、加强组织领导四大部分。

与第一个《规划纲要》相比，在框架结构上，删去了"发展基础与机遇"；"总体目标与主要任务"中，主要任务由原来的11项增加为12项，增加的1条是"加强方志馆建设"；"保障措施"由5条变为4条，删去的是"队伍保障"。

在具体内容上：指导思想与基本原则方面：2017年10月，党的十九大召开，最重大的理论成就是把习近平新时代中国特色社会主义思想确立为党必须长期坚持的指导思想。据此，第二个《规划纲要》的指导思想也作了相应调整，突出习近平新时代中国特色社会主义思想，尤其是习近平总书记关于地方志的重要论述对地方志事业发展的全面指导。

总体目标与主要任务方面：根据当前地方志事业发展实际需要，提出了《史志法》立法，将第三轮修志提上工作日程，明确了适时启动《中华人民共和国志》编修，强调要开展中国名志文化工程，提出要开展谱牒的研究整理，突出了方志馆建设，对人才队伍建设、信息化建设和地方志资源开发利用内容进行了细化深化。

保障措施和加强组织领导方面：提出要修订《条例》，逐步实施修志编鉴人员持证上岗制度。根据习近平同志在宁德地区地方志工作会议上的讲话精神，讨论稿强调："地方各级领导要高度重视地方志工作，加强修志工作的领导，分管领导要具体抓这项工作。要将地方志工作当个事业来办，把它作为社会发展的基础工程，把它作为一种有文化的表现，也作为一种有远见的表现，要把这项工作摆在议事日程上。"

制定第二个《规划纲要》意义重大，而且时效性很强，我们要认真思考，反复研究，多方征求意见，希望大家畅所欲言。

《中华人民共和国史志法》立法思考*

赓续编修史志是我国优秀的文化传统。在2000多年的递嬗传承中,史志事业不断铸就辉煌,逐渐形成了"国有史,郡有志,家有谱"的宏大格局,形成了博大精深、独具特色、灿烂辉煌的史志文化。2017年11月,习近平总书记向来华访问的美国总统特朗普介绍了中国悠久的历史文化,指出世界上"文化没有断过流、始终传承下来的只有中国"。在习近平总书记强调的悠悠文脉传承中,海量的史志文献居功至伟,故古今有"治天下者以史为鉴,治郡国者以志为鉴"之论。历史和现实的经验表明,史志事业关乎历史延续、文化传承,关乎当前建设、未来发展,是中国特色社会主义建设中的一项重要事业。为了切实落实党中央"依法管理文化事业"和"要重视哲学社会科学领域立法工作"要求,切实保障史志事业科学有序发展,制定《中华人民共和国史志法》(以下简称《史志法》),不仅必要、紧迫,而且切实可行。

---

* 本文原发表于《中国地方志》2020年第2期,中国人民大学书报资料中心《法学文摘》2020年第4期全文转载,第二作者宋丽亚。

一、《史志法》立法的必要性

党的十八大以来,史志工作被明确纳入国民经济和社会发展规划。推动史志事业在法治轨道上健康发展,对更高质量推进"五位一体"总体布局和"四个全面"战略布局有着重要的意义和价值,尤其在建设社会主义法治国家,文化立法步伐明显加快的大背景下,更凸显了《史志法》立法的必要性。

(一)实现中华民族伟大复兴中国梦的需要

2014年习近平总书记在北京考察时,来到首都博物馆指出,要高度重视修史修志,让文物说话,把历史智慧告诉人们,激发我们的民族自豪感和自信心,坚定全体人民振兴中华、实现中国梦的信心和决心。史志纵贯古今、横陈百科,汇集了各地区自然、人文、社会、经济的历史和现状的全面、系统、客观的资料,显示了一定行政区域内历史发展轨迹和事业盛衰起伏全过程,可谓"凡郡之所有,事无巨细,莫不皆然"[1],在各级党政部门制订规划、旅游开发、环境治理、人口控制等科学决策中,发挥重要的资治功能。同时,史志文化承载着中华文化的"根"与"魂",蕴含着深厚历史积淀、宝贵精神品格、浓重家国情怀、崇高价值追求,有助于激发每一个中国人的民族自尊心、自信心、自豪感,激发每一个中国人的政治认同、民族认同、道路认同、理论认同、制度认同、文化认同,坚定每一个中国人的道路自信、理论自信、制度自信、文化自信,投身中华民族伟大复兴征程,为实现中华民族伟大复兴提供智力支撑和精神动力。譬如,实施乡村振兴战略,是党的十九大作出的重大决策部署,是决胜全面建成小康社会、全面建设社会主义现代化国家的重大历史任务,而服务乡村振兴战略,繁荣兴盛农村文化,焕发乡风文明新气象,史志工作有着得天独厚的优势。加强乡镇村史志工作,对于抢救历史,记住乡愁,传承乡村文明,弘扬传统文化,凝聚人心,服务乡村,具有非常重要的意义。综

---

[1] 黄仲昭:《邵武府志序》,《未轩文集》卷2,影印文渊阁《四库全书》本。

上可知，要把根留住，将魂传承，充分发挥史志在实现中华民族伟大复兴中国梦的作用，就必须加强史志工作规范管理，就必须立法予以保障。

（二）宣誓我国领土主权的需要

中国地域辽阔，历史悠久，各地域形成了独具特色的地域文化传统，每个地区都有其特点，有自然环境、风俗习惯、开发时间、文化教育、经济发展、社会面貌等诸多不同。而史志编修就是分门别类、全面系统记载，且客观反映这些不同。可以说，史志编修，无论记事、记人、记物，都离不开一方之地，都有明确的地域范围。[1]史书古志中，记载了中国人民发现、开发利用、管辖我国领土的资料，是宣誓主权的重要法政。如东汉时杨孚《异物志》、南宋《琼管志》、明代《琼州府志》、清末《新译中国江海险要图志》、民国《南海诸岛位置图》等，就是对南海自然环境、历史沿革、开发利用、管辖等的详细记载，这是宣誓南海诸岛自古以来就是中国领土的强有力证据。《规划纲要》要求，2020年实现"省、市、县三级地方志书全部出版"和"省、市、县三级综合年鉴编纂出版全覆盖"。西藏、新疆等地，县县都要有志，用地方志特有的方式，记述清楚西藏、新疆等自古以来就是中国的领土。用无可辩驳的事实来宣誓我国领土主权，就必须进一步做好边疆、南海诸岛等我国领域的史志编修以及开发利用等工作，这就亟须一部强有力的法律予以保障。

（三）维护国家文化安全的需要

当前，随着中国特色社会主义建设的不断深入和改革开放的逐步深化，我国既处于快速发展的战略机遇期，也处于社会矛盾突发期。境内外敌对势力相互勾结，除了唱衰中国、抹黑中国、搞恐怖主义和破坏活动外，还特别注重文化渗透和对精神领域的控制，他们鼓吹历史虚无主义、文化虚无主义，试图歪曲历史，否定改革开放前30年和改革开放后30年的历史，妄想动摇中国人民共同的思想基础，从而颠覆中国共

---

[1] 参见丁剑：《再论志书的地方性》，《黑龙江史志》1987年第1期。

产党的领导，国家文化安全受到很大冲击。"志属信史。"[1]"其间一事一物，皆酌考众书，厘正讹谬，然后落笔。"[2]史志用资料说话，以史实服人，是对历史虚无主义和文化虚无主义的有力反击，是维护国家安全的重要力量。同时，史志作为党情、国情、社情、地情的重要载体，是国际社会了解中国、认识中国的重要窗口，有助于向世界介绍我国各地自然、社会情况和改革开放所取得的巨大成就，有助于国外各界人士了解我们党和国家的各项方针、政策，有助于在不同文化的碰撞、冲突、交流中，主动发声，争夺话语权。在新时代维护国家文化安全，亟须制定一部《史志法》。

（四）建设社会主义文化强国的需要

史志文化保存了中华民族的精神追求和文明进步，传承了中华民族的历史记忆和文化基因，是中华民族传统文化的重要组成部分。正如《中国科学技术史》的作者、英国著名科技史专家李约瑟博士在对中外文献进行比较研究后所言："古代的希腊乃至近代英国，都没有留下与中国地方志相似的文献，要了解中国文化，就必须了解中国的地方志。"史志在社会主义文化强国建设中有着举足轻重的作用。历久弥新的史志编修强调的是血缘亲情、人伦关系、忠诚爱国、人际和谐、道德修身，奉行"人皆可以为尧舜"的道德理想，承载着中国传统的修身、齐家、治国、平天下的精神追求，饱含着为社会主义建设开拓创新、无私奉献的价值取向，为涵养社会主义核心价值观提供了重要的思想道德资源，也为中华文化在世界文化激荡中站稳脚跟奠定坚实根基。[3]史志文化在夯实国家文化软实力，传播当代中国价值观念，坚守中华文化立场，展示中华文化独特魅力，为世界文化注入新的理念、新的血液上具有天然优势。在新时代，制定一部《史志法》，无疑是建设社会主义文化强国的需要。

---

[1] 章学诚：《修志十议呈天门胡明府》，仓修良编注：《文史通义新编新注》，浙江古籍出版社2005年版，第858页。

[2] 赵抃：《成都古今集记序》，曾枣庄、刘琳主编：《全宋文》，巴蜀书社1992年版，第21册，第248页。

[3] 参见张安东、吕君丽：《中国方志文化论要》，《巢湖学院学报》2009年第2期。

（五）全面推进依法治志的需要

全面推进依法治国是一个系统工程，是国家治理领域一场广泛而深刻的革命，需要各个领域、各项工作都进入法治化轨道。当前，文化领域立法是大势所趋[1]，史志工作作为文化建设的重要组成部分，同样要加快立法进程，实现法治化。其一，地方史目前没有法律规范，无法可依，存在法律监管空白。如某些个人编写的有关边疆、民族地区的历史读物，出现"藏独""疆独"等问题；还有一些人编写有关英烈的野史，皆因没有行政主管部门管理，缺乏法律规制。为此，中宣部办公厅、新闻出版广电总局办公厅联合发文，明确要求"将地方史编写纳入地方志工作范畴，统一规范管理"[2]。其二，地方志工作组织协调难度大。《条例》[3]作为行政法规，对新编地方志事业发展发挥了重要作用，但其规范的主体是省市县三级政府机构地方志行为，没有对企事业单位地方志活动予以规定，也没有专志、乡镇村志等管理规定，致使问题频出。据了解，截至2015年，河北省编纂的志书有五分之四未经地方志工作机构审查验收。其三，管理主体不统一。当前，地方史管理机构严重缺失，地方志管理主体不统一，工作机构不健全、不统一、不稳定现象十分突出。如各地各级地方志机构有的归属政府，有的归属党委，有的归属地方社科院；有的与档案部门合并，有的与党史研究机构合并；有的是事业编制，有的是国家公务员系列。而且各地各级地方志机构在规

---

[1] 党的十八大以来，党中央、全国人大高度重视文化立法工作。十八大和十八届四中全会，对于文化立法都提出了明确的要求。全国人大根据中央部署，组织力量加快了文化立法的进程，从立法的规划到立法力量的调配，都提上了重要的议事日程。转引自张贺：《文化立法：5年人大立法工作一大亮点——访全国人大教科文卫委员会主任委员柳斌杰》，《人民日报》2018年3月1日，第19版。

[2] 中共中央宣传部办公厅、国家新闻出版广电总局办公厅：《关于进一步做好地方史编写出版工作的通知》（新广出办发〔2015〕45号），2015年5月18日。

[3] 2006年5月18日，国务院正式颁布了《地方志工作条例》（中华人民共和国国务院令第467号），这是我国第一部有关地方志工作的行政法规。其公布施行结束了地方志工作无法可依的历史，标志着地方志工作从此进入有法可依的新阶段和大规模、正规化修志的新时期，对于建立修志工作长效机制，保障我国地方志工作持续健康稳定发展，具有重要的现实意义和深远的历史意义。

格、编制上各不相同，差别很大。同为省级机构，有的是厅级，有的是副厅级，有的是处级。市、县级地方志机构的级别建制更加混乱。以致一些省市和市县机构的级别"上下一般粗"，开展工作难度很大。如此种种问题，需要制定《史志法》予以规范调整解决。

（六）解决《条例》不适应新时代史志事业快速发展的需要

改革开放以来，特别是党的十八大以来，方志界提出摒弃"一本书主义"，在全国范围内，全面推动地方志从一项工作向一项事业转型升级，地方志功能不断强化，事业迅猛发展，内涵不断丰富，领域不断扩大，《条例》已经远远不能适应史志事业发展的要求。如：一是方志馆的兴建。《条例》制定之时，尚无方志馆之说。目前，全国已经建成国家、省、市、县方志馆603家，山东省明确2020年实现省市县三级方志馆全覆盖，各地方志馆建设方兴未艾。二是"互联网＋史志"的快速推进。《条例》颁行后，中国国情网、中国地情网、中国方志网，以及各级地情网陆续建成，以方志中国微信公众号为龙头的全国四级方志微信矩阵已经形成。《条例》已经远远滞后于新时代史志事业的发展，需要推出一部适合新时代史志事业发展的《史志法》。

（七）回应社会各界共同呼声的需要

近年来，史志界和社会各界强烈呼吁制定一部《史志法》。一是连续6年来，每年全国"两会"时，都有人大代表、政协委员提出有关议案、提案，建议《史志法》立法。二是史志工作者纷纷呼吁加快史志工作立法进程，解决史志工作中长期难以解决的困难和问题。如2016年在纪念《条例》颁布实施10周年座谈会上，参会代表纷纷呼吁修订完善《条例》；会后，各级地方志工作机构及地方志工作者、有关专家学者纷纷致电来函，继续进行呼吁。其中，北京、山东、湖南、湖北、广东等地的地方志工作机构不约而同地提出，希望提高《条例》的法律效力位阶，启动《史志法》立法，以依法治志推进依法治国。

二、《史志法》立法的紧迫性

新时代史志工作面临新问题、新困难、新挑战。当前是全面建成小康社会的决胜期,是史志事业转型升级的关键期,迫切要求尽快总结经验教训形成理论体系,制定符合史志发展实际的法律,从而切实解决相关问题,以全面推进史志事业健康永续发展。具体而言,《史志法》立法的紧迫性主要体现在以下方面:

(一)国志编纂无法可依

一统志的编修始于元代,编成《大元大一统志》1300卷;明代编有《大明一统志》90卷;清代三修一统志,最后编成的《嘉庆重修一统志》共560卷。一统志作为全国总志,不仅是研究当时建置沿革、山川形势、政治、经济、文化等的重要文献,也对后世地方志的编纂产生了重大影响。中国历史上一统志的编纂,均由国家层面牵头,颁布诏令,建立全国性的编纂体制机制。史志载盛世,盛世修史志。编纂国志是继承中华民族优秀文化传统、探索治国理政规律、强化统一国家概念、全面传播宣传中华文明、彰显新中国社会主义建设辉煌成就的需要。2020年全面建成小康社会,启动《中华人民共和国志》编纂恰当其时。但是,这是一项浩大工程,涉及中央部门及社会各界,组织协调难度极大,亟须制定一部《史志法》予以保障。

(二)三轮修志亟需规范

社会主义时期两轮大规模修志过程中,因无法律制约,史志工作"说起来重要,做起来次要,忙起来不要"的现象仍比较突出。一些地区、部门、行业史志工作的开展,完全决定于领导者个人对史志工作认识水平的高低,缺乏刚性的规范和约束,致使工作中随意性很大,机构、人员的稳定性受到严重影响,工作经费也难以保证。所以还存在有关单位拒绝或拖延完成规划内修志任务的现象。存在有关单位领导不顾客观规律,急躁冒进、粗制滥造,导致工作进度、质量水平参差不齐,部分成果还存在记述错误甚至有意歪曲事实等问题。随着机构改革的深化,撤并机构的资料保存、收集存在困难,严重影响了修志进度和质量。按照目前规划,全国第三轮修志将在2021年,统一启动,统一断限,统一完成,修志的范围更广、涉及的部门更多、难度更大,亟待通过立法予以解决。

(三) 史志编修主体多元化

随着我国改革开放和社会主义现代化建设的不断深入、经济社会的快速发展，人们对编修史志的诉求不断增大、增强，史志编修社会化趋势明显，编写主体日益多元，编写行为日益普遍。据不完全统计，仅2017年由各厂矿企业、机关、学校、公司、场队、院所等修的行业志、部门志、专业志就有600部之多；各类山水名胜古迹志、地情书等约700部。[1] 主体多元，政出多门，编写目的复杂化，缺乏规范、有效管理，缺乏必要的法规约束，这类书籍无需上报审查，因而缺乏必要的科学性、严肃性、权威性，与"官修"志书良莠混杂，造成了很坏的影响。例如，竟然有人编纂《北京潮人人物志》《北京豪宅年鉴》，有的甚至擅自编纂部门志、区县志、村镇志，其政治关、史实关、资料关、文字关等无人把关，亟待通过立法予以解决。

(四) 乡镇村史志编纂需要保障

一方面，随着城市化进程的加快，传统村落日渐式微，大量村庄消失。据第二次农业普查数据显示，2006年中国有自然村330万个，到了2011年，自然村只剩下270万个，每天以80个到100个的速度消亡。古老村落的青山绿水、小河大树、逸事掌故、乡风乡俗等若不及时记录，将逐渐从人们的记忆中逝去。《国家"十三五"时期文化发展改革规划纲要》强调"开展旧志整理和部分有条件的镇志、村志编纂"，《乡村振兴战略规划（2018—2022年）》则明确"鼓励乡村史志修编"。国家重要规划性文件再三提出乡镇村史志编纂工作。可见，加快乡镇村史志的编修，意义重大，需要立法予以保障。另一方面，近年来，乡镇村史志编修规模不断扩大。据不完全统计，仅2017年由各乡镇村、街道社区编纂的志书就有520部，但村镇志编修管理却无法可依，无规可循，亟须纳入《史志法》调整范畴。

---

[1] 数据来源于中国地方志指导小组《2016年度全国地方志系统行业志、乡镇村志、街道社区志、山水志、地情书、教材、历代方志整理等累计出版情况统计表》《2017年度全国地方志系统行业志、乡镇村志、街道社区志、山水志、地情书、教材、历代方志整理等累计出版情况统计表》。

三、《史志法》立法的可行性

从新中国成立至今，地方志法治化经历了从依令修志到依法修志，再到依法治志三个阶段，积累了大量的经验，为《史志法》立法准备了充分条件，奠定了坚实的政治基础、理论基础和实践基础。

（一）政治基础

习近平新时代中国特色社会主义思想是新时代中国共产党的思想旗帜，是国家政治生活和社会生活的根本指针，党和国家必须长期坚持的指导思想，也是史志工作最坚实的思想基础、根本遵循。其一，全面依法治国是习近平新时代中国特色社会主义思想的重要内容，是新时代坚持和发展中国特色社会主义的基本方略。习近平总书记指出："全面推进依法治国涉及很多方面，在实际工作中必须有一个总揽全局、牵引各方的总抓手，这个总抓手就是建设中国特色社会主义法治体系。""立善法于天下，则天下治；立善法于一国，则一国治。"加快形成完备的法律规范体系是坚持和完善社会主义法治的基础。史志工作承担着"为党立言、为国存史、为民修志"的神圣使命，是意识形态领域重要组成部分。将史志事业和史志工作纳入法治轨道，是继续完善以宪法为统帅的中国特色社会主义法律体系的重要内容之一，是落实习近平新时代中国特色社会主义思想的实践要求。其二，习近平总书记关于史志的重要论述，是习近平新时代中国特色社会主义思想的重要组成部分。党的十八大以来，习近平总书记就传承弘扬中华优秀传统文化发表了一系列重要讲话，对史志工作的重要性进行了深刻阐述[1]，指出"历史是最好的老师""历史是最好的教科书，也是最好的清醒剂""中国革命历史是最好的营养剂""修志是一项很有意义的工作"，强调"在对历史的深入思考

---

[1] 习近平总书记2014年2月考察首都博物馆时，强调要"高度重视修史修志"，将史志编修工作提升至关乎实现中华民族伟大复兴的高度；2015年7月在中央政治局第二十五次集体学习时强调，"协调各地党史、军史、档案、政协文史资料、地方志、社科院、高校等部门和机构的力量，扶持民间研究，从军事、政治、经济、文化、社会、外交、国际等领域对抗战进行系统研究"，要求地方志工作机构要在抗日战争研究上发挥应有作用。

中做好现实工作、更好走向未来，不断交出坚持和发展中国特色社会主义的合格答卷"，将中华优秀传统文化，作为治国理政的重要思想文化资源，进一步明确史志事业在中华民族伟大复兴征程中的作用，史志工作在新时代经济社会发展大局中的定位。党对新时代地方志事业发展明确了新定位、提出了新任务。《史志法》立法是新时代地方志事业发展的必然要求，有着坚实的政治基础。

（二）理论基础

党的十八大以来，将历史、现实、未来贯通的史志工作进入了全面转型升级、高质量发展的新阶段，积累了丰富的经验，打造了令世人瞩目庞大社会科学成果群和地情资料库。在整理研究历代方志和总结新方志编修经验的基础上，创新发展了方志学理论，形成了丰硕的理论研究成果。其一，自《规划纲要》增加一个新的概念——"依法治志"以来，依法治志成为方志学理论新的学术增长点。关于依法治志价值目标、内涵外延、实现路径、基本要求、权利保障等的研究层出不穷。"依法治志，不仅是法学理论的一个重大创新，也是地方志开拓创新的重大实践；不仅是公平有序的法治国家、法治政府、法治社会的内生性要求，也是规范和促进地方志工作全面发展的时代趋势与必然；不仅是全面推进依法治国的题中之意与重要组成部分，也是依法治国、依法行政的必然要求，是推进全面依法治国在方志领域的具体展开、具体实践和具体落实""要实现依法治志，就必须加快《史志法》立法进程，彻底解决史志工作面临的各种问题"等理论观点在法学界、方志学界已达成共识。其二，自《条例》颁布以来，关于地方志法治化建设的研究不断深化，成为方志学的一个研究重点。研究主要集中在对地区法治化进程的梳理；对《条例》《规划纲要》等法规规章的解读；违法行为认定与处罚、《条例》完善等方面。这些研究成果从多角度阐述了《条例》升级、《史志法》立法的必要性。其三，进入新时代，地方志全面转型升级的实践催生了地方志转型升级理论。在宏观上对地方志转型升级的价值内涵、目标要求等进行了研究，在微观上聚焦某一地区地方志转型升级的实践，对转型升级的评价体系、实践路径等进行了研究。研究普遍认为，在地方志转型升级的过程中，《史志法》立法是大势所趋。同时，中国法学会立法学研究会将《史志法》立法作为2019年重要课题提请国家立法机关列入立法规划。著名经济学家谢伏瞻、蔡昉，著名社会学家李培林，著名法学家徐显明、孙宪忠等多位全国人大代表、政协委员向"两会"提出建议，提案呼吁尽快制定《史志法》。可以说，理论界和实务界《史志法》立法的观点已经高度一致，立法理论已经成熟。

（三）实践基础

《史志法》立法的提出是经济社会发展到一定阶段的必然要求，是依法治志不断完善和发展的结果。《史志法》立法是建立在地方志转型升级的实践基础之上，包括党和政府重视地方志工作、地方志较为完善的地方法规体系、地方志法治化建设的实践等。

1. 党和政府制定的一系列有关的方针为《史志法》立法提供了政策依据。《中共中央关于全面深化改革若干重大问题的决定》《中共中央关于全面推进依法治国若干重大问题的决定》《法治政府建设实施纲要（2015—2020年）》等关于全面推进依法治国的大政方针，为《史志法》立法提供了重要的思想指引。2015年8月《规划纲要》的颁行不仅明确了地方志"十业并举"的事业格局，为启动《史志法》立法奠定了坚实基础，而且近5年的贯彻落实为《史志法》立法奠定了充分的实践基础。2016年3月，"加强修史修志"写入国家"十三五"规划，将史志工作全面纳入国民经济和社会发展规划，纳入党中央、国务院部署的工作任务。2017年1月，《关于实施中华优秀传统文化传承发展工程的意见》将地方志工作纳入中华优秀传统文化传承发展工程。2017年5月，《国家"十三五"时期文化发展改革规划纲要》将地方志工作纳入社会主义文化强国建设任务。2018年9月，《乡村振兴战略规划（2018—2022年）》明确将地方志工作纳入乡村振兴战略。党中央、国务院高度重视史志事业的发展，一系列中央重要文件明确要求加强修史修志工作，为《史志法》立法在实践操作层面提供了政策依据。

2. 地方志较完善地方法规体系为《史志法》立法提供基础支撑。2006年《条例》颁布实施以来，全国已有29个省（自治区、直辖市）

由省（自治区、直辖市）人大或政府出台了地方志工作条例、规定、实施办法等。其中，山西、吉林、江苏、安徽、山东、广东、海南、四川省人大立法，出台《地方志工作条例》；山东省还在全国率先实现市、县地方志规章规范性文件全覆盖，全省17个市、137个县（市、区）全部颁布了地方志规章或规范性文件。武警部队出台《中国人民武装警察部队史志工作规定》。同时，已有一些省（自治区、直辖市）开始对本地区的史志地方性法规进行修订，并提高了效力位阶。目前，地方志已经有了较为完善的法规体系，取得了丰富的《史志法》立法经验，为国家《史志法》立法创造了良好的实证基础。

3. 多年地方志工作实践积累的丰富经验为《史志法》立法提供了必要的基础条件。在长期的地方志工作实践中，形成了"党委领导，政府主持，负责地方志工作的机构组织实施，社会各界广泛参与"的地方志工作机制，以及"一纳入、八到位"（即将地方志工作纳入各地国民经济和社会发展规划和地方各级政府工作任务，做到认识到位、领导到位、机构到位、编制到位、经费到位、设施到位、规划到位、工作到位）的事业体系。尤其是党的十八大以来，紧紧抓住地方志事业千载难逢的发展机遇，积极推动国办印发《规划纲要》并狠抓贯彻落实，紧紧围绕"两全目标"攻坚，着力推动"十大工程"协同发展，紧扣党和国家利益、经济社会发展、以人民为中心"三大主题"开拓创新，全面推动新时代地方志转型升级，引领全国地方志事业步入新时代，在实践中取得重大突破，这为《史志法》的制定提供了良好的现实基础。

四、《史志法》立法构想

建议以《条例》为基础，在借鉴《中华人民共和国档案法》等文化立法经验基础上，结合史志工作实际，以及各地地方志法规的制定执行情况，制定《史志法》。初步考虑《史志法》由11章构成，框架结构如下：

第一章，总则。主要内容包括立法目的、适用范围、指导思想及基本原则。

第二章，组织保障。主要内容是分别明确各级人民政府、各级史志行政管理部门的职责，史志工作者的职业操守、素质要求，以及地方志著作权属。

第三章，志书编纂与管理。主要内容包括志书编纂的管理主体、管理职责、民族政策、编纂周期、审查验收。

第四章，年鉴编纂与管理。主要内容包括年鉴编纂的管理主体、管理职责、民族政策、编纂周期、审查验收。

第五章，地方史编纂与管理。主要内容包括地方史编纂的管理主体、管理职责、民族政策、编纂周期、审查验收。

第六章，方志馆建设与管理。主要内容包括方志馆建设和管理的主体、数字化要求、原则功能、社会服务要求、捐赠要求。

第七章，资料收（征）集与管理。主要内容包括资料收（征）集的管理主体、资料保存。

第八章，史志开发利用管理。主要内容包括史志开发利用规划的管理主体、社会责任，以及以影像等形式开展的开发利用活动的管理。

第九章，表彰与奖励。主要内容是对有关单位个人的表彰以及对史志成果的奖励规定。

第十章，法律责任。主要内容是规定法人、其他组织、公民地方志违法行为的法律责任，史志行政管理部门及其工作人员不履行法律职责的法律责任。

第十一章，附则。规定实施办法的制定、本法施行时间等。

党的十八大以来，习近平总书记多次强调中华传统文化的历史影响和重要意义，并赋予其新的时代内涵，史志事业迎来了千载难逢的发展机遇。保障史志文化的创造性转化和创新性发展，实现史志文化的价值，制定一部《史志法》意义重大、恰逢其时。正如习近平总书记强调："我们要加强重要领域立法，确保国家发展、重大改革于法有据，把发展改革决策同立法决策更好结合起来""凡属重大改革都要于法有据"。在整个改革过程中，都要高度重视运用法治思维和法治方式，发挥法治的引领和推动作用，加强对相关立法工作的协调，确保在法治轨道上推进改革。在我国，史志活动虽然经历2000多年，却是断断续续、一路坎坷。要彻底解决史志发展中的顽疾，就必须将其脱离行政长官之"人治"，纳入法治轨道。建构史志基本法律体系，保障史志事业的健康有序发展，用法治思维、法治方式来认识和解决史志工作遇到的问题，筑成人民群众满意的史志事业发展体系，实现史志文化功能价值，助力社会主义文化强国建设，致力中华民族伟大复兴的中国梦的实现。

新时代地方志法治化建设思考*

今天，在黑龙江和乌苏里江交汇之处，在素有"华夏东极"之称的抚远市召开全国地方志法治化建设研讨会，主要任务是进一步学习贯彻习近平新时代中国特色社会主义思想，特别是习近平法治思想，全面总结交流"十三五"时期全国地方志法治化建设的经验做法，深入研究讨论"十四五"时期地方志法治化工作，大力推进全国地方志事业第二次转型升级，谱写地方志事业法治化、高质量发展新篇章。这次会议，得到了黑龙江省委省政府，佳木斯市委市政府，抚远市委市政府的大力支持，黑龙江省、佳木斯市和抚远市的地方志工作机构也付出了大量辛勤劳动。在这里，谨代表中指办对大家的辛苦付出表示衷心感谢，对参加会议的各位代表表示诚挚欢迎。

近几年来，中共黑龙江省委史志研究室在省委、省政府的坚强领导下，团结带领全省地方志工作者，按照中指组的统一要求，科学谋划，积极部署，主动担当，攻坚克难，各项工作取得很大成绩。2020年12月，黑龙江省圆满完成

---

* 根据2021年7月28日在全国地方志法治化建设研讨会上的讲话整理。

《规划纲要》要求的"两全目标"。编纂出版省市县三级地方综合志书240部,省市县三级综合年鉴2020卷139部,位居全国前列。其中,佳木斯市、抚远市在高质量完成"两全目标"的同时,镇村志编纂工作也可圈可点,《八岔村志》入选中国名村志文化工程,市郊区完成全部11个乡镇志编修,25个村完成村志编修。另外,黑龙江省地方志法治化建设也开展得有声有色,制定了《黑龙江地方志工作规定》《黑龙江省地方志事业发展规划纲要(2016—2020年)》,积极开展地方志法治化宣传工作,加强地方志工作行政督查,理顺地方志工作管理体制,积极发挥地方志"存史、资政、育人"作用。我们在这里召开会议,就是对黑龙江省地方志工作的高度肯定,希望大家以这次会议召开为契机,振奋精神、奋力开拓,百尺竿头、更进一步。

"十三五"时期,全国地方志系统坚持以习近平新时代中国特色社会主义思想为指导,以习近平法治思想为统领,在国家全面依法治国的大背景下,提出论证并全面实施依法治志,在全国地方志系统搭建起地方志事业发展的四梁八柱。5年来,中指组坚持贯彻落实《规划纲要》,不断强化顶层设计。一方面,就开展《中华人民共和国史志法》立法可行性研究、修订完善《条例》,举行系列论证会、征求意见会、立法研讨会,2018年5月举办"依法治国与依法治志"论坛,争取全国人大代表、政协委员在"两会"期间提出建议、提案等,为进一步完善地方志法规体系、提升法律效力打下坚实基础。另一方面,出台了一系列新政策、新规划、新制度,包括《全国地方志信息化发展规划(2016—2020年)》《全国年鉴事业发展规划(2016—2020年)》《关于加强全国地方志科研工作的意见》《关于加强全国地方史志期刊工作的意见》《方志馆建设规定(试行)》《地方综合年鉴编纂出版规定》《关于全国地方志系统支援新疆、西藏地方志工作的意见》《国家方志馆分馆建设管理工作规定》等。各省区市的依法治志水平和规划编制水平也有很大提高,初步形成了比较完备的法规体系。5年来,在原有25个省区市颁布地方志工作法规规章的基础上,天津、黑龙江、西藏、青海4个省区市颁布地方志工作法规规章,吉林省人大常委会修订了《吉林省地方志工作条例》，江苏省、广东省人大常委会分别出台了《江苏省地方志工作条例》《广东省地方志工作条例》。各省区市和新疆生产建设兵团都出台了本地地方志事业发展规划或规划纲要、贯彻《规划纲要》的实施意见或方案等，统筹规划本地的地方志事业发展。

"十三五"以来，全国地方志系统凝心聚力、开拓创新、尽锐出战、攻坚克难，严格按照《规划纲要》提出的目标任务，基本实现省市县三级有志有鉴的"两全目标"，开创了世界文化史上的盛举；建成各级方志馆611家，形成较为完备的地方志网、报、刊体系；初步构建起地方志"五位一体"发展格局，实现了从一项工作向一项事业的转型升级。"十四五"时期，全国地方志工作者要持续学懂弄通做实习近平新时代中国特色社会主义思想，大力推进全国地方志事业第二次转型升级，实现从"有没有"的数量的规模化，到"好不好"的质量的法治化，持续紧紧围绕党和国家利益、经济社会发展和以人民为中心"三大主题"开拓创新，实现地方志"五起来"，即"用起来""立起来""活起来""热起来""强起来"。

今年是中国共产党建党100周年，也是实施"十四五"规划、开启全面建设社会主义现代化国家新征程的开局之年，更是全国地方志事业向法治化高质量转型升级的关键之年。习近平总书记在庆祝中国共产党成立100周年大会上，强调在新的征程上，必须坚持依法治国。以习近平同志为核心的党中央高度重视社会主义法治建设，将全面依法治国明确为新时代坚持和发展中国特色社会主义的基本方略之一，强调全面依法治国是中国特色社会主义的本质要求和重要保障。这对全国地方志系统依法治志提出了新的要求。下面讲几点意见，供大家参考：

一、要坚持正确政治方向

地方志事业是党领导的中国特色社会主义事业的有机组成部分，属于意识形态范畴。这就对地方志工作提出了更高的要求。地方志工作者任何时候都要保持对党绝对忠诚，始终确保地方志工作的正确方向。做好地方志工作首要的就是坚持党对地方志工作的全面领导，做到对党负责,让党放心,让人民满意。要坚持用辩证唯物主义和历史唯物主义的立场、观点、方法来指导地方志工作,当前的重要任务,就是要深入学习习近平同志在庆祝中国共产党成立100周年大会上的重要讲话精神,在深化学习中不断增强"四个意识",坚定"四个自信",做到"两个维护",紧密团结在以习近平同志为核心的党中央周围,聚焦主责主业,不断推进依法治志。

二、要牢固树立法治思维

党的十八大以来,习近平总书记高度重视全面依法治国,亲自谋划、亲自部署、亲自推动。在这一过程中,习近平总书记创造性提出了关于全面依法治国的一系列新理念新思想新战略,形成了内涵丰富、科学系统的思想体系,为建设法治中国指明了前进方向,在中国特色社会主义法治建设进程中具有重大政治意义、理论意义、实践意义,这是地方志事业第二次转型升级的理论基础与根本遵循。"法治是国家治理体系和治理能力的重要依托。"地方志事业要繁荣发展,就必须坚持依法治志,全面推进科学立法、严格执法、公正司法、全民守法,把地方志工作纳入法治轨道。具体来说,就是要以"一纳入、八到位"为总要求,推动地方志从依法修志到依法识志、依法修志、依法研志、依法用志、依法管志、依法存志和依法传志的转型升级,用法治思维破解发展难题,用法治手段解决发展问题。

三、要加快地方志领域立法,健全地方志法规体系

"治国无其法则乱,守法而不变则衰。"当前,随着经济社会不断发展,地方志编修主体日益多元化,地方志工作领域不断扩大,"十业并举"的事业发展格局初步显现,《条例》已不适应新时代地方志事业科学发展的需要。同时,随着"两全目标"攻坚战的胜利,第一个《规划纲要》规定的主要任务也已基本完成。面对种种新情况新问题,加快健全地方志法规体系是当务之急。一要立足当下,抓好眼前工作,推动国办印发《全国地方志事业发展规划纲要(2021—2025年)》,确定未来

五年地方志事业发展的指导思想、基本原则、总体目标、主要任务和保障措施。各地也要根据全国的规划纲要，结合自身实际，制定出台第二个五年规划。二要稳扎稳打，抓好常规工作，做好《条例》的修订准备。当前，《条例》仍然是开展地方志工作的主要依据，应当未雨绸缪，提前做好《条例》修订的调研、条文修改等基础工作。没有制定或正在制定地方志工作法规规章的地方，要力争早日出台；已经出台的，要根据实际情况，该修订的修订，该升格的升格。三要放眼长远，打好《史志法》立法持久战，将《史志法》立法工作作为长期工作来推动，继续和有关部门加强沟通联系，稳步推进相关工作。

四、要加强地方志执法，严格规范依法履职

习近平总书记强调，在统筹推进伟大斗争、伟大工程、伟大事业、伟大梦想的实践中，在全面建设社会主义现代化国家新征程上，我们要更加重视法治、厉行法治，更好发挥法治固根本、稳预期、利长远的保障作用。当前，一些地区和部门行业史志工作的开展，完全决定于领导者个人对史志工作认识水平的高低，缺乏法律的规范和约束，致使工作随意性很大，机构、人员的稳定性受到影响，经费也难以保证。领导重视的，工作还能顺利开展；领导不重视的，工作便无人问津；领导虽然重视但不顾客观规律的，工作往往急躁冒进、粗制滥造，工作进度、质量水平参差不齐，在实际工作中"说起来重要，做起来次要，忙起来不要"的现象仍然突出。各级地方志工作机构要依法履行相关职能，推动将《条例》《规划纲要》规定的"一纳入、八到位"、志书编修和综合年鉴编纂、方志馆建设、地方志书质量监督等落实情况纳入党委政府的督查范围，将相关法规、制度、规定落实在实际工作中，加大依法督查考核的力度，切实做到违法必究。下一步，我们将根据中央办公厅督促检查室和国务院办公厅督查室的要求，对《规划纲要》落实情况进行督查检查，请各地做好准备。

五、要促进全民守法，强化地方志法规宣传

全民守法是法治社会的基础工程。普法工作要紧跟时代，在针对性和实效性上下功夫，要不断提升全体公民法治意识和法治素养，使法治成为社会共识和基本准则。目前，社会各界对地方志的了解还不深入，大量地方志资源还藏在深闺人未识，依法治志的理念也远未普及。要积极开展《条例》普法宣传，组织主题明确、形式多样的普法宣传活动，增强全社会厉行法治的积极性和主动性，营造守法光荣、违法可耻的社会氛围，培养社会公众对地方志法规规章的遵守意识。要通过组织法治化培训、经验交流等活动，切实强化地方志工作者的法治思维，提高依法行政能力，用法治方式来解决地方志工作遇到的问题，推动地方志事业在法治轨道上健康发展，全面促进依法修志、依法管志、依法用志，让广大群众共享依法治志文化成果。

此次会议的召开经过了慎重考虑和认真研究，希望大家把握难得的机会，认真总结交流地方志法治化建设经验，研究讨论下一步法治化工作，把会议办成一场高质量、有实效的经验交流会、工作推进会、理论研讨会，切实推动全国地方志法治化建设。

第二编

两全目标

地方志在我国赓续2000多年,留下了诸多珍贵的资料文献,方志前辈薪火相传,功不可没。然而,历朝历代,却没有任何一个时期,实现每一个县或者省市区域的志鉴全覆盖,从地方志对我国疆域版图记述的完整性上看,还是碎片化的,表现出一定的随意性。党的十八大以来,我们接过地方志的接力棒,推动国务院办公厅印发地方志历史上第一个全国性《规划纲要》,提出到2020年,不仅实现省市县三级志书全覆盖,而且完成省市县三级综合年鉴全覆盖。经过5年多艰苦卓绝、持之以恒的努力,这个目标实现了,我们这代方志人创造了省市县三级志鉴第一次全覆盖的历史,实现了一项世界文化史上的伟大盛举。

——题记

为全国第一次省市县三级综合年鉴全覆盖而努力*

修志和编纂年鉴是地方志的两大主业。在我们提交给国办的《全国地方志事业发展规划纲要（2015—2020年）》建议稿中，提出了"两全目标"任务，即到2020年，我们要实现历史上第一次省市县三级地方志书和综合年鉴全覆盖，称之为"两全目标"。第五届中指组对地方志事业发展的新要求，概括起来就是"一纳入、八到位"，就是要把地方志工作纳入各地国民经济和社会发展规划、地方各级政府工作任务之中，做到认识、领导、机构、编制、经费、设施、规划、工作八个到位。要实现"两全目标"，就要抓"一纳入、八到位"。就实现全国历史上第一次省市县综合年鉴全覆盖目标而言，重点应该从以下几个方面着手：

一、要抓住机遇

目前至少有三个机遇。首先是中指组换届以来地方志事业的新机遇，即领导空前重视。习近平总书记、李克强总理、

---

* 根据2015年6月27日在专业技术人才知识更新工程——全国地方综合年鉴资源开发利用高级研修班上的总结讲话修改整理。

刘延东副总理等党和国家领导人在不到两年时间内多次对地方志工作作出讲话或批示，这是空前的。地方志事业与中国梦的实现，与中华民族的伟大复兴紧密结合，成为不可或缺的一项重要而光荣的事业。第五届中指组组建后，王伟光组长、李培林常务副组长积极开展地方志工作调研，他们现在已经非常了解全国地方志事业发展的情况，而且每到一处提出的都是切实可行的解决问题的思路和对策。今年中指办推出的"十大工程"就是在调研过程中针对发现的问题，进行的策划和部署。

其次是年鉴工作开展的新机遇。王伟光组长在全国地方志机构主任工作会议上的讲话，以及国办即将印发的《全国地方志事业发展规划纲要（2015—2020年）》很重视年鉴工作。一是"一体两翼"文化工程。一体即《中国地情报告》。我们先组织编写《中国地情报告》，把各地的情况予以汇总，然后带动各地做各地的地情报告。"两翼"中，"一翼"是《中国方志发展报告》，另"一翼"是《中国年鉴发展报告》。《中国方志发展报告》已经基本完成，《中国年鉴发展报告》正在策划之中。二是中国年鉴精品工程。不少地方都在编修综合年鉴，这也是法定的职责。那么如何提高它的质量，怎样打出品牌，年鉴精品工程就是一个重要抓手。

再次是年鉴开发利用的新机遇。不仅是年鉴，也包括志书，一定要改变编出来就是束之高阁、无人问津的传统局面。如何进行开发利用早已成为一个很现实的问题，亟待我们去讨论解决。唯有做好开发利用工作，年鉴的价值才能体现出来，年鉴事业的繁荣发展才能获取强劲的动力，才能达到修志编鉴为用的目的。我们要以此为龙头，带动志书资源包括新方志和旧志的开发利用。

二、要强化认识

各级地方志机构和年鉴编纂单位要充分认识到开发利用的重要意义，并且要担负起志鉴资源开发利用的重要职责，切实采取有效措施解决工作中存在的问题，不断提高志鉴开发利用水平。要在抓好年鉴编辑工作的同时，将年鉴资源开发利用摆在事关未来发展的重要位置，及早科学谋划。广大年鉴工作者要增强开发利用年鉴资源的责任感，不仅要做一个优秀的年鉴编辑人员，还要做一个优秀的年鉴资源开发利用的研究者、开拓者和宣传者。

三、要突出特色

年鉴的编修和开发利用，既有一些规律可循的共性，也有一些独有的特点和特色。从刚才浙江、北京、广东、四川等省市经验交流的情况看，他们各自有特色，都非常有价值。还有更多没有发言的与会代表，也有他们独特的经验和做法。要注重结合实际，通过建章立制来促规范，牢固树立研究意识，努力培养年鉴开发利用方面的人才。拓宽年鉴资料搜集渠道，提高年鉴编纂质量，编纂出版年鉴简本、英文版，搭建区域合作平台，编纂区域性年鉴。年鉴工作如何在遵循年鉴事业发展基本规律的前提下，立足本地实际，突出本地年鉴工作的特色，这是在深化改革的大背景下，年鉴工作者应该作出的思考。

四、要真抓实干

做任何事情，光空喊口号是不行的。习近平总书记说："空谈误国，实干兴邦"，尤其是地方志工作更需要实干。要编出精品年鉴和精品志书，要能提出建设性意见，挖掘历史智慧，总结传统文化中的精髓，为领导决策发挥参谋作用。抓实干的关键还在于工作常态化和长效化，同时各省级地方志机构在资源开发利用工作中要起表率作用，要带动地市级和区县级年鉴的开发利用工作。

经过30多年的努力，地方志工作走到今天很不容易，上下联动、同心协力、共同发展的局面已经形成，现在缺少的是每一个同志、每一个部门、每一个机构的真抓实干。

"两全目标"与精品志书的关系[*]

在即将印发的《全国地方志事业发展规划纲要（2015—2020年）》中，提出了"两全目标"要求。"两全目标"要求，到2020年底，实现省市县三级志书和综合年鉴全覆盖，这主要解决一个地方的地方志"有没有"的问题，是"数量"的问题，但是，这里，我要未雨绸缪，提出来地方志的"好不好"的"质量"问题。

根据我当方志出版社社长、总编辑终审若干种志书和综合年鉴书稿的感受，以及到地方志机构调研的发现，就省级志书而言，我们第二轮志书编纂工作普遍存在几个问题：一是一些领导重视不够，省级志书分（专）志编纂机构不健全、修志队伍不稳定、修志经费缺乏等问题或多或少的存在，有些甚至还比较严重；二是省级志书编纂资料搜集难，资料断档严重，补充完善大多不力，资料保管也存在漏洞；三是部分省级地方志工作机构规格较低，协调推动工作存在很多现实困难；四是部分省级志书承编单位没有常设机构，队伍流动性大，使得工作周期延长，严重影响修志进度与质量；五

---

[*] 根据2015年7月8日在全国第二轮省级志书编纂工作座谈会暨精品志书编纂研讨会上的总结讲话修改整理。

是同时兼顾加快编纂进度与精打细磨志稿比较困难，难以把握，志书编修进度慢、质量有待进一步提高等问题同时存在；等等。

关于第二轮省级志书编纂工作成功经验和做法。主要有：一是要坚持依法治志理念，不断提升编纂工作的法治化水平，这是开展好工作的有力保障；二是要全面落实"一纳入、八到位"，这是做好编纂工作的关键所在；三是要坚持和完善党委领导、政府主持、省级地方志工作机构组织实施、省（区、市）直及中直驻省（区、市）有关单位和专家参与的编修工作体制；四是要坚持主要领导亲自抓，分管领导直接抓，落实专人具体抓，使编纂工作"事事有人管、时时有人抓"，形成常态化工作运行模式；五是要坚持提前制定科学的、符合当地实际的工作规划，这是确保地方志编纂工作科学发展的重要前提；六是要坚持整合社会资源参与第二轮省级志书编纂，组建专家库，为修志出谋划策、审查把关，形成专家主纂、众手成志、群策群力做好编纂工作的格局；七是要坚持狠抓责任落实，明确任务，责任到人，强化依法督查考核，重点解决修志进度问题；八是要坚持质量第一，业务指导及时跟进，相关审核提前介入，工作制度全面保障，确保志书编纂质量；九是要坚持和推广地方志资料年报制度，做好资料搜集，夯实修志基础；十是要坚持人才培养，将业务培训制度化，同时完善激励机制，激发工作活力。

关于第二轮省级志书编纂工作的意见和建议，主要有：一是要搭建动态交流平台，加强业务培训与指导，强化省级志书编纂理论研讨的制度化；二是要在全国范围内倡导重视资料保存工作，省志承编部门志书编纂工作结束后应开展部门年鉴的编纂工作，为下一轮修志保存资料；三是要认真开展第三轮省级志书编纂工作研究，总结首轮、二轮省级志书编纂实践经验和教训，为第三轮省级志书编纂工作做好准备；四是要成立全国方志专家库和地情专家库，充分发挥专家在志稿指导及评审中的作用；五是要加强地方志法治化建设，建议适时修订国务院《条例》，增加支付省级志书编审人员合理劳动报酬的内容，以提高修志人员的工作积极性。

要切实做好第二轮省级志书编纂工作，确保在2020年前完成既定任务，并保证质量，打造出一批精品志书，要认真做好以下几项工作：

一、要进一步增强法治意识，用法治思维推进第二轮省级志书编纂工作

在大家梳理的工作难点中，很多问题是可以依靠"法"来解决的。让法治观念、法治思维始终贯彻省级志书编纂工作的全过程，就是要坚持有法可依、有法必依、执法必严、违法必究，做到依法修志、依法行政督查等。省级志书承编部门依法编纂省志，不是想干就干，不想干就不干，而是依法必须做好，这是硬性要求。经费、人员、机构有落实不到位的，就要依法落实，补齐补强，切实做到办事依法、遇事找法、解决问题用法、化解矛盾靠法。只有这样，才能为推动省级志书编纂工作提供坚强保障。

二、要进一步增强规划意识，用发展思维推进第二轮省级志书编纂工作

"凡事预则立，不预则废"。第二轮省级志书编纂工作也要有规划、有目标、有措施、有保障。《全国地方志事业发展规划纲要（2015—2020年）》即将由国办印发，出台后，大家在抓紧抓好贯彻落实的同时，也要以此为契机，认真谋划下一步的第二轮省级志书编纂工作，确定目标，坚定不移地去推动完成，推进第二轮省级志书编纂工作健康有序发展。

三、要进一步强化质量意识，全力确保省级志书质量

质量是地方志安身立命之本，关系到志书的功能价值，关系到地方志事业的可持续发展。王伟光组长在调研地方志工作时反复强调，地方志工作者要有精品意识，要打造精品佳志。2015年，中指办推出十大工程，其中就有中国志书精品工程。这次会议还专门安排环节进行了讨论。这就要求我们必须严格执行《地方志书质量规定》的有关要求，完善地方志质量评议、审查验收等制度，在确保进度的同时，严格保证质量。

四、要进一步加强总结,做好第二轮省级志书编纂工作成功经验推广工作

这次会议非常成功,达到了预期的"总结交流经验,研究布置工作,狠抓质量建设"的目的。会后,中指办将进一步梳理这些经验,形成有价值的经验性材料、切实可行的规范性文件,在全国范围内推广,为第二轮省级志书编纂工作落后地区提供借鉴。

第二轮修志已进入攻坚期和收获期,省级志书的编纂形势却不容乐观,希望大家充分发扬"修志问道,直笔著史"的方志人精神,未完成规划任务的,拿出破釜沉舟的勇气,咬紧牙关,再加把劲儿,力争按时按质完成任务;已完成规划任务的,不要懈怠,要加强经验总结工作,做好三轮省级志书编纂工作的材料搜集、试点准备、理论研讨等各项工作。"兄弟同心,其利断金。"我相信,只要我们携起手来,共同努力,第五次全国地方志工作会议提出的工作目标就一定会实现。

"两全目标"与精品年鉴的关系[*]

在2015年7月8日全国第二轮省级志书编纂工作座谈会暨精品志书编纂研讨会上，我讲了"两全目标"与精品志书的关系，今天，我讲一下"两全目标"与精品年鉴的关系。

大力提升年鉴质量，是一个常议常新的话题，也是一项内涵丰富的综合性工程，涉及资料征集、理论研究、队伍建设等多个方面。近年来，各级地方志工作机构和年鉴编纂单位围绕提升年鉴质量，采取了许多富有成效的措施和办法，概括起来，主要有：制定年鉴工作管理规定或年鉴编纂出版规定、年鉴编纂规范，积极推动年鉴编纂出版的规范化和制度化建设；组织开展质量检查工作或评比活动，建立健全年鉴质量保障机制和评估体系；有针对性地召开编纂研讨会、稿件审读会，加深对年鉴框架、记述内容、表现形式等内容的理解和把握；定期举办组稿人撰稿人培训班和编辑人员研修班，不断提高广大年鉴工作者的理论素质和业务水平。所有这些举措，对逐步提升年鉴质量发挥了积极作用，应继续坚持，并根据编纂实践要求进行调整完善。

---

[*] 根据2015年9月16日在全国地方综合年鉴编纂高级研修班上的讲话修改整理。

经过全国广大年鉴工作者的不懈努力，年鉴质量在不断提高，这是一个无可争议的客观事实。任何全盘否认年鉴质量的观点和做法，不仅危害欣欣向荣的年鉴事业，而且是严重违背了客观事实，是站不住脚的。从唯物辩证法的观点来看，毋庸讳言，与党委政府和社会各界的要求相比较，与快速进步的时代步伐和丰富多彩的社会实践相对照，年鉴编纂确实有一些需要改进的地方，比如：少数年鉴的框架结构比较单一，还不能全面反映鲜活的社会现实，无法容纳一些焦点问题和重要资料；部分年鉴的实用性不足，信息资料深度不够，不能充分满足使用者的需求；年鉴编纂的规范化还有待加强，编校水平需要进一步提高，等等。所有这些问题，需要在以后的编纂工作中认真研究，找出科学办法，切实加以解决。

当前全国地方志事业再次面临大好的发展形势和难得的发展机遇。刚刚过去的8月25日，国办正式印发《规划纲要》，并于9月3日，也就是中国人民抗日战争暨世界反法西斯战争胜利纪念日正式向社会公布，更凸显其重要价值，令人振奋。《规划纲要》的颁布实施，充分表明了党中央、国务院对地方志事业的高度重视和亲切关怀，意义重大而深远。当前和今后一个时期，全国地方志系统要抓住机遇，乘势而上，切实学习好、宣传好、贯彻好《规划纲要》精神，认真按照《规划纲要》要求创造性地开展各项工作。

《规划纲要》是国家对全国地方志事业发展的顶层设计，是推进社会主义文化强国建设的重要举措，具有极其丰富的内涵，其中指明了年鉴工作今后5年的奋斗目标和要完成的主要任务。《规划纲要》明确提出：到2020年，做到地方综合年鉴由地方志工作机构组织编纂，一年一鉴，公开出版，实现省市县三级综合年鉴全覆盖；加强对已开展和准备开展志鉴编纂工作的行业、部门、单位等的业务指导和管理。此外，《规划纲要》还对年鉴理论研究和学科建设、人才培养、质量建设、开发利用、对外交流等方面做出了具体部署。完成好这些目标和任务，任重而道远，关键的环节就是要狠抓年鉴质量，确保编纂出高质量的年鉴。

结合《规划纲要》的贯彻落实,围绕提升年鉴质量,我谈几点意见:

一、牢固树立精品意识,为提升年鉴质量提供正确导向

《规划纲要》提出:正确处理质量与进度的关系,将精品意识贯穿于地方志编纂出版工作全过程,严把政治关、史实关、体例关、文字关、出版关,编纂出版经得起历史检验、具有鲜明时代特征和地域特色的地方志成果。《规划纲要》强调年鉴编纂要始终坚持质量第一原则,对年鉴质量提出了明确要求,这也是对广大年鉴工作者提出的殷切期望。我们要深刻认识到年鉴质量对年鉴事业发展的极端重要性,真正把它提升到关乎年鉴事业兴衰存亡的高度。在实际工作中,要严格执行《地方综合年鉴编纂出版规定》,制定质量管理、质量监督等规定,完善年鉴质量评议、审查验收制度,确保在资料搜集、框架设计、总纂统稿、稿件评议、审查验收等环节均有章可循,严把质量关,打造出一批质量过硬的精品佳作,提升年鉴的社会认可度和使用率,推动我国从年鉴出版大国向年鉴强国迈进。

二、牢固树立创新意识,为提升年鉴质量提供不竭动力

习近平总书记强调,"创新是引领发展的第一动力","抓创新就是抓发展,谋创新就是谋未来"。《规划纲要》提出:认真总结地方志工作的经验教训,深化改革,与时俱进,推动理论创新、制度创新、管理创新、方法创新。纵观年鉴发展历史,年鉴编纂从来就不是一成不变的,而是一个不断创新、不断发展的过程。从上世纪90年代以来,年鉴界就非常重视对创新问题的研究,关于年鉴创新问题的讨论一直没有停止过。当前,在"全民创业、万众创新"的新时代,要真正提升年鉴质量,也必须走创新之路。我们要逐步摆脱在计划经济体制下形成的年鉴模式,敢于抛弃一些不适合社会发展需要的陈旧套路和做法,创新资料搜集制度,让框架设计、内容记述、体例体裁活起来,努力做到观念上不断有新突破,理论上不断有新发展,工作上不断有新举措,以改革创新的理念编纂年鉴,走出一条区别于志书、百科全书编纂模式的全新之

路，真正做到常编常新。

三、牢固树立人才意识，为提升年鉴质量提供坚强保障

《规划纲要》提出：重视人才选拔、培养和使用，加强专兼职结合、结构合理的人才队伍建设，培养和引进一批高端人才，建设一支高素质的地方志编修、研究工作队伍。毫无疑问，人才是一切工作之本，任何一项工作和事业的推动与发展，都取决于人的力量。因此，提升年鉴质量，必须要有一支政治素质高、理论功底深、业务水平强的编纂队伍。今后，要有计划地建立国家级、省级年鉴专家库，探索年鉴人才培养、引进等政策和措施，继续实施对年鉴主编和业务骨干的专项培训，实现编鉴人员岗前培训全覆盖、培训工作常态化。同时，广大年鉴工作者要自觉利用各种条件和机会加强学习，提高自身的理论水平、知识水平和专业水平，努力使自己真正成为年鉴编纂的行家里手。这里还需要强调的是，年鉴编纂是一门学问，不是随便一个人都能胜任的，想要成为一名优秀的编辑，没有多年的学习和实践的磨砺是不可能的。因此，各级地方志工作机构和年鉴编纂单位要多为年鉴编辑着想，为他们创造良好的工作环境和生活条件。既要培养人才，更要留住人才。有了这样的良性循环，才能保证年鉴质量，年鉴事业也才能持续健康发展。

四、牢固树立开放意识，为提升年鉴质量提供广阔平台

《规划纲要》提出：采用多种形式，加强与香港、澳门和台湾地区以及国外的高等院校、科研机构、档案机构与图书馆等单位的交流与合作。在全国各行各业走向世界的大环境中，年鉴界不应该置身其外，否则就跟不上时代发展的要求。提升年鉴质量，就要有开放意识，把年鉴置于世界的视野下进行审视、比较、评判，而不能坐井观天，自我封闭。目前，我国年鉴出版数量和种类居世界前列，但年鉴的编纂思路和出版理念与国外发达国家相比还有很大区别。年鉴既然是"舶来品"，是从国外引进的，那么我们就应该了解国外年鉴是如何运作、怎样编纂的，国外年鉴的内容特色是什么，等等。但遗憾的是，国内年鉴同行间

的交流比较频繁,但与国外年鉴同行间的交流却非常少,甚至可以说基本没有。我们应该充分利用一切条件和机会,通过"走出去"和"请进来",加强与英美等国家年鉴同行的交流,学习他们先进的编纂方式,"洋为中用",进一步提高我国年鉴编纂出版的质量和水平。

当然,也要清醒地认识到,提升年鉴编纂质量绝不是一蹴而就、一夕之功,需要群策群力、坚持不懈、久久为功。

实现年鉴全覆盖目标的"五个一"计划*

今后,全国年鉴工作要实现"五个一":一是每年召开一次全国年鉴工作会议,总结过去一年年鉴工作的情况,布置新一年年鉴工作安排;二是每年召开一次年鉴研究会学术年会,对年鉴编纂、年鉴管理以及年鉴事业发展中的理论和实践问题进行研讨;三是每年至少举办一期年鉴培训班,对年鉴主编或者其他人员进行培训;四是每年组织年鉴质量评审,对上一年编纂出版的年鉴进行等级评审,鼓励优秀,鞭策后进;五是每年发布一部《中国年鉴发展报告》,对年鉴工作情况进行总结分析,对年鉴事业发展前景进行分析、预测。

全国年鉴事业发展迎来了又一个春天,发展形势振奋人心,发展机遇千载难逢,结合全国年鉴工作实际,我谈四个方面的意见:

一、统一思想,凝心聚力,提高认识,努力完成《规划纲要》提出的目标任务

长期以来,从全国层面来讲,年鉴编纂工作缺乏统一规

---

* 根据 2016 年 8 月 3 日在第一期全国年鉴主编培训班上的讲话修改整理。

划、统一管理，年鉴编纂机构和队伍缺乏统一领导，形不成有效的向心力和合力，严重影响年鉴事业的健康发展。《条例》明确规定，地方综合年鉴编纂是地方志工作的重要组成部分，国家地方志工作指导机构有统筹规划、组织协调、督促指导全国地方志工作的职责。《规划纲要》强调："要重视军事、武警年鉴工作，加强对已开展和准备开展年鉴编纂工作的行业、部门、单位等的业务指导和管理。"根据《条例》和《规划纲要》，中指组及其办公室在法律上和政策上具有管理和指导全国年鉴工作的职责。因此，我在2016年山西太原市召开的全国第一次年鉴工作会议暨年鉴研究会成立大会上提出了新时期年鉴工作的"八字要求"："举旗，誓师，团结，奋进"。"举旗"，就是高举年鉴旗帜，团结在中指组一杆大旗下，通过我们共同努力，在当前大好形势下实现年鉴事业的新跨越。"誓师"，就是按照李培林常务副组长所作的题为《统一思想，凝心聚力，深入贯彻落实〈规划纲要〉，努力实现年鉴事业发展新跨越》主题报告的要求，通过年鉴研究会的组织优势、人才优势和专业优势，组织年鉴专家学者，进一步活跃学术研究，深化理论研讨，努力为年鉴事业发展提供有效、全面的智力支持。"团结"，就是各会员单位和各位会员、各位理事应积极参与研究会组织的各项活动，积极建言献策，为研究会当好参谋。"奋进"，就是要全面贯彻落实中央领导对地方志的重要批示、重要讲话精神，按照新一届中指组的要求，完成《规划纲要》提出的年鉴工作目标任务。

《规划纲要》是我国历史上关于全国地方志事业发展的第一个规划，也是第一份规划年鉴事业发展的文件，在年鉴发展史上具有里程碑意义。《规划纲要》对当前和今后一个时期全国年鉴事业发展作出了顶层设计和统筹安排，提出了明晰的任务书、时间表、路线图，标志着年鉴事业从此走上以科学规划引领科学发展的道路。全国年鉴工作者要团结起来，以年鉴研究会为重要平台，增强责任意识和使命意识，扎扎实实推进工作，抓好落实。特别是面对当前年鉴工作面临的一些困难和挑战，我们更要迎难而上，以奋力拼搏的精神、攻坚克难的智慧、求真务实的作风，强化责任，确保各项目标任务圆满完成。

二、大力推动依法治鉴，实现年鉴工作从行政化向法治化升级

《条例》对地方综合年鉴的领导主体、工作经费、编纂机构、编纂质量、编纂人员、出版程序、开发利用，以及社会各界应担负的职责，都作出了明确的规定，为开展年鉴工作提供了有力的法律依据。张居正说："天下之事，不难于立法，而难于法之必行。"就当前年鉴工作而言，有法可依固然重要，更重要的是有法必依、执法必严、违法必究，切实把《条例》关于年鉴工作的法律条文真正落到实处。

《规划纲要》明确提出要坚持依法治志的原则，这是首次将"依法治志"写入国务院文件，具有非常重要的意义。"依法治志"的"志"，在外延上涵盖了年鉴，对于年鉴工作来讲，就是"依法治鉴"。这个"法"，既包括我国宪法、法律、行政法规等根本法、基本法，也包括《条例》和《规划纲要》特别法。按照"法定职责必须为"的要求，年鉴工作作为地方政府的一项"法定职责"，约束性非常强，不是想做或不想做的工作，而是必须完成好的法定工作职责。《规划纲要》强调：国家地方志工作机构依法统筹规划、组织协调、督促指导全国地方志工作；省市县三级地方志工作机构依法履行组织、指导、督促和检查地方志工作职责。所以，各级地方志工作机构要紧紧扣住这些规定，注重运用法治思维、法治方式来思考谋划《规划纲要》的贯彻落实。要以《条例》和《规划纲要》为依据，让主管领导明白当地党委、政府应当担负的年鉴工作责任，努力争得他们的关心和重视；要争取人大、政府法制部门和政府督察部门的支持和配合，定期开展执法监督检查或行政督察，解决年鉴机构、编制、人员、经费等问题，督促如期完成年鉴工作任务，尤其是省市县三级综合年鉴全覆盖的任务。

全国年鉴工作要以"依法治鉴"为抓手，加快推进依法编鉴、依法用鉴、依法管鉴。依法编鉴的基础是落实"一纳入、八到位"。各级地方志工作机构要积极向党委政府主要领导宣传"一纳入、八到位"，主动争取领导支持，依法做到"一纳入、八到位"。各级地方志工作机构

也要高度重视年鉴工作，打造好地方志事业这一增长点与支撑点，在地方志工作机构内部落实对年鉴工作的"一纳入、八到位"，从领导配备、人员安排、机构设置、经费预算、计划规划等多个方面着手，做到一把手重点抓，分管领导亲自抓；要配备骨干力量，保持年鉴队伍的稳定性；要加强年鉴的常规化培训，提升年鉴编辑人员和撰稿人员的业务素质，打造年鉴撰稿人网络；要加强理论研究，提供理论支撑；要积极向本级财政争取充足的经费预算，保证年鉴公开出版。

依法用鉴是指依法开展对年鉴资源的开发利用。要转变思想观念，加强年鉴工作的信息化建设，积极探索用鉴途径，拓宽用鉴新领域。要严格按照中指组《地方综合年鉴编纂出版规定（试行）》提出的质量要求，坚持年鉴的官书性质，服务中心工作；要利用年鉴反映人民群众关注的民生问题、社会问题、热点问题，贴近基层、贴近群众；要坚持年鉴的资料性，存真求实，客观反映正反两方面情况；要坚持突出地区或行业特色，积极探索突出年度地情的编纂方式和表现形式。

依法管鉴是指依法进行年鉴的审查验收、编辑出版、保存管理、督导检查。《规划纲要》提出"到2020年，做到地方综合年鉴由地方志工作机构组织编纂，一年一鉴，公开出版，实现省、市、县三级综合年鉴全覆盖。"这是国家关于综合年鉴编纂工作的一项政令，是硬任务、硬指标。其中，"一年一鉴、公开出版、当年出版"是年鉴规范化的要求，是依法管鉴的重要体现。各地要认真抓好落实，决不能拖延，要依法确定工作程序，做到权力制约、职责到位、程序有效、监督有序。

三、大力推进中国年鉴精品工程，打造更多传世之佳作

近年来，中指办紧紧围绕习近平总书记、李克强总理、刘延东副总理等党和国家领导人关于地方志工作的重要批示、重要讲话精神，《规划纲要》提出的目标任务、中指组领导提出的要求，不断创新工作模式，开拓新的工作领域，相继启动"十大工程"，即：民族地区与贫困地区志书出版资助工程、中国志书精品工程、中国年鉴精品工程、中国名镇志文化工程、中国名村志文化工程、全国地方志"一体两翼"用志工程、

全国信息方志与数字方志建设工程、方志馆研究建设及全国地方志专业出版基地建设工程、中国地方志学科建设与人才队伍建设工程、中国方志文化走向世界工程。现在，这些工程已经取得阶段性成果，在社会上的影响力也逐步加大，相信以"十大工程"为总抓手，必将推动地方志事业这艘文化航船乘风破浪，奋力前行。

中国年鉴精品工程是中指办实施的"十大工程"之一，2015年上半年已经正式启动。实施中国年鉴精品工程，对于提升年鉴质量，筑牢全国年鉴事业健康发展的根基，有着举足轻重的作用。中国年鉴精品工程也是一项探索工程、创新工程，没有成熟的经验可以借鉴。本着稳妥推进的原则，中指办通过各省级地方志工作机构推荐，邀请专家评审，并区别不同区域和类型，选取10家单位为首批中国年鉴精品工程试点单位，作为打造精品年鉴的试验田。中指办计划待取得创新成果和成功经验后，再逐步向全国推广，争取更多的年鉴进入该工程，成为精品，努力实现年鉴数量和质量齐增长、双丰收。

今年6月，中指组开展了全国地方志优秀成果（年鉴类）评审，评出特等年鉴35部，一等年鉴93部，二等年鉴125部，三等年鉴153部。在第一次全国年鉴工作会议上，对这些优秀年鉴编纂单位提出了表扬，这既是对大家以往辛勤工作的肯定和总结，又是对今后工作的鼓励和鞭策。这次优秀年鉴成果评审，也是强化精品意识、打造精品年鉴的关键一环。今后，我们将努力争取国家评比表彰达标部门的关心支持，将优秀年鉴成果评审活动正常化、规范化，激励编纂出更多的传世佳作。

此外，中指办准备在实施民族地区与贫困地区志书出版资助工程的基础上，有计划、有针对性地实施民族地区与贫困地区年鉴出版资助工程，旨在早日实现省市县三级综合年鉴全覆盖，努力推动民族地区与贫困地区进一步提高年鉴编纂水平。

四、提升年鉴主编的综合素质，培养高水平的主编队伍

《规划纲要》对队伍培训提出了明确的要求，即"完善教育培训制

度，分级实施对地方志机构新任负责人、志鉴主编总纂的专项培训，实现修志编鉴人员岗前培训全覆盖，培训工作常态化"。年鉴质量的高低、理论研究的兴衰与年鉴主编关系很大。一个政治理论好、文化素质高、专业能力强的主编，对于年鉴的创新与发展是十分重要的。

因此，年鉴主编责任重大、使命光荣。作为一名优秀的年鉴主编，应该具有政治家的眼光、学者的知识、新闻记者的嗅觉、作家的笔锋，应当具有高度的政治意识、责任意识、质量意识、策划意识、保密意识、人才意识、读者意识、创新意识、市场意识和学习意识，综合把握年鉴编纂及出版发行的各个方面。年鉴主编不仅要有较高的学术水准和知识水平，掌握年鉴的基本理论和编纂方法，有较强的编纂能力和业务素质，而且必须具有较广的工作经验和社会阅历，有较强的组织领导和协调管理能力，善于高屋建瓴、总体把关，通盘考虑年鉴编纂出版的全过程，做到心中有数，运筹帷幄，使编纂工作有条不紊地进行。年鉴主编要自重自强，自我完善，身体力行，敬业实干，进而提高编辑群体素质；要审时度势，锐意创新，开拓市场；要艰苦拼搏，推出精品年鉴，提高效益；要善于精心组织队伍，把握各个环节，采取有效措施，上下沟通，左右联络，内外协调，制订制度，督促检查，团结共事，培养人才，解难释疑，抓点带面，掌握进度，注重质量，按时保质保量完成任务。

年鉴主编还要具备较高的个人素质，即必须是不图名利、甘愿清贫的人，必须是全身心地热爱此项工作、无私奉献的人，必须是善于学习、肯于研究、具有较高学术水平的人，必须是有强烈的责任感、使命感、服务宗旨坚定的人。只有具备这样的素质才称得上是合格的年鉴主编，才能带好一个编辑团队，编纂出更好更多的精品年鉴。

《广西通志》的示范作用*

党的十八大以来，党中央、国务院十分关心地方志工作，习近平总书记、李克强总理、刘延东副总理就地方志工作多次发表重要讲话、作出重要批示，全国地方志事业迎来了千载难逢的发展机遇。2015年8月，国办印发《规划纲要》；2016年3月，"加强修史修志"被写入国家"十三五"规划；2017年1月，中办、国办印发的《关于实施中华优秀传统文化传承发展工程的意见》中特别提出，要"做好地方史志编纂工作，巩固中华文明探源成果，正确反映中华民族文明史，推出一批研究成果"，这是又一次从国家层面明确了地方志在建设社会主义文化强国，增强国家文化软实力，实现中华民族伟大复兴中国梦中的重要作用，是地方志事业发展进程中又一件足以载入史册的大事，对在全国范围内全面推进地方志从一项工作向一项事业转型升级具有十分重要的意义。地方志作为中华民族优秀文化的有机组成部分，传承中华文化、弘扬历史传统的重要载体，承担着"存史、资政、育人"的重要功能。地方志工作者要深刻认识地方志在传承中华优秀

---

* 根据2017年2月21日在传承弘扬中华优秀传统文化暨《广西通志（1979—2005）》出版座谈会上的讲话修改整理。

传统文化中的重要地位，深入挖掘地方志精髓，主动作为。

即将出台的中央关于繁荣发展哲学社会科学的文件中，也将把"做好全国地方志编修工作"作为一项繁荣发展中国特色哲学社会科学的重要任务。这些国家级规划、文件的出台，都为地方志事业的大发展大繁荣提供了最有力的指引。2017年1月，中指组在海南召开了"南海主权与地方志"论坛，主动发挥地方志服务国家重大战略布局的作用。2017年2月16日的《人民日报》专门刊文，提出"地方志研究应以国家利益为导向"，"充分发掘地方志工作在资政辅治、地情教育、科研利用等方面的重要价值，为传承中华优秀传统文化、提升我国国际话语权作出新的贡献"。正是千千万万方志人的敢于担当、甘于奉献和实实在在的作为，才让地方志工作越来越有地位，越来越受重视。

将地方志纳入实施中华优秀传统文化传承发展工程之中，是贯彻落实习近平总书记系列重要讲话精神和李克强总理、刘延东副总理重要批示、重要讲话精神的重要举措，是全面落实"十三五"规划"加强修史修志"任务的具体措施，充分体现了党中央、国务院对地方志工作的高度重视和殷切期望。

中指办提出，2015年是培训年、调研年；2016年是顶层设计年；2017年是落实年、督查年。2017年，中指办将采取措施，加强督查，强化落实各项目标任务，将启动为深入贯彻落实习近平总书记在中央政治局第二十五次集体学习时的重要讲话精神，经全国社科规划领导小组批准的国家社科基金抗日战争研究专项工程项目《中国抗日战争志》；启动中国名山志文化工程、中国名水志文化工程、中国名酒志文化工程，向世界展示中国的名胜古迹和独具特色的华夏文化；继续推进中国志书精品工程、中国年鉴精品工程、中国名镇志文化工程、中国名村志文化工程等全国地方志"十大工程"。2017年，中指办将按照《规划纲要》的要求，在狠抓完成"两全目标"任务的基础上，加大对专业志书、年鉴的督查指导和统筹规划。

广西壮族自治区地方志办公室组织编纂的《广西通志（1979—2005）》，是第二轮修志以来全国编修时间最短的一部新编省级综合志书，全方位、多角度地记述了1979年至2005年广西改革开放以来的历史变迁和社会风貌。该志编修历经1200多个日夜，有280多人参与其中，广西地方志系统和各相关领域的专家学者付出了巨大的努力。这一重要成果，保存了大量珍贵的广西经济社会发展资料，具有较高的社会和学术价值。

《广西通志（1979—2005）》的出版是广西的一件喜事，一件大事，也是广西方志人迈向新征程的一个新起点，继续努力，继续创新，才能开创事业发展新局面，才能让地方志事业更上一层楼。希望广西广大方志工作者在今后的工作中，一是要全面贯彻落实习近平总书记系列重要讲话精神和治国理政新理念新思想新战略，围绕中心工作改革创新地方志工作，真正做到围绕中心、服务大局，让方志文化产品形成地域文化品牌，自觉将各项工作纳入当地经济社会发展战略当中，纳入本地的公共文化服务体系当中，提高服务意识，创新服务方式，全面提升方志文化的公共服务能力和水平。二是要全面落实《规划纲要》提出的"两全目标"，实现从"一本书主义"向志、鉴、史、馆、库、网、用、会、刊、研"十业并举"转型，坚定方志文化自信，以依法治志为重要保障，以"一纳入、八到位"为总体要求，积极作为，为广西文化建设作出更大贡献。三是要做好六卷本《广西通志（1979—2005）》编纂经验总结，尤其是一些细节要记录下来，为今后志鉴编修提供借鉴，也可以为其他省区的省志编纂提供有益的参考。四是继续发扬"修志问道，直笔著史"的方志人精神，抓住实施中华优秀传统文化传承发展工程的契机，紧紧围绕全国地方志"十大工程"，全面推动广西地方志从一项工作向一项事业转型升级。

文化是民族的血脉，是人民的精神家园。文化自信是更基本、更深层、更持久的力量。中华民族创造了源远流长的中华文明，地方志书留存了丰富多彩的地域文化。在博大精深、浩如烟海的中华文化中，方志文化独树一帜，在传承中华优秀传统文化中具有独特的作用，承载着传承中华文明、弘扬历史传统的重任，是中华民族延续文脉的重要载体。广大地方志工作者要担负起守护、传播和弘扬中华优秀传统文化的职责。中华民族伟大复兴的中国梦的实现，离不开中华优秀传统文化滋养和引导，我们要坚信传承和弘扬中华优秀传统文化是每一位方志工作者的使命和责任。要加大对地方志的开发利用，深入挖掘历史智慧，切实传承好中华优秀传统文化。

省级志书是实现"两全目标"的关键*

在河北的省会石家庄召开全国第二轮省级志书（政法）编纂业务研讨会，这是深入贯彻《规划纲要》，实现到2020年全面完成第二轮修志规划任务工作目标，促进第二轮省级志书编纂业务研讨的一次重要会议。来自全国各省（自治区、直辖市）、新疆生产建设兵团的代表和具有深厚政法理论功底与修志实践经验的特邀专家出席会议，我谨代表中指组及其办公室向各位代表、专家的到来表示热烈欢迎，向一直以来高度重视和大力支持地方志工作的河北省委、省政府表示衷心感谢，向为承办这次会议付出艰辛劳动的河北省地方志办公室的同志们表示衷心的感谢。

党的十八大以来，党中央、国务院高度重视地方志工作，党和国家领导人多次发表重要讲话、作出重要批示；2017年1月，中办、国办印发《关于实施中华优秀传统文化传承发展工程的意见》，在重点任务中明确要求"做好地方史志编纂工作，巩固中华文明探源成果，正确反映中华民族文明史，推出一批研究成果"。这是继2016年3月《中华人民共

---

* 根据2017年2月28日在第二轮省级志书（政法）编纂业务研讨会上的讲话修改整理。

和国国民经济和社会发展第十三个五年规划纲要》明确提出"加强修史修志",2015年8月国办印发《全国地方志事业发展规划纲要(2015—2020年)》以后,中央出台的重要文件中再次对地方志工作提出明确要求。通过系列重要讲话、批示、文件,党中央、国务院把地方志工作提升到新的高度、摆在新的位置、提出新的要求。面临重大的发展机遇,如何谋时而动、顺势而为,至关紧要。下面,我针对当前地方志事业发展和实现"两全目标",特别是对省级志书编纂谈几点意见:

一、深入贯彻国家顶层设计,准确把握当前地方志事业的发展大势

最近几年,地方志事业发展面临千年未有的巨变,习近平总书记、李克强总理、刘延东副总理多次发表重要讲话、作出重要批示,国家的重要文件一个接着一个,如此重视地方志工作,在中国历史上的任何时期都是没有过的。把握发展机遇,尽快实现地方志事业的转型升级,在当前尤为关键。识大势才能谋大事,要实现转型升级,就要准确判断地方志事业发展在国家发展战略、在意识形态领域中的地位作用。

(一)在文化强国建设中的地位更加突出

党的十一届三中全会以来,我们党始终坚持以经济建设为中心,集中精力搞好经济建设、提高人民生活水平。在经济建设取得辉煌成就的同时,提高国家文化软实力,促进文化大发展大繁荣,建设文化强国,成为中国特色社会主义事业发展和实现中华民族伟大复兴中国梦的内在要求。党的十八大以来,地方志事业发展被纳入了习近平总书记系列重要讲话和治国理政新理念新思想新战略当中,被纳入了国家的"十三五"发展规划,作为文化建设的一项重要内容,被赋予了基础文化工程、提高国家文化软实力重要载体的新定位。

(二)在坚持文化自信中的地位更加突出

中华民族创造了源远流长的中华文明,薪火相传,代代相承,成为国人安身立命的精神家园,成为中国人民坚持文化自信的底气。作为传统文化的精华,方志文化独树一帜,承载着传承中华文明、弘扬历史传

统的重任，是中华民族延续文脉的重要载体。正是基于这样的作用，中办、国办在《关于实施中华优秀传统文化传承发展工程的意见》中，才会把"做好地方史志编纂工作"作为阐发传统文化精髓的重要内容，并放在重点任务中最重要的位置。通过中央文件，地方志已经被明确为继承和发展中华传统文化精华的核心内容，成为坚持文化自信的重要组成部分。

（三）在社会主义核心价值观培育中的地位更加突出

社会主义核心价值观体现了以爱国主义为核心的民族精神和以改革创新为核心的时代精神，是社会主义核心价值体系的内核，是对社会主义核心价值的高度凝练和集中表达，代表的是国家、民族的理想信念和精气神。地方志中蕴含着尊士、崇德、向善、忠义、孝亲等传统价值，旗帜鲜明地弘扬爱国、敬业、诚信、友善等社会主义核心价值，反映了中华民族宝贵的精神品格和崇高的价值追求，成为培育和弘扬社会主义核心价值观的肥沃土壤。近两年来，地方志系统推出的一系列成果，比如出版了传承优良家风、家训的系列成果，推出的弘扬正能量的系列文化产品，通过地情展览开展爱国主义教育等，都是生动的实例。

二、深入理解修志编鉴的主业地位，准确把握实现"两全目标"的重大意义

自 2013 年第五届中指组成立以来，全力推进地方志事业的全面协调可持续发展，依法治志不断深入、"一纳入、八到位"深入贯彻落实，地方志事业发展的内涵在探索中不断丰富。最近几年，地方志事业发展最明显的变化是从一项工作向一项事业转变，从"一本书主义"转向志、鉴、史、馆、库、网、用、会、刊、研"十业并举"的新格局，事业全面发展的根基已经逐步巩固。在全力促进事业全面发展的同时，我们还要清醒地认识到，修志编鉴始终是主业，是引领事业发展的重中之重。

（一）修志编鉴是事业发展的源动力

赓续千年不断的修志传统，是造就今天事业全面发展的根基所在。正是为了继承和发扬中国独有的修志传统，20 世纪 80 年代初才会在全

国范围全面铺开地方志的编修工作。而到了90年代，地方综合年鉴编纂逐渐成为各级地方志工作机构的主要职能被固定下来后，地方志的工作内容才得到丰富，机构队伍才逐渐稳定下来。可以说，没有修志编鉴主业，就没有地方志事业。作为事业发展的压舱石，作为事业发展的核心内容，修志编鉴必须始终放在最重要的位置。

（二）修志编鉴是依法治志的核心任务

国务院《条例》明确规定："地方志，包括地方志书、地方综合年鉴"，组织编纂地方志书、地方综合年鉴是各级地方志工作机构最为重要的职责之一。如果说确保本行政区域开展志鉴编纂是各级地方政府的法定职责，那么按期保质编修好志鉴就是各级地方志工作机构的核心职能，是国家行政法规对各级地方志工作机构规定的、必须完成的硬性任务。志鉴工作搞不好，地方志工作机构就是违法违规，就必须被追究相应的法律责任。

（三）修志编鉴是地方志社会价值的集中体现

地方志工作之所以能够引起党中央、国务院的高度重视，能够让各级地方党委、政府非常重视，最重要的是通过代代相继的积累，形成了内容最为系统、最为丰富的地情资源宝库。而这些资源当中，最能体现价值的，无非是数以万计的志鉴成果群。尤其是经过改革开放以来的两轮修志、年鉴编纂的全面铺开、部门和行业志鉴编纂形成热潮、乡镇村志编纂逐渐成为文化自觉后，志鉴成果体系的整体价值优势已经显现出来。志鉴成果群，成为地方志系统与其他部门、行业相比较的最大优势，成为地方志社会价值的集中体现。

三、深入了解省级志书编纂面临的艰巨任务，准确把握全面完成二轮修志的工作节奏

根据《规划纲要》要求，"到2020年，完成第二轮地方志书规划任务，省、市、县三级地方志书全部出版"和"一年一鉴，公开出版，实现省、市、县三级综合年鉴全覆盖"的"两全目标"，到2020年，必须实现省省有志鉴、市市有志鉴、县县有志鉴，这是硬指标、硬任务，是

全国地方志系统为全面建成小康社会的献礼,没有讨价还价的余地。最近,中指组印发了相关文件,再次对实现"两全目标"提出要求。从目前来看,省级志书的编纂能否按期保质完成,成为是否能够实现"两全目标"的重中之重。必须克服困难,抓住重点,把握节奏,全力促进省级志书的编纂工作。

(一)深刻认识完成任务的艰巨性

截至 2016 年 9 月底,全国第二轮修志省级志书规划 2467 部、出版 537 部、完成率为 21.77%,地市级志书规划 389 部、出版 193 部、完成率为 49.61%,县级志书规划 2942 部、出版 1695 部、完成率为 57.61%。从统计数据可以看出,省级志书的完成率最低,仅仅超过五分之一,有些省份甚至是一部省志都没出版,有些省志分志甚至出现没有承编部门、没有组织启动的情况。在座的各位是分管省级志书编纂工作的领导和处室负责人,身处其中,更有深刻体会。省级志书编纂组织难、推动难、收集资料难,在三级志书编纂中是任务最艰巨、完成难度最大的。因此,要花更大的功夫、付出更大的精力才能够做好。

(二)深刻认识完成任务的紧迫性

2017 年距离 2020 年实现"两全目标",还有不到三年时间。虽然有些省份是要等到全部分志编纂完成后统一出版,近两年在完成比例上会有比较大的变化,但总体上看,时间还是十分紧迫。特别是那些现在还没有启动,或者刚刚启动的分志,按期完成的难度更大。时不我待,现在留给我们的时间越来越少,如果没有强有力的措施,没有时间表、路线图,稍一松懈,就没有弥补的时间和机会。所以,大家一定要有紧迫感,要拧紧思想开关、绷紧弦,切实加快进度,扎扎实实推进省级志书的编纂工作。

(三)深刻认识完成任务的重要性

到 2020 年实现"两全目标",为全面建成小康社会献礼,这是广大地方志工作者的政治任务,也是我们是否能够为实现中华民族伟大复兴中国梦作出贡献的衡量指标,省级志书编纂能否按期保质完成,是一把开门钥匙。如果说因为省级志书编纂掉了队、拖了后腿,我们可能就会功亏一篑。大家一定要以强烈的责任感、使命感，充分认识到省级志书编纂在完成"两全目标"中的重要地位，在实现地方志事业转型升级当中的重要作用，真抓实干，抓出成果，抓出实效。

这次会议既是一次业务研讨和培训会，更是一次针对省级志书编纂的动员和促进会，希望大家在认真学习的同时，利用这次机会进一步加强交流，深入沟通省级志书编纂的工作经验，多谈一些促进工作的心得体会，为省级志书编纂工作实现重大突破贡献智慧。

地方志资料是志书的质量基础[*]

当前,党中央、国务院高度重视地方志工作。自 2014 年以来,习近平总书记、李克强总理、刘延东副总理就地方志工作多次发表重要讲话、作出重要批示,继 2015 年国办印发《规划纲要》、2016 年 3 月在《中华人民共和国国民经济和社会发展第十三个五年规划纲要》中明确提出"加强修史修志"后,2017 年 1 月,中办、国办印发《关于实施中华优秀传统文化传承发展工程的意见》,在重点任务中明确要求"做好地方史志编纂工作,巩固中华文明探源成果,正确反映中华民族文明史,推出一批研究成果"。几年来,中央领导同志和中央重要文件对地方志工作如此密集作出重要指示、提出明确要求,十分罕见。地方志迎来了历史上最好的发展时期。李克强总理就地方志工作作出的三次重要批示,其中"修志问道,以启未来"明确了新时期地方志事业的定位;"直笔著信史,彰善引风气"明确了当代地方志工作者的定位;"为当代提供资政辅治之参考,为后世留下堪存堪鉴之记述"明确了地方志质量的定位。《规划纲要》中也明确指出,要建立健全

---

[*] 根据 2017 年 4 月 25 日在第一次《汶川特大地震抗震救灾志》编纂工作经验交流会暨地方志质量建设研讨会上的讲话修改整理。

地方志质量保障体系。可以说，加强地方志质量体系建设是党中央、国务院布置给我们的一项重要工作，必须高度重视，坚决完成。

根据中指办的整体部署，2015年是调研年，2016年是顶层设计年，2017年是贯彻落实年。当前，要全面贯彻落实《规划纲要》，不折不扣地按时保质完成"两全目标"，为在2020年全面建成小康社会贡献"志"礼，不仅有数量要求，更要有质量要求。质量是地方志生命之所在，关乎事业的发展兴衰。中指组一向将质量问题摆在极为重要的地位，视为头等大事。2007年、2008年，中指组先后印发了《关于第二轮地方志书编纂的若干意见》《地方志书质量规定》，从总体上对提高志书质量提出了统一标准和要求。这在地方志的质量建设史上可以说是开天辟地的大事，这是第一次对地方志的质量建设进行顶层设计。今年，中指办更是重拳出击，抓质量，强根本。一是抓顶层设计。我们从地方志事业的基础——资料工作入手，起草了《关于加强地方志资料工作的若干意见》《关于编辑志书资料长编的若干要求》等，从制度层面规范资料工作，以点带面，推进质量建设。这次会议的重要议题，就是讨论《关于加强地方志资料工作的若干意见》（征求意见稿），希望大家知无不言，言无不尽，毫无保留，贡献智慧。二是抓载体。我们一方面以中国志书精品工程和中国年鉴精品工程两大工程为载体，狠抓志鉴编纂质量；一方面以全国地方志优秀成果评审为载体，通过评优来促优促质量。三是继续抓培训。我们通过抓志书、年鉴、期刊、信息化、方志馆等一系列培训，来提升地方志队伍素质水平，进而促进地方志质量建设。可以说，现在中指办质量建设既注重规划设计引领，又强调制度规范指导；既注重点面结合，又强调重点突破。

中指办为什么选择以资料工作为质量建设的突破口，我考虑良久。就是因为资料工作具有特别的重要性。资料性是地方志的第一属性，换句话说，没有资料，地方志就无从谈起。上周在宿迁召开的中国名酒志文化工程启动会议上，我提出了"方志四性"，即志的独特性、志的可信性、志的有用性、志的证据性。我提出，正因为这"四性"，地方志才成为世界历史文化长河中最灿烂的、不可替代的文化瑰宝。但是，"方志四性"的基础就是地方志的资料性。可以说,资料工作是地方志的根本、源泉,具有不可替代、不可或缺的特性。不注重地方志的资料工作,地方志就是无本之木、无源之水;不注重地方志的资料工作,地方志的可信性、有用性、证据性就大打折扣,质量建设也就是纸上谈兵,毫无意义。

为了切实做好地方志资料工作,推进质量建设,我提几点意见:

一、从"三个"高度认识地方志资料工作的重要性

胡乔木同志指出,"地方志的价值,在于提供科学的资料。"曾三同志则指出,"新编地方志应当是一部科学文献。它的科学性表现在志书的各个方面。首先表现在它所占有的资料的翔实、系统和准确上面,这是一部好的地方志不可少的基础。"著名历史学家周谷城也讲到,"志之重要,在于资料。"地方志资料的重要性不言而喻,但是在实际工作中,资料工作往往容易被忽视,我们要统一思想,从"三个"高度认识地方志资料工作的重要性。

(一)从依法治志的高度来认识

强调资料重要性,不仅是党和国家领导人、专家学者的共识,也是《条例》《规划纲要》等法规、规定的要求。《条例》第五条明确指出,"县级以上地方人民政府负责地方志工作的机构主管本行政区域的地方志工作,履行搜集、保存地方志文献和资料职能";第十条指出,"负责地方志工作的机构在编纂地方综合年鉴、搜集资料以及向社会提供咨询服务的同时,启动新一轮地方志书的续修工作";第十一条则对地方志资料征集、收集作出了明确规定。可见,地方志资料工作是各级地方志工作机构的法定职责,法定职责必须为,各级地方志工作机构要明确在地方志资料工作中的法定职责,并依法履行相关职责。"不为"就是不作为的违法。我考虑,在地方志立法、或者《条例》修订中,要进一步明确"不为"的法律责任。

《规划纲要》在"总体目标与主要任务"中的第二项"主要任务"的第八项布置了"强化地方志资料建设"任务,指出,"加大依法收(征)

集地方志资料力度,建立和完善地方志资料收(征)集、保存、管理制度,推行地方志资料年报制度并形成常态机制;运用社会调查、口述史等方法,大力拓展资料收(征)集范围和渠道,建立能够全方位适应地方志编纂、地方志事业发展和方志文化建设需要的地方志资料保障机制。"因此,地方志资料工作是党和政府交给我们的硬指标、硬任务,在2020年前必须完成。地方志工作不是想做就做、想不做就不做的,不是想干成什么样就干成什么样的。我们一定要从依法治志的高度,来充分认识地方志资料工作的重要性。

(二)从科学发展的高度来认识

在地方志系统广东"两会"上,中指组常务副组长李培林同志提出了要全面推进地方志事业转型升级。当前是在全国范围内推进地方志从一项工作向一项事业转型升级的关键时期,地方志也从"一本书主义"向志、鉴、史、馆、库、网、用、会、刊、研"十业并举"全面转型。国有史,郡有志,家有谱,随着地方史的纳入,地方志事业的不断扩展延伸,地方志资料工作也就不能仅仅只服务于"一本书",不应只是为修志编鉴工作提供方便。当前,很多方志人仍将地方志资料工作等同于志书编纂工作中的一个环节,这种局限性对于地方志资料工作、对于地方志事业发展是非常有害的。地方志资料工作是贯穿整个地方志事业,涉及修志编鉴、理论研究、开发利用、信息化建设、方志馆建设、旧志整理等方方面面。我们只有开拓视野,站在全局的角度,地方志资料工作才能发挥真正的作用,切实服务于地方志事业转型升级。

地方志从"一本书主义"向"十业并举"转型,需要"仙人掌精神",地方志资料工作也一样需要"仙人掌精神",即要"三耐一强",耐得住炎热、耐得住干旱、耐得住贫瘠、有很强的生命力。只要有一块埋下种子的土地,地方志资料工作就能生根发芽,不断开拓疆土,不断为地方志各项工作提供全面的、系统的、准确的原始资料,不断把功能向外延伸拓展。我们一定从科学发展的高度,来充分认识地方志资料工作的重要性。

(三)从质量建设的高度来认识

中国社会科学院原院长、中指组原组长李铁映同志反复强调,"唯存真求实、存史资治才可流传百世。名志、良志都以其资治当代、通鉴后世而名垂。不真、不准,不能为明鉴。""不可信则不能为志,还可能遗患于世。""真""准"就是对资料工作的基本要求。资料工作的好坏,占有资料的全面优劣与否,直接影响着地方志工作的质量。从这个角度来讲,认识地方志资料工作的功能和意义自不待言。可以说,强化质量建设的关键环节就是抓好地方志资料工作;夯实质量保障体系的基础就是抓实地方志资料工作。只有收(征)集到全面、真实、准确的地方志资料,并经过认真的鉴别、系统的整理、妥善的保存、合理的使用、科学的管理,地方志修志编鉴等各项工作的质量才有基本的保障。我们一定要从质量建设的高度,来充分认识地方志资料工作的重要性。

二、以"三化"为目标,开展地方志资料工作

资料工作是地方志事业发展立足之本,做好资料工作是地方志的"千年大计",必须科学推进,这就要求我们以"三化"来开展地方志的资料工作。

(一)地方志资料工作要制度化

进一步讲,要法治化。要保证资料工作有质量、有内容,落到实处,就要实现资料工作的制度化、法治化。首先,必须建立制度体系。在国家层面,我们正在制定《加强地方志资料工作的意见》,强化顶层设计,确保资料工作有规可依、有矩可循。在地方层面,各地也要结合实际,制定符合地情的地方志资料制度。通过调研可以发现,在地方志资料工作方面,制定了相关制度的,尤其是得到领导重视,由政府办公厅转发的,工作开展得就有章法,有力度,有效果;没有制度约束的,工作就随意性比较大,不能做到资料工作常态化。其次,要有相应的培训、考核等配套措施,确保制度落实到位,不能让制度变成一纸空文。

(二)地方志资料工作要系统化

资料的特性要求资料工作一定要系统化。一方面,就资料工作本身而言,就是一个系统。从资料收(征)集、整理,到保存、使用,每一个环节都是必不可少的,都是环环相扣的。一个环节完成的水平高低直

接影响着下一个环节工作的开展,直接影响着资料工作的质量,影响着整个地方志事业的发展。所以,每一个环节也都应该有标准、有要求。另一方面,资料工作在地方志这个大系统中,又是基础,直接影响着整个系统。所以,要避免"不识庐山真面目,只缘身在此山中",要把资料工作放入地方志大系统中来规划,来布置。

(三)地方志资料工作要信息化

随着互联网不断升级,云计算、大数据等现代信息技术的飞速发展,"互联网+地方志"新理念的不断深入人心,地方志信息化建设的突飞猛进,地方志资料工作信息化也是大势所趋。我们要与时俱进,创新工作思路,强化现代信息技术的运用,与地方志网站、数据库、微信平台有机结合,齐头并进,重点发展。一方面建立地方志资源共建共享网络和保障系统,实现资料的互联共享;另一方面要不断提高资料工作管理水平、提升管理效率、减少管理成本。通过资料工作的信息化,资料收集更高效,整理更准确,保存更安全,使用更方便,志鉴史成果更优秀,更能服务于党和政府中心工作,服务于经济社会发展大局。

三、拿好"三镜",以新视角做好地方志资料工作

人民网上一篇理论文章《睫在眼前应常见》,里面提到了"要综合各种不同的视角和方式观察事物""洞悉事理离不开三副眼镜"。我认为做好地方志资料工作,也离不开"三副眼镜"。

(一)望远镜

用"望远镜"来看"远"(即"广"),这就要求地方志资料工作一定要"广"。资料工作收集的原则,就是广征博采、有闻必录、巨细皆收。首先要注意资料的广泛性,地方志又称为"一方之百科全书",所需资料涉及行政区域内自然、政治、经济、文化和社会的历史与现状,时间跨度、行业跨度都非常大。一定要拓宽地方志资料收集的深度和广度,确保资料收集的全面。其次就是要注意合理规划,把握大势,运筹帷幄,明确资料收集的范围、方法、渠道;要统筹把握资料收集的种类,不能重视文字资料,忽视口述、实物等种类的资料。再次还要注意

把握先近后远、先内后外、先活后死的原则,避免"东一榔头、西一棒槌",如无头苍蝇四处乱飞,不得其法。

(二)放大镜

用"放大镜"来看"细",这就要求地方志资料工作一定要"细"。资料工作是一项系统的、长期的、细致性工作。拿着"放大镜",首先就要俯下身,这对资料工作人员来说,就是要有"修志问道,直笔著史"的方志人精神,要有高度的责任感,要能甘于吃苦、乐于奉献、耐得住寂寞,才能全心投入地方志资料工作,去"俯察周遭,埋头看路"。其次,就是要细致,更细致。"天下大事必做于细",于细微处见真功夫。毛泽东同志曾经说过,站起来看不见蚂蚁,一蹲下又到处都是蚂蚁。只有细心观察,才能看见蚂蚁;只有细致,才能发现资料,才能在浩如烟海的资料中找到需要的资料。再次,就是管理要精细化。从资料的收集、筛查到整理、使用,每一个环节都要有明确要求,有制度保障,确保资料工作高效率、高质量运行。

(三)显微镜

用"显微镜"来看"透",这就要求地方志资料工作一定要深。只要将资料工作做深、做透,才能确保资料的真实可信、准确可用,地方志资料的价值才能体现。首先,要"存真求实"。这就要求我们要深挖资料,收集反映事物本质特征的资料;要严查资料,对资料进行严格的鉴别、筛选;要吃透资料,做好整理,达到去伪存真、去粗取精的目的。其次,要培养辨别资料真伪的能力。考证核实资料,看透资料,不仅仅是态度问题,更是能力问题,要加强资料工作培训,培养专业人才。再次,要科学使用资料,不能牵强附会、张冠李戴。

破浪迎晨曦,聚将战沙场。我们要集思广益,为地方志事业发展提供经验总结;要广开言路,把自己的事情通过自己的努力做好。希望大家抓住地方志事业发展的大好机遇,以地方志资料工作为突破口,拿好"三镜",实现"三化",为质量建设夯实基础,为实现"两全目标"作出贡献,助力地方志事业全面转型升级。

"两全目标"对西藏的意义[*]

西藏是祖国的西南大门,也是国家安全、生态安全的屏障,在党和国家战略全局中居于重要地位。守好祖国的西南大门,是西藏各族人民的神圣职责。2015年8月24日,习近平总书记在中央第六次西藏工作座谈会上用"六个必须"全面阐释了党的治藏方略。"治国必治边、治边先稳藏"。西藏的发展,首先是稳定。要实现稳定,要靠法律、靠发展、靠人心、靠基础,而关键是在人心。一个民族、一个地区的发展,需要有向心力和凝聚力,西藏的发展需要发扬"老西藏精神"。全面、深入、系统地学习和研究西藏的历史文化,在历史中汲取治藏理政的智慧,是贯彻落实习近平总书记系列重要讲话精神和治国理政新理念新思想新战略的基本要求。地方志是传承中华文明的重要载体,蕴含着丰富的历史智慧,是探索历史发展经验和社会发展规律的重要媒介,是贯彻"六个必须"的重要参考和依据。

党的十八大以来,以习近平同志为核心的党中央高度重视地方志工作,习近平总书记、李克强总理、刘延东副总理

---

[*] 根据2017年7月18日在中指办第二期援藏志鉴编纂业务培训班开班式上的讲话修改整理。

多次就地方志工作发表重要讲话、作出重要批示，中办、国办在印发的《关于实施中华优秀传统文化传承发展工程的意见》《国家"十三五"时期文化发展改革规划纲要》中对地方志工作提出明确要求和具体任务，加上2015年国办印发的《全国地方志事业发展规划纲要（2015—2020年）》，为全国地方志事业转型升级确定了目标任务、发展蓝图，地方志事业发展迎来了历史最好时期，也是最为关键的时期。实现全国地方志事业的转型升级，到2020年全面完成第二轮修志规划任务，实现省市县三级综合年鉴全覆盖的"两全目标"，是硬指标和核心任务，也是全国地方志系统为全面建成小康社会的献礼工程。届时，要全面实现省省有志鉴、市市有志鉴、县县有志鉴，这不仅在中国文化发展史上绝无仅有，在世界文化发展史上也是罕见的。

据统计，截至2017年第一季度，西藏自治区第二轮修志省级志书规划59部，出版6部，占规划总数的10%；地市级志书规划7部，都没有出版；县级志书规划73部，出版5部，只占规划任务的7%。自治区年鉴实现一年一鉴、公开出版，市级综合年鉴规划7部，6部实现一年一鉴，其中5部实现公开出版；县级年鉴规划74部，启动50部，其中实现一年一鉴的21部、公开出版的16部，还有24部没有启动。现在距离2020年还有不到3年的时间，西藏自治区要完成"两全目标"，任务十分艰巨，没有撸起袖子加油干的精神，没有强有力的举措，是完成不了任务的。鉴于此，中指组领导、中指办才会如此关注西藏的志鉴编纂工作，在2015年和2017年两次组织举办援藏志鉴编纂业务培训班；8月初还计划在新疆伊犁召开援藏援疆工作座谈会，深入研讨全国地方志系统援藏援疆工作，进一步动员全国力量支持西藏地方志工作，探索建立地方志工作援藏的长效机制。"两全目标"任务，是党中央、国务院对各级政府和地方志工作机构的明确要求，必须不打折扣地坚决完成。在西藏自治区党委、政府的高度重视和大力支持下，全区地方志工作在实现"两全目标"方面迈出了一大步，措施得力，工作到位，成效显著，为全国提供了很好的经验做法。比如出台了《西藏自治区贯彻落实〈全国地方志事业发展规划纲要（2015—2020年）〉的实施意见》

《西藏自治区实施〈地方志工作条例〉办法》《西藏自治区地方志工作考核办法（试行）》等制度规定，制定了时间表、路线图，逐级层层签订工作责任书，明确了质量要求、进度安排和完成时限等。同时，把实现"两全目标"纳入各级党委、政府督查工作计划，进行集中督查和工作评比，对后进地区和部门实行问责，督导推进工作落实和进度跟进。按期保质完成"两全目标"，是西藏自治区地方志工作的重中之重，务必进一步提高认识，把握好党中央、国务院高度重视地方志工作的大好机遇，抓住地方志事业发展的黄金时期，深入推进"依法治志"和"一纳入、八到位"，切实落实好中指组、中指办的各项工作部署，把地方志工作作为一项重大的政治工程、战略工程、文化工程、固边工程来抓。在座的各位要把到2020年实现"两全目标"作为己任，攻坚克难，以时不我待的精神依法按期完成目标任务，为全面建成小康社会献上"志"礼。

下面，我对此次培训班提几点要求：

一、要从全局和战略高度，深刻认识此次培训的重要意义

这次培训以全面贯彻党中央、国务院对地方志工作的部署，全面推进西藏地方志工作为目的，进一步明确了西藏地方志工作下一阶段的核心任务。修志编鉴不是可有可无的事情，而是历朝历代、社会主义新中国对西藏行使主权的文化宣示，是真实记录西藏地区与祖国一脉相承、荣辱与共的重要载体，也是充分展示在中国共产党领导下西藏地区经济社会建设取得的巨大成就、西藏人民生活幸福安康的历史依据。要通过这次培训，进一步增强对地方志工作重要意义、重要价值的认识，进一步增强参与修志编鉴的使命感、光荣感，全面提升地方志业务知识、业务能力。以"铁肩担道义，妙手著文章"的责任担当，编纂出全方位展示西藏政治、经济、社会、文化、生态文明等各方面取得的辉煌成就，展示西藏翻天覆地的变化和各族人民幸福安康的美好生活，为后人留存下堪存堪鉴的高质量志鉴成果。

二、要弘扬"修志问道，直笔著史"和"仙人掌"精神，找准位置，主动作为

"修志问道，直笔著史"是《规划纲要》明确的方志人精神，既是对千百年来无数代方志人精神风骨和价值追求的总结凝练，又明确了方志人的时代自觉和当代使命，同时为地方志工作指明了方向和路径。历朝历代的方志人凝练成的精神，是一笔宝贵的财富。新时期方志人，要继续弘扬方志人精神，以仙人掌的品格和特征，做到"三耐一强"——"耐炎热、耐干旱、耐贫瘠，具有顽强的生命力"。真正做到只要给方志人容得下一粒种子的土地，就能生根发芽，不断拓展，开辟出一片新的天地。在座的各位学员是世界上唯一一群工作在海拔最高地区的方志人，虽然环境艰苦、条件恶劣，但"艰苦不怕吃苦，缺氧不缺精神"。在你们身上，看到的就是"修志问道，直笔著史"和"仙人掌"精神。下一阶段，更要发扬这种精神和风骨，以更加坚定的理想信念、更强烈的责任感做好地方志工作。

三、要以学带干，以干促学，学用并举

此次培训包括自治区、市、县三级志鉴编纂的业务骨干，覆盖面广，代表性强。在课程设计方面，紧紧围绕自治区地方志工作的实际需要，安排的都是与志鉴编纂业务密切相关的核心内容，全面解读全国地方志事业发展的新形势、新定位、新目标、新举措、新挑战，对志鉴编纂的基础理论、编纂方法、质量控制等作全面介绍。同时，结合三部志鉴稿进行实例分析和点评，具有很强的针对性和实践性。各位学员要通过学习，深入掌握志鉴编纂业务，把所学所获应用于今后的工作实践当中，真正做到以学带干。实践是检验真理的唯一标准，在今后的工作中，还要不断充电，在实干中发现不足、丰富经验，真正做到以干促学。此外，还要坚持不断自我总结，自我完善，把工作同学习有效地衔接起来，真正做到学用并举。

四、要遵守学习纪律，珍惜学习机会，提高自身素质

这次培训班的举办，受到了各级领导的高度关注，希望各位学员珍惜难得的学习机会，树立严谨笃学的理念，严格遵守纪律，勤学好问，善于反思，紧抓不懈。如果说通过此次培训，能够培养出一批合格的地方志工作者，那么目的就达到了，就取得了实效。如果说还能进一步激发大家对地方志工作的热情，培养出一批行家里手和领头人，那么这次培训的成效就十分显著。同时，培训班也是一个学习交流的平台，希望大家利用机会，互帮互学、交流分享，既收获知识，又收获友谊。

保持地方志高位运行态势*

4年来，我们牢记方志家国情怀，肩负方志使命担当，树立方志文化自信，发扬方志人精神，创造出方志速度、方志效率，勠力同心，砥砺前行，地方志事业发生了深刻的变化。这次会议不仅是深入学习贯彻习近平新时代中国特色社会主义思想和党的十九大会议精神的一次重要会议，而且是回顾地方志4年来的深刻变化及明确新时代地方志事业内涵、发展方向的一次重要会议。这次会议系统总结第五届中指组成立以来全国地方志工作取得的成绩，分析存在的问题，挖掘新时代地方志事业新内涵，明确地方志事业转型升级的新要求，谋划部署了全国地方志系统未来5年的工作，进一步统一思想，形成共识，凝聚力量，是一次成功的年度主任工作会议和经验交流会。

一、4年来的主要经验

4年内，中指组及其办公室观大势，谋全局，着力顶层设计，开拓创新，真抓实干，实施依法治志，在全国范围内

---

* 根据2017年12月27日在2018年全国地方志机构主任工作会议、第二次全国地方志工作经验交流会上的总结讲话修改整理。

依法治志与地方志转型升级

全面推动地方志从一项工作向一项事业转型升级，为地方志跨越式发展绘蓝图、制规划、定措施，取得了骄人成绩，得到了社会各界和全国地方志系统的充分肯定。各级地方志工作机构及广大地方志工作者实字当头，干字为先，取得了令人满意的好成绩，积累了行之有效的经验。这些经验，可以说是明珠熠熠。其中，山东省创造出"围绕一个目标、提高两个站位、突破三个重点、落实'六全任务'，促进山东史志事业实现创新发展、持续发展、领先发展"的先进经验，4 年内获得山东省领导批示 113 次，成为推动全国地方志事业发展的重要力量，为新时代地方志事业转型升级提供了有益参考，这也是我们选择在济南召开这次会议的原因。

苏轼言："博观而约取，厚积而薄发。"认真梳理这些经验，对于地方志的高质量发展具有十分重要的意义。为此，我们认真梳理了 31 个省，以及山东、天津、黑龙江、陕西、宁夏等省、市、自治区部分市县的好做法，形成了 10 条经验，希望大家继续坚持、落实、深化和发扬。

（一）必须坚持正确的政治方向

地方志必须坚持四项基本原则，坚决与以习近平同志为核心的党中央保持思想上、政治上、行动上的一致。4 年来，在第五届中指组的带领下，各级地方志机构积极组织学习党的十八大和十八届三中、四中、五中、六中全会精神，学习党的十九大精神及习近平新时代中国特色社会主义思想，与党中央保持思想上、政治上、行动上的高度一致，深刻认识并解决好地方志工作"为了谁、依靠谁、我是谁"的问题，在事关大是大非和政治原则问题上，划清是非界限，澄清模糊认识，做到"为党立言、为国存史、为民修志"。例如，新疆坚持以马列主义、毛泽东思想和中国特色社会主义理论体系、习近平总书记系列重要讲话精神为指导，运用辩证唯物主义和历史唯物主义的方法，坚持实事求是的原则，客观、全面、系统地记述了民族地区自然、政治、经济、文化和社会的历史与现状。四川强化思想政治建设，把牢正确政治方向，推动"两学一做"学习教育常态化制度化，落实从严管党治党责任，切实转变工作作风，等等。

(二)必须抓住机遇、乘势而上

苏轼言:"来而不可失者时也,蹈而不可失者机也。"机遇对事业的发展至关重要。党的十八大以来,党中央、国务院高度重视地方志工作,习近平总书记、李克强总理、刘延东副总理多次就地方志工作作出重要指示、批示。中办、国办出台一系列重要文件,将地方志工作纳入国民经济和社会发展规划,纳入党中央、国务院部署的工作任务,加强地方志顶层设计,明确地方志发展道路。回顾4年的发展历程,全国各级地方志工作机构正是紧跟时代、抓住机遇,才获得跨越性的发展。例如,山东紧抓发展机遇,积极贯彻落实党中央、国务院的战略部署、中指组的规划部署以及省委省政府决策部署,积极发挥史志"存史、资政、育人"作用,树立方志文化自信,弘扬优秀齐鲁文化,赢得重视,彰显价值,等等。全国地方志系统要继续抓住机遇、乘势而上,高质量推进地方志事业蓬勃发展。

(三)必须坚持"党委领导、政府主持、地方志工作机构组织实施、社会各界广泛参与"的工作体制,明确"一纳入、八到位"的工作要求

第五届中指组成立以来,在完善地方志事业发展保障体系的问题上做出了卓越的贡献,深入基层开展调研,从省到市、到县,有的甚至到乡镇和村,了解地方志工作的实际情况,针对各地普遍存在的机构、编制、经费等问题,提炼形成了"一纳入、八到位"总体要求,并由刘延东副总理在与第五次全国地方志工作会议部分代表座谈时明确提出,将地方志工作纳入各地经济社会发展规划和各级政府工作之中,做到认识到位、领导到位、机构到位、编制到位、经费到位、设施到位、规划到位、工作到位。在中指组的积极推动和督促下,各地积极落实"一纳入、八到位"。例如,北京在首都发展大格局中谋划地方志事业发展蓝图,将地方志事业纳入首都总体发展一体规划、整体工作一体部署和重点工作一体督查,激发事业发展的动力和活力,等等。实践证明,"一纳入、八到位"是推进地方志高质量发展的牛鼻子,贯彻落实的好,地方志事业发展就红红火火、后劲充足。

（四）必须坚持依法治志

依法治志，是依法治国的应有内涵，是依法治国方略在地方志事业中的必然体现，也是开拓地方志事业发展新局面的根本要求。4年来，各地坚持依法治志，通过地方志立法、建章立制、督促检查考核等深化制度化、法治化建设。例如，山西、吉林、安徽、山东、四川、江苏等省以地方立法为抓手，为地方志高质量发展提供法治保障。北京、天津、山西、上海、安徽、福建、江西、广东、广西、四川等省（区、市）将地方志工作纳入政府绩效考核体系，提升了地方志工作的法治化水平，有效地开创了各区地方志工作新局面。北京、河北、河南、湖北、海南、西藏等省（区、市）建立督促检查考核机制，山西将地方志工作进展缓慢市县列入省政府"13710"督办系统，取得阶段性成果，成效显著。上海、河北、福建、湖南、甘肃、宁夏等省（区、市）开展法规宣传，尤其宁夏坚持连续多年开展形式多样的"5·18"地方志宣传推介活动，普及方志知识，提升地方志的社会影响力，等等。

（五）必须坚持科学规划、统筹发展

4年来地方志发生质的变化，取得令人惊叹的成绩与科学的顶层设计、全面的统筹规划密切相关，这是新时代赋予的最重要经验之一。《规划纲要》的出台，"十个指头弹钢琴""志、鉴、史、馆、库、网、用、会、刊、研"全面铺开，地方志事业发展综合效应明显。在中指组及其办公室的带领下，各地注重谋划布局，构建地方志事业发展格局。例如安徽结合全省地方志工作实际，先后提出"三个定位""三个服务""六大建设""七个讲""九个扎实推进"和"六项工程"的总体工作思路，从总体上定好位，布好局，把好安徽省地方志事业的方向。贵州通过"四个转变"和"六项措施"，合理布局，科学谋划，推动省志编纂取得新成效。陕西、重庆等省（市）着眼全局，服务发展，突出重点，补齐短板，牵住"两全目标"这个牛鼻子，以重点突破推动全面建设，等等。

（六）必须坚持"创造性转化、创新性发展"

创新是引领发展的第一动力，要调动全系统积极性、主动性、创造性，才能推动地方志高质量发展。中指组及其办公室以国家利益为导

向、以经济社会发展为中心、以人民为中心开拓创新，陆续推出全国地方志"十大工程"，聆听时代的呼唤，回应时代的要求。12月29日，在北京人民大会堂召开的首届中国地情论坛、首届全国名村论坛就是我们创造性转化、创新性发展的重要成果。各地不断创新工作理念、工作方式、工作手段，打造地方特色。河北、安徽重视地方志科研创新，连续举办三届"冀皖方志理论研讨会"，扩大了交流范围，提升了方志理论研究水平。吉林省创新实施"吉林省方志理论研究三百工程"。福建省创新思路，率先用文艺晚会形式表现地方志，从地方志角度拍摄、展示红色文化，拓宽了工作领域。湖南省在充分调研的基础上，以永州为试点，有效推进"一年一鉴，公开出版"全覆盖工作，等等。

（七）必须坚持"互联网＋地方志"

依托互联网，地方志事业理念不断提升，管理不断创新，领域不断拓展。中指组及其办公室适应新形势，有步骤地推进"三网一馆两平台"建设。各地加快推进网站、数据库、新媒体平台等建设。例如内蒙古、上海、江苏、浙江、福建、山东、湖南、广东、广西、四川、新疆等省（市、区）打造"互联网＋地方志"模式，推动志鉴信息化和数字化建设步伐。尤其内蒙古经过数年努力，通过购买服务形式，完成了以内蒙古区情网汉文网站、蒙古文网站、手机网站、内蒙古地情网站集群、方志内蒙古微信公众平台、多功能数据库等为主要内容的"四网、两平台、双系统、一库（馆）"的发展战略格局，等等。

（八）必须坚持质量第一、打造精品

质量是地方志的生命。近年来中指组及其办公室推出中国志书精品工程、中国年鉴精品工程，研究出台一系列质量制度，严把地方志质量关。各级地方志工作机构不断完善质量控制体系，制定编纂规范，健全志稿评议、审查验收、质量评估等制度，在确保志鉴质量方面做了大量工作。例如，吉林、河南、湖北、海南、云南等省分别建立健全规范业务质量体系、质量控制体系、质量监督保证体系、志鉴质量保障机制、编审制度等，严格流程管理，把质量建设摆在突出位置，将精品意识贯穿于地方志工作全过程。福建省泉州市探索形成了日记、月志、年鉴、志书"四位一体"系统有效保存地情资料的工作机制，通过年鉴、月志、日记全方位整合编辑资料信息，变被动占有材料为主动占有材料，为存史修志提供全面翔实资料，从源头确保了地方志工作的高质量。广西适应时代发展需要，及时修订志书评审、出版制度，建立志书审查验评分制，从程序上和制度上保证志书的质量，等等。

（九）必须坚持以有为谋有位，服务经济社会发展大局

几年的实践证明，地方志要高质量发展，要得到各级党委、政府重视，社会各界支持，一定要把开发利用地方志文化资源摆在更加重要的位置，围绕中心、服务大局，有所作为。中指组及其办公室以"一体两翼"、名镇志、名村志等工程为抓手，不断提升服务中心工作的水平和能力。各地地方志工作机构主动作为，强化对地方志资源的深加工，为各级党委政府科学决策提供重要的借鉴和依据，为中国特色社会主义建设服务，为广大人民群众服务。例如，上海创新保护性开发利用、拓展普及性开发利用、开展各区特色性开发利用、推进研究性开发利用，翻译出版《上海地方志外文文献》丛书，编辑出版《上海地情普及系列丛书》，并启动系列研究课题及项目，留存地方历史记忆。江苏省围绕"特"字做文章，组织编纂了一批区域特色鲜明、人文气息浓厚的特色专业志书，服务中心大局，以有为谋有位，获得省委、省政府高度重视，省政府工作报告连续两年要求"做好地方志和年鉴的编修工作"。广东省着力推进方志馆建设，省市县三级方志馆从无到有，社会影响面逐步扩大，实现了方志馆建设的新突破。山西、黑龙江、江西、河南、云南等省紧贴中心、服务大局，编辑出版一系列地情丛书，做好资政服务，扩大地方志工作的影响力和话语权，等等。

（十）必须坚持方志人的价值导向，强化人才队伍建设

近年来，广大方志人凝心聚力，精神面貌焕然一新，并逐渐形成了群体认同的以"修志问道，直笔著史"方志人精神、"三耐一强"仙人掌精神等为核心的价值取向和主导意识。各地以机关建设为支撑，打造政治坚定、业务精通、作风过硬的队伍，奋力营造干事创业新环境，并通过多种途径，弘扬方志人精神，强化人才队伍建设。例如，山西、辽

宁、内蒙古、吉林、黑龙江、浙江、安徽、福建、江西、山东、四川、贵州、宁夏等省（区）注重固本强基，以弘扬方志人精神为核心，建立健全方志人才培养长效机制。其中吉林省以综合年鉴编辑人员的队伍建设为抓手，加强业务培训，强化队伍支撑，定期举办年鉴编纂人员培训班，加强实战演练，交叉点评、分层施训，取得良好效果。河南新增职能，明确机构，实现"史""志"兼备，在全省严控人员编制的情况下，成功增设两个处，为地方史编修工作提供了组织保障和人才准备，等等。

4年内，各市县也形成了一些值得学习和借鉴的经验。如山东省济南市和青岛市抓住志鉴主业，科学谋划，深入贯彻落实《规划纲要》。天津市西青区主动作为、统筹谋划，大力实施村村建档修志工程；北辰区发扬工匠精神，勇于担当作为，推进北辰史志事业再攀新峰。黑龙江省哈尔滨市围绕中心、服务大局，以有为谋有位。陕西省西安市狠抓地情书籍编纂和信息化工作，努力服务西安经济社会发展。宁夏回族自治区银川市全面推进志书、年鉴、旧志、信息化等各项工作任务，加强地方志质量建设、人才队伍建设等基础工作，服务经济社会水平进一步提升。

4年来，方志人精神面貌发生了深刻变化，形成了"方志六有"：一是有一种精神叫"方志精神"。这种精神就是"修志问道，直笔著史"的方志人精神，要修新时代中国特色社会主义之志，问全面建设社会主义现代化强国之道，启中华民族伟大复兴的中国梦实现的未来；就是"三耐一强"的仙人掌精神，要耐得住炎热（默默无闻）、干旱（人才不足）、贫瘠（待遇低下），富有极强生命力，不断艰苦奋斗精神、开拓创新，地方志功能向社会各界和千家万户拓展。二是有一种速度叫"方志速度"。长期以来，方志部门被误认为是一群白发老年人数十年修一书，工作效率似蜗牛缓慢爬行。近年来，中指办率先垂范，带头转变工作作风，系列名志工程、"一体两翼"工程等迅速开花结果，方志速度不再是蜗牛速度，而是高铁速度。三是有一种效率叫"方志效率"。在速度加快的同时，方志人抓质量、重效益蔚然成风，方志效率日益提高。四是有一种情怀叫"方志情怀"。方志人凝心聚力,在加快推进地方志事业转型升级过程中,形成了共同的职业情怀、家国情怀,结下了深厚的方志情义。五是有一种自信叫"方志自信"。地方志是中华文明的根,是中华文化的魂,在世界历史长河中,只有中国方志文化是最独特、最灿烂的明珠。在地方志的传承中,孕育了方志人自信的情怀、自信的根源。在中华文化走向世界的过程中,方志文化应该起到领头羊和排头兵的作用。当中华文化走上世界舞台的时候,方志文化应该站在世界舞台的中央。六是有一种担当叫"方志担当"。4年来,广大地方志工作者就是凭着敢于担当的精神,主动拷问"在国家实现'两个一百年'目标,在中华民族伟大复兴的中国梦的实现过程中,什么是方志人的贡献?"在"冷部门"做出了"热事业"。

经验是宝贵的,精神是可贵的。2018年是贯彻落实十九大精神的开局之年,在改革开放40周年,在决胜全面建成小康社会、实施"十三五"规划承上启下的关键一年,全国方志人要进一步凝聚共识、激发自信、提振信心、开疆辟土、开拓创新,进一步推进地方志事业全面转型升级,开创新时代地方志工作新局面。

二、2018年的主要工作

（一）明确方向,以习近平新时代中国特色社会主义思想为指导

当前和今后一个时期,全国地方志系统要继续认真学习、贯彻落实党的十九大精神,深刻领会和全面贯彻习近平新时代中国特色社会主义思想,切实提高政治理论水平,强化理论武装。习近平新时代中国特色社会主义思想包含着十分丰富的内容,要在全面学习的基础上,着重把握其精神实质、基本内涵和主要观点,做到学通、弄懂、做实。要充分认识、认真思考、深刻理解党的十九大精神和习近平新时代中国特色社会主义思想对全国地方志事业转型升级的重大指导意义,明确方志人在把我国建成富强民主文明和谐美丽的社会主义现代化强国中所肩负的新使命和新担当。要准确把握新时代地方志事业转型升级五大内涵,确立地方志事业发展的"两个一百年"奋斗目标,坚持以人民为中心,坚持

依法治志、创新发展、协调发展和开放理念，不忘初心，牢记使命，奋力拼搏，砥砺前行，为决胜全面建成小康社会、夺取新时代中国特色社会主义伟大胜利，实现中华民族伟大复兴的中国梦，实现广大人民对美好生活的向往作出方志人应有的贡献。

（二）依法治志，进一步推进地方志事业法治化

积极推动《条例》修订工作，开展《中华人民共和国史志法》立法可行性研究。加大《条例》落实情况的检查力度，与国务院办公厅督察室联合就《条例》《规划纲要》贯彻落实情况开展督查，尤其是"两全目标"的完成情况。督促各地各部门根据《规划纲要》的要求，加大组织推动力度，确保《规划纲要》任务的如期完成。加大调研力度，针对推进依法治志、"一纳入、八到位"过程中发现的困难和问题，开展对策性研究，提出意见建议。

各级政府、地方志工作机构，要进一步完善地方志法规规章体系，尤其没有制定或正在制定地方志工作法规规章的地方，要力争早日出台。要严格贯彻落实《条例》《规划纲要》，依法全面履行相关职能，推行政府权力清单制度。建立督察考核机制，进一步将地方志工作列入政府年度重点工作目标绩效考核。加大地方志法规规章的宣传力度、执行力度。

（三）全力以赴，加大二轮志书任务完成力度

2018年，全国第二轮修志任务将进入攻坚期。规划任务已经完成的地区，要认真总结首轮、第二轮修志经验教训，做好第三轮修志启动前的准备工作和为当地发展大局服务的工作。规划任务未完成的地区，要进一步提高认识，把完成"两全目标"当作头等大事来抓，按照"时间表、路线图"蹄疾步稳推进二轮修志；切实做好行政督查，将"两全目标"的完成情况纳入各级政府的督查工作内容。要着手研究制定《关于第三轮地方志书编纂的若干意见（试行）》《关于第二轮志书政法部分编纂的若干意见》《关于第二轮志书政治部类编纂的若干意见》。稳步推进民族地区与贫困地区志书出版资助工程，积极推进中国志书精品工程。进一步深化质量建设，推动《地方志书质量规定》的贯彻

落实。

（四）精准发力，进一步扩大年鉴覆盖面

召开第三次全国年鉴工作会议，全面部署安排年鉴工作。深入推进民族地区与贫困地区年鉴资助工程，积极推动《全国年鉴事业发展规划（2016—2020年）》贯彻落实工作，继续推进中国年鉴精品工程。启动专业年鉴试点单位工作，加强对试点单位的业务指导，加强对军事、武警、行业、部门、高校等各类专业年鉴编纂的指导和管理。各地区要继续高度重视年鉴工作，尚未理顺地方综合年鉴工作管理体制的，要加大工作力度，做到地方综合年鉴由地方志工作机构组织编纂；坚持一年一鉴，公开出版，积极推进地方综合年鉴编纂覆盖工作，争取尽早实现全国省市县三级综合年鉴编纂全覆盖。

（五）科学规范，有计划、有步骤开展旧志整理

有计划地推动全国旧志整理、保护工作，继续开展与海外相关机构的交流合作；继续做好与哈佛大学燕京图书馆善本中国地方志数字化项目后期加工工作；积极推动旧志数字化建设；启动《清代方志序跋汇编·府县志卷》编辑工作。各级地方志工作机构要继续有计划、高质量地集中整理本地历代方志，让优秀遗产方便于用。要分类整理旧志资料，做到古为今用。要加强与国内外高等院校、科研院所、公共图书馆、档案馆等单位的交流、合作，开展旧志点校、提要、考录、辑佚等工作。

（六）以点带面，积极推进方志馆建设

加强方志馆建设，规范方志馆管理。国家方志馆要不断丰富方志馆馆藏，通过购买、征集多种途径增加馆藏图书资料和实物资源，做好期刊入库、整理工作；做好捐赠图书的接收、整理工作；继续开展年鉴编目工作。做好国家方志馆"方志中国""魅力中国"展览工作，提高服务水平。组织召开全国方志馆工作会议、全国方志馆建设经验交流会、中国地方志学会方志馆分会年会、方志馆培训会议。推动国家方志馆黄河分馆、长江分馆建设，指导国家方志馆分馆建设。深入推进全国各级方志馆申报立项和建设工作，全面提升各级方志馆的公共文化服务水

平，倾力打造方志馆品牌，不断扩大方志馆的社会影响力。

（七）立足现实，大力发展"互联网＋地方志"

稳步推进全国信息方志与数字方志建设工程，完成国家数字方志馆（一期）建设和中国国情网一期项目建设，继续做好中国方志网、中国地情网、中国国情网的日常维护、信息发布、安全保障等工作；进一步做好方志中国微信公众平台、方志中国手机报。筹备召开全国地方志系统信息化工作会议暨信息化分会年会，指导各地信息化工作；研究部署信息化研究会工作。要加快推进各级地方志信息化建设步伐，支持民族地区地方志信息化建设。加快信息化相关标准规范的制定。

（八）立足国情，继续围绕"三个主题"开拓创新

继续围绕"三个主题"开拓创新，彰显地方志价值、展示地方志魅力、提升地方志影响力。一是围绕国家利益开拓创新。稳步推进《中国南海志》《三沙市志》《八一镇志》编纂工作，召开中国抗日战争志项目和中国地方抗日战争志工程推进会，大力推动《中国抗日战争志》编纂和中国抗日战争志系列丛书编纂。各级地方志工作机构要加强对地方志资源的深加工，做好抗战研究相关工作。二是地方志围绕经济社会发展开拓创新。继续推进中国名镇志文化工程、中国名村志文化工程，深入推进中国名山志、中国名酒志等文化工程，启动中国名街志、名水志等文化工程，做好《中国影像方志》及中国影像志名镇系列的制作和播出工作等。继续编辑信息简报、编写地方史和地情书籍、开展专题研究，进一步拓宽服务渠道，增强服务功能，创新服务手段。三是地方志围绕人民为中心开拓创新。继续实施以《中国地情报告》为主体、《中国方志发展报告》《中国年鉴发展报告》为"两翼"的"一体两翼"工程。进一步谋划编纂社区志、居民小区志，推动方志文化进机关、进农村、进社区、进校园、进企业、进军营。

（九）强化科研，高度重视方志学一级学科建设

扩大学术交流与合作，推动方志理论研究，培养高层次专业人才，与高等院校、科研机构合作培养硕士、博士研究生，联合培养博士后等，完善方志学学科体系建设，为方志学一级学科建设奠定理论、人才

基础。承办第十七届中国社会科学院历史学部史学理论研讨会。要发挥中国地方志学会及其各分会的作用,做好中国地方志学会及分支机构管理工作;召开第八届中国地方志学术年会及年鉴、信息化、方志学、编辑出版、史志期刊、方志馆分会年会,推动方志理论研究,加强方志学术交流。充分发挥史志期刊平台和阵地作用,推进《中国地方志》名刊建设,完善《中国地方志》期刊网采编系统,严格审稿流程,完善审稿制度。优化中指办各报刊的选题和稿源,加强各刊专业性和学术性。继续做好《中国年鉴研究》《方志馆研究》,打造年鉴、方志馆理论研究新平台。召开全国地方史志期刊年度工作会议,提高全国地方志期刊工作水平。

(十)统筹规划,积极推进全国地方志系统援藏援疆工作

进入"两全目标"攻坚期,全国地方志系统认真贯彻党中央一系列援藏援疆工作会议精神,出台《关于全国地方志系统支援西藏、新疆地方志工作的意见》,落实《关于进一步做好全国地方志系统援藏援疆工作实施方案》,确保到2020年全面完成"两全目标",全国一个县都不能少。根据实际情况,适时召开工作推进会,规范和督促在全国地方志系统的援藏援疆工作。坚持依法支援,推动全国地方志系统对口支援西藏新疆志鉴编纂协议的签订。坚持问题导向,结合援助双方实际,牢牢把握志鉴主业,兼顾其他各业整体推进。

(十一)大力推行资料年报制度,强化地方志资料建设

要进一步加大依法征集地方志资料的力度,出台地方志资料收(征)集、保存、管理制度,为推行地方志资料年报制度并形成常态机制打好基础。要创新方式,大力拓展资料收(征)集范围和渠道,建立能够全方位适应地方志编纂、地方志事业发展和方志文化建设需要的地方志资料保障机制。

(十二)积极推动把地方史纳入地方志工作范畴,拓宽地方志疆土领地

按照《规划纲要》和中央宣传部办公厅、国家新闻出版广电总局办公厅印发《关于进一步做好地方史编写出版工作的通知》(新广出办发

〔2015〕45号)的要求,继续加强对地方史编写出版工作的统筹规划、组织领导,联合相关部门出台《地方志工作规定》及《地方志编写基本规范》等规范性文件,稳步推进地方史纳入地方志工作范畴,统一规范管理,拓展地方志机构工作领域。

(十三)面向世界,向人类贡献中国方志智慧

继续组织人员赴欧美国家进行地方志学术交流,进一步走出去传播中国方志文化,推介新方志编纂成果,服务国家文化建设"走出去"的战略,让各国人民近距离或者直接感受到中华方志文化的丰富多彩和独特魅力。组织赴中国台湾地区进行地方志学术交流,充分发挥方志文化交流的正能量作用。

(十四)切实重视队伍建设,为国志编修培养储备人才

进一步凝练方志人精神追求,锻造方志人品格特征,形成方志人精神风骨,树立方志人胸怀情操,振奋方志人士气,扩大地方志影响,提高地方志热度。努力培养一支素质更高、视野更广、技能更强的现代化、专业化人才队伍。要完善教育培训制度,分级、分类组织业务培训,举办全国方志馆业务培训班、全国地方志系统行政管理队伍培训班、全国年鉴主编培训班、全国地方志史志期刊主编(编辑)培训班、信息化业务培训班、全国地方志工作机构新任负责人培训班。建立国家级、省级地方志专家库,选拔一批方志和年鉴专业领军人才。总结经验,继续做好干部交流和任免工作。

(十五)加强中指办自身建设,进一步提高工作水平

中指办要继续深入学习、贯彻落实党的十九大精神,牢固树立"四个意识",更加坚定地维护以习近平同志为核心的党中央的权威,更加自觉地在思想上政治上行动上同以习近平同志为核心的党中央保持高度一致。按照中共中央和中国社会科学院党建工作精神,完善机关党的工作体制机制,制定系列规章制度,认真开展党内政治生活;组织学习《中国地方志指导小组办公室管理工作制度汇编》,营造守规矩、讲纪律、循规范的工作环境;在中指办、国家方志馆各部门"四定"方案基础上制定《岗位目标责任制方案》,建立岗位目标责任制,完善

处室内部管理机制；组织中指办人员开展多种形式的学习、培训，提升干部人员素质。要结合办公室工作实际，不断加强制度建设，通过建章立制，列出制度清单，建立长效机制，规范工作责任，强化刚性执行。

三、勇于创新，做"活"做"热"地方志事业

中国特色社会主义进入新时代，为地方志事业发展指明了新方向、提出了新目标，当前全国地方志事业也进入到转型升级的关键期、推进"两全目标"的攻坚期。大家要努力做"活"做"热"地方志事业，开创地方志高质量发展的新局面，首先就是要准确理解和把握这次会议的主题和精神实质。会议结束后，大家要及时向当地政府和上级主管领导汇报，尽快把会议精神传达到各级地方志工作机构以及每一位地方志工作者，把思想和行动统一到此次会议的精神上来。同时要结合本地实际，吸收各地好的经验，不断创新，形成适合自身高质量发展的新经验。

（一）统一思想，坚持以习近平新时代中国特色社会主义思想为指导

党的十九大为党带领全国人民砥砺奋进踏上新征程提供了行动指南，也为方志事业高质量发展提供了根本遵循和思想源泉。学懂、弄通、做实十九大精神和习近平新时代中国特色社会主义思想是每个方志人义不容辞的责任，是地方志事业始终在正确政治方向指引下大发展大繁荣的力量之源和不竭动力。一要有与党中央保持高度一致的自觉性，要有准确快速领会中央精神并及时用以指导实践的敏锐性。二要在深刻领会党的十九大精神和习近平新时代中国特色社会主义思想的基础上，提出地方志的新思想与新判断，明确地方志的新方位、新目标、新能力、新风貌和新使命。三要建立方志文化自信。要从地方志与文化、传统文化的关系入手，深刻领会方志文化自信建立的时代价值，明确建立方志文化自信不仅对地方志高质量发展有着重要意义，而且对于文化自信的进一步增强、对于社会主义文化强国的建设、对于中华民族伟大复

兴中国梦的实现都有着非比寻常的意义。

（二）牢记使命，明确地方志"两个一百年目标"

中指办紧扣中国共产党决胜"两个一百年"奋斗目标的历史征程，为把以习近平同志为核心的党中央团结带领全国各族人民实现中华民族伟大复兴中国梦的过程真实记录并传承下去而提出的奋斗目标，即在2020年全面建成小康社会之时，实现省省、市市、县县有志有鉴的"两全目标"，开创一项世界文化创举，这是地方志第一个百年目标；在本世纪中叶中华人民共和国成立100周年即建成富强民主文明和谐美丽的社会主义现代化强国之际，实现《中华人民共和国志》、省市县三级志书、乡镇志、村志、社区志和地方综合年鉴全覆盖，使地方志成为国家、民族、社会、各级党委政府不可或缺的伟大事业，这是地方志第二个百年目标，也是一个长期目标。目前地方志系统正处于"两个一百年"奋斗目标的历史交汇期，一要明确新任务，牢记新使命，认清新形势，切实增强地方志全面转型升级的紧迫性。二要不弛于空虚，不骛于虚声，脚踏实地，将责任扛在肩上，勇于挑最重的担子，敢于啃最硬的骨头，善于接最烫的山芋，一步一个脚印走好地方志新长征路。三要勇于开拓创新，让地方志存在于社会生活的每一个角落，让每一个中国人都能在地方志里寻找到自己的位置。

（三）提高认识，坚持以地方志质量建设为发展要义

曾国藩言："万山磅礴，必有主峰；龙衮九章，但挚一领。"质量就是主峰、就是生命。一要强化责任意识。在2017年中央经济工作会议上，习近平总书记发表重要讲话，明确强调"推动高质量发展"。刊文中7次提到"高质量发展"，指出这是当前和今后一个时期，我国确定发展思路、制定经济政策、实施宏观调控的根本要求。这为地方志质量建设指明方向，具有很强的时代意义、理论意义和实践意义。李克强总理明确指出，地方志要"为当代提供资政辅治之参考，为后世留下堪存堪鉴之记述"。《规划纲要》也将"质量第一"作为基本原则。对于质量建设的要求，是各级地方志工作机构，以及我们每一位方志人肩上沉甸甸的责任。所以，我们要有责任意识，要将对质量建设的重视、推进贯

穿至地方志工作的始终。二要培养质量观。推动高质量发展，是遵循地方志发展规律、地方志生成规律的必然要求，是方志事业长盛不衰、永葆生命力的必然要求，是以方志文化引领中华文化、建设社会主义文化强国的必然要求。推动高质量发展是当前和今后一个时期确定地方志发展思路的根本要求。三要正确处理质量与进度的关系。严把政治关、史实关、体例关、文字关、出版关，编纂出版经得起历史检验、具有鲜明时代特征和地域特色的地方志成果。经过2015的培训年、调研年，2016的改革年、创新年，2017的督查年、落实年，我们志书、年鉴出版呈井喷之势，数量之多前所未有。目前出现了重进度，轻质量，甚至无视质量的苗头。2018年我们定位在攻坚年、质量年，必须在质量上下功夫，严抓、狠抓、猛抓质量，将质量观念和质量管理贯穿于地方志的全过程，推动全国地方志事业进入高质量发展阶段。四要加快形成推动地方志高质量发展的指标体系、政策体系、标准体系、统计体系、评价体系、考核体系，进一步探索创新提高地方志质量的手段与方法。五要加强组织领导，加强监督指导，加强责任追惩，结合本地区的地方志工作实际，拓展思路，建立有效的质量保障体系。

（四）勠力同心，全面推动地方志转型升级

当前，地方志进入从一项工作向一项事业转变，从传统的"一本书主义"到"十业并举"转型升级的关键时期。面临新的时代、新的历史方位，面对实现"两个一百年"奋斗目标的伟大任务，我们要准确把握地方志高质量发展的时代要求、主要目标、重点任务及重大举措，上下一心、团结协作、脚踏实地、多管齐下，全力推动地方志事业转型升级，实现地方志高质量发展。一要进一步明确当前工作的重点。当前，地方志工作的工作重心仍然是《规划纲要》的贯彻落实。《规划纲要》既有"两全目标"等硬任务，又有加快信息化和方志馆建设、加强理论研究、开发利用、旧志整理等弹性指标，涵盖"十业"，完成《规划纲要》既定任务，基本形成地方志编修体系、理论研究和学科建设体系、质量保障体系、资源开发利用体系、工作保障体系建设"五位一体"的地方志事业发展综合体系，就是实现地方志事业转型升级，就是推动地方志高质量发展。二要进一步强化问题意识，提高解决问题的能力。当前各地地方志事业发展不平衡、"十业"之间发展不平衡等问题严重阻碍了地方志事业的发展。我们要提高统筹规划、组织协调、督促指导的能力，从全局高度，立足长远，把握主动，精准发力，切实解决发展难题。尤其是解决"一纳入、八到位"落实不到位等难题。三是进一步弘扬"修志问道，直笔著史"的方志人精神、"三耐一强"的仙人掌精神，不断激发地方志高质量发展的内生动力。

苏轼言："同心掬得满庭芳。"各位来自天南海北，但我们有一个共同的名字那就是"方志人"，我们有一个共同事业那就是"方志事业"，我们有一个共同目标那就是地方志"两个一百年"奋斗目标！历史只会眷顾坚定者、奋进者、搏击者，而不会等待犹豫者、懈怠者、畏难者。方志人要以舍我其谁的担当意识和时不我待的创新精神，勇抓机遇、开拓进取，勠力同心、埋头苦干，在新时代推动方志事业的新辉煌！

今天的奋斗筑就明天的基石。让我们聚焦目标、脚踏实地，总结经验、乘胜前行，以永不懈怠的精神状态和一往无前的奋斗姿态，在夯实基础中奋力前行，在转型升级中奋力前行，在做"活"做"热"地方志事业进程中奋力前行，为打好地方志事业第一个百年目标的攻坚之战而努力奋斗。

"两全目标"与援藏援疆*

党和国家历来高度重视西藏、新疆工作。党的十八大以来,以习近平同志为核心的党中央多次召开西藏、新疆工作座谈会和对口支援西藏、新疆工作会议,进一步明确了新形势下西藏、新疆工作的大政方针和战略任务。为全面贯彻落实党中央关于治藏治疆方略和援藏援疆工作决策部署,贯彻落实国办《规划纲要》,中指组及其办公室强化顶层设计,积极筹划全国地方志系统援藏援疆工作。2016年、2017年,中指办不仅举办了一系列援藏援疆培训班,还在各类培训班中增加西藏和新疆地区的参会人员名额,又连续选调2名业务骨干分别到西藏自治区地方志办公室、新疆生产建设兵团志办公室挂职锻炼。今年9月10日,在反复征求意见,特别是中央统战部、国家发改委、财政部、国家民委等部门意见的基础上,中指组印发《关于全国地方志系统支援西藏、新疆地方志工作的意见》,组织全国地方志系统支援西藏、新疆地方志工作。这是贯彻落实党中央一系列援藏援疆工作会议精神、下好地方志工作全国上下一盘棋的重要举措,是贯彻

---

* 2018年9月19日在2018年全国年鉴研讨会暨中国地方志学会年鉴分会年度会议、第二届全国年鉴论坛上的讲话。

落实党中央治边稳边重要方略、响应中央全面建成小康社会"一个都不能少"决策的重要举措,是贯彻落实《规划纲要》的迫切需要。该意见坚持正确政治方向、政治立场;坚持对口支援、各尽所能;坚持造血为主、输血为辅;坚持精准援助、注重效果;坚持突出重点、兼顾各业;坚持创新思路、拓宽渠道六项基本原则,明确任务,对提升受援地区地方志工作水平,以及在全国范围内全面推动地方志从一项工作向一项事业转型升级具有重要意义。去年8月,中指办在新疆伊宁市召开全国地方志系统援藏援疆工作座谈会,正式启动全国地方志系统援藏援疆工作,这次会议又在新疆召开,围绕援藏援疆对年鉴工作做出部署,很有特殊意义。

这次会议的主题是,贯彻落实《规划纲要》以及中指组《全国年鉴事业发展规划(2016—2020年)》(以下简称《年鉴规划》)有关要求,总结交流全国年鉴工作经验,研究部署"年鉴全覆盖"推进工作和援藏援疆年鉴工作,全面推进全国年鉴事业转型升级,推动到2020年全面实现"年鉴全覆盖"目标。

下面,结合当前全国年鉴工作的实际,围绕如何全力打好"年鉴全覆盖"目标攻坚战,我谈三个问题:

一、两年来主要工作回顾

党的十八大以来,中国特色社会主义进入新时代,全国地方志事业也进入了新时代,新时代的地方志和以前相比,发生了深刻的巨大的变化,全国地方志工作面貌焕然一新。新时代赋予了地方志"修志问道,以启未来"新的工作定位,也赋予了地方志工作者"直笔著信史、彰善引风气,为当代提供资政辅治之参考,为后世留下堪存堪鉴之记述"新的定位。

正是在这样千载难逢的历史机遇中,2016年7月在太原召开第一次全国年鉴工作会议和中国地方志学会年鉴分会成立会议。全国年鉴工作者统一思想,凝聚力量,遵循"举旗、誓师、团结、奋进"的战略部署,全国年鉴事业实现发展新跨越。两年多来,在中指组及其办公室的有力领导下，全国地方志工作机构及年鉴工作者坚持以习近平新时代中国特色社会主义思想为指导，积极作为、开拓进取，以不畏艰难的勇气、坚忍不拔的意志，不断砥砺前行，推动全国年鉴事业取得全方位、开创性的重要成绩，为全面推进年鉴事业转型升级打牢了根基。主要表现在以下六个方面。

（一）深刻把握新时代新思想，不断强化顶层设计

近年来，中指组及其办公室在创新驱动引领发展的大思路下，不断与时俱进，开拓创新，全面破解地方志工作实际难题。年鉴工作也是如此。一是2016年7月召开的新中国成立以来第一次全国年鉴工作会议确立了年度会议制度，是一次举旗的会议。会议立足国家发展改革大局和社会主义文化事业建设全局，深刻阐释了省市县三级综合年鉴全覆盖和年鉴质量建设、队伍建设的重大意义。2017年8月在齐齐哈尔召开了2017年全国年鉴工作会议暨年鉴分会年度会议，分析形势，总结交流经验，取长补短，统一思想，研究破解难题，全面推进全国年鉴事业转型升级。二是2016年12月出台的《年鉴规划》作为《规划纲要》中大力加强年鉴工作有关要求的具体化，是第一个全国年鉴工作的规划性文件，第一次对全国年鉴工作作出顶层设计，对年鉴事业的发展产生非常深远的影响，全国年鉴工作走上规划引领发展道路。

（二）深刻把握新时代新要求，不断狠抓"年鉴全覆盖"进度

近年来，中指组及其办公室主动作为，主动加压，多措并举推动年鉴编纂提速。一是中指组加大督查力度，2018年初成立"两全目标"督查小组，从2018年第一季度起实行"两全目标"季通报制度。在4月第一季度通报和7月第二季度通报期间，又对"两全目标"进度相对滞后志书、年鉴进行通报。通报工作引起各省（区、市）领导的高度重视，先后共有14个省（区、市）分管领导分别作出批示、指示，要求地方志工作机构加大工作推进力度，确保按时完成目标任务。二是中指组制定出台《关于全国地方志系统支援西藏、新疆地方志工作的意见》，以推动如期实现"两全目标"为抓手，协调推进受援方地方志事业"十业并举"，不断提升受援地区地方志发展水平。具体就年鉴工作来说，包

括协助受援方理顺管理体制，全面实现省市县三级综合年鉴全覆盖，支持有条件地方编纂出版少数民族文字版年鉴等。三是深入实施民族地区与贫困地区年鉴出版资助工程。2017年5月，中指办启动民族地区与贫困地区年鉴出版资助工程以来，共确定资助两批共18部年鉴。但因受资助单位多数地方财政困难，致使目前此工程进展和效果不是很理想。因此为确保"年鉴全覆盖"推进工作，真正帮助受资助单位解决年鉴出版问题，中指办决定在不改变工程资助标准的基础上，将资助政策调整为：一般每10万字资助1.2万元，全额资助出版300本（平装）；受资助单位可根据实际需求决定是否加印，加印部分的费用由受资助单位承担。受资助的年鉴由方志出版社出版，统一版式，统一装帧，统一风格。

（三）深刻把握新时代新使命，不断推动年鉴高质量发展

近年来，中指办在下大力度抓进度的同时，牢牢守住年鉴质量发展生命线。一是2017年12月中指组修订出台《地方综合年鉴编纂出版规定》，确立问题导向，推动提高各级各类年鉴编纂出版质量，增强规定对年鉴质量建设的引领、规范作用。结合近两年充分总结经验，分析常见质量问题，这次会议又安排专门环节，研究制订《〈地方综合年鉴编纂出版规定〉实施细则》及其补充规定，就是为了进一步细化年鉴质量标准，使之有规可循。二是扎实推进中国年鉴精品工程。2016年卷打造出山西、温州、北京海淀3部中国精品年鉴，2017年卷又精心打造出山西、辽源、南京、北京海淀、海安5部中国精品年鉴，每部精品年鉴都经过两次以上的专家评审、精心打磨，扩大了在全国发挥示范引领作用的辐射面。2018年5月，在中国年鉴精品工程2018年卷申报年鉴篇目研讨会上，除10家试点单位之外，另接受23家计划申报单位报名，为下一步打造精品年鉴创设良好开端。而且在中国年鉴精品工程的辐射影响下，北京、江苏、福建、广西壮族自治区等省（区、市）也陆续开展本省（区、市）的打造精品年鉴活动，取得良好效果。三是在2016年成功举办第三届、2017年成功举办第四届质量评审活动基础上，今年7月在江西上饶召开第五届全国地方志优秀成果（年鉴类）评审系列会议，全面检阅2017年年鉴编纂成果。8月，先后召开两次评审活动领导小组

办公室会议进行复审。为确保评审工作的严谨性，今年我们确立公示和申诉制度，第一时间对建议通报表扬结果进行公示。9月，评审活动领导小组办公室召开扩大会议，对公示申诉情况进行认真研究，最后经领导小组会议终审，确定通报表扬优秀成果名单。

（四）深刻把握新时代新特征，不断加强年鉴理论建设

近年来，中指办不断开拓年鉴学的研究领域，扩大学科覆盖面，为年鉴事业转型升级提供更大助力。一是2017年10月，《中国年鉴研究》期刊创刊，目前出刊4期，建立全国年鉴理论研究阵地，进一步推动年鉴学学科建设，抢占年鉴理论研究的制高点。二是2016年中国地方志学会先后成立6个分会，其中2016年7月召开的年鉴分会成立会议确立了年鉴学术研讨会制度。2016年11月，年鉴分会在福建福清举办第一次全国省级综合年鉴编纂研讨会。2017年8月，年鉴分会在黑龙江齐齐哈尔举办精品年鉴与年鉴编纂创新研讨会。2017年12月，中指办以"年鉴进入新时代和年鉴事业转型升级"为主题，在广东深圳举办首届全国年鉴论坛。这次借召开全国年鉴研讨会之机，举办第二届全国年鉴论坛，都是为了加强年鉴学术交流，提高年鉴研究理论水平。

（五）深刻把握新时代新本领，不断加强人才建设

近年来，中指办一直以积极、开放、有效的人才政策，把人才队伍建设作为地方志事业发展的强根之基、竞争之本、转型之要。紧紧围绕质量建设，举办了不同范围不同层次不同类型的培训班，就年鉴方面来说，在经费紧张的情况下，优先保证每年至少举办一期年鉴主编培训班。继2016年8月在山东日照举办第一期全国年鉴主编培训班后，2017年10月在江苏常州举办第二期全国年鉴主编培训班，2018年7月在江西上饶又顺利举办第三期全国年鉴主编培训班。通过培训，在全国地方志系统内培养了一支支高素质专业化的干部队伍，培育了一大批具有专业思维、专业素养、专业作风和工匠精神的优秀人才。

（六）深刻把握新时代新作为，不断实现地方志资源开发利用新进展

近年来，中指办在让地方志"用"起来、"活"起来方面狠下功夫，

推出中国地方志"一体两翼"工程。作为"两翼"之一的《中国年鉴发展报告》，首卷即2017卷已于2017年12月面世，2018卷即将于今年10月出版，每卷报告都系统分析了上一年度全国各地地情概况、志鉴编修状况，以及地方志资源开发利用等方面工作开展情况，针对全国以及某一区域地方志事业发展状况和热点问题进行年度性的分析与研讨，以专业化的角度、专家学者的视野，开展系统性回顾、理论性分析和前瞻性预测。

过去两年多的时间里，我们做了很多过去想做而没有做成的事，也遇到了很多中指组成立以来没有碰到过的情况，包括全国年鉴事业在内的地方志事业的发展成就实属来之不易。这些成绩是近年来中指组及其办公室一系列重大政策效应的累积，也是各级地方志工作机构和广大年鉴工作者不懈努力、久久为功的结果。这次获得通报表扬的年鉴，正是对大家辛勤劳动的肯定和褒奖。安不忘危，兴不忘忧。我们也要清醒认识到工作中存在的困难和问题。

1.进度方面，全面完成"年鉴全覆盖"目标任务艰巨。这是我们多年来一直狠抓和强调的问题。截至2018年第二季度末，全国2017年卷三级综合年鉴应编纂出版3221部，启动编纂2809部，覆盖率87.21%；公开出版1827部，覆盖率仅为56.72%。2018年卷应编纂出版3220部（因行政区划调整相应调减1部），启动编纂3032部，覆盖率94.16%。相较于2017年的情况看，启动编纂虽进步明显，但公开出版的压力仍然巨大，距离全面实现"年鉴全覆盖"目标仍然任重道远。

2.质量方面，加强年鉴质量控制任务艰巨。以今年的第五届全国地方志优秀成果（年鉴类）评审活动为例，参评的377部年鉴中，仍发现存在较多质量问题。在政治性问题方面，虽然刊载落马官员照片或大段论述的年鉴较去年大大减少，但违规记述港澳台事务的仍然存在；在保密问题方面，出现军事泄密问题的数量仍然较多；在地图问题方面，没有地图和未按规定标注审图号的年鉴数量仍然较多；在编纂规范方面，编纂理念和思路因循守旧、框架设计不科学、条目编写不规范不严谨、重文字轻图表、年度特点和地方特色体现不足、文字编校问题较多的数量仍然较多；甚至部分年鉴同时存在上述多个比较严重的问题。因存在比较严重的质量问题被取消评审资格的年鉴高达 130 部，数量惊人，十分让人痛心，从全国年鉴事业发展大局和全面提升年鉴质量的角度出发，这些问题必须引起我们的高度重视。

完成非凡之事，要有非凡之精神和行动。决胜"两全目标"就是冲锋号，就是总动员。想方设法推动"两全目标"又好又快完成，仍是当前地方志事业发展的重点难点问题。

二、坚持以习近平新时代中国特色社会主义思想为统领，坚决打好"两全目标"攻坚战，以创新发展激发新活力

全国地方志事业正处在转型升级的攻坚期，还有很多坡要爬、坎要过，需要应对难以预料的挑战。年鉴工作是地方志从一项工作向一项事业转型升级的重要抓手，它的水平高低直接影响到地方志事业转型升级的速度和质量。所以做好全国年鉴工作，要坚持新的发展理念，紧扣"年鉴全覆盖"这一主线，以提高年鉴质量为中心，把握工作关键点，统筹推动年鉴质量变革、年鉴编纂效率变革、年鉴工作者动力变革，适应年鉴事业发展新常态。

（一）牢固树立政治意识

年鉴工作要始终保持清醒的政治头脑、敏锐的政治观察力和鉴别力，必须坚持以马列主义、毛泽东思想、邓小平理论、"三个代表"重要思想、科学发展观、习近平新时代中国特色社会主义思想为指导，坚持理论同具体实际相结合，紧紧围绕新时代中国特色社会主义事业发展改革大局，用实事求是的态度研究问题、解决问题，始终与以习近平同志为核心的党中央保持思想上、政治上、行动上的高度一致。

（二）牢固树立使命意识

党的十九大报告指出，决胜全面建成小康社会，开启全面建设社会主义现代化国家新征程。在全面建成小康社会的伟大实践中，完成《规划纲要》确定的"年鉴全覆盖"目标任务，就是年鉴工作者的神圣使命，也是年鉴工作者以自身力量为全面建成小康社会作出的一项重大贡献。

(三)牢固树立依法治鉴意识

《规划纲要》明确提出要坚持依法治志的原则,这是首次将"依法治志"写入国务院文件,具有非常重要的意义。"依法治志"的"志",在外延上涵盖了年鉴,对于年鉴工作来讲,就是"依法治鉴"。必须大力推进年鉴工作法治化、制度化建设,牢固树立依法治鉴的观念,积极营造依法治鉴的氛围,依靠法律来布置工作、督察工作、推动工作。

(四)牢固树立质量第一意识

党的十九大报告中强调"质量第一"和"质量强国",充分体现出党对质量工作的高度重视。当"两全目标"全面实现之时,仅有数量上的达标是远远不够的,必须建立健全科学实用的年鉴质量保障和评价体系,出版一批能够充分展示地方志的当代价值及永恒魅力的高质量地方志成果,引领地方志事业发展壮大。

(五)牢固树立开拓创新意识

创新从来都是摸着石头过河,但集众智汇众力,就一定能跑出创新"加速度"。习近平总书记提出,要让"书写在古籍里的文字都活起来"。同样年鉴想要"活起来",就必须走创新之路。年鉴编纂要适应新时代的要求,把在新时代中国特色社会主义思想指导下,中国共产党治国理政的故事、中国人民奋斗圆梦的故事、中国坚持和平发展合作共赢的故事客观真实地记录下来,编纂出版具有中国特色、中国风格、中国气派的年鉴。要加强传播手段和展现方式创新,让各级各类年鉴"飞入寻常百姓家",为年鉴事业持续健康发展打造新引擎、拓展新空间、构建新支撑。

(六)牢固树立人才意识

功以才成,业由才广。党的十九大报告、全国组织工作会议、中共中央办公厅印发的《关于进一步激励广大干部新时代新担当新作为的意见》均对人才强国战略提出具体要求。当前,地方志事业正处于全面实现"两全目标"最为关键的时期,更加需要深入学习贯彻落实党中央的要求,适应地方志事业转型升级的需要,破除地方志人才发展瓶颈,完善地方人才培养机制,实施更加积极、开放、有效的人才强志政策。

三、下一阶段年鉴工作设想

2018年是贯彻落实十九大精神的开局之年,是改革开放40周年的纪念之年,是决胜全面建成小康社会、实施"十三五"规划承上启下的关键之年,也是落实《规划纲要》各项目标任务、加快转型升级创新发展的攻坚之年。形势逼人,挑战逼人,使命逼人。面对艰巨繁重的任务,我们要紧紧抓住大有可为的历史机遇期,统筹兼顾,突出重点、把握关键,全国年鉴工作者要立足大势、抢占先机,直面问题、迎难而上,扎实做好各项工作。针对下一阶段各项工作,我提几点要求:

(一)要深入贯彻落实党的十九大精神,正确把握地方志进入新时代的历史脉搏

党的十九大是我们党和国家事业发展进程中的一座丰碑,其意义和影响重大而深远。要通过深入学习贯彻党的十九大精神,立足地方志工作实际,充分思考和认识党的十九大精神在全国地方志事业转型升级过程中的重大指导意义,充分思考和认识中国特色社会主义进入新时代大背景下地方志工作的地位和作用,充分思考和认识方志人在把我国建成富强民主文明和谐美丽的社会主义现代化强国过程中所肩负的新使命。

(二)要坚决打赢"两全目标"攻坚战,保持方志速度高位运行

一是要加大督查督办力度,"两全目标"督查小组将建立"两全目标"督查台账,实行督查销号制度,注重用互联网、大数据等提升督查效能,加快实现全程留痕、信息可追溯,各级地方志机构决不允许出现表态多调门高、行动少落实差,对工作进度相对滞后的志鉴进行全过程督查,定期通报工作进度。二是严格按照《关于进一步做好民族地区与贫困地区年鉴出版资助工程推进工作的补充通知》,将有关资助政策进行调整,确保到2020年完成"年鉴全覆盖"在内的"两全目标"这一硬指标。三是中指办除了对援藏援疆工作提供组织保障、经费保障、队伍保障外,还将对口支援西藏、新疆地方志工作纳入各省地方志工作督查范围,对照援助方案,根据援受双方的工作范围和职责,适时进行专项督查,检查援藏援疆工作完成情况。

（三）要凝心聚力狠抓年鉴质量建设，全力打造精品工程

要进一步高度重视年鉴质量建设，积极采取实施精品工程、开展评审评议、加强学术研讨等各种手段，不断探索创新提高年鉴质量方法，逐步构建一个能够全方位适应年鉴编纂、事业发展和文化建设需要的质量保障体系。我们期待在明年的全国地方志优秀成果（年鉴类）评审中，有更多高质量的年鉴获得等次。我们更希望，通过大家的努力，更多的年鉴加入中国年鉴精品工程中，打造出更多的精品年鉴，推出地方志系统的年鉴品牌。

（四）要夯实年鉴理论研究基础，不断推动理论研究水平达到新高度

一是进一步强化期刊的学术阵地功能，将《中国年鉴研究》期刊打造成在全国具有重要影响力的学术刊物。二是充分发挥中国地方志学会年鉴分会的组织和引导作用，召开一系列年鉴学术研讨会，总结年鉴理论研究成果和编纂成果实践经验，对一些具有重大理论价值和现实意义的课题展开研究，并力求做到理论研究和工作实践的紧密结合。

（五）要加强年鉴人才队伍建设，为地方志发展提供智力支撑

一是在启动建立"中国地方志专家库"的基础上，进一步培育和打造高端专家队伍，充分发挥优秀专家的示范带动作用。二是广大年鉴工作者要提高政治素质和工作本领，求真务实，干字当头，干出实打实的新业绩，干出群众的好口碑，干出千帆竞发、百舸争流的生动局面。

（六）要深入挖掘年鉴资源，提升服务大局能力

一是系统挖掘年鉴蕴含的丰富地情信息，用人们喜闻乐见的方式进行利用、传播，尤其要使互联网这个最大变量变成年鉴事业发展的最大增量，做好年鉴资源开发利用这篇大文章，充分彰显年鉴的文化魅力、时代魅力。二是要积极探索，在提升年鉴的传播力、引导力、影响力方面下功夫，把优秀传统文化的精神标识和优秀传统文化中具有当代价值、世界意义的文化精髓提炼出来、记录出来、展示出来，为讲好中国故事、传播好中国声音，向世界展现真实、立体、全面的中国，提高国家文化软实力和中华文化影响力，贡献中国地方志的智慧和方案。

必须实现地方志"两全目标"*

一、2018年工作回顾

2018年是全国地方志从一项工作向一项事业转型升级的重要一年,是全国地方志系统实现"两全目标"的攻坚年、质量年。一年来,各级地方志工作机构和广大地方志工作者以习近平新时代中国特色社会主义思想为指导,以贯彻落实《规划纲要》为总抓手,按照中指组的统一要求,在各级党委政府的领导支持下,坚持政治立场,坚定信心目标,团结拼搏,攻坚克难,开拓奋进,圆满完成了年度各项工作目标任务,推动全国地方志工作上了一个新台阶。

(一)学习贯彻习近平新时代中国特色社会主义思想扎实深入

一年来,全国地方志系统始终把学懂弄通做实习近平新时代中国特色社会主义思想、深入学习贯彻党的十九大精神,作为首要的政治任务,掀起学习习近平新时代中国特色社会主义思想热潮。中指组及其办公室带领全国地方志系统在深入学习贯彻习近平新时代中国特色社会主义思想过程中,不

---

* 根据2018年12月14日在2019年全国地方志工作机构主任工作会议暨第三次全国地方志工作经验交流会议上的讲话修改整理。

摆花架子，不唱高调，做到真学真用、活学活用。比如，在全面建成小康社会战略布局中，围绕国家"两个一百年"奋斗目标，提出地方志"两个一百年"奋斗目标；在国家全面深化改革战略布局中，提出地方志围绕党和国家根本利益、经济社会发展、以人民为中心开拓创新；在全面依法治国战略布局中，大力实施依法治志；围绕文化自信，提出方志文化自信。各级地方志工作机构以理论中心组学习为重点，深入学习、深刻领会习近平总书记关于修史修志、文化自信方面的重要论述，统一思想，提高认识，紧紧围绕党中央、国务院重大决策部署，谋划地方志事业转型升级，进一步增强了干事创业的责任感和使命感。各级地方志工作机构把党建工作纳入党委（党组）重要议事日程，与业务工作同部署、同推进、同检查、同落实，进一步加强了全国地方志系统党的建设。

（二）志书编修工作成效明显，第二轮修志进展顺利

截至目前，全国第二轮规划志书年内出版361部，累计出版3009部，占规划总数54.51%。其中，继广东省已经完成第二轮修志规划任务后，山东省2018年第二轮修志全面收官，安徽、四川、宁夏、湖南、吉林、甘肃、天津、重庆、江苏、河北、河南、湖北修志工作进度高于全国平均水平，宁夏完成省级规划志书出版任务，安徽完成市县级规划志书出版任务，湖北完成县级规划志书出版任务。部门志、行业志、专题志编修蓬勃发展。截至目前，全国年内出版部门志、行业志、专题志240多部。中指办扎实推进中国志书精品工程，中国精品志书《威海市志》出版发行并召开首发式，《天津市志·公安志》《赣州市志》入选中国志书精品工程。

（三）年鉴编纂工作成绩显著

地方综合年鉴覆盖率进一步提升。截至目前，全国省市县三级综合年鉴2017年卷应编纂出版3221种，公开出版2019种，覆盖率为62.68%；2018年卷应编纂出版3220种，启动编纂3067种，覆盖率为95.25%，公开出版481种、覆盖率为14.94%，公开出版覆盖率排在前3位的是山东、甘肃、海南。专业年鉴编修成果丰富。年内，全国编纂出

版各类专业年鉴1000多种。中指办深入实施中国年鉴精品工程，精心打造中国精品年鉴。《山西年鉴（2017）》《南京年鉴（2017）》《辽源年鉴（2017）》《北京海淀年鉴（2017）》《海安年鉴（2017）》5部年鉴入选中国年鉴精品工程。中指组、中国地方志学会组织开展第五届全国地方志优秀成果（年鉴类）评审，年内通报表扬各类年鉴270部。

（四）推进"两全目标"措施得力

年初，中指组成立"两全目标"督查小组，从2018年第一季度起实行季度通报制度，每季度末向省级人民政府办公厅和省级地方志工作机构通报"两全目标"工作进度。截至目前已通报4次，对于推进"两全目标"工作发挥了积极作用。江苏、福建、山东、重庆、陕西、青海等省（市）分管领导多次作出批示、指示，对推进"两全目标"工作提出明确要求。建立"两全目标"完成情况督查台账，实行督查销号制度，对工作进度相对滞后的规划志书、综合年鉴进行全过程督查。天津、山西、江苏、安徽、甘肃等省（市）把"两全目标"纳入政府绩效目标考核。河北、宁夏克服"小马拉大车"，机构级别低、人员少等困难，积极推进"两全目标"。山西省政府连续两次将志鉴"两全目标"进展缓慢市县、部门的修志工作纳入"13710"督办系统重点督办。内蒙古成立6个"两全目标"督查攻坚组，实行月调度、季通报和挂账销号制度。四川对"两全目标"完成情况实行季通报制度。青海省政府办公厅印发《关于加快推进全省地方志编纂"两全目标"工作的通知》。

（五）乡镇志、村志编修高潮迭起

为助力全国城镇化建设和乡村振兴战略，推进乡村文化振兴，中指办持续实施中国名镇志文化工程、中国名村志文化工程。12月5日至7日，在湖北孝感举办第三届全国名镇论坛暨第三批中国名镇志丛书出版座谈会，出版发行中国名镇志丛书28部。12月24日至26日，还将在云南德宏举办第二届全国名村论坛暨第二批中国名村志丛书出版座谈会，出版发行中国名村志丛书20部。江苏、安徽、湖北、山东、广东、重庆等省（市）参与中国名镇志、中国名村志文化工程的积极性高，志稿质量好。北京开展全市21部国家级传统村落、23部市级传统村落志书编纂。上海第一部社区（居住区）志《时光里的家园——上海市静安区社区微志选辑》出版发行。江苏印发《江苏名镇名村志评审验收办法》，规范评审验收流程。截至目前，全国年内出版乡镇志、村志330多部。

（六）旧志整理成果丰硕

中指组及其办公室积极推动历代方志整理工作。截至目前，年内全国地方志系统整理出版旧志170多部。嘉靖《山西通志》，《河南历代方志集成》，光绪《湖南通志点校》，乾隆《甘肃通志》，《宁夏珍稀方志丛刊》出版发行。《江苏历代方志全书》影印出版旧志141种、140册。《山东省历代方志集成》（潍坊、济宁、临沂卷）影印出版旧志101种、37册。《广西历代方志集成》项目开展前期论证。福建与台湾地区合作出版《闽台历代方志集成》，向台湾世界宗教博物馆、新北市图书馆、台北故宫博物院、辅仁大学、佛光山大乘寺庙赠送福建历代方志文献2186种、3754册，并在这5个机构分别设立闽台方志文献中心。

（七）方志馆工作稳步推进

年内，继国家方志馆一期工程"方志中国"展览开展后，国家方志馆二期工程"魅力中国"顺利完成开展。与此同时，国家方志馆黄河分馆、国家方志馆知青分馆相继在山东东营、黑龙江黑河开馆。中指办出台《国家方志馆分馆建设管理工作规定》，规范国家方志馆分馆的报批及建设管理。国家方志馆编辑出版《中国方志馆研究》（第二辑）。国家方志馆知青分馆被确定为黑龙江省爱国主义教育示范基地。国家方志馆黄河分馆自今年5月开馆以来，参观人数超过5.7万人，社会反响良好。北京参与筹建西山方志书院。福建出台《全省市、县（区）方志馆（书库）建设指导意见（2017—2020）》，对全省方志馆（书库）的整体建设原则与建成时间、面积、设计布陈、管理运行等作出规定。江西省方志馆被确定为该省首批中小学生研学实践教育基地。山东成立全省方志馆专家咨询组，指导市县两级加强和推进方志馆建设管理。截至目前，全国累计建成方志馆601个。

（八）理论研究和学科建设实现新跨越

中指办召开依法治国与依法治志论坛——《地方志工作条例》颁行12周年座谈会、第八届中国地方志学术年会暨中国社会科学院历史学部第十七届史学理论研讨会、纪念章学诚诞辰280周年座谈会，举办"南岳衡山杯"首届全国地方志系统优秀论文评选活动。遵循学术期刊办刊规律，转变《中国地方志》期刊职能，由单月刊变更为双月刊，编校实行六审七校，提高了史志期刊的学术影响力。不断提升《中国年鉴研究》期刊质量。全国首届方志学方向博士研究生和公共管理硕士研究生顺利毕业。全国地方志系统首个培训基地——宁德培训基地在宁德师范学院挂牌成立。北京市地方志办公室等单位联合主办第八届北京文史论坛。上海地方志办公室与复旦大学共建的"上海市地方志发展研究中心"签约揭牌。上海市年鉴学会承办2018上海年鉴国际学术论坛。第四届皖冀方志理论研讨会在安徽蚌埠召开。《方志之乡文化浙江——改革开放以来浙江省地方志系统论文成果选编》等成果出版发行。

（九）资源开发利用开创新局面

一年来，中指组及其办公室继续落实全面深化改革战略部署，紧紧围绕以党和国家根本利益、经济社会发展、以人民为中心开拓创新地方志工作，提出把地方志"用起来"，将地方志"立起来"，让地方志"活起来"，叫地方志"热起来"，使地方志"强起来"。一是地方志围绕服务党和国家根本利益开拓创新。中指办指导编纂《中国南海志》《三沙市志》《八一镇志》，其中《三沙市志》完成专家评审，《八一镇志》完成出版；策划实施国家社科基金抗日战争研究专项工程《中国抗日战争志》项目，组织编纂《中国抗日战争志》及地方抗日战争志，组织召开中国地方抗日战争志工程研讨会和中国抗日战争志编纂研讨会。北京、河北、山西、安徽、山东、湖北、广东、广西、海南、重庆、四川、贵州、云南、陕西、甘肃、新疆等地的抗日战争志编纂工作取得阶段性成果。福建与台湾地区有关机构联合编纂《妈祖文化志》，以志为媒，进一步拉近两岸同胞心灵距离，深化两岸对命运共同体共识。二是地方志围绕经济社会发展开拓创新。陕西组织开展"坚定文化自信讲好陕西故事"活动；黑龙江创办《资政史志专送》，专送副省级以上领导，发挥地方志资政功能；广东自然村落人文历史普查取得阶段性成果；四川《汶川特大地震四川抗震救灾志》出版发行；河北《老保定丛书》（第一辑）出版发行，解读保定历史文化，讲述保定故事。三是地方志围绕以人民为中心开拓创新。中指办继续实施全国地方志"一体两翼"工程，发布《中国地情报告（2018）》《中国方志发展报告（2018）》《中国年鉴发展报告（2018）》；与中央电视台合作，以县志为基础，联合拍摄《中国影像方志》，年内在中央电视台累计播出112集，引起强烈反响；与中央电视台合作拍摄《中国影像志·名系列》，其中《中国影像志·名镇名村系列》首批入选6个单位，已拍摄制作3集，年底将在中央电视台播出。辽宁地方志文献研究助力"经远舰"考古发现。《中国影像志·福建名镇名村影像志》首批拍摄6集，在福建电视台、海峡卫视播出。广东举行"多彩乡村·情系故里"主题教育实践活动。湖北启动编纂《湖北要览丛书》，拍摄《湖北方志形象》宣传片，社会反响热烈。四川在"喜马拉雅FM"开通"方志四川"官方电台，音频节目《舌尖上的四川》已陆续上线播出。

（十）信息化建设达到新水平

年内，中指办大力实施全国信息方志和数字方志建设工程，建成开通中国国情网；升级改造中国地情网，中国地情网二期上线；国家数字方志馆建设项目通过中国社会科学院立项审批；方志中国微信矩阵正式上线；开发"两全目标"在线统计系统，实时掌握规划志书和综合年鉴的工作进度。各地信息化建设精彩纷呈。天津地方志网站、广东省情网改版上线，云南省情网正式开通。全国首个省级方志云项目——贵州省方志云项目正式立项。甘肃地方史志网上传数字化志鉴609部、5亿字，实现了全文检索。新疆实施"互联网+地方志"工程，与华为技术有限公司、克拉玛依市人民政府签署三方云计算发展战略合作协议，携手开展基于云计算、大数据的智慧研发与应用。截至目前，全国地方志系统年内有数十个地情网站改版升级；新建数字方志馆（数据库）100多个；建设方志新媒体260多个。

（十一）中国方志文化走出去实现新突破

中指办应邀参加在马来西亚举行的国际图联第84届世界图书馆与信息大会，并作为中国唯一代表作大会主旨演讲。中指办与中国香港、中国澳门、中国台湾地区以及美国、加拿大、英国、法国、德国、马来西亚等国家开展学术交流活动。中指办首次在加拿大维多利亚大学、美国加州大学洛杉矶分校举办学术讲座，传播中国方志文化，并与美国伯克利大学、马来西亚拉曼大学等磋商建立中国地方志海外收藏研究中心。《中国名镇志·枫泾镇志》（英文版）、《中国名镇志·周庄镇志》（英文版）、《中国名村志·开弦弓村志》（英文版）出版发行。《中国名镇志·乌镇志》入选国家"丝路书香出版工程"，将被翻译成越南语版和泰语版，进入越南、泰国等"一带一路"国家。《中国名镇志·周庄镇志》（英文版）亮相世界遗产城市组织第三届亚太区大会，为周庄申报世界文化遗产助力。

（十二）依法治志取得新成果

中指组及其办公室就《中华人民共和国史志法》立法可行性进行调查研究，举行系列专家论证会、研讨会，撰写《史志法》立法建议稿，举办"依法治国与依法治志论坛"。各地出台系列地方法规和规定制度，如《天津市地方志工作办法》《江苏省地方志工作条例》《广东省地方志工作条例》。北京印发《关于进一步加强市区两级地方志工作保障的通知》，天津印发《天津市区级地方志书编修及审查验收规定》，山西制定《地方综合年鉴编纂出版规范》，吉林出台《地方志系统信息化建设指导意见》，福建出台《全省市、县（区）方志馆（书库）建设指导意见（2017—2020）》，湖南印发《关于建设地情专家库的意见》，四川印发《关于实施地方志工作质量提升行动的意见》《四川省市（州）地方志工作考核办法（试行）》，新疆生产建设兵团印发《关于进一步加强新形势下兵团史志工作的实施意见》，地方志法治体系逐步完善，依法治志成果显著。

（十三）民族地区与贫困地区地方志援助工作实现新进展

全国地方志系统主动服务国家精准扶贫战略，中指组出台《关于全国地方志系统支援西藏、新疆地方志工作的意见》，深入实施民族地区和贫困地区志鉴出版资助工程。截至目前，共有29部志书列入志书资助出版工程，46部年鉴列入年鉴资助出版工程，覆盖贵州、甘肃、黑龙江、宁夏、内蒙古、云南等省（区）。中指办抽调精干力量援助西藏编修革命红色文化名镇志——《八一镇志》，在新疆生产建设兵团党校举办第一期援疆志鉴编纂业务培训班。西藏印发《全区地方志援藏工作对接方案》，为全系统有序开展援藏工作做好准备。各对口支援单位积极行动，推进援藏援疆结对帮扶措施落地。北京在结对帮扶的新疆生产建设兵团第十四师昆玉市开展培训调研，并捐赠10万元史志编纂经费。浙江方志援藏工作组与西藏对口支援单位进行调研对接。浙江、山东举办的业务培训班免费邀请对口支援单位派员参加。安徽召开援藏援疆修志编鉴工作座谈会。湖北地方志系统到对口支援的新疆博尔塔拉蒙古自治州和新疆生产建设兵团第五师双河市进行对接。

2018年各项成绩的取得，离不开党中央、国务院的高度重视，离不开地方各级党委政府的大力支持，离不开有关部门和社会各界的密切配合，更离不开各级地方志工作机构和广大地方志工作者的锐意进取、团结协作、甘于奉献和辛勤付出。

在肯定成绩的同时，还必须清醒地认识到全国地方志工作依然存在一些薄弱环节。一是部分地区对完成"两全目标"重要性认识不足，工作措施不够得力；二是志鉴质量参差不齐，有的地方志工作机构存在重数量、轻质量问题；三是有的地方志工作机构围绕当地经济社会发展开拓创新的能力不够，地方志资政辅治作用发挥不够；四是有的对正在进行的地方志工作机构体制改革患得患失，产生等待、观望、埋怨消极情绪等。面对这些问题，我们要树立并坚定方志文化自信，花真功夫，下大力气予以解决。

二、2019年主要工作

2019年是中华人民共和国成立70周年，是全国地方志事业转型升级的承上启下之年，是中指组的换届年，也是全国地方志系统完成"两全目标"的拼搏年、冲锋年。各级地方志工作机构和广大地方志工作者要明确目标,坚定信心,勇于担当,积极作为,紧紧围绕"两全目标"中心任务,大力推动全国地方志事业转型升级向纵深发展。2019年主要做好以下工作:

(一)加强学习,切实提高政治站位

要通过学习原文、理论培训、主题教育、社会实践等方式,认真学习贯彻党的十九大精神,进一步学懂弄通做实习近平新时代中国特色社会主义思想。要教育引导广大地方志工作者提高政治站位和政治觉悟,牢固树立"四个意识",切实增强"四个自信",坚决做到"两个维护",始终在政治立场、政治方向、政治原则、政治道路上同以习近平同志为核心的党中央保持高度一致。策划组织好地方志系统庆祝中华人民共和国成立70周年系列活动。同时加强业务学习,练强内功,外树形象,努力成为习近平新时代中国特色社会主义思想的活学活用者、中华优秀传统文化的传承者、中华文化自信的引领者、中华民族伟大复兴中国梦实现的记录者。

(二)攻坚克难,坚决完成"两全目标"

目前,距离全面完成"两全目标"的最后期限只剩下两年的时间,时间紧迫、任务繁重、压力巨大。如果再不采取超常规的措施、手段和办法,能否按期完成"两全目标"就要打上一个大大的问号。因此,推进"两全目标"是2019年工作的重中之重。中指组"两全目标"督查小组要严格执行督查销号制度,完善"两全目标"督查台账,明确工作进度滞后志鉴的具体责任人和省级包保责任人,实行挂牌督办。"两全目标"督查小组将向各地派出巡查组,督查"两全目标"工作进度,对于工作推进不力、进展不大的地方志工作机构予以通报批评。要加大援藏援疆、志鉴资助出版工作力度,深入实施中国志书精品工程、中国年鉴精品工程,组织好全国年鉴质量评审,切实提高志鉴质量。各地要将《规划纲要》落实情况纳入本级政府的督查范围,强化督查手段,全力打好"两全目标"攻坚战。

(三)统筹规划,开好地方志系统"两会"

要切实提高认识、周密部署,及时认真完成第六届中指组换届工作。组织召开中指组六届一次会议和第六次全国地方志工作会议，认真谋划当前和未来5年全国地方志事业转型升级的工作思路、目标任务、实现路径和保障措施等。

（四）与时俱进，做深做实"三个创新"

在围绕党和国家根本利益开拓创新上，继续推进《中国南海志》《三沙市志》《中国抗日战争志》和中国地方抗日战争志丛书编纂工作，积极推动《香港志》编修。在围绕经济社会发展开拓创新上，继续推进中国名镇志文化工程、中国名村志文化工程，办好在湖南召开的第四届全国名镇论坛和在宁夏召开的第三届全国名村论坛。深入推进中国名酒志、中国名街志、中国名山志、中国名水志等文化工程。在围绕以人民为中心开拓创新上，继续实施以《中国地情报告》为主体、《中国方志发展报告》《中国年鉴发展报告》为"两翼"的"一体两翼"工程。做好《中国影像方志》及《中国影像志·名镇名村系列》的制作和播出工作。进一步谋划编纂社区志、居民小区志，推动方志文化进机关、进农村、进社区、进校园、进企业、进军营。

（五）加强合作，推进方志学一级学科建设

通过与高等院校、科研机构加强合作，联合培养硕士、博士研究生、博士后，开展方志学理论研究、人才培养、教材编写等，探索方志学学科体系建设，制定方志学学科建设规划，为方志学一级学科建设奠定理论、人才基础。积极推动在中国社会科学院大学等院校设立方志学系，依托中国社会科学院、中国历史研究院设立方志学研究所。召开第九届中国地方志学术年会，举办第三届年鉴论坛，加强方志学术交流。推进《中国地方志》名刊建设，充分发挥史志期刊平台和阵地作用，提高全国地方志期刊工作水平。继续编好《中国年鉴研究》《中国方志馆研究》。

（六）巩固阵地，加强全国方志馆建设

实施国家方志馆三期工程，完成院落景观改造升级，真正使国家方志馆具有国家气派、国家水准，引领全国方志馆建设。认真贯彻落实《方志馆建设规定（试行）》《国家方志馆分馆建设管理工作规定》，统筹推进国家方志馆分馆建设。强化质量第一意识，指导各地因地制宜开展实体方志馆和数字方志馆建设。通过业务培训、座谈研讨、交流学习等方式，进一步提高全国方志馆建设水平。

（七）共享共用，不断提高信息化建设水平

深入实施全国信息方志与数字方志建设工程，完成国家数字方志馆（一期）建设，继续做好中国国情网、中国地情网、中国方志网的日常维护、信息发布、安全保障等工作，进一步办好方志中国微信公众平台。加快推进各级地方志信息化建设步伐，支持民族地区地方志信息化建设。

（八）主动发声，推动中国方志文化走向世界

加强与中国香港、中国澳门、中国台湾地区以及北美、西欧、东亚、东南亚、澳洲相关学术机构的交流与合作，利用好国际图联大会等国际舞台主动发声、加强联系，宣传中国方志文化，讲述中国故事，传播中国声音。通过召开国际学术论坛、互派访问学者、志鉴成果翻译出版、建立方志海外收藏研究中心等，推动中国方志文化走向世界取得实质性进展。

（九）多措并举，强力推进《史志法》立法

持续关注文化立法，进一步修改完善文本草案，多渠道推进《史志法》立法进程。与全国人大法工委、国务院办公厅、司法部等加强沟通联络，争取全国人大代表、全国政协委员的理解和支持，力争将《史志法》立法纳入全国人大的立法规划，早日实现地方志工作有法可依，提升地方志领域法律法规效力。

（十）深入调研，打造地方志法治体系

继续贯彻落实《规划纲要》，深入开展依法治志理论和实践问题的学术研讨和调查研究。启动《全国地方志事业发展规划纲要（2021—2025年）》编制调研工作。推动有关部门出台《地方史工作规定》、地方志资料工作规定，修订中国名镇志、中国名村志文化工程实施方案，初步建立起地方志法治体系。

（十一）深化改革，加强全国地方志专业出版基地建设

继续推进全国地方志"十大工程"、重点品牌图书的出版工作，努

力提升方志出版社服务各级地方志工作机构、特别是服务"两全目标"实现的能力。继续推进图书出版"走出去"工作,将更多精品志书(年鉴)和中国名镇志丛书、中国名村志丛书等系列图书,以更多语种出版,积极为国家"一带一路"建设提供服务。完成《方志出版社发展规划(2014—2020年)》规定的目标任务,着手制定《方志出版社发展规划(2021—2025年)》,全力推动全国地方志专业出版基地建设。

三、下一步工作要求

当前,新时代地方志事业面临的形势更加复杂、任务更加繁重、挑战更加巨大。为做好2019年工作,现提出以下要求:

(一)旗帜鲜明讲政治

地方志是官书,官书具有官性,官性即政治性,新时代地方志的政治性就是要把中国共产党的领导是中国特色社会主义最本质的特征客观而真实地写入志鉴,把地方志的政治性与方志人直笔著史的品格特征作统一性认识。实践证明,旗帜鲜明讲政治是做好新时代地方志工作的基础和前提。离开了这个前提,地方志工作就成了无本之木、无源之水,就会偏离正确的发展方向。全国各级地方志工作机构一定要以习近平新时代中国特色社会主义思想为指导,把增强政治意识、提高政治站位贯穿到推动地方志事业转型升级的全过程。全国广大地方志工作者一定要讲党性、重品行、守纪律、讲规矩,做政治上的明白人,信念上的守护人。

(二)抓实抓牢主责主业

"两全目标"是国务院对地方各级政府下达的法定任务,是全国地方志系统的核心目标任务,是各级地方志工作机构的主责主业。只有紧紧抓住这个"牛鼻子",才能正确把握全国地方志事业发展的方向,明确工作重心,找准工作的着力点和落脚点。"两全目标"是硬指标、硬任务、硬约束,必须下硬功、出硬招、打硬仗。中指组及其办公室要及时掌握工作进度,加强分析研判和督促检查,扎实推进"两全目标"工作。尚未完成"两全目标"的地区,要积极争取领导重视,科学统筹谋划,加强业务培训,定期督查通报,按时保质完成"两全目标"任务。

(三)进一步融入中心服务大局

落实党和国家战略部署,融入党委政府中心工作,服务经济社会发展大局,是推动全国地方志事业转型升级的重要途径。只有积极融入中心,主动服务大局,地方志才能充分发挥作用,全面体现价值,落实"存史、资政、育人"的功能。全国地方志系统要进一步解放思想,更新观念,开拓创新,锐意进取,积极应对新时代中国特色社会主义建设面临的新形势、新任务、新挑战,切实增强方志文化自信,充分利用信息化手段,提高地方志资源开发利用的效率和水平,为经济社会发展服务。

(四)持续推进依法治志

依法治志是新时代地方志事业转型升级的重要保障,地方志事业科学发展离不开地方志法治体系的支撑。要坚持法治思维,增强法治意识,深化对依法治志重要性、必要性的认识,深入开展调查研究,进一步修改完善《史志法》立法建议稿,推动地方志立法工作取得实质性进展;要严格贯彻落实《地方志工作条例》和《规划纲要》,依法全面履行相关职能,列出并执行政府权力清单;要将相关规定真正落实到地方志编纂、审查验收、出版、开发利用等全过程;加大地方志法规规章的执行力度,坚持有法可依、有法必依、执法必严、违法必究。

(五)更加注重质量建设

地方志成果的质量是衡量地方志事业发展水平的重要标尺,要把质量建设贯穿到地方志事业转型升级的方方面面。要发扬"追求卓越、精益求精"的工匠精神。精密设计篇目,精心搜集资料,精细打磨志稿,精准修正错误,精致追求完美,打造精品志鉴。要处理好速度和质量的关系。既要克服片面强调速度无视质量的问题,又要避免以"加强"质量建设影响工作进度的倾向。要加强质量控制。严格执行《地方志书质量规定》《地方综合年鉴编纂出版规定》,通过培训考核,量化评比,进一步完善地方志质量控制体系。

(六)加强机构队伍建设

"基础不牢,地动山摇。"人才队伍建设是决定地方志事业兴衰成败的基础性因素。当前全国机构改革正稳步推进，全国地方志系统和广大地方志工作者要统一思想，积极配合，全力做好机构改革。对涉及地方志工作机构的改革方案不议论、不抵制，对个人工作安排不抱怨、不排斥。要牢记方志人的使命和初心，心往一处想、劲往一处使，做到思想不乱、工作不断、队伍不散、干劲不减，一张蓝图绘到底，稳步推进《规划纲要》确定的各项工作任务。希望地方各级党委政府在机构改革完成后一如既往地关心、支持地方志事业，特别是要按照《规划纲要》的要求，把地方志工作纳入国民经济和社会发展规划、各级政府工作任务之中，做到认识到位、领导到位、机构到位、编制到位、经费到位、设施到位、规划到位、工作到位，保持地方志机构的稳定性、地方志人员的积极性和地方志工作的延续性。

确保"两全目标"按时保质完成[*]

在全体与会代表的共同努力下,全国地方志系统"两全目标"工作调度会、中国名镇志、中国名村志丛书编纂业务培训班暨中国影像志研讨会顺利完成了有关会议事项,马上就要闭幕了。下面,我代表中指组及其办公室对会议作小结。

一、会议的总体评价

这次会议,是在全国上下齐心应对中美贸易争端影响,扎实开展第一批"不忘初心,牢记使命"主题教育大背景下召开的一次重要会议,是在全国各行各业不断坚定自信、加油鼓劲、自立自强的氛围中召开的,正当其时。这次会议作为 2017 年新疆会议后召开的第二次"两全目标"推进会,可以说是思想的再动员,干劲地再鼓舞,任务的再细化,责任的再明确。中国社会科学院副院长,中国历史研究院党委书记、院长,中指组常务副组长高翔同志在讲话中明确提出,以习近平新时代中国特色社会主义思想为指导,深入贯彻落

---

* 根据 2019 年 6 月 27 日在全国地方志系统"两全目标"工作调度会、中国名镇志、中国名村志丛书编纂业务培训班暨中国影像志研讨会上的讲话修改整理。

实习近平总书记关于传承弘扬中华优秀传统文化、高度重视修史修志系列重要讲话精神，贯彻落实国务院《条例》、国办《规划纲要》要求，统一思想，坚定信心，响鼓重锤，决战决胜，坚决打赢"两全目标"攻坚战，同时深入实施中国名镇志、中国名村志文化工程，奋力开创新时代全国地方志事业高质量发展的新局面。希望各位与会代表高度重视，各有关单位认真落实。本次会议安排合理、内容丰富、气氛热烈，达到了鼓舞士气，明确目标，细化任务的预期效果。

（一）会议概况

会议深入交流了全国地方志系统"两全目标"推进情况，在全体方志同仁的共同努力下，全国地方志系统推进"两全目标"取得了较好的阶段性成果。会议认真分析了推进"两全目标"工作面临的形势、存在的问题，明确了下一步努力方向，形成了解决问题的好思路、好方法。通过本次会议，我们摸清了现状，找到了差距，达成了共识，如期完成"两全目标"的信心更足了，决心更大了。当前全国地方志系统进入了推进"两全目标"的深水区，面临的困难前所未有、遇到的挑战也前所未有。通过这次会议，全国地方志系统吹响了冲刺"两全目标"的集结号，大家进一步认清了形势，明确了方向，坚定了信心，鼓舞了干劲，会议开得非常成功。

（二）会议特点

一是规格高。会议从今年3月份就开始筹备。会议得到了中国社会科学院院长、中指组组长谢伏瞻同志的高度重视。多位省部级领导干部出席会议。中指组常务副组长高翔同志亲临现场并在开幕式上发表重要讲话。高翔同志的讲话站位高、思想深、措施实，是全力推进"两全目标"工作的指导性文件，必将推动全国地方志系统进一步统一思想，提高认识，凝聚共识，明确方向。二是范围广。为增强会议实效、便于工作部署，这次会议除邀请了各省级地方志工作机构主要负责人外，还邀请了部分省直部门分管领导、地方党委政府分管领导以及地方志工作机构主要负责人。三是内容实。会议通报了截至目前，全国地方志系统推进"两全目标"工作推进情况。召开了专题调研座谈会，部分参会省级地方志工作机构主要负责人、市县分管地方志工作的领导及市县地方志工作机构代表提出了针对性的意见建议。利用半天的时间进行大会经验交流，其中"两全目标"已完成或工作推进力度大的省份交流了工作经验；部分省级地方志工作机构主要负责人汇报了"两全目标"推进工作存在的困难和问题；部分"两全目标"推进工作滞后地方政府或部门分管领导汇报了工作计划与安排。有表扬有批评，有肯定有鞭策，有笑脸有红脸，有总结有积累，形成了比学赶超的良好氛围。四是效果好。从各小组汇报讨论情况看，尽管各地的情况不同、进度不一、困难有大有小、人员有多有少，又面临机构改革以后的人员磨合等问题，但我感觉大家对完成"两全目标"的信心更足了，都在积极想办法、找对策，而且下一步工作措施都很实，很有针对性，达到了会议的预期目的。

（三）会议意义

一是统一了对当前形势的认识。今年是全国地方志系统完成"两全目标"的拼搏年、冲锋年，"两全目标"是核心工作，是重中之重。今后两年各级地方志机构的所有工作都要服从服务于推进"两全目标"的大局，所有的资源都要向推进"两全目标"倾斜，所有方志人都要聚焦完成"两全目标"这个主责主业。从座谈交流情况看，大家的思想都统一到了常务副组长高翔的讲话上来了。二是统一了对工作目标的认识。今年的核心任务是推动"两全目标"取得突破性进展，具体来说，就要确保2019年每季度新增出版完成率不低于5%。对此，各地必须采取非常规的措施和手段进行推进，特别是进度低于全国平均水平的地区，任务更重，难度更大。越是急难险重的任务，越考验大家的担当意识强不强、处理复杂问题的能力强不强。三是统一了对工作措施的认识。各地结合实际，制定了一系列针对性很强的措施，可以说全系统的积极性都调动起来了。必须要真抓实干，务求实效，大家要时刻保持一股冲劲、闯劲、韧劲、拼劲，要以用心把握的工作态度、扎实有效的工作措施、求真务实的工作作风，打好"两全目标"攻坚战。

二、下一步工作要求

（一）进一步提高政治站位，坚定如期完成"两全目标"的信心和决心

1. "两全目标"是党中央、国务院交给全国地方志系统的重大任务，体现了国家对地方志工作的重视。到2020年如期完成二轮志书和综合年鉴编修工作，既是对全国地方志系统政治意识、政治站位的考验，也是对全体方志人履职能力的考验。我们要增强"四个意识"，坚定"四个自信"，做到"两个维护"，不折不扣地完成"两全目标"，不辜负党和人民的信任和重托。

2. 完成"两全目标"是树立方志文化自信的载体。志书和综合年鉴记录新时代中国特色社会主义的伟大变革，记录改革开放的伟大探索，记录高质量发展的生动实践，是构建哲学社会科学高端智库的重要资源，是增强方志文化自信的重要载体。完成两全目标，实现"省省有志鉴，市市有志鉴，县县有志鉴"这一文化创举，是全国地方志系统围绕"两个一百年"奋斗目标的重要战略任务。必须进一步增强责任感和使命感，以坚强的意志，坚定的决心，坚决打赢"两全目标"攻坚战。

3. 完成"两全目标"是实现方志梦的重要路径。习近平总书记说我们都是追梦人，全体方志人追逐的方志梦具有丰富的内涵，"两全目标"是其中的重要内容之一。"两全目标"完成之时，也是我们方志人扬眉吐气之日。实现"两全目标"是地方志"用起来""立起来""活起来""热起来""强起来"的坚定基石。我们要通过今明两年的共同努力，高质量完成"两全目标"，实现全国人民的期盼。

（二）坚持目标导向和问题导向，进一步深入推进"两全目标"

1. 明确目标。明确目标是抓落实的关键。要明确工作重点，注重"靶向治疗"，针对推进"两全目标"工作中遇到的突出问题强弱项补短板。要进一步分解任务，明确责任，签订责任书，压实责任。要把各项目标任务层层分解，级级落实，明确到人，细化到岗，做到层层有人抓，事事有人管，处处无死角。要建立责任落实机制。各级地方志机构

主要负责人要亲自抓、负总责,切实负起领导责任,确保各项工作的完成。要层层签订责任书,逐级明确责任,为各项工作的落实提供有力保障。

2. 找准方法。要细化任务,倒排工期,明确各季度的进度要求,把时间表、路线图细化为施工图。要加强督查,通过日常督查、专项督查、检查考评,督促工作顺利推进。要完善调度督查机制。调度督查是推动工作落实的重要手段。中指办和各级地方志机构要进一步加大对"两全目标"工作的调度督查力度,强化调度,定期通报,及时发现问题,积极加以改进,确保各项工作的顺利进行。要建立责任追究机制。要逐步建立和推行工作问责制度,明确各项工作的直接责任和领导责任。对"两全目标"推进工作,无论哪个环节出了问题,导致工作任务完不成,都要严格追究相关人员的责任。

3. 注重质量。要按照标准化、模块化、精细化、流程化的要求,加强过程控制、质量控制,做到推进"两全目标"数量不锐减、内容不缩水、标准不降低。严格执行国家《地方志书质量规定》《地方综合年鉴编纂出版规定(试行)》等规范要求,始终把加强质量建设摆在突出重要的位置。同时,完善质量标准,各地要根据本地实际制定出台志书质量管理制度,严格质量标准、规范审查验收程序、明确各方责任,进一步提高工作的针对性和实效性。

(三)千方百计抓好落实

1. 形成抓落实的工作合力。各地要认真落实中指组及其办公室部署和要求,落实好各级政府应对地方志工作承担的主体责任,切实形成"党委领导、政府主持、地方志工作机构组织实施、社会各界广泛参与"的工作体制,解决好部分地区和部门说而不抓、抓而不紧、紧而不实的问题。要最大限度争取当地党委政府对地方志工作的重视,协调财政、人事等部门给予经费、人才支持;要内部挖潜,充分调动本单位人员积极性,抽调精干力量组成专项攻坚小组。要通过退休返聘、服务外包、劳务派遣等方式,壮大工作力量,汇聚起"两全目标"齐抓共管的强大声势。

2.用足用好政策措施。为推进"两全目标",中指组相继出台了《关于全国地方志系统支援西藏、新疆地方志工作的意见》等指导性意见,启动民族地区与贫困地区志书、年鉴出版资助工程等措施。下一步中指办将加大调研指导力度,针对调研中发现的问题及时提供有针对性的帮助。加快推动制定完善志书年鉴编纂各类指导性意见。进一步加大修志编鉴培训力度,增强针对性、扩大覆盖面。加快推动地方志系统专家库建设。对进度滞后的重点志鉴进行"一对一""多对一"精准帮扶。对拟在方志出版社出版的志鉴适当提高资助比例。把"两全目标"完成情况作为评先树优的重要指标,实行一票否决。

3.以优良的作风抓落实。抓好落实,过硬的作风是保证。各级地方志工作机构承担完成"两全目标"的主体责任。要增强责任意识,克服等靠要的思想,主动作为,积极作为。要提高工作效率,把效率作为衡量修志工作的重要标尺,始终坚持高标准、严要求、快节奏。要发扬真抓实干的优良作风,特别是领导干部,要放下架子,俯下身子,多到工作进度缓慢的地方去,多到修志条件差、问题多的地方去,坚持靠前指挥,加强具体指导,解决实际问题。要发扬钉钉子的精神,步步为营、稳扎稳打,一个困难一个困难的克服,一个山头一个山头的攻克。要发扬方志人精神,招之即来、来之能战、战之必胜。要发扬工匠精神,注重质量建设,精打细磨,精雕细琢,努力打造精志佳鉴。

三、关于做好当前各项工作问题

年中节点,各项工作任务非常繁重。各级各部门要以这次会议精神为指导,结合自身实际,统筹兼顾,突出重点,扎扎实实做好当前的各项工作。

(一)切实抓好这次会议精神的贯彻落实

要把贯彻落实这次会议精神作为当前的首要任务和政治任务,切实抓紧抓好。各级地方志机构要采取召开办公会、全体人员会等各种形式,把会议情况、把高翔同志的重要讲话精神,迅速传达贯彻下去。要及时把本次会议的召开情况向上级主管部门领导进行汇报。目前,各级地方志机构改革调整基本完成，人员已经到位，要尽快进入角色，尽快适应工作，按照高翔同志的讲话要求和会议确定的目标任务，将工作目标逐级落实，迅速展开工作。

（二）结合年中工作总结、部署好下半年的工作

要以本次会议召开为契机，将本次会议安排的工作事项与下一步的工作安排结合好。要立足于早动手、争主动，切实抓好人员培训、资金准备、政策协调、资料收集等各项基础工作，根据上半年"两全目标"推进中存在的现实问题，及时补短板、增优势，力争下半年实现首月、首季"开门红"，并努力做到一月更比一月好，一季更比一季好，确保完成和超额完成"两全目标"全年工作任务。

（三）将开展"不忘初心，牢记使命"主题教育活动与深入推进"两全目标"工作紧密结合起来

开展"不忘初心，牢记使命"主题教育活动的总要求是"守初心、担使命，找差距、抓落实"。直笔著史是我们史志工作者的初心。"两全目标"是我们地方志系统阶段工作的初心。我们的使命就是"为当代提供资政辅治之参考，为后世留下堪存堪鉴之记述"。可以说按时保质完成"两全目标"就是我们地方志系统开展好"不忘初心，牢记使命"主题教育活动的关键抓手和最大成果。希望我们各级地方志机构在开展主题教育时结合实际，把推进"两全目标"工作始终贯穿主题教育全过程，力争把问题找实、把根源挖深，明确努力方向和改进措施，切实把问题解决好，把工作任务完成好。

（四）切实抓好中国名镇志丛书、中国名村志丛书编纂工作

中国名镇志文化工程、中国名村志文化工程启动以来，经过几年来的探索实践，不断改进和完善，逐步发展成为我们地方志系统的一个重要文化品牌，在保护中国传统文化、助力乡村振兴、拉近地方志与群众的距离等方面发挥了较好的作用。希望各级地方志机构高度重视这项工作，尤其是在完成"两全目标"之外尚有余力的地区更要加大对这项工作的推进力度。希望各级地方志机构严格筛选名镇志、名村志，切实加强编纂人员培训，全面提升志书编纂质量，共同推动中国名镇志文化工

程、中国名村志文化工程打造出更多的精品佳志。

蓝图已经绘就，号角已经吹响，做好当前的工作意义重大。让我们以习近平新时代中国特色社会主义思想为指导，进一步统一思想、更新观念、团结协作、攻坚克难，在学习领会高翔同志讲话精神上见行动见成效，在高质量推进"两全目标"上见行动见成效，为2020年全面完成"两全目标"作出应有的贡献。

全力推进"两全目标"决胜攻坚*

再过两个多月，我们将迎来中华人民共和国 70 华诞。70 年来，我国在诸多方面取得的伟大成就和历史经验举世瞩目。中国人民在中国共产党的领导下，实现了由"站起来"到"富起来"再到"强起来"的历史性飞跃。70 年砥砺奋进，我们国家发生了天翻地覆的变化。改革开放以来，特别是进入中国特色社会主义新时代，全国地方志事业也发生了天翻地覆的变化。近年来，中指组及其办公室坚持以习近平新时代中国特色社会主义思想为指导，团结带领全国地方志系统，深入探索并着力实践全国地方志事业进入新时代的具体内涵，彻底摒弃"一本书主义"，紧紧围绕"两全目标"核心任务，推动志、鉴、史、馆"四驾马车"并驾齐驱，形成志、鉴、史、馆、库、网、用、会、刊、研"十业并举"的地方志事业发展综合格局，在全国范围内全面推动地方志事业转型升级。从"加强修史修志"纳入"十三五"规划，到助力推动"一带一路"倡议和乡村振兴建设，再到方志文化走出去战略

---

* 根据 2019 年 7 月 23 日在第六届全国地方志优秀成果（年鉴类）评审系列会议、中国年鉴精品工程 2019 卷申报年鉴篇目研讨会、第四期全国年鉴主编培训班上的讲话修改整理。

作为文明交流互鉴纽带推动构建人类命运共同体，地方志对内致力强本固基、服务资政育人、聚焦改革发展，对外展示中国方案、讲述中国故事、传扬中国声音，为加快构建中国特色哲学社会科学"三大体系"方面提供了方志力量，为服务"五位一体"总体布局、"四个全面"战略布局作出了积极贡献。可以说，无论是在地方志事业发展的历史上，还是在地方志事业所取得的成绩上，都是一部感天动地的奋斗史诗。

2019年是贯彻落实《规划纲要》各项目标任务、加快转型升级创新发展的攻坚之年。根据截至2019年第一季度末"两全目标"全覆盖完成情况的通报，全国省市县三级综合年鉴2017年卷启动编纂覆盖率约为88.85%，公开出版覆盖率约为66.13%；2018年卷启动编纂覆盖率约为95.34%，公开出版覆盖率为51.02%；2019年卷启动编纂覆盖率为87.94%。同时，从志鉴质量方面来说，根据推进中国年鉴精品工程和近3年开展全国地方志优秀成果（年鉴类）质量评审活动的经验来看，一些年鉴质量顽疾依然存在。因此，想方设法提高志鉴质量，推动"年鉴全覆盖"又好又快向前推进，是当前年鉴事业发展的重点难点问题。

这次会议的主题是：深入学习贯彻习近平新时代中国特色社会主义思想和党的十九大精神，贯彻落实国务院《条例》、国办《规划纲要》以及中指组《全国年鉴事业发展规划（2016—2020年）》有关要求，做好全国年鉴优秀成果质量评审工作，深入推进中国年鉴精品工程，加强年鉴主编队伍建设，全面推动到2020年高质量完成"年鉴全覆盖"目标，全面推进包括年鉴事业在内的全国地方志事业转型升级。

当前，全国方志工作者正在为决胜"两全目标"共同奋斗，越是历史关口、越是关键时刻，越需要加强思想认识，凝心聚力。就做好当前的年鉴工作，特别是狠抓年鉴质量建设，我谈几点意见：

一、坚持政治导向，全面贯彻落实"不忘初心，牢记使命"主题教育总要求

当前，全党正在开展"不忘初心，牢记使命"主题教育，习近平总书记在"不忘初心，牢记使命"主题教育工作会议上的讲话中，站在新

时代党和国家事业发展的全局高度,深刻阐述了开展主题教育的重大意义,深刻阐明了主题教育的目标要求和重点措施,对开展主题教育提出了明确要求。深入学习贯彻习近平总书记重要讲话精神,不忘"修志问道,直笔著史"之初心、牢记"为当代提供资政辅治之参考,为后世留下堪存堪鉴之记述"之使命,加快推进地方志事业转型升级,全力以赴完成"两全目标",是时代赋予全国地方志工作者的重大法定任务,也是全国地方志系统深入开展主题教育的题中应有之义。我们要把"不忘初心,牢记使命"主题教育与如期实现"两全目标"和全面推进地方志转型升级紧密结合起来,坚持理论联系实际,把主题教育和解决地方志事业发展的突出问题和紧迫问题结合起来。一是要认真学习贯彻习近平新时代中国特色社会主义思想特别是习近平总书记关于史志工作的重要指示精神。习近平总书记高度重视史志工作,将地方志工作作为一项有意义的事业和社会基础工程,并作了一系列重要论述,各级史志工作者一定要一丝不苟地学习好、领会好、落实好,落实到实际工作中去。二是针对"两全目标"和质量建设同步发力、各项任务繁重的工作实际,学会"弹钢琴",不但要全盘统筹,协调推进,更要突出重点、聚焦难点,以关键任务、重大举措等的突破带动整体跃升。三是要紧紧扣住当前制约地方志事业发展的主要问题,拉单列表,找准症结,辨证施治,拿出针对性措施,推动难题见底、问题归零。四是要善于用新的思想观念、新的思路办法和新的技术手段研究解决问题,要积极适应地方志机构改革后的新体制新常态,拿准吃透法规制度,勇于担当负责,积极主动作为,使所做工作经得起实践、人民和历史的检验。

二、坚持目标导向,全力打赢"年鉴全覆盖"攻坚战

面对"年鉴全覆盖"目标,我们没有退却的理由,只有前进的选项。打赢"年鉴全覆盖"攻坚战,严格落实责任是关键。目前,在原有的一些地方党委政府领导不够重视、"一纳入、八到位"未得到落实等因素外,随着新一轮机构改革,"两全目标"推进工作又面临着管理体制发生变化,个别地方出现职能定位不够明确、工作衔接不够顺畅、人员流

失风险大等情况，同时还面临着书号申请难、书号普遍涨价等情况，甚至一些提前实现了综合年鉴公开出版全覆盖的省份，也面临新的严峻挑战。这些问题都严重影响"年鉴全覆盖"目标按期实现。随着"年鉴全覆盖"进入冲刺阶段，越往后，难度越大，越要压实责任。为此6月26日至27日中指组在江苏省苏州市专门召开了全国地方志系统"两全目标"工作调度会议，中国社会科学院副院长、中指组常务副组长高翔在会上要求，当前机构改革背景下，地方志工作只能加强，不能削弱，要从实现可持续发展的战略高度、全面发展的战略高度和文化强国的战略高度看待地方志工作。各省级地方志工作机构主要负责人，"两全目标"工作推进较慢的省直部门分管领导、地方党委或政府分管领导以及地方志工作机构主要负责人参加会议。会议主要内容就是要在广泛听取意见的基础上，认真检视反思，把问题找实、把根源挖深，明确努力方向和改进措施，切实把问题解决好。

"年鉴全覆盖"是"两全目标"攻坚战中最难啃的一块硬骨头，是《规划纲要》要求的底线任务。全国地方志系统要高举习近平新时代中国特色社会主义思想伟大旗帜，认真贯彻落实常务副组长高翔讲话精神，鼓足干劲，响鼓重锤、抓好落实。下一步，要紧紧围绕"年鉴全覆盖"攻坚，聚焦难点痛点精准发力，把工作做细做实。各地情况不一，问题呈现的形式也不一样。这要求我们必须聚焦突出问题，对不同地区问题区分对待，不能搞一刀切。一是必须认清形势，坚定信心。要充分认识"两全目标"推进工作总体形势，全面把握有利条件，善于调动各方面积极因素，巩固良好发展势头，不断增强打赢攻坚战的信心与决心。二是必须做到对症下药、精准滴灌、靶向治疗。对"年鉴全覆盖"任务推进不力、问题迟迟得不到解决的地方，要重点加强对履行编鉴责任情况的监督；对"虚假式"完成、"算账式"完成等问题突出的，要切断形式主义、官僚主义的根源；对人员缺乏、经费不到位问题突出的，要摸清底数，明确责任，确保人员和经费来源。三是要不断学习"两全目标"推进过程中形成的行之有效、操作性强而且可复制可推广的成功经验。如云南省分管省领导亲自抓、主动抓，近两年来志鉴编纂出版推进力度大，效果明显；甘肃省深入开展志鉴编纂集中攻坚行动，一本一本抓调度、促进度、提质量，志鉴编纂进度实现重大突破。我们必须充分利用这些有利条件，充满必胜的信心和勇气，顺势而为，乘势而上，全力推进"两全目标"决胜攻坚。

三、坚持质量导向，用创新理论引领年鉴质量建设

这次会议聚焦精品意识和精品建设，就是要深入学习贯彻习近平总书记关于修史修志工作的重要论述，坚持高质量发展方向，推动地方志在培根铸魂的工作中担当更大作为、体现更大价值。只有高标准才有高质量，要紧紧围绕提高年鉴质量目标，把高标准树立起来，把严要求落实下去，以此为契机，使"年鉴全覆盖"不仅有量的提升，更要有质的突破，为年鉴大国向年鉴强国迈进提供坚强保证。坚持"高质量"，就要培育创新活力，厚植发展后劲。中国年鉴精品工程就是一项创新工程，从没有任何经验可以借鉴的"摸着石头过河"，至今已经顺利实施了4年，一共打造了18部中国精品年鉴，不仅发挥了对全国年鉴编纂质量建设的示范引领作用，还获得了很多成熟的经验。这次中指办继续组织召开的中国年鉴精品工程2019年卷申报年鉴篇目研讨会，就是中国年鉴精品工程取得的重要经验之一，从篇目抓起，把关口前移，在篇目设计环节就适应新形势新任务新要求，纠错正讹，严把篇目质量关。

习近平总书记强调，要坚持以精品奉献人民。多出精品，重点不在量而在质、不在规模而在结构。年鉴工作者应站在历史深处，站在时代高处，雕琢细节，才能打造出精品年鉴。越是"两全目标"吃劲的时候，越要跟质量问题较劲。一是后进要学习先进，厚积薄发。如吉林省就是先进典型，短短两年时间就打造出《辽源年鉴》《宽城年鉴》《桦甸年鉴》3部中国精品年鉴，每年还进行年鉴质量评估，这些经验都值得大家学习借鉴。这次"三会"紧扣质量建设主题，邀请4家往年入选中国精品年鉴的编纂单位介绍打造精品之路的成功经验，也是为了后进单位能补短板，强弱项，力争实现年鉴质量水平由跟跑并跑向并跑领跑转

变,提升全国年鉴整体质量。二是要求年鉴工作者在思想上千锤百炼。缺少敬畏之心、粗制滥造编纂出来的年鉴,数量再多,也只能成为资源浪费的沼泽和洼地。一部精品年鉴是编纂者的才华、心血、情感的高度凝结。耐得住寂寞,守得住初心,才是出精品的不二法门。三是年鉴工作者要有刻苦钻研的精神,使年鉴从形式到内容力臻完美,才能编纂出"思想精深、艺术精湛、制作精良"的精品年鉴。四是年鉴编纂要系统全面、客观正确、浓缩精炼,确保能信今传后。习近平总书记多次强调,"没有优秀作品,其他事情搞得再热闹、再花哨,那也只是表面文章,是不能真正深入人民精神世界的,是不能触及人的灵魂、引起人民思想共鸣的"。古往今来的文化高峰从来都是以经典之作、扛鼎之作为基础的。因此要大力提升年鉴的科学性,力戒溢美之词和虚夸之事,杜绝质量低劣的年鉴流传后世。

四、坚持人才导向,全力打造地方志人才高地

习近平总书记强调,人才是创新的第一资源,也是创新活动中最为活跃、最为积极的因素。地方志工作机构是一个特殊的部门,对人员要求比较高,要挑选政治立场坚定、学术素养深厚、勤奋踏实肯干的人员充实到地方志队伍中来,要关心他们、爱护他们,让他们有幸福感、获得感。只有一流的地方志专业人才,一流的队伍,才会有一流的志书、年鉴。地方志是非常重要的基础性工作,要以识才的眼光、爱才的诚意、用才的胆识、容才的雅量、聚才的良方,把各类人才集聚到地方志事业中来。下一步,要着力解决地方志人才引不进、留不住、用不好等瓶颈问题,不断增强对人才的吸引力和凝聚力,持续加强人才培养,提升队伍整体水平。一是要敢于直面当前存在的问题,根据人才成长规律,采取针对性的措施。为科学研判深化党和国家机构改革后地方志工作面临的新形势,针对地方志队伍中的"关键少数",今年4月中指办在北京举办了全国省级地方志工作机构主要负责人培训班;为推进民族地区顺利完成"两全目标",今年6月中指办在西宁举办了全国民族地区志鉴编纂培训班。这次培训班的名额向西藏、新疆、新疆生产建设兵

团和2018年卷三级综合年鉴公开出版统计排名靠后的6个省（自治区）倾斜，也是为了精准帮助指导后进单位。二是今后培训要分层分类，组织开展系列培训，使培训制度化常态化。以举办各类业务培训班、全国地方志工作机构新任负责人培训班、高级研修班等不同类型的培训为契机，不断满足各地对业务培训的巨大需求，全力集聚培养一支高素质专业化的地方志人才队伍。

打赢"年鉴全覆盖"攻坚战*

党的十九大以来,中国特色社会主义进入新时代,全国地方志工作面貌焕然一新。3年多来,在中指组及其办公室的有力领导下,全国年鉴工作者坚持以习近平新时代中国特色社会主义思想为指导,砥砺奋进,攻坚克难,推动全国年鉴事业取得全方位、开创性的重要成绩,为全面推进年鉴事业转型升级打牢了根基。在顶层设计方面,一是自2016年7月第一次全国年鉴工作会议确立了年度会议制度后,每年召开一次,2018年起将会议名称改为全国年鉴研讨会,这次会议是第四次会议,研究破解年鉴事业发展难题。二是2016年12月出台的《全国年鉴事业发展规划(2016—2020年)》,对《规划纲要》中年鉴工作的要求进行细化落实,第一次对全国年鉴工作作出顶层设计,使全国年鉴工作走上规划引领发展道路。在"年鉴全覆盖"推进工作方面,一是中指组加大督查力度,2018年初成立"两全目标"督查小组,从2018年第一季度起实行"两全目标"季通报制度,并对进度相对滞后的志鉴进行通报。2018年以来,先后共有14个省(区、

---

* 根据2019年11月3日在2019年全国年鉴研讨会暨中国地方志学会年鉴分会年度会议、第三届全国年鉴论坛上的讲话修改整理。

市）的分管省领导作出批示、指示，要求加大工作推进力度，确保按时完成目标任务。二是中指组制定出台《关于全国地方志系统支援西藏、新疆地方志工作的意见》，引导推动全国地方志系统援藏援疆工作，不断提升受援地区地方志发展水平。三是深入实施民族地区与贫困地区年鉴出版资助工程，2017年5月启动工程以来，确定资助四批共55部年鉴，其中已出版15部。在年鉴质量建设方面，一是2017年12月中指组修订出台《地方综合年鉴编纂出版规定》并研究制定补充规定，增强对年鉴质量建设的引领规范作用。二是扎实推进中国年鉴精品工程，从2015年底启动试点工作，2017年5月全面正式启动至今，共打造三批18部中国精品年鉴，第四批正在打造过程中，发挥了对全国年鉴编纂质量建设的示范辐射作用。三是自2017年起每年举办一次质量评审活动，成功连续举办三届，逐步健全完善了初评、复评、公示、申诉、终评的评审程序和评审制度，对年鉴质量建设的指导作用和社会影响日益彰显。在理论研究方面，一是自2017年10月创刊《中国年鉴研究》期刊，目前出刊9期，建立起全国年鉴理论研究阵地。二是自2016年中国地方志学会年鉴分会确立年鉴学术研讨会制度后，共举办二次年鉴编纂学术研讨会和二届全国年鉴论坛，这次举办第三届，为加强年鉴学术交流、推动年鉴学科建设、提高年鉴研究理论水平作出了重要贡献。在人才队伍建设方面，自2016年起每年举办一期年鉴主编培训班，至今共举办4期，在全国地方志系统内培养了一支高素质专业化的干部队伍。在年鉴资源开发利用方面，作为全国地方志"一体两翼"工程"两翼"之一的《中国年鉴发展报告》，2017卷、2018卷已出版，2019卷即将出版，重点反映年鉴事业年度特点亮点，积极探索年鉴事业发展趋势，以专业化的角度开展系统性回顾、理论性分析和前瞻性预测。在地方志同步存史方面，每年编纂出版《中国地方志年鉴》1卷，记录地方志事业发展轨迹，保存地方志发展历史。

过去3年多的时间里，我们做了很多以前想做而没有做的事，包括全国年鉴事业在内的地方志事业的发展成就实属来之不易。这些成绩是近年来中指组及其办公室一系列重大政策效应的累积，也是各级地方志工作机构和广大年鉴工作者不懈努力、久久为功的结果。地方志事业的发展走到今天，是一个愈进愈难而又不进则退、非进不可的时候。回望历史，地方志事业发展过程中经历的困难都被我们逐个击破，恰恰说明包括年鉴人在内的方志人具有打逆风球、走上坡路的能力，能够把积累的强大能量爆发出来，想方设法推动"两全目标"又好又快向前推进。下面，结合当前全国年鉴工作的实际，我谈三点意见：

一、坚持政治导向，深入贯彻落实习近平新时代中国特色社会主义思想特别是习近平同志宁德地方志工作会议重要讲话精神

党的十九大把习近平新时代中国特色社会主义思想确立为党必须长期坚持的指导思想并庄严地写入党章，实现了党的指导思想的与时俱进，这是一个历史性决策和历史性贡献。十三届全国人大一次会议通过宪法修正案，郑重地把习近平新时代中国特色社会主义思想载入宪法，实现了国家指导思想的与时俱进，反映了全国各族人民共同意志和全社会共同意愿。坚持以习近平新时代中国特色社会主义思想为指导，是新时代党和国家各项事业发展和改革发展稳定、内政外交国防、治党治国治军始终沿着正确方向不断前进的根本保证，是做好各项工作的强大思想武器。全国地方志系统把学懂弄通做实习近平新时代中国特色社会主义思想当作首要政治要务和当前头等大事，以各种形式深入学习贯彻，迅速掀起了学习贯彻习近平新时代中国特色社会主义思想的热潮。2019年7月下旬，在全党上下深入开展"不忘初心，牢记使命"主题教育的关键时期，中央办公厅报中央领导修改审定同意，要求我们认真学习习近平同志宁德地方志工作会议重要讲话精神。可以说，对全国地方志工作者来讲，学懂弄通做实习近平新时代中国特色社会主义思想，最重要的抓手就是学懂弄通做实习近平同志宁德地方志工作会议重要讲话精神。通过学习习近平同志宁德地方志工作会议重要讲话精神，检视当前地方志工作存在的问题，找差距、抓落实，是地方志系统最大的亮点，也是独有的优势。

习近平同志指出，修志是一项很有意义的工作。我们要把习近平同志宁德地方志工作会议重要讲话精神与解决地方志事业发展的突出问题和紧迫问题结合起来，进一步提高站位，强化政治担当，切实增强工作的针对性和实效性。一是深刻理解习近平同志宁德地方志工作会议重要讲话的核心要义、丰富内涵。他说，了解历史的可靠的方法就是看志，这是我的一个习惯。过去，我无论走到哪里，第一件事就是要看地方志。……志书就给我们提供了一个为现实工作服务的有利辅助手段。这就是要求我们要了解历史，做明白人，服务现实，反对历史虚无主义。下一步，要深刻认识学习领会习近平同志宁德地方志工作会议重要讲话精神的重要意义，把习近平同志宁德地方志工作会议重要讲话精神与贯彻落实中央重大政策性文件对地方志工作的要求相结合，与当前化解地方志工作中出现的矛盾相结合，与地方志事业的新目标相结合。二是认真落实习近平同志宁德地方志工作会议重要讲话对地方志质量的要求。他说，志书要注意质量，能经得起时间和历史的检验。各部门都要把质量放在第一位，对社会负责，对事业负责，对子孙后代负责。下一步，要继续坚持质量第一不动摇，存真求实，在中指组集中统一领导下，发挥全国地方志系统集中力量干大事的优越性，牢固树立"一盘棋"思想，注重质量和速度的系统性、整体性、协同性。三是深入落实习近平同志宁德地方志工作会议重要讲话对各级党委政府、各级领导干部和地方志工作者的要求。他还说，要把修志当个事业来办，把它作为社会发展的基础工程，把它作为一种有文化的表现，也作为一种有远见的表现，一定要把这项工作摆在议事日程上。下一步，各级党委政府要进一步发扬修志优良传统，担负使命，保障经费到位，对在地方志工作中作出突出成绩和贡献的单位、个人，给予表彰和奖励；各级领导干部要更加高度重视地方志工作，着眼长远，慧眼识才，诚心爱才；地方志工作者要增强责任感，上下同步、左右协作，刻苦学习，顽强工作，真正进入角色，众手成志，完成重任。

二、坚持法治意识，聚焦精准，高位推动"年鉴全覆盖"推进工作

距离 2020 年底只剩 400 多天，包括"年鉴全覆盖"在内的"两全目标"推进到现在，剩下的都是难中之难，都是最难啃的硬骨头。根据截至 2019 年第三季度末"两全目标"全覆盖完成情况的通报，全国省市县三级综合年鉴 2018 年卷启动编纂覆盖率约为 96.77%，公开出版覆盖率约为 66.93%；2019 年卷启动编纂覆盖率约为 94.69%。相较于 2018 年的情况看，启动编纂虽进步明显，但公开出版的压力仍然巨大。"年鉴全覆盖"攻坚战越到紧要关头，越要有一鼓作气的决心，咬定目标、尽锐出战，合力攻坚、精准施策，不获全胜决不收兵，让承担"年鉴全覆盖"任务的单位一个都不能掉队。强化责任意识，时代使命。跑好"两全目标"最后一公里。

坚定信心，牢固树立依法治鉴意识。按时保质完成"年鉴全覆盖"，是中共中央办公厅、国务院办公厅下达给各级党委、政府的法定职责。下一步，各级党委政府、地方志工作机构，特别是工作滞后的地区，必须大力推进年鉴工作法治化水平。一是开展年鉴全覆盖专项督查。各地要联合本地区人大、法制办等部门，进行全面排查，重点排查进度、人员、经费、机构建置等方面，精准掌握存在问题及其根源，并实行台账化管理。二是建立监测预警机制，巩固"年鉴全覆盖"成果。"一年一鉴，公开出版"是一项延续性、持续性的工作，中途不能断线。要定期召开年鉴全覆盖推进调度会，对尚未完成的地方全力督促，对已经完成的地方进行"回头看"，及早发现隐患问题并整改到位。三是要建立监督考核体系。省级地方志工作机构要通报各市（州）和县（市、区）年鉴编纂出版情况，将年鉴全覆盖工作纳入绩效考核目标，制定奖惩制度。

落实责任，切实加强组织领导。中指组及其办公室要紧盯"两全目标"完成进度提速，坚持目标导向、问题导向，提升攻坚落实力。下一步，要继续坚持把"两全目标"攻坚作为当前最紧迫、最现实的重大任

务，及时调整优化政策举措。一是中指办要充分发挥"两全目标"督查小组作用，在加大"两全目标"季度通报力度的基础上，组织开展"两全目标"调研督办。在覆盖面上，要继续对全国进行跟踪摸底，对没有完成的地区建档立卡，把存在的问题找出来，推进整改；在覆盖点上，要聚焦滞后地区，加大投入和帮扶力度。二是各级地方志工作机构负责人要抓好领导和组织工作，制定有针对性的工作方案和工作清单，逐项对账销号，加强研判调度，防止力量分散，绝不能走过场打折扣搞变通。

靶向发力，在精准施策上出实招。未来一年的攻坚，最艰巨繁重的工作集中在相对滞后地区。下一步，要在巩固前期成果的基础上，攻克"两全目标"特别是"年鉴全覆盖"滞后地区的壁垒。一是着力构建"年鉴全覆盖"攻坚大格局。要继续对滞后地区精准施策，在政策、组织、资金、人才等各个方面向其倾斜，构建专项攻坚和社会攻坚有机结合的"年鉴全覆盖"攻坚大格局。二是想方设法激发滞后地区内生动力。通过聘请有编鉴经验的老同志、实习大学生等多种形式增加编鉴力量；通过业务技能培训，提高业务人员素质的总体水平，激发滞后地区实现动力转化。三是建立"年鉴全覆盖"攻坚长效机制。"年鉴全覆盖"目标不是到 2020 年实现后就意味着任务的终结，而是一项长期的任务。因此已实现全覆盖的地区要提前谋划，制定好下一阶段的时间表、路线图，巩固全覆盖任务的成果；未完成任务的地区要坚守底线，确保实现"一年一鉴，公开出版"。

压实举措，着力强化保障措施。"年鉴全覆盖"进入冲刺阶段，即将决战决胜、全面收官。现在正是最吃劲的时候，越往后，难度越大，越要压实责任、扎实工作。下一步，要重点做好那些进度相对滞后地方的年鉴编纂推进工作，采取一系列综合性保障措施。一是要通过召开调度会、季度通报、专项通报、建立台账、协调书号、继续推进民族地区与贫困地区志鉴出版资助工程等措施，不断夯实制度保障和资金支持。二是中指办要探索建立有效的帮扶机制，强化帮扶责任。各地加强协作和对口支援，先进帮后进，积极采取结对帮扶、专家帮扶、培训帮扶、经费帮扶、出版帮扶等各种措施，实现区域协同推进。三是广泛凝聚攻坚力量。可根据实际情况，在全国地方志系统内实行互派干部制度，哪怕是支援工作一段时间，以促进观念互通、思路互动、技术互学、作风互鉴。

三、坚持质量标准，持续提升协同合力

"两全目标"攻坚时间紧迫、任务艰巨，但不能因为时间紧迫、任务艰巨，我们就不顾质量。尤其是"年鉴全覆盖"任务中，年鉴质量确实是个大问题，粗制滥造必然会使年鉴事业发展受到损害，影响地方志事业的转型升级。这就要求我们树立年鉴统筹意识和精品意识，加强统筹兼顾，把提升质量与打造精品、理论研究和学科建设有机结合起来，形成推进"年鉴全覆盖"实现的强大合力。

坚持年鉴质量标准，力求打造更多精品佳作。党的十九大报告中强调"质量第一"和"质量强国"，充分体现出党对质量工作的高度重视。质量是年鉴编纂的生命线，也是检验年鉴编纂工作成败的最重要标准之一。但当前加强年鉴质量控制任务还比较艰巨。以今年的第六届全国地方志优秀成果（年鉴类）评审活动为例，参评的303部年鉴中，仍发现了诸如政治性问题、保密问题、地图问题、编纂规范问题等较多质量问题，存在比较严重的质量问题被取消评审资格的年鉴达63部。下一步要以精品工程为抓手，狠抓年鉴质量建设。通过实施精品工程，开展评审评议、加强学术研讨等各种手段，不断探索创新提高年鉴质量方法，逐步构建一个能够全方位适应年鉴编纂、事业发展和文化建设需要的质量保障体系。尤其在"年鉴全覆盖"攻坚阶段，要多出一批能够充分展示地方志的当代价值及永恒魅力的高质量地方志成果，引领地方志事业发展壮大。我们期待在明年的全国地方志优秀成果（年鉴类）评审中，有更多高质量的年鉴获得等次。我们更希望今后打造出更多的精品年鉴，带动年鉴质量整体提升。

坚持理论引领，力求年鉴质量达到新高度。伟大时代呼唤伟大理论，伟大理论引领伟大实践。既要低头走路，也要抬头看路。年鉴理论

研究要立足现实，跟踪实践，致力于对实践经验和面临问题进行理论思考、理论探索、理论升华，为加强和改进年鉴工作提供理论指导和经验借鉴。"年鉴全覆盖"实践是年鉴理论研究水平提高的沃土，年鉴理论研究成果也为"年鉴全覆盖"实践提供有力支撑。为总结年鉴理论研究和编纂成果实践经验，使理论研究有力指导工作实践，中指办、中国地方志学会年鉴分会决定举办全国年鉴论坛。论坛设计初衷，就是要整合各种年鉴学术研讨会，形成论坛制度，希望像中国地方志学术年会那样，全力打造一个具有品牌意义的年鉴理论研讨平台。自2017年以来，分别围绕"年鉴进入新时代与年鉴事业转型升级"和"年鉴编纂与决胜全面建成小康社会"两大主题举办了二届论坛；今年恰逢新中国成立70周年，借召开全国年鉴研讨会之际，以"建国70周年：年鉴的传承和发展"为主题，举办第三届全国年鉴论坛。此外，为了在不同层面加强学术平台作用，作为全国年鉴研究的学术阵地《中国年鉴研究》期刊，确立了全国年鉴理论研究阵地，进一步推动年鉴学学科建设，抢占了年鉴理论研究的制高点。刊登的理论文章不仅为准备创刊的年鉴提供经验，还为已创刊的年鉴提供进一步提高质量的借鉴。下一步，要紧密结合新的时代条件和实践要求，以全新的视野深化对地方志事业发展规律和方志理论建设规律的认识，把理论研究摆在重要位置。一是要充分发挥中国地方志学会年鉴分会的组织和引导作用，召开一系列年鉴学术研讨会，积极开展年鉴基础理论、应用理论研究，并力求做到理论研究和工作实践的紧密结合。二是进一步完善中国地方志学术年会制度，将学术年会打造成在全国具有重要影响力的学术平台。要进一步发挥中国地方志学会的学术平台作用，坚持年鉴分会每年举办一次学术研讨会的制度，召开理论研讨会和学术会议，开展年鉴学理论与实践，以及年鉴学与相关联学科交叉研究。

为全面建成小康社会贡献"志"礼*

一、2019年工作情况

2019年是中华人民共和国成立70周年,是全国地方志事业转型升级的承上启下之年,也是全国地方志系统完成"两全目标"的拼搏年、冲锋年。在党中央、国务院,中国社会科学院党组、中指组,和各级党委政府的坚强领导下,全国地方志系统以习近平新时代中国特色社会主义思想为指导,坚持依法治志,全力推进"两全目标"攻坚,紧扣党和国家利益、经济社会发展、以人民为中心"三大主题"开拓创新地方志工作,取得了令人瞩目的成绩。

(一)深入学习贯彻习近平新时代中国特色社会主义思想

1.加强政治理论武装。一年来,全国地方志系统把学懂弄通做实习近平新时代中国特色社会主义思想作为首要政治任务,认真学习党的十九大和十九届二中、三中、四中全会精神,深刻领悟习近平总书记在哲学社会科学工作座谈会上的重要讲话、致中国社会科学院三次贺信、关于地方志工作重要论述特别是宁德地方志工作重要讲话精神,树牢"四个

---

* 根据2019年12月30日在2020年全国地方志机构主任工作会议暨全国地方志事业发展规划研讨会上的工作报告修改整理。

意识",坚定"四个自信",坚决做到"两个维护"。坚持党对地方志工作的全面领导,唱响地方志讲政治的主旋律,加强政治理论学习,武装方志人头脑,指导地方志实践。

2. 扎实开展"不忘初心,牢记使命"主题教育。全国地方志系统深入开展"不忘初心,牢记使命"主题教育。中指办是全院第一家与主题教育指导组联系、第一家制定主题教育实施方案、第一家召开动员大会、第一家在院新闻媒体刊发动态消息的单位。7月,中指办党组进行了为期一周的集中学习研讨。利用组织召开全系统会议的机会,发放调查问卷149份,收集到全国地方志系统对中指办、全国地方志工作的意见建议350余条。8月28日,中指办党组召开专题民主生活会,中指办领导班子成员认真开展批评与自我批评,驻院纪检监察组、直属机关纪委给予高度评价。主题教育期间中指办共梳理出12个突出问题,制定了20项整改措施,认真进行整改。9月5日,召开主题教育总结大会,对中指办主题教育进行阶段性总结,对继续深入开展主题教育进行安排部署。各地在认真组织开展"不忘初心,牢记使命"主题教育的同时,编印了一系列主题教育学习材料。山西编纂出版《三晋英模》《山西革命烈士家书》,青海编纂出版《青海解放70年大事记》,作为本省"不忘初心,牢记使命"主题教育学习参考读物或学习书目。

3. 严格遵守政治纪律和政治规矩。全国地方志系统严格落实中央八项规定及其实施细则精神,坚决反对形式主义、官僚主义,对全系统的业务培训、工作调研等突出问题导向、目标导向、效果导向,不断增强针对性、操作性和实效性。根据工作实际,精简压缩会议数量和会期,能合并的合并,能套开的套开,进一步聚焦中心工作,在全系统倡导简洁实用、高效务实的文风会风。加强政治建设,中指办党组出台《关于确保政治坚定、保密安全的实施意见》,河南以政治建设为统领,成功创建省级文明单位、省综治和平安建设优秀单位。

4. 热烈庆祝中华人民共和国成立70周年。在全国地方志系统组织开展"学习习近平总书记宁德地方志工作重要讲话、庆祝新中国成立70周年"系列活动。《中国地方志》期刊、《中国年鉴研究》期刊分别设置《庆祝中华人民共和国成立 70 周年系列笔谈》栏目，中国国情网、方志中国微信公众平台也设置专栏，刊发讴歌 70 年发展巨大成就的系列文章。中指办领导在《学习时报》上发表《以"中国之志"资治"中国之治"》一文，深刻阐释了习近平同志宁德地方志工作会议重要讲话精神，阐明了以"中国之志"资政辅治、记录传承"中国之治"，做好新时代地方志工作的现实意义和深远的历史意义。天津编纂出版《中国命运大决战——平津战役胜利暨天津解放 70 周年纪念文集》。江苏编纂出版《江苏重大基础设施工程图志（1949—2019）》《江苏援藏援疆纪事》，联合主办"江苏重大建设成就展"。浙江举办"文化浙江方志之乡——新中国成立七十周年浙江方志成果展"。四川编纂出版《中华人民共和国 70 年四川大事记》。

（二）全面推进依法治志

1. 强化顶层设计。中指办加强对全国地方志工作的统筹规划、组织协调。一是顺利完成第六届中指组换届工作。经中央宣传部批准并报国务院同意，顺利完成第六届中指组换届工作，组建新一届中指组。并根据工作需要，对部分中指组成员进行了调整。做好第六次全国地方志工作会议和中国地方志指导小组六届一次会议筹备工作。二是稳步推动《中华人民共和国史志法》立法。推动全国人大代表、全国政协委员在 2019 年全国"两会"上提出《加快史志事业法治化进程》《加快制定〈中华人民共和国史志法〉》的建议、提案，积极与中宣部沟通推动《中华人民共和国史志法》立法进程。

2. 编制《全国地方志事业发展规划纲要（2021—2025 年）》。中指办拟写了《全国地方志事业发展规划纲要（2021—2025 年）》草案，年内，分别在河南安阳、山东东营、黑龙江黑河、湖南湘西州、海南儋州、重庆组织召开 6 次不同层面研讨会，广泛征求各级地方志工作机构和社会各界对《全国地方志事业发展规划纲要（2021—2025 年）》文本的意见建议。

3. 加强制度建设。中指办印发《关于地方综合年鉴编纂出版若干问题的补充规定》《关于全力做好省市县三级综合年鉴 2020 年卷编纂出版工作的通知》。天津印发《关于充分发挥区级地方志编修委员会作用的通知》《乡镇村和街道社区志书编修及审查验收规定（试行）》等。广东省委办公厅、省政府办公厅印发《关于进一步加强新时代地方志工作的通知》。广西制定《地方志工作质量提升行动计划（2019—2020年）》。

（三）全力攻坚"两全目标"

1. 季度通报针对性不断增强。在2018年建立起季通报制度后，年内开展季通报4次，并适应机构改革带来的新变化，抄送省级党委办公厅、政府办公厅，各省地方志分管领导和省级地方志工作机构。通过定期通报，各级党委政府对地方志工作的重视程度进一步提升。海南、辽宁、江西、四川、云南、青海、北京、新疆生产建设兵团等地主要领导或分管领导对地方志工作多次进行批示，推动了"两全目标"工作的落实。中指组领导利用到安徽地方志研究院调研之机，促成省委宣传部新闻出版局保证安徽省"两全目标"书号申请多少给多少、不涨一分钱，中指办协调中宣部新闻出版局商请给方志出版社解决"两全目标"书号93个，内蒙古政府办公厅协调致函区新闻出版局商请解决"两全目标"书号62个。

2. 工作推进力度不断加大。年内，中指组及其办公室领导先后赴"两全目标"进度相对滞后地区进行专项督查。并通过以中指组名义给有关省份领导写信等措施，加强督查的针对性。6月，在江苏苏州召开全国地方志系统"两全目标"工作调度会，天津、河北、山西、内蒙古、辽宁、黑龙江等地采取多种方式，开展专项督查，层层传导压力，落实工作责任。11月，中指办印发《关于全力做好省市县三级综合年鉴2020年卷编纂出版工作的通知》。继续实施民族地区与贫困地区志书、年鉴出版资助工程。年内，志书出版资助工程出版2部，并公布第五、六批资助书目，资助志书5部；年鉴出版资助工程公布2018年第二批资助书目10部、2019年首批资助书目12部，2017年首批、第二批15部已出版，累计资助达65部。天津市圆满完成对口援藏援疆任务。山东编纂完成《山东省对口支援新疆志》《山东省对口支援西藏志》。

3. 工作成效较为明显。截至今年第三季度末，全国第二轮三级志书规划 5520 部,累计出版 3332 部,占规划总数的 60.36%。全国三级综合年鉴 2018 年卷应编纂出版 3220 种,累计公开出版 2155 种,覆盖率为 66.93%;2019 年卷应编纂出版 3218 种,累计启动编纂 3047 种,编纂覆盖率为 94.69%。年内,甘肃全面完成"两全目标",后来居上。《新疆生产建设兵团志(1986—2010)》出版,新疆生产建设兵团第二轮两级志书全部完成。

(四)全面推进地方志事业转型升级

1. 大力推进志鉴编修。深入推进中国志书精品工程、中国年鉴精品工程,中国精品志书《赣州市志(1986—2000)》出版并召开首发式,《天津市志·公安志》已进入出版流程;《山西年鉴(2018)》《扬州年鉴(2018)》等 10 部、《山西年鉴(2019)》《山东年鉴(2019)》等 13 部分两批入选中国年鉴精品工程获"中国精品年鉴"荣誉。组织开展第六届全国地方志优秀成果(年鉴类)评审活动,通报表扬年鉴 264 部。在湖南浏阳召开第四次全国地方志工作经验交流会,总结交流县级地方志工作经验,推广"浏阳经验"。上海整理出版上海第一部市志——《民国上海市通志稿》,翻译出版中国内地第一本年鉴——《上海年鉴(1852)》(英文版)。《闽台历代方志集成》"福建省志辑"与"台湾志书辑"即将出版。《山东省历代方志集成》(泰安、威海、日照、莱芜、聊城卷)影印出版。河南编纂出版《平原省志》。四川编纂出版《大熊猫图志》(中英文双语版)。

2. 稳步推进方志馆建设。11 月、12 月,先后在山东东营、黑龙江黑河召开全国方志馆建设经验交流会、国家方志馆分馆建设研讨会。年内,国家方志馆顺利加入国际图书馆协会联合会,成为其机构会员,中指办领导当选其方志与家谱专业组常务委员;接待参观 75 批次。年内,进一步充实馆藏,采购图书两批 192 种、5113 册;全面完成国家方志馆馆藏图书编目工作,馆藏总量达 53480 种、86363 册。积极推进国家方志馆负二层展厅消防、安防升级改造工作。国家方志馆黄河分馆、知青分馆影响力不断扩大,参观人数再创新高,成绩斐然。中指组批复建设国家方志馆中原分馆。年内,建成各级方志馆数十家。海南史志馆建设稳步推进，即将进入试运营阶段。建成四川方志馆川大分馆。

3. 大力加强信息化建设。完成中国方志网改版、中国国情网的迁移，实现中指办"三网"统一标准维护、统一后台发布。9月1日，新版中国方志网上线运行。11月21日，中国方志网在线投稿、图书交流、在线统计、咨询留言等功能模块正式启用。扎实推进国家数字方志馆一期项目建设，研究制定国家数字方志馆《平台原型图》《资源加工规范》《元数据规范》。方志中国微信公众号和《方志中国》报在内容刊登审核上树立了更高的政治站位和舆论导向，在全国地方志系统发挥了示范效应，年内实现总关注人数突破1万人，总发布消息突破1100次。安徽重新打造"安徽党史方志"数据库平台，《安徽年鉴》创刊以来35卷实现在线查阅。湖南数字方志馆三期项目完成约3.2亿字的两轮市县志数字化。广东制作微视频产品1000余种，其中《广东印记》系列微视频64集在各平台推送，在腾讯视频累计阅读量突破6600万次。云南方志大数据中心建设项目成功纳入"数字云南"建设三年行动计划并完成立项审批；方志资源全文数据化项目完成基础数据扫描；升级改版云南地方志微信公众号，推出今日头条、抖音云南地方志等媒体平台。贵州启动方志云建设项目，完成432本志书、年鉴的数字化加工。重庆开通方志重庆微信公众号，重庆市情网即将开通运行。

4. 深入开展理论研究工作。年内，《中国地方志》期刊编辑出版6期，发稿80篇、约130万字；《中国年鉴研究》期刊编辑出版4期工作，发稿31篇、约40万字。《中国方志馆研究》（第三辑）完成征稿、编稿工作。注重发挥中国地方志学会平台作用，召开专家顾问委员会座谈会两次；12月在海南儋州召开中国地方志学会第六届理事会第二次会议，增补部分学会负责人、常务理事、理事。第五次冀皖方志理论研讨会成功举办，出版系列论文集多部。上海、江苏、安徽、浙江在南京举办"首届地方志与长三角一体化论坛"，自觉把地方志融入经济社会发展之中。

5. 注重方志文化宣传工作。上海以"地方志与上海解放70周年"为主题开展全市性的地方志法规宣传纪念活动，举办"江南与上海"主旨演讲，发布《上海市方志馆建设与发展报告》。江西省方志馆开展弘扬江西地域文化研学活动，赣州市举办"志载盛世——让地方志延续赣州历史文脉"新闻发布会。海南以史志为题材摄制微视频，积极推介史志专题研究成果上传"海南干部在线学习网"。陕西拍摄《"志"存高远，知往"鉴"来》方志专题片，推介22个陕西好故事视频节目登录"学习强国"。宁夏以"志书进图书馆"为主题的"5·18地方志工作宣传日"活动。

6. 做好方志文化交流工作。7月，在湖南长沙召开走向世界的中国地方志——第二届方志文化国际学术研讨会暨第九届中国地方志学术年会，国际图书馆协会联合会（IFLA）当选主席克里斯汀·玛丽·麦肯锡应邀出席会议。共有131篇海内外论文入选，来自澳大利亚、美国等6个国家和中国台湾地区与复旦大学、南开大学等18所高校，以及全国地方志系统的140余位专家学者参加会议。全年组团出访埃及、日本、塞尔维亚和希腊、中国香港、中国澳门、中国台湾地区共6批22人次，出访期间通过座谈交流、举办讲座、参观展览等多种形式，积极宣传中国方志文化，特别是参加在希腊举办的国际图书馆协会联合会大会并作主旨演讲，扩大了中国方志在国际舞台上的影响。年内，接待境外来访3批共12人次。9月，两岸历时10年合作编纂的《妈祖文化志》在中国台湾地区首发。

7. 稳步推进方志出版社工作。全年共使用书号650个，同比增加93个、增长17%，书号使用达到历史最高数量。方志出版社出版的《马克思主义是怎样生根中国的——马克思主义在山东早期传播研究》一书在2019年第五届郭沫若中国历史学奖中喜获提名奖。配合有关地方志机构完成"两全目标"的出版任务。

（五）全力做好开发利用工作

1. 围绕党和国家利益开拓创新。中指办积极推动《中国南海志》《三沙市志》《中国抗日战争志》编纂工作，12月在海南儋州召开《三沙市志》评审会暨《中国南海志》篇目研讨会，在重庆召开国家社科基金抗日战争研究专项工程中国抗日战争志项目暨中国地方抗日战争志工程研讨会。北京、重庆、甘肃、青海等地精心组织《抗日战争志》编纂工作。为增强文化凝聚力和历史认同感，积极稳妥推动香港和澳门地区修志。印发《中国名镇志文化工程实施方案（2019年修订）》，发布第四批名镇志丛书15部、第三批名村志丛书11部，助力乡村振兴战略。河北通过编纂村志做好农村关心下一代工作，受到中国关工委的充分肯定。主动服务国家战略，上海、江苏、浙江、安徽地方志机构开展长三角地方志合作，签署《共同推动长三角区域一体化地方志合作备忘录》。

2. 围绕经济社会发展开拓创新。3月，在北京举行第二届中国地情论坛暨全国地方志"一体两翼"工程成果发布会，发布《中国地情报告（2018）》《中国方志发展报告（2018）》《中国年鉴发展报告（2018）》。北京编纂出版《北京大兴国际机场建设图志》《中共中央北京香山革命历史丛书》，组织编写《北京红色文化丛书》，深度参与中共中央香山革命纪念地建设。天津市完成《关于机构改革后地方志事业创新发展对策的调研报告》。山西编纂《山西大事纪要（2019）》，9月开始全省综合平台《山西发布》同步转发。黑龙江编纂报送省级领导同志的《资政史志专送》12期，编纂《黑龙江省情读本》，协调省委编办印发《关于规范全省市县史志工作机构名称和领导职务有关事宜的通知》。《上海年鉴（2019）》（英文版）进入第二届进博会作为城市形象外宣品。云南推出《志滇问道》《云南省情活页》，为党委政府提供资政参考。四川每周汇编发布《四川要闻》，积极撰写资政报告124篇，28篇获领导批示。

3. 以人民为中心开拓创新。与中央电视台合作拍摄播出中国影像方志、中国影像志·名镇名村系列，年内在中央电视台播出229集（其中名镇名村志3集），累计播出404集（其中名镇名村志3集）。《中国影像志·福建福安廉村》在第七届亚洲微电影艺术节上获得"金海棠奖"最佳作品奖。积极推进中国系列名志工作，年内审议通过11部名山志编纂单位、2部名街志编纂单位资格。《中国名酒志·茅台酒志》通过终审。湖南浏阳《淮川街道朝阳社区梅花小区志》已完成初稿并进行专家评审。河北参与组织"荣归故里——将英烈精神在山水间传递"公益活动，最终有22名烈士的后人得到确认。吉林青少年"知家乡爱家乡"系列方志读物已有3部完成出版，2部完成编纂待出版。江苏举办"方志大讲堂"12场。上海主办"三史（党史、新中国史、改革开放史）讲堂"。广东自然村落普查资源开发利用成效显著，自然村落普查资料填报系统入库率100%；《全粤村情》累计送出版278册、完成印刷51册；基于普查资料的《广东名村系列丛书》《广东乡村集萃系列丛书》6册书稿已出版4册；全粤村情数据平台被省政数局列为粤政图十大应用示范之一。广西组织"天津支边医生在广西"专题展，牵头组织编纂出版《"天津支边医生在广西"史料选编》。

（六）加强人才队伍建设

1. 调动干部职工的积极性。中指办党组认真践行新时期党的组织路线，贯彻新时期好干部标准，研究出台《关于进一步激励机关干部新时代新担当新作为的实施意见》《中指办聘用人员管理办法》等，千方百计调动广大干部职工的积极性、主动性、创造性。坚持"人尽其才、各尽所能、各得其所"的工作思路，探索人岗相适、人事相宜的有效路径。稳步推进公务员职务与职级并行改革，实行职务与职级"两条腿"走路，年内，职务职级并行调整40人次，新录用人员4人。重庆以有为谋有位，获得市委市政府对地方志人财物的大力支持。

2. 抓好教育培训工作。年内，为提高地方志系统干部队伍的整体素质，举办中国名镇志名村志编纂业务、年鉴主编、方志馆业务、信息化、地方史志期刊编辑等不同层次不同范围的业务培训班13期，培训全系统人员1500余人次。其中，包括6期特色鲜明的专题培训班，分别是：全国省级地方志工作机构主要负责人培训班、全国民族地区志鉴编纂培训班、云南省地方志事业发展论坛暨综合业务培训班、全国地方志工作机构新任负责人培训班、东北三省及内蒙古自治区志鉴编纂业务培训班。

3. 开展典型培树工作。9月24日，印发《关于推荐全国地方志工作先进典型的通知》。经过各地层层推荐、严格把关、集体研究等程序，于11月27日印发《关于全国地方志工作先进典型的通报》，通报表扬101个全国地方志工作先进集体、100名全国地方志先进工作者、95名社会力量参与地方志工作先进个人。近期，拟在全系统开展向吴志宏同志学习的活动，形成学习典型、弘扬典型、争当典型的浓厚氛围。

二、2020年主要工作

2020年是全面建成小康社会的收官之年，是第六届中指组工作的开局之年，也是全国地方志系统完成"两全目标"的决胜之年。全国地方志系统要以习近平新时代中国特色社会主义思想为指导，不忘初心、牢记使命，砥砺奋进、担当作为，坚持稳中求进的工作思路，进一步完善顶层设计，坚决打赢"两全目标"攻坚战，实现地方志事业高质量发展，用"中国之志"资政、记录"中国之治"。

（一）学懂弄通做实习近平新时代中国特色社会主义思想

采取多种形式，系统学习习近平新时代中国特色社会主义思想，深入学习党章、党史和新中国史，认真贯彻党的十九大和十九届二中、三中、四中全会精神，全面落实党中央决策部署和习近平总书记关于哲学社会科学系列重要讲话精神、关于地方志工作重要论述精神，特别是1989年8月12日习近平同志宁德地方志重要讲话精神，始终不忘初心、牢记使命，进一步坚定理想信念、提高党性修养，努力做新时代中国特色社会主义事业的见证者、记录者、传承者。

（二）进一步完善地方志事业顶层设计

筹备召开中指组六届一次会议和第六次全国地方志工作会议。同时抓好会议精神的贯彻落实。加快推进依法治志进程，力争明年年底前出台《全国地方志事业发展规划纲要（2021—2025年）》。着力推动《中华人民共和国史志法》立法或者《地方志工作条例》修订工作。开展《中华人民共和国志》《中国扶贫志》等大型志书编纂项目的可行性研究，推动在国家层面的立项工作。

（三）坚决打赢"两全目标"攻坚战

如期完成"两全目标"进入倒计时，任务依然十分艰巨。争取将"两全目标"纳入国务院工作督查范围，督促地方各级政府切实采取措施，确保按时完成"两全目标"。坚持和完善"两全目标"季度通报制度。增强通报时效性和针对性，进一步发挥"两全目标"季度通报的作用。继续深入开展地方志援藏援疆工作，举办援藏援疆工作座谈会，加强政策沟通协调，积极推进民族地区与贫困地区志鉴出版资助工程，开展精准帮扶。更加注重质量建设，继续实施精品志鉴工程，做好精品志书的申报、评审工作，开展第七届全国地方志优秀成果（年鉴类）评审活动，打造中国精品年鉴。

（四）稳步推进国家方志馆及分馆建设

中指办完成"魅力中国"展览消防、安防升级改造工程，"魅力中国""方志中国"展览对社会公众开放；筹备国家方志馆展览三期项目；做好国家方志馆分馆申报、审批和建设工作；做好方志馆管理和业务研究等工作。各地方志机构要从学懂弄通做实习近平新时代中国特色社会主义思想特别是宁德讲话的高度，重视方志馆建设。

（五）大力推进信息化建设

中指办做好中国国情网、中国地情网、中国方志网、方志中国微信公众号的日常运维，加强内容监管，坚决杜绝出现政治问题；加强网络和信息化基础设施的维护和保障，确保信息系统运行正常。做好《中国方志》报编辑工作；完成国家数字方志馆一期项目建设，加大地方志数字资源征集、整理和入库；启动新方志数字资源元数据国家标准申请工作等。各地方志机构要结合自身实际，稳妥推进网站、数据库、新媒体平台建设，积极支持国家数字方志馆数据建设，加强内容管理和信息安全，进一步提升地方志信息化网络化数字化水平。

（六）大力加强理论研究与学科建设

做好中国地方志学会换届工作，组织好第十届中国地方志学术年会，为方志理论研究和学术交流提供学术平台。发挥《中国地方志》《中国年鉴研究》《中国方志馆研究》等期刊的平台作用，科学设置选题，编发一批高质量的理论研究文章。与高等院校、科研院所合作，启动方志学骨干课程设计、通用教材编写、师资力量遴选等工作，与高等院校、科研院所合作，探索开展地方志专业方向研究生教育和本科生教育，联合举办专业进修班，推动方志学学科体系建设。各地方志机构要把方志学理论研究摆上重要日程，围绕依法治志、志鉴编纂、方志馆、信息化、人才队伍建设、资政功能发挥等开展专题研究，采取项目化运作，努力提出一批高水平的理论研究成果，为方志学"三个体系"建设添砖加瓦。

（七）大力加强地方志资源开发利用

坚持围绕中心融入中心服务中心开拓创新。做好《中国南海志》《三沙市志》编纂工作。大力推动《中国抗日战争志》编纂和中国地方抗日战争志丛书编纂。支持和指导香港特别行政区、澳门特别行政区志书编纂工作。持续推进中国名镇志文化工程、中国名村志文化工程等，大力推进乡村史志修编，繁荣乡村文化，服务乡村振兴。编纂出版《中国地情发展报告（2020）》《中国方志发展报告（2020）》《中国年鉴发展报告（2020）》。做好《中国影像方志》《中国影像志·名镇名村系列》的制作播出工作。开展地方史编写试点工作，研究出台《地方史工作规定》《地方史编写基本规范》，推动地方史志融合发展。各地方志机构要本着传承历史、着眼当代、面向未来的原则，进一步解放思想、主动作为，深入挖掘当地历史智慧，传承优秀文化根脉，鉴古知今、启迪未来，真正发挥地方志的作用，体现地方志的功能，提升地方志的价值，进一步满足人民群众日益增长的方志文化需求。

（八）大力推动方志文化走出去

继续深入加强与中国香港、澳门、台湾地区以及海外相关学术机构、藏书机构的交流与合作，利用好国际图联大会等国际组织平台主动发声、加强联系，宣传中国方志文化，讲述中国故事，传播中国声音。年内计划组织赴海外学术交流访问3次至4次。各地方志机构要进一步增强方志事业自信和方志文化自信，提高讲好方志故事的能力和水平，主动发声、勇于发声，在对外交流交往中传播方志文化，不断扩大地方志文化的国际影响。

（九）加强地方志人才队伍建设

年内出台全国地方志系统高素质专业化人才队伍建设意见，充分调动全系统广大地方志工作者以及关心、支持、参与地方志工作的社会力量的积极性、主动性、创造性，打造一支忠诚干净担当、高素质专业化的地方志人才队伍。坚持分级分类培训的原则,继续组织各类综合管理和专项业务培训班,进一步提高地方志从业人员的履职能力。

(十)加大地方志宣传力度

广泛利用报纸、电视、广播、网络等各类新闻媒体,加强对地方志工作、地方志价值、地方志文化、方志人精神的宣传,进一步扩大地方志工作的知晓度、影响力。

(十一)推动方志出版社持续健康发展

重视人才流失问题,加强方志出版社队伍建设,合理布局人员和岗位,稳定人才队伍,强化人力资源调控能力建设,努力实现人尽其才、才尽其用。重视编辑少图书多问题,加强质量管理控制,强化审稿各个环节的责任,杜绝图书出现政治性差错和重大质量问题。重视薪酬公平问题,进一步深化改革,按照中国社会科学院的统一部署,推进方志出版社薪酬制度改革。重视数字出版问题,争取早日实现方志出版社数字出版工作零突破。

新年的钟声即将敲响,中国全面建成小康社会的伟大时刻即将到来,在全党、全军、全国各族人民撸起袖子加油干的同时,什么是我们方志人的贡献?我们不能把飞船送上天空,我们不能把蛟龙送下海底,我们也不能让飞速的高铁奔驰在祖国各地,我们甚至不能为城市的高楼和农村的庄稼增添一砖一瓦、一水一肥,那么,我们能做什么?我们能做的就是决胜"两全目标",实现一项前无古人的伟大地方志创举,让省省、市市、县县都有志有鉴,为国家全面建成小康社会献上一份"志"礼。

上下同欲者胜。让我们以习近平新时代中国特色社会主义思想为指导,不忘初心、牢记使命,坚定信心、担当拼搏,咬紧牙关,跑好决胜"两全目标"的最后一公里,不完成"两全目标"誓不收兵。

实现一项伟大世界文化创举[*]

在疫情防控常态化情况下，苏州正在举办第二届中国苏州江南文化艺术·国际旅游节，用以展现优化苏州营商环境的"文化担当"，以文化赋能城市创新发展，以文旅激活市场快速复苏。第十届中国地方志学术年会能得以在苏州召开，也让我们切实感受到了苏州这座城市的担当。在此我谨代表中指组及其办公室、中国地方志学会，向与会的各位专家学者、地方志工作者表示热烈欢迎，也感谢江苏省地方志办公室和苏州市地方志办公室的同仁为此次会议的召开付出的辛勤劳动。

2020年是不同寻常的一年，大家都见证了历史。对中国人来说，我们可能度过了人生中最特别的一个春节，目睹了武汉封城，在"非典"疫情发生17年之后，我们遭遇了对整个社会影响更大的新冠肺炎疫情。在极短的时间之内，数万白衣战士驰援武汉，在中国共产党的坚强领导下，全国人民万众一心、众志成城，阶段性地战胜了新冠肺炎疫情，最大程度地保障了中国人民的生命健康权益，为维护全球公共卫

---

* 根据2020年10月11日在第十届中国地方志学术年会开幕式上的讲话修改整理。

生安全作出重大贡献，充分彰显了我国社会主义制度的优越性和中国作为负责任大国的国际担当。

习近平总书记多次强调，要坚定文化自信，推动中华优秀传统文化创造性转化、创新性发展，继承革命文化，发展社会主义先进文化，不断铸就中华文化新辉煌，建设社会主义文化强国。统筹推进"五位一体"总体布局、协调推进"四个全面"战略布局，文化是重要内容。而方志文化作为中华民族特有的文化基因，是中华优秀传统文化的"根"与"魂"，不仅在璀璨的中华文化中独树一帜，而且在世界文化中也占据独特位置。地方志作为传承中华文化的重要载体，在历经绵延不断的方志编修中，培育形成了博大精深、历久弥新、独具特色、灿烂辉煌的方志文化。方志文化是中华文化的重要代表，为中华文化的丰富和弘扬提供了滋养。作为地方志工作者，建立方志文化自信，才能激发对方志事业的自信心和自豪感，增强推进地方志事业繁荣发展的责任心和使命感，增强自我价值主动性，为中华民族伟大复兴、社会主义文化大发展大繁荣作出应有的贡献。

中国地方志学术年会已经连续举办了九届，在新冠肺炎疫情还没有完全解除的情况下，经过紧张的筹备，在大家的共同努力下，第十届中国地方志学术年会开幕了。这充分说明我们对地方志理论研究和方志学学科建设的重视。习近平总书记在主持中央政治局学习时强调，当今中国正经历广泛而深刻的社会变革，也正进行着坚持和发展中国特色社会主义的伟大实践创新。我们的实践创新必须建立在历史发展规律之上，必须行进在历史正确方向之上。改革开放以来，我们已经经历了两轮新方志编修，积累了丰富的实践成果，但在理论研究和学科建设上，相对于志鉴编纂的实践来说，一直相对滞后。地方志工作实践也必须符合方志编纂规律，地方志事业也要保持正确的发展方向。

一、坚持正确的政治方向，进一步深刻认识高质量完成"两全目标"的重要意义

党的十八大以来，以习近平同志为核心的党中央高度重视地方志工

作，党和国家领导人多次对地方志工作作出重要指示、重要批示，国家多份重要政策文件均对地方志工作做出部署。近年来，中指组及其办公室在习近平新时代中国特色社会主义思想指引下，团结带领全国地方志工作者，提出并全面落实依法治志，不断完善顶层设计，全面推进地方志事业转型升级，"两全目标"接近完成，取得了显著成绩。今年是全面建成小康社会目标实现之年，也是脱贫攻坚和"十三五规划"的收官之年。全面建成小康社会是一项前无古人的伟大事业，也是彪炳千秋的历史贡献，值得大书特书的。高质量完成"两全目标"，就是一项同步记录全面建成小康社会伟大历史进程的基础工程，也是一项向全面建成小康社会献礼的重大文化工程。全国各级地方志工作机构和广大地方志工作者要坚持马克思主义在意识形态领域的指导地位，以习近平新时代中国特色社会主义思想为指导，坚持正确的政治导向，充分认识高质量完成"两全目标"的重要意义，增强"四个意识"，坚定"四个自信"，做到"两个维护"，确保地方志学术研究始终围绕中心，服务大局。

二、坚持正确的学术导向，进一步全面总结实现"两全目标"过程中的实践经验

在高质量完成"两全目标"的过程中，地方志实现了从围绕自身工作向围绕经济社会发展大局转变，从单纯修志编鉴向"十业并举"全面发展转变，从单一纸质媒体志向广泛运用数字媒体志转变。尤其是在围绕党和国家根本利益、服务经济社会发展、以人民为中心等方面，不断开拓进取，交出了一份合格的答卷。从学术的角度，对地方志事业的发展规律进行全面的总结归纳，是今后一个时期的重要工作内容。加强对地方志重大实践和理论问题的研究，鼓励对方志学基础理论和应用理论进行深入研究，提倡多学科交叉研究，发展出具有方志学特色的理论体系，不断推出质量高、影响大的科研成果，是广大方志理论研究者应当积极践行和努力追求的目标。只有真正坚持以马克思主义为指导，坚持正确学术导向，才能不断深化对地方志理论的认识，不断推进方志学学科体系建设，实现地方志事业的大繁荣大发展。

三、坚持正确的发展航向，进一步科学谋划"两全目标"实现后的事业蓝图

当前，我们面临"百年未有之大变局"，处于"两个一百年"目标的历史交汇期。10月26日至29日，中国共产党第十九届中央委员会第五次全体会议将于北京召开，研究关于制定国民经济和社会发展第十四个五年规划。近年来，在习近平新时代中国特色社会主义思想指导下，地方志事业也取得了突破性进展，第一个《规划纲要》目标基本实现。习近平总书记最近就编纂《中国扶贫志》作出重要批示，体现了习近平总书记对地方志工作的殷切期望，反映了习近平总书记对地方志工作者的高度信任，我们一定要深刻领会习近平总书记的重要批示精神，切实将编纂《中国扶贫志》当作当前和今后一个时期的首要政治任务。在广泛调研的基础上，我们从顶层设计的角度，起草了第二个《规划纲要》，规划了地方志事业未来5年的发展蓝图。

2020年注定是不平凡的一年，我们面对诸多挑战，不畏难、不怯战，取得的成绩世人瞩目，尤其是抗击新冠肺炎疫情斗争，充分展现了中国精神、中国力量、中国担当，中国共产党领导和我国社会主义制度的显著优势，中国人民和中华民族的伟大力量和中华文明的深厚底蕴。习近平总书记强调，在历史长河中，中华民族形成了伟大民族精神和优秀传统文化，这是中华民族生生不息、长盛不衰的文化基因，也是实现中华民族伟大复兴的精神力量，要结合新的实际发扬光大。

让我们大力弘扬伟大抗疫精神，勠力同心、锐意进取，奋力实现"两全目标"，精心谋划好并扎实推进《中国扶贫志》《中国全面小康志》编纂工作，用志书这种载体形式全面、系统、客观地记录好脱贫攻坚和全面建成小康社会的伟大历史进程，为中国特色社会主义新时代增光添彩。

跑好"两全目标"最后"一公里"*

在素有"渝东北门户"之称的重庆市巫山县,全国年鉴界的专家和同仁齐聚一堂,参加第七届全国地方志优秀成果(年鉴类)评审系列会议暨《中国年鉴研究》期刊建设座谈会、中国年鉴精品工程2020年专家评审会议(以下简称"三会")。会议得到了巫山县委县政府领导的高度重视,重庆市地方志办公室和中共巫山县委党史研究室的领导和同志们为组织此次会议付出了艰辛的劳动。在此,我谨代表中指组及其办公室,向关心重视这次会议的巫山县委县政府的领导,以及重庆市地方志办公室和中共巫山县委党史研究室的领导和同志们表示衷心感谢。向参会的各位专家和同仁表示热烈欢迎。

重庆是"红岩精神"的起源地,有着光荣的革命传统。红岩精神是在长期斗争中形成的一种代表成熟时期中国共产党人崇高思想境界、坚定理想信念、巨大人格力量、浩然革命正气的精神品质,是马克思主义理论与中国革命实践相结

---

* 根据2020年10月26日在第七届全国地方志优秀成果(年鉴类)评审系列会议暨《中国年鉴研究》期刊建设座谈会、中国年鉴精品工程2020年专家评审会议上的讲话修改整理。

合的精神成果。红岩精神与红船精神、井冈山精神、长征精神、延安精神等，都是中国共产党人和中华民族的宝贵精神财富。重庆还是巴渝文化发祥地。巴渝文化是长江上游地区最富有鲜明个性的民族文化之一。巴族人自古以来练就了一种顽强、坚韧和剽悍的性格，以勇猛善战而称。今天，我们把三个重要的会议合在一起，在具有红色记忆的土地重庆举办，就是要学习革命先辈们刚柔相济、锲而不舍的政治智慧，"出淤泥不染，同流不合污"的政治品格，以诚相待、团结多数的宽广胸怀，善处逆境、宁难不苟的英雄气概。

近日，习近平总书记就编纂《中国扶贫志》作出重要批示，对地方志工作给予肯定和鼓励。全国地方志系统当前和今后一个时期的首要政治任务，就是要将学习贯彻习近平总书记重要批示精神和深入贯彻落实习近平新时代中国特色社会主义思想，特别是习近平总书记关于史志工作的重要论述精神紧密结合起来，在新的时代背景和任务要求下，充分发挥自身优势，完成"两全目标"，精心谋划好并扎实推进《中国扶贫志》《中国全面小康志》（以下简称"两志"）的编纂工作，用志书这种载体形式全面、系统、客观地记录好脱贫攻坚和全面建成小康社会的伟大历史进程，为中国特色社会主义新时代增光添彩。

今年是全面完成"两全目标"的收官之年，如期完成"两全目标"任务本来就有很多硬骨头要啃，突如其来的新冠肺炎疫情及不少省份发生洪涝灾害，又都为"两全目标"推进工作平添了新的难度。根据截至2020年第三季度末地方综合年鉴全覆盖完成总体情况，全国省市县三级综合年鉴2019年卷应编纂出版3218种（海南省三沙市因情况特殊，未统计在内，下同），启动编纂3164种、覆盖率约为98.32%，2362种实现公开出版、覆盖率约为73.40%；2020年卷应编纂出版3211种（因行政区划调整相应调减7种），启动编纂3211种、覆盖率为100%，这是首次实现三级综合年鉴编纂全覆盖。2020年卷应编纂出版3211种中931种实现公开出版、覆盖率约为28.99%。其中，河南省2020年卷176部三级综合年鉴全部公开出版，率先在全国实现三级综合年鉴编纂出版全覆盖；贵州、云南、甘肃3个省2020年卷出版覆盖率也分别为96.94%、

94.52%、85.15%，基本接近实现三级综合年鉴编纂出版全覆盖；海南、辽宁、江苏 3 个省公开出版率超过 50%，能较快完成全覆盖任务。同时，从志鉴质量方面来说，根据推进中国年鉴精品工程和近 4 年开展全国地方志优秀成果（年鉴类）质量评审活动的经验来看，一些年鉴质量顽疾依然存在。因此，不断努力提高志鉴质量，推动"年鉴全覆盖"又好又快向前推进，是当前年鉴事业发展的重点难点问题。

这次会议的主题是：为贯彻落实习近平总书记关于"一手抓疫情防控、一手抓经济社会发展"的重要指示精神，贯彻落实《规划纲要》《全国年鉴事业发展规划（2016—2020 年）》，结合今年年鉴工作安排和近期防疫形势要求，全面推进包括年鉴事业在内的全国地方志事业转型升级，推动中国年鉴精品工程顺利进行，并做好全国年鉴优秀成果质量评审工作，打造高质量高水平年鉴。

当前，全国地方志工作者正在为决胜"两全目标"共同奋斗，越是历史关口、越是关键时刻，越需要加强思想认识，凝心聚力。下面，我就做好当前的年鉴工作，特别是狠抓年鉴质量建设谈几点意见：

一、以方志文化自信为引领，用年鉴成果讲好中国故事

上个月，习近平总书记在教育文化卫生体育领域专家代表座谈会上的讲话中提到，要把文化建设摆在更加突出位置。党的十八大以来，我们把文化建设提升到一个新的历史高度，把文化自信和道路自信、理论自信、制度自信并列为中国特色社会主义"四个自信"。我国拥有极其丰富的传统文化资源，中华优秀传统文化的创造性转化和创新性发展，是具有时代性的重大课题。近年来，作为中华优秀传统文化的方志文化建设也在正本清源、守正创新中取得历史性成就、发生历史性变革，为新时代发展社会主义先进文化，不断铸就中华文化新辉煌，建设社会主义文化强国提供了强大正能量。年鉴事业是地方志事业的重要组成部分，客观记录和展示了统筹推进"五位一体"总体布局和协调推进"四个全面"战略布局的重要成果。同时年鉴事业也是一项具有重大社会政治意义的工作，是满足人民日益增长的美好生活需要的精神支点。

今年9月28日,习近平总书记在中共中央政治局以我国考古最新发现及其意义为题的第二十三次集体学习中要求,要把我国文明起源和发展以及对人类的重大贡献更加清晰、更加全面地呈现出来,更好发挥以史育人作用。与考古工作同样,地方志不仅生动述说着过去,也深刻影响着当下和未来;不仅属于我们,也属于子孙后代。下一步我们要把年鉴事业放在地方志事业的突出位置,切实抓紧抓好,既要有价值定力、苦练内功,又要博采众长、兼收并蓄。一是要坚定方志文化自信。紧紧围绕党和国家根本利益、经济社会发展、以人民为中心开拓创新的使命任务,繁荣发展包括年鉴事业在内的地方志事业,增强方志文化影响力,发挥方志文化引领风尚、教育人民、服务社会、推动发展的作用,让人民享有更加充实、更为丰富、更高质量的精神文化生活。二是要加强方志学和年鉴学研究工作。要让书写在古籍里的文字都活起来,丰富全社会历史文化滋养,努力建设中国特色、中国风格、中国气派的方志学和年鉴学,更好认识源远流长、博大精深的中华文明,为弘扬中华优秀传统文化、增强文化自信提供坚强支撑。三是要加强地方志和年鉴成果的传播。积极适应和运用新媒介、新技术、新方法,将数字出版、交互式 App、短视频、直播等形式运用到方志和年鉴成果中,向国际社会展示博大精深的中华文明,讲清楚中华文明的灿烂成就和对人类文明的重大贡献,让世界了解中国历史、了解中华民族精神,从而不断加深对当今中国的认知和理解,营造良好国际舆论氛围。

二、奋力"跑好最后一公里",创造"年鉴全覆盖"的独特经验

全面实现省市县三级年鉴全覆盖,一个也不能少。新一届中指组成立以来,中指组及其办公室带领全国地方志系统向尚未做到一年一鉴、公开出版的地区发起总攻,攻坚力度之大、规模之广、影响之深都是前所未有的。"行百里者半九十"。确保到2020年年鉴实现全覆盖,是《规划纲要》要求我们的法定职责。当前,年鉴全覆盖攻坚也已经到了决战决胜、全面收官的关键阶段,剩下的都是难中之难、困中之困,都

是些难啃的"硬骨头"。越是关键时刻，越要保持定力。必须做到标准不降、劲头不松，在普遍实现一年一鉴的基础上，重点攻克2020卷的公开出版问题，坚决攻克最后的困难堡垒。

攻坚越到最后时刻，越要响鼓重锤。打赢年鉴全覆盖攻坚战，就要加强科学谋划，坚持精准施策。下一步，要力争"年鉴全覆盖"攻坚取得更多更大战果。一是要凝聚起全国地方志系统的磅礴之力，尽锐出战、真抓实干，在落实精准方略上再聚焦，在落实统筹推进上再深入，以"不获全胜、决不收兵"的豪情壮志，扎实走好"年鉴全覆盖"的"最后一公里"。二是要着眼长远、把握大势，开门编鉴、集思广益，把加强顶层设计和全国年鉴事业发展形势结合起来，把社会期盼、群众智慧、专家意见、基层经验充分吸收进来，为地方志新一轮中长期发展规划奠定基础。三是要在"十四五"时期贡献年鉴力量。"十四五"时期是我国全面建成小康社会、实现第一个百年奋斗目标之后，乘势而上开启全面建设社会主义现代化国家新征程、向第二个百年奋斗目标进军的第一个五年，我国将进入新发展阶段。我们要统筹中华民族伟大复兴战略全局和全国地方志事业面临的新机遇和新挑战，深刻认识全国地方志系统机构改革带来的新特征新要求，增强机遇意识，准确识变、科学应变、主动求变，努力实现地方志事业更高质量、更有效率、更可持续的发展。

三、推动年鉴高质量发展，奉献与时代同步伐的精品力作

高质量发展成为中国步入新时代后的一个崭新主题。推动年鉴高质量发展，是遵循地方志发展规律、保持地方志系统持续健康发展的必然要求，也是适应我国社会主要矛盾变化和全面建成小康社会、全面建设社会主义现代化国家的必然要求。习近平总书记指出，衡量文化产业发展质量和水平，最重要的不是看经济效益，而是看能不能提供更多既能满足人民文化需求、又能增强人民精神力量的文化产品。因此，我们必须坚持以提高年鉴质量和社会效益为中心，不断增强年鉴事业的创新力和竞争力。所谓精品年鉴，从时间上看，是可以常编常新、常看常新；从空间上看，是可以广泛传播，被人民普遍接受；从年鉴本身来讲，必

须思想精深、艺术精湛、制作精良。

新时代地方志要实现高质量发展,就要立足新时代,记录新时代、书写新时代、讴歌新时代、服务新时代,进一步围绕党和人民关注的中心工作,依托地方志资源优势,开拓创新,深入研究、分析各地在全面建成小康社会进程中的亮点与特色,不断打造年鉴资政品牌,贡献方志智慧,积极主动开辟出地方志主动融入国家战略、服务人民的新渠道。下一步,要在推动年鉴高质量发展上闯出新路子。一是要严把质量关,确保成果堪存堪鉴。修志编鉴必须坚持质量第一的原则,时刻把质量意识摆在突出位置,确保志鉴能信今传后,经得住历史、实践的检验。务必要牢牢绷紧志鉴质量控制这根弦,常抓不懈。二是要坚定必胜信念,全面用好全国地方志事业发展的重要战略机遇期,加快形成有利于推动年鉴高质量发展的指标体系、政策体系、标准体系、统计体系、绩效评价、政绩考核办法。三是要充分调动广大年鉴工作者的积极性、创造性,讲品位、讲格调、讲责任,有信仰、有担当,勤业精业,为时代书写,为人民创作,培养不畏困难、团结协作、持之以恒、精益求精的精神。

四、践行创新发展理念,切实提升地方志人才培养质量

党的十九大报告指出:"加快建设创新型国家。创新是引领发展的第一动力,是建设现代化经济体系的战略支撑。"随着地方志机构改革深入推进,网络和新媒体、新技术更新换代进程加快,知识密集程度不断提高,对年鉴人才培养提出了更高要求。对于各级地方志系统而言,下一步一定要树牢人才是第一资源的理念,狠抓人才队伍建设,不断提升人才培养质量,为地方志事业发展提供人才支撑。一是要强化提前意识,各级地方志系统应紧贴未来地方志事业发展需要什么人才就培养什么人才这一原则,分专业、分层级、分需求搞好常态化培养和顶层设计,做好长远规划,视情适度提前制订系统培养方案。二是要创新培养模式,要把培养的触角往高等院校、地方名校办学模式方面延伸,充分利用国民教育优势,开辟联合办学培养的阵地。三是要注重实践运用,

要树立年鉴人才在用中培养、用中成长的理念,坚持用当其才、用当其时、用当适任,及时在使用中发现人才、起用人才,真正让人才培养模式实现集群化、实用化。

最后,再就评审系列会议提一些要求。第七届全国地方志优秀成果(年鉴类)评审活动,各省、自治区、直辖市地方志工作机构和新疆生产建设兵团志办公室自行组织本地域2019年卷公开出版市级综合年鉴、县级综合年鉴、地方专业年鉴的初评、复评工作,提出建议通报表扬各等次的年鉴名单。评审活动自今年5月启动,共收到推荐报送年鉴336部,其中省级年鉴29部,中央部委年鉴19部;各省级地方志工作机构推荐的市级、县级综合年鉴与地方专业年鉴中,推荐建议评定为特等年鉴41部,推荐建议评定为一等年鉴62部,推荐建议评定为二等年鉴77部,推荐建议评定为三等年鉴108部。军事年鉴因涉及保密问题,由军委党史军史工作领导小组办公室组织评审后另行报送。下一步,中指办还将组织复评、公示和终评,通过终评后,中指组、中国地方志学会将对获得等次和得到提名的年鉴发文通报表扬,并在今年全国年鉴工作会议上进行通报表扬。这次评审任务繁重,时间紧迫,非常辛苦。但是,希望大家坚持原则,严守评审纪律,请各位专家签订评审承诺书,就是希望大家秉持公心,公正公平评价每一部年鉴,实事求是地推荐等次。

征程万里风正劲,重任千钧再扬鞭。牢记初心使命、勇于担当作为,奏响团结奋进的时代强音。希望评审专家齐心协力,圆满完成各自任务。

决胜全国年鉴第一次省市县全覆盖目标[*]

今天我们在"风展红旗如画"的福建省三明市，如期召开 2020 年全国年鉴研讨会暨中国地方志学会年鉴分会年度会议、第四届全国年鉴论坛、第五期全国年鉴主编培训班（以下简称"四会"）。会议得到了中共福建省委党史研究和地方志编纂办公室，中共三明市委和市政府、中共三明市委党史和地方志研究室，中共沙县县委和县政府、中共沙县县委党史和地方志研究室的高度重视和大力支持。在此，我谨代表中指组及其办公室、中国地方志学会，向与会代表表示热烈的欢迎。向关心重视这次会议的福建省委党史研究和地方志编纂办公室、三明市委市政府、沙县县委县政府的领导以及为举办这次会议付出辛勤劳动的福建省、三明市、沙县三级党史和地方志研究室的同志们表示衷心的感谢。

福建省文化积淀深厚，历史悠久，闽南文化、客家文化、妈祖文化、船政文化等地域文化独具魅力。福建省是著名的

---

[*] 根据 2020 年 12 月 8 日在 2020 年全国年鉴研讨会暨中国地方志学会年鉴分会年度会议、第四届全国年鉴论坛、第五期全国年鉴主编培训班上的讲话修改整理。

革命老区，三明市是中央苏区的核心区，是中央红军长征的四个出发地之一，是二十年红旗不倒的革命根据地，是伟人革命的重要实践地。随着地方志的影响力不断增强，今天，我们把五个较为重要的会议放在这里召开，就是要传承红色基因，学习老区人民崇高的理想信念、实事求是的工作作风、为人民服务的宗旨、艰苦奋斗的精神。

福建省是习近平总书记长期工作的地方，也是他的史志思想形成发展的地方。2019年6月，中国社会科学院副院长高翔同志担任中指组常务副组长后，到地方调研的第一站就选在福建，召开福建省地方志工作调研座谈会，对福建省地方志工作给予充分肯定。党的十九大以来，在福建省委、省政府的高度重视和大力支持下，福建方志人以习近平新时代中国特色社会主义思想为统领，在志、鉴、史、馆建设方面取得骄人成绩，例如举办"方志之夜"以文艺形式讲方志故事，方志进校园等影响深远。福建省按照中指组的统一部署和要求，工作思路清晰，信心干劲十足，在强力推进"两全目标"、主动服务大局、实践地方志"活起来"等方面有很多亮点做法，尤其在配合中国年鉴精品工程方面取得了显著成绩，走在全国前列。

这次会议的主题是：深入贯彻落实党的十九届五中全会精神，贯彻落实国务院《地方志工作条例》、国办《规划纲要》以及中指组《全国年鉴事业发展规划（2016—2020年）》（以下简称《年鉴规划》），立足新发展阶段，贯彻新发展理念，结合今年年鉴工作安排和近期防疫形势要求，总结交流"十三五"时期年鉴工作经验，全力做好"两全目标"收官工作，科学谋划《全国年鉴事业发展规划（2021—2025年）》，进一步推进全国年鉴事业引领全国地方志事业转型升级，助力构建经济社会新发展格局。

2020年是不平凡的一年，在新冠肺炎疫情和机构改革影响的情况下，年鉴事业独树一帜，经得起考验。"十三五"时期是全国地方志系统发生深刻变化的时段，围绕党和国家利益、经济社会发展、以人民为中心开拓创新，主题突出，思路清晰，中指组制定了历史上第一个《规划纲要》，开创性提出依法治志、"两全目标""十大工程""修志问道，直笔著史"方志人精神,"四驾马车","十业并举",全面推动地方志从一项工作向一项事业转型升级。全国地方志系统当前和今后一个时期的首要政治任务,就是在新的时代背景和任务要求下,充分发挥自身优势,完成"两全目标",精心谋划好并扎实推进《中国扶贫志》《中国全面小康志》《中国抗击新冠肺炎疫情志》编纂工作,用志书这种载体形式全面、系统、客观地记录好脱贫攻坚和全面建成小康社会的伟大历史进程以及抗击新冠肺炎疫情斗争取得重大战略成果,为中国特色社会主义新时代增光添彩。下面,我谈三个问题:

一、五年来主要工作回顾

党的十九大以来,中国特色社会主义进入新时代,全国地方志事业也进入了新时代,新时代的地方志和以前相比,发生了深刻的巨大的变化,全国地方志工作面貌焕然一新。新时代赋予了地方志"修志问道,以启未来"新的工作定位,也赋予了地方志工作者"直笔著信史、彰善引风气,为当代提供资政辅治之参考,为后世留下堪存堪鉴之记述"新的时代使命。

正是在这样千载难逢的历史机遇中,在中指组及其办公室的有力领导下,全国地方志工作机构及年鉴工作者坚持以习近平新时代中国特色社会主义思想为指导,积极作为、开拓进取,以不畏艰难的勇气、坚忍不拔的意志,不断砥砺前行,推动全国年鉴事业取得全方位、开创性的重大成绩,充分发挥了引领地方志转型升级的重大作用。主要表现在以下六个方面。

(一)系统构建全国地方志系统顶层设计

近年来,中指组及其办公室在创新驱动引领发展的大思路下,不断与时俱进,开拓创新,全面破解地方志工作中遇到的实际难题。年鉴工作更是如此。一是2016年7月召开的新中国成立以来第一次全国年鉴工作会议确立了年度会议制度,是一次举旗、誓师、团结、奋进的会议。会议立足国家发展改革大局和社会主义文化事业建设全局,深刻阐释了省市县三级综合年鉴全覆盖和年鉴质量建设、队伍建设的重大意义。2017年、2018年、2019年又分别召开了3次一年一度的全国年鉴工作会议暨年鉴分会年度会议，分析形势，总结交流经验，取长补短，统一思想，全面推进全国年鉴事业转型升级。二是2016年12月出台的《年鉴规划》作为《规划纲要》中大力加强年鉴工作有关要求的具体化，是第一个全国年鉴工作的规划性文件，第一次对全国年鉴工作作出顶层设计，对年鉴事业的发展产生非常深远的影响。这次会议还要谋划《全国年鉴事业发展规划（2021—2025年）》，就是为今后5年及更长时期的年鉴事业发展把舵定向，突出布局思路。

（二）"年鉴全覆盖"进度取得关键进展

近年来，中指组及其办公室主动作为，主动加压，多措并举推动年鉴编纂提速。一是中指组加大督查力度，2018年初成立"两全目标"督查小组，从2018年第一季度起实行"两全目标"季通报制度，至今完成3年共12个季度的通报工作。在通报期间，又对"两全目标"进度相对滞后志书、年鉴进行通报。通报工作引起各省（区、市）领导的高度重视，先后共有14个省（区、市）分管领导分别作出批示、指示，要求地方志工作机构加大工作推进力度，确保按时完成目标任务。至今已经有河南、贵州、云南、甘肃4个省完成"年鉴全覆盖"任务。截至2020年底，我国基本实现省市县三级综合年鉴编纂出版全覆盖，已编纂出版32种950余部省级综合年鉴，比2015年多200余部；编纂出版340余种6100余部地市级综合年鉴，比2015年多1700余部；编纂出版2800余种22000余部县区级综合年鉴，比2015年多1万多部。二是中指组制定出台《关于全国地方志系统支援西藏、新疆地方志工作的意见》，以推动如期实现"两全目标"为抓手，协调推进受援方地方志事业"十业并举"，不断提升受援地区地方志发展水平。具体就年鉴工作来说，包括协助受援方理顺管理体制，全面实现省市县三级综合年鉴全覆盖，支持有条件地方编纂出版少数民族文字版年鉴等。三是深入实施民族地区与贫困地区年鉴出版资助工程。2017年5月，中指办启动民族地区与贫困地区年鉴出版资助工程。截至2020年11月，共确定资助年鉴5批72部，因故退出4部，实际资助68部，受资助年鉴涉及12个省（区）和新疆生产建设兵团。四是提前谋划2020年卷、2021年卷年鉴编纂工作。2019年11月，中指组印发《关于全力做好省市县三级综合年鉴2020年卷编纂出版工作的通知》，从提高政治站位、加强组织领导、及早启动编纂、坚持又好又快、建立长效机制5个方面就2020年的"年鉴全覆盖"工作作出提前部署，第一次就全国三级综合年鉴的启动编纂进行了总协调。近期，中指组未雨绸缪、提前谋划，又印发《关于全力做好省市县三级综合年鉴2021年卷编纂出版工作的通知》，为持续巩固"年鉴全覆盖"成果指明方向，再一次走向地方志事业发展前列。

（三）年鉴高质量发展迈出重要步伐

5年来，中指办在下大力度抓进度的同时，牢牢守住年鉴质量发展生命线。一是2017年12月中指组修订出台《地方综合年鉴编纂出版规定》，确立问题导向，推动提高各级各类年鉴编纂出版质量，增强规定对年鉴质量建设的引领、规范作用。结合近两年充分总结经验，分析常见质量问题，这次会议又安排专门环节，研究讨论《关于地方综合年鉴编纂出版若干问题的补充规定（讨论稿）》，就是为了进一步细化年鉴质量标准，使之有规可循，本次会议讨论通过后即刻印发。二是扎实推进中国年鉴精品工程。经过4年的努力，中国年鉴精品工程取得了重要的阶段性成果，共打造中国精品年鉴4批24种31部，涉及北京、河北、山西、吉林、江苏、浙江、安徽、福建、山东、湖南、云南11个省（市），每部精品年鉴都经过两次以上的专家评审、精心打磨，扩大了在全国发挥示范引领作用的辐射面。其中，《山西年鉴》《北京海淀年鉴》连续4年入选中国精品年鉴，成为中国精品年鉴的重要品牌。今年又有18部年鉴进入第二轮评审。这次会议和培训还专门邀请了以往的中国精品年鉴单位和这18部年鉴编纂单位的年鉴业务骨干参加。在中国年鉴精品工程的辐射影响下，北京、江苏、福建、广西等省（区、市）也陆续开展本省（区、市）的打造精品年鉴活动，以点带面，都取得了非常明显的效果。三是2016年到2020年连续5年成功举办了五届全国地方志优秀成果（年鉴类）评审活动，全面检阅年鉴编纂成果。为确保评审工作的严谨性，中指办确立公示和申诉制度，第一时间对建议通报表扬结果进行公示，形成推荐报送、初评、复评、公示、申诉、终审一整套完整的年鉴质量评审体系。截至目前，以中指组名义共计通报表扬4次、通报表扬年鉴1310部，2020年第七届评审活动已完成初评、复评。

（四）年鉴理论建设呈现新高度

5年来，中指办不断开拓年鉴学的研究领域，扩大学科覆盖面，为年鉴事业转型升级提供更大助力。一是建立全国年鉴理论研究阵地，进一步推动年鉴学学科建设，抢占年鉴理论研究的制高点。2017年10月，《中国年鉴研究》期刊精彩亮相，目前出刊13期，共刊发论文132篇，获评2019年哲学社会科学学术期刊关注度第7名、历史学科关注度第1名。二是2016年7月召开的中国地方志学会年鉴分会成立会议确立了年鉴学术研讨会制度。继2016年、2017年举办两次年鉴创新研讨会后，2017年12月，借鉴中国地方志学术年会的方式，整合相关学术研讨会，举办首届全国年鉴论坛。其后，每年举办一届，围绕不同主题展开研讨，共成功举办三届，今年是第四届，已经形成全国年鉴论坛制度，成为一个具有品牌意义的年鉴理论研讨平台。2019年，还出版《精品年鉴与年鉴编纂创新研讨会论文集》。

（五）人才建设不断加强

5年来，中指办一直把人才队伍建设作为地方志事业发展的强根之基、竞争之本、转型之要。紧紧围绕质量建设，举办了不同范围不同层次不同类型的培训班，就年鉴方面来说，在经费紧张的情况下，优先保证每年至少举办一期年鉴主编培训班。2016年8月，中指办举办第一期全国年鉴主编培训班，邀请各级年鉴主编、副主编等参加培训。截至目前，培训班共举办四期，今年是第五期，每期培训120人左右，邀请年鉴界的专家特别是中国年鉴精品工程评审专家，从发展形势、法律问题、框架设计、质量建设、精品年鉴编纂、实例分析等方面进行讲授，尤其是以法治类目为代表的年鉴体例设计在年鉴事业转型升级中起到重要作用。从第四期培训班起，强化案例教学，动员中国精品年鉴编纂单位走上讲台，介绍中国精品年鉴打造经验，发挥出了很好的效果。

（六）地方志资源开发利用实现新突破

5年来，中指办在让地方志"用起来""立起来""活起来""热起来""强起来"方面狠下功夫，推出中国地方志"一体两翼"工程。作为"两翼"之一的《中国年鉴发展报告》，至今已出版3卷，并先后召开3次全国地方志"一体两翼"工程成果出版座谈会。该书系统分析年鉴事业取得的成绩、面临的问题，重点反映年鉴事业发展的特点和亮点，深入探索年鉴事业的发展趋势，深刻阐释年鉴事业的发展轨迹，对系统化总结全国事业发展、引领推动全国年鉴事业高质量发展发挥了积极作用。

过去5年的时间里，我们做了很多想做而没有做的事，也遇到了很多中指组成立以来没有碰到过的情况，包括全国年鉴事业在内的地方志事业的发展成就实属来之不易。这些成绩是近年来中指组及其办公室坚强领导和科学指引的结果，也是各级地方志工作机构和广大年鉴工作者不懈努力、团结奋斗、久久为功的结果。与会的大家都是功臣，共同创造了前所未有、以前都不敢想的伟大创举，每一位为地方志事业发展拼过命的英雄，历史都不会忘记。当前，我国全面步入建设社会主义现代化国家的新阶段，地方志事业即将迈步开始新的征程。战略机遇与危机挑战在新阶段的发展中并存，我们要清醒认识到工作中存在的困难和问题。

在一些制约年鉴事业发展的老问题尚未得到根本解决的情况下，随着新一轮机构改革的推进，少数地方还出现职能定位不够明确、工作衔接不够顺畅、骨干人员流失等问题，此外还面临着书号申请难、书号普遍涨价等问题。主要表现在，地方志法规规章落实仍不到位；年鉴事业发展不平衡现象仍比较突出；少数地方领导对年鉴工作的认识仍然不高；机构、编制、人员、经费等保障仍存在不足；年鉴质量建设仍待加强；理论研究滞后情况仍未改观；人员队伍业务水平仍待提升；年鉴出版难的形势仍较严峻；年鉴资源开发利用水平仍待提高等方面。

破解这些困局，需要坚持新发展理念，释放创新活力。这需要我们正确认识和把握新阶段中的战略机遇与危机挑战的关系，既能时刻把握机遇，顺势而动，团结一心，又能规避化解危机，转危为安。

二、深入贯彻落实党的十九届五中全会精神，谱写年鉴事业高质量发展新篇章

党的十九届五中全会着眼战略全局，开启全面建设社会主义现代化国家新征程，释放未来中国发展重要信号，要科学把握新发展阶段，深入贯彻新发展理念，加快构建新发展格局，以推动高质量发展为主题，为全面建设社会主义现代化国家开好局、起好步。同时也对"十四五"时期文化建设作出部署，明确提出到2035年建成文化强国的远景目标，这为我们在新发展阶段繁荣发展文化事业和文化产业、提高国家文化软实力提供了"时间表""路线图"。做好新时代地方志工作，就是以"中国之志"资政辅治、记录传承"中国之治"，具有非常重大的现实意义和深远的历史意义。

（一）以高质量发展为主线

党的十九届五中全会提出，"十四五"时期经济社会发展要以推动高质量发展为主题，这是根据我国发展阶段、发展环境、发展条件变化作出的科学判断。我们要以习近平新时代中国特色社会主义思想为指导，坚定不移贯彻新发展理念，坚持质量第一，推动质量变革、效率变革、动力变革。质量是年鉴事业发展的生命线。要坚持质量至上，严格按照《关于地方综合年鉴编纂出版若干问题的补充规定》要求，牢牢绷紧质量控制这根弦，把好政治关、史实关、体例关、保密关、文字关、出版关，编纂出版经得起历史检验、具有鲜明时代特征和地域特色的年鉴成果。各地要紧扣时代脉搏，适应"十四五"时期经济社会发展以推动高质量发展为主题的新形势新要求，以配合深入实施中国年鉴精品工程、开展全国地方志优秀成果（年鉴类）评审活动为抓手，支持和鼓励更多的省份实施年鉴精品工程，构建上下联动的精品年鉴培育机制、优秀年鉴评审机制，打造一大批具有全国影响的高品质年鉴，不断推动年鉴事业高质量发展，更好地为经济社会发展服务。

（二）以改革创新为动力

党的十九届五中全会强调，要以改革创新为根本动力，以满足人民日益增长的美好生活需要为根本目的统筹推进各项工作。这一要求十分清晰地阐明了在新发展阶段的关键性问题。改革创新是高质量发展的动力源泉，不仅是从国家层面推进经济社会发展的基本遵循，对于持续提升地方志事业发展水平同样具有重要指导意义。地方志事业开拓创新必须围绕"三大主题"。一是围绕党和国家利益，二是围绕经济社会发展，三是围绕以人民为中心。围绕"三大主题"开拓创新地方志工作是时代的要求。我已讲过多遍，怎么强调都不为过。

（三）坚定方志文化自信

党的十八大以来，我们把文化建设提升到一个新的历史高度，把文化自信和道路自信、理论自信、制度自信并列为中国特色社会主义"四个自信"。近年来，作为中华优秀传统文化的方志文化建设也在正本清源、守正创新中取得历史性成就、发生历史性变革，为新时代发展社会主义先进文化，不断铸就中华文化新辉煌，建设社会主义文化强国提供了强大正能量。年鉴事业是地方志事业的重要组成部分，客观记录和展示了统筹推进"五位一体"总体布局和协调推进"四个全面"战略布局的重要成果。同时年鉴事业也是一项具有重大社会政治意义的工作，是满足人民日益增长的美好生活需要的精神支点。年鉴与志书地位等同，年鉴事业作为地方志事业领头羊的作用和地位凸显，今年志书编纂的任务已完成，而年鉴工作还有第二个《规划纲要》和每年一次的年鉴全覆盖，任重道远。

三、下一阶段年鉴工作设想

2020年是"两全目标"全面收官之年，明年将进入"十四五"开局之年，也是"两个一百年"奋斗目标的历史交汇之年。当前和今后一个时期，面对艰巨繁重的任务，我们要紧紧抓住大有可为的历史机遇期，统筹兼顾，突出重点、把握关键，全国年鉴工作者要立足新发展新格局，掌握发展主动权的先手棋，直面问题、迎难而上，扎实做好各项工作。到2025年，持续推动省市县三级综合年鉴编纂出版全覆盖，不断提高年鉴编纂质量，同时推动年鉴工作改革创新，有计划地推动年鉴编纂向乡镇（街道）、村（社区）延伸。加强对各类专业年鉴编纂的业务指导和管理，深化理论研究，加强队伍建设，加快信息化建设步伐，提升开发利用水平。全力构建包括年鉴编纂体系、理论研究和学科建设体系、质量保障和评价体系、资源开发利用体系、工作保障体系在内的年鉴事业综合发展体系，推动年鉴事业高质量发展，不断增强年鉴服务经济社会发展的效能。

（一）深入贯彻落实党的十九届五中全会精神，要准确把握进入新发展阶段、贯彻新发展理念、构建新发展格局对地方志工作的新要求

要通过深入学习贯彻党的十九届五中全会精神，立足地方志工作实际，充分思考和认识党的十九届五中全会精神在全国地方志事业转型升级过程中的重大指导意义，充分思考和认识全面建设社会主义现代化国家新征程、向第二个百年奋斗目标进军的大背景下地方志工作的地位和作用，充分思考和认识方志人在实现2035年远景目标过程中所肩负的新使命。

（二）大力推进依法治鉴

前不久，中央全面依法治国工作会议召开，这是新中国历史上首次就全面依法治国举办的工作会议。会议确立了习近平法治思想在全面依法治国工作中的指导地位，意味着党对法治的重视达到新的高度，党对法治的领导进入新的阶段。近日，中共中央又印发《法治社会建设实施纲要（2020—2025年）》。随着新一轮机构改革，部分省市地方志工作划归当地党委领导，当地党委也理应担负起这一法定职责，切实落实好"依法治志""依法治鉴"的要求。进一步明确各级党委、政府对年鉴工作的主体责任，强化地方志工作机构履行组织、指导、督促和检查年鉴工作的职责，确保年鉴编纂工作依法开展。加大地方志工作法规规章的宣传、执行力度，培育公民年鉴意识，强化地方志工作机构公共服务管理职能，定期开展执法监督检查和行政督察，依法纠正、查处执行不力和违法行为。

（三）持续巩固"年鉴全覆盖"成果

提高政治站位，充分认识持续巩固"年鉴全覆盖"成果的重大意义。到2020年如期实现"年鉴全覆盖"只是阶段性目标，持续不断地编纂三级综合年鉴是一项长期任务，是为国存史的一项重要基础性工程。要进一步统一思想，强化政治意识、责任意识、担当意识，统筹谋划，全力以赴，不断巩固提升"年鉴全覆盖"成果的质量和效益，为繁荣发展文化事业、提高国家文化软实力作出方志人应有的贡献。特别是，三级综合年鉴2021年卷是全面客观系统记录2020年全国人民在以习近平同志为核心的党中央坚强领导下，圆满完成"十三五"规划，全面打赢脱贫攻坚战，全面建成小康社会，以及抗击新冠肺炎疫情夺取重大战略成果、战胜洪涝灾害等一系列伟大成就的一卷重要年鉴，编纂出版好这卷年鉴，具有非常特殊的重要意义。

（四）大力推动精品建设

当前，中指办在质量建设上，着力打造有代表性的年鉴精品。严格执行《地方综合年鉴编纂出版规定》《关于地方综合年鉴编纂出版若干问题的补充规定》，规范编纂出版流程，完善年鉴质量评审制度，严把质量关。继续实施中国年鉴精品工程，鼓励各级各类年鉴编纂单位申报，到2025年，新培育50部中国精品年鉴，依托地市级中国精品年鉴单位，打造10个覆盖全域的中国精品年鉴区域。完善精品年鉴质量评审标准及流程，建立健全精品年鉴奖励和激励机制，充分发挥质量建设引领作用和示范效应。按照国家有关规定进行优秀年鉴成果评比，逐步将年鉴纳入国家及省（自治区、直辖市）哲学社会科学奖评比以及有关图书奖评比。支持各省（自治区、直辖市）实施年鉴精品工程和相关质量评审活动，稳步创建自己的年鉴精品品牌，在全国建立全覆盖的年鉴精品体系和精品建设网络。

（五）大力深化理论研究

当前，年鉴事业正处于全面推进转型升级的关键时期，更需要不断推进理论创新，并在不断推进理论创新的基础上不断推进实践创新。要坚持正确的政治方向和科学的思维方式，深入开展调研，不断推动理论创新，建立和完善年鉴理论研究学术规范。加强与相关高等院校、科研机构专家学者的交流合作，加强与我国香港、澳门和台湾地区以及国外年鉴编纂机构的学术交流与合作，积极组织开展省市县三级综合年鉴和各类专业年鉴编纂研讨活动。办好全国年鉴论坛，推进年鉴基本理论、年鉴编纂、年鉴应用、年鉴管理、年鉴发展史等问题研究。充分发挥《中国年鉴研究》期刊的学术平台作用、中国地方志学会年鉴分会的学术阵地作用及各级年鉴学术社团的作用，努力营造上下联动、内外合力的浓厚的理论研究氛围，加快推进年鉴学科体系、学术体系、话语体系建设。

（六）大力加强队伍建设

年鉴事业正处于全面推进转型升级最为关键的时期，更加需要深入学习贯彻落实党中央关于"人才强国"战略的要求，加强专兼职结合、结构合理的人才队伍建设，培养一支高素质的年鉴主编队伍、一支专业化的年鉴编纂队伍、一支高水平的年鉴理论研究队伍，造就一批年鉴理论研究专家和学术带头人。针对年鉴工作实践性强的特点，要把年鉴业务培训放在更加重要的位置上，由中指组及其办公室牵头，探索建立全国一盘棋的年鉴业务培训制度。主要包括：谋划建立全国年鉴业务培训师资队伍；谋划建立全国性的分层分类培训机制；谋划制定中长期和年度年鉴业务培训计划；探索建立全国性的分层分区域培训机制，兼顾不同层次需求，注重向基层倾斜。

（七）大力提升用鉴水平

深入发掘年鉴资源，积极拓展年鉴工作领域和工作内涵，围绕党和国家利益、经济社会发展和以人民为中心三大主题开拓创新，为党委、政府科学决策提供全方位服务。各级地方志工作机构和年鉴编纂单位要加强对年鉴资源的深加工，通过编纂资政报告、年鉴简本、地情书籍等，为党委政府决策、行业部门发展、社会各界参考借鉴服务；利用年鉴辑录的文献资料和记录的数据资料，为各种智库建设提供助力；依托方志馆和地情网站，免费提供开放便捷的查阅、咨询服务；积极探索"互联网+"发展趋势下网络化年鉴发展新模式；积极与科研机构、高等院校等合作，及时推动转化年鉴记载的研究成果，拓展年鉴的使用范围；服务国家文化"走出去"战略，推介一批高质量年鉴成果，充分展示中国年鉴的当代价值，增强中国年鉴国际影响力。

新蓝图已经绘就，新征程即将开启。我们已经走过了万水千山，但走向未来仍需要不断跋山涉水。各级地方志工作机构要以更加扎实有力的举措，以推动年鉴事业高质量发展为主题，把新发展理念贯穿年鉴事业发展全过程，在危机中育先机、于变局中开新局，让年鉴事业之树根深、枝繁、叶茂。我们要同心同德，敢作敢为，迎难而上，锐意进取，为夺取地方志事业取得新胜利贡献自己的力量。同时也希望大家遵守会议纪律，珍惜学习交流的机会，积极建言献策。

向"两全目标"冲刺[*]

在大家的共同努力下,2020年全国年鉴研讨会暨中国地方志学会年鉴分会年度会议、第四届全国年鉴论坛圆满完成各项议程,第五期全国年鉴主编培训班也已经完成第一阶段的各项议程。下面,我对会议作简要总结。

一、会议特点

这次会议是在党的十九届五中全会胜利闭幕一个月,全面建成小康社会、"十三五"规划和全面完成"两全目标"的收官之时召开的,是深入学习领会十九届五中全会精神的一次重要会议,是迎接"年鉴全覆盖"在内的"两全目标"伟大胜利的一次重要会议,更是一年一度的年鉴界商讨发展大计、特别是谋划未来5年工作思路的一次重要会议。概括本次会议的特点,主要体现在三个方面:

(一)坚持政治引领,凝聚智慧

这次会议深入学习贯彻落实党的十九届五中全会精神,提出要以高质量发展为主线,以改革创新为动力,坚定方志

---

[*] 根据2020年12月9日在2020年全国年鉴研讨会暨中国地方志学会年鉴分会年度会议、第四届全国年鉴论坛闭幕式上的讲话修改整理。

文化自信，总结交流"十三五"时期年鉴工作经验，科学谋划"十四五"时期包括年鉴在内的地方志事业发展的时间表、路线图，立足新发展阶段，贯彻新发展理念，结合年鉴工作实际和近期防疫形势要求，研讨年鉴事业高质量发展的思路布局、重点任务，是一次在新的起点上加快新时代年鉴事业转型升级的凝聚共识、汇聚力量的重要会议。

（二）会议内容丰富，主题突出

这次会议名称前面的2020年全国年鉴研讨会虽名为年鉴研讨会，实质上是继2016年后召开的第五次年鉴工作会议。与往次会议不同，本次会议是在"两个一百年"奋斗目标的历史交汇点上召开的，还肩负了更长时段继往开来的重要使命，既对"十三五"时期年鉴工作进行总结，又对"十四五"时期年鉴工作进行谋划。会议采用五会合一的方式，议程上安排非常紧凑，信息量巨大。在年鉴研讨会方面，交流了"年鉴全覆盖"推进工作和中国年鉴精品工程的成功经验，对《全国年鉴事业发展规划（2021—2025年）》《退役军人名录和事迹载入地方志实施办法》《关于地方综合年鉴编纂出版若干问题的补充规定（讨论稿）》征求了意见，会后整理即刻印发；在年鉴分会年度会议方面，通过了年鉴分会部分常务理事、理事人选调整事宜，健全完善了年鉴分会的组织机构；在年鉴论坛方面，50余名论文作者以文参会，紧紧围绕"构建与展望：年鉴的改革与创新问题"进行了研讨交流；尤其值得一提的是，第五期全国年鉴主编培训班是我们首次将各省级地方志工作机构年鉴部门主要负责人与中国年鉴精品工程试点单位年鉴业务骨干作为培训对象进行专项培训，这些都是全国年鉴系统的主要中坚力量，他们全程参与了此前会议议程，接下来还将继续参加培训。五会合一，互为联系，互为补充，相得益彰。

（三）会议聚焦问题，注重实效

会议聚焦"年鉴全覆盖"进度与年鉴编纂质量建设，河南、贵州、云南、甘肃、海南、辽宁6个在"年鉴全覆盖"推进工作中的先进省份，福建、北京、江苏、广西、吉林5个在年鉴精品工程实施和参与中国年鉴精品工程过程中受益最大的省（区、市）在大会上作了经验交流；在分组讨论中，大多数地方的代表踊跃发言，大家都结合自身实际情况积极交流，内容涉及采取的主要举措、取得的主要实效、存在的主要困难问题、有关意见和建议等。大家在交流互鉴中，看到了自己不足，学习到了好的理念、好的方法、好的经验，在思想交锋中进一步统一了思想认识，协调了工作思路，更加坚定了我们推动年鉴事业高质量发展的信心和决心。

因为时间关系，很多实用的经验都没有来得及充分交流，会后大家可以通过《经验交流材料汇编》深入学习。对于大家的意见、建议，中指办年鉴处要认真梳理汇总，消化吸收，为下一步加强年鉴事业顶层设计、推动年鉴事业高质量发展提供参考。

二、贯彻落实新发展理念，推动年鉴事业高质量发展

党的十九届五中全会强调，"十四五"时期经济社会发展必须坚持新发展理念，要"把新发展理念贯穿发展全过程和各领域，构建新发展格局，切实转变发展方式，推动质量变革、效率变革、动力变革，实现更高质量、更有效率、更加公平、更可持续、更为安全的发展"。包括年鉴在内的地方志事业作为文化强国建设中的重要组成部分，也已经迈入新发展阶段，也要在开启全面建设社会主义现代化国家新征程的道路上发挥自己应有的作用，必须立足新发展阶段，深入贯彻新发展理念，着力构建新发展格局。

（一）深刻认识年鉴事业已经迈入新发展阶段

这个认识不是闭门造车凭空想象的，是根据我国年鉴事业发展阶段、发展环境、发展条件变化作出的科学判断。党的十八大以来，党和国家的一系列重要政策性文件连续对地方志工作做出部署、提出要求，特别是今年7月习近平总书记就编纂《中国扶贫志》作出重要批示，为做好下一步地方志工作指明了方向。在"两全目标"即将收官之时，包括年鉴在内的地方志事业正处在千载难逢的发展机遇期。

就年鉴事业发展而言，包括质量建设、理论研究、人才队伍、信息化、开发利用在内，都取得了全方位、开创性的重要成绩。就以年鉴编

纂数量为例，截至 2015 年 10 月，全国三级综合年鉴编纂 2350 种，其中很多年鉴都是内部出版，也未实现一年一鉴，一些年鉴还处在编编停停的状态；到今年 7 月底，2020 年卷三级综合年鉴已经全部启动编纂，我国三级综合年鉴首次实现启动编纂全覆盖；根据我们摸底掌握的情况，截至目前，2020 年卷年鉴 4 个省已经公开出版，21 个省（区、市）和新疆生产建设兵团已落实书号、预计这个月也能出版见书，剩余 6 个省（区）30 部年鉴正在积极协调解决推进。可以说，我们原先设定的省省、市市、县县有年鉴的目标就要实现了，这是我们付出巨大努力接续奋斗换来的，今天我们在座的各位都是各省"年鉴全覆盖"推进工作的组织者、实施者、推动者，都是历史的功臣，在此也向大家表示敬意和感谢！

另外一方面，放在年鉴事业发展的历史长河里，我们也应该看到，实现"年鉴全覆盖"，只是万里长征迈出了第一步，地方综合年鉴编纂总体上尚处于巩固提升阶段，尚处于从解决"有没有"（数量）到"好不好"（质量）的攻坚过渡阶段，远未到量多质优、百花齐放的成熟定型阶段，我们从年鉴大国迈向年鉴强国尚有很长的一段路要走。因此，用全面、辩证、发展的眼光来观察，我们认为年鉴事业已经迈入新发展阶段。

（二）年鉴事业转型升级必须深入贯彻新发展理念

当前，地方志事业的转型升级取得了巨大成就，但与新时代面临新使命新任务新要求，特别是与人民日益增长的美好生活需要相比，还有很多不适应的地方，面临着不少的挑战和问题。从历史的眼光来看，目前的"年鉴全覆盖"只是解决了"有没有"甚至是临时抱佛脚的问题，而且这是我们付出巨大努力、巨大代价才实现的，在推进过程中还面临书号申请难、出版费用上涨等新情况，下一步我们面临的首要问题就是持续巩固拓展"年鉴全覆盖"成果问题。这几年，我们一手抓"年鉴全覆盖"进度、一手抓年鉴编纂质量，取得了巨大成绩；另一方面我们也应该看到，年鉴事业的转型升级必须是全系统的、全方位的，理论研究、人才队伍建设、信息化建设、年鉴的开发利用也应当齐头并进。在新发展阶段，包括年鉴在内的地方志事业转型升级所面临的这些问题，要求我们必须深入贯彻新发展理念予以解决。新发展理念是引领地方志事业转型升级的大逻辑，更是开启地方志事业发展实现新跨越之门的钥匙和指南针。我们要通过深入贯彻新发展理念来破解发展过程中遇到的困境和难题，摆脱思维上的惯性和传统路径依赖。

深入贯彻新发展理念，必须坚定将包括年鉴在内的地方志事业高质量发展作为主题主线，要更加注重围绕党和国家利益、经济社会发展、以人民为中心持续改革创新，坚持质量第一、效益优先，不断增强发展新动能，坚定方志文化自信，让包括年鉴在内的地方志事业转型升级之路越走越宽广，形成良性发展循环，更多的服务国家战略、更多的资政辅治、更多的造福人民。

（三）年鉴事业开拓发展新境界必须要着力构建新发展格局

在历代方志人的辛勤努力下，尤其是党的十八大以来，地方志工作摒弃"一本书主义"，地方志在国家战略中的地位不断提高，地方志事业在高速发展中取得巨大成果，人们对地方志的认识也在不断深化。比如，2021年1月1日起施行的《中华人民共和国退役军人保障法》第六十三条明确规定符合条件的退役军人载入地方志；今年的高考和国家公务员考试考题中出现了地方志的内容；与央视合作拍摄《中国影像方志》；方志文化走出国门；可以说地方志正在不断升温。

我们着力构建新发展格局，是让地方志持续升温，适应地方志事业新发展阶段要求的必然选择。我们要继续坚定不移地全面推进地方志事业转型升级，进一步完善依法治志体系，推动"十业并举"向更高质量、更高效益、更高水平发展，不断增强地方志服务经济社会发展的作用，让地方志"用起来""立起来""活起来"，最终"热起来""强起来"，以"中国之志"记录"中国之治"，发挥年鉴领头羊和主力军作用，不断为满足人民文化需求和增强人民精神力量、推进社会主义文化强国伟大进程中贡献方志力量。

年鉴事业着力构建新发展格局，就是要将推动年鉴事业高质量发展，不断增强年鉴服务经济社会发展的效能作为目标方向，持续推动省市县三级综合年鉴编纂出版全覆盖，不断提高年鉴编纂质量，同时推动年鉴工作改革创新，有计划地推动年鉴编纂向乡镇（街道）、村（社区）延伸，加强对各类专业年鉴编纂的业务指导和管理，深化理论研究，加强队伍建设，加快信息化建设步伐，提升开发利用水平，全力构建包括年鉴编纂体系、理论研究和学科建设体系、质量保障和评价体系、资源开发利用体系、工作保障体系在内的年鉴事业新的综合的发展体系与格局。

三、近期工作重点

推动年鉴事业在"十三五"时期从一项工作向一项事业转型升级的基础上，在"十四五"时期努力推动年鉴事业的第二次转型升级，即从"有没有"的数量的规模化，向"好不好"的质量的法治化、高质化方向转型升级，继续引领带动全国地方志事业全面转型升级。当前与今后一个时期要认真做好以下几项工作：

（一）深入学习贯彻落实党的十九届五中全会精神

当前和今后一个时期，全国地方志系统的首要任务，就是要深入学习贯彻落实党的十九届五中全会精神。站在"两个一百年"奋斗目标的历史交汇点上，要立足地方志工作实际，牢牢把握党的十九届五中全会精神对全国地方志事业高质量发展的重大指导意义，自觉用习近平新时代中国特色社会主义思想武装头脑、指导实践，持续推进包括年鉴在内的地方志事业高质量发展，为助推社会主义现代化文化强国建设贡献新的更大的力量。

（二）制定好《全国年鉴事业发展规划（2021—2025年）》

《年鉴规划》是中指组为推动年鉴事业发展而进行的顶层设计，是年鉴事业奋斗目标和今后一个时期地方志工作任务的具体化。在会议讨论中，大家对规划草案提出了很好的意见和建议，会后，中指办年鉴处要充分研究和吸收，做好修改完善工作、进一步调研与征求意见工作。

（三）全力做好三级综合年鉴2020年卷收尾工作

"年鉴全覆盖"工作已经到了最后的"扫尾清零"阶段，全国地方志系统要再接再厉、一鼓作气，做好三级综合年鉴2020年卷扫尾工作，确保尚未出版年鉴顺利出版。要对照实际开展工作，强化不歇脚、不停步、不松劲的紧迫感和责任感，紧盯短板弱项，全力冲刺清零。

（四）全力做好三级综合年鉴2021年卷编纂出版工作

持续不断地编纂三级综合年鉴是一项长期任务。2021年卷三级综合年鉴是记录2020年全国人民在以习近平同志为核心的党中央坚强领导下，圆满完成"十三五"规划，全面打赢脱贫攻坚战，全面建成小康社会，以及抗击新冠肺炎疫情夺取重大战略成果、战胜洪涝灾害等一系列伟大成就的一卷重要年鉴。大家要充分认识编纂出版这卷年鉴的神圣职责和光荣使命，早谋划、早启动，落实工作责任，持续发力不松劲。

（五）持续深化年鉴质量建设

要把年鉴质量建设摆在年鉴事业发展更突出的位置，牢牢绷紧质量控制这根弦。这次在会上研讨的《关于地方综合年鉴编纂出版若干问题的补充规定》，会后将抓紧修改完善，尽快出台，作为要《地方综合年鉴编纂出版规定》的补充。要深化实施中国年鉴精品工程，完善精品年鉴质量评审标准及流程，充分发挥质量建设引领作用和示范效应，从打造单个的中国精品年鉴向中国精品年鉴区域延展。

（六）切实做好这次会议精神的学习宣传和贯彻落实

会后，大家要尽快将会议基本情况、会议主要精神认真向单位主要领导汇报，组织好会议精神的学习、传达与宣传，让广大年鉴工作者正确把握发展形势，把思想、认识和行动统一到会议的精神和部署上来。要根据会议精神，对照提出的各项目标、要求，结合本地工作实际，进一步明确工作重点、难点，兼顾当前任务和长远发展，改进工作思路，完善工作方案，加大工作力度，不打折扣地确保会议精神和各项部署真正落到实处。

第三编

十大工程

中国特色社会主义进入新时代，习近平总书记强调要高度重视修史修志，把历史智慧告诉人们，全国地方志事业迎来千载难逢的发展机遇，呈现出崭新发展态势和前所未有的大好局面。按照党中央"四个全面"战略部署，地方志工作要适应经济社会发展新形势，明确在国家改革大局中的目标任务，科学规划，积极创新，革命性推进地方志事业高质量发展。为实现《规划纲要》"两全目标"要求，中指组及其办公室提出地方志必须围绕党和国家利益、经济社会发展和以人民为中心"三大主题"开拓创新，规划部署了全国地方志"十大工程""十加X工程"，结出了丰硕成果。

——题记

落实《规划纲要》，实施"十大工程"*

编修地方志是中华民族优秀文化传统，历史悠久，连绵不绝。新中国成立后特别是改革开放以来，在党中央、国务院正确领导下，经过各地区各有关部门不懈努力，地方志工作取得巨大成就，形成以修志编鉴为主业、各项工作协调开展的事业格局，拓展了方志文化的内涵，为提升国家文化软实力发挥了独特作用。

2015年8月25日，国办印发《规划纲要》，明确地方志工作在国家发展改革大局中的目标任务，推进全国地方志事业科学发展，这是继2006年国务院《条例》颁布施行以来全国地方志事业的又一大盛事，标志着地方志事业进入全面、快速发展的新时期。

《规划纲要》提出，编修地方志是中华民族优秀文化传统，历史悠久，连绵不绝。新中国成立后特别是改革开放以来，在党中央、国务院正确领导下，经过各地区各有关部门不懈努力，地方志工作取得巨大成就，形成以修志编鉴为主业、各项工作协调开展的事业格局，拓展了方志文化的内涵，

---

* 原文发表于《中国社会科学报》2015年9月11日第11版。

为提升国家文化软实力发挥了独特作用。

"治天下者以史为鉴，治郡国者以志为鉴。"目前，全国地方志事业呈现出良好发展态势和前所未有的大好局面。按照"四个全面"战略部署，党和国家对地方志工作提出了新任务新要求，强调要高度重视修史修志，把历史智慧告诉人们。全国地方志事业迎来重要发展机遇。"修志问道，以启未来。"《规划纲要》要求，地方志工作要适应经济社会发展新形势，明确在发展改革大局中的目标任务，科学规划，积极创新，有序推进地方志事业持续健康发展。

中指办拟在全国实施"十大工程"，作为贯彻落实《规划纲要》的重要抓手，着力指导推进全国地方志事业科学发展。

一、民族地区与贫困地区志书出版资助工程

2014年6月，中国社会科学院党组书记、院长，中指组组长王伟光在甘肃、青海和宁夏调研地方志工作时，即要求从政治意义上考量，支持西部地方志工作开展。《规划纲要》要求，到2020年，要全面完成第二轮修志规划任务，省市县三级地方志书全部出版，同时提出要加大对民族地区、贫困地区地方志工作支持力度。目前，全国地方志工作开展很不平衡，特别是一些民族地区和贫困地区在经费保障与人员保障上存在较大困难，实施"民族地区与贫困地区志书出版资助工程"，就是要着力解决这些地区地方志工作实际困难，确保《规划纲要》要求的第二轮修志任务的完成。从该种意义上说，"民族地区与贫困地区志书出版资助工程"既是地方志系统的政治工程，又是全国地方志事业协调发展工程。

二、中国志书精品工程

打造一批流传百世、有影响力的精品佳志，是几代方志人的目标追求。中指组原常务副组长朱佳木就曾经倡导推进地方志精品工程建设。第五届中指组领导多次提出要在确保完成第二轮修志任务的基础上，编修一批传承千古的精品志书。《规划纲要》立足全国地方志事业需要，

要求要坚持存真求实，确保地方志质量。《规划纲要》要求，正确处理质量与进度的关系，将精品意识贯穿于地方志编纂出版工作全过程，严把政治关、史实关、体例关、文字关、出版关，编纂出版经得起历史检验、具有鲜明时代特征和地域特色的地方志成果。从该种意义上说，"中国志书精品工程"既是一个地方志质量工程，又是一个地方志精品工程。

三、中国年鉴精品工程

《规划纲要》要求，大力推进地方综合年鉴工作，到2020年，做到地方综合年鉴由地方志工作机构组织编纂，一年一鉴，公开出版，实现省市县三级地方综合年鉴全覆盖。《规划纲要》同时要求，要重视各类专业年鉴编纂工作，加强对已开展和准备开展年鉴编纂工作的行业、部门、单位等的业务指导和管理，制定质量管理与质量监督规定，完善质量评议与审查验收制度，设立年鉴评比奖励项目。按照《规划纲要》要求，我们不仅要编修精品佳志，还要编修精品年鉴。在该种意义上说，"中国年鉴精品工程"作为"中国志书精品工程"的地方志姊妹工程，既是地方志质量工程，又是地方志精品工程。

四、中国名镇志文化工程

中国社会科学院党组成员、副院长，中指组常务副组长李培林提出，"编纂省、市、县三级志书是国务院《地方志工作条例》的规定，在全面深化改革新时期，地方志也要改革，也要创新，编纂名镇志就是地方志工作的创新，也是留住乡镇记忆的文化工程。"所谓创新，就是在体例、篇目结构、记述方法等方面创新，在保持"志性"的前提下记述出名镇的"特性"，增强志书的可读性与功用性。所谓文化工程，是旨在通过名镇志的编纂，记载中华传统乡镇文化，记住乡愁，留住乡音，传承乡风。《规划纲要》提出，要重视乡镇村志编纂工作，指导有条件的乡镇（街道）做好志书编纂工作，做好中国名镇志文化工程编纂工作。从该种意义上说，"中国名镇志文化工程"既是一个地方志创新工程，又是一个国家文化工程。

五、中国名村志文化工程

按照《规划纲要》要求，不仅要推出中国名镇志文化工程，还要开展中国名村志文化工程。当下，在城镇化加速背景下，传统村落日渐式微。据第二次农业普查数据显示，2006年，中国有自然村330万个。据国务院参事冯骥才调查，2011年，自然村只剩下270万个，每天以80个到100个的速度消亡。虽然不断消失的村庄反映了农村经济社会运行方式的现代化，但是古老村落的青山绿水、小河大树、轶事掌故等也在逐渐从人们的记忆中逝去。从该种意义上说，"中国名村志文化工程"既是一个地方志基层基础工程，又是一个中国村落文化抢救工程。

六、全国地方志"一体两翼"用志工程

长期以来，地方志"一本书主义"的问题一直没有得到很好解决，志书编纂出版后多被束之高阁。为此，《规划纲要》要求，坚持修志为用原则，发挥地方志资源优势，全面提升开发利用水平；拓宽用志领域，提升服务大局能力，为党政机关、社会各界和人民群众服务；加大宣传力度，提高全社会读志用志水平。《规划纲要》进一步要求，提高地方志资源开发利用水平，加强对地方志资源的深加工，拓宽服务渠道，增强服务功能，创新服务手段，更好地贴近经济社会发展实际，贴近人民群众需要；实施《中国地情报告》《中国方志发展报告》《中国年鉴发展报告》工程（统称"全国地方志'一体两翼'用志工程"），发挥地方志资源在地方公共文化服务中的重要作用，利用各类媒体广泛宣传地方志成果，推动方志文化进机关、进农村、进社区、进校园、进企业、进军营，推动城乡方志文化建设，培育地方历史记忆。从该种意义上说，"全国地方志'一体两翼'用志工程"既是一个地方志资源开发利用工程，又是一个地方志功能社会拓展工程。

七、全国信息方志与数字方志建设工程

《规划纲要》要求，"加快地方志信息化建设，按照统一规划、统一

标准、分级建设、资源共享、安全保密的原则，制定全国地方志事业信息化发展意见，充分利用已有信息基础设施和数据资源，加快地方志信息化建设步伐，逐步建立地方志全文数据库。应用现代信息技术，加强对不同载体的地方志文献收（征）集、保护和开发利用，推动信息标准化工作。实现国家、省、市、县四级地方志资源共享，面向社会提供优质服务。"中指办推出"全国信息方志与数字方志工程"，计划利用5年左右的时间，分期分步建设中国方志网、中国地情网、中国国情网、国家数字方志馆、地方志办公平台、方志新媒体传播平台（简称"三网一馆两平台"），大力推进地方志信息化建设，实现全国地方志系统的数字化资源共享共用，宣传地方志工作，普及地方志知识，传播地方志文化，扩大地方志影响，为党政机关和社会各界提供国情、地情信息服务，为中国特色新型智库建设提供强大数字资源支撑，充分发挥地方志在发掘历史智慧、公共文化服务体系建设中的重要作用。从该种意义上说，"全国信息方志与数字方志工程"既是一项方志信息化、数字化现代工程，又是一项方志全国化、标准化智库工程。

八、方志馆研究建设及全国地方志专业出版基地建设工程

方志馆是集藏书、展示、科研、学术交流、资源开发利用、爱国主义教育等多功能于一体的文化基础设施。《规划纲要》提出，要加快信息化和方志馆建设；要以修志编鉴为主业，统筹兼顾理论研究、开发利用、信息化建设、方志馆建设、旧志整理等工作，实现地方志事业全面协调可持续发展。实施方志馆研究建设工程，通过制定方志馆建设标准、加强数字方志馆建设、开展业务培训、推动志鉴与地情编研、组织理论研究等多种措施，确保方志馆基础设施建设与数字方志馆建设齐头并进，实现方志馆运作和管理的科学化、规范化，把方志馆打造成为全国地方志系统展示方志文化、服务经济社会发展和文化建设的重要平台和窗口。从该种意义上说，"方志馆研究建设工程"既是一个地方志基础工程，又是一个地方志发展工程。

目前，虽然已经出版1.5万多部地方综合年鉴、7000多部专业年鉴，

以及 7000 多部省市县三级地方志书和 2 万多部专志，在出版数量上达到一定规模，但是在出版质量上却是良莠不齐。为此，《规划纲要》要求，要坚持质量第一的原则，深化地方志质量建设，严格执行《地方志书质量规定》《地方综合年鉴编纂出版规定》有关要求，严把出版关，严把质量关。中国社会科学院党组书记、院长，中指组组长王伟光在第五次全国地方志工作会议及 2015 年全国地方志机构主任工作会议上都强调，要高度重视志书质量，建设全国地方志专业出版基地，努力打造一批优秀志书。从该种意义上说，"全国地方志专业出版基地建设工程"既是一个地方志出版质量工程，又是一个地方志出版基地工程。

九、中国地方志学科建设与人才队伍建设工程

虽然编修地方志是中华民族优秀文化传统，历史悠久，连绵不断，但是，关于方志学的学科研究则起步较晚，发展较慢，不适应地方志为国家经济社会发展和社会主义文化强国服务的需要。为此，《规划纲要》要求，加强地方志理论研究和学科建设，制定方志、年鉴理论和方志学、年鉴学学科建设规划，到 2020 年努力形成较为成熟的方志学和年鉴学学科体系，编写方志学、年鉴学通用教材及各分支学科研究论著。从该种意义上说，"中国地方志学科建设工程"既是地方志学科建设工程，又是国家文化软实力建设工程。

面对全国地方志系统人员年龄老化、人才青黄不接、人员素质亟待提升的现状，2014 年 11 月，中国社会科学院党组书记、院长，中指组组长王伟光在福建调研地方志工作时指出，要把 2015 年确定为全国地方志系统培训年，加强新时期地方志人才队伍建设。《规划纲要》要求，加强人才队伍建设，重视人才选拔、培养和使用，加强专兼职结合、结构合理的人才队伍建设，培养和引进一批高端人才，建设一支高素质的地方志编修、研究工作队伍，弘扬"修志问道，直笔著史"的方志人精神。从该种意义上说，"全国地方志人才队伍建设工程"既是落实《规划纲要》的现实行动工程，又是地方志事业发展的百年大计工程。

十、方志文化走向世界工程

持续不断地编纂地方志是我国独有的优秀文化传统。自隋、唐确立史志官修制度以来,地方志在我国已经延续千年,其作为一项承上启下、继往开来、服务当代、有益后世的文化基础事业,已成为社会主义先进文化建设中的一项系统工程,发挥了"存史、资政、育人"的重要作用。在总结坚持中国道路、构建中国制度、研究中国理论、总结中国实践、推广中国经验的新形势下,《规划纲要》要求,扩大对港澳台、对外学术交流与合作,采用多种形式,加强与中国香港、澳门和台湾地区以及国外的高等院校、科研机构、档案机构和图书馆等单位的学术交流与合作。同时,服务国家文化"走出去"战略,推介一批高质量地方志成果,充分展示地方志的当代价值及永恒魅力,推动方志文化走向世界,增强方志文化影响力。从该种意义上说,"方志文化走向世界工程"既是一项地方志"走出去"工程,又是一项弘扬中华文化的国际工程。

实施中国年鉴精品工程*

中国年鉴精品工程是全国地方志"十大工程"之一,是全面贯彻落实《规划纲要》的重要举措。当前,全国地方志事业发展的又一个春天悄然来临,发展形势振奋人心,发展机遇千载难逢。概括来讲,主要表现在以下三个方面:

一、习近平总书记、李克强总理、刘延东副总理等中央领导同志高度重视,为地方志事业发展指明了方向

党的十八大以来,中央领导同志高度重视地方志工作。习近平总书记两次对地方志工作作出重要指示,李克强总理三次对地方志工作作出重要批示,刘延东副总理两次接见全国地方志工作者代表并发表重要讲话,三次对地方志工作作出重要批示。在短短三年多的时间里,中央领导同志如此关心关怀关注地方志工作,连续对地方志工作作出指示、发表讲话,这在新中国地方志发展史上是罕见的,也可以说是绝无仅有的。

---

* 根据 2016 年 4 月 13 日在全国精品年鉴指导培训暨《中国年鉴发展报告》启动会议上的讲话修改整理。

这些重要指示、重要讲话从激发民族自豪感和自信心的层面，站在坚定全体人民振兴中华、实现中国梦的信心和决心的高度，对地方志工作寄予厚望。习近平总书记强调要"高度重视修史修志""发掘历史智慧"，要求地方志部门对深化中国抗日战争研究作出贡献，做到"让历史说话、用史实发言"；李克强总理提出"修志问道，以启未来，"希望地方志工作者"直笔著信史，彰善引风气""为当代提供资政辅治之参考，为后世留下勘存勘鉴之记述"；刘延东副总理提出要建立"一纳入、八到位"的地方志工作机制，指出："要通过学术交流与合作，推介高质量地方志成果，充分展示地方志的当代价值和恒久魅力，展示中国形象，讲好中国故事，服务中华文化走出去，增强中华文化影响力，让世界更多了解中国的过去，更好理解中国的现在和未来。"这些重要论断意蕴深远、发人深思，既向各级党委政府及社会各界指明地方志的独特价值，有利于形成支持地方志工作的良好社会氛围，也明确指出了当前和今后一个时期地方志事业发展的努力方向，为我们干事创业提供了基本遵循和有力依据。

二、《全国地方志事业发展规划纲要（2015—2020 年）》、国民经济和社会发展"十三五"规划发布实施，为地方志事业发展绘就了蓝图

去年 8 月 25 日，众多方志人翘首期盼多年并付出巨大努力的《规划纲要》由国办印发，并于 9 月 3 日，即中国人民抗日战争暨世界反法西斯战争胜利纪念日正式向社会公布。《规划纲要》是继国务院《条例》颁布实施以后，又一份关系地方志事业长远发展的、具有里程碑意义的文件。它的颁布施行，标志着地方志从一项工作向一项事业的转型，从依法修志到依法治志的迈进，也标志着全国地方志事业从此走上规划先行，以科学规划引领科学发展的道路，这在中国地方志历史上是从来没有过的。更令人振奋的是，在今年 3 月正式发布的国民经济和社会发展"十三五"规划，将"加强修史修志"列为社会主义精神文明的重要内容，这是贯彻落实习近平总书记系列重要讲话精神，李克强总理、刘延东副

总理重要批示、重要讲话精神的重要举措,也是贯彻落实《规划纲要》的具体体现。

《规划纲要》篇幅虽然简短,但涵盖面广,内容丰富。不仅提出了到 2020 年全国地方志事业发展的总体目标,即基本形成地方志编修体系、理论研究和学科建设体系、质量保障体系、资源开发利用体系、工作保障体系"五位一体"的地方志事业发展综合体系,努力开创地方志事业发展新局面,还明确了主要工作任务,即到 2020 年,完成第二轮地方志书规划任务,省市县三级地方志书全部出版;做到地方综合年鉴由地方志工作机构组织编纂,一年一鉴,公开出版,实现省市县三级综合年鉴全覆盖。此外,还提出要重视各类专业志鉴、民族地区地方志、乡镇村志和地方史编纂工作,深入开展旧志整理工作,加强地方志理论研究和学科建设,加强人才队伍建设,深化地方志质量建设,强化地方志资料建设,加快方志馆和地方志信息化建设,提高地方志资源开发利用水平,扩大学术交流与合作。这些目标任务相互联系、相辅相成,勾画出地方志事业发展的美好前景,是对全国地方志事业发展的顶层设计和统筹安排,是今后几年我们推动工作的总抓手和行动指南。

三、第五届中指组领导科学决策,为地方志事业发展破解了难题

2013 年 12 月第五届中指组组建以来,王伟光组长、李培林常务副组长不管是严寒冬日,还是酷热夏季,有时甚至忍着身体不适,先后到 28 个省、自治区、直辖市开展地方志工作调研,看望奋战在第一线的地方志工作者,倾听大家的所思所想,了解地方志事业发展情况,推动第五次全国地方志工作会议精神和《规划纲要》的贯彻落实。

王伟光组长、李培林常务副组长通过调研,一方面向中央领导同志反映地方志工作情况,请求国务院及相关部门给予大力支持,推动《规划纲要》及早颁布实施,争取将修史修志列入"十三五"规划,稳妥推进国家对西藏、新疆地方志工作的资助;另一方面倡导支持西部地方志工作,推动名镇志和名村志编纂,鼓励实施中华家训文化工程和中华官

箴文化工程。王伟光组长、李培林常务副组长等中指组领导为地方志事业发展殚精竭虑、精心谋划，保证了地方志事业这艘文化航船能够乘风破浪、顺利前行。

近两年来，中指办紧紧围绕中央领导同志的重要指示、重要讲话精神和《规划纲要》提出的目标要求，紧跟中指组领导的发展思路，适应全国地方志事业发展的新形势，抢抓千载难逢的新机遇，不断创新工作模式，开拓新的工作领域，相继启动"十大工程"：即民族地区与贫困地区志书出版资助工程、中国志书精品工程、中国年鉴精品工程、中国名镇志文化工程、中国名村志文化工程、全国地方志"一体两翼"用志工程、全国信息方志与数字方志建设工程、方志馆研究建设及全国地方志专业出版基地建设工程、中国地方志学科建设与人才队伍建设工程、方志文化走向世界工程。

"十大工程"涵盖了地方志事业的各个主要领域，它的实施和推进，不仅有助于实现地方志事业的转型升级和跨越发展，更是保持住地方志事业发展的高位运行态势，留住地方志事业发展春天的源头活水。目前，在各级地方志工作机构和地方志专家学者的大力协助下，"十大工程"进展顺利，取得了阶段性成果。比如，旨在记载中华传统乡镇文化，记住乡愁，留住乡音，传承乡风的首批中国名镇志丛书即将出版，中指办计划5月12日在北京人民大会堂举办出版座谈会暨中国名镇论坛，展示名镇志的文化价值，提升地方志的社会影响力；通过层层遴选，入选中国志书精品工程的志书进入评审或出版环节；首部反映中国地方志事业发展状况的《中国方志发展报告》，也已进入出版印刷阶段，即将与读者见面；相继开通了中国地情网、中国方志网，以及方志中国微信、方志中国手机报，创刊了《中国方志》报。

"十大工程"中的中国年鉴精品工程，已经于去年上半年正式启动。毫不夸张地讲，实施中国年鉴精品工程，对于提升年鉴质量，筑牢全国年鉴事业健康发展的根基，有着举足轻重的作用。应当看到，在《条例》颁布实施以后，省市县三级地方综合年鉴的覆盖面在进一步扩大。据不完全统计，截至2015年10月底，全国共编纂出版2300多种地方综合年鉴。北京、上海、安徽、福建、广东等省市实现三级地方综合年鉴全覆盖。吉林、江苏、浙江、福建、江西、湖北、广西、重庆、四川、云南等省市地方综合年鉴覆盖率达80%以上，年鉴编纂已经进入快速成长与全面发展的新时期。年鉴数量的扩张固然喜人，但更重要的是质量的提高。如果编纂的年鉴质量不高，不仅辜负了党和人民的信任，造成巨大的资源浪费，还会危及欣欣向荣的年鉴事业。所以，我们要大力推动年鉴精品工程，大力打造具有社会影响力和较高使用价值的精品年鉴。

同时，中国年鉴精品工程也是一项探索工程、创新工程，没有成熟的经验可以借鉴。本着稳妥推进的原则，中指办通过各省级地方志工作机构推荐，邀请专家评审，并区别不同区域和类型，选取山西省地方志办公室、山东省地方史志办公室、广东年鉴社、南京市地方志办公室、拉萨市志编纂办公室、温州市地方志办公室、驻马店市地方史志办公室、北京市海淀区党史地方志办公室、吉林省延吉市地方志编委会、四川省威远县史志办公室等10家单位为首批中国年鉴精品工程试点单位，作为打造精品年鉴的试验田。待取得创新成果和成功经验后，再逐步向全国推广，争取更多的年鉴进入工程，成为精品。

"十大工程"中的全国地方志"一体两翼"用志工程，"一体"指的是《中国地情发展报告》，"两翼"为《中国方志发展报告》《中国年鉴发展报告》。《规划纲要》提出编写《中国年鉴发展报告》，既充分表明中央对年鉴事业的重视，对全国年鉴事业科学发展更有着极其重要的意义。毋庸讳言，长期以来，年鉴界对年鉴事业发展的认识是碎片化的，既没有系统总结、仔细分析中国年鉴发展的历史，也没有认真评估、准确把握当代年鉴发展的状况，更没有科学预测未来年鉴发展的趋势。总体来看，年鉴事业发展处于一种无序、盲目的状态，长此以往，对做大做强年鉴事业是十分不利的。要理清年鉴发展脉络，认清年鉴发展形势，有目的、有计划地开展年鉴工作，编写《中国年鉴发展报告》无疑是一种不可替代的好方式，其价值不可估量。

正是基于中国年鉴精品工程和《中国年鉴发展报告》的重要性，中指办经过认真研究、多方论证，筹备召开了这次会议。一方面，会议将要对10家试点单位各自设计的年鉴框架进行评析。希望与会的各位专家和年鉴工作者敢于突破陈旧模式，在遵循基本规范的基础上勇于创新，找出每种年鉴框架的优点和不足，取长补短，相互借鉴，共同设计出科学合理、符合读者需求的省市县三级地方综合年鉴框架，真正发挥试点年鉴的示范引领作用，为打造精品年鉴开个好头。另一方面，会议还要讨论《中国年鉴发展报告》编写方案。请各位专家对编写方案尤其是方案中的写作框架提出意见和建议，使写作框架更科学、更符合实际，为《中国年鉴发展报告》成为有社会影响力的文化品牌，成为年鉴人必不可少的参考书，成为年鉴事业科学发展的指南打牢坚实基础。同时，也希望各位专家学者积极参与报告的撰稿工作，共同完成这一不朽工程，为年鉴事业的大发展大繁荣再多出一份力，多流一点汗。

实施全国信息方志与数字方志建设工程^{*}

党的十八大以来,以习近平同志为核心的党中央高度重视传统文化在中国特色社会主义建设中的重要作用,习近平总书记十分关心地方志工作,多次发表重要讲话、作出重要批示。他2014年2月到北京首都博物馆考察时强调要"高度重视修史修志",2015年7月在中共中央政治局第二十五次集体学习时提出地方志工作机构要在抗日战争研究上发挥应有作用,这些重要指示将地方志工作列为传承优秀文化传统的重要抓手,为弘扬修志优秀文化传统提供了根本遵循。李克强总理2014年4月就第五次全国地方志工作会议召开作出重要批示,强调"修志问道,以启未来",11月又就《汶川特大地震抗震救灾志》出版工作作出重要批示,对地方志工作提出了殷切期望和明确要求。2015年12月李克强总理对全国地方志系统先进模范座谈会作出重要批示:"希望地方志工作者继续发扬方志人精神,志存高远,力学笃行,直笔著信史,彰善引风气,为当代提供资政辅治之参考,为后世留下

---

* 根据2016年4月26日在中国地方志学会信息化研究会第一届理事会第一次会议上的讲话修改整理。

堪存堪鉴之记述。"刘延东副总理 2014 年 4 月与第五次全国地方志工作会议部分代表座谈时发表了重要讲话，就进一步做好地方志工作提出明确要求；2014 年 11 月、2015 年 1 月又先后作出两次重要批示，要求切实采取有效措施，推动地方志事业迈上新台阶；2015 年 12 月接见全国地方志系统先进模范座谈会与会代表并发表重要讲话。在两年多的时间内，中央领导同志如此密集地就地方志工作作出重要批示、发表重要讲话，充分肯定了地方志工作的重要作用，对地方志工作提出了新任务、新要求，是极为罕见的。上个月，"加强修史修志"写入国家"十三五"规划，是贯彻落实习近平总书记系列重要讲话精神和李克强总理、刘延东副总理重要批示、重要讲话精神的重要举措，充分体现了党中央、国务院对地方志工作的高度重视和殷切期望。

当前，整个社会正处于信息化时代，移动互联网、大数据、云计算等信息技术发展日新月异。在信息技术变革日新月异的时代背景下，地方志工作只有顺应时代潮流，加大信息技术在地方志工作中的应用，才能为地方志事业科学发展、持续发展提供不竭动力。

新一届中指组领导高度重视信息化建设。2013 年 12 月以来，王伟光组长、李培林常务副组长先后到 29 个省（自治区、直辖市）和新疆生产建设兵团调研地方志工作，多次就信息化工作作出具体指示和要求。2015 年 3 月，中国社会科学院党组将名志建设纳入名优建设工程，将地方志网站、数据库、综合办公平台建设纳入全院的信息化建设，进行通盘考虑。新一届中指办领导班子也非常重视信息化工作，不仅重视顶层设计，而且成立专门机构创建中国国情网、中国地情网、中国方志网，方志中国微信公众平台，方志中国手机报，《中国方志》报等，卓有成效地推进全国地方志信息化工作。2015 年 8 月 25 日，国办印发《规划纲要》，把信息化建设列为今后五年地方志事业发展的重要支撑，对地方志信息化建设提出明确要求。

近年来，全国地方志系统信息化建设取得了显著成绩。各级网站、数据库、办公自动化等建设进度不断加快，相关配套制度逐步完善，专业人才队伍进一步壮大，利用信息技术手段服务经济社会发展的能力不断增强。截至2015年10月底,建成省级网站26个、市级网站230个、县级网站816个。有的地方着力推动省市县三级地情网站群建设,实现了全省联网、资源共享;有的地方与政府门户网站、图书馆网站实现链接,公共服务能力大大提高;有的地方地方志成果数字化成绩显著,地情资源数据库不断完善充实,将海量数字资源上传到地情网站,供社会各界查阅使用;有的地方开设微博、微信、手机版网站,利用新媒体大力开发方志资源。

在这种大背景下,成立研究会,顺应"互联网+地方志"的发展趋势,符合全国地方志系统信息化工作实际,符合全国地方志系统信息化建设的顶层设计要求,符合全国地方志系统的期盼和呼声。做好研究会工作,离不开每位理事的辛勤付出和大力支持,希望各位理事积极参与研究会组织的各项活动,多为地方志信息化建言献策,特别是为解决重大、疑难问题提供良方良策。中指办也将积极为研究会的工作创建条件,加强工作联系,充分发挥好研究会的作用。

今年是全面贯彻落实"十三五"规划的开局之年,是全面贯彻落实《规划纲要》的关键之年,也是《关于全国地方志信息化发展的若干意见》推出并积极推进的关键之年。借此机会,我就研究会下一步工作谈四点意见:

一、切实增强全局意识

地方志信息化是地方志工作的重要组成部分,在很大程度上事关地方志事业科学发展。研究会如何发挥支撑、参谋和桥梁纽带作用,很大程度上取决于研究会理事会的工作;各位理事要站在促进地方志事业发展的高度,结合各自的工作实际,研究和探索地方志信息化相关标准制定与应用、系统运维保障和信息安全管理等问题,找准切入点,谋划地方志信息化长远发展。

二、认真履行工作职责

当前,地方志信息化发展迎来了重要发展机遇,研究会应当总结经验、把握机遇、创新方式，做好"四个加强"，即加强整合地方志信息资源，推动地方志信息工作；加强地方志信息化重大项目建设，做到边建设、边使用、边宣传、边完善；加强地方志信息化机构建设，提高组织保障和支撑能力；加强各省（区、市）地方志信息化工作交流，促进信息共享。目前，全国地方志信息化顶层设计方案即将颁布、相关标准规范的拟定正全力推进，希望研究会针对制约地方志信息化发展的难点和瓶颈问题，深入开展调研，了解存在问题，理清工作思路，提出解决办法，特别是要围绕解决顶层设计、优化业务流程、创新服务模式、构建整体系统等方面，组织地方志信息技术与理论研究，跟踪信息技术领域的新成果、新进展。建议各位理事着重思考以下几个关键问题，多提建议，一是如何更好地让地方志信息化为地方志事业决策服务，二是如何更好地让地方志信息系统落地应用，三是如何更好地整合地方志信息系统，四是如何更好地强化安全保障。

三、加强组织机构建设

要按照研究会《规程》规定的条件和标准，积极发展会员、完善专家队伍，把那些热心地方志信息化建设的人员吸收到队伍中来，发挥其聪明才智。要加大专业培训力度，建立健全地方志信息化骨干人才培养机制，打造一支高素质的信息化人才队伍。要强化学术交流。采用多种形式，加强与高等院校、科研机构、档案与图书馆等部门、单位的学术交流、合作，开拓视野，提高素质。要认真贯彻执行国家关于社团管理的有关规章制度，用制度规范研究会的活动，健全完善工作制度，进一步提高研究会工作的规范化、制度化水平。

四、充分发挥自身优势

研究会的业务范围涉及诸多方面，聚集了地方志行业很多方面的人才，具有组织优势、人才优势和专业优势。希望大家运用好这一平台，发挥好纽带和桥梁作用，利用自身专长和优势，努力为地方志事业发展提供有效、全面的信息技术支撑。在座的各位理事、常务理事是研究会的重要成员，有些是地方志工作机构的负责同志，多年身处信息化工作前沿，具有多年的实践经验；有些是科研院所、高等院校的专家学者，身处信息技术研究与应用第一线，对信息化研究具有很高的造诣和水平。各位理事应做到学习在先，掌握在前，增加知识储备，深入调研，勤于思考，带头研究解决信息化建设过程中的实际问题，正确处理好本职工作和研究会工作的关系，积极参与研究会的各项活动，出主意、想办法，认真负责地发表意见、提出建议，使研究会成为团结共事的专业学术团队，为各级地方志工作机构科学决策更好地发挥研究会的作用。

研究会的成立，为地方志信息化建设搭建了新平台，提供了新动力。我们要抓住党和国家高度重视信息化建设的重大机遇，在中国地方志学会的领导下，认真落实国家"十三五"规划和《规划纲要》，深入思考地方志信息化在地方志工作中的新思路、新方向、新措施，共同推进地方志信息化不断前进，为地方志事业科学发展提供有力的技术支撑和基础保障。

实施中国名镇志文化工程*

中国名镇志文化工程作为国家级的文化工程的定位已确定在国办《规划纲要》中，这是新时期地方志助力乡村振兴战略的重要举措，是留住乡愁、记住乡愁的重要手段。

一、地方志虽然是"冷部门"，但依然可以做出"热事业"

上午徐匡迪同志的讲话相信各位还记忆犹新，他把名镇文化与当今社会的新型城镇化建设理念作了融合，让我们开阔了眼界，认识到了地方志工作者的神圣职责。他认为，新型城镇化是现代化的必由之路，是经济发展的重要动力，也是一项重要的民生工程。我国新型城镇化建设要坚持以人为本、四化同步、布局优化、生态文明、文化传承同步协调发展，新型城镇化一定要与中国的传统文化实现无缝对接。新型城镇化要记得住乡愁，要弘扬中华优秀传统文化，充分考虑地方的人文和风俗。中国名镇志文化工程不仅对全国地方志事业发展具有重要意义，对新型城镇化同样具有重要的文

---

* 根据 2016 年 5 月 12 日在首届全国名镇论坛暨中国名镇志丛书出版座谈会上的总结讲话修改整理。

化价值，要用中国名镇志丛书记录千镇千面的名镇文化。挖掘乡土文化资源和保护乡镇文化生态，刻不容缓。

王伟光同志的讲话，则具有非常重要的理论指导意义，他把创新和名镇志编纂完美地结合了起来。他指出，新时期地方志工作，要把创新摆在发展大局的核心位置，以创新驱动地方志事业的转型升级。他强调，创新是地方志事业发展的不竭动力，是新时期地方志事业转型升级的核心，希望地方志工作者能很好地吃透创新的真正含义，推动地方志事业的大发展、大繁荣。中国名镇志文化工程是地方志工作的重大创新，希望大家继续努力，打造成为地方志系统标志性文化品牌，成为国家文化软实力的重要载体，走进寻常百姓家，走向全国，走向世界。

李培林同志作为中国名镇志文化工程的倡导者，上午还主持了大会。他认为，在快速发展的当今社会，许多社会文化现象正在消失，而名镇志对这个时代作了翔实客观地记述，所以他又把中国名镇志文化工程定位为文化抢救工程。通过他的介绍，我们更进一步明确了名镇志编纂的重要意义和作用，尤其还解释了为什么我们要邀请徐匡迪同志担任中国名镇志文化工程专家委员会的名誉主任，可见李培林同志对于这一重大工程很关心，也很用心。

下午11位各镇代表和11位专家学者在肯定中国名镇志文化工程工作成绩的同时，给我们提出了宝贵的意见和建议，非常感谢各位对中国名镇志文化工程和中国名镇志丛书出版所做的努力。正是在大家的共同努力下，才把这一工程做成了一项热火朝天的事业。

二、地方志工作不是可有可无，而是大有作为

国务院《条例》标志着地方志编修工作从此进入依法修志的新阶段和大规模、正规化修志的新时代。《规划纲要》的颁布，则让地方志进入了依法治志的时代，地方志也由一项工作升级为一项事业。

编修地方志在我国有着悠久的传统，地方志在地方治理、教化育人方面也发挥了其应有的作用。但我们身处一个快速发展的时代，如果不用创新理念指导修志工作，地方志事业将停滞不前，落后于这个时代。

没有创新，就没有发展。正如伟光同志讲的，新时期地方志工作，要把创新摆在发展大局的核心位置，以创新驱动地方志事业的转型升级。

地方志工作机构和地方志工作者不仅在创新理念上有待提升，在围绕中心、服务大局上也缺乏主动意识。地方志工作是各级地方政府的基本职责之一，在《中华人民共和国国民经济和社会发展第十三个五年规划纲要》中也写明要"加强修史修志"，这对推进全国地方志事业科学发展有着非常重要的意义。积极主动地把地方志工作融入服务经济社会发展全局中，围绕中心，服务大局，是地方志事业发展的趋势。中国名镇志文化工程和中国名镇志丛书就是在这一理念的指导下，所开展的一项围绕中心、服务大局、承载乡愁、延续文脉的重要工作。

随着时代的发展和人们生活方式的改变，大量的民间文化逐渐消亡，文化抢救已成为当前我们必须要面对的一个重要课题。绵延千载的修志传统，使大量的地方文化得以保存传承，地方志存的不仅仅是史实，更重要的是还记录了一个地域的地情和文化。地方志必将在地方文化遗存的保护和地域文化的抢救、传承方面发挥更加重要的作用。中国名镇志丛书中重点记录的"名"与"特"的内容，就应当加大对已经消失和即将消失的文化现象的关注，文化抢救可以先从修志做起。

习近平总书记说过，"要让居民望得见山、看得见水、记得住乡愁。"什么是乡愁？乡愁就是你离开后还很想念。我们中国人安土重迁，乡土观念浓厚，每个人都有一份乡愁。地方志里记录着故乡的青山和绿水，读地方志可以解乡愁，慰乡思，地方志与千家万户都有着千丝万缕的联系。

总之，地方志不是可有可无，是必须要有；地方志不是可大可小，是必须要大，尤其在依法治志的大环境下。

三、地方志事业得敢想敢干，有为争位

听过领导同志们的讲话后，我很受鼓舞，更加觉得这件事我们做对了，做得值，中国名镇志丛书的出版，恰逢其时。这样的事我们没有理由不做，而且没有理由不做好。无论是徐匡迪同志从新型城镇化建设、乡土文化保护等方面对中国名镇志文化工程的期许，还是王伟光同志给我们提

出的创新要求，都不容我们有丝毫的懈怠。既要敢想，还要敢干，只要凝心聚力、上下联动、并肩作战、大胆开拓，没有什么是不可能完成的任务。

关于中国名镇志文化工程下一步的工作，我想提几点建议供大家参考：

（一）进一步认识中国名镇志文化工程的重要意义

如果我们仅停留在修志存史的层面来看待名镇志编纂工作，显然这站得还不够高，格局还不够大。大家应该站在历史的高度，文化的高度，从纵向、横向两个方面来认识名镇志。中国名镇志丛书绝不仅仅是一套记录各名镇基本情况的地情书，它所承载的，是乡情，是乡愁，更是中国人对故乡无限的眷恋和希望建设家乡、服务家乡的拳拳之心。

（二）拓展思路，多角度宣介名镇文化和中国名镇志丛书

光我们了解名镇志编纂的意义只是一个起点，让更多的人通过名镇志关注名镇、关心乡土、关爱家乡，把注入志书里的文化传承下来，弘扬出去，才是我们最终的目标。王伟光同志要求我们创新工作模式，我们也一直在创新，中国名镇志文化工程就是一个重要的工作创新，但创新的还不够，还要继续创新。

（三）加大力度，深入挖掘，继续做好中国名镇志文化工程

李培林同志上午提到了我们出版中国名镇志丛书的基本目标，计划编纂出版600余部名镇志，我们目前做了的还只是很小的一部分，编纂名镇志工作大有可为。徐匡迪同志上午也敏锐地指出了我们目前存在的不足，名镇志编修的范围还不够广，深入挖掘的程度还不够，这都是我们今后要努力的方向和目标。下一步，各地都要积极总结各自的编纂经验和工作模式，并加以推广，为中国名镇志文化工程的实施提供借鉴，铺平道路。有些有条件的地方，要力争把村镇志编纂机构固定下来，注意培养编纂人才，为包括中国名镇志文化工程，以及即将开展的中国名村志文化工程在人、财、物上提供基本保障。

当然，行百里者半于九十，我们不能因为首届全国名镇论坛做得很成功就沾沾自喜，停步不前，这不是名镇志编修工作的终点，更不是名镇志编修的总结表彰大会，只是起点，是推动会，是鼓劲会，让我们共同努力，共同开创中国名镇志文化工程的新局面、新未来。

实施中国地方志学科建设工程*

中国地方志学术年会已经连续举办了五届,是中指办和中国地方志学会重点打造的一个品牌性学术会议。本届年会主题为"'一带一路'与地方志创新",是为进一步贯彻落实《规划纲要》,充分发挥地方志资源优势,推动方志文化走向世界,增强方志文化影响力,为"一带一路"国家重要战略提供智力支持。

我们都知道,"一带一路"是丝绸之路经济带和21世纪海上丝绸之路的简称,2013年9月和10月习近平总书记分别提出建设"丝绸之路经济带"和"21世纪海上丝绸之路"的倡议构想。"一带一路"倡议构想旨在借用古代"丝绸之路"的历史符号,发展与沿线国家的经济合作伙伴关系,共同打造政治互信、经济融合、文化包容的利益共同体、命运共同体和责任共同体。建设"一带一路"是党中央作出的重大战略部署,是我国开创全方位开放新格局的重要举措,影响十分深远。今年8月17日,习近平总书记出席推进"一带一路"建设工作座谈会时也强调,要切实推进舆论宣传,积

---

* 根据2016年9月5日在第六届中国地方志学术年会上的讲话修改整理。

极宣传"一带一路"建设的实实在在成果，加强"一带一路"建设学术研究、理论支撑、话语体系建设。因此本届地方志学术年会就是要围绕国家的"一带一路"倡议，推动地方志工作的创新。

2015年8月25日，国办印发《规划纲要》，对地方志工作提出"到2020年，全面完成第二轮修志规划任务，实现省、市、县三级综合年鉴全覆盖"的具体要求，能否在规定时间，完成规定任务，是摆在我们面前的一个重要课题，所以在今后这几年，贯彻落实《规划纲要》提出的要求是地方志工作的一项重要任务。《规划纲要》中提出的旧志整理工作、方志理论研究、方志学学科建设、人才队伍建设等任务，都要求我们要不断加强学术交流与合作，提升地方志学术研究水平，展示地方志的当代价值及永恒魅力，推动方志文化走向世界，增强方志文化的影响力。

方志学与其他中国特色哲学社会科学一样，要体现继承性、民族性，原创性、时代性、系统性、专业性的特点，地方志学者也要有立时代之潮头、通古今之变化、发思想之先声，积极为党和人民述学立论、建言献策的责任感和使命感。

第一，地方志学术研究要围绕中心、服务大局，主动服务和融入国家发展战略。地方志作为全面系统地记述本行政区域自然、政治、经济、文化和社会的历史与现状的资料性文献，编修传统绵延数千年不断。历朝历代留存的方志达8000余种，占我国现存古籍的十分之一。改革开放以来编修的省市县三级志书近7800种、省市县三级综合年鉴达16000部、部门志行业志22000余部、专业年鉴近7200部、山水名胜志和乡镇村志近5000部，整理出版了历代方志近2500种和大量的地情书，内容极为丰富，覆盖了"一带一路"建设区域的政治、经济、文化、社会、生态文明建设的方方面面。地方志工作者要发挥能动性，主动围绕国家经济社会发展的中心工作和国家战略提供智力服务。

第二，地方志学术研究要展示地方志的当代价值及永恒魅力，推动方志文化走向世界，增强方志文化影响力，为提升国家文化软实力发挥独特作用。中华民族创造了辉煌灿烂的文化，地方志是具有独特价值的文化载体。地方志的发展经历了从雏形到发展，从发展到成熟的过程，不同历史时期的地方志记录了各地独具特色的社会状况，具有鲜明的区域性、连续性、资料性的特征。卷帙浩繁的地方志资源成为我国特有的一种地情资源。这一文化现象不仅影响了我国的历史传承，同时也影响了世界上其他的国家和地区，而且将来它的影响力还会不断地扩大，方志存史的传统不仅属于中国，同样也应该属于世界。现在世界各地一些重要的图书收藏机构和研究机构，都藏有大量的中国地方志，地方志作为介绍中国国情，宣传中国文化的媒介，发挥着越来越重要的作用。

第三，地方志学术研究更要为志鉴编纂实践服务，积极利用现有研究成果指导地方志、年鉴的编纂、利用。思想是行动的先导，理论是实践的指南。地方志学术研究工作者必须要沉下心来，有意识地把理论研究的成果转化成地方志编修实践的工作指南。理论研究如果只是空对空，脱离工作实践，那就是无用的空谈，研究的价值就会失去其应有的意义。为实践服务是地方志理论研究和建设方志学学科的主要目标和依归。

第四，地方志学术研究要开拓视野，提升水平，加强与学术界与海内外相关机构的广泛交流。一直以来，方志界的研究者囿于自身的学术水平和学术视野，与海内外学术机构和学者的交流不够，这既影响了我们自身学术能力的提高，也不利于扩大方志学研究和方志学学科建设的健康发展，方志文化的推广与弘扬。方志人"修志问道，直笔著史"，固然要有淡泊名利，甘于寂寞的问学态度，但也要有与人学习切磋的意识。"独学而无友，则孤陋而寡闻。"只顾低头闭门造车，自娱自乐的学术研究终究上不了台面。中国地方志学术年会就是给全国的方志工作者和学术界搭建了一个高层次、高水平的交流平台，希望大家相互学习，相互砥砺，让学术界更加了解我们的新方志工作，也让方志界在与学术界的交流中真正把握住地方志工作的学术价值和意义。

本届中国地方志学术年会是中指办、中国地方志学会第一次与高校合作，这也是我们在工作模式上的一种尝试和创新，这也符合我们希望不断提升理论研究水平和推动方志学学科体系建设的目标。地方志工作想要谋求更为长远的发展，必须坚持社会各界广泛参与的工作体制。

实施全国方志馆研究建设工程*

第一次全国方志馆工作会议在我国著名的"瓷都"江西省景德镇市顺利召开了。在此,我代表中指办、国家方志馆、中国地方志学会,对大家的到来表示热烈的欢迎!对江西省委省政府、景德镇市委市政府、江西省地方志办公室、景德镇市地方志办公室对这次会议的召开给予的大力支持,表示衷心的感谢!

党的十八大以来,党中央、国务院高度重视地方志工作。习近平总书记2014年2月在北京首都博物馆考察时强调,要"高度重视修史修志""把历史智慧告诉人们,激发我们的民族自豪感和自信心,坚定全体人民振兴中华、实现中国梦的信心和决心";2015年7月,在中央政治局第二十五次集体学习时强调,要整合协调党史、军史、地方志等机构力量对中国人民抗日战争进行系统研究。李克强总理2014年4月就第五次全国地方志工作会议的召开专门作出了"修志问道,以启未来"的重要批示;2015年12月,就全国地方志系统先进模范座谈会又专门作出重要批示,要求各级政府都要关

---

* 根据2016年9月10日在第一次全国方志馆工作会议上的讲话修改整理。

心和支持地方志事业发展,也希望地方志工作者继续发扬方志人精神,志存高远,力学笃行,直笔著信史,彰善引风气,为当代提供资政辅治之参考,为后世留下堪存堪鉴之记述。刘延东副总理2014年4月在与第五次全国地方志工作会议部分代表座谈时发表重要讲话,提出了"一纳入、八到位"的工作要求;2015年12月在北京人民大会堂亲切接见全国地方志系统先进集体和先进个人,并发表重要讲话,要求切实采取有效措施,推动地方志事业迈上新台阶。2015年8月,国办还专门印发了《规划纲要》。中央领导同志的重要批示、重要讲话精神和《规划纲要》文件精神,为全国地方志工作提供了基本遵循,为全国地方志事业的发展指明了方向。

在党中央、国务院的亲切关怀下,全国地方志事业实现了跨越式发展,取得了令人瞩目的成就,形成了以修志编鉴为主业、各项工作协调开展的格局,在提升国家文化软实力、建设社会主义文化强国进程中发挥了独特而不可替代的重要作用。方志馆建设作为全国地方志事业发展的重要组成部分,一个时期以来,在各级党委、政府的关心和支持下,在各级地方志工作机构的积极努力下,已经取得了重要阶段性成果。

一、方志馆数量不断增加

据统计,截至2016年8月底,全国地方志系统已经建成各级方志馆400余家,其中国家方志馆1家,省级方志馆17家,市级方志馆90余家,县级方志馆300余家。此外,上海、安徽、福建、海南、西藏、新疆等省级方志馆获得立项或正在施工建设中,河北、山西、四川等省申报立项工作取得实质性进展。其他各地各级方志馆也正在积极申报筹建。

二、馆藏资源不断丰富

馆藏资源是方志馆的立身之基。各级方志馆克服起步较晚、资料征集难度较大等不利因素,坚持以志鉴收藏为中心,通过征集、捐赠、报送、购买以及交换、对接、共享等多种途径,入藏志鉴、家谱、地方史及其他各类地情书、实物、音像等，馆藏资源体系日渐完善、质量不断提高，为开发馆藏资源、服务社会需要奠定了坚实的基础。其中，江西省方志馆在图书资料的布局上，以设区市为单位，设有省志馆、11个设区市馆、家谱馆、著作馆、报刊馆、史籍馆、域外馆等。深圳市方志馆专门设立了历史影像编辑保存中心和深圳口述历史中心，收集、保存、整理、制作深圳本土各类历史图片、影像和视频资料。广西方志馆收藏历代《广西通志》12种327册；历代广西府志、州志、县志等229种661册；广西以外的部分省市县的旧志91种887册；民国时期广西地方文献及古籍线装书10088册。四川省方志馆自1997年挂牌以来，尽管新馆舍尚未建成，但是通过多年积累，现已藏有四川省和全国各级各类志鉴资料、历史文献以及各门类图书、工具书约20万册，另外建有"四川名人名作珍藏馆"，专馆收藏四川各界精英的代表作品和相关资料。

三、地情展览各具特色

地情展览是方志馆不同于图书馆、博物馆、规划馆等场馆展览展示的一个重要体现。各级方志馆本着大力建设地情馆的宗旨，注重挖掘地域特色和地情特点，合理规划、优化设计、精心布展，通过各类形式多样的长期和短期展览，充分展示地情风貌、区域特点、发展成就和地域文化，为社会各界认识地情、了解地情提供了重要窗口。北京市方志馆先后举办"科技让生活更幸福""老北京商业民俗文化展""梅派艺术薪传展""侯仁之眼中的古都北京""印象民防""记住乡愁"等9期专题展，宣传北京市情及历史文化。广东省方志馆开馆后，举办以家谱家训家风为主题的大型展览，展出家谱11123册，其中，线装639种7315册，涉及200多个姓氏，其中包括名人谱、国外谱、彩谱等珍品，以及经典家训150则、"2015年广东最美家庭"先进事迹等，赢得社会各界的广泛赞誉。

四、数字方志馆建设开始起步

加快数字方志馆建设是方志馆适应信息化、网络化潮流，提升服务能力的必由之路。具备条件的地方，努力推动数字方志馆与实体方志馆协调发展。2016年5月13日，国家数字方志馆正式揭牌，中指办、国家方志馆正在全面打造国家数字方志馆信息化平台。北京、江苏、陕西等省数字方志馆已经建成并投入运营，一些市县也有数字方志馆陆续建成上线。各级数字方志馆积极开展信息化、数字化建设，上传海量数据，开设网上展厅，提供信息咨询，大力传播地情信息和方志文化，积极为社会各界提供便利服务。其中，江苏省数字方志馆共建成馆藏书目数据库、新方志数据库、年鉴数据库、旧志数据库、工具书数据库、学术期刊数据库、硕博论文数据库、江苏方言库、中华再造善本数据库等9个专题数据库，可实现书目在线查询、方志期刊硕博论文全文检索下载、省内三个方言区70个方言点的7400个方言词汇的在线试听，较好地实现了数字方志馆与实体方志馆的良性互动，融合发展。

五、编研能力逐步提升

开发馆藏资源，组织地情编研是方志馆工作的进一步深化。各级方志馆以馆藏资源为依托，紧紧围绕地情及志鉴理论研究，编辑出版各类地情资料和学术著作，参与规划编制、旅游开发、招商引资、历史文化遗产发掘保护、防灾减灾等方面的工作组织，宣传推介风土人情，服务社会需要和地方志事业发展。

六、教育基地建设稳步推进

教育基地建设是方志馆工作发挥服务社会功能的直接体现。各级方志馆与当地中小学校、有关单位加强合作，在方志馆建设国情教育基地、爱国主义教育基地、乡土教育基地等各种形式的教育基地，积极传播优秀传统文化和社会主义核心价值观，培育爱国、爱家乡的深厚情怀。北京市方志馆与北京工业大学附属中学（英才分校）、北京科技大学、北京工业大学等学校联合开展教育基地建设，针对青少年群体普及地情知识，开展爱国教育。江苏省方志馆与南京大学、南京师范大学、金陵科技学院合作共建教育科研实习基地，进一步拓展方志馆服务功能，扩大方志馆的社会影响。

总体看来，方志馆已经成为地方志服务中心工作、服务社会需要的桥头堡，已经成为全国地方志事业发展新的增长点。同时，也应该看到，由于全国方志馆建设刚刚起步，可资借鉴的经验不多，还面临着诸多瓶颈问题，如：部分地方对方志馆建设基本问题认识模糊、建馆定位不准；方志馆建设与发展不均衡，经济欠发达地区建设资金匮乏；一些已经建成的方志馆，馆藏资源比较贫乏，展览特色不突出，开馆后参观量较少，资源利用率偏低；等等。这些问题严重制约着方志馆的建设与长远发展。能否妥善解决这些问题和困难，对于各级地方志工作机构是一个严峻挑战。

借此机会，我就全国方志馆理论研究与建设发展谈几点意见：

1. 正确认识并大力宣传方志馆在国家文化战略中不可替代的作用。虽然我们在方志馆理论研究和实践发展中取得了很大成绩，但是，我们必须清醒而客观地看到，很多而不是少数地方党委政府领导，甚至是我们的地方志负责同志对方志馆的功能与定位认识不清、甚至错误，对建设方志馆的重要性认识不足。他们认为，已经有了档案馆、博物馆、展览馆、文化馆、规划馆等，方志馆建设可有可无，甚至是多此一举。我们应该把方志馆独有的功能与定位认识清楚，并宣传清楚，尤其是向有关领导同志说清楚，让他们认识到，方志馆不是可有可无的，而是必不可少、不可或缺的。我认为，这是目前方志馆理论和实践中最值得关注，也是最迫切需要说清楚并形成共识的问题。

同时，还要认识到"有了方志馆，才有了我们真正的家"。方志馆，姓方，名志，是真正的我们自己的"一亩三分地"。

2. 在全国公共文化服务体系建设大局中谋求发展。当前，国家正在大力加强公共文化服务体系建设。2015年，中共中央办公厅、国务院办公厅联合下发了《关于加快构建现代公共文化服务体系的意见》，对公共文化服务体系建设提出了明确的思路和方向。《规划纲要》也对加快方志馆建设明确提出了总要求。各级地方志工作机构要充分认识地方志工作在社会主义文化建设中的重要作用，充分认识方志馆建设对于推动地方志事业发展、助力公共文化服务体系建设的重要意义，紧紧抓住这个难得的历史机遇，主动担当，迎头赶上，力争把方志馆建设纳入经济社会发展规划，积极在全国公共文化服务体系建设的大局中树立形象、扩大影响、展示魅力。通过发挥方志馆的公共文化服务功能，把地方志工作服务中心工作和社会需要的价值和意义推介出去，让社会更加清晰地认识地方志工作，更加充分地认可地方志事业，更加深刻地认同方志文化。

3. 把方志馆建设与推动促进当地经济社会发展中心工作结合在一起谋划开展。一些地方党政领导之所以不重视地方志工作，除去其自身学识水平、视野眼界原因之外，还有一个十分重要的因素就是，地方志工作的开展没有紧密围绕推动促进当地经济社会发展而谋划开展。据我在调研中所知，辽宁省有的地方的地方志工作者，成为当地党委政府接待外来考察团的核心成员，有的甚至成为市委书记、市长的座上宾，"数字大连"就是大连市地方志办公室围绕大连市经济社会发展为党政领导提供智力支持的很好例证。方志馆的建设也是这样，当你提出要建设一个方志馆时，领导一定要首先考虑，为什么要建？这就需要我们先把这个问题的答案做出来、做好，然后再去找领导。我认为，这个问题的正确答案就是方志馆建设如何有效推动促进当地经济社会中心工作。最近，正在推进中的国家方志馆黄河分馆暨东营市方志馆就是找准了这个路径。

4. 注意整合各级方志馆的集体力量。方志馆是区域地情资源和信息服务的中心，全国各级方志馆的有机整合，就是一座蕴含丰富资源的国情地情宝库。各级方志馆要树立全国方志馆建设与发展一盘棋的意识，争取在方志馆大家庭中谋发展，争取在各级方志馆的共同发展中寻找依托和动力。为此，要注重发挥国家方志馆和即将成立的中国地方志学会方志馆研究会的枢纽和平台作用，积极组织理论研讨，推动工作交流，开展业务培训，服务信息传递，促进资源流动，强化资源共享，推动各级方志馆的馆际交流与合作，加快推进方志馆的系统化、体系化建设，建立畅通的工作和业务交流渠道，把全国各级方志馆打造成为一个信息资源联盟和文化服务"集团"，在协作发展、整合发展的过程中实现各级方志馆的互利共赢。

5. 高度重视强本固基工作。方志馆不同于地方志办公室，有自己独立的运作模式，有直接的社会服务对象，有特殊的资源储备要求。没有坚实的发展基础或者基础非常薄弱，无法承担应有的服务功能，提供公共文化服务就没有实质意义，实现方志馆长远发展就是一句空谈。方志馆的发展之基，就是指方志馆人才队伍的能力和水平、馆藏资源数量和质量、地情展览展示的效果和特色、建设与管理的科学化和规范化。因此，谋划方志馆事业的长远发展，必须着力推进方志馆的功能建设，特别是收藏和展示功能建设；必须着力推动方志馆建设与管理的制度化、规范化，特别是要尽快制定出台《方志馆建设标准》，全面推进各级方志馆建章立制，规范运行；必须着力强化方志馆的办馆特色，特别是要突出地情展示和地情信息服务特点。通过强化基础性建设，切实提高办馆实力和服务能力的前提下，让方志馆以更加雄厚的基础面向社会，以更加稳健的步伐向前迈进。

6. 注重吸收借鉴其他公共文化服务设施的建设经验。尽管以往有通志馆之类的机构，但是与我们现代意义上的方志馆并不相同，今天的方志馆建设仍然属于新生事物，面临着缺少现成模式可以参考的问题。因此，各级方志馆建设，要坚决避免闭门造车、自娱自乐的做法，要多走多看，深思熟虑，最大程度地学习吸收图书馆、博物馆、规划馆、档案馆、文化馆等发展相对成熟的各类场馆建设经验和做法，特别是在如何强化自身特色方面，要在融会贯通的基础上，解放思想，创新理念，执着探索，打造品牌，准确把握方志馆功能定位，切实保障方志馆建设的科学性、可行性和实用性，通过各级方志馆的共同努力，探索出一条能够展示方志文化魅力的独具特色的方志馆建设与发展之路。

今天，全国方志馆同仁齐聚一堂，召开第一次全国方志馆工作会议，这在方志馆建设史上，乃至在中国方志发展史上都具有开创性意义。希望全国各级地方志工作机构、全国各级方志馆，以及方志馆专家学者和方志馆工作者，要以此次会议的召开为契机，进一步抓住历史机遇，凝聚发展共识，争取后发优势，努力实现方志馆建设的跨越式发展，积极构建起具有中国特色的全国方志馆体系。

今天，正值我国第 32 个教师节，我代表中指组及其办公室、代表中国地方志学会，特别向出席本次会议的各位老师表示节日的祝贺与诚挚的问候。桃李芬芳满天下，春华秋实又一载。我认为，也深信，地方志、方志馆是你们播洒汗水，并且将有巨大收获的又一片肥沃天地。

推进方志学成为一级学科 *

中国地方志学会方志学研究会（以下简称方志学研究会）第一届理事会第一次会议已经圆满完成各项议程，即将闭幕，我代表中指办、中国地方志学会，对大会的胜利召开表示热烈祝贺！方志学研究会的成立，对于地方志理论研究的发展意义重大，对于方志学科的建设意义重大，希望在座各位新当选的理事、常务理事、副会长，切实履行职责，起好步、开好局，为研究会的发展作出贡献。这次会议选举我为会长，是大家对我的信任，对此我深表感谢，也深知使命光荣和责任重大。我将认真肩负使命，履行职责，同大家一起努力，把研究会办得更好，不辜负大家的重托和期望。

当前和今后一个时期，全国地方志系统的核心任务是深入贯彻落实国办印发的《规划纲要》。《规划纲要》实施一年多来，在中指组的领导下，中指办重点是抓好顶层设计，谋好篇，布好局，设计好任务书、路线图，从"十大工程"的推出，到一年多以来相继成立信息化研究会、年鉴研究会、方志馆研究会、史志期刊研究会等，都是具体的举措。方志

---

* 2016年10月25日在中国地方志学会方志学研究会成立大会上的讲话。

学研究会的成立,既是贯彻《规划纲要》的重要措施,又是打造理论研究和学科建设体系的关键环节,顺应了地方志事业的发展趋势。就方志学研究会下一阶段工作,我谈三点意见:

一、抢抓机遇,有效开展各项工作

党的十八大以来,以习近平同志为核心的党中央高度重视地方志工作,中央领导同志相继作出重要指示、重要批示,发表重要讲话,当前正处于全国地方志事业发展的最好时期,也是转型升级的关键时期。新时期地方志事业发展的主要特征,表现在党中央、国务院和各级党委政府的高度重视,依法治志的不断深入和党委领导政府主持管理机制的深化,以"一纳入、八到位"为总抓手的保障体系不断巩固,地方志事业全面发展的态势更加明显,"修志问道,直笔著史"的方志人精神更加发扬光大,等等。

越是事业发展的关键时期,越需要深入研究问题、解决问题,为事业发展提供坚实的理论支持。方志学研究会成立后,务必牢牢把握机遇,明确定位,发挥作用,有效开展各项工作。一方面,要加强组织建设,认真落实有关规章制度,用制度规范活动,进一步提高工作的规范化、制度化水平;要进一步提高工作质量,开展丰富多彩、符合实际需要的各种学术活动,促使工作常态化、长效化,不断提高服务水平。另一方面,要运用好方志学研究会这一平台,加强各会员单位之间的横向交流,推动方志理论研究在广度、深度上不断深化,为推进地方志事业发展作出应有的贡献。

二、明确职能,紧密团结各种研究力量

当前,地方志工作快速发展,但是方志理论研究领域没有完全跟上实践步伐,存在许多新情况、新问题。要充分发挥研究会桥梁纽带作用,团结和组织更多从事地方志理论研究的单位参加到研究会中来。同时,要按照研究会《规程》规定的条件和标准,积极发展吸收个人会员,特别是吸收中青年科研骨干,壮大研究力量。在座的各位理事、常务理

事、副会长是研究会的重要成员，有些是地方志工作机构的负责同志，有些是科研机构、高等院校的专家学者，大家一定要充分认识到自身的责任，将研究会建设成为方志理论研究的重要阵地、方志人交流提高的学术舞台。研究会要利用各成员单位、理事自身的影响力，团结全国地方志系统、科研机构、高等院校的专家学者，打造具有较高学术研究能力和水平的研究团队；建立健全人才培养机制，特别是要关注基层修志工作者的成长进步，形成研究风气，培育一大批理论研究型人才、业务实用型人才和高素质复合型人才，为推进地方志事业持续健康发展提供不竭动力。

三、找准目标，为地方志学科建设作出贡献

地方志事业发展既要依靠行政力量推动，又要依靠理论研究引领，两手抓、两手都要硬，才能确保事业发展的长治久安。在我看来，目前方志理论研究至少存在四大问题：一是研究视野不够高，长期以来将方志学拘泥于历史学之中，缺乏在历史学之上看方志学的高度；二是研究深度不够深，基础理论研究不深入，实践问题探析不深刻，"头疼医头，脚疼医脚"，就事论事的研究较多；三是研究成果碎片化，研究成果"东一榔头，西一棒子"，没有形成科学完整的学科体系，存在严重碎片化现象；四是理论研究与实践需求存在很大差距，尤其是近些年来，甚至开始出现理论研究严重滞后于实践发展的状况。就方志学发展而言，我认为，目前方志学科建设还处于起步阶段，与地方志事业在国家文化建设中应有的地位很不匹配。地方志编修绵延几千年，方志学在史学中的三级学科地位还未得到公认，这就是方志学科目前的状况。这几年，不少专家学者都在讨论研究如何构建方志学科，方志学科应该定位为几级学科。我认为，方志学远不是历史学可以涵盖的，它是集政治学、经济学、历史学、法学、社会学、文学、考古学、民族学与文化学、统计学等多学科知识为一体的综合学科，方志学应该定位为国家一级学科。当前我们的理论研究成果还不能完全支撑起建立方志学一级学科的研究体系，方志学基础理论研究薄弱，方志学学科系统构建研究没有形成体

系化，对前人研究成果梳理吸收不足，现有研究成果低水平、交叉重复比较严重等。下一步，要充分利用方志学研究会这一平台，紧紧围绕方志学一级学科建设这一目标，争取尽快有所作为。

方志学研究会的成立，为方志理论研究和学科建设搭建了新平台，提供了新动力。我们要抓住党和国家高度重视地方志的重大机遇，在中国地方志学会的领导下，认真落实"十三五"规划和《规划纲要》，深入思考地方志工作的新问题，共同推进地方志事业不断前进。希望诸位理事积极投身到方志事业发展的大潮中，急流勇进，敢为人先，担负起发展方志事业、服务大局的重任，为全国地方志事业的科学发展作出新的更大的贡献。

努力打造全国名镇志历史文化品牌*

中国名镇志文化工程自2015年启动以来，取得了重要的阶段性成果。截至目前，已出版和即将出版近30部名镇志，各地申报的接近130部，引起了社会各界的广泛关注与好评，初步形成了全国地方志系统的重要文化品牌。作为中国名镇志文化工程的核心组成部分，编纂高质量的名镇志是深入推进该工程的根本保障。这次培训班的举办，目的就是要统一思想，提高编纂业务能力，确保编修出一系列的高质量的名镇志。下面，我就培训班提几点要求：

一、要充分认识实施中国名镇志文化工程的重大意义

（一）实施中国名镇志文化工程是全面贯彻落实习近平总书记、李克强总理和刘延东副总理重要指示的重要举措

习近平总书记一直关心地方志工作，每到一个地方的第一件事情就是看地方志书。1982年至1985年，习近平总书记在河北正定工作期间，就利用地方志书的记载指挥开展抗灾工作和城市建设。1985年6月，习近平总书记在即将任厦

---

* 2016年10月26日在中国名镇志丛书编纂业务培训班上的讲话。

门市副市长时,通过自己在清华大学的同班同学林江汀向厦门市方志办借阅了地方志书。他在担任宁德地委书记期间,出席了1989年8月召开的全区地方志工作会议并发表讲话。他在担任浙江省委书记期间,2004年10月视察江山市凤林镇白沙村,看到村民自发编修的《白沙村志》时,鼓励村民把村志继续编修下去,要求把农村的新变化写入新村志。2006年12月,在温州市苍南县考察台风"桑美"灾后重建工作时,调阅了《苍南县志》,并用志书中的记载告诫地方干部要以史为鉴。他在担任上海市委书记期间,2007年3月专门吩咐秘书致电上海市地方志办公室,要求报送《上海通志》以备查阅。2014年2月,他在首都博物馆考察时指出,要在展览的同时高度重视修史修志,让文物说话、把历史智慧告诉人们,激发我们的民族自豪感和自信心,坚定全体人民振兴中华、实现中国梦的信心和决心。2015年7月,习近平总书记在中共中央政治局第二十五次集体学习上指出,要整合全国学术机构和研究队伍,协调各地党史、军史、档案、政协文史资料、地方志、社科院、高校等部门和机构的力量,扶持民间研究,从军事、政治、经济、文化、社会、外交、国际等领域对抗战进行系统研究,推出高水准的权威专著和通俗读物。2015年11月,习近平总书记与马英九先生在会面时指出,两岸史学界携起手来,共享史料、共写史书,共同弘扬抗战精神,共同捍卫民族尊严与荣誉。

2014年4月,李克强总理在第五次全国地方志工作会议召开之际,专门对地方志工作作出重要批示,提出"修志问道,以启未来"的地方志工作定位。2015年12月,在全国地方志系统先进模范座谈会召开时,他又提出"直笔著信史,彰善引风气"的地方志工作者定位。

刘延东副总理作为国务院分管地方志工作的领导,多次作出重要批示,发表重要讲话,明确提出"切实做到认识到位、领导到位、机构到位、编制到位、经费到位、设施到位、规划到位、工作到位,将地方志工作纳入各地经济社会发展规划之中"的"一纳入、八到位",强调要进一步强化地方志文化资源的开发利用,创新服务手段和方式,拓宽服务渠道,用人们喜闻乐见的方式利用地方志、传播地方志,让中国方志文化走出并影响世界。

从中央领导同志对地方志的关心重视，大家可以感受到地方志的重要作用和价值。为了贯彻落实中央领导同志的重要指示，在中指组王伟光组长、李培林常务副组长的关心和直接领导下，中指办2015年启动了中国名镇志文化工程，这是全国地方志工作的一项重大创新，也是进一步扩大地方志社会影响力，充分发挥地方志的价值作用，让广大人民群众共享地方志成果的重要尝试。

（二）实施中国名镇志文化工程是贯彻《全国地方志事业发展规划纲要（2015—2020年）》的重要举措

2015年8月，国办印发《规划纲要》，明确规定"指导有条件的乡镇（街道）、村（社区）做好志书编纂工作，做好中国名镇志文化工程、中国名村志文化工程组织编纂工作。"中国名镇志文化工程除被纳入国办《规划纲要》外，还被财政部纳入长期财政经费保障项目，被国家新闻出版广电总局纳入"十三五"国家重点出版图书规划项目。因此，作为被国务院办公厅、财政部、国家新闻出版广电总局确定的国家级重大文化工程，中国名镇志文化工程在国家文化建设中具有重要的地位和作用。

与此同时，最近几年乡镇村志编纂在全国地方志系统逐渐形成热潮，特别是在部分地区已经成为乡镇村群众的文化自觉，编纂出版了大量的成果，成为全国地方志事业发展新的增长点。中指办实施中国名镇志文化工程另一目的就是通过名镇志的编纂出版，规范、引导全国乡镇志的编纂出版活动。

（三）实施中国名镇志文化工程是展示改革开放成果，全面、翔实记录我国新型城镇化进程，抢救保护传统文化的重要举措

改革开放近40年来，我国社会发生巨大变化，乡镇、村落、家庭变化更为深刻。城镇化作为国家经济社会发展的必然趋势，也是现代化的重要标志，是全面建成小康社会的必由之路。最近一个时期，对于城镇化的总体思路在转变，从以前只注重乡镇城市化转变为更注重环境保护、文化保护和人文关怀等，提出让居民望得见山，看得见水，记得住

乡愁。

乡镇承载着中华民族世世代代的文化寄托和心理守望，承载着丰富生动的传统文化和历史记忆，传承着中华文明血脉。现在新型城镇化日新月异，基层政区变动频繁，乡镇、村落在快速城镇化进程中不断消失，大量乡镇甚至是千年古镇所承载的重要历史文化信息、传统文化信息不断消亡，乡土文化和民俗文化流失严重。如果我们这一代人不再进行保护，这些重要的历史文化信息就会消亡殆尽。

"方志乃一方之信史。"乡镇志作为全面、权威的地情资料文献，是完整记录乡镇历史，留得住乡愁的重要载体。用乡镇志来记住乡愁，既是各级地方志工作机构的责任，也是各乡镇党委政府的职责所在，对国家推进新型城镇化有重要价值。同时，科学记录城镇化进程，展示乡镇个体发展脉络，摸索乡镇化建设经验，提炼发展思路，梳理发展模式和发展道路，反映城镇化成就，挖掘历史智慧，也是今后探索城镇化发展规律的基本要求。

（四）实施中国名镇志文化工程是充分发挥地方志"存史、资政、育人"功能，培育爱乡、爱国情怀的重要举措

"国有史，邑有志。"中国自古就有注重修史修志的传统。连绵不断地编修地方志是中华民族特有的文化基因，为中华文明代代相继、血脉相承发挥了至关重要的作用。中国现存古志有8000余种，占古籍的十分之一。自中华人民共和国建立以来，编纂的省市县三级志书累计近8000种，部门志、行业志、专题志23000多部，乡镇志、村志4300多部，年鉴数万部，总字数以百亿计，形成以反映国情、地情为主要内容，全面系统、持续不断、卷帙浩繁的社会科学成果群，在国家文化建设中发挥着越来越重要的作用。

地方志最重要的功能就是"存史、资政、育人"。中国社会变迁最精彩、最生动的内容发生在基层乡镇，要完整记录，必须形成省、市、县、乡镇、村志链条式的成果体系。乡镇志能够补市县志之所缺，能够通过微观的材料反映历史变迁。中国人素有"家国情怀"，故乡的山水，乡音、乡情、乡俗的记忆，乡土的气息和家乡菜的味道，总是最能触动

心弦。编纂一部全面梳理乡镇历史人文,"名""特"突出的镇志,挖掘文化特色,让老百姓亲身感受本土本乡自然的优美、历史的醇厚、人物的杰出等,对培育人民群众爱乡爱国情怀意义重大。

二、要进一步强化名镇志丛书的组织编纂

(一)在组织管理上要充分发挥各级地方志工作机构的作用

和省市县综合志书编纂管理模式不同,中国名镇志文化工程是由中指组领导倡议,由中指办发文启动,名镇志编纂委员会领导,名镇志丛书编纂委员会办公室负责具体组织实施,省市县三级地方志工作机构具体落实,建立了一整套的管理机制。从实际效果上看,由中指办直接牵头,省市县三级地方志工作机构联动,特别是发挥县级地方志工作机构的组织领导作用,对于推进工程的实施效果明显。下一阶段,省级、市级地方志工作机构要加强组织协调、统筹规划和条件保障,县级地方志工作机构要加强业务指导,尤其是在编纂业务方面要主动牵头,在经费预算方面要提供保障。

(二)在志书编纂上要坚持接好地气

讲好中国故事,用群众喜闻乐见的方式编纂名镇志,是地方志成果走向寻常百姓家的重要尝试。名镇志在编纂体例、内容方面有了诸多创新,注重突出名和特,注意控制容量,通俗易懂,用最直接、最简便的方式向读者呈现各镇的个性和特点,得到了各级领导和各镇、读者的认可。下一阶段,务必继续坚持在名镇志丛书编纂中接好地气,让大家爱看、爱读,让名镇志成为案头书和了解名镇的指南。

(三)在宣传推广上要使用多种手段

经过不断摸索,中国名镇志文化工程形成了系列内容,包括编纂中国名镇志丛书、举办全国名镇论坛、拍摄名镇宣传片和纪录片等。同时,还通过报纸、网站、微信公众号等加大宣传,大大提高了宣传效果,大大提升了地方志的社会认知度。中国名镇志文化工程要打造成全国地方志系统的重要文化品牌,离不开宣传和推广,宣传得越好,社会效益才能更加突出。大家千万不能简单认为就编好一本书,而是要在编

好名镇志的同时，把收集整理到的系统资料利用好，通过报纸、网络、微信等宣传好名镇，用真实的历史吸引人，让名镇志成为宣传名镇、开发名镇最重要的名片。

（四）在受众上要坚持明确定位

与以往地方志书作为"官书"，其定位是资料性文献，难以走入寻常百姓家不同，名镇志在坚持"官书"的基础上，受众明确为普通老百姓，让名镇志走入寻常百姓家。第一批名镇志出版后，从实际效果来看，受众面不断拓展，普及性不断增强，收到了很好的实效。因此，在坚持名镇志作为资料性文献性质的基础上，要不断加强篇目设置、内容记述等方面的创新，让名镇志成为可读、可鉴、喜闻乐见的通俗读物。

（五）在发展目标上坚持打造品牌

地方志资源丰富，是一座巨大的宝库，但也面临着社会认知度较低，没有形成叫得响的品牌，特别是让社会公认受到广泛关注的文化精品。名镇志从一开始就注重品牌的打造，设计了标识、统一了封面风格和版式，在装帧设计上也精益求精，为打造名镇志品牌奠定了坚实的基础。打造一个在社会上具有重要影响力的文化品牌，是一个长期的过程。有了前面的经验，第二批、第三批及其以后编纂出版的名镇志，更要精益求精，更上一层楼，为名镇志形成真正的文化品牌作出更大贡献。

三、要通过培训全面提升编纂能力

（一）在培训中认真理解名镇志编纂的基本要求

这次培训班在课程设置上完全围绕名镇志编纂业务来设计，既有组织管理方面的要求，又有编纂规范的要求；既有案例分析，又有实践经验的总结和提炼；既有理论方面的介绍，又有实际操作需要注意的问题的剖析。主要目的是告诉大家名镇志是什么，名镇志跟一般乡镇志书有什么区别，怎么编好名镇志，编纂过程中需要注意什么问题等。培训时间虽然只有短短的两天，但是内容丰富。希望大家要认真学习，深刻领会，入脑入心，真正做到学有所成、学有所用，实实在在地提高编纂业务能力。

（二）严格遵守纪律和培训期间的安排

参加本期培训班的学员都是自愿报名，要珍惜学习机会，遵守培训班的各项安排，遵守纪律，认真学习。参加了这次培训，就要真正成为名镇志合格的编纂者，还要涌现出一些乡镇志编纂的专家或行家里手，成为典型，做到出书、出人、出经验。没有规矩，不成方圆，会务组的同志一定要加强管理，对于培训期间缺席的同志要登记下来，通知本省、本市、本县的地方志工作机构。

（三）加强交流和借鉴

培训班同时也是很好的交流学习平台，大家在编纂名镇志中碰到的困难和问题，可以进行沟通交流，相互学习，相互借鉴。如果有什么意见建议，要向授课老师和会务组请教和反映。同时，也可以结合本镇的特点，比如来自历史文化名镇或者经济强镇的学员，可以跟类似镇来的学员进行业务探讨和交流，比较各自镇的优势是什么，特点有哪些，为编好自己的名镇志作充分准备。

质量是中国年鉴精品工程的根基*

党的十八大以来，习近平总书记、李克强总理、刘延东副总理等中央领导同志高度重视地方志工作，向各级党委政府及社会各界指明地方志的独特价值，有利于形成支持地方志工作的良好社会氛围。我们要深刻领会和认真贯彻落实党和国家领导人关于地方志工作的重要指示、重要批示、重要讲话精神。刚刚结束的党的十八届六中全会就推进全面从严治党作出了战略部署，全国地方志工作者要认真学习贯彻会议精神，同时发挥地方志资源优势，积极参与到习近平总书记治国理政思想的研究与落实中来。

《规划纲要》明确将地方志工作定位为一项事业，为适应这种要求，一年多来，中指办加快工作节奏，在全国范围内全面推动地方志从一项工作向一项事业的转型，为增强地方志的权力和拓展功能提供了法律依据。为此，中指办强化顶层设计，主要抓了四个方面的工作：一是抓中心。中指办今后几年的核心任务就是贯彻落实《规划纲要》，特别是《规划纲要》确定的"两全目标"。到2020年，我们要全力实现

---

* 2016年11月13日在中国年鉴精品工程专家指导会议上的讲话。

省省有志、市市有志、县县有志，这样伟大的世界文化壮举，为全面建成小康社会贡献"志"礼。希望大家毫不动摇地为实现这个伟大目标贡献力量。二是抓拓展。长期以来，地方志工作之所以不被重视，原因就在于功能拓展不够，自身拳头不够硬。《规划纲要》在这方面提出了很多具体任务，如正在实施的中国名镇志文化工程、中国名村志文化工程等，就是非常积极的尝试，并且取得了阶段性成果，社会反响很大。三是抓质量。全国地方志"十大工程"中有中国志书精品工程和中国年鉴精品工程两大工程，就是要在抓中心、抓拓展的同时，狠抓志鉴质量建设，确保志鉴质量。四是要抓队伍。队伍不整齐、专业人员匮乏、青黄不接是全国地方志队伍的共性问题，中指办在狠抓"机构到位、人员到位"的同时，已经与中国社会科学院研究生院合作，着力培养地方志专业人才，今后还要与一些高校和科研机构合作，采用多种形式不断提升地方志队伍素质水平。

经过一年多的努力，在中指办推出全国地方志"十大工程"中，民族地区与贫困地区志书出版资助工程、中国名镇志文化工程、中国名村志文化工程、全国地方志"一体两翼"用志工程、全国信息方志与数字方志建设工程、方志馆研究建设及全国地方志专业出版基地建设工程等均取得很大进展，其他工程也在大力推进。

中国年鉴精品工程是"十大工程"的第三大工程，它与第二大工程中国志书精品工程是姊妹工程。中国年鉴精品工程也是一项探索工程、创新工程，没有多少成熟的经验可以借鉴。本着稳妥推进的原则，2015年12月，通过各省级地方志工作机构推荐、专家评定，中指办从53家单位中选定10家单位为首批全国年鉴工作暨中国年鉴精品工程试点单位，并在北京召开的全国地方志机构主任工作会议上举行了授牌仪式。

2016年4月，中指办在北京密云召开全国精品年鉴指导培训暨《中国年鉴发展报告》启动会议，重点就10个试点单位编纂的年鉴框架进行评议。与会专家敢于突破陈旧模式，在遵循基本规范的基础上勇于创新，找出了每种年鉴框架的优点和不足，取长补短，相互借鉴，共同设计出了相对科学的年鉴框架，为打造精品年鉴开了个好头。

2016年7月15日，中指办在太原召开了第一次全国年鉴工作会议。会议的主题是统一思想，凝心聚力，努力完成《规划纲要》提出的年鉴工作目标任务。会议提出要大力推进中国年鉴精品工程，打造更多精品佳作，还通报表扬了全国优秀年鉴编纂单位。这既是对大家以往辛勤工作的肯定和总结，又是对今后工作的鼓励和鞭策。

2016年10月27日至28日，也就是两周前，中指办又在北京召开了中国年鉴精品工程专家评稿会议。会议对《山西年鉴》《广东年鉴》《南京年鉴》《拉萨年鉴》《温州年鉴》《驻马店年鉴》《延吉年鉴》《威远年鉴》等8部年鉴稿进行逐一评审，从框架设计、内容记述、表现形式等方面全方位研讨，提出修改意见和建议。经过严肃认真的研讨，会议达成一些重要共识，明确了下一步推进中国年鉴精品工程的方向。这些共识主要有：一是要研讨制定更为科学、更切实际的《中国年鉴精品工程实施方案》。二是中国年鉴精品工程应不分地域、不设比例，成熟一部，入选一部，从严掌握，严格标准，宁缺毋滥。纳入中国年鉴精品工程的年鉴要严格按照相关文件和评审标准，认真打磨，不能急于求成。三是要适当拓宽申报范围，为各类年鉴进入中国年鉴精品工程创造机会。四是中国年鉴精品工程要与中国志书精品工程相辅相成，协调统一，形成姊妹工程。会后，我们第一时间将专家的意见和建议反馈给各试点单位。同时，充分考虑到年鉴出版时间的要求和各单位的具体工作实际，在会上决定今天召开中国年鉴精品工程专家指导会议，由指导专家与试点单位进行面对面研讨交流。

以上是召开这次会议的背景情况。下面，就开好这次专家指导会，我提几点意见：一是要充分认识实施中国年鉴精品工程的重要意义。我已多次系统地讲过这个问题，这里就不多讲了。今后，纳入中国年鉴精品工程的试点单位年鉴，我们将重点扶持，使其成为年鉴编纂的典型和标杆，成为精品年鉴不断涌现的助推器和催化剂。二是会议准备时间短，但各位指导专家都精心做了充分的准备，希望与会专家要以高度负责的态度，认真点评年鉴，把年鉴稿存在的问题及修改意见或建议毫无保留地提出来。三是各试点单位要虚心采纳指导专家的修改意见,会上可充分交流,但会后必须认真消化吸收,将专家意见坚决落到实处。四是中国年鉴精品工程办公室和方志出版社要通力合作,做好上传下达工作,保证中国年鉴精品工程顺利推进。

发挥省级综合年鉴引领示范作用*

一年多来，以《规划纲要》颁布为标志，在全国范围内全面推进地方志从一项工作向一项事业的转型过程中，中指组、中指办在充分调研的基础上，按照习近平总书记、李克强总理、刘延东副总理等中央领导同志关于地方志工作的重要指示、重要批示、重要讲话精神，紧紧围绕"四个全面"的战略布局，加强顶层设计，高度重视年鉴事业发展，采取了一系列具有针对性的措施，加强对年鉴工作的统一领导和全面实施。

一是在制度构建方面进行顶层设计。首先，大力推动《规划纲要》的颁行与贯彻落实，努力推进省市县三级综合年鉴全覆盖的任务要求，对行业年鉴和专业年鉴进行监督管理。逐步实现地方综合年鉴由地方志工作机构组织编纂，尤其是黑龙江省迅速理顺了管理体制，实现省级综合年鉴由地方志工作机构统一管理，在全国树立了榜样。其次，为确保《规划纲要》提出的各项目标任务圆满完成，推进地方志事业科学发展，中指办制定《关于贯彻落实〈规划纲要〉的

---

* 2016年11月15日在第一次全国省级综合年鉴编纂研讨会上的讲话。

意见》，中指办年鉴处制定《贯彻落实〈规划纲要〉工作方案》，分解出年鉴工作具体任务21项，明确具体措施，确保各项任务落到实处。此外，中指办在充分调研论证的基础上，即将出台《全国年鉴事业发展规划（2016—2020年）》。它作为全国年鉴事业发展的顶层设计，阐述了年鉴事业发展基础，制定了指导思想与基本原则，指出了全国年鉴事业的总体目标与主要任务，提出了一系列的保障措施。希望大家在这个规划出台后，要抓好贯彻落实工作，确保全国年鉴事业平稳、有序、健康发展。二是2016年7月15日在太原召开第一次全国年鉴工作会议。这是新中国成立以来召开的第一次全国年鉴工作会议，是全国年鉴界的一次盛会。会议要求统一思想，凝心聚力，高举年鉴旗帜，团结在中指组、中指办的一杆大旗下，通过我们共同努力，在地方志当前大好形势中实现年鉴事业的新跨越。这次会议是在全国年鉴事业发展形势振奋人心、发展机遇千载难逢的大背景下召开的，意义重大，影响也已经凸显出来。今天，我们在这里召开这次研讨会，就是要巩固第一次全国年鉴工作会议的成果，乘胜前进。三是2016年7月16日，在中国地方志学会年鉴工作专业委员会的基础上，成立中国地方志学会年鉴研究会，下设学术部、省级年鉴部、地市级年鉴部、县区级年鉴部、专业年鉴部等5个分部，搭建学术交流平台。年鉴研究会成立后，紧紧围绕第五届中指组对全国地方志事业的顶层设计，将推动完成《规划纲要》中"年鉴全覆盖"作为其最核心的目标。四是举办3次不同类型的年鉴培训班，为推动年鉴事业发展提供坚强的队伍保障。3次培训班分别是：2015年6月，在北京举办全国地方综合年鉴资源开发利用高级研修班；2015年9月，在宁夏银川举办全国地方综合年鉴编纂高级研修班；2016年8月，在山东日照举办第一期全国年鉴主编培训班。通过举办这3期培训班，不断提高年鉴队伍的政治素质和业务素质，为努力打造一批具有较大社会影响力、能够得到社会广泛认同的精品年鉴打下坚实的人才基础。五是狠抓中国年鉴精品工程，努力提升年鉴编纂质量。为了确保中国年鉴精品工程顺利实施，进一步牢固树立年鉴事业发展的根基，2015年12月，启动中国年鉴精品工程，选择10家试点单位挂牌；2016年4月，在北京举办了全国精品年鉴指导培训暨《中国年鉴发展报告》启动会议；6月，在吉林延吉开展全国地方志优秀成果（年鉴类）专家评审工作；10月，在北京召开中国年鉴精品工程评审会，就在昨天和前天，还在福州召开中国年鉴精品工程专家指导会议。

应当看到，在《条例》颁布实施以后，特别是《规划纲要》颁布以后，省市县三级地方综合年鉴的覆盖面在进一步扩大，年鉴质量也普遍有所提高。截至目前，全国编纂各级各类年鉴5000多种（不含香港、澳门、台湾地区）。其中，省级综合年鉴32种，地市级综合年鉴330多种，县区级综合年鉴2000多种。但是，与《规划纲要》提出的"年鉴全覆盖"目标相比，还有相当大的差距，有些问题困扰着年鉴事业的可持续发展。主要表现在：有些地方的领导同志对地方志工作和年鉴工作的重要性认识不够，天津、辽宁、浙江、云南4个省市的省级综合年鉴管理体制还没有理顺，这影响了本地区年鉴工作的正常开展，也不符合《规划纲要》提出的"地方综合年鉴由地方志工作机构组织编纂"的法定要求；年鉴质量参差不齐，年鉴队伍建设还任重道远；年鉴理论研究出现滑坡现象，年鉴实践的开展与理论研究出现脱节；年鉴数字化、网络化程度较低，年鉴事业服务中心工作的能力和水平还不能更多地满足社会需求。以上问题，虽然是前进中的问题，但必须引起高度的警惕和重视，并在今后的工作中根据不同情况，有重点、有步骤地切实加以解决。

下面，结合全国省级综合年鉴工作实际，我谈几点意见：

一、深入贯彻落实第一次全国年鉴工作会议和中国地方志学会年鉴研究会成立会议的精神，努力完成《规划纲要》提出的目标任务

党的十八大以来，中央领导同志高度重视地方志工作。习近平总书记两次对地方志工作作出重要指示，李克强总理三次对地方志工作作出重要批示，刘延东副总理两次接见全国地方志工作者代表并发表重要讲话，多次对地方志工作作出重要批示。在党中央、国务院的高度重视和

大力支持下，中国社会科学院党组书记、院长，中指组组长王伟光，中国社会科学院党组成员、副院长，中指组常务副组长李培林深入基层、联系实际、了解情况、发现问题、分析问题、解决问题，目前已经调研了30个省（自治区、直辖市）以及新疆生产建设兵团，今年年底左右要在海南省举办南海主权与地方志论坛，启动编纂《南海志》，届时王伟光组长、李培林常务副组长要在海南调研地方志工作，这就形成了全国31个省级行政区及新疆生产建设兵团调研的全覆盖，在地方志历史上尚属首次。中指组从新的高度和新的层面把地方志工作的开展纳入各级党委和政府中心工作中统一考虑，为年鉴事业科学发展指明了方向。

为贯彻落实中央领导同志关于地方志工作的重要指示、重要批示、重要讲话精神，贯彻落实第五次全国地方志工作会议精神和《规划纲要》提出的目标任务，中指办隆重召开第一次全国年鉴工作会议，李培林常务副组长出席会议并发表重要讲话。会议全面系统地总结了改革开放近40年来尤其是《条例》颁布施行10年来全国年鉴工作取得的不凡成绩、积累的弥足珍贵的经验，指出了工作中存在的困难和问题，对下一步年鉴工作提出了明确要求。会上还就《全国年鉴事业发展规划（2016—2020年）》（讨论稿）征求了意见。中指办制定《全国年鉴事业发展规划（2016—2020年）》，是落实《规划纲要》的需要，是科学规划年鉴事业发展的需要，是解决当前年鉴工作中存在的问题的需要，是发挥年鉴在全面建成小康社会过程中作用的需要。制定事业发展规划，有计划、有重点地推动年鉴工作和事业科学有序发展，具有非常重要的意义。

接着，又成立中国地方志学会年鉴研究会，提出"举旗、誓师、团结、奋进"的战略举措，要求统一思想，凝心聚力，深入贯彻落实《规划纲要》，通过年鉴研究会的组织优势和中指组、中指办的领导优势，以及各级地方志工作机构的人才优势和专业优势，早日完成《规划纲要》提出的年鉴工作目标任务。

今后相当长的一个时期，全国年鉴工作者最主要的任务就是狠抓第一次全国年鉴工作会议和中国地方志学会年鉴研究会成立会议精神的落实，通过落实两个会议精神，将贯彻落实中央领导同志重要指示、重要批示、重要讲话精神和第五次全国地方志工作会议精神和《规划纲要》有关要求落到实处。

二、全面贯彻落实《规划纲要》，确保"两全目标"中"年鉴全覆盖"任务顺利完成

《规划纲要》是国务院对全国地方志事业发展的顶层设计，也是向地方各级政府和有关部门下达的工作指令，按照"法定职责必须为"的原则，地方各级政府有责任、有义务贯彻落实好《规划纲要》。《规划纲要》的中心任务就是"两全目标"，即到2020年，全面完成第二轮修志规划任务，实现省市县三级综合年鉴编纂出版的全覆盖。我们要立足于国家发展改革大局和社会主义文化事业发展全局领会这些要求，从为全面建成小康社会提供智力支持和精神动力的高度认识这些要求的重要意义，以强烈的时代责任感和历史使命感认真落实这些要求。在全面建成小康社会的伟大实践中，我们应当扮演什么样的角色，承担什么样的历史使命，作出什么样的贡献，这是包括每一个年鉴工作者在内的广大地方志工作者都应当思考的重大问题。

目前来看，一些地区因为受经济发展水平、人才相对匮乏等方面的限制，按时实现"两全目标"的困难会多一些，这就需要各地各级地方志工作机构和地方志工作者付出更多更艰辛的努力。各省级地方志工作机构要勇于承担使命，真正履职尽责，围绕"两全目标"，特别是"年鉴全覆盖"目标，明确时间表、路线图，建立倒逼机制，加强对三级地方志工作机构的督促检查。当然，抓编修进度也不能忽视志鉴质量，没有质量的进度只能是一串毫无意义的数字符号，进度和质量要相辅相成，相得益彰，协同共进。

三、大力推动依法治志，实现年鉴工作从行政化向法治化升级

《条例》对地方综合年鉴的领导主体、工作经费、编纂机构、编纂

质量、编纂人员、出版程序、开发利用,以及社会各界应担负的职责,都作出了明确的规定,为开展年鉴工作提供了有力的法律依据。古人说:天下之事,不难于立法,而难于法之必行。就当前年鉴工作而言,有法可依固然重要,更重要的是有法必依、执法必严、违法必究,切实把《条例》关于年鉴工作的法定要求真正落到实处。

《规划纲要》明确提出要坚持依法治志的原则,这是首次将"依法治志"写入国务院文件,具有非常重要的意义。"依法治志"的"志",在外延上涵盖了年鉴。这个"法",既包括我国宪法、法律、行政法规等根本法、基本法,也包括《条例》和《规划纲要》特别法。年鉴工作作为地方政府的一项"法定职责",约束性非常强,不是想做或不想做的工作,而是必须完成好的法定工作职责。各级地方志工作机构要注重运用法治思维、法治方式来思考谋划《规划纲要》的贯彻落实。一方面,要以《条例》和《规划纲要》为依据,让主管领导明白当地党委、政府应当担负的年鉴工作责任,努力争得他们的关心和重视。另一方面,要争取人大、政府法制部门和政府督察部门的支持和配合,定期开展执法监督检查或行政督察,解决年鉴机构、编制、人员、经费等问题,督促如期完成年鉴工作任务,尤其是要如期完成"年鉴全覆盖"的任务。

四、充分认识编纂好省级综合年鉴的重要性,发挥省级综合年鉴引领示范作用

省级综合年鉴一般都有比较健全的编纂机构,相对固定的编辑和供稿人员,比较稳定的经费来源,在本地区年鉴编纂工作中处于十分重要的位置,可以说,省级综合年鉴编纂的得失成败,事关年鉴发展大局。全国省级综合年鉴编纂工作者重任在肩,应当勇敢地承担起自己的责任,勇于开拓,把省级综合年鉴工作做实做细、做大做强,更好地发挥在本省域年鉴工作中的示范引导作用。在省级综合年鉴工作内容创新上,要建立完善的工作机制,落实工作职责,强化撰稿人的责任心;要加强培训指导,提高撰稿人的业务水平;要制定质量标准,严把撰稿人的稿件关。在省级综合年鉴编纂创新上,要在资料收集、框架设计、突

出特色等方面狠下功夫，体现年鉴年度性、地方性、资料性的特点，真正成为本省域年鉴工作的"领头羊"。

半个多月前，党的十八届六中全会胜利闭幕，会议强调要全面从严治党，从严治党是依法治国的根本保证。在全面推进依法治国发展道路上，《规划纲要》提出依法治志，依法治志是依法治国战略目标不可或缺的重要组成部分。同时，我们还要看到，在以习近平同志为核心的党中央带领全国人民在实现中华民族伟大复兴中国梦的过程中，既需要各领域、各战线的领导者、劳动者呕心沥血，废寝忘食，敢于担当，奋发有为，也需要我们地方志工作者直笔著史，把他们在实现中国梦中挥洒的热血、付出的辛劳、取得的成就客观而真实地记载下来并传承下去，这是新时期方志人的光荣使命与历史担当。在这种大好形势下，大家为了年鉴事业的繁荣发展，相聚在福清，共同探讨如何提高省级综合年鉴的编纂出版质量，希望各位专家学者积极建言献策，为年鉴事业的大发展大繁荣再多出一份力，以智慧和经验来推动全国年鉴事业不断向前发展。

把全国方志网打造成地情网*

当今世界，以大数据、云计算、"互联网+"、物联网等为代表的网络信息技术日新月异，全面融入社会生产生活，深刻改变着全球经济格局、利益格局、安全格局。面对信息化革命浪潮，党中央、国务院高度重视信息化工作。特别是党的十八大以来，习近平总书记亲自担任中央网络安全和信息化领导小组组长，站在战略高度和长远角度，通过亲自主持召开网络安全和信息化工作座谈会、主持中共中央政治局第三十六次集体学习等，就互联网发展尤其是网络强国战略发表了一系列具有重大现实意义和深远历史意义的重要讲话。这些重要讲话是习近平总书记治国理政思想的重要组成部分，为深入推进网络强国战略指明了前进方向。今年7月，中共中央办公厅、国务院办公厅印发《国家信息化发展战略纲要》，要求以信息化驱动现代化，加快建设网络强国。国务院也陆续出台了一系列有关信息化的法规规章、政策文件，要求紧紧把握历史契机，以信息化培育新动能，用新动能推动新发展。2015年8月，国办印发《规划纲要》，把地方志信

---

* 2016年11月25日在内蒙古区情网蒙古文网站、内蒙古区情网手机网站、方志内蒙古微信公众平台开通仪式暨蒙古文多功能数据库启动仪式上的讲话。

息化建设列为今后5年地方志事业发展的十一项主要任务之一，提出明确要求。

2013年12月以来，在新一届中指组领导王伟光、李培林等同志的高度重视和有力领导下，地方志事业迎来了千载难逢的发展机遇。为顺应信息化时代的发展要求，中指办积极贯彻落实《规划纲要》，大力强化地方志信息化建设顶层设计，全力实施全国信息方志与数字方志建设工程，一年多来在强本固基、蓄积后劲方面做了很多工作，取得了较大的成绩。这些成绩主要包括：2015年5月，中指办专门成立信息处；2015年7月，方志中国微信公众号正式开通；2015年9月，方志中国手机报正式开通；2015年12月，中国方志网、中国地情网正式开通；2016年4月，中国地方志学会信息化研究会成立；2016年9月，《全国地方志信息化发展规划（2016—2020年）》（以下简称《信息化发展规划》）由中指组印发；2016年11月，第一期全国地方志信息化业务培训班在云南普洱举行；近期，中国地情网二期、国家数字方志馆建设正在积极推进。同时，各地地方志信息化建设也取得长足的发展，主要表现在：地情网站群覆盖面逐步扩大，地方志数据库（数字方志馆）规模快速扩容，方志业务信息系统建设加速推进，方志新媒体矩阵初具规模，信息化制度建设逐步健全，等等。

近年来，内蒙古自治区地方志办公室顺应时代要求，紧抓发展机遇，科学谋划，扎实工作，特别是积极贯彻落实《规划纲要》和中指组《信息化发展规划》，在地方志信息化建设方面取得了可喜的成绩。今天，不仅开通了区情网的蒙古文网站、手机网站和方志内蒙古微信公众号，还启动了蒙古文多功能数据库，涉及网站、微信公众平台、地情数据库三个方面，加上原先的工作基础，可以说初步形成了自治区地方志的信息化建设新格局，这必将在讲述好"内蒙古故事"、推动地方志文化资源开发利用以实现更大的社会效益方面发挥不可估量的作用。我相信，在自治区地方志办公室的正确领导下，在自治区各盟（市）、旗（县、市、区）地方志同仁的共同努力下，自治区地方志信息化建设一定会取得更大的成绩。

在此，我提几点希望：

1. 要进一步在思想上高度重视地方志信息化建设。网站、微信公众平台开通，数据库建设启动，只是万里长征走完了第一步，接下来还有很多"硬骨头"要啃、很多困难要克服，还有大量扎实细致的工作要做。希望大家从抢抓机遇的高度和固本强基的角度来深刻认识地方志信息化建设对推进地方志事业发展的重大意义，不断加强地方志信息化建设，为地方志事业科学发展提供重要支撑。只有认识到位，才能积极主动作为，不断提高地方志信息化建设水平。

2. 要进一步深入贯彻落实《规划纲要》和中指组《信息化发展规划》。《信息化发展规划》是《规划纲要》中"加快地方志信息化建设"有关要求的具体化，是第一个全国地方志信息化建设的规划文件，第一次对全国地方志信息化建设作出顶层设计。只有以《信息化发展规划》为引领，地方志信息化建设的方向才会更清晰、步伐才会更稳健。希望自治区地方志信息化建设主动与《信息化发展规划》进行衔接，将《信息化发展规划》的要求和部署与自身工作安排融合推进，与中指办和其他兄弟省份一道，共谋信息化建设大发展。

3. 要进一步推进"互联网+地方志"建设。希望大家紧紧抓住"互联网+"迅猛发展的大趋势，使传统手段与互联网新媒体结合起来，加快开发利用志鉴成果中蕴藏的宝贵知识资源，既服务群众、服务生活，又传递乡愁、延续文脉。

4. 要进一步加强省际间的互学互鉴。有些省份在地方志信息化建设上走在前列，有很多成功的经验和做法。希望自治区地方志办公室加强与这些省份地方志工作机构的交流，将内挖潜力与学习借鉴相结合，扬长避短，少走弯路，将区情网站、微信公众平台和地方志数据库建设得越来越好。

加强全国史志期刊平台建设[*]

近几年来，在党中央、国务院的高度重视和亲切关怀下，在第五届中指组的坚强领导下，在中指办的有力推动下，经过全国地方志工作者的共同努力，全国地方志事业正处于在全国范围内全面推进地方志从一项工作向一项事业转型升级的关键时期。党的十八大以来，习近平总书记两次对地方志发表重要讲话；李克强总理三次对地方志作出重要批示；刘延东副总理两次参加地方志会议，并接见与会代表，同时发表重要讲话，党和国家领导人如此密集地对一项工作给予重视是不多见的。继 2015 年国办印发《规划纲要》之后，今年"加强修史修志"又被写入国家"十三五"规划。可以说全国地方志事业迎来了千载难逢的发展机遇。因此，全国地方志工作者要思考这样一个问题：新时期如何挖掘历史智慧，把历史智慧告诉我们的顶层设计者和忠实实践者；应当如何站在前人的肩膀上总结经验、吸取教训，实现弯道超车，在全面推动中华民族伟大复兴中国梦的实现过程中，作出方志人应有的贡献。根据中指办的整体部署，2015 年是培训年、调

---

[*] 2016 年 12 月 20 日在 2016 年度全国地方志期刊编辑培训班上的讲话。

研年,主要任务是尽快摸清全国地方志事业发展的基本情况,影响地方志事业大发展特别是转型发展的瓶颈问题,分析存在这些问题的原因,寻找解决问题的对策。同时对存在的综合素质亟待提高、人员队伍青黄不接等问题,力求通过业务培训的方式加以解决。2016年是顶层设计年,主要是围绕党的十八大和十八届三中、四中、五中、六中全会精神,深化各项改革,加大创新力度,紧密围绕国家经济社会发展的中心工作来开拓创新地方志事业。围绕《规划纲要》的贯彻落实,中指办推出了全国地方志"十大工程";召开了第一次全国地方志基层基础工作会议、第一次全国年鉴工作会议、第一次全国方志馆工作会议、第一次全国地方史志期刊工作会议、第一次全国地方志科研工作会议等十余个"第一次"会议;制订并出台一系列顶层设计文件,如《全国地方志信息化发展规划(2016—2020年)》《全国年鉴事业发展规划(2016—2020年)》《全国地方志科研工作规划(2016—2020年)》等。针对全国地方史志期刊工作,中指办在顶层设计上采取了一系列举措:一是在改版《中国地方志》的基础上,创办了内部期刊——《方志中国》,半个月出版一期,形成与《中国地方志》工作与学术研究两翼齐飞的格局。二是编制《关于加强全国地方史志期刊工作的意见》。三是在成立中国地方志学会信息化研究会、方志馆研究会、年鉴研究会、方志学研究会的同时,专门成立史志期刊研究会(以下简称研究会)。此次培训就是研究会成立后,按照研究会的工作部署进行的一项活动,这也是中指办在年底之前举办期刊编辑培训班的意义所在。2017年是落实年、督查年,中指办将采取措施,加强督查,强化落实各项目标任务。

前不久在广东刚结束的2017年全国地方志机构主任工作会议上,中指组常务副组长李培林在讲话中明确要求"加强地方志期刊的理论引导作用,大力推进《中国地方志》名刊建设"。全国地方史志期刊作为交流工作和学术的重要平台、展示地情的重要窗口、传播方志文化的重要载体、开展理论研究的重要阵地,要继续在报道工作动态、交流工作经验、指导编修实践、推动理论研究、加强学科建设、宣传方志事业、弘扬优秀文化,以及在促进学术研究、传播科研成果、发现培养人才等方面，发挥不可替代的作用。

截至目前，全国地方志系统共有公开刊号期刊12种，内部资料200余种，其中国家级2种、省级32种、市级约90种、县级110多种。今年公开刊号的队伍新增了3家——《上海地方志》《上海滩》《湖南年鉴·人物与文献》，明年中指办《中国年鉴研究》将正式创刊。省级内刊队伍也有了新面孔——《当代广东》；市县级史志期刊队伍更是日渐庞大，近几年每年都有新的期刊诞生。今年9月，中指办召开全国地方史志期刊工作会议暨中国地方志学会史志期刊研究会成立大会，正是全国地方志系统各级史志期刊贯彻落实《规划纲要》的重要举措。在史志期刊蓬勃发展的新形势下，为了更好地促进全国地方史志期刊事业科学发展，近期中指办将会印发《关于加强全国地方史志期刊工作的意见》。《意见》明确了全国地方史志期刊工作的总体目标：到2020年，基本形成以《中国地方志》《中国年鉴研究》等为龙头，以省级地方史志期刊为主体，包括市、县级地方史志期刊在内的层次分明、特色鲜明的地方史志期刊集群。这意味着我们的期刊编辑队伍将会继续壮大，培训任务将会更重。《中国地方志学会史志期刊研究会规程》第四条也明确了研究会的业务范围之一就是"培训史志期刊编辑队伍"；研究会成立后的首要任务是："要加大对期刊编辑人员的培训力度，完善健全期刊内部人员结构。"因此，中指办和研究会积极贯彻落实期刊工作会议精神，及时筹备了此次史志期刊编辑培训班。

胡耀邦同志在一次讲话中提到："创作自由，编辑把关。"编辑培育精品，编辑的眼光和水平决定着出版物的品质，精品佳作的出现离不开编辑的发掘和加工。无论时代如何变化，无论出版物载体和介质如何转换，无论是传统出版还是数字出版，都离不开编辑的创造性劳动。中指办历来重视期刊编辑的培训工作。2008年，中指办首次在云南丽江举办期刊编辑培训班。此后，每两年一次的期刊工作会，或是采取以会代训的方式，或是采取专门授课的方式，一直坚持期刊编辑培训。对于地方志系统的期刊，此前一直称为地方志期刊，从今年开始，按照中宣部要求"具备条件的，可将地方史编写纳入地方志工作范畴，统一规范管理"的文件精神，统一改为史志期刊。因此，今年召开的期刊工作会议就是第一次全国地方史志期刊工作会议，研究会叫地方史志期刊研究会，地方志期刊编辑培训改成地方史志期刊编辑培训。此次培训我们请到了国家新闻出版广电总局新闻报刊司新闻报刊处副处长王琰琰讲授当前期刊发展形势及管理；商务印书馆编审刘一玲解读《出版物上数字用法》和《出版物标点符号用法规范》；中国社会科学院科研局期刊处处长刘普解读和评析中国社会科学院期刊审读中的常见问题；社会科学文献出版社社会政法分社总编辑童根兴讲授引文与注释的学术出版规范。培训课程既有宏观的全国期刊形势分析和期刊管理，也有微观的期刊编辑规范，希望能帮助各位学员提升编校业务水平，从而达到提升期刊整体质量的目的。为了圆满完成此次培训工作，达到最佳培训效果，下面我提几点要求：

一、大力弘扬两种精神

（一）"工匠精神"

李克强总理在今年《政府工作报告》中首次提出"培育精益求精的工匠精神"。"工匠精神"是工匠对自己的产品精雕细琢、精益求精的精神理念。这一理念要求我们每位编辑要将社会责任、文化传承、敬业精神当成神圣与崇高的政治使命，在甘于寂寞、无私奉献、勤奋学习中专注与坚守，在认真审慎、精益求精、适度创新中追求极致与完美。曾国藩对"工匠精神"的描述非常到位："心诚则志专而气足，千磨百折而不改其常度，终有顺理成章之一日。"将"工匠精神"这种理念应用到期刊编辑工作中，就是要树立爱岗敬业的人生价值观，确立精益求精的工作理念，锤炼耐心、专注、坚持的工作品质，坚守严谨细致、一丝不苟的工作态度，在日常的编辑、校对工作中，多一分专注，多一分细致，多一分严谨，多一分诚信，多一分执着，多一分坚持。期刊编辑要将"工匠精神"的思维与行动扎根于自己的深层意识中，内化为个人的内在素质，成为一种精神，一种态度，一种信仰，一种力量，将期刊做出境界、做成精品。

（二）"啄木鸟"精神

习近平总书记在全国哲学社会科学工作座谈会发表重要讲话后，新华网发表评论，希望"广大哲学社会科学工作者以灵活多样的方法积极介入社会建设当中，做根治社会道德精神毒瘤的'社会医生'，充当社会文明发展的'啄木鸟'"。"紧瞪眼，勤伸嘴"是对"啄木鸟"精神最形象的描述。如果我们把全国地方史志期刊比作一棵大树，树枝就是我们省市县三级史志期刊，树叶就是一篇篇文章。编校质量、内容质量、设计质量、印刷质量、装帧质量等方面出现的问题就是隐藏在这棵大树中的害虫。史志期刊编辑要像啄木鸟那样，发现害虫，就及时啄出来，保证树木健康生长。国家新闻出版广电总局颁布《期刊出版质量管理规定》，对期刊编校的差错率有明确的规定。这是对一本合格期刊差错率最低的要求。而在教育部"名刊工程"和"名栏工程"评比中，只是将此要求提高了一个万分点，就把好多学术质量上乘、印刷精美的期刊挡在了门外。作为编辑人员，要着力培养"啄木鸟"精神，在工作中，不拈轻怕重，不逃避责任，自觉选择艰苦、细致的工作模式，删繁就简、去粗取精、去伪存真、调整充实、润色加工，用高度的政治敏锐性和业务精准性推敲观点、增删材料、锤炼语言、纠错补漏。史志期刊编辑要充分发挥"啄木鸟"精神，将害虫全部啄出来，使更多的史志期刊、栏目入选"名刊工程""名栏工程"。

二、牢固树立三种意识

（一）创新意识

编辑活动源于创新，发展于创新，编辑活动的本质是创新。如果期刊编辑的创新意识强，就能将创新贯穿于整个编辑工作的始终，编辑劳动的创造性也就越大。

1.要在选题组稿过程中贯穿创新意识。通过积极寻求那些具有新观点、新思路、新方法的理论文章，力争每期都能给人以新的感受。期刊的内容和栏目设计既要"接仙气"，也要接地气，既刊发关于大政方针的学习体会文章，刊发重要会议文稿，也要刊发关于地方文化、地方历史研究文章。地方志工作中的热点问题，就是新的课题，要大胆刊发，不要因为新问题比较敏感，怕把握不准会出差错而轻易放弃。除了着眼于开发现实性强的选题外，还应重视对历史文化中的那些没有开发或仍有潜在研究价值的课题的选择，不要偏执地搞"喜新厌旧"，而应强调"人无我有，人有我新，人新我优"，在"新"和"实"上下足功夫，以此来推动和丰富历史文化课题的研究。

2. 要在稿件加工过程中贯穿创新意识。稿件加工需要编辑积极调动自己的灵感、直觉、联想、推理和判断等精神活动，将自己的智慧和思考凝聚、融合于文稿的审定和加工中。这样，编辑的业务能力实际上就隐含着丰富的创造力，是创新意识在审稿加工中的自觉体现。关于如何创新和怎样创新，创新中应该坚守哪些底线、注意哪些问题、讲求哪些方法、遵循哪些规律，都是需要我们在理论研究和编辑实践中进行研究和探索的。

（二）"互联网＋编辑"意识

编辑职业从来都是一门既专且深的学问，在传统出版时代，编辑的作用毋庸置疑。但进入信息化时代后，尤其是自媒体快速发展的今天，编辑的存在价值在不断弱化。2015年国务院颁布《关于积极推进"互联网＋"行动的指导意见》后，"互联网＋"成为高频词。编辑的功能和作用在"互联网＋"时代应更加多姿多彩。通过树立"互联网＋编辑"的意识，来适应新兴出版业态对编辑的能力、知识和经验提出的更新、更高的要求，积极实现与数字出版产业的融合发展。在"互联网＋"时代，海量繁杂的信息更需要编辑在其中发挥重要的作用，编辑不仅仅是一个传统意义上修改文稿的人，要加快转型，成为内容的把关人、阅读的引路人。各级史志期刊编辑要加强地方史志期刊数字化、信息化建设，建成全国史志期刊资料数据中心，整合、汇集全国史志期刊论文、资料，为地方志事业发展提供强大的基础数据与丰富的资料。

（三）精品意识

所谓精品意识，是指期刊编辑在编辑活动中，以提高期刊内在质量为中心，以策划、选择和编辑有学术价值的论文或设置有一定社会影响的重要栏目为目标的一种自觉的、积极的进取意向,也是编辑自身修养、人格魅力和学识品位的综合体现。中指办目前已有中国志书精品工程和中国年鉴精品工程两大精品工程。《关于加强全国地方史志期刊工作的意见》要求各级史志期刊"加大名刊、名栏建设力度,实施名刊工程,培育和打造一批质量好、有特色、影响大的地方史志精品期刊,争取地方史志期刊进入国内权威期刊评价系统的核心期刊名录,提升地方史志期刊的学术影响力和文化传播力。"新成立的研究会也将适时开展优秀论文、优秀期刊评比活动。史志期刊编辑必须树立和强化精品期刊、精品栏目意识,争取出现更多的"名刊""名栏目",形成一批质量好、有特色、影响大的地方史志精品期刊。

三、着力培养四种能力

(一)"板凳坐得十年冷,甘为他人做嫁衣"的定力

现代文艺理论家、文学翻译家周扬曾指出:"编辑是无名英雄,要有为他人做嫁衣的服务精神,要有使别人名扬四海,而自己默默无闻地舍己为人的精神。"每一本优秀期刊都深藏着一个优秀的编辑团队,这个团队的编辑都在为提高自己期刊的影响力默默无闻地努力工作,背后的辛苦不为人知,也导致编辑的受重视和尊重程度有所降低。面对这样的环境,如果缺乏"板凳坐得十年冷,甘为他人做嫁衣"的定力,是很难成为一名合格的编辑的,更遑论成为一名优秀编辑、成就一本优秀期刊。一名优秀的史志期刊编辑,一定要有一颗不浮躁的心,不盲从、不为名利所动、不为权威所屈,默默无闻,学术为上、质量第一的意志和品质,要在编辑实践中将这种意志和品质修炼成一种定力。

(二)一定的学术评判力

史志期刊创刊宗旨都明确对各地修志实践进行政策及业务指导,推动方志理论研究。史志期刊正是通过刊发具有创新意义和参考借鉴价值的学术文章,使其在地方志工作中发挥学术传播和学术评价的重要作用,支配和引导学术发展方向。史志期刊的学术性集中体现在期刊的学术质量,期刊的学术质量取决于其所刊发论文的学术水平,而编辑对论

文的学术评判力直接影响着史志期刊的学术质量。因此，史志期刊编辑的一项重要工作就是在众多稿件中选择出既符合地方志事业发展，符合期刊栏目设置要求，又有较高学术水平和社会影响力的论文刊发。

（三）较强的沟通能力

这里主要讲的是与作者和同行的沟通。期刊是以稿件为媒介的编辑与作者的共同载体，是编辑与作者沟通的公开渠道。编辑与作者的沟通贯穿于组稿、审稿、修改、校对、发稿等编辑活动始终。编辑与作者的沟通客观上存在诸多障碍，如编辑与作者学术价值取向偏差、编辑与作者对稿件需求信息的不对称、编辑与作者信息沟通的单一性等，这些因素不可避免地影响着编辑与作者的有效沟通。做好与作者的沟通工作，关键是要学会换位思考，与作者推心置腹交朋友，在不违背原则的基础上，尽可能满足作者的要求。与此同时，史志期刊编辑还要不断加强与同行的交流沟通。要积极参加全国地方志系统举办的各类培训、会议，尤其是研究会组织会员开展的各项活动，与全国地方史志期刊编辑结交朋友，加强交流，深入探讨办刊经验，共商期刊发展大计。

（四）较强的论文修改能力

编辑修改论文要做到"四看"：一看问题的提出是否基于实践现状和理论研究的储备；二看方法是否针对特定的问题，是否言之有据；三看理论是否在方法与问题之间建立了联系；四看是否符合论文的程式化要求。在此基础上，对作者的文章进行编辑，才能真正体现编辑的学术水平，也是最能让作者感到敬重的地方。

开展业务培训是建设一支高素质史志期刊编辑队伍的重要途径。今后，中指办每年都将举办不同类型的培训班，培训内容和对象也将日益具体化。我们也在总结过去培训经验和教训的基础上，加快推进各级史志期刊编辑分类、分级、分层培训体系建设，使培训更具针对性和实用性。

学习是手段，应用是目的，学以致用才可以推动史志期刊工作科学发展。希望通过全国地方志系统史志期刊编辑工作者的共同努力，与时俱进，积极探索，不断加强史志期刊平台建设，有力助推全国地方志事业转型升级。

做好新时代全国地方志通讯工作*

中指办历来重视通讯工作，1996年就创办了《中国方志通讯》，搭建了全国地方志系统交流经验、沟通信息的平台，及时报道全国地方志工作的最新进展和变化，宣传介绍各地好的经验和做法，反映遇到的问题和困难。随着我国经济社会不断发展，地方志工作不断推进，通讯工作也不断创新。2007年改版《中国方志通讯》，增加了版面，扩大了信息量，在内容上注意到区域、行业的平衡；在发行范围上，除各省级、地市级及国务院部委局的有关地方志工作机构外，还扩大到四川、河南两个试点省的县级地方志工作机构。2012年，组织召开了全国地方志系统统计联络员和《中国方志通讯》联络员工作会议，组建了39人的联络员队伍，搭建了交流平台。2013年，《中国方志通讯》进一步改版，增加了目录，配以插图，在形式上做到图文并茂。截至2015年底，《中国方志通讯》共印发了763期。

当前，地方志正处于历史上最好的发展时期，党中央、国务院高度重视地方志工作。习近平总书记就传承弘扬中华

---

* 2017年1月10日在2017年全国地方志系统通讯工作座谈会上的讲话。

传统文化发表一系列重要讲话，从国家战略发展的高度，强调要"高度重视修史修志"，要在传统文化中寻找经验，把握规律，探求真理，将修史修志工作与中国梦的实现有机结合起来。李克强总理为地方志工作作出三次重要批示。其中，"修志问道，以启未来"明确了新时期地方志事业的定位；"直笔著信史，彰善引风气"明确了当代地方志工作者的定位，"为当代提供资政辅治之参考，为后世留下堪存堪鉴之记述"明确了地方志工作者的使命与担当。刘延东副总理两次接见全国地方志会议代表并发表重要讲话、两次作出重要批示。王勇国务委员出席《汶川特大地震抗震救灾志》出版座谈会并发表重要讲话。在两年多的时间内，中央领导同志如此密集地就地方志工作作出重要批示、发表重要讲话，足见党中央、国务院对地方志工作之重视，以及地方志工作之重要。

近两年，中指组及其办公室强化调查研究和顶层设计。中指组组长王伟光、常务副组长李培林已经调研了30个省（自治区、直辖市）和新疆生产建设兵团。通过充分调研，发现问题，解决问题。2015年8月国办印发《规划纲要》，2016年"加强修史修志"载入《中华人民共和国国民经济和社会发展第十三个五年规划纲要》，全国地方志事业喜事连连，大事不断，迎来了千载难逢的发展机遇。

根据中指办的整体部署，确定2015年为调研年、培训年，主要目标是摸清全国地方志基本情况，掌握影响地方志事业大发展的突出问题，分析原因，寻找对策，并针对全国地方志工作者亟须培训的现状，加大培训力度。在调研的基础上，将2016年确定为改革年、创新年，主要目标是加强全国地方志工作顶层设计。围绕《规划纲要》的贯彻落实，中指办推出了全国地方志"十大工程"；召开了第一次全国地方基层基础工作会议、第一次全国地方志系统信息化工作会议、第一次全国方志馆工作会议、第一次全国地方志科研工作会议、第一次全国地方史志期刊工作会议等十多个全国性会议；制定《〈全国地方志事业发展规划纲要（2015—2020年）〉实施方案》《全国年鉴事业发展规划（2016—2020年）》《全国地方志信息化发展规划（2016—2020年）》《关于加强全国地方志科研工作的意见》《关于加强全国地方史志期刊工作的意见》等全国性专项规划和指导性文件。通讯工作方面，中指办也加强了顶层设计，加大了工作力度，重拳出击，以适应地方志事业高位运行态势。一是加大科学规划力度，起草了《关于加强全国地方志通讯工作的意见（征求意见稿）》（以下简称《意见》），这次会议有项议程就是要听取大家对这个《意见》的意见、建议；二是紧紧围绕"互联网+地方志"，加大改革创新的力度，开通方志中国微信和方志中国手机报，并不断完善发布内容和形式，仅2016年就分别发布256期、48期；三是加大传统通讯形式的改革力度，将《中国方志通讯》改版为《方志中国》，申请了内部准印号，并创新版式设计，合理设置栏目，加强组织领导，规范审批流程，半个月出版一期，实现了由杂牌军向正规军的转变，目前已出刊18期。创刊《中国方志》报，共出版10期。微信、手机报、《中国方志》报、《方志中国》内刊等已经成为各地展示工作新进展、新变化、新动态的重要阵地，成为各地交流好经验、好做法、好举措的重要平台，成为宣传地方志事业全面转型升级的重要载体。

2017年被中指组确定为督查年、落实年，主要目标是全面督促检查落实《规划纲要》的11项任务，特别是实现"两全目标"。为了配合督查工作，推动目标任务的贯彻落实，今年的通讯工作也将有更多举措。例如，通过统一信息报送平台，完善通讯考核奖励制度，加大培训力度等，内搭平台，外塑形象，有重点、抓亮点、破难点，一方面要忠实记录地方志事业全面转型升级的历史，当好系统内的"史官"；一方面要为地方志事业的全面转型升级收集信息，做好研判，当好系统内的"参谋"。

为了切实加强地方志通讯工作，我讲几点意见：

一、始终做到"四个到位"

"四个到位"是对地方志工作机构负责人的基本要求，是通讯工作顺利开展的根本保障。实践证明，只有做到"四个到位"，通讯工作才能有声有色、有板有眼，也才能真正发挥应有的作用。

(一)认识到位

这是做好通讯工作的前提。只有深刻认识，才能增强工作的自觉性与主动性。通讯工作是各级地方志工作机构的一项基础性工作，是上情下达、下情上报的重要渠道，是宣传地方志工作、展示方志人风貌的主要窗口，是服务各级地方志工作机构领导科学决策、推动工作的重要手段，是地方志工作不可或缺的重要组成部分。各级地方志工作机构要从推动地方志事业全面转型升级的高度，从贯彻落实《规划纲要》的高度，充分认识通讯工作的重要性，使通讯工作真正成为引领地方志事业转型升级的"风向标"，指导各级地方志工作机构开展工作的"导航仪"，服务领导科学决策的"智囊团"，同时通过通讯工作及时掌握各地的整体工作状况、重要工作进展、上级重大决策落实等情况，搭建经验交流、互相学习的平台。

(二)领导到位

这是做好通讯工作的关键。只有领导重视，高位推进，措施得力，推动工作才能有力度、有章法、有成效。各级地方志工作机构领导要把通讯工作列入重要议事日程，有组织、有计划地开展通讯工作，努力形成"主要领导亲自抓、分管领导具体抓、相关人员共同抓"的局面。首先，认真研究，统筹安排通讯工作；其次，建章立制，通过制度推进通讯工作；再次，加强督促、检查和对重大信息的审核把关，指导和支持通讯员开展工作。

(三)人员到位

这是做好通讯工作的基础。只有保证齐整、稳定、高素质的通讯员队伍，工作才能得以有效推动，否则就是纸上谈兵。目前，我们队伍的建设情况不容乐观，当务之急就是要配齐专(兼)职通讯员，把政治觉悟高、业务水平精、事业心强的高素质人才选派到通讯员岗位上。在具体的工作开展中，要形成有分管领导把关、职能处室负责、业务处室配合、通讯员落实，共同开展工作的局面。同时，要通过培训、交流、研讨等方式，提高通讯员的理论素质和业务能力。在这里要强调一下，要相对稳定人员，不要频繁变更通讯员，以免影响工作的连续性。分管信息的领导、联络员因工作变动调整的,要及时以书面形式报送中指办规划处备案。

(四)工作到位

这是做好通讯工作的目的。只有工作到位,通讯工作才能切实发挥应有的作用,这项工作也才有价值、有意义。"又好又快"应该是衡量通讯工作到位与否的一个重要标准。要注重通讯工作的时效性,在"快"字上下功夫。信息报送的时机在很大程度上决定了信息的质量和价值,要努力实现"第一时间收集、第一时间整理、第一时间报送"的目标。同时,要注重通讯工作的质量,在"好"字上下功夫。要有责任意识,要在第一时间摸准情况,掌握客观真实的第一手情况、第一手资料。要有精品意识,对信息文本要精雕细琢,做到文字精练、语言精准。

二、始终做到"四个一"

2014年5月8日,习近平总书记在视察中办并同中办各单位班子成员和干部职工代表座谈时,对中办工作提出了"五个坚持"的要求,并指出:"要围绕大局反映情况、报送信息,做'千里眼、顺风耳',把各方面新情况新问题、贯彻落实党中央方针政策的意见和建议、干部群众关注的热点焦点问题等及时收集上来,归纳综合,分析研判,第一时间报送党中央,为党中央科学决策提供重要依据。"我认为,这也是对通讯员工作最好的诠释。通讯员就是地方志工作的"千里眼、顺风耳",通讯员就是要"身在兵位,胸为帅谋",主动对地方志事业全面转型升级中的重点工作、重点问题进行深入研究,多出大主意、好主意。要当好"千里眼、顺风耳",做好参谋,我认为就是要做到"四个一"。

(一)高处看一看

通讯工作一定要与中心工作紧密结合,要围绕大局反映情况。地方志工作当前的中心就是贯彻落实《规划纲要》,当前的大局就是全面转型升级。因此,通讯工作就是要紧紧围绕落实《规划纲要》的任务书、路线图,围绕各个时期部署的重点工作来开展全程全方位信息跟踪;对地方志全面转型升级中的好经验、好做法进行总结提炼；对地方志事业全面转型升级中的难点问题开展深入调查研究。就是要整体掌握本地地方志事业转型升级的现状，提醒存在的问题。这样，通讯工作才能站在高处、立足全局、紧贴大局，通讯工作才能真正走入领导的视野，才能真正做到为领导服务、为地方志工作者服务，为地方志事业服务。

（二）深处挖一挖

通讯工作的首要任务是如实反映地方志事业发展的现状，展示地方志工作取得的成绩。重要任务就是提供依据，做好研判，当好参谋。这都需要深入思考，找准着力点、突破点。首先，要深挖线索，全面收集涉及地方志事业转型升级各方面的信息，确保不遗不漏。其次，要深挖亮点，立足中心工作，深入挖掘地方志事业转型升级的特色工作、亮点工作，确保可借鉴；再次，要深挖原因，针对地方志事业转型升级中遇到的问题，发掘深层次原因，及时提出意见和建议，确保有操作性。

（三）细处分一分

精心是态度，精细是过程，精品是成果，通讯工作亦然。在海量信息中，去伪存真、去粗取精是通讯员必备的素质。首先，要全面掌握各项工作的进度，了解动态，全面搜集信息，做到胸有成竹；其次，对收集的信息，要全方位、多部分地进行辨别分析、综合判断，确保情况掌握准确；再次，要将所掌握的情况横向、纵向多方比较，细处琢磨，找变化，寻差距；最后，要细致编写，这样信息参考的价值就大，被采用的可能性也高。

（四）实处究一究

通讯工作要如实反映地方志工作实际，不仅仅是总结地方志转型升级的成绩和经验，更重要的是探究地方志事业发展中存在的困难和问题。首先要善于从工作实际中发现问题。问题发现得越早，掌握得越及时，了解得越充分，解决的效果就会越好。其次要鼓励大胆反映问题。在信息采用上，我们要优先采用这类信息。例如，对于"两全目标"的完成难度在哪？需要协调解决的困难是什么？需要中指办做什么？这些都是很好的信息点。再次，要积极探究问题。要沉下来仔细琢磨问题，探究解决问题的方法，及时上报。通过发现问题，反映问题，探究问题，积极促进制约地方志转型升级问题的解决，有效推动《规划纲要》的贯彻落实，确保任务目标的圆满完成。

在刚刚结束的地方志系统广东"两会"上，中指组常务副组长李培林同志提出了要全面推进地方志事业转型升级，2017年是在全国范围内推进地方志从一项工作向一项事业转型升级的第一年，也是关键的一年。在地方志各项工作中，通讯工作担负着"导航仪""风向标""智囊团"的重任，大家要充分认识召开这次会议的重要意义，将这次会议作为督促检查各地《规划纲要》贯彻落实的一个重要方面；要以这次会议召开为契机，对《意见》《全国地方志系统通讯工作先进单位和优秀通讯员评选办法（试行）》进行充分讨论，制定出台一项符合实际、规范科学、指导性强的专项规划，逐步实现顶层设计的全覆盖；要加强交流，学习兄弟省市的成功经验做法，共同推进全国地方志系统通讯工作。

"时来易失，赴机在速"，希望大家抓住地方志事业发展的大好机遇，始终做到"四个到位""四个一"，为实现"两全目标"，推进地方志事业全面转型升级作出贡献。长风破浪会有时，直挂云帆济沧海。相信通过大家的共同努力，地方志通讯工作可以当好地方志事业发展的"千里眼、顺风耳"。

实施全国名镇志、名村志文化工程[*]

中国名镇志文化工程、中国名村志文化工程是中指办实施的地方志改革创新工程,是留住乡愁、记住乡思、牵住乡俗、拉住乡音的乡村文化抢救工程,也是地方志的基层基础工程。中国名镇志文化工程于2015年1月启动,中国名村志文化工程于2016年11月启动,两项工程均被纳入国办印发的《规划纲要》,是国家级文化工程,得到财政部、中国社会科学院的经费资助,纳入"十三五"国家重点出版图书规划项目,引起了社会各界的广泛关注与好评,成为全国地方志系统的重要文化品牌。《和顺镇志》《江东村志》作为可能成为两大工程的云南省的第一部名镇志和名村志,启动编纂工作不仅是腾冲市的一件文化盛事,更是云南省创新地方志事业发展的重要举措,对探索新型城镇化和社会主义新农村建设规律,继承传统文化,挖掘历史智慧,传播方志文化,让广大人民群众共享地方志成果,让地方志走进千家万户,具有重要的现实意义和深远的历史意义。

---

[*] 根据2017年1月24日在《和顺镇志》《江东村志》编纂工作启动会上的讲话修改整理。

一、深刻认识当前全国地方志事业发展的重大变化

要推动一项事业发展,就必须准确把握发展形势,坚定发展信心,抓住发展机遇。党的十八大以来,以习近平同志为核心的党中央十分关心地方志工作,习近平总书记、李克强总理、刘延东副总理就地方志工作多次发表重要讲话、作出重要批示,"加强修史修志"被纳入国家"十三五"规划,国办专门印发《规划纲要》,党中央、国务院对地方志工作的重视前所未有。在第五届中指组的领导下,全国地方志事业发展呈现出重大变化,正处于转型升级爬坡过坎的关键阶段。新时期的地方志事业发展,呈现出新的特征。

(一)在国家发展战略中的地位日益突出

当前,中国正处于发展的关键时期和改革的攻坚阶段,在以习近平同志为核心的党中央的带领下,全党全国各族人民同心协力、苦干实干,在实现"两个一百年"奋斗目标和中华民族伟大复兴中国梦伟大征程中阔步前进。作为世界第二大经济体,中国正在经历日新月异的深刻变化,在国际上的地位日益突出,社会主义制度的优越性日益凸显,我们有更充足的理由,理直气壮坚持道路自信、理论自信、制度自信、文化自信。而作为更基本、更深沉、更持久的力量,文化自信显得越发重要。为了不断提升文化软实力,党中央、国务院对文化建设高度重视,对推动文化改革发展、建设社会主义文化强国作出了一系列重大决策部署。作为中华传统文化的精华,延绵数千年的方志文化赓续不断、独树一帜、价值卓著,承载着传承中华文明、弘扬历史传统的重任,是中华民族延续文脉的重要载体。正因如此,更加凸显了地方志事业发展在统筹推进"五位一体"总体布局和协调推进"四个全面"战略布局,坚持文化自信,激发民族自豪感和自信心,坚定全体人民振兴中华的信心和决心,实现"两个一百年"奋斗目标和中华民族伟大复兴中国梦进程中的不可或缺的地位和作用。因此,各级地方志工作机构要提高认识,把地方志事业的发展摆在更高的位置,以更加明确的思路,更加坚定的信心,不断推进事业的创新发展。

（二）由一项工作向一项事业转型发展的基础日益巩固

最近几年，地方志事业发展最显著的成就是转型发展，最突出的标志是与时俱进，最鲜明的特征是围绕中心、服务大局，最强的生命力是接地气。转型发展最明显的特征是从一项工作向一项事业转变，从"一本书主义"转向志、鉴、史、馆、库、网、用、会、刊、研"十业并举"的新格局。改革开放以来，地方志事业经历了恢复、发展、繁荣三个重要阶段。20 世纪 80 年代初到 90 年代中期，地方志编纂工作在全国全面铺开，奠定了坚实的发展基础；90 年代中期到 21 世纪初，"一纳入、五到位"的提出，党委领导、政府主持、各级地方志工作机构组织实施、社会各界广泛参与的领导机制的建立等，开辟了事业发展新局面；2006 年国务院《条例》颁布后，特别是 2013 年第五届中指组成立以来，国办印发了《规划纲要》，依法治志不断深入、"一纳入、八到位"深入贯彻落实，地方志事业发展的内涵在探索中不断丰富。特别是近两年，伴随着顶层设计的基本完成，事业构架已经搭建完成，事业发展的根基正在逐步巩固。

（三）促进经济社会发展的效益日益显现

最近几年，各级地方志工作机构在"围绕中心、服务大局"，为社会各界、广大人民群众提供服务方面采取了不少措施、办法，以方志馆、"互联网＋地方志"、微信公众号、地方志数据库、报刊简报等为平台，通过开展地情展览、编纂地情丛书、创办资政刊物、拍摄影视作品、进行信息推送等，充分发挥地方志的"存史、资政、育人"功能，推动方志文化进机关、进企业、进学校、进社区、进军营、进乡村，在重大活动、重大节庆、重大项目建设中发挥了重要作用。从实际效果看，经过几年的努力，地方志的社会认知度在不断提高，公共服务能力在不断增强，社会效益更加显现。

二、以高度的责任感、使命感编好名镇志、名村志

启动中国名镇志文化工程、中国名村志文化工程，是全面贯彻落实以习近平同志为核心的党中央对地方志工作的重要指示精神，贯彻落实

《规划纲要》,适应国家文化建设、城镇化建设发展需要的重要举措,也是中指组领导结合地方志事业发展新形势、新目标、新任务提出的创新举措。自启动以来,受到了全国地方志系统和社会各界的广泛关注和高度评价。2016年5月12日,在北京人民大会堂举办的首届全国名镇论坛暨中国名镇志文化工程丛书首发式上,中国工程院院士、第十届全国政协副主席徐匡迪;中国社会科学院党组书记、院长,中指组组长王伟光;中国社会科学院党组成员、副院长,中指组常务副组长李培林同时出席并发表重要讲话。截至目前,全国已经有近140个乡镇、30个村申报了名镇志、名村志,第一、二批名镇志有20余部已经公开出版。经过一段时间的培育,名镇志、名村志已经成为全国地方志系统的重要文化品牌。云南省以《和顺镇志》《江东村志》作为名镇志、名村志文化工程的开篇之作,要开好局,打响头一炮。

(一)要加强领导

两部志书的编纂,不仅仅是腾冲市地方志办公室的事情,还是保山市、云南省地方志办公室的事情,代表的是云南省地方志系统的成果和形象。保山市、云南省两级地方志工作机构要加强领导,在人员、经费等方面给予适当的支持,特别是要加强业务指导,严把业务关,带好一支编纂队伍。腾冲市委、市政府对两部志书的编纂工作高度重视,为工作的全面开展奠定了坚实的基础。下一阶段,还要继续加强领导,将两部志书的编纂纳入腾冲市文化建设的大事、要事来抓,争取为云南省的乡镇志编纂工作提供样本和范例,树立典型。

(二)要确保质量

质量是志书的生命,中国名镇志文化工程、中国名村志文化工程的成果之一,就是要打造出一大批高质量的乡镇村志。因此,在体例、体裁运用和行文、出版等方面作了大量的创新。创新只是为了更好地适应形势发展和社会需求,名镇志、名村志始终坚持志性、始终坚持志体的总要求不会变,编出高质量的传世之作的要求不会变,而且是更加严格。因此,《和顺镇志》《江东村志》的编纂,一定要严格遵守中国名镇志文化工程、中国名村志文化工程实施方案的要求,还要借鉴已出版的名镇志的好经验好做法。尤其是要注重志书的资料收集工作，建立起科学高效的资料收集机制。镇村的主要领导要亲自挂帅，发动社会各界力量参与。"巧妇难为无米之炊"，资料收集质量的好坏，直接决定了志书编纂的质量，一定要高度重视。另外，还要按照志书编纂的流程，严把初稿撰写、评议审核、报送审批等各个环节，确保编修出高质量的志书，为后人留下堪存堪鉴的资料性文献。

（三）要突出特色

与传统志书相比，名镇志、名村志更加注重突出"名"和"特"，注意控制容量，注重通俗易懂，用最直接、最简便的方式向读者呈现名镇的个性和特点。因此，在《和顺镇志》《江东村志》编纂过程中一定要充分把握和顺、江东的"名"和"特"。比如和顺作为著名的侨乡、抗战重镇，就要在篇目设计、内容记述方面表现出来。传统志书因为要"横不缺要项，纵不断主线"，内容记述面面俱到，不论是篇目设计还是内容记述，容易陷入"千志一面"，容易把当地最精彩、最有特色的内容湮没在普通的记述当中。名镇志、名村志就是要打破这种桎梏，把最精彩、最有特色的内容充分展现在读者面前，让人看了爱不释手，让人看了如临其境，让人看了爱上这个地方。所以，名镇志、名村志不是一般意义上的志书，而是特色鲜明的精品佳志。

三、以名镇志、名村志为借鉴，全面推进地方志事业的转型升级

中指办最近在总结经验，中国名镇志文化工程、中国名村志文化工程为什么能够引起全国地方志系统和社会各界如此高度的关注，最重要的经验有四条：第一，要创新。地方志工作不能因循守旧，要把创新当作地方志事业发展的时代要求、内在禀赋和价值转换，在工作理念、理论研究、管理体制机制、人才队伍、工作内容、服务形式等多方面进行创新，才能让事业发展常变常新。第二，要接好地气。名镇志、名村志记述的都是最基层的行政区域，记述的都是跟老百姓息息相关的事情，都是最草根的事物，所以更加珍贵，受众面更广，社会关注度更高。第

三，要堪存堪鉴。地方志最大的优势是作为最权威、最真实、最可靠的资料性文献留存后世，为社会各界所广泛接受。名镇志、名村志收录的内容都是经过考证的信史，确保了真实性，才能赢得社会各界的信任。第四，要采取喜闻乐见的方式传播方志文化。为什么我们之前出了数以百亿字计的成果，但是在社会上还是叫不响、传不开，最主要还是没有创新传播路径、方法，"守着青山要饭吃"。名镇志、名村志一出版就让大家眼前一亮，最重要的是形式新颖、内容生动、可读性强，让大家看得有滋有味。中国名镇志文化工程、中国名村志文化工程的这些经验，值得我们在今后工作中借鉴和推广。云南省、保山市、腾冲市，有进一步做好地方志工作的良好基础，更应该在事业转型升级中主动作为，实现弯道超车。

（一）要提高创新能力

创新是地方志事业发展的不竭动力，孕育了地方志的传承、造就了地方志的转型、迎来了地方志事业的繁荣，不论是两汉、魏晋南北朝地记的诞生和发展，还是隋唐图经的滥觞和推广，再到宋代方志的定型，以及明清方志的繁荣、民国时期地方志的转型，一直到新中国成立后社会主义地方志事业的全面发展繁荣，每一次跨越，每一次提升，都是创新的结果。当前，地方志事业发展迎来千载难逢的发展机遇，更应该开拓思路、勇于创新，真正让创新驱动地方志事业的转型升级。

（二）要提高服务能力

要实现地方志事业的转型升级，关键在于地方志公共文化服务的转型升级。从目前看，地方志事业发展还存在服务意识不强、服务手段单一、服务路径不通畅、服务能力偏弱等，这是我们的短板，必须补齐。提高服务能力，就是要自觉将各项工作纳入到国家和各地的公共文化服务体系当中，加强顶层设计，创新服务方式，拓宽服务领域，把服务作为推进地方志事业发展的本能动力，转被动为主动，全面提升方志文化的公共服务水平。云南省现在面临着大发展、大跨越的重要时期，特别是旅游资源丰富，尤其是像腾冲这样把旅游作为支柱产业的地方，如何发挥地方志资源优势，为经济、政治、文化、社会、生态文明建设服务好,大有文章可做,大有作为空间。面对新形势、新机遇,就要拿得出丰富的、高质量的工作成果,去适应快速发展的经济社会建设需要,去满足广大人民群众日益增长的文化需求。

(三)要推进协调发展

现在地方志事业的总体框架已经搭建完成,"十业并举"的四梁八柱已经构建完善,最主要的工作是继续打牢基础、丰富内涵,把全面发展的态势保持下去,最终形成地方志事业发展"业业精通"的新局面。从目前看,云南省地方志工作还存在区域发展不平衡、各业发展不平衡的情况,还需要在全面协调可持续发展上下功夫。因此,云南省地方志工作还要按照全面发展、"十业并举"的目标要求,紧紧抓住"修志编鉴"这一主业,结合各地的实际情况,推动各业并举、全面开花。

中国名镇志文化工程、中国名村志文化工程是地方志工作的创新之举,前无古人,后无来者。凡事开头难。希望各级地方志工作机构高度重视,希望腾冲市委市政府继续给予大力支持,在实践中总结经验,在实践中提高水平,为云南省地方志转型升级探索出新路径,为云南省经济社会事业发展总结出新经验,为云南省迎接党的十九大召开作出新贡献。

用名村志留住乡愁*

中国名村志文化工程自2016年10月启动以来，引起了社会各界的高度关注与好评，截至目前，第一批共有31个省（自治区、直辖市）和香港特别行政区申报了近60部村志；中央电视台和有关科研机构、报纸、新媒体即将深度参与。这次举办篇目论证会和编纂业务培训班，目的是全面提升编纂人员业务能力、认真研讨篇目，统一思想，提高认识，全力编纂出高质量的名村志，为推进文化工程的深入实施奠定坚实基础。下面，就培训会提几点要求：

一、充分认识中国名村志文化工程的重大意义

（一）中国名村志文化工程是国家级的重大文化工程

党中央、国务院高度重视地方志工作，自2014年以来，习近平总书记、李克强总理、刘延东副总理就地方志工作多次发表重要讲话、作出重要批示，2015年国办印发《规划纲要》，2016年3月在《中华人民共和国国民经济和社会发展第十三个五年规划纲要》中明确提出"加强修史修志"后，

---

* 2017年3月8日在中国名村志文化工程篇目论证会暨编纂业务培训班上的讲话。

2017年1月,中共中央办公厅、国务院办公厅印发《关于实施中华优秀传统文化传承发展工程的意见》,在重点任务中明确要求"做好地方史志编纂工作,巩固中华文明探源成果,正确反映中华民族文明史,推出一批研究成果"。在短短的3年里,中央领导同志和中央重要文件对地方志工作如此密集作出重要指示、提出明确要求,这在中国历史上任何一个时期都是没有过的。而在《规划纲要》中,更是明确提出"指导有条件的乡镇(街道)、村(社区)做好志书编纂工作,做好中国名镇志文化工程、中国名村志文化工程组织编纂工作。"因此,中国名村志文化工程是全国地方志系统深入贯彻中央领导指示和中央文件精神的重要载体,是被纳入国家发展战略的重大文化工程,受到了社会各界的高度关注,有着重大的社会影响力和社会效益。

(二)中国名村志文化工程是乡土文化的抢救工程

"农村、农业、农民"的"三农"问题,始终是影响中国数千年发展的核心问题。"小康不小康,关键看老乡",自2004年以来,已经连续14年的中央一号文件都是关注"三农"问题。在全面建成小康社会进程中,农村正在经历着千年未有的巨变。伴随着城镇化步伐的不断加快,农民生活水平的不断提高,农村不论是物质条件,还是乡风习俗、生产方式、农民的思想观念等,日新月异,沧海桑田,今非昔比。村落是中国传统文化的根基所在,农村的生产生活方式、社会规范、宗族家族文化、宗教文化、民风习俗、传统节日、民间艺术等,无不镌刻着中国人独特的民族性格。农村的巨大变化,城镇化步伐的加快,还造成了政区的变动频繁、大量村落消失,甚至是一些千年古村的消失。据统计,每天消失的自然村有300个左右,各村落所蕴含的历史文化信息流失殆尽,抢救性保护刻不容缓。通过中国名村志文化工程的实施,把农村承载的历史文化信息完整地记录保存下来,让百姓记得住乡思、留得下乡愁、听得见乡音,让农村能够传承文脉、重塑特色,把乡土文化、民俗文化抢救和保存好,这是具有重要文化价值、历史价值和现实意义的大事、好事。

（三）中国名村志文化工程是地方志事业发展的创新工程

最近几年，是地方志事业发展转型升级的关键阶段，其中的一项重要内容，就是地方志编修体系在不断拓展和完善，地方志的功能在不断延伸，影响力在不断扩大。具体表现在，一方面纵向向乡镇村基层延伸，另一方面横向向部门、行业延伸。特别是乡镇村志的编纂，已经成为乡镇村基层组织和农民的文化自觉，成为基层文化建设的基础工程与摸底工程，成为全国地方志事业发展的重要组成部分。有不少省份，比如河南、江苏、湖北、广东、四川等，采取了多项举措，将乡镇村志纳入地方志工作体系当中。引导乡镇村志编纂的科学发展，成为地方志事业发展的重要内容。正是为了适应新形势、新发展、新变化，中指组领导才提出要开展中国名镇志文化工程、中国名村志文化工程，并被纳入中指办的"十大工程"当中。中国名村志文化工程的实施，是促进地方志事业发展的重大创新举措，对于延伸地方志工作触角有着重要作用。尤其是名村志的编纂，在组织模式、体例体裁运用、内容记述方法、表现形式等诸多方面进行了创新，对于提升地方志事业的发展品质将起到重要促进作用。

（四）中国名村志文化工程是中华优秀传统文化传承发展工程

中办、国办印发《关于实施中华优秀传统文化传承发展工程的意见》，中国名村志文化工程的实施正当其时。当下经济社会急速发展，科学技术日新月异，各类思潮不断涌入，迫切需要深化对中华优秀传统文化重要性的认识。我们常说一个地方"人杰地灵"，除了自然的因素外，一个非常重要的衡量标准，就是文化底蕴是否深厚、传承是否悠久。传统文化能浸润心灵，提高修养，所以才能在日常生活的潜移默化中形成某一地区独有的"气质"。作为地域文化与传统文化的独特载体，中国名村志文化工程记录着村落的"名"和"特"、记录着这些独有的"气质"，让我们能够通过志书倾听古人的声音，触及先贤的思想，感悟圣人的境界，传递着正能量。通过名村志文化工程，把农村传统文化精华保存下来、传承下去，让名村的发展"有志为证"，是其承担的重要职责。

(五) 中国名村志文化工程是地方志的接地气工程

传统志书存在着部头大、内容特色不突出、受众面小等困扰多年的问题，就传播情况看，地方志成果社会普及度、社会认知度还比较低，方志文化还是推不开、叫不响。这两年，通过中国名镇志文化工程的实施发现，越是基层的志书，越是接地气的志书，越是用群众喜闻乐见的方式编纂和传播的志书，越能带动地方志社会影响力的提升、受众面的扩大、社会认知度的提高。中国名村志文化工程，关注的是中国最基层的组织，涉及的对象更多，影响面更广，关注的是最草根的事物，记述的是最接地气的内容，讲的是老百姓爱听的中国故事，采用的是喜闻乐见的传播方式，最能够触动大家的心弦，最能够引起大家的共鸣。中国名村志文化工程的实施，把地方志工作的触角向基层、村庄、千家万户延伸，让地方志成果飞入寻常百姓家，让每一名中国人都能够在地方志中找到属于自己的位置。

二、以堪存堪鉴、堪读堪传为标准编好名村志

(一) 在坚持探索农村发展规律的基础上突出传播正能量

改革开放近40年来，中国变化最深刻、最激烈的地方是农村，最可以探索、最可以总结发展规律的地方也是农村。中国名村志文化工程选择的对象包括历史文化名村、经济强村、新农村建设示范（试点）村和其他特色村，具有广泛的代表性和典型性。在名村志编纂过程中，要始终高举中国特色社会主义伟大旗帜，以邓小平理论、"三个代表"重要思想、科学发展观为指导，深入贯彻习近平总书记系列重要讲话精神和治国理政新理念新思想新战略，始终坚持道路自信、理论自信、制度自信、文化自信，按照党中央、国务院提出的推动"物的新农村"和"人的新农村"建设齐头并进的要求，坚持辩证唯物主义和历史唯物主义的立场、观点和方法，坚持改革创新，充分利用地方志的独特优势，全面、客观、系统记述我国新型城镇化进程和社会主义新农村建设取得的伟大成就，充分反映村落文化的深厚内涵和农民生活的丰富多彩，传承优秀传统文化，弘扬社会主义核心价值观，培育农民的爱乡爱国情

怀,探索新型城镇化和社会主义新农村建设的发展经验、发展模式、前进道路,传播好正能量,为社会主义新农村建设添砖加瓦。

(二)在坚持志体的基础上重点突出"名"和"特"

村志作为"小志",虽然在编纂内容和要求方面有其自身的特点,但保持志体始终是最基本的要求。中国名村志的编纂,要始终坚持志书编纂的基本原则,比如存真求实、横排竖写、述而不论、生不立传、体例体裁运用科学、以现代语体文表述等。也就是说,名村志首先应该是志,而且是精品佳志,而不是别的书,这是必须明确的。当然,名村志与传统村志还是有着很大的区别,最重要的标志是采取"基本村情+名和特"来谋篇布局。在通过基本村情类目交代好本村情况的基础上,后面的各个类目重点是突出该村的名和特,比如历史文化名村,就要突出历史的厚重、文化的深厚,经济强村就要突出经济的发达、产业的特色、商贸的繁荣等。名村志就是要让读者拿到后,不论是篇目设置还是内容记述,一下子就能够了解到这个村的特色是什么,有特色的内涵是什么,一目了然。

(三)在坚持创新的基础上突出可读可传

名村志的编纂有很多创新,比如在体例上选择的是纲目体,篇目设置不求面面俱到,特色不突出、特点不鲜明、特征不明显等一般意义的内容略去不载;在体裁运用上加大了图的使用,卷首设本村位置图、区划图,志中随文配图,图文并茂,全志图照与文字比例不低于1∶4;在行文方面,既要求使用规范的现代语体文记述,不用总结报告、新闻报道、文学作品、教科书、论文等写法,又要求文字朴实、严谨、简洁、流畅、优美,可读性强;在篇幅方面,要求版面字数在30万字左右。这些创新,始终都以达到可读可传为目的,通过控制篇幅、图文并茂、文字精练优美等,让读者便于携带、读了觉得有趣生动、津津有味。因此,名村志编纂一定要以增强可读性、便于传播为衡量标准。

(四)在坚持接地气的基础上突出讲好百姓故事

村志最能吸引人的地方就是记述的对象和内容都是跟老百姓的生产、生活、习俗等息息相关的,最接地气,能够让读者看到自己成长的经历、回想起童年的场景、勾起尘封多年的记忆。接地气的才会是大众的，名村志要求在资料选择上做出创新，以记载村域范围内的微观资料为主，详市县镇志之所略。同时，还要注重选用特色资料、调查资料和口述资料。在篇目设置方面还要求设置村民生活、新农村建设、风土民情等特色类目。如果说一部名村志能够出彩的地方是什么，最重要的是要讲好老百姓爱看、爱听、爱想的故事，让大家拿到书以后就有亲切感，就有似曾相识的感觉，能够在志书中找到属于自己的位置，找到丢失的记忆和场景，找到一份心灵的慰藉，那么，这部书就是成功的。

三、需要注意的事项

（一）切实把握好工作节奏

经过中指办研究，初步定于2017年10月在北京人民大会堂召开首届中国名村论坛暨第一批名村志出版座谈会，时间紧，任务重。这次名村志文化工程的实施，借鉴和吸收了名镇志文化工程的经验，采取在每省（自治区、直辖市）选择一个以上名村作为第一批中国名村志编纂试点，同步启动、同步编纂、同步审批、同步出版，同时公布第一批成果的组织模式。为确保按期保质完成，这次培训会上中指办还要跟各省级地方志工作机构、名村志编纂单位签订责任状，要求2017年7月31日前必须上报终审稿，明确各省（自治区、直辖市）地方志工作机构和承编单位要将完成编纂任务作为年度重点工作来抓，凡质量不达标、不能按时报送终审稿的，将自动退出中国名村志文化工程等。参加这次培训会的有分管领导、联络员、名村志主编和编纂人员，一定要按照责任状的要求，倒排工期，确保按期保质完成。

（二）不断提高编纂业务水平

这次培训班在课程设置上完全围绕名村志编纂业务来设计，既有组织管理方面的要求，又有编纂规范的要求；既有案例分析，又有实践经验的总结和提炼；既有理论方面的介绍，又有实际操作需要注意问题的剖析。通过培训，要告诉大家名村志是什么，名村志跟传统村志有什么区别，怎么编好名村志，编纂过程中需要注意什么问题等。这次培训还增加了分组讨论环节，帮助大家有针对性地对现有篇目——进行修改完善，真正做到对症下药，答疑解惑。培训时间虽然只有短短的三天，但是内容丰富。希望大家要认真学习，深刻领会，入脑入心，真正做到学有所成、学有所用，实实在在地提高编纂业务能力。

（三）严格遵守纪律和培训期间的安排

参加本期培训班的学员都是自愿报名，要珍惜学习机会，遵守培训班的各项安排，遵守纪律，认真学习。参加了这次培训，就要真正成为名村志合格的编纂者，还要涌现出一些专家或行家里手，成为典型，做到出书、出人、出经验。没有规矩，不成方圆，会务组的同志一定要加强管理，对于培训期间缺席的同志要登记下来，通知各省（自治区、直辖市）地方志工作机构。

（四）加强交流和借鉴

培训班同时也是很好的交流学习平台，大家在编纂中碰到的困难和问题，可以进行沟通交流，相互学习，相互借鉴。如果有什么意见建议，要向授课老师和会务组及时反映。同时，也可以结合本村的特点，比如来自历史文化名村或经济强村的学员，可以跟类似村的学员进行业务探讨和交流，比较优势，探讨特色，为编好名村志拓展思路、积累经验。

方志馆让地方志"立起来"*

第六届中国苏州创博会举办期间,中指办、江苏省地方志办公室和苏州市地方志办公室,联合在苏州举办首届全国方志馆馆长论坛,其意义主要有三:

一、地方志在新时期围绕经济社会发展中心工作开拓创新的一个重要举措

中国苏州创博会自开办以来,在国内外引起了强烈的反响。在今天上午的启动仪式上,我们也看到了来自国家部委、海内外有关专家人士济济一堂,共同见证了这一令人激动人心的时刻。"方志中国"场馆布展、承载内容和散发出的浓郁文化产业气息,都让我们倍受鼓舞。

地方志作为包含自然、经济、政治、社会、文化等各大部类的百科全书,自然也应当在文化创博园中有重要的一席之地。尤其是近年以来,虽然党中央、国务院高度重视地方志工作,全国的地方志工作者也辛勤耕耘、凝心聚力取得了巨大成就,但是与相关行业和部门相比,社会对地方志的认

---

* 2017年4月21日在首届全国方志馆馆长论坛上的讲话。

可度还不够高，人民对地方志的熟悉程度还不够深，其中关键的原因就在于，地方志围绕着修一本书、做一项工作的时间过久，因而从中央到地方、到寻常的百姓，都不熟知我们从事的这样一项工作。党的十八大以来，尤其是第五届中指组换届以来，特别是2016年我们提出要在全国范围内全面推进地方志从一项工作向一项事业转型的形势之下，地方志如何以国家利益为导向，如何围绕着国家经济社会和各级党委政府的中心工作去开拓创新，成为让千家万户、社会各界、党委政府重视地方志的一个重要抓手。所以在本次中国苏州创博会上，经苏州地方志办公室提议，江苏省地方志办公室同意申办"方志中国"展览，中指办对此高度重视，党组立即进行研究，并报上级同意，在较短的时间内就在创博会馆区布建起了一个特点鲜明、吸引力强的场馆。虽然场馆面积不大，但从大家的反馈情况来看，展陈效果确实是值得点赞的。文化和旅游部副部长项兆伦、江苏省委常委、宣传部部长、统战部部长王燕文等领导以及各省市地方志参会代表、参观群众，都一致认为我们这个场馆是最有特点、最有文化的，充分肯定了我们"方志中国"展的布展是成功的。这说明我们抓住机遇，在第六届中国苏州创博会的园区搞方志成果展，以服务于党委政府中心工作的这一举措做对了。

二、方志成果展和首届全国方志馆馆长论坛在苏州的举办，是对地方志全面从一项工作向一项事业转型升级的重要推动

长期以来，社会各界和我们地方志系统的工作者，都认为地方志是一个慢吞吞的机构，有些省份10年、20年甚至从成立地方志机构到现在，都在编写着一本志书。即使编写出书的单位，对于志书如何使用、如何发挥它的价值，思考较少，行动更少。在新的历史时期下，我们提出地方志必须要摒弃"一本书主义"，地方志工作不仅是编写一本志书，我们现在是志、鉴、史、馆、库、网、用、会、刊、研"十业并举"。"十业并举"中的"馆"就是指我们的方志馆。

刚才江苏省地方志办公室主任漆冠山在讲话中也谈到了，方志馆区别于博物馆和规划馆，最根本之处就在于博物馆记述历史，规划馆规划

未来，而方志馆是把历史和未来有机结合的一个不可或缺的场馆。在全国严格控制楼堂馆所建设的形势下，2015年8月国办印发《规划纲要》，明确提出"加快方志馆建设"，原因就是方志馆承载着博物馆、档案馆、图书馆、文化馆、规划馆等各个场馆都不能替代的功能和作用。

就博物馆和规划馆而言，博物馆对历史的记述是碎片化、点状的，并没有把历史发展的源流和传承的过程全面而系统地记述下来。比如说我们走进任何一个博物馆，都不可能看到从事物的发端开始，包括自然、经济、政治、文化、社会五大部类齐驱并进的传承记述。只有方志馆，不仅把博物馆中这些碎片化的知识点连接到一起，还有纵深的、历史洞察的记述，把我们中华文化延绵不断地发展、演变与传承过程真实而客观地记述下来，这就是漆冠山主任讲的方志是从历史走来。规划馆也是如此，规划到位，但不一定行动到位。而地方志则记述、行动都到位，它是对经过论证的规划、可行的计划、能够实现的计划来予以记述，这也是方志馆的一个重要的不同之处。

方志馆建设，应该说这几年也取得了很大的成就和突破。截至目前，全国已建成470多个方志馆，国家方志馆"魅力中国"展览正在推进，拥有2万余平方米展厅的国家方志馆黄河分馆将于今年底正式开放，选址铜陵的国家方志馆长江分馆正在推进，下一步考虑筹建草原分馆、一带一路分馆、长征分馆、知青分馆等，要把方志人之家建到各个地方，要让事业有承载之处。我们常说，只有方志馆才是地方志的"一亩三分地"，所以从去年以来，也加强了对方志馆的建设力度。去年我们专门成立了中国地方志学会方志馆研究会，举办了第一届全国方志馆培训班，召开了第一次全国方志馆工作会议。今天，我们又在苏州举办首届全国方志馆馆长论坛，按照刘玉宏副主任的设计，我们的方志馆馆长论坛不仅是让那些已经有方志馆的馆长同志们来参加，还要大量地吸收，特别是欢迎没有建设方志馆的地方志机构的负责人和党委政府的负责人也参加进来，让他们认识一下建设方志馆的意义。

另外，方志馆的理论研究方面，《中国方志馆研究》在积极筹备，今年即将创刊；在中指办的顶层设计和2017年的工作规划之中，今年还将陆续举行中国地方志学会方志馆研究会年会、第二次全国方志馆工作会议、第二届方志馆业务培训班，等等。本届方志馆馆长论坛，是落实地方志从一项工作向一项事业转型的重要标志。

三、首届馆长论坛选择在苏州市举办，是对江苏省和苏州市地方志工作的充分肯定

江苏省是方志大省，这是众所周知的。漆冠山主任从市政府领导岗位调任地方志工作以后，善作善成，善战善为，善于捕捉工作的重点、抓住工作的要点，尤其是如何围绕经济社会发展中心去抓好抓实地方志工作，他既有科学思考，也有务实举措。所以，经过这些年的努力，江苏省不仅仅是全国的方志大省，已经成为全国的方志强省。江苏省方志办首次在全国举办分管地方志的市县长培训班，在全省范围内推动名镇志、名村志的编纂，以及率先推出名酒志、承办中指办中国名酒志文化工程，等等，都是方志强省的有力体现。

近年来，在苏州市委市政府和江苏省地方志办公室的领导下，苏州地方志工作者团结一致、奋发有为、敢于开拓、大胆创新，尤其是近两年苏州市地方志工作取得了突出成绩，多项工作走在了全国的前列。苏州的地方志工作者，尤其是领导班子善于动脑、敢于担当、不怕困难，工作快节奏、有韧劲。本次会议选择在苏州召开，特别是三天的时间里在江苏先后举办了6个活动，充分说明当前地方志工作中，有一种速度叫方志速度，有一种节奏叫方志节奏。方志节奏是什么？方志节奏是三天搞6个全国性的大活动，方志节奏就是忙的饭都没时间吃、火车都差点没赶上。当然，我们还有一种精神，叫方志人精神。方志人精神除去我们写在《规划纲要》里"修志问道，直笔著史"的精神以外，今天我要再提出一个方志人精神——"仙人掌精神"。假如各行各业汇成一个庞大的植物园的话，我们不是国色天香的牡丹，也不是香气扑鼻的梅花，我们是什么？我们是仙人掌，不为人所知、很难为人所喜爱，甚至因为"直笔著史"而偶尔刺人，这就是我们的精神。我们还应该看到，所谓"仙人掌精神"是指，在我们方志人身上体现了仙人掌与其他植物不同

的品格和特征。仙人掌的特征是"三耐一强"：一是耐炎热。从地上植被看，各地拔地而起的华丽楼堂中找不到方志人的身影。二是耐干旱。从地下根系看，地方志工作机构少有人关怀，专业人才严重不足。三是耐贫瘠。长期以来，地方志地位边缘，待遇低下，但方志人在贫瘠的田地里照样成长，没有肥沃的土壤依然健硕。四是生命力强。在澳大利亚的南澳洲，农场主一次引进多个物种，种在贫瘠的土地上，不浇水也不灭虫，任其自由生长。结果最后他发现长得最快、最富有生命力，很快就遍布庄园各处的就是仙人掌。这就是仙人掌顽强的生命力，我们地方志机构现在就是要有这样的"仙人掌精神"。只要给地方志一粒种的土地，它就能生根发芽，不断拓展，把地方志功能向社会各界和千家万户拓展。以网站建设为例，抓住地方志信息化的契机，我们建了中国地情网乃至县情网、镇情网、村情网，我们叫"一网情深"。在新疆，我们建设出了地域特色和少数民族特色；在内蒙古，建设了蒙古文网站，实现了双语翻译，这是继蒙古文志书翻译之后，地情网站建设的又一特色——这就是我们的"仙人掌精神"。

作为我国重要的公益性公共文化场馆之一，方志馆的建设一直备受重视。《规划纲要》和中共中央办公厅、国务院办公厅联合印发的《关于实施中华优秀传统文化传承发展工程的意见》，都指明了方志馆的发展方向。各级方志馆怎么建？建成什么样？通过论坛，希望大家踊跃发表高见。本次论坛我们要解决以下问题：第一，解决方志馆独特的功能和定位问题。要论证清楚方志馆的不可或缺性，要让各级志办、方志馆属地的省委书记、省长，市委书记、市长知道，有了规划馆、博物馆、图书馆，不能没有方志馆。第二，要论证我们建成一个怎样的方志馆。第三，方志馆建成以后怎么解决像博物馆、规划馆门可罗雀的问题，要发挥其他场馆不可替代的、服务社会的作用。第四，怎样通过方志馆建设推动地方志真正从一项工作向一项事业转型。方志馆建成后，我们的事业如何开拓创新？未来的地方志机构和地方志工作者是一个怎样的定位和功能？未来的方志事业是一个怎样的发展蓝图？都需要我们借着方志馆的建设来进一步描绘。

影像志让地方志"活起来"*

长期以来,一谈起地方志,给人们的印象就是躺在图书馆某个角落的布满灰尘的一本厚书,毫无朝气的形象。党的十八大以来,中指办提出让地方志"五起来",其中,与中央电视台合作拍摄制作影像志,让地方志通过电视走进千家万户,就是地方志"活起来"的一个重要举措。中国名镇影像志不仅是中国影像方志的重要内容,也是中国名镇志文化工程的规划内容。

一、充分认识开展中国名镇影像志拍摄工作的意义

(一)拍摄中国名镇影像志是我国方志事业的创新

纵观我国方志史,千百年来,纸质版是传统方志的基本存在形式。随着科学技术的进步和信息化的发展,近数十年来,新修志书及整理出版的旧志电子版日益普遍,方志数字化建设更是后来居上,呈蓬勃发展之势,正如其他图书一样,志书的存在形式和阅读方式随之发生巨变。这无疑是一次大的飞跃,但文字版图书的局限性仍未有实质性突破。近年

---

* 2017年4月22日在中国名镇影像志启动仪式上的讲话。

来，方志系统（如广西）在探索利用现代影像技术以全新的视角和书写手段拍摄制作影像志，取得了初步成果，但拍摄的往往是专志而非综合志，综合性影像志目前仍是一片尚待开发的方志处女地。影像志是借现代科技手段，以影像形式再现历史场景，用影像讲述人们鲜活的生产生活故事，使影像替代文字或图片成为志书文本存在形式和内容载体，这令人耳目一新，从根本上克服了文字版志书记述人物不见其人、不闻其声，记述事件不见其直观场景的缺憾，是志书文本形式的创新与革命，其理论价值与实践意义不可小觑。据了解，全国数万个乡镇中尚未有开展影像志拍摄者，今天中国名镇影像志拍摄在周庄的启动，不仅标志着中国首个名镇影像志的开拍，而且也开创了全国名镇志编纂的崭新历史，定格了综合志书编纂方式和存在形式在全国范围内发生革命性变化的开端。

（二）拍摄中国名镇影像志是中国名镇志文化工程的重要内容

2015年，国办印发的《规划纲要》明确要求，做好中国名镇志文化工程。同年，中指办启动了该项工程，现已取得了重要的阶段性成果。截至目前，出版和即将出版近30部名镇志，各地申报的接近130部，初步形成了全国地方志系统新的重要文化品牌。这为中国名镇影像志工作的开展提供了不可或缺的基础。中国名镇志的编纂是中国名镇影像志拍摄的先导，中国名镇影像志是中国名镇志的延伸，二者相辅相成，相得益彰，将共同推动中国名镇志文化工程的建设与发展，铸造中国乡镇志文化的双璧，彰显中国基层文化的魅力。作为中国名镇志文化工程的一部分，中国名镇影像志拍摄工作的开展，对于全面贯彻落实习近平总书记、李克强总理、刘延东副总理关于地方志的重要指示，贯彻《规划纲要》，展示改革开放成果，全面、翔实记录我国新型城镇化进程，抢救保护传统文化，培育民众爱乡、爱国情怀等都具有重要意义。

（三）拍摄中国名镇影像志助推方志文化大众化

在互联网和电子科技高度发达的今天，以各种形式观看视频已成为人们日常生活的重要组成部分。这就决定了影像志在普及方志文化方面具有得天独厚的优势。影像志，在形式上往往为群众喜闻乐见，在内容上常常是客观公正，在传播上易于进政府、进工厂、进学校、进社区、进村庄、进寻常百姓家，使人们颇为陌生的方志文化，渐次为普通民众所熟知，并逐步融入他们的文化生活。中国名镇影像志反映的是一个镇历史与现状的方方面面，由于行政区域不大，聚焦的往往是当地人、事、物的一些细节，而不可能是大而无当的"宏大叙事"，这一方面决定了中国名镇影像志富有其他各类志书无法取代的生动性特点，及对省志、市志、县志的独特补充作用，另一方面也昭示了名镇影像志在催生当地民众感情共鸣与归属、留住乡愁与集体记忆等方面将具有突出功能。因此，中国名镇影像志将开辟方志文化走向民间的新路径，对促进方志文化的宣传与平民化具有无可替代的作用。

二、认真做好拍摄中国名镇影像志工作

（一）按计划分阶段有序推进

拍摄影像志是方志系统的新生事物，拍摄中国名镇影像志系列在我国方志发展史上尚无先例，无前人经验可循，只能"摸着石头过河"，循序渐进。要走先试点再推广铺开的道路。拍摄中国名镇影像志又是一个系统工程，我国现有为数众多的各类名镇，仅其一镇一志，数量已很可观，更何况尚有许许多多的普通乡镇将来或可跻身名镇之列。因此，完成拍摄中国名镇影像志工作绝非朝夕之功，要作中长期打算。既不可因急于事功而影响质量，也不可因畏惧困难而裹足不前。今天周庄影像志的拍摄启动就意味着全国名镇影像志拍摄试点的开始。我们充分肯定周庄启动影像志拍摄敢为他人之先、大胆尝试的精神，我们也殷切希望周庄为全国名镇影像志拍摄工作开展积累富有价值的经验。中指办将一如既往的领导、组织、监督该项工作，加强相关调研和顶层设计，对其开展过程中出现的问题及时指导解决，不断推动中国名镇影像志拍摄工作健康有序开展。

（二）充分动员社会各界合力推进

长期以来，传统文字版志书的编纂已经形成了一套行之有效的机制与经验，编纂时尚且需要动员社会各方力量，仅靠各地方志工作机构远

远不够。影像志情况相对而言更为复杂，它不仅需要文字脚本，还需要实地采访与拍摄，还要有后期剪辑与制作，环节更多，动用的资源也多，费用较高。这就需要省市县特别是县级方志工作机构勇于担当，主动统筹资源，动员社会各界力量，群策群力，广筹资金，俗话说"单丝不成线，独木不成林"，只要社会各方都积极行动起来，共襄此举，名镇影像志拍摄工作顺利开展就指日可待了。

（三）在理论与实践的良性互动中推进

影像志是新时代的产物，方志工作者对其内容、体例颇为陌生。怎样拍摄制作名镇影像志，对大家来说是一个崭新的课题。这就需要加强理论研究与攻关，首先在理论上厘清问题，取得突破，然后再来指导实际工作。在拍摄名镇影像志过程中形成的经验也要不断提炼上升为理论，被丰富的方志理论反过来再用于指导名镇影像志实践，从而形成理论与实践的良性互动，而此过程也在很大程度上演绎着我国名镇影像志的成长史，揭示着我国名镇影像志拍摄与制作的日臻成熟与完善。无论何种形式与类型的志书，其生命都在于质量。为确保名镇影像志质量，中指办在加强理论研究的同时，将针对该项工作成立专门的学术委员会，在学术上给予积极指导，质量上予以严格把关，以保证所拍摄制作的影像志形式上名副其实、不走样，内容上要而不繁、简而不疏，质量上合格并力争上乘。旨在切实拍摄制作出堪存堪鉴、形式新颖、为群众喜爱的影像志。

"夫志者，心之所志也。志民生之休戚也，志天下之命脉也，志前世之盛衰以为法戒也，志异日之因革以为呼吁也。"方志工作者不但肩负着如此重大的修志使命，还要踵事增华，创新工作思路与方法，不断开辟方志事业的新领域。中指办将继续对业已启动的中国名镇志文化工程、中国名村志文化工程、中国名酒志文化工程及今天启动的中国名镇影像志拍摄工作等加强组织领导与顶层设计，紧紧团结和依靠全国广大地方志工作者，不断在创新中把我国地方志事业推向前进。

信息化让地方志"热起来"

党中央、国务院高度重视地方志工作,习近平总书记、李克强总理、刘延东副总理等党和国家领导人就地方志工作多次发表重要讲话、作出重要批示。2015年8月,国办印发《规划纲要》。2016年3月,"加强修史修志"被写入国家"十三五"规划。2017年1月,中办、国办印发的《关于实施中华优秀传统文化传承发展工程的意见》中特别强调要"做好地方史志编纂工作,巩固中华文明探源成果,正确反映中华民族文明史,推出一批研究成果"。2017年5月,中办、国办印发的《国家"十三五"时期文化发展改革规划纲要》明确强调:"加强地方史编写和边疆历史地理研究。完成省、市、县三级地方志书出版工作。开展旧志整理和部分有条件的镇志、村志编纂。"面对党中央、国务院高度重视地方志的大好形势,全国地方志事业正处于高位运行的发展态势。

党的十八大以来,我国互联网事业快速发展,网络安全和信息化工作扎实推进,取得显著进步和成绩。2016年是国家信息化发展史上重要的一年。习近平总书记多次发表重要讲话、作出重要指示;党中央、国务院出台一系列有关信息化的法规、政策和规划等。这些都为全国地方志信息化发展提出了要求，指明了方向，明确了目标。与此同时，中指组及其办公室高度重视信息化工作，中指组及其办公室领导在不同场合对信息化工作提出了具体要求。下一步全国地方志系统要深刻领会党中央、国务院关于信息化建设的重大决策部署，努力把中指组及其办公室领导的要求落实到位。

下面，我讲三点意见：

一、总结成绩，正视问题，切实增强做好地方志信息化工作的信心

2016年，全国地方志系统信息化工作机构紧紧围绕中心、服务大局，认真贯彻落实《规划纲要》对地方志信息化工作的新任务、新要求，立足实际、主动作为，推动全系统信息化工作顺利完成预期目标，取得了预期效果。主要表现在以下四个方面：

（一）顶层设计实现新突破

2016年是全国地方志系统顶层设计年。根据《规划纲要》的要求，全系统立足实际，积极稳妥开展信息化规划、制度制定工作。中指办分别于9月、12月出台《全国地方志信息化发展规划（2016—2020年）》（以下简称《信息化发展规划》）和《全国信息方志与数字方志建设工程实施方案》（以下简称《实施方案》），统筹协调全国地方志信息化工作，有力推进全国地方志信息化事业科学发展。各地也稳步推进信息化规划、制度的制定工作，为全系统信息化工作的开展提供了制度保障。

（二）全国信息方志与数字方志建设工程取得新成效

一是全国地方志网站群覆盖面进一步扩大。中指办进一步优化中国方志网功能和栏目，顺利通过国务院办公厅四个季度的政府网站普查；中国地情网二期已经开发完成，明天将向大家进行演示。河北省情网、内蒙古区情网蒙文版、内蒙古区情网手机版、宁夏方志网、重庆地情网正式上线；吉林、黑龙江、山东、湖北、广西、四川、贵州、陕西等省完成网站改版升级；"辽宁省地方志"网站获批"辽宁省地方志·政务"中文域名等等。二是数字方志馆建设稳步推进。2016年5月13日，

国家数字方志馆正式揭牌。目前国家数字方志馆平台建设稳步推进。北京、江苏、陕西、湖南等省数字方志馆已经建成并投入运营，一些市县的数字方志馆陆续建成上线。三是方志新媒体矩阵进一步扩大。不断完善方志中国微信和方志中国手机报发布内容和形式，方志中国微信发布256期，方志中国手机报发布48期。方志新媒体矩阵初具规模：天津、河北、山西、内蒙古、湖北、湖南、福建、宁夏、四川、安徽、重庆、广西、陕西、江苏等省（区、市）新开设微信公众号，目前已开通省级方志微信23个，市、县级方志微信200多个。内蒙古、贵州开通手机报，湖北、河北、江苏、广西、四川开通今日头条号或一点资讯号。四是办公平台和编纂业务系统建设取得新进展。年内，《浙江通志》在线编纂信息系统用户达2400余名，收录的资料超过6亿字，数据规模超过1T。吉林省方志委办公自动化（OA）系统正式应用于实际办公，实现了无纸化网上办公。安徽开始使用"中国通"年鉴在线编纂云平台编纂《安徽年鉴》。五是地情资源开发利用实现新突破。2016年2月，山东史志地理信息系统——俯瞰齐鲁上线运行，实现了"地理信息＋地方史志"的深入融合和创新发展。上海以"地方志知多少"网络和微信知识竞赛活动为依托，开展地方志社会认知度调查。

（三）信息化机构队伍建设取得新进展

一是全系统信息化机构设置进一步规范。山东省史志办省情资料处独立并更名为信息工作处；安徽省方志办资料处更名为信息处。二是注重业务培训。11月，第一期全国地方志信息化业务培训班在云南普洱举办。此期培训班领导重视、内容丰富、覆盖面广、反响很大。各地也非常注重业务培训。年内，四川省地方志信息化工作培训、广西地方志系统网站建设培训等业务培训班先后举办，效果良好。

（四）全系统信息化工作机构沟通联系建立新机制

继2008年武汉会议、2011年济南会议后，2016年4月，在贵阳召开全国地方志系统信息化工作会议。会议决定每年召开一次全系统信息化工作会议，总结上一年工作，安排部署本年度任务，形成了定期沟通联系机制。

总结过去一年的工作，各地牢固树立"互联网+地方志"理念，加快推进网站、数据库、新媒体平台等建设。地情网站群覆盖面逐步扩大，地方志数据库（数字方志馆）规模快速扩容，方志业务信息系统建设加速推进，方志新媒体矩阵初具规模，信息化制度建设逐步健全，等等。

这些成绩的取得离不开全国地方志系统信息化工作机构和广大信息化工作者的努力和心血。正是为了表扬先进、激励后进，充分展现近年来全国地方志信息化建设成果，进一步推动全国地方志信息化建设跨越式发展，充分发挥信息化在全国地方志事业转型升级中的重要作用，中指办和中国地方志学会信息化研究会组织了全国地方志信息化工作通报表扬活动，这是全国地方志系统首次组织的通报表扬。经过自下而上逐级推荐、专家评审、中指办党组研究等环节，确定信息化工作通报表扬单位21个、通报表扬个人40名。希望大家以他们为榜样，见贤思齐、创先争优，汇聚起推进地方志信息化建设的强大正能量。

在肯定成绩的同时，我们应清醒地看到，对照党中央、国务院对信息化建设的新要求、新部署，以及《信息化发展规划》确定的目标，我们在很多方面还有很大的提升空间，还有很多措施没有实施；全国信息方志与数字方志建设工程的推进力度不够；信息化标准建设亟待实现突破；信息报送制度亟待建立；信息化队伍整体素质亟待提高；等等。

二、认清形势，抢抓机遇，准确把握今年工作的努力方向

今年是贯彻落实《信息化发展规划》的开局之年，是深入实施全国信息方志与数字方志建设工程的关键之年。做好今年的地方志信息化工作，必须把握时代背景，明确工作思路，突出工作重点。

（一）准确把握地方志信息化面临的时代背景

近几年来，国家相继实施网络强国战略、"互联网+"行动计划、国家大数据战略；《中华人民共和国网络安全法》《"十三五"国家信息化规划》相继颁布实施。这一系列顶层设计的出台，勾勒出中国网信战略的宏观框架，明确了中国网信事业肩负的历史使命，为深入推进网络强

国战略指明了前进方向，为进一步做好网络信息化工作提供了根本遵循。地方志信息化事业是中国网信事业的重要组成部分，在互联网和经济社会融合发展的大背景下，地方志信息化工作的目的就是利用互联网让全体人民共享方志文化成果，促进方志基本公共服务均等化。2016年12月，李培林常务副组长在第一次全国地方志工作经验交流会暨2017年全国地方志机构主任工作会议上把地方志事业信息化列为地方志事业转型升级的"六大转变"之一，要求"从单一纸媒体志向广泛运用数字媒体志转变，实现地方志事业的信息化"。明确了地方志信息化工作在地方志事业中的定位，指明了地方志信息化工作的努力方向。可以说，地方志信息化建设在地方志事业发展的大好形势下，同样面临着难得的战略机遇。

（二）明确2017年地方志信息化工作思路

2017年信息化工作的总体思路要以贯彻落实《规划纲要》和《信息化发展规划》为主线，以全国信息方志与数字方志建设工程为抓手，进一步继续推进顶层设计，深入推进"三网一馆两平台"建设，在制度体系、标准体系建设等方面取得新突破，促进全系统信息化工作上台阶、上水平，为促进地方志事业转型升级贡献应有的力量。

（三）突出2017年地方志信息化工作重点

今年要着重抓好以下几个方面工作。一是有序推进全国信息方志与数字方志建设工程。完成中国国情网一期的开发并正式上线。完成国家数字方志馆一期项目建设，搭建国家数字方志馆平台。中国国情网建设方案讨论稿已经发给大家，请各位积极建言献策。推进各地地情网站建设，进一步扩大全国地方志网站群的覆盖面。鼓励各地方志新媒体建设，壮大方志新媒体矩阵规模。适时开展《信息化发展规划》《实施方案》落实情况的调研督查。二是加快信息化相关标准规范的制定。启动地方志信息化标准体系建设。完成方志文本资源、图像资源数据加工标准的文本起草和调研论证工作。两个标准的讨论稿已经发给大家，请大家结合实际畅所欲言，多提建设性的意见和建议。通过集思广益、群策群力，扎实推进标准制定工作。三是大力加强信息化业务培训。邀请信息化主管部门、图书馆、高等院校、科研院所、地方志等方面的专家，年内拟举办1—2次不同类型、不同层次的培训班，提高全国地方志信息化工作队伍的业务能力和综合素质。四是探索信息化研究会发挥作用的有效途径。在全国信息方志与数字方志建设工程、标准体系建设、业务培训中要发挥信息化研究会理论研究、业务探讨、咨询建议等作用。这次会议也是和信息化研究会年度会议套开，希望大家围绕如何更好地推进信息化研究会工作进行深入研讨。

三、科学谋划，统筹协调，确保2017年各项工作任务顺利完成

一个行动胜过一打纲领。我们要深入贯彻落实《规划纲要》关于信息化工作的新任务、新要求，科学谋划、统筹协调，圆满完成2017年各项工作任务，推动《信息化发展规划》的贯彻落实。

（一）把握规律科学干

一是坚持互联网思维。互联网思维是指在互联网、移动互联网、大数据、云计算等科技不断发展的背景下，对原来行业形态进行重新审视的思考方式。具体到地方志系统，就是树立"互联网+地方志"理念，促进地方志事业的创新发展，打造地方志事业转型升级的信息化引擎。二是坚持问题意识和问题导向。就是承认矛盾的普遍性、客观性，善于把认识和化解矛盾作为打开工作局面的突破口。因此，对于地方志信息化发展的薄弱环节、迫切需要解决的问题，我们要有一个客观、准确的评价和把握。什么问题紧迫就解决什么，努力拉长短板。三是注重网络信息安全。网络信息安全无小事。地方志大数据安全关乎地方志事业的未来。我们要高度重视网络信息安全，健全制度、落实责任，加强网络信息安全标准化工作，积极稳妥推进地方志信息化工作。

（二）撸起袖子加油干

一是增强责任意识。地方志信息化发展是一个系统工程，从某种意义上说，代表和引领着地方志事业转型升级和科学发展的方向。全国地方志工作者要切实增强责任意识，明确目标定位和工作标准，形成工作

合力。二是发挥后发优势。不可否认，受观念、资金、队伍、体制等因素影响，地方志信息化建设与其他行业、领域相比还有不小的差距。我们要发扬方志人精神，发挥后发优势，努力实现"弯道超车"。三是积极主动作为。地方志系统信息化工作者要敢想敢干、勇于担当，克服等靠要思想，最大限度地发挥创造潜能，追求实实在在的工作成效。

（三）落实责任务实干

一是制定任务清单。各地要结合自身工作实际，制定时间表、路线图、任务书，明确责任人、标准和时限要求，倒排工期，严格落实清单销号制度。二是突出工作重点。全国地方志信息化工作者要树立系统思维，在工作中坚持总体推进和重点着力相结合，做好常规性工作的同时，突出重点、把握关键，"好钢用在刀刃上"，避免低水平重复。三是严格监督考核。中指办要启动地方志信息化工作监督考核办法制定工作，通过通报表扬、开展督查督办等活动，推动各项工作有力有效落实。

扎实推进中国年鉴精品工程*

近年来，全国地方志事业迎来了千载难逢的发展机遇。党的十八大以来，中央领导同志高度重视地方志工作，多次就地方志工作发表重要讲话、作出重要批示。党中央、国务院先后出台一系列明确写入地方志内容的重要政策性文件，为包括年鉴事业在内的地方志事业的发展改革营造了良好的社会环境。中指办紧紧抓住这一机遇，乘势而上、顺势而为，着力在全国范围内全面推进包括年鉴事业在内的地方志事业的转型升级。近年来，中指办不断强化顶层设计，陆续推出了全国地方志"十大工程"，将其作为贯彻落实《规划纲要》最重要的抓手。其中，中国年鉴精品工程和中国志书精品工程作为姊妹工程，旨在狠抓质量建设，打造志鉴精品，进而充分发挥示范引领作用，推动全面提升志鉴质量。

自 2015 年 12 月启动以来，中国年鉴精品工程试点工作稳步推进，取得了阶段性成果，积累了一些经验，为后续全面推进中国年鉴精品工程奠定了扎实基础。目前，取得的主要成果有：2017 年 5 月 17 日，中指办发出通知，印发《中

---

* 2017 年 7 月 14 日在中国年鉴精品工程试点单位 2017 年卷年鉴篇目研讨会上的讲话。

国年鉴精品工程实施方案》，明确了中国年鉴精品工程的重要意义、申报范围、评选条件、评选程序、评选要求和管理、组织领导、奖励与宣传、经费保障等问题，这是下一步推进中国年鉴精品工程的指导性文件。5月18日，中指办发出通知，公布《山西年鉴（2016）》《温州年鉴（2016）》《北京海淀年鉴（2016）》三部年鉴入选为中国年鉴精品工程"中国精品年鉴"。当然，从该工程启动起，我就一直强调，中国年鉴精品工程是一项探索工程、开放工程，这次在试点单位之外，另接受《北京朝阳年鉴》等12家计划申报中国年鉴精品工程"中国精品年鉴"的单位报名，就充分体现了这个工程的开放性。下一步，我们还要深入推进中国年鉴精品工程，进一步扩大申报范围，并在优化评审程序、加强组织领导、完善专家指导等方面不断做出优化调整。

下面，结合更好地推进中国年鉴精品工程，我谈几点意见：

一、充分认识实施中国年鉴精品工程的重要意义

2015年8月，国办印发《规划纲要》，提出包括"年鉴全覆盖"目标在内的"两全目标"，同时还要求坚持存真求实，正确处理质量与进度的关系，将精品意识贯穿于地方志编纂出版全过程。2016年12月，中指组印发《全国年鉴事业发展规划（2016—2020年）》（以下简称《年鉴规划》），进一步明确了到2020年全国年鉴事业的任务书、时间表、路线图，并就实施中国年鉴精品工程提出了要求。《年鉴规划》明确："到2020年，建立覆盖省、市、县、乡（镇）、村的20个中国年鉴精品工程试点单位，覆盖各类专业年鉴的20个中国年鉴精品工程试点单位；鼓励各级各类年鉴编纂单位申报中国年鉴精品工程，打造50部中国精品年鉴。"实施中国年鉴精品工程，是年鉴工作者紧扣时代脉搏，抢抓战略机遇的重要举措，有助于传承弘扬好中华优秀传统文化，有助于直笔记录新时代、新气象，有助于为全面建成小康社会提供更多智力支持和历史借鉴，还有助于推动全国年鉴事业的转型升级，意义非常重大。各级地方志工作机构和年鉴工作者，尤其是在座的试点单位和计划申报单位的同志，应紧紧围绕贯彻落实《规划纲要》《年鉴规划》，以深

入推进中国年鉴精品工程为契机，凝心聚力，一步一个台阶，用精心诚意铸造出更多的年鉴精品佳作。

二、正确认识试点单位的性质和作用

2015年12月，中指办结合全国年鉴工作实际情况，选定山西省地方志办公室等10家单位为首批全国年鉴工作暨中国年鉴精品工程试点单位。选择这10家单位为试点，就是要发挥"先行先试"的引领示范作用，以点带面，最终达到全面提高年鉴质量的目标。既然是探路先锋，在打造精品年鉴的过程中肯定会面临不少困难和问题，诸如怎样正确认识打造精品年鉴的意义、怎样正确对待肯定与否定的问题、怎样正确对待入选与否的问题等。这些问题有些是共性的，有些是个别独有的。例如，有的试点单位没有及时认清"试点"的真正含义，认为选上"试点"就万事大吉、高枕无忧了，在年鉴编纂方面努力不够，年鉴实际质量不高。其实，选上试点单位，并非意味着编出来的年鉴就是精品。能不能成为精品，青史流芳、历久弥新，不是你们说了算，也不是中指办说了算，而是由历史来判定，等再过几十年上百年，大浪淘沙、洗尽铅华之后留下的才是精品！我刚才已经讲过，中国年鉴精品工程是一个开放性工程，目前的10家试点单位如果不能严肃认真对待这一工程，随时都有可能被淘汰；其他计划申报的单位，可以按照刚才介绍的《年鉴规划》明确的试点计划选择申报试点，只是新的申报程序还有待研究；也可以按照《中国年鉴精品工程实施方案》规定的评审程序进行申报，直接申报中国精品年鉴。这次会议召开之前，在试点单位之外，各省（自治区、直辖市）地方志工作机构在推荐计划申报单位时，我们曾反复强调，计划申报单位必须是年鉴工作重视程度较高、编纂基础条件（包括人员、经费、经验等）较好、连续编纂出版两卷以上年鉴、真正有打造精品年鉴积极性的单位，才能报名参会。为此，我们还劝退了一些单位。计划申报单位的同志们能来参加这次会议，就说明自身年鉴的工作基础还是不错的。中国年鉴精品工程可不是随随便便进得来，轻轻松松做得好的面子工程，而是稳扎稳打、实实在在的精品工程，不付出加倍的努力，是很难打造出精品年鉴的。

三、深入总结经验，破解工作难题

中国年鉴精品工程开展一年多来，已经摸索出了一些宝贵经验。第一，建立起与试点单位的沟通联络机制。一年多来，中国年鉴精品工程办公室的同志，包括中指办年鉴处同志、方志出版社相关编辑部的同志，不辞辛苦、奔走联络，与试点单位的同志反复沟通，不断磨合，用热心换取诚心，沟通联络较为畅通。第二，建立起专家指导制度。通过召开多次专家评审会、与试点单位代表面对面交流等方式，深入开展评审和研讨，在专家指导方面总体上较为高效。第三，基本确立了一套精品年鉴质量控制方法。如专家精心评审、中指办汇总梳理专家意见、试点单位认真落实修改并提交修改报告等。同时，这里也简单梳理一下各试点单位存在的一些问题，主要有：一是各试点单位在工作进度上差别很大，协调难度也很大；二是有的单位对专家修改意见和建议落实不到位；三是有的试点单位还存在不服从统一安排、自行其是的情况。当然，中指办在开展实施这一工程时也一定程度上存在缺乏经验、推进不力的问题，下一步还要加快工作节奏，完善工作程序，更加稳妥高效地组织推进工程的实施。

四、认真开展研讨，努力做到有的放矢

一部年鉴编得好不好，立不立得住，一个重要因素就是年鉴的篇目框架设计是否合理，是否能全面反映当地经济社会发展的现状，是否能体现出时代特色、地域特色。篇目框架是一部年鉴的纲领，直接决定一部年鉴编纂的质量高低。中国年鉴精品工程启动以来，中指办抓年鉴质量从抓篇目开始，不仅多次组织专家对年鉴的篇目框架设计进行研讨分析，还着手编制《地方综合年鉴框架设计参考篇目》，旨在为各地在综合年鉴篇目框架设计上提供参考并进行规范。摆在我们面前的这些年鉴篇目，我粗略翻阅一下，有的一看就是经过了精心打磨，有的还尚显粗糙，仍然存在不少问题。当然，这也与编纂进度不一致、会前准备不充

分有关系。希望大家认真开展研讨，对试点单位篇目框架的总体设计、领属分合、名称与内涵等方面存在的问题提出修改意见或建议，希望各位指导专家能够发挥专长，实事求是，精心指导，耐心解惑，把存在的问题及修改意见毫无保留地提出来。也希望各试点单位、各计划申报单位的代表们充分利用好这次专家面对面指导交流的机会，虚怀若谷，开门编鉴，认真消化吸收有关意见或建议，有疑难或不解的地方多进行请教。

"百舸争流千帆竞，乘风破浪勇者先。"中国年鉴精品工程已经进入深入推进的阶段，也是即将要出更多成果的阶段。有更多年鉴将来加上中国年鉴精品工程"中国精品年鉴"的标志，共同谱写年鉴事业的绚丽华章。

扎实推进中国名镇志、名村志文化工程*

党的十八大以来，地方志事业发展迎来了千载难逢的发展时机，始终保持着高位运行的态势。党中央、国务院十分关心重视地方志工作，习近平总书记、李克强总理、刘延东副总理就地方志工作多次发表重要讲话、作出重要批示。党的十九大提出中国特色社会主义进入新时代的科学论断，这对全国地方志事业转型升级有着重大的指导意义。中国特色社会主义进入新时代的五大内涵引领着全国地方志事业进入新时代。其一，新时代是地方志承前启后、继往开来，在新的历史条件下进入实现在全国范围内全面推动地方志从一项工作向一项事业转型升级的时代。其二，新时代是地方志实现省省、市市、县县有志有鉴，实现国志、省志、市志、县志、乡镇志、村志、社区志和综合年鉴从中央到社区的全覆盖，地方志成为国家、民族、社会、各级党委政府不可或缺的伟大事业的时代。其三，新时代是全国方志人不懈奋斗、开拓创新、不断扩大地方志的功能和影响力，让每一个中国

---

* 2018年4月2日在中国名镇志、名村志文化工程编纂业务培训班暨《八一镇志》编纂座谈会开幕式上的讲话。

人都能在地方志中找到自己的位置,是地方志实现家喻户晓,让方志人挺直腰杆的时代。其四,新时代是全体方志人勠力同心,弘扬精神,奋力挖掘弘扬方志文化,继而助推建设社会主义文化强国的时代。其五,新时代是方志文化引领中华文化日益走向世界文化舞台中央,向世界贡献中国智慧和中国方案的时代。

近日,十三届全国人大一次会议第三次全体会议投票表决,高票通过了《中华人民共和国宪法修正案》。此次修改宪法是推进全面依法治国、推进国家治理体系和治理能力现代化的重大举措,是时代大势所趋、事业发展所需、党心民心所向。广大地方志工作者要深入学习实施宪法修正案,全面理解习近平总书记依宪治国的理论内涵,加大依法治志的力度,为地方志转型升级提供坚实的法治保障。第一,地方志要讲政治、遵宪法。地方志是"官修"的资料性文献,具有政治性、证据性的特点,必须要把讲政治作为第一位要求。第二,要充分认识宪法修正案对指导地方志工作转型升级的重大意义。地方志工作者要深刻领会习近平新时代中国特色社会主义思想、中国共产党的领导是中国特色社会主义最本质的特征等载入宪法的重大意义,站在新的高度开拓创新地方志工作。第三,要把宪法的实施和地方志的具体工作结合起来。要在志鉴成果中充分体现出宪法修正案中关于国家指导思想、国家机构调整、地方立法权扩充等内容,紧紧跟上时代步伐。第四,要统一思想、统一认识,认真学习、全面领会宪法精神,坚定不移走中国特色社会主义法治道路,自觉维护宪法权威,保证宪法实施,为新时代推进全面依法治国、建设社会主义法治国家而努力奋斗。

2018年是贯彻党的十九大精神的开局之年,是决胜全面建成小康社会、实施"十三五"规划承上启下的关键一年。2018年也是地方志工作的"攻坚年",承担的任务艰巨而繁重,要从单纯修志编鉴向志、鉴、史、馆、库、网、用、会、刊、研"十业并举"转变;要到2020年实现省省有志鉴、市市有志鉴、县县有志鉴的目标。各级地方志工作者,要以高度的政治责任感和强烈的历史使命感,扎扎实实推进各项工作,履职尽责、不辱使命,推动地方志事业跨越式发展,形成地方志事业发展的新高潮；要撸起袖子加油干，紧跟中指办实施的中国名镇志、名村志文化工程等"十大工程"，紧抓"时间表""路线图"确保按期保质完成"两全目标"；要放大事业格局，围绕国家利益开展地方志工作，培育"仙人掌精神"，强化方志文化自信，努力开创地方志事业转型发展的新局面。

近年来，在西藏自治区党委、政府的高度重视下，西藏地方志办公室克服重重困难，推动地方志工作取得了可喜成绩。中指组及其办公室高度重视西藏自治区地方志工作，早在2015年9月，王伟光组长、李培林常务副组长来西藏自治区调研地方志工作，专门指示在中国名镇志文化工程要中充分考虑西藏，选择林芝市八一镇作为试点，编纂出西藏第一部名镇志——《八一镇志》，用志书记录八一镇历史发展变迁。中指办根据领导的要求作出专项部署，动员多方力量，组建专家编纂团队。2017年1月，召开篇目论证会，正式启动《八一镇志》的编纂。今天又在西藏林芝举办中国名镇志、名村志编纂业务培训班暨《八一镇志》编纂座谈会，全力支持西藏推进名镇志、名村志及《八一镇志》的编纂工作，实现西藏自治区名镇志编纂零的突破。

一、充分认识中国名镇志、名村志文化工程的重要性

（一）实施中国名镇志、名村志文化工程是适应新型城镇化和乡村振兴战略的主动作为

近年来，党中央、国务院就深入推进新型城镇化建设作出了一系列重大决策部署，我国城镇化水平快速提高。国家统计局最新发布的数据显示，2017年末，我国城镇常住人口和城镇化率较上年末均有大幅度提高。城镇化是现代化的必由之路，是我国最大的内需潜力和发展动能所在，对全面建设社会主义现代化国家意义重大。党的十九大报告提出的实施乡村振兴战略，是开启全面建设社会主义现代化国家新征程的必然选择。基层社会的乡镇、村落是一个可以大有作为的广阔天地，借着新型城镇化和乡村振兴战略的东风，迎来了难得的发展机遇。乡村振兴，文化为魂。要实现城乡统筹发展、乡村振兴，蕴藏在广袤土地上历史悠

久的农耕文明、传统文化、民族文化、乡土文化和民俗文化,是可持续地把新型城镇化和乡村振兴战略向前推进的重要基础和保障。在经济快速发展中,我国的乡镇、村庄经历着急剧的变迁,乡土文化弱化问题日益凸显,乡土文化所特有的内涵、价值体系在城市化过程中受到了挑战。通过中国名镇志、名村志文化工程的实施,让乡土文化回归并为新型城镇化、乡村振兴提供动力,让农耕文化的优秀菁华成为建构乡村文明的底色,为切实提升一个地方的文化自信提供重要支撑,是传承历史文明的重要载体,让历史文明薪火相传,永不断章,更好地服务地方志的科学发展,是具有重要现实意义和深远历史意义的时代课题。

(二)实施中国名镇志、名村志文化工程是实现地方志"创造性转化、创新性发展"的内在要求

王夫之说:"理者,物之固然,事之所以然也。"面对地方志事业发展新趋势新机遇新矛盾新挑战,必须确立新的发展理念,用新的发展理念引领发展行动。发展理念是发展行动的先导,是管全局、管根本、管方向、管长远的东西,是发展思路、发展方向、发展着力点的集中体现。发展理念确立了,目标任务就好定了,政策举措也就跟着好定了。为此,中指办以完成"两全目标"为重心,以事业转型升级为主线,以"十大工程"为抓手,对全国地方志事业发展进行谋篇布局,抓好地方志"创造性转化、创新性发展"新机遇,将"创新、协调、绿色、开放、共享"的新发展理念融入地方志工作,在坚守地方志优秀传统的同时,不断创新地方志发展理念,转变发展思路。创新是引领地方志事业发展的第一动力。发展动力决定发展的速度和可持续性。如果动力问题解决不好,要实现地方志持续健康发展是难以做到的。坚持"创造性转化、创新性发展",是新时代地方志事业开拓创新与转型升级的根本之策。新时期的地方志工作不能"养在深闺人未识",乡镇村志的编纂不能还走老路子,必须挖掘传统方志文化新生命,与现代社会的相结合,展现当代历史价值、社会价值和文化价值,在"四个全面"战略布局中找准定位,在全面建成小康社会和实现中华民族伟大复兴中国梦的进程中体现价值,肩负起方志人的历史使命和责任担当。中国名镇志、名村

志文化工程是实现地方志"创造性转化、创新性发展"的内在要求,是地方志系统以国家利益为导向、以经济社会发展为中心、以服务人民为宗旨的开拓创新之举,是地方志拓展领域、延伸触角、主动走进千家万户、与现实相融相通的积极尝试。

(三)实施中国名镇志、名村志文化工程是坚定方志文化自信,打造全国"名志"系列文化品牌的重要举措

泱泱中华,历史悠久,文明博大。方志文化表现了中华文化的本质特征和根本属性,是中华文化的重要代表,是中华文化的丰富滋养。方志文化自信重大命题的提出,是贯彻落实习近平总书记系列重要讲话精神和治国理政新理念新思想新战略的必然要求,是建设社会主义文化强国和实现中华民族伟大复兴的客观要求,是对地方志事业发展规律的科学把握,是对方志学理论的又一次提升。坚定方志文化自信离不开地方志事业的科学全面发展,离不开以名镇志、名村志文化工程为代表的创新实践:中国名镇志工程自2015年启动以来,第一批名镇志11部已于2016年5月正式出版并在北京人民大会堂召开出版座谈会,第二批26部已于2017年12月正式出版并在贵州黔东南召开出版座谈会。中国名村志工程自2016年启动以来,第一批27部已于2017年12月正式出版并在北京人民大会堂召开出版座谈会。与此同时,中指办又陆续启动中国名酒志、名街志、名山志、名水志文化工程,全面启动中国影像志名镇、名村系列,全力打造"名志"系列文化品牌。如今,"名志"系列文化品牌正不断显现出方志文化的吸引力和号召力,在推动方志文化进机关、进农村、进社区、进校园、进企业,推动城乡方志文化建设,培育地方历史记忆,引导人们更加深刻地认识方志、了解方志,充分展示方志文化的当代价值及永恒魅力等方面发挥着不可替代的重要作用。

二、充分认识召开中国名镇志、名村志编纂业务培训的必要性

地方志事业要做"活"做"热",就要从整体上把握地方志与当下经济社会发展的关系,打造"名志"系列文化品牌,从而更好地发挥地

方志"存史、资政、育人"的作用，谱写中华民族伟大复兴中国梦的方志篇章。文化的繁荣与创新首先需要文化的继承，通过志书这一载体，讲清楚乡镇、村落的中国特色，讲清楚中华民族的历史传统、文化积淀，记录、反映中国人民意愿和时代发展进步，以人们喜闻乐见、具有广泛影响力的方式推广开来，从而进一步提升方志文化自信，激发地方志更为持久强劲的内生动力。近年来，中指组及其办公室高度重视影像志工作，推出了一系列举措。中指办与中央电视台联合拍摄的大型纪录片《中国影像方志》在央视科教频道已经播出56集，以直观、形象、立体的方式介绍县域的方方面面，用影像记录当下，以地方表达中国，在社会上反响热烈。下一步，我们要把影像方志从县域推向镇、村。今年2月，中指办发布《关于开展中国影像志·名镇·名村系列影像志制作的通知》，各地要积极参与进来，把名镇、名村通过影像志形式"立"起来，"活"起来，做成对外宣传乡村文化名片。

现阶段中国名镇志丛书已经进入到第三批的编纂，中国名村志丛书也已经是第二批，在首批阶段我们更多的是抓学习、打基础、定标准，而现在我们要促规范、树典型、出经验。因此，召开本次名镇志、名村志编纂业务培训班非常必要和迫切。

（一）中国名镇志、名村志编纂进入新阶段

中国特色社会主义进入到新时代，我国社会主要矛盾已经转化为人民日益增长的美好生活需要和不平衡不充分的发展之间的矛盾。这里所说的发展不平衡不充分，其中就关涉到乡镇、农村的发展。名镇志、名村志的主编要站在社会的观察者、记录者和思考者的角度，以高度的责任意识，对当下乡镇、村的社会变迁、改革发展、文化传统等作出真实的记载，书写好一个个中国故事，同时还要精心做好对外宣传工作，创新对外宣传方式，传播好中国声音让更多的读者可以了解中国。

为服务国家文化"走出去"战略，充分展示方志文化的当代价值及独特魅力，推动方志文化走向世界，2017年以来，中指办、方志出版社与加拿大新学术出版社联合，就第二批名镇志中的《乌镇志》翻译成英文版，并经中央网络安全和信息化领导小组办公室批准，被纳入第四届世界互联网大会的必备会议材料推介给与会代表，同时还在加拿大英属哥伦比亚省出版发行，成为第一本在海外出版发行的中国名镇志。《周庄镇志》《枫泾镇志》英文版也正在紧锣密鼓编校中，即将正式出版。相信将来会有更多的中国名镇志、名村志成为"方志文化走向世界工程"的桥头堡，成为弘扬中华文化的重要载体。

（二）中国名镇志、名村志编纂出现新问题

1.区域的不平衡问题。中国名镇志、名村志文化工程在组织管理上要按省区推动，发挥省志办的统筹作用。目前，各省区市地方志工作机构对于本区域推进名镇志、名村志文化工程仍然缺乏规划，没有按照统一部署、全面摸底、规划推进、协调发展的要求组织开展，难以在本省区市形成成建制、成规模的整体效应。同时，在组织发动上要注意区域平衡。从目前申报情况看，还有部分省（自治区、直辖市）尚未启动中国名镇志、名村志工作。下一阶段还需要注重区域平衡，做到遍地开花、全面铺开。各省应将推进名镇志、名村志编修和传统镇村志编纂相结合、评选优秀镇村志和提高编修质量相结合、读志用志和服务当地经济社会发展相结合，进一步推进名镇志、名村志丛书的编纂。

2.质量与速度问题。志书要注意质量，能经得起时间和历史的检验。时代发展了，社会分工越来越细，我们一定要在规模、质量上超过前人。现在的志书都要在国内外公开发行，因此我们更需要注重质量。各部门都要把质量放在第一位，对社会负责，对事业负责，对子孙后代负责。近年来，地方志事业实现跨越式发展、根本性转变，名镇志、名村志编纂取得骄人卓越的成绩。地方志工作者在明确任务的同时，注意处理好质量和速度的关系。2018年是全国地方志的"质量年"，志鉴编纂要讲求质量，要合理安排时间，精心组织人员，科学调度计划，细心打磨精品，切记"贪多嚼不烂"。在丛书编纂之初，要着力发挥市、县级地方志工作机构的业务指导，特别是对篇目设计、志稿撰写的职能作用，充分发挥省级地方志工作机构在志稿终审环节严格把关的作用，切实提高志稿质量。加强专家团队建设，尤其是在每个省、市、县培养专家团队，为名镇名村志的编纂提供学术支撑。

三、对本次培训班的要求

（一）认真理解中国名镇志、中国名村志丛书编纂的基本要求

这次培训班对课程做了精心设置，涵盖组织管理、编纂规范、理论探讨等多方面内容，并结合案例分析，有针对性地总结了近年来名镇志、名村志编纂中存在的重点、难点问题。授课专家也均具有丰富的名镇志、名村志编纂指导经验。希望大家要多思多记，深刻领会，入脑入心，真正做到学有所成、学有所用，实实在在地提高编纂业务能力。

（二）积极发言，加强交流，互相借鉴

《中国名镇志文化工程实施方案》作为"名志"系列工程开展之初的重要指导性文件，一直以来备受关注。在编纂过程中，名镇志的编修也出现了新变化，申报、编修和出版中也出现了一些亟待解决的新问题，我们对《中国名镇志文化工程实施方案》进行修订。在本次培训的分组讨论期间，各位学员要充分讨论，积极发言，群策群力，力求使《中国名镇志文化工程实施方案（修订稿）》能更加契合当前中国名镇志文化工程发展的需要，更加科学合理，便于操作。会务组的同志要做好记录整理，便于进一步修改完善。对编纂中遇到的一些问题，要加强学习交流，分享心得体会，通过发现问题和解决问题，使本次培训落到实处，取得实效。

（三）严格遵守纪律和培训期间的安排

参加本期培训班的学员要端正态度，珍惜学习机会，遵守培训班的各项安排，遵守纪律，认真学习。参加了这次培训，就要真正成为名镇志、名村志合格的编纂者，还要涌现出一些专家或行家里手，成为典型，做到出书、出人、出经验。没有规矩，不成方圆，会务组的同志一定要加强管理，对于培训期间缺席的同志要登记下来，通知各省（自治区、直辖市）地方志工作机构。

中指办将始终和全国地方志工作者一道，秉承"修志问道，直笔著史"的方志人精神，创造"高铁"般的方志速度，提高"质量效益并重"的方志效率，弘扬"家国天下"的方志情怀，树立"盛世修志，志载文

明"的方志文化自信,践行"为当代提供资政辅治之参考,为后世留下堪存堪鉴之记述"的方志担当,进一步推进地方志事业全面转型升级,开创新时代地方志工作新局面,为决胜全面建成小康社会、夺取新时代中国特色社会主义伟大胜利,实现中华民族伟大复兴的中国梦,实现广大人民对美好生活的向往作出方志人应有的贡献。

用精品年鉴记录新时代*

2018年是贯彻落实党的十九大精神的开局之年，是决胜全面建成小康社会、实施"十三五"规划承上启下的关键一年。当前和今后一个时期，包括年鉴系统在内的全国地方志系统的首要政治任务就是要深入学习贯彻落实党的十九大精神和习近平新时代中国特色社会主义思想，瞄准新方位，围绕统筹推进"五位一体"总体布局、协调推进"四个全面"战略布局，在新的历史起点上，与时俱进、开拓创新，振奋精神、积极作为，不断书写地方志事业发展新篇章。同时，2018年也是地方志工作的攻坚年、质量年。以地方综合年鉴编纂为例，据截至2018年第一季度末的统计，全国31个省（区、市）和新疆生产建设兵团的32种省级综合年鉴中，有4种尚未理顺编纂体制；348种市级综合年鉴中，2017年卷有16种未启动编纂、23种未实现一年一鉴、86种未实现公开出版，2018年卷有40种尚未启动编纂；2841种县级综合年鉴中，2017年卷有470种未启动编纂，启动编纂的2371种年鉴中有285种未实现一年一鉴、1045种未实现公开出版，

---

* 2018年5月3日在中国年鉴精品工程研讨会上的讲话。

2018年卷有472种尚未启动编纂工作。可以说，距离"年鉴全覆盖"目标还有很大差距，下一步的任务既艰巨又繁重。面对困难和压力，我们必须紧紧围绕到2020年全面实现"两全目标"的核心目标任务，在想方设法狠抓年鉴编纂进度的同时，保持战略定力、发展韧劲，狠抓年鉴质量建设，坚守住年鉴事业发展的生命线。

经过3年多的共同努力，我们在推进中国年鉴精品工程打造中国精品年鉴的道路上取得了一些成绩，发挥了对全国年鉴编纂质量建设的示范引领作用，但是年鉴编纂仍普遍存在编纂理念陈旧、创新意识不强、框架设计不合理、年度特点和地方特色不突出、民生内容反映不够等问题，年鉴质量建设依然任重而道远。篇目设计是年鉴编纂的基础和前提，中国年鉴精品工程取得的重要经验之一，就是从篇目抓起，每年召开一次申报年鉴篇目研讨会，今年是连续第三年召开篇目研讨会，其目的就在于把关口前移，在篇目设计环节就适应新形势新任务新要求，纠错正讹，分条析理，加强规范指导，严把篇目质量关。

马鞍山是一个历史文化底蕴深厚的城市，历史上无数文人骚客曾驻留于此，为后人留下了很多脍炙人口的名篇佳作。我们今天在这里召开这次研讨会，学习发扬"聚山纳川，一马当先"的马鞍山精神，凝心聚力打造精品年鉴，本身就体现了新时代方志人奋勇争先的使命意识和责任担当，这也使得这次会议更具有特殊意义。

下面，结合更好地推进中国年鉴精品工程，开好这次篇目研讨会，我谈几点意见：

一、进一步充分认识实施中国年鉴精品工程的重要意义

2015年8月，国办印发《规划纲要》，提出包括"年鉴全覆盖"目标在内的"两全目标"，同时还要求坚持存真求实，正确处理质量与进度的关系，将精品意识贯穿于地方志编纂出版全过程。2016年12月，中指组印发《全国年鉴事业发展规划（2016—2020年）》（以下简称《年鉴规划》），进一步明确了到2020年全国年鉴事业的任务书、时间表、路线图，并就实施中国年鉴精品工程提出了要求。2017年12月，中指

组结合地方综合年鉴编纂出版实际，在充分总结经验、广泛征求意见的基础上，修订出台了2012年7月起试行的《地方综合年鉴编纂出版规定》，进一步规范引领省市县三级综合年鉴的质量建设，为编纂出版更多高质量的精品年鉴提供更加强而有力的制度支撑。与此相应，中指办严把质量关，扎实推进中国年鉴精品工程，取得了阶段性成果。2016年卷打造出山西、温州、北京海淀3部中国精品年鉴，2017年卷打造出山西、辽源、南京、北京海淀、海安5部中国精品年鉴。在中国年鉴精品工程的辐射影响下，北京、江苏、福建、广西壮族自治区等省（区、市）也深入推进年鉴精品工程，取得了一定成绩。但是这与《年鉴规划》中"到2020年打造50部精品年鉴"的目标要求还相距较远，树立精品意识，打造精品年鉴仍是今后一个时期全国年鉴工作的一项核心任务。因此，我们要进一步充分认识实施中国年鉴精品工程的重要意义，要深刻认识到实施中国年鉴精品工程不仅是全面贯彻落实《规划纲要》《年鉴规划》，更是培育精品意识和精品年鉴、提高年鉴质量的重要手段，不仅是推动年鉴事业转型升级，发挥年鉴"存史、资政、育人"功能的根基所在，更是年鉴工作者紧扣时代脉搏，坚持创新发展，传承弘扬中华优秀传统文化的关键步骤；不仅有助于坚定文化自信，讲述好中国故事，传播好中国声音，更有助于为决胜全面建成小康社会提供更多智力支持和更大精神动力。各级地方志工作机构和年鉴工作者，尤其是在座的试点单位和计划申报单位的同志，应牢牢抓住深入实施中国年鉴精品工程这一有利契机，一步一个台阶，为铸造出更多的年鉴精品佳作而努力。

二、深入研究新时代新方位背景下如何编纂高质量年鉴

党的十九大报告指出，我国的社会主要矛盾已经转化为人民日益增长的美好生活需要和不平衡不充分的发展之间的矛盾。党章修正案、宪法修正案把习近平新时代中国特色社会主义思想确立为我们党和国家的行动指南，我国的发展进入到新的历史方位。为适应这些重大变化，党和国家随之出台更多重大的举措、推出更多有力的措施。如在法治建设方面宪法修正案深刻反映了法治发展的新成就新经验新要求，在推进国

家治理体系和治理能力现代化方面深化党和国家机构改革正在如火如荼进行，等等。年鉴如何全方位地、开创性地记述这些历史性变化，如何充分记述我们党领导人民进行的伟大斗争、建设的伟大工程、推进的伟大事业、实现的伟大梦想，是新时代年鉴编纂工作需要深入思考探究的问题。这次会议对年鉴篇目框架设计进行深入讨论，就是呼应新时代新变化新要求，对提高收集和精选年鉴信息敏锐度的积极考量，促进年鉴信息资源的扩大和增值。优化年鉴篇目就是要为年鉴编纂夯实基础，为下一步打造精品年鉴创设良好的开端。

三、深入总结交流打造精品年鉴的工作经验和不足

中国年鉴精品工程开展3年以来，已经摸索出了一些宝贵经验：一是摸索出精品年鉴打造之路，打造精品的范围从试点逐步迈向全国；二是建立起专家指导制度，在专家指导方面总体上较为高效；三是基本确立了一套精品年鉴质量控制方法，等等。但也存在一些不足，包括：精干专家少，评审压力较大；各申报单位编纂进度前后不一，协调难度较大；试点经验成效不够突出，示范作用有待彰显；等等。这次会议的一个目的就是要总结交流经验，吸取教训，攻克难关，这要求中国年鉴精品工程办公室、指导专家、申报单位三方要统一思想、促成共识，同向发力、同频共振，服从全局、形成合力，共同打造中国精品年鉴。

这次会议除试点单位之外，另接受天津北辰等23家计划申报单位报名，去年的会议只接收了12家单位报名，今年是去年的2倍，充分体现了这个工程的开放性，这也是我一再强调的，同时也体现出大家参与打造精品年鉴的积极性和强烈热心。一方面，对于你们的积极参与和计划申报，我表示热烈欢迎；另一方面，我刚才谈的一些问题同时也是给大家打个预防针。中国年鉴精品工程可不是敲锣打鼓就能做得好的面子工程，而是稳扎稳打、实实在在的精品工程，不付出加倍的努力，是很难打造出精品年鉴的。下一步，我们还要进一步扩大申报范围，并在加强组织领导、严格评审程序、完善专家指导等方面不断做出优化调整。

四、有的放矢切合实际地开展研讨

一部年鉴编得好不好，一个重要前提就是年鉴的篇目框架设计是否合理，是否能全面反映当地经济社会发展的现状，是否能体现出时代特点、地域特色。摆在我们面前的这些年鉴篇目，我粗略翻阅一下，有的一看就是经过了精心打磨，有的还尚显粗糙，仍然存在不少问题。当然，这也与编纂进度不一致、会前准备不充分有关系。希望大家认真开展研讨，对各篇篇目框架的总体设计、领属分合、名称与内涵等方面存在的问题提出修改意见或建议。今天我套用唐代诗人刘禹锡作于马鞍山的名篇《陋室铭》的句子，指导专家们"谈笑有鸿儒"，但是这次研讨会有"指导年鉴篇目之劳形"，希望各位指导专家能够发挥专长，实事求是，精心指导，耐心解惑，把存在的问题及修改意见毫无保留地提出来。也希望各试点单位、各计划申报单位的代表们充分利用好这次专家面对面指导交流的机会，虚怀若谷，开门编鉴，认真消化吸收有关意见或建议，有疑难或不解的地方多进行请教。

"积土而为山，积水而为海。"一切伟大成就都是接续奋斗的结果，一切伟大事业都需要在继往开来中推进。中国年鉴精品工程已经进入深入推进的阶段，也是即将要出更多成果的阶段。希望各位指导专家和试点单位、计划申报单位的同志们团结协作、奋勇争先，把各部年鉴的篇目研讨好、修改好，携手为有更多年鉴将来加上中国年鉴精品工程"中国精品年鉴"的标志贡献自己的智慧和力量，共同谱写年鉴事业的绚丽华章。

持续抓好中国名镇志文化工程*

中国名镇志文化工程的开展对于保存乡村文化记忆、传承和传播传统文化都有着十分重要的意义，我们要把这项工作牢牢抓在手上，力争把它打造成我们地方志系统一张靓丽的名片和有深刻影响力的文化品牌。下面，结合会议精神的贯彻落实，我再讲几点意见：

一、继续保持工作热度

中国名镇志文化工程开展3年多来，各地参与的热情很高，共有29个省（自治区、直辖市）234个名镇参与了申报，出版了3批66部中国名镇志丛书的成果。下一步，大家要把参与的热情继续保持下去，再接再厉，推动中国名镇志文化工程做大做强。

（一）进一步提高对中国名镇志文化工程的重视程度

中国名镇志文化工程是全国地方志系统的一项工作创新，经过这几年的精心打造，取得了丰硕成果，影响力日益增强。虽然这项工作不是地方志系统的必选动作，不是"两全目标"

---

* 2018年12月6日在第三届全国名镇论坛暨第三批中国名镇志丛书出版座谈会上的总结讲话。

提出的法定任务、硬指标，但是对全国地方志工作机构拓展工作宽度，促进各地乡镇志编纂方面起到了积极引领作用。同时，这也是我们地方志系统为保护乡镇文化根脉、促进传统文化传承所做的一件实事。各地一定要高度重视这项工作，关心这项工作，进一步加强指导协调，继续把这项工作抓紧抓好。

（二）继续做好中国名镇志文化工程的宣传推广工作

一是继续办好每年一届的全国名镇论坛。全国名镇志论坛到今年已经连续举办了三届，应该说起到了造势的效果，发挥了推动中国名镇志文化工程顺利实施的作用。明年的全国名镇论坛在湖南省举办，一定要超前谋划，提前介入，创新会议模式，加大宣传力度，增强会议效果。二是发挥好媒体传播矩阵的宣传作用。要利用电视、电台、报纸、期刊、微信、微博等各类既有传播形式，广泛深入宣传报道中国名镇志文化工程开展情况和工作成果。也要积极探索通过自媒体、短视频等各类新媒体，创新宣传方式，进一步扩大中国名镇志文化工程在社会各界的影响力。

（三）处理好机构改革与名镇志工作的关系

各地按照中央的部署要求，深入推进地方政府机构改革，有的省份机构合并了地方志系统，有的省份还继续保留，不管是如何变化，我们地方志系统要服从改革大局，适应改革带来的新变化，继续开展好日常工作。有一些乡镇申报了名镇志，目前还没有编纂出来，希望不管机构怎么变化，我们地方志工作机构对名镇志工作的关心、支持和指导要一如既往，在热情上不要有所减弱，要帮助尚未完成的志书早日编纂出版。

二、持续提升质量精度

中国名镇志丛书陆续出版以来，以独特的视角和灵活的体例展示了名镇风采，得到了社会各界的普遍认可。下一步要围绕增强可读性，打造一批有影响力、有收藏价值的精品佳志，这需要在优化志书内容、完善编纂程序、挖掘名镇闪光点方面多做文章。

（一）严格执行标准规范

为适应经济社会发展变化，根据中国名镇志文化工程实际工作需要，中指办在征求各地意见的基础上，对2015年颁布的《中国名镇志文化工程实施方案》进行了修订，新修订的实施方案对中国名镇志丛书的基本篇目、凡例、行文通则等内容做了部分调整，增强了针对性和可操作性。自新修订的实施方案公布之日起，中国名镇志文化工程在志书申报、篇目设计、内容编纂等方面要严格按照新的标准执行，正在编纂阶段的名镇志要按照新的文件要求及时进行调整。

（二）继续加强培训指导

一支高素质、懂业务的编纂队伍是中国名镇志丛书成为精品图书的前提和基础。中指办计划明年继续举办中国名镇志、中国名村志丛书编纂业务培训班，总结编纂经验，交流心得体会，提高志书编纂人员业务水平。针对名镇志编纂中经常出现的问题，中指办也将加以收集整理，制定出台指导文件，帮助编纂人员避免常见错误，提高工作效率。省市县地方志工作机构也要加强对名镇志编纂人员的业务指导和联系沟通，及时了解编纂进度，帮助解决业务问题，做好审读修改环节的协调工作。

（三）不断规范编纂程序

一是合理安排编纂周期。名镇志的编纂需要一定的时间周期，期间需要反复打磨修改。这需要各地在申报时，根据自身需求合理安排好编纂时间。有的名镇志出版是为了赶活动、赶节庆，这就要提前打算，尽早启动。二是省级地方志工作机构的终审一定不要走过场。从目前报送的送审稿看，有一些志稿质量很不理想，基本的篇目框架、语言表述、字数要求、格式规范都没有遵守，甚至还有许多错别字。这样的稿件也能通过省级三审是不应该的。希望各省级地方志工作机构加强把关，努力提高编纂质量。三是充分发挥好名镇志联络员的作用。各联络员要发挥好桥梁纽带作用，加强与中指办相关处室的沟通交流，跟踪做好名镇志编纂业务指导，及时协调解决编纂过程中遇到的问题。各省的名镇志联络员有调整时，要及时向中指办报备，以便工作联系协调。

三、不断拓展业务广度

实施好中国名镇志文化工程，在编纂好中国名镇志丛书的同时，还要围绕服务地方经济社会发展大局，发挥好中国名镇志丛书的文化传播作用，进一步加大工作创新力度，不断拓展业务范围。

（一）继续做好影像志有关工作

影像志运用现代影像技术，以影像形式再现历史场景，用影像替代文字或图片，其所形成的视觉冲击力是其他任何载体形式所无法实现的，是让地方志走进千家万户的一种非常好的形式。《中国影像志·名镇名村》系列以中国名镇志丛书、中国名村志丛书为蓝本，已于今年正式开始拍摄，首批有周庄、李庄、开弦弓、王兰庄、凌庄子、高碑店等镇、村参与了拍摄制作，已制作完成3集，并计划于近期在中央电视台播出。这项工作刚刚起步，还有很多环节需要完善，尤其是在资金来源和运作程序方面还有一些困难和问题，下一步要进行研究，找出对策，逐步解决，不断将这项工作推向深入。

（二）服务地方经济社会发展

满足人民精神文化需求，服务地方经济社会发展是开展中国名镇志文化工程的重要目标。相对于传统志书，中国名镇志丛书在编纂过程中，注重突出地方的"名"和"特"，体例更加灵活，可读性更强。要发挥好中国名镇志丛书宣传介绍地情的作用，积极参与服务各类招商、会展、宣传等活动，扩大本地的影响力。要善于挖掘志书中的资源，为城乡规划、农业发展、文化传承等提供参谋和建议。要积极参与各类志书进村居、进社区、进校园、进军营等活动，让中国名镇志丛书走进千家万户，成为大家看得见、用得着的常备书籍。

（三）开发好名镇志系列产品

深入推进中国名镇志文化工程，在编纂好中国名镇志丛书的同时，努力实现成果多元化。如《乌镇志》《周庄镇志》《枫泾镇志》英文版出版，满足了本地重大活动需求，充分展示了方志文化的当代价值及独特魅力，为推动方志文化走向世界起到了积极作用。下一步，在做好名镇志英文版的基础上，还要进一步创新思路，开发其他语种版本名镇志、电子书、音频书籍等各类延伸产品，丰富中国名镇志文化工程成果种类。

持续抓好中国名村志文化工程*

"三农"问题作为关系国计民生的根本性问题，始终被作为全党工作的重中之重。为了解决城乡发展存在的不平衡、不充分问题，党的十九大作出实施乡村振兴战略的重大部署，提出了"产业兴旺、生态宜居、乡风文明、治理有效、生活富裕"的总体要求。实施乡村振兴战略，是以习近平同志为核心的党中央着眼党和国家事业全局，对我国"三农"工作作出的新的战略部署，是新时代"三农"工作的新旗帜和总抓手，在我国"三农"发展进程中具有划时代的里程碑意义。乡村的振兴包括产业振兴、人才振兴、文化振兴、生态振兴、组织振兴等多个方面的振兴，在此过程中，如何扎实推进文化振兴以助力乡村振兴，是当下我们地方志工作者要认真考虑的课题。近日，中共中央、国务院印发《乡村振兴战略规划（2018—2022年）》，对实施乡村振兴战略作出阶段性谋划，特别是在"繁荣发展乡村文化篇"明确指出要"保护利用乡村传统文化，鼓励乡村史志修编"，这是全国地方志机构以及地方志工作者发挥地方志独特优势助推乡村振兴的

---

* 2018年12月25日在第二届全国名村论坛暨第二批中国名村志丛书出版座谈会上的讲话。

重要依据。

2016年11月，为主动围绕经济社会发展和以人民为中心开拓创新，进一步发挥地方志的独特优势，中指组及其办公室组织实施了中国名村志文化工程。截至目前，已经出版47部名村志，连续举办了两届全国名村论坛，广泛宣传了方志文化和中国特色名村，社会效益不断凸显，辐射带动效益巨大。中国名村志文化工程不同于其他传统文化工程的差异之处，就在于体现鲜明的时代背景，彰显地方志为探索中国乡村的发展经验、发展模式、前进道路提供历史智慧和现实借鉴的核心目标，着力侧重以文化振兴助推乡村振兴，在方式方法上不断开拓创新，在发展方向上与国家战略融为一体。下面，我就新时代地方志工作如何服务好国家战略谈几点意见：

一、准确把握全国地方志事业发展重要机遇

编修地方志是中华民族优秀文化传统，历史悠久，连绵不断。新中国成立后，特别是改革开放以来，在党中央、国务院的关心重视下，在中国社会科学院党组和中指组的坚强领导下，全国地方志工作取得巨大成就。党的十八大以来，党中央、国务院高度重视地方志工作。习近平总书记、李克强总理多次就地方志工作作出重要指示、批示。2015年8月，国办印发《规划纲要》，对全国地方志事业发展作出科学的顶层设计；2016年3月，"加强修史修志"被写入国家"十三五"规划；2017年1月，《关于实施中华优秀传统文化传承发展工程的意见》出台，地方志工作被纳入中华优秀传统文化传承发展工程；2017年5月，《国家"十三五"时期文化发展改革规划纲要》出台，地方志工作被纳入社会主义文化强国建设任务之中；2018年9月，中共中央、国务院印发《乡村振兴战略规划（2018—2022年）》，明确指出要"保护利用乡村传统文化，鼓励乡村史志修编"。这是中国特色社会主义进入新时代，党和国家对全国地方志事业的高度重视，是对地方志功能价值的高度肯定。盛世修志，志载盛世，全国地方志事业迎来了千载难逢的发展机遇。

但是，我们也要认识到，全国地方志事业的发展与当前经济社会

蓬勃发展之间还有一定的差距。长期以来，地方志被认为是"冷部门、冷岗位、冷事业"，工作艰苦、辛苦、清苦。如何更好发挥地方志的优势，进一步焕发地方志事业科学发展的活力？关键在于珍视传统与面向未来，主动参与到对国家发展和人民需求的实践中来，紧跟时代发展脉搏，避免"藏在深闺人未识"的窘境，使越来越多的部门和社会公众认识地方志的重要意义与价值。地方志不是一个"泾渭分明"的研究领域，地方志工作不能仅靠"一心只读圣贤书"，恰恰相反，地方志发展到今天，其研究领域越来越宽广，需要多学科、多视野的融合发展，需要更多的国际视野、开放理念、创新意识和服务精神，才能不断深化改革，主动适应新时代要求，推动全国地方志事业高质量发展。

二、深入思考国家发展战略视野下方志资源开发利用

目前，有很多文化工作者一味追逐时代发展战略前沿，可能难以顾及自身工作隐含的问题，缺失与社会发展之间的密切联系，从而失去来自现实生活的强大生命力。但是，在"用历史智慧推进治理现代化，连接现实与未来"这方面，地方志工作有着独特的优势。

从历史上来讲，《隋书·经籍志》中就有"地官诵训掌方志，以诏观事，以知地俗"的记载，可见方志从源头上就承担着"资政"的功用，这是由入志的内容决定的，一般来说，能够收入志书的，都是那些能反映当地真实情况、反映事物发展规律或发展趋势，有时代特点，有借鉴作用、查考作用、教育作用和存史作用，经得起时间和历史检验的资料。在资料的要求上，要选取那些从深层说明事物内涵，反映事物本质形态和特点，反映事物内在联系及该事物与其他事物联系、区别，反映事物的因果关系、发展规律的资料。显然，这些内容对治国理政大有裨益，历代统治者都十分重视方志的纂修。

从现实层面上来讲，新时代、新形势下的地方志工作，要围绕党和国家根本利益、经济社会发展和以人民为中心开拓创新，充分利用好方志资源优势，弘扬和传承优秀传统文化，进一步彰显文化自信，提升国家文化软实力和中华文化影响力。要在传承展示优秀传统文化、丰富方

志文化表现内容和创新表现形态等方面积极探索，从服务国家战略的高度打造优质文化品牌，促进全国地方志事业繁荣发展。要借助多方力量，组织科研机构和高等院校的专家学者以及有关机构人员积极参与，进一步提升地方志成果的质量，提升地方志工作的社会影响，真正地把地方志"用起来"，将地方志"立起来"，让地方志"活起来"，叫地方志"热起来"，使地方志"强起来"。站在新的历史方位，地方志要展现当代历史价值、社会价值和文化价值，在"四个全面"战略布局中找准定位，在全面建成小康社会和实现中华民族伟大复兴中国梦的进程中体现价值，肩负起方志人的历史使命和责任担当。

三、全面聚焦新时代全国地方志事业发展方向

近年来，在党中央、国务院的亲切关怀和高度重视下，中指组及其办公室牢记使命，勇于创新，敢于担当，凝聚共识，提振士气，以开拓创新与转型升级作为新时代地方志事业发展方向，并以此深入挖掘新时代地方志事业发展理论和实践的科学路径。具体而言，从理论上来说，带领全国地方志系统深入学习贯彻习近平新时代中国特色社会主义思想和党的十九大精神，深刻领会习近平新时代中国特色社会主义思想、中国共产党领导是中国特色社会主义最本质的特征等载入宪法的重大意义，充分认识党的十九大精神对全国地方志事业转型升级的重大指导意义，紧紧把握历史脉搏，在新的历史起点上，以问题为导向，从现实出发，不断开拓创新。从实践上来看，深入探索并着力实践全国地方志事业进入新时代的具体内涵，提出"一纳入、八到位"的总要求，把2015年确定为调研年、培训年，2016年确定为顶层设计年，2017年确定为督查年、落实年，把2018年定为攻坚年、质量年，凝心聚力，久久为功，坚定不移地推进和落实"两全目标"，大力拓展地方志事业发展格局，摒弃"一本书主义"，开拓志、鉴、史、馆"四驾马车"并驾齐驱，志、鉴、史、馆、库、网、用、会、刊、研"十业并举"新局面，在全国范围内全面推动地方志从一项工作向一项事业转型升级。

下面，我主要结合这几年实施的中国名村志文化工程，就地方志如

何更好地服务国家发展战略谈几点意见：

1. 要以挖掘乡土文化资源，复兴中华传统文化为主线，以此促进中国广大乡村地区朝着"文化小康"的目标不断迈进。存史是地方志工作的逻辑起点，通过中国名村志文化工程完整记录和全面呈现中国乡村的自然、社会、政治、经济、文化等方面的历史和现状，让更多的受众尤其是年轻人了解中国乡村、自觉传承传统文化，对解决当下一些社会问题，保持民族文化的独立性，坚定文化自信以及实现中华民族伟大复兴意义重大。

2. 要注意把展现乡村发展变化、发展经验与发展模式放在更重要的位置，为乡村振兴战略提供历史智慧。以文化振兴助力乡村振兴，归根结底是要落实到促进农业农村经济发展和提高农民在发展中的参与度和受益面上来。因此，中国名村志文化工程需要把握时代脉搏，突出重点地呈现农村经济社会发展的经验与模式，力争为更多地区在乡村振兴中取得历史性突破，给予更好的支撑力。

3. 要在营造共建共享的中国名村志文化工程大格局方面加大探索。中指组及其办公室只是中国名村志文化工程的组织者、发起人，"名村"才是发展的主体，在工程的推进过程中，要充分尊重乡村自身的主体性地位，倡导当地政府和民众加入到工程中来，密切村志编修与乡村政治、经济、文化建设的联系，避免单纯地把某一部村志当成孤立的项目，而要考虑推进当地经济社会发展和村民幸福感、获得感的获取等一系列长久问题，要致力于实现成果共享，在大格局下使所有参与方都能获益，将中国名村志文化工程打造成一个在乡村振兴战略下走在时代前列的重要文化平台。

实施中国方志文化走向世界工程[*]

编修地方志,是中华民族源远流长的优秀文化传统。地方志纵贯古今、横陈百科,汇集了各地自然、人文、社会、经济的历史和现状,显示了一定区域内历史发展轨迹和事业盛衰起伏的全过程,是全面、系统、客观的资料性文献,可谓是"凡郡之所有,事无巨细,莫不皆然"。"国有史,郡有志,家有谱",作为中华优秀传统文化的重要组成部分,在2000多年的递嬗传承中,国史、方志、家谱构成了中华文明存续发展的文化基石。博大精深、独具特色、历久弥新的方志文化在新时代依然熠熠生辉,成为传承中华文明、发掘历史智慧、凝聚发展能量的重要载体,也是讲好中国故事、展示中国魅力的重要平台,对"存史、资政、育人"有着十分重要的作用。

据不完全统计,仅现存历代旧志就有8000多种、10万多卷,约占中国现存古籍的十分之一。正如英国著名汉学家李约瑟博士所说,古代的希腊乃至近代英国,都没有留下与中国地方志相似的文献,要了解中国文化,就必须了解中国

---

[*] 2019年7月16日在第二届方志文化国际学术研讨会暨第九届中国地方志学术年会上的致辞。

的地方志。而中国这种独一无二的文化现象之所以能延续上千年并流传至今，一个重要原因就是自隋唐以后历朝历代都把修志当成国家行为，作为官职官责。

地方志事业关乎历史延续、文化传承，关乎当前建设、未来发展，是社会主义文化事业的重要组成部分，是党和国家工作全局中的重要组成部分。党的十八大以来，以习近平同志为核心的党中央高度重视地方志工作。习近平总书记强调，"要高度重视修史修志，让文物说话、把历史智慧告诉人们，激发我们的民族自豪感和自信心，坚定全体人民振兴中华、实现中国梦的信心和决心"，将地方志工作提升至关乎落实国家战略、实现中华民族伟大复兴中国梦的高度。自国办印发《规划纲要》以来，有着2000多年历史的地方志，不断打破桎梏，扫除藩篱，以更快的速度、更高的质量，实现了大发展、大突破、大跨越。地方志从"一本书主义"到"十业并举"，在全国范围内从一项工作向一项事业转型升级，方志人主动作为，脚踏实地，赢得了事业发展的主动权，提升了事业发展的自信心，开创了新时代地方志事业高质量发展新局面。高质量的方志文化成果也夯实了国家文化软实力，增强了国民对国家的认同感，传播了当代中国的价值观念，展示了中华文化的恒久魅力。各国共处一个世界，人类社会日益成为一个你中有我、我中有你的"命运共同体"，文化多元，各美其美，理所应当，但美美与共，合作共享，更值得期待。因此，弘扬传播中国方志文化也是方志人义不容辞的责任和荣光。

一、弘扬传播中国方志文化，必须继承中华民族深厚的方志文化传统，薪火相传、代代守护

中国方志文化延续着我们国家和民族的精神血脉，记录了5000年的中华文明。继承历史、才能把握当代，面向未来，要善于继承和弘扬中华优秀传统文化精华，做到古为今用、不忘本来，最大限度展现中国方志文化的中国传统、中国基因、中国立场。

二、弘扬传播中国方志文化，必须加大对中国方志文化内涵的挖掘和阐发，与时俱进、推陈出新

要使中华民族最基本的文化基因与当代文化相适应、与现代社会相协调，不断提出的具有原创性、时代性的概念和理论，努力实践创新，推进知识创新、理论创新、方法创新，构建具有自身特色的中国方志文化体系。不断推动中国方志文化的创造性转化、创新性发展，激活其生命力，让中国方志文化在创新中体现中国价值、中国智慧、中国魅力。

三、弘扬传播中国方志文化，必须要有一个宽广的视角，站在共创人类文明的高度，胸怀天下，放眼世界

强调中国方志文化的民族性、独有性，并不是要盲目自大，而是要在继承好优良传统的基础上，吸收借鉴其他先进文化的优点、亮点，使中国方志文化的优越性得到认可和推广，为记录、传承人类文明提供思路和办法。立足中国、大胆吸收，在互学互鉴中充分呈现出中国方志文化的中国特色、中国风格、中国气派。

习近平主席指出："当今世界，人类生活在不同文化、种族、肤色、宗教和不同社会制度所组成的世界里，各国人民形成了你中有我、我中有你的命运共同体。"世界文明的魅力在于多姿多彩，人类进步的要义在于互学互鉴。当前，世界多极化、经济全球化、文化多样化、社会信息化深入发展，各国相互联系和依存日益加深，国际学术交流互访日益频繁。中国从其他文明中寻求智慧、汲取营养的同时，世界上更多的国家也了解到了华夏文明的独特魅力。方志作为中华民族特有的文化基因，是中华文化的"根"与"魂"，不仅在璀璨的中华文化中独树一帜，而且在世界文化中也占据了独特的地位。《规划纲要》明确提出要配合中国文化"走出去"战略和"一带一路"建设，推介一批高质量地方志成果，充分展示地方志的当代价值及永恒魅力，推动方志文化走向世界，增强中华文化凝聚力、影响力和国际竞争力，促进与其他文化的交流与合作。

实施志鉴出版资助工程及中国扶贫志文化工程[*]

党的十八大以来，以习近平同志为核心的党中央把扶贫工作纳入"五位一体"总体布局和"四个全面"战略布局进行部署，把贫困人口脱贫作为全面建成小康社会的底线任务和标志性指标，在全国范围内全面打响了脱贫攻坚战，我国扶贫工作进入新时代脱贫攻坚阶段。扶贫工作力度之大、规模之广、影响之深，前所未有，谱写了人类反贫困的历史新篇章。今天，在酒城泸州召开全国地方志系统精准扶贫工作座谈会暨志鉴出版资助工程成果出版座谈会，深入学习贯彻习近平总书记关于扶贫工作的重要论述精神，组织号召全国地方志系统不断提高政治站位，在脱贫攻坚的关键时期贡献方志力量，是用实际行动迎接新中国成立70周年的一次重要安排，也是全国地方志系统深入推进"不忘初心，牢记使命"主题教育的一项重要举措。

船过夔门闻曲香。泸州是历史文化名城，集名酒文化、生态文化、红色文化、历史文化、长江文化于一身，是古代

---

[*] 2019年8月12日在全国地方志系统精准扶贫工作座谈会暨志鉴出版资助工程成果出版座谈会上的讲话。

南方丝绸之路的起点。多年来，泸州借助川滇黔渝结合部区域中心、成渝经济圈重要商贸物流中心、长江上游重要港口城市的区位优势，打造世界级白酒产业基地、食品工业基地、循环型化工基地、清洁能源生产基地、国家高性能液压件高新技术产业化基地、机械生产基地等，成为一座酿造幸福的卓越之城。在泸州市委、市政府的高度重视下，扶贫工作成绩斐然，5年来实现36.8万人脱贫，精准扶贫成效显著。泸州市地方志工作成绩突出，在加快推进"两全目标"任务完成的同时，积极参与中国名镇志、中国名村志、中国名酒志文化工程，立足实际开发地情资源，不断加大地方志宣传力度，多举措推动地方志事业全面发展。泸州的历史、发展和成绩充分体现了"醉美大气、文明进取"的泸州精神。这次会议选择在泸州召开，目的就是借鉴泸州的好经验、好做法，总结交流全国地方志系统脱贫攻坚工作经验，积极探索新时代地方志助力精准扶贫的路径和举措，进一步探索全国扶贫志编纂，全面推动地方志转型升级。下面，我谈三点意见：

一、提高政治站位，增强方志人助力脱贫攻坚战的思想自觉、政治自觉和行动自觉

习近平总书记指出，脱贫攻坚是一项历史性工程，是中国共产党对人民作出的庄严承诺；让全国现有贫困人口全部脱贫，是我们打赢脱贫攻坚战必须翻越的最后一座高山；我们将举全党全国之力，坚决完成脱贫攻坚任务，确保兑现我们的承诺。为中国人民谋幸福，为中华民族谋复兴，是我们党的初心和使命。当前，全面建成小康社会进入决胜阶段，脱贫攻坚正处于攻城拔寨的冲刺期。中国共产党的宗旨是全心全意为人民服务，精准扶贫是一项前无古人的伟大历史工程，是社会主义制度优越性的具体体现，是我们党的庄严承诺，全国地方志系统要深入学习领会习近平总书记关于扶贫工作的重要论述精神，增强"四个意识"、坚定"四个自信"、做到"两个维护"，在脱贫攻坚工作中做到认识到位、落实到位、工作到位，从历史和全局的高度，深刻认识打赢脱贫攻坚战的重大意义，不断夯实政治责任，积极投身到脱贫攻坚事业当中。

（一）增强思想自觉，深刻认识脱贫攻坚工作的重大历史意义

贫困问题一直是困扰人类社会发展的重大问题，消除绝对贫困现象，是一项对中华民族、对整个人类都具有重大意义的伟业。早在先秦时期，韩非子就提出"夫施与贫困者，此世之所谓仁义"的观点，古代中国以民为本、大同思想是我们宝贵的精神财富，也是千百年来中国人的不懈追求。近代以来，摆脱贫穷，实现国家富强、民族振兴、共同富裕，是各辈仁人志士的目标和理想，并为之抛头颅、洒热血，孜孜以求，但最终都无法实现。只有中国共产党，自成立之日起就代表着最广大人民的根本利益，始终不忘初心、牢记使命，把全心全意为人民服务作为根本宗旨，带领中国人民战胜一个又一个困难与挑战，取得了一个又一个的胜利，开创了中华民族强国复兴之路，即将把中华民族千百年来存在的绝对贫困问题历史性解决，走出了一条有中国特色的减贫道路。我们可以用数据说话，中国的贫困人口从 1978 年 7.7 亿减少到 2018 年底的 1660 万，占全球减贫人口总数的 70% 以上，这在世界上是绝无仅有的，是中国历史上、世界历史上前无古人的伟业。消除贫困、改善民生、逐步实现共同富裕，是社会主义的本质要求。全国地方志系统要践行初心使命，深刻认识脱贫攻坚的重大历史意义，提高思想认识，坚定信心决心，增强工作主动性、积极性、创造性，真正把扶贫工作记在心上、扛在肩上、抓在手上、落实到行动上，为做好扶贫工作贡献方志力量。

（二）增强政治自觉，深刻认识脱贫攻坚工作的重大政治意义

脱贫攻坚工作，关乎全面建成小康社会大局，关乎贫困群众切身利益，关乎党执政的政治基础，是实现中华民族伟大复兴中国梦的必由之路。"民为邦本，未有本摇而枝叶不动者。"中国共产党的初心和使命就是为人民谋幸福，为民族谋复兴，只有做到为民造福、实现脱贫，我们党的执政基础才能坚如磐石。在当今国际风云激烈变幻过程中，中国共产党和中国特色社会主义制度能够岿然不动，我们的理论自信、道路自信、制度自信、文化自信，就来自于我们党始终顺应人民群众对美好生活的向往，把增进人民福祉作为一切工作的出发点和落脚点。贫穷不是

社会主义，如果贫困地区长期贫困，面貌长期得不到改变，群众生活长期得不到明显提高，那就没有体现我国社会主义制度的优越性，那也不是真正的社会主义。得民心者得天下，如期完成脱贫任务是全面建成小康社会的刚性目标、底线目标。只有脱贫攻坚目标如期实现，解决好贫困人口生产生活问题，满足贫困人口追求幸福的基本要求，才能凸显全面小康社会成色，让人民群众满意、国际社会认可，筑牢我们党的执政根基。

（三）增强行动自觉，深刻认识脱贫攻坚工作的重大现实意义

打赢打好脱贫攻坚战没有局外人，我们要尽锐出战，这是全国地方志系统的职责和使命。我们要坚持党的领导，强化组织保证。要把地方志工作"围绕中心、服务大局"的理念做深、做实、做细，变成实实在在的具体行动。要围绕脱贫攻坚目标任务，切实履职尽责，合力攻坚。要把脱贫攻坚列入重要议事日程，将扶贫工作与各项工作同部署、同要求、同落实。要坚持调研先行，定期深入扶贫点调研，进一步摸清实情、找准症结、科学帮扶。近几年，各级地方志工作机构始终把脱贫攻坚作为重要政治任务，创造了很多很好的经验做法，比如结对帮扶、对口支援、知识下乡、政策引导、技术培训、帮助就业等，树立了新时代勇于担当作为的新形象。全国地方志系统要牢牢贯彻精准扶贫新理念，为贫困群众办实事、办好事，帮助贫困群众摆脱贫困，改变贫困现状，以实际行动回应群众的基本需求，通过把扶贫同扶志、扶智结合起来，采取宣传引导、政策激励、典型示范、村规民约等多种方式，把群众的积极性主动性调动起来，不断增强贫困群众在参与中的主体感、获得感。

二、发挥行业优势，做好文化扶贫，实现"志智双扶"

一个国家、一个民族的强盛，总是以文化兴盛为支撑，没有文明的继承和发展，没有文化的繁荣和昌盛，就没有中华民族伟大复兴中国梦的实现。党的十九大报告提出，要坚决打赢脱贫攻坚战，同时指出要注重扶贫同扶志、扶智相结合。这就意味着在经济扶贫的同时，也要实施

文化扶贫，从文化和精神层面及时补位、造血帮扶，最终全面提高贫困地区人口素质，助力贫困地区脱贫致富。文化扶贫是精准扶贫、精准脱贫战略的重要组成部分。全国地方志系统要充分发挥自身在文化扶贫领域的优势，积极探索地方志助力扶智、扶志的方法、路径。

（一）利用行业优势，加大文化扶贫力度，补齐贫困地区文化短板

文化扶贫扶起的是志气骨气，传承的是家国情怀。筑牢贫困地区文化根基，补足精神之钙，这是地方志工作者在脱贫攻坚中助力文化脱贫的责任与担当。各级地方志工作机构要将助力文化扶贫作为积极参与脱贫攻坚的重要抓手，把筑牢地方志这一当地基础文化工程作为着力点和主攻方向，紧密结合地情，积极挖掘文化资源和文化特色，努力帮助贫困地区筑牢文化根基、提升文化品位、打造文化品牌。比如通过挖掘当地和帮扶点的历史文化内涵，提炼优秀传统文化的宣传点、开发点，提升文化附加值，加快推进文化成果转化为经济效益和富民依托，在推动文化产业发展、挖掘文化资源为经济建设服务、构建现代公共文化服务体系、推进文化遗产保护等方面取得实效。

（二）把握文化扶贫内涵，推动贫困地区实现文化可持续发展

文化扶贫并不是单向输出，贫困地区往往是民族文化、历史文化、红色文化、生态文化等资源的富集区，具备独特的文化特色和相对优势，在发展文化旅游、推进文化扶贫方面具有巨大的潜力。从某种意义上来说，文化不脱贫，就不算真正的脱贫。在文化扶贫工作中，要主动帮助当地打造既具有地方特色，又体现时代特色的文化标识，促使当地传统文化焕发新时代的光彩。要参与地方文化建设，盘活用好当地历史文化、红色文化、生态文化资源，共同打造特色文化街区、小镇、乡村等，为结对地区经济发展提供新思路、新路径、新依据，推动当地经济社会持续健康发展，带动贫困地区稳步脱贫。要聚力乡村振兴战略，为农村打造"秀出来，引进来"的千村千面的宣传窗口。要加强对贫困地区地情的深度研究，通过调查贫困现状、了解百姓需求、探讨扶贫政策等，充分发挥地方志的资政作用，为决胜全面脱贫提供历史智慧。地方志工作机构要切记去边缘化、书斋化、教条化，把着眼点和用力点全部

放在解决实际问题上，沉下去了解民情、掌握实情，拿出破解难题的意见建议，将研究成果尽快转化为发展的对策研究。要充分利用志鉴成果讲好扶贫故事，彰显地方志的独特价值和永恒魅力，坚定文化自信。

（三）加强教育引导，把扶贫先扶志、扶贫先扶智落到实处

习近平总书记多次说过："脱贫致富贵在立志，只要有志气、有信心，就没有迈不过去的坎。"随着文化产业发展，大数据、数字多媒体、虚拟现实等技术在贫困地区的运用，不但提升了人们的生活水平，还开拓了人们的视野、解放了人们的思想，带来了从理念到观念，再到行为的全方位转变。文化扶贫不是单一的就文化抓文化，要把文化、教育等与满足人民求知求富求发展的需求结合起来。比如，很多志办在帮扶过程中，帮助重点村编纂村志、村史，建设村史馆，开展读史增智的活动；开展文化志愿服务项目，广泛开展基层文化志愿服务活动，为当地培养文化人才；通过传播地情、政策和文化，凝聚贫困地区群众的强大民心，以文化"扶智""扶志"的方式激发贫困地区群众的主动性和积极性，增强贫困地区脱贫的内生动力，值得借鉴和学习。

（四）直笔著信史，用地方志的特殊载体全面记述我国脱贫攻坚伟大事业

地方志是一项承上启下、继往开来、服务当代、裨益后世的文化基础事业，是社会主义先进文化建设中的一项系统工程地方志系统助力全国精准扶贫、精准脱贫伟大事业，要结合机构职能，把这一浩大的、史无前例的伟大历史进程载入史册，是我们义不容辞的责任和义务。我国的扶贫脱贫是人类历史上的伟大壮举，是值得全面总结和深度反映的重大历史事件。各级地方志工作机构在完成直接帮扶的同时，还要组织力量整理扶贫资料，为全面实施中国扶贫志工程作准备。中指组及其办公室已经研究决定，在"两全目标"完成后，在全国统一启动中国扶贫志文化工程，目前，作为中指组省级扶贫志编纂试点单位的贵州省地方志办公室，联合贵州省社会科学院编纂出版了《贵州省减贫志》，李培林常务副组长和贵州省领导为该志作序；中指办指导福建省地方志编委会与人民网就共同启动编纂《闽宁扶贫协作图志》；中指办也确定宁夏固

原为地市级扶贫志编纂试点单位，相关工作正在有效推进中；陕西、广东、广西等省级地方志工作机构也着手开展扶贫志的编写准备。大家要认识到编纂扶贫志是地方志工作者当仁不让的职责使命，一定要做实、做好，把我国伟大的扶贫事业记述下来，并传承下去，发挥地方志的独特功能作用。

三、全力组织好民族地区与贫困地区志书、年鉴出版资助工程，加快推进"两全目标"

方志文化作为社会主义文化的重要组成部分，作为最具中国特色、最具民族特色的优秀传统文化之一，按照国务院的部署，到2020年必须实现省省有志有鉴、市市有志有鉴、县县有志有鉴。近几年，广大方志人以踏石留印、抓铁有痕的干劲，咬定青山不放松，为到2020年实现"两全目标"夙夜在公、尽心竭力、履职尽职。但同时，我们也看到，在一些边疆少数民族地区、贫困地区，因为经费问题出现志鉴编纂后无法出版，严重影响了"两全目标"实现的进度。正是基于到2020年省市县三级志鉴出版"一个也不能少"的考虑，中指组及其办公室在2015年、2017年先后启动了民族地区与贫困地区志书出版资助工程、年鉴出版资助工程，对一些资金不到位的县区市旗志书、年鉴出版给予资助。共资助志书34部，年鉴55部。此次出版座谈会，发布已出版的资助志书17部、资助年鉴15部。在当前脱贫攻坚进入决胜阶段的大背景下，深入推进志鉴出版资助工程，是全国地方志系统开展精准扶贫、精准脱贫工作的重要抓手，具有重要意义。

（一）深刻认识实施志鉴出版资助工程是地方志系统落实党中央脱贫攻坚政策的生动体现

支持民族地区与贫困地区志书和年鉴编纂出版是文化脱贫攻坚的重要组成部分，不仅能充分反映民族地区与贫困地区的历史与文化，更能突显扶贫工作的人文内涵。在打好脱贫攻坚战的关键时期，实施志鉴出版资助工程正是用实际行动在新时代中国特色社会主义的伟大实践中体现地方志的政治担当。实施志鉴出版资助工程，不仅有助于推动我国扶贫事业创造优良成绩，更为我国扶贫事业贡献了地方志成果和地方志智慧，有助于彰显地方志的独特价值和永恒魅力。

（二）深刻认识实施志鉴出版资助工程是促使民族地区和贫困地区夯实文化根基的重要手段

志鉴编纂作为一项基础文化工程，是本行政区域最重要的公共文化工程，是对该地区自然、政治、经济、文化和社会的历史和现状的文化普查，是对当地祖祖辈辈人民积淀的历史智慧的梳理与提炼，对培育民众归属感、认同感、尊严感、荣誉感意义重大，对于地方文化建设举足轻重。尤其是对民族地区与贫困地区来说，文化建设投入少、文化底子薄，出版一部高质量的志鉴成果，往往能起到事半功倍的效果。通过学习、利用志鉴成果，让各级领导干部、广大人民群众了解当地历史，了解实实在在的地情，从历史中汲取营养和智慧，为现实提供借鉴和服务，是确保民族地区、贫困地区发展不走弯路，不走冤枉路的有效手段。同时，志鉴编纂作为"官职""官责"，是地方政府必须完成的基本任务之一，志鉴资助工程在于补地方之缺、应贫困地区之急，对实现精准扶贫、夯实地方文化根基具有重要意义。

（三）深刻认识实施志鉴出版资助工程，是实现地方志事业协调发展、转型升级的迫切需要

当前全国地方志事业发展中区域发展不平衡，中西部地区特别是边疆少数民族地区地方志工作与东部地区相比还存在不少差距，是制约全国地方志事业实现全面、协调、可持续发展的瓶颈所在。到2020年全面建成小康社会时，地方志事业发展中区域发展不平衡问题应得到妥善解决，这也是深入贯彻《规划纲要》的应有之义。而作为主业的修志编鉴，到2020年全面完成第二轮修志规划任务、实现综合年鉴编纂全覆盖的"两全目标"，是中西部地区特别是边疆少数民族地区地方志工作发展的重中之重。从现实意义来说，资助工程对于实现全国地方志事业全面、协调、可持续发展具有重要的促进作用。希望借助资助工程的深入推进，进一步引起全国地方志系统对实现"两全目标"的重视，确保按期保质完成，为全国地方志事业发展实现新跨越奠定坚实的基础。只

有按期保质完成"两全目标",才能为促进全国地方志事业转型升级提供坚实有力的保障,才能书写新时代地方志事业发展的精彩答卷。

"求木之长者,必固其根本;欲流之远者,必浚其泉源。"实现真正脱贫,需要文化底蕴的支撑。习近平总书记指出,没有中华优秀传统文化、革命文化、社会主义先进文化的底蕴和滋养,信仰信念就难以深沉而执着。当前,全面建成小康社会已进入决胜阶段,文化小康建设也到了关键时期,全国地方志工作者要坚持以习近平新时代中国特色社会主义思想为指导,深入贯彻落实创新、协调、绿色、开放、共享发展理念,将扶贫、扶智、扶志三结合,助力方志文化在新时代实现新作为,助力方志人在打赢脱贫攻坚中展现应有的担当和作为,为全面建成小康社会、实现中华民族伟大复兴中国梦贡献"志"礼。

方志馆的功能特征和传播价值[*]

地方志是中华民族独有的传统文化和记述载体，方志馆是集中展示这一传统文化的固定场所。方志馆与图书馆、博物馆、档案馆等文化设施既有较大区别，又有密切联系。现代方志馆具有地情展示、收藏保护、编纂研究、专业咨询、信息服务、开发利用、宣传教育、业务培训、文化交流等多元功能。近年来，随着计算机和互联网技术的发展，以及数据存储技术的更新，人们对传统文献信息的加工、存储、查询、利用等各方面的新需求与日俱增，中国各级数字方志馆也应运而生。

一、方志馆的发展沿革

国有史，方有志，家有谱。地方志作为"一方之全史""地方百科全书"，是中国传统文化典籍中的瑰宝，是中国独有的文化传承载体，其蕴含着丰富的信息资源。地方志是全面系统记述一定行政区域内自然、政治、经济、文化、

---

* 英文题目为"Local Chronicles Museums in China: Digital Development and Community Outreach"（《中国方志馆的功能特征和传播价值》），论文中英文版入选第 85 届世界图书馆与信息大会（WLIC）及其卫星会议并作专题会议交流。

社会的历史与现状的资料性文献。在中国有着2000多年的悠久历史，从隋代起连绵不断，延续至今。

方志馆是收藏研究、开发利用地方志资源，宣传展示国情、地情的公共文化服务机构。它作为集编纂、收藏、展示、研究诸功能为一体的官方史志编纂机构，从古时的史馆、翰林院、图志局、一统志馆，到近现代的通志局、地志博物馆等，自古至今都为传播中华文明、传承民族文化作出了重要贡献。而且，大量地方志书等珍贵历史文献之所以能得以保留、传承，各种类型的方志馆功不可没。

宋代以前，由于方志还未完全成型，因此当时的方志馆主要以依附于官方史志合一的各类编修机构和各种书院、藏书楼的形式存在，尚未出现真正意义上的方志馆。相传中国古代夏朝、商朝即有史官；大约在周代就有专门搜集类似地方志等文献的官员；春秋时期，史官制度在各诸侯国得到延续。东汉光武帝刘秀修《南阳风俗传》，开创了地方修志的先例。东汉时所设的兰台、东观等机构虽承担修史职能，但与后来的专门修史机构仍有重要区别。此后，设馆修史的制度逐步形成。北魏以"修史局"为修国史专设机构，并创起居令史制度。北齐设立史阁、史馆，是中国古代设立专门修史机构的最早记录，包括建立大臣监修国史等制度，都是影响后世的重大变革。唐代延续了官修史志的传统，全国设置修史机构及官方修正史，始于唐太宗时编修的《晋书》。唐代史馆的重要任务除了修史外，还有修志。

自宋代起，方志日渐成熟，逐步定型，从而极大推动了独立方志机构的发展。特别是北宋九域图志局的成立，标志着中国历史上独立的志书编纂机构的正式成立。元朝的史志编修既承袭史志合一之制注重修史，同时方志编修事业也得到了较大的发展，特别是以《大元大一统志》为标志，开创了国家一统志的编修先河。该志所产生的影响，特别是所提供的许多重要的史料文献，对之后明清修一统志起到了重要的推动作用，这种成就的取得与翰林院、国史馆等史志编修机构的作用是分不开的。明朝编修《寰宇通志》和《大明一统志》，设立了一统志馆，形成一套系统的编写班子，这个模式使得明朝及以后的府州县修志有所遵循。

依法治志与地方志转型升级

清朝是中国方志发展史上鼎盛时期，也是方志馆发展的重要时期。在数百年历史中，方志馆从原来的史志合一管理体制和运行体制中，职能逐步分离并日渐清晰。官修史志机构形式也十分丰富，超过此前任何时期。具体可分为常开、例开、特开以及阅时而开等四种类型。常开即常设不闭，持续进行，有国史馆、方略馆、起居注馆等；例开即定期开设，书成即撤，如实录馆、圣训馆、玉牒馆、律例馆等；特开即为修辑特定史籍而开设，书成馆闭，不再重开，如《明史》馆、《八旗通志》馆等；阅时而开即根据具体情况开办，修纂具有明显连续性系列的史籍，如会典馆、一统志馆等。这四类机构中，以常开馆和例开馆为主题，其他各种形式相辅，彼此之间关系密切，形成了历代延续、规模日益扩大、机制日益完备的官修史志编纂体制。

民国时期各种战事不断，社会动荡不安，全国各地的地方志事业受到极大影响。但该时期仍通过颁发政令、建立机构、编纂志书等举措，强化地方志的官修地位，使得各种形式的方志馆在艰难时局中得到一定的发展。1914年，浙江省决定续修《浙江通志》并设立浙江通志局。作为中国近现代史上第一个省级方志机构，它的创立为中国近现代方志馆事业作出了开创性的贡献，并在全国方志界产生了重大影响和积极的示范效应。据统计，民国时期共成立了23个通志馆，包括20个省级馆、2个市级馆。其中开馆时间最长的是云南通志馆，维持了长达18年，最短的是台湾通志馆，成立仅一年。尽管当时名称不一，有的叫通志馆、通志局，有的叫修志馆、修志局，而且规模条件参差不齐，但都为方志馆的建设作出了巨大的贡献。

中华人民共和国成立特别是改革开放后，伴随着第一轮大规模修志热潮，第一批真正以"方志馆"冠名的方志机构开始出现。1953年，山东省建立了新中国第一家"地志博物馆"。一年后，在全国已建成的73个博物馆中，地志博物馆就有31个。以综合地情为主要内容和特点的地志博物馆，实际上是当代新型方志馆的重要源头。1990年初，浙江方志馆成立，新华社通稿称"中国第一家专门收集社会主义时期第一代方志的方志馆最近在浙江省建立"。以此为标志，掀起了新时期全国各地方志馆的建设热潮。

当前，中国地方志事业正处于有史以来前所未有的黄金发展时期。正在从"一本书"向志书、年鉴、地方史、方志馆、地情数据库、地情网、开发利用、学会、期刊、理论研究"十业并举"转型，从一项工作向一项事业的转型，从依法修志向依法治志转型。方志馆建设相应地也加快了步伐。截至2018年底，全国建成各级方志馆603家，其中国家方志馆1家，省级方志馆24家，地市级方志馆136家，区县级方志馆442家。

近年来，新建的国家方志馆和北京、江苏、江西、广东、广西、深圳等省市的方志馆，不同程度呈现出建筑壮观、设施先进、功能齐全的特点，有的已经成为当地文化建设的重要地标。新时期的方志馆承担着普及国情知识、传播方志文化，助力实现中华民族伟大复兴中国梦的重要使命。

二、方志馆与其他场馆的区别

在相当长的历史时期，史馆、藏书楼、图书馆、档案馆、博物馆等场馆，都直接或间接承担了方志馆的部分功能，但它们都局限于收藏或编纂等传统功能，与现代意义上的方志馆还是有很大区别的。

方志馆与图书馆、博物馆、文化馆、档案馆、党史馆、城市规划馆等文化设施在性质和作用上有相通之处，但更有很多方面的不同。图书馆与方志馆的历史渊源最为深厚，而且在功能体系上具有相似性，两者在差异化发展的同时，也存在广泛交流与合作的基础。以前的方志馆都在开放的过程中依附于藏书楼，因此在某种意义上说，图书馆对方志馆的发展起到一定的促进作用。档案馆是收集、保管档案的机构，集中统一管理党和国家需要长期保管的档案和史料。博物馆是征集、典藏、陈列和研究代表自然和人类文化遗产实物的场所，主要展示过去的实物，较少反映现状。党史馆一般以当地中共党史为主题，以大量人物事迹、文物实物为媒介反映历史发展变化，所涉及的时间段较短，以中国共产党成立以来的90多年历史为限。文化馆是为群众文化生活提供场所与支持。城市规划馆一般全景式展示特定区域的规划设计、建设方案、发展前景甚至地情概貌等内容。可见，博物馆、城市规划馆、党史馆的功能是以展示为主，内容各有侧重。相对方志馆而言，他们所展示的是历史的一个点或者一个面，这为方志馆的建设留下了空间。

新时期的方志馆作为地情馆，集志鉴和地情资料的收藏、查阅和展示为一体，特色在于"全"和"专"。"全"是指全面展示本行政区域内的所有情况，人们通过方志馆，可以基本了解当地的主要情况和历史线索，起到与博物馆、图书馆、档案馆等互补的作用。"专"是指地方志馆主要展现的是本地区的特色地情文化，这些特征使得方志馆具有以上公共文化设施所不可替代的作用。

当然，方志馆在建设中也应注重充分吸取其他文化场所的优势，如运用现代化手段、运用高科技技术以及远程服务网络来吸引公众参与互动、提高工作水平和效率；应吸收其他馆所较为成熟的展陈理念，进行多样化服务，提升公共文化服务能力；应注重各场馆多功能融合共享，寻求优势互补，加强学术交流和馆际合作，以最大限度发挥其综合效益。

三、现代方志馆的功能特征

方志馆是政府实现面向社会各个阶层、各个群体文化陶冶与关怀、文化传播与享有、文化修养与提高、文化创新与创造的重要方式。它具有收藏保护、展览展示、编纂研究、专业咨询、信息服务、开发利用、宣传教育、业务培训、文化交流等功能。

（一）收藏保护功能

作为依法收藏和管理地方文献资料的机构，方志馆首先应具备的就是收藏保存地方文献功能。方志馆收藏范围较为广泛，凡是涉及地情的（包括各种版本、各个时期、各种类型），乃至市、县、乡镇、村和各级志书承编单位出版的志书、年鉴、谱牒；各级修志部门为社会服务编印的专题资料；政府部门及相关部门的刊物、文件汇编，以及区域内著名人物的著作、文集、手稿、家谱等地情资料，都是收藏的对象。对照档案馆、图书馆或藏书楼等收藏机构来看,收藏和保存地情资料和地方文献资源是方志馆的立馆之本。

(二)展览展示功能

方志馆是集中展示地情历史文化风貌与特色的重要窗口,承担着城市"文化名片"的责任。它既是一种物质文化的地理标志,也是一种精神文化的生活需求。通过对地情、历史的展示,能提升社会大众对国家以及各地具有的历史渊源和文化史迹的认知,大大增强了本土历史文化的凝聚力和辐射力。如国家方志馆有"魅力中国"和"方志中国"两个常设展厅,分别展示了中国悠久的历史、灿烂的文化和壮美的山河,以及新中国方志事业的蓬勃发展和巨大成就,其学术报告厅曾举办了多次地方志研讨会、学术讲座和业务培训等;北京方志馆常设展和专题展互为补充,结合高考恢复40周年以及北京市文物局发布的《大运河遗产保护规划(北京段)》举办了"北京恢复高考40周年专题展"和"北京大运河水利工程遗产展";广州市方志馆的展览厅曾举办"名城之光——广州之最"展览、"广州市地方志事业20年回顾展"等,均产生了较好的社会影响和效益。

(三)编纂研究功能

方志馆除收集、保存、展示地情资料,还具备编纂研究功能,为地方志工作提供理论支撑和智力支持。每一届修志完成都会积累极为丰富的经验,这是方志事业发展的宝贵财富,及时将这些修志经验进行理解消化,系统科学地进行总结,使之成为理论形态。这项任务由方志馆专职修志人员来完成,使他们在总结经验中,深化对方志编纂本质和规律的认识,为下一届修志提供导航和借鉴。同时,方志馆的设立方便了专家学者研究本地自然环境、地方历史、城市建设、人物等基础情况,为当地党委政府决策、有关部门科学规划、合理地开发与利用本地旅游文化资源提供决策参考与依据,此外,还能为文学艺术创作提供广阔的思想空间和社会生活素材。

(四)专业咨询功能

方志馆为社会提供信息服务,主要是根据用户的需求,利用馆藏资料,通过查阅、开发、研究,为社会各界提供专业的历史、文化、地情等咨询服务。在时代发展瞬息万变的今天,方志馆咨询工作只有不断提高服务水平和专业水平,拓展服务范围,不断创新服务方式,才能更好地迎合广大方志用户的咨询需求。

（五）信息服务功能

方志馆所藏地方文献的独特形式是其他信息资源难以替代的。方志馆不仅是对地方文献资料进行收藏,还对这些资料进行整理、鉴别、分类、编目、数字化等相关方面的处理,将地方文献资料变成系统、有条理的信息资源数据库,便于有效、长远地利用。方志馆在收藏地方文献资料的同时,也肩负着向社会传播文化的社会责任和历史使命。

（六）开发利用功能

方志馆以专门的、独有的、权威的资料见长,以现代化的手段和方式,以高效、快速、准确地提供地情文献资料,并以服务社会为宗旨。"修志为用",采用多种形式开发利用地情资源,理应成为方志馆的主要功能。方志馆的建设,就是把历史保存下来,将散失零落在海内外各地、收藏在各类图书馆、分散无序的大批志书,搜集、整理、集中,不仅保存历史的真实记录,还要开发利用方志宝库,为弘扬民族精神和民族文化提供服务。

（七）宣传教育功能

在地方志长期为社会服务过程中,形成了"存史、资政、育人"的功能。作为基础设施的方志馆,是连接历史传承和现实发展的桥梁,理所当然应承担宣传教化的功能。主要是对公众进行爱国主义教育、历史教育、地情教育和传统文化教育。方志馆也有丰富的馆藏地情资源和多样的展览展示项目,可以唤起人们对祖国、家乡的热爱之情。

（八）业务培训功能

随着全国地方志事业的转型升级,不断深入推进,对地方志编修人员和管理人员的业务理论水平和研究水平提出了更高的要求。依托方志馆人才和资源优势,组织开展各类理论和业务培训,将是各级方志馆的一项重要功能和职责。

（九）文化交流功能

方志馆作为公共文化机构，把人类历史文明留下的地情资料加以收藏、陈列、展示和宣传，保护了文化的多样性，具有不同区域、不同民族之间进行文化交流的得天独厚的优势资源，是沟通文化的桥梁和纽带。对于一个城市来说，方志馆是其历史、文化、内涵的浓缩，承载着这个城市充满个性特征的文化符号，对内可以更好地传承当地文化，对外可以促进交流，达成文化间的理解进步。

方志馆的功能发挥是以方志文献资源为基础的，它的特征体现出方志文献的广泛性、连续性的特征，是对方志文献资源的价值和意义在开发利用上的整合和放大。所以，方志馆不仅仅是一个收藏保护地方志文献的基地，还是开发研究利用地方志文献资料的基地和进行爱国主义教育的重要场所。

四、方志馆的传播价值

习近平总书记指出，"文明因多样而交流，因交流而互鉴，因互鉴而发展。我们要加强世界上不同国家、不同民族、不同文化的交流互鉴，夯实共建亚洲命运共同体、人类命运共同体的人文基础。"刘延东副总理指出"地方志应该是严谨的资料性文献，但是传播地方志的形式和方式应该是生动活泼的。地方志开发利用做得越好，推广得越多、运用得越广泛，地方志工作的现实意义越重大，贡献就越大。"可见，作为展示地方历史文明和方志文化的重要平台，方志馆显然比单纯的志书编修更有优势。

地方志是中华民族特有的传统文化形式，一直以来，境外学界对地方志的价值日益重视，普遍将其视为了解中国历史文化的窗口，对地方志的研究也更加深入。方志文化借助方志馆进行有效的传播非常有必要。

（一）采用多种数字化手段，创新传播形式

在方志文化传播中，数字方志馆发挥着重要作用。近年来，随着计算机和互联网技术的发展，以及数据存储技术的更新，人们对传统文献信息的加工、存储、查询、利用等各方面的新需求与日俱增，中国各级数字方志馆也应运而生。数字方志馆是为解决数字化时代方志地情信息资源的收集、处理、保存、传播和利用等问题而诞生的，利用先进的计算机技术、数据库技术、互联网技术，把各种数据、文字、图像、声音等信息资料进行加工、处理，建成各种数据库，进一步建设为方志信息资源数字化、信息传递网络化、信息利用共享化的现代化新型方志馆，具有数字性、开放性、移动性、高效性等特点，为方志资源的开发利用，为各行各业便捷地使用史志资源提供了更广阔的平台。

数字方志馆既是方志馆建设模式上的一种创新，也为方志馆资源可持续利用提供了发展和机遇。主要分为资料数据化数字方志馆、全景式数字方志馆以及综合性数字方志馆。资料数据化数字方志馆就是将地方志书、综合年鉴及其他地方文献资料通过技术手段转换成电子版数据资料，使社会各界能够通过网络、手机客户端等在线阅读、查阅。全景式数字方志馆是数据方志馆建设应用较广的，是以现有实体方志馆为依托，采用平面处理、影音合成等计算机手段，实现实体展馆基于网络平台的图片、文字、影音交互等内容再现。综合性数字方志馆是将原有资料文献数据库和全景方志馆的展示模式相结合，运用 Flash、Premiere、3Dmax 等计算机技术手段，以音、频、视、图多种模式，通过 3D 建模和三维动画搭建虚拟方志馆，全方位展示地情地况、人文历史、名胜古迹、数字文物、特色地域文化以及非物质文化遗产等展示内容。

2016 年 5 月 13 日，国家数字方志馆揭牌仪式举行。国家数字方志馆是中国信息方志与数字方志建设工程的重要组成部分，计划通过开发全国地方志资源管理系统，把全国的数字化志书、年鉴、地情书、旧志、方志期刊、音视频、图片等资源集中起来。利用现代科技，融合多元化展示手段，梳理历代方志编修和新中国地方志事业基本情况，向受众普及方志知识，展示方志成果，宣传方志文化。

（二）推动多元文化交流，将激活更多发展路径

如何将方志馆建设成具有影响力、具有活力和开放性的馆所，让其成为中外地方史志交流中心，将是亟须我们关注和思考的问题。我们要

善于把方志馆建设置于国际大背景和视野中,采取有效的措施让中国方志馆资源"走出去",将境外珍贵的资源"请进来",利用方志馆加以开发宣传,让更多的人认识并了解中国方志文化。例如,可以借助方志馆的平台,通过在境外举办中国方志文化系列讲座和方志成果巡回展;有计划地引进境外馆藏中国旧志和其他历史文献;逐步推进与境外藏书机构之间的馆际交流;与境外高校合作培养地方志系统人才队伍等方式,进一步加强馆际交流和合作,更好地发挥方志馆的传播价值。

习近平总书记指出,把跨越时空、超越国度、富有永恒魅力、具有当代价值的文化精神弘扬起来,把继承传统优秀文化又弘扬时代精神、立足本国又面向世界的当代中国文化创新成果传播出去。这也是对现代方志馆建设提出了明确的要求。在世界多极化、经济全球化、社会信息化、文化多样化的今天,新时期的方志馆让地方志在多元载体的创造性转化与创新性发展中"立起来、活起来、热起来、强起来",从平面走向立体、从单一维度向多维发展迈进。方志馆依靠雄厚的文化成果和资源储备,将"走出去"和"请进来"两种形式相结合,实现数字方志馆和实体方志馆协同发展,勇于承担传播中华优秀传统文化的特殊重任,通过对方志及其相关地情的深入研究和充分展示,更好地向世界宣传中国,同时让世界能够更好地了解中国。

实施全国地方志人才队伍建设工程*

党的十八大以来，山东省委省政府高度重视、大力支持地方志工作，中共山东省委党史研究院（山东省地方史志研究院）团结带领全省广大地方志工作者锐意进取、开拓创新，继广东省之后全面完成"两全目标"，实现了法规体系建设全覆盖。方志馆、信息化、旧志整理、名镇名村志编修、抗战研究、动漫制作等均走在了全国前列，创造的"山东经验"在全国推广。济宁市顺利完成了"两全目标"，旧志整理、方志馆建设、信息化建设成绩显著。曲阜是中华优秀传统文化的重要发祥地之一，"两全目标"完成后编写了《孔子文化节志》，同时在旧志整理、谱牒研究方面取得了明显成效。

中指办组织大家来到孔子故里接受中华优秀传统文化的熏陶和教育，目的就是让大家坚持方志初心，牢记使命担当，坚定文化自信，把学习贯彻习近平新时代中国特色社会主义思想内化为做好本职工作的强大动力。这与我们党持续深入开展"不忘初心，牢记使命"主题教育是一脉相承的，与习近平总书记关于史志工作重要论述特别是1989年宁德地区地

---

* 2019年9月7日在2019年第一期地方志工作机构新任负责人培训班上的动员讲话。

方志工作重要讲话精神是一脉相承的，与党中央树牢"四个意识"、坚定"四个自信"、坚决做到"两个维护"的部署要求是一脉相承的。下面，就如何提升地方志工作机构新任负责人能力素质，我讲几点意见：

一、充分认识地方志工作机构新任负责人培训的重要意义

"千秋基业，人才为本。"人才队伍是地方志事业发展的根基。地方志工作机构负责人是地方志人才队伍的"领头雁""排头兵""桥头堡"，是决胜"两全目标"攻坚的"关键少数"，是地方志事业转型升级的中坚力量。当前，受机构改革的影响和冲击，地方志系统人才流失、人才短缺、人才断档现象愈发严重，已经成为影响地方志事业高质量发展的突出问题。开展地方志工作机构新任负责人培训，进一步加强地方志机构负责人队伍建设，事关地方志事业发展的未来，意义重大、影响深远。

（一）开展地方志工作机构新任负责人培训是贯彻落实习近平总书记关于史志工作重要论述的需要

习近平总书记高度重视修史修志工作。1989年8月，他在福建宁德地方志工作重要讲话中指出，"修志是一项很有意义的工作。其意义，说通俗一点，就是使我们做一个明白人。"2014年2月，在考察首都博物馆时强调："要高度重视修史修志，让文物说话、把历史智慧告诉人们，激发我们的民族自豪感和自信心，坚定全体人民振兴中华、实现中国梦的信心和决心。"2019年1月，在致中国社会科学院中国历史研究院成立的贺信中，要求历史研究工作者"立时代之潮头，通古今之变化，发思想之先声，推出一批有思想穿透力的精品力作"。开展地方志工作机构新任负责人培训，进一步加强地方志机构负责人队伍建设，是贯彻落实习近平新时代中国特色社会主义思想，特别是习近平总书记关于史志工作重要论述精神的重要手段，有利于示范引领广大地方志工作者坚定理想信念，牢记初心使命，保持新时代地方志工作正确的政治方向。

(二)开展地方志工作机构新任负责人培训是建设社会主义文化强国的需要

延续不断地编修地方志是中华民族特有的优秀文化传统,在世界上也是独树一帜的,对中华文化的积淀和传承、中华文明的赓续和创新具有重要意义。中华文明绵延数千年,是世界上唯一没有断流的文明。史志编修是保证中华文明源流不断的重要纽带。可以说,地方志文化保存了中华民族的精神追求和文明进步,传承了中华民族的历史记忆和文化基因,是涵养社会主义核心价值观的重要源泉,也是我们在世界文化激荡中站稳脚跟的坚实根基。地方志文化在夯实国家文化软实力的根基,传播当代中国价值理念,坚守中华文化立场,展示中华文化独特魅力,为世界文化注入新的理念、新的血液上有天然优势。开展地方志工作机构新任负责人培训,进一步加强地方志机构负责人队伍建设,是提升地方志工作机构负责人的综合素质和人文素养的重要途径,有利于更好的继承和弘扬中华传统文化,深入挖掘地方志的文化内涵,从而为充分发挥地方志在社会主义文化强国建设中的作用奠定坚实基础。

(三)开展地方志工作机构新任负责人培训是推动地方志事业高质量发展的需要

2006年5月,国务院颁布《条例》,其中第九条规定:"地方志编纂人员实行专兼职相结合,专职编纂人员应当具备相应的专业知识。"2015年8月,国办印发《规划纲要》,其中第六项重点任务为:"加强人才队伍建设。重视人才选拔、培养和使用,加强专兼职结合、结构合理的人才队伍建设,培养和引进一批高端人才,建设一支高素质的地方志编修、研究工作队伍,弘扬修志问道、直笔著史的方志人精神。"开展地方志工作机构新任负责人培训,进一步加强地方志机构负责人队伍建设,是贯彻落实《条例》《规划纲要》的具体措施,是推动地方志事业高质量发展的组织保障。

二、牢记初心使命,认真履职尽责

中国共产党人的初心和使命是为中国人民谋幸福、为中华民族谋复兴。党的初心和使命激励着中国共产党团结带领中国人民克敌制胜、闯关夺隘。初心使命在不同行业具有不同的深刻内涵。具体到地方志系统，"为党立言、为国存史、为民服务"是方志人初心使命的生动体现和具体内容。地方志"为党立言"要保持坚强的党性，地方志"为国存史"要坚持政治性，地方志"为民服务"要体现人民性，三者是辩证统一的。在座的各位大部分是地方志系统的"新兵"，必须要不忘方志初心，牢记方志使命，明确角色定位、履行法定职责，树立并践行方志文化自信，不辜负组织的信任、人民的重托和广大干部职工的期待。

（一）地方志工作机构新任负责人要做思想上的引领者

今年7月，中共中央办公厅商有关部门并报中央领导同志，对1989年8月12日习近平同志在福建宁德地方志工作会议上的重要讲话（以下简称习近平同志宁德重要讲话）进行了重新审定，做了必要的文字修改，要求内部传达学习。习近平同志宁德重要讲话虽然只有2987个字，但是通篇闪耀着马克思主义的理论光辉。虽然是脱稿讲话，但是对宁德地区旧志编纂情况信手拈来、如数家珍。虽然是30年前的讲话，但是其中的思想历久弥新，对于新时代中国特色社会主义地方志工作依然具有比较强的理论价值和指导意义。作为习近平新时代中国特色社会主义思想的重要组成部分，习近平总书记关于史志工作重要论述特别是习近平同志宁德重要讲话精神，是新时代推动地方志事业转型升级和高质量发展的根本遵循，是我们开展工作的行动指南。大家都是地方志工作机构的负责人，要把学习贯彻习近平总书记关于史志工作重要论述特别是习近平同志宁德重要讲话精神作为根本任务，作为全部工作的主题主线，要学原著、读原文、悟原理，往深里走、往心里走、往实里走，在学深悟透、学懂弄通做实上下真功夫、苦功夫、实功夫，真正把学习成效体现到增强党性、提高能力、改进作风、推动工作上来。

（二）地方志工作机构新任负责人要做政治上的明白人

地方志工作是意识形态领域的重要工作，对于维护国家文化安全、抵制历史虚无主义、增强民族自信心和自豪感具有重要意义。在座的各位大部分是地方志机构的"一把手"，首先要做到政治过硬。政治过硬不是抽象的，而是具体的。具体来讲，就是要坚定政治信仰，站稳政治立场，明确政治方向，提高政治标准，增强政治定力。要进一步坚定对共产主义远大理想的信念和对中国特色社会主义共同理想的信心，始终做政治上的明白人，保持本地区地方志工作的正确方向，发掘阐释中华优秀传统文化和历史智慧，客观记录新中国成立70周年以来革命建设改革各个时期的伟大成就和新时代中国特色社会主义的伟大实践，传承弘扬中国特色社会主义文化。

（三）地方志工作机构新任负责人要做工作中的"拓荒牛"

地方志工作政策性、业务性都很强，大家要尽快完成角色转变，尽快了解全国地方志事业发展形势，尽快熟悉本地区地方志工作情况，尽快把握地方志工作规律，尽快厘清地方志工作思路。要做到"五个尽快"，必须锤炼忠诚干净担当的政治品格，淬炼担当作为的本领，增强担当作为的意识，明确担当作为的措施，用知重负重、攻坚克难的实际行动，诠释对党的忠诚、对人民的赤诚。要加强政治理论、业务知识、领导科学等内容的学习，进一步提高综合素质和履职能力。要围绕地方志服务党和国家发展大局、服务当地经济社会发展中心工作、服务广大人民群众，进一步增强政治意识、创新意识、质量意识，超前谋划、主动作为，努力做好本职工作。要选好干部、带好队伍，明确措施、压实责任，常抓不懈、久久为功，以求真务实、担当作为的作风坚决把党中央关于地方志工作的决策部署落到实处。

三、统筹规划，集中精力做好当前重点工作

今年是中华人民共和国成立70周年，是决胜全面建成小康社会、实现第一个百年奋斗目标的关键之年，也是完成地方志"两全目标"的攻坚年、拼搏年，是全国地方志事业转型升级的关键期。当前，要重点做好以下几项工作。

（一）要继续深入贯彻习近平新时代中国特色社会主义思想

用习近平新时代中国特色社会主义思想武装头脑、指导实践、推动工作，是做好一切工作的根本前提。地方志工作机构新任负责人要在真

正学懂弄通做实上下功夫，争做全系统的表率。要自觉主动学，全面掌握这一科学理论的基本观点、理论体系。要及时跟进学，及时学习领会习近平总书记最新重要讲话精神。要联系实际学，紧密结合新时代新实践新要求，紧密结合思想实际、工作实际，有针对性地重点学习，切实把这一科学理论落实到各自实际工作中去。要笃信笃行，努力掌握贯穿于这一科学理论中的马克思主义立场、观点、方法，用以指导解决地方志事业转型升级中遇到的实际问题。

（二）要全力推进"两全目标"攻坚

到2020年底完成"两全目标"，是党中央、国务院交给地方各级党委政府，由全国地方志系统具体承担的重要任务，是党和人民对全国地方志系统的信任、重托和期待，必须如期高质量地完成，没有任何讨价还价的余地和减低标准的空间。目前距离最后的完成期限仅有16个月，不足500天了，时间紧、任务重、压力大。作为地方志工作机构的负责人，大家承担着所在地区"两全目标"的主体责任。要按照今年6月全国地方志系统"两全目标"工作调度会议的部署要求，迎难而上、砥砺奋进，采取超常规的手段和措施，坚决打赢"两全目标"攻坚战。

（三）要举办庆祝新中国成立70周年系列活动

2019年5月，中央办公厅、国务院办公厅印发了《关于隆重庆祝中华人民共和国成立70周年广泛组织开展"我和我的祖国"群众性主题宣传教育活动的通知》。要求广泛开展形式多样、内容丰富的群众性主题宣传教育活动，大力弘扬以爱国主义为核心的伟大民族精神。截至目前，中指办已经举办了七场庆祝新中国成立70周年系列活动。下一步，将在全系统组织开展"学习习近平同志宁德重要讲话、庆祝新中国成立70周年"活动，认真学习研讨讲话精神，挖掘培树一批矢志方志事业、甘于奉献、勇于创新、工作实绩突出的先进典型，形成具有指导意义的经验做法。

努力打造有灵魂有内涵的中国名镇志[*]

党的十八大以来，山东省委省政府高度重视、大力支持地方志工作，中共山东省委党史研究院（山东省地方史志研究院）团结带领全省广大地方志工作者围绕中心、服务大局，求真务实、开拓创新，各方面工作都取得突破性进展，总体走在全国前列，创出了许多全国第一：第一个出台省级史志事业发展规划纲要，第一个提出修志、编鉴和方志馆建设"三全目标"，第一个实现省市县三级史志工作法规体系全覆盖，第一个实现上半年出版省级综合年鉴，第一个实现省市县三级地情网站全覆盖，第一个由省政府办公厅印发《关于做好乡镇村志编修工作的意见》，第一个在抗战胜利70周年前夕推出抗战研究成果，第一个编修艺术节志和援疆援藏志，等等。在高质量完成各项常规工作的同时，山东省积极参与中国名镇志文化工程，自2015年至今，共申报名镇志9部，其中《冶源镇志》《中心店镇志》《棘洪滩街道志》《胜坨镇志》《王村镇志》5部已成功入选并出版发行。近年来，潍坊的史志工作取得长足发展。第二轮修志工作顺利完成，县级

---

* 2019年10月11日在《黄楼街道志》编纂启动仪式上的讲话。

年鉴"一年一鉴"工作全覆盖，圆满完成国家规定的"两全目标"任务。在继续巩固"两全目标"的基础上，潍坊市把史志工作的重心向基层修志工作倾斜。全市镇村志编纂逐步铺开。目前已有30多个镇街、70多个村启动了修志工作。各县市区积极参与中国名镇志、名村志文化工程，在临朐《冶源镇志》入选第一批中国名镇志文化工程基础上，青州《井塘村志》、临朐《花园河村志》积极申报第三批中国名村志文化工程，目前志稿已进入出版流程。今天启动编纂的《黄楼街道志》也已成功申报中国名镇志文化工程。

中国名镇志文化工程是全国地方志系统的重大创新工程，也是重要的国家级文化工程。开展中国名镇志文化工程对于保存乡村文化记忆、传承传统文化思想、传播传统文化智慧都有着十分重要的意义，我们要把这项工作牢牢抓在手上，把它打造成地方志工作的靓丽文化名片和有深刻影响力的文化品牌。下面，就如何抓好中国名镇志文化工程，我再讲三点意见：

一、高度重视，充分认识实施中国名镇志文化工程的重要意义

中国名镇志文化工程自2015年启动以来，已逐步成长为全国地方志系统重要的文化品牌，累计发布名镇志65部，举办名镇论坛3次，引起社会的广泛关注，在方志文化的普及、名镇的宣传、传统文化的传承发展等方面发挥了重要作用。

（一）中国名镇志文化工程是抢救优秀乡村传统文化的保护性工程

据统计，近10年来，中国每天都有80个到100个村庄从地图上消失。农耕文化是中国传统文化的重要表现形式。乡镇作为中国最基层的一级政权，诞生于农耕时代，是中国传统文化的重要载体和集中体现。在几千年文脉持续滋养下，中国形成了数量众多、形态各异的历史文化名镇。它们是中国优秀传统文化的集大成者和集中展示平台，通过历史遗迹、田园风光、建筑智慧、礼仪风俗、土特名产等形式，展示着中华传统文化深厚的历史积淀与卓越的精神特质。随着经济社会的快速发

展，城市不断扩张，许多历史文化名镇永远消失，给中国优秀传统文化造成了不可挽回的巨大损失。实施中国名镇志文化工程，就是用志书的形式把名镇的精神和风貌凝结成永恒，以此实现对中国优秀乡村传统文化的抢救和保护。

（二）中国名镇志文化工程是推动地方志事业拓展的创新性工程

一段时期以来，地方志工作局限于"一本书主义"，没有把自身的价值与国家利益、经济社会发展和人民需求紧密结合在一起。党的十八大以来，全国地方志系统创新思路、积极作为，摒弃"一本书主义"，努力推动地方志从一项工作向一项事业转变。实施中国名镇志文化工程是全国地方志系统紧紧围绕党和国家利益、经济社会发展和以人民为中心开拓创新、担当作为的重要举措。中国名镇志文化丛书打破了传统志书的架构，重点捕捉名镇"名"和"特"的主要特点，突出特色性、实用性、可读性，以保护文化内涵、服务社会发展、易于群众接受为编纂导向，使地方志真正参与到社会发展中，进入到寻常百姓家，实现了地方志文化价值与社会价值的双赢。自2015年启动以来，中国名镇志文化工程拓展了地方志工作的领域，赢得社会各界的广泛好评，是地方志工作创新的成功实践。

（三）中国名镇志文化工程是助推乡村振兴战略的建设性工程

乡村振兴战略是习近平总书记在党的十九大报告中提出的重大战略。实施中国名镇志文化工程是地方志系统服务乡村振兴战略的实际行动。编纂名镇志，正面反映新中国成立以来，尤其是改革开放以来农业、农村、农民的巨大变化，忠实记录伟大的时代，有利于增强人民自豪感和民族自信心；编纂名镇志，客观整理农业发展、农村建设、农民增收的基础资料，总结积累发展经验，能够为未来城乡建设提供有益借鉴；编纂名镇志，为人民群众留住对家乡的美好记忆，增强文化的归属感，反过来也可以反作用于经济建设，实现乡村精神文明和物质文明的双丰收，从外在形式和内在气质上全面助推乡村振兴。

二、严格要求，高标准高质量打造堪存堪鉴的精品佳志

中国名镇志文化工程启动4年多来，通过多批次不断的探索实践，总结积累了大量有益经验，逐步建立起成熟的编纂体系。在此基础上，进一步提高名镇志编纂质量是中国名镇志文化工程的不断发展的迫切需要，也是满足广大群众的阅读需求的必然要求。

（一）严格执行有关文件标准和编纂程序

今年7月，在总结前期60多部名镇志编纂经验的基础上，中指组办公室印发了《中国名镇志文化工程实施方案（2019年修订）》，进一步优化了名镇志的申报范围、基本篇目、工作程序等工作事项。为配合方案实施，中指办还制定了中国名镇志参考篇目，为名镇志篇目设置提供了较为详细的借鉴。编纂名镇志要严格执行实施方案的有关要求，尤其要重视初稿的打造，要切实把好内容关、篇目关、文字关，确保送审稿达到文字优美、内容充实、体例得当的基本要求。要严格执行省市县三级终审制，不能随意减少审级，也不能在评审中走过场，切实发挥各审级查找不足、调整提高的作用。

（二）深入挖掘名镇自身的突出特色和核心价值

中国名镇志区别于传统志书的最大特点就是要突出"名"和"特"。符合名镇志申报要求的乡镇，都是在全国某一方面有较大影响的，都有独特的历史文化和生活习俗。编纂名镇志就是要把"名"和"特"，发掘和提炼出来，"名"和"特"就是名镇的"灵魂"，1000部名镇志应该具有1000种不同的"名"和"特"。编纂名镇志，要善于比较，即使是同一地域的名镇或者是同一类型的名镇，他们也会有许多各自独有的特点，要通过比较，把不同的一面寻找出来；要突出核心特色，同一个名镇可能会在若干个方面都具有自己的特色，不能面面俱到，要着重把最有魅力、最有优势的特色写好、写活；要潜心挖掘，要善于发现其他志书没有记述过的内容和角度，发掘、寻找全新资料，形成自己独有的内涵和文化价值。

（三）充分吸收借鉴其他地区和其他志书的编纂经验

中国名镇志文化工程开展4年多来，各地结合实际开展了卓有成效的实践探索，形成了各自不同的特色。由于各地在重视程度、组织结构、工作基础等方面各不相同，志书的编纂质量和成果特色也有所区别。有的地区，例如江苏，申报数量和志稿质量都比较好，入选数量也较多；有的地区，如陕西，申报数量不多但志稿质量比较好，入选的成功率较高；但也有些地区，空有数量，质量却不高，最终入选的也不多。山东的名镇志总体水平较高，篇目结构清晰，具有自身鲜明的特点。但在特色内容的深入挖掘、记述细节的加工处理方面还有一定的提升空间，要积极吸收其他地区和其他志书的编纂经验，推动志书质量再上新的台阶。

三、凝心聚力，为编纂好、使用好名镇志营造良好环境

众手成志，一部优秀名镇志的问世，是多个环节反复打磨，多个人的辛苦付出造就的。需要各级各单位以及社会各界共同努力，营造良好的修志用志工作环境。

（一）积极为名镇志编纂提供充足的保障

2015年以来，在全国符合申报要求的259部名镇志中，有49部因为非编纂原因退出、中止、暂停了名镇志编纂工作。有的是因为领导班子调整，有的是因为工作人员抽调，有的是因为缺少编纂资金，有的是因为编纂人员业务能力不强，等等。要确保人员到位，选派工作能力强、充分了解地情的同志，搞好编纂业务的学习和培训，组成专门编纂班子，并保证他们有充足的工作时间；要确保资金到位，中指办对每部入选的镇志提供一定的出版资助，除此之外，还需要各编纂单位各自筹措一定的资金，用于前期编纂和后期出版，必须提前做好财政预算和使用安排；要确保管理到位，名镇志编纂具有一定的周期性，各编纂单位要把握好时间节点，安排好工作进度，避免因为编纂周期原因影响及时、顺利出版。

（二）加强各方之间的沟通交流和协调配合

中指办要发挥统筹协调作用，及时跟踪项目进度，做好答疑解惑和业务培训工作，协调编纂单位合理安排工作周期。省级地方志机构要建立健全名镇志编纂协调机构，要充分发挥联络员制度的作用，一方面做好与中指办的沟通对接工作，另一方面做好志书申报审核和编纂技术指导，尤其是要做好志稿修改过程中的把关和审核工作。市县党委政府要支持关心名镇志编修工作，集中人力物力为编纂工作提供充足条件和便利。市县地方志机构要做好编纂力量整合工作，耐心做好资料收集、篇目设置、书稿撰写等基础工作，同时加强与上级地方志机构、党委政府的沟通协调，及时反馈编纂过程中遇到的困难问题，充分调动各方面工作积极性，确保编纂工作顺利进行。

（三）充分做好名镇志的开发利用工作

修志的目的在于用志。名镇志编纂完了，不能束之高阁，要充分挖掘其内在价值，扩大其社会影响，积极为经济社会发展做出贡献。要充分发挥名镇志对地方文化的宣传展示作用，如第四届世界互联网大会上，《中国名镇志·乌镇志》中英文版惊艳亮相，让世界上更多的人了解到了中国方志文化，收到了良好的宣传效果。要积极通过影像方志、口述史、地情宣传片等形式对名镇志进行利用和发掘。如在中国名镇志文化工程、中国名村志文化工程基础上制作的中国影像志名镇名村系列电视节目，至今已在中央电视台播出3期，还有3期节目正在后续制作中，将于今年与观众见面。要充分发挥地方志的智库作用，在名镇志编纂过程中，结合实际整理提出高水平的研究成果和政策建议，积极为招商引资、规划编制、旅游开发、环境治理、文化建设等各项工作建言献策。要积极参与方志文化进企业、进农村、进机关、进校园、进社区、进军营等活动，展示名镇志编纂成果，拓展名镇志文化服务范围。

编纂出流芳百世的中国名镇志*

中国名镇志文化工程是新时代地方志深化改革，方志事业转型升级背景下，围绕党和国家利益、经济社会发展、以人民为中心三大服务开拓创新的重要举措，是强化顶层设计，推动全国地方志事业发展大格局，科学规划的"十大工程"之一。中国名镇志文化工程自2015年启动以来，累计发布名镇志65部，连续在北京人民大会堂、贵州黔东南、湖北孝感举办3届名镇论坛。今天，我们在湘西州举办第四届名镇论坛，并推出第四批名镇志15部。这一系列优秀名镇志成果，引起社会的广泛关注。中国名镇志文化工程已逐步成长为全国地方志系统重要的文化品牌，不仅仅包括志书的编纂，更是一项立体化的文化工程。在志书的征编过程中，各地收集的实物资料、文献资料带动了乡村博物馆、村史馆、村情馆、村情网的建设。同时，中指办与中央电视台联合拍摄的大型纪录片《中国影像方志》在央视科教频道已播出391集，以直观、形象、立体的方式介绍了地域的方方面面。开展的名镇、名村系列影像志的制作，把名镇、名村通过影像

---

* 2019年12月10日在第四届中国名镇志论坛暨第四批中国名镇志文化丛书出版座谈会上的讲话。

志的形式"立"起来、"活"起来，成为对外宣传乡村的文化名片。中国名镇志文化工程以创新驱动地方志事业的转型升级，让方志文化深入基层、走进寻常百姓家，在方志文化的普及、名镇的宣传、传统文化的传承发展等方面发挥了重要作用。中国名镇志文化工程是助推国家战略的文化工程。2017年，中共中央办公厅、国务院办公厅印发的《国家"十三五"时期文化发展改革规划纲要》，强调要开展"部分有条件的镇志、村志编纂"。2018年9月，中共中央、国务院实施《乡村振兴战略规划（2018—2022年）》明确要求"鼓励乡村史志修编"。随着"两全目标"的即将完成，乡镇志作为新时代社会主义志书体系的重要组成部分，必将得到更加广泛的关注，发挥越来越重要的作用。下面，我就新时代乡镇志尤其是名镇志编纂谈几点意见。

一、讲政治，从推动国家战略的高度去谋篇布局

任何工作的开展，都不能脱离实际情况，都离不开当时的社会现状和政治要求。开展乡镇志的编纂工作，首先要和当前我们国家所处的历史阶段和当前的社会主要矛盾结合起来，站在中国特色社会主义新时代的背景下审视现状，跟随国家战略的脚步谋划工作。

（一）从推动乡村文化振兴的意义方面看待乡镇志编纂

习近平总书记指出"乡风文明，是乡村振兴的紧迫任务"，"我们要深入挖掘、继承、创新优秀传统乡土文化"。党的十九大把乡村振兴战略作为国家战略提到党和政府工作的重要议事日程上来，并对振兴乡村行动明确了具体目标任务，提出了具体工作要求。乡村文化振兴不仅是乡村振兴战略的应有之义，而且对于乡村组织振兴、生态振兴、产业振兴、人才振兴，具有重要引领和推动作用。乡镇志作为"一镇之全史"，是系统地记述本乡镇区域自然、政治、经济、文化、社会的历史与现状的资料性文献，可起到"存史、资政、育人"的功效，对繁荣地方经济、促进社会和谐、推进城镇建设等有着十分重要的作用。毫不夸张地说，编纂乡镇志就是乡村文化振兴的"铸魂"工程，具有十分重要的意义和不可替代的价值。

(二）从解决社会主要矛盾的意义方面看待乡镇志编纂

习近平总书记指出，"人类社会与动物界的最大区别就是人是有精神需求的，人民对精神文化生活的需求时时刻刻都存在。"党的十九大报告中指出我国社会主要矛盾已经转化为人民日益增长的美好生活需要和不平衡不充分的发展之间的矛盾。盛世修志，志载盛世。志书编纂是经济社会发展到一定历史阶段的必然产物，是人民美好生活的愿望和要求。中华人民共和国成立以来，尤其是改革开放以来，随着我国城镇化进程的不断深化，乡镇发生了翻天覆地的变化，经济实力和文化实力显著增强。很多地方不仅具备了编纂志书的条件，也有编纂志书的迫切需要和强烈愿望。编纂乡镇志记录乡镇建设发展的伟大历程，是党委政府资政参考的需求，是人民群众了解家园的需求，是异乡游子宣传故乡的需求。编纂乡镇志是顺应时代潮流，满足人民群众日益增长的美好生活需要的集中体现。

（三）从传承优秀传统文化的意义方面看待乡镇志编纂

习近平总书记指出，"优秀传统文化是一个国家、一个民族传承和发展的根本，如果丢掉了，就割断了精神命脉。"据统计，近10年来，中国每天都有80个到100个村庄从地图上消失。农耕文化是中国数千年文明史的重要表现形式。乡镇作为中国最基层的一级政权，诞生于农耕时代，是中国传统文化的重要载体和集中体现。在几千年文脉持续滋养下，中国形成了数量众多、形态各异的历史文化名镇。它们是中国优秀传统文化的集大成者和集中展示平台，通过历史遗迹、田园风光、建筑智慧、礼仪风俗等形式，展示着中华传统文化深厚的历史积淀与卓越的精神特质。随着城镇化进程不断加快，许多乡村被拆迁或合并，许多历史文化名镇来不及被记录就永远消失，造成了不可挽回的巨大损失。方志文化是中华优秀传统文化的"根"与"魂"。编纂乡镇志，抢救宝贵历史文化遗产，弘扬中华优秀传统文化，十分迫切和必要。

二、讲原则，从遵循基本准则的维度去把握方向

从当下乡镇志编纂实践来看，有传承有创新，灵活运用各种体例、

各种手法，与省市县三级志书相比，具有自身鲜明的特色。但"万变不离其宗"，从乡镇志的定位看，乡镇志仍属地方志的范畴，是地方志书的一种。因此，仍需遵循志书的基本要求，记述结构、记述内容、记述方法、记述深度等各方面都要符合志书的通行准则。

（一）坚持用历史唯物主义观点指导乡镇志编纂

志书要保持客观。直笔著信史，坚持实事求是的思想，对事物客观记述是志书的一大重要特征。乡镇志由于受编者视角、档案资料储备、区域文化水平等因素的影响，容易出现记述偏差，更加需要用历史唯物主义理论去指导编纂实践。要坚持用具有实际价值的可靠资料反映乡镇发展变化的规律，不能使用真伪存疑的资料数据，更不能凭借想当然直接进行不准确的评价；要坚持弘扬社会主义核心价值观，传播中华传统美德，防范和抵制不良文化的影响，严格排除封建迷信、低级趣味、影响民族团结、侵犯宗教信仰或其他造成严重社会不良影响的内容；要坚持辩证地反映中国特色社会主义初级阶段的国情，反映各乡镇建制变化、体制变化与各项工作的复杂性和困难性，在重点记述改革开放巨大成就的同时，也要客观记述历史遗留问题和经济转型期必然存在的社会问题。

（二）坚持以人民为中心指导乡镇志编纂

编纂能够满足群众需求的乡镇志正是地方志以人民为中心开拓创新的具体表现。修志为用，一部成功的乡镇志必须走进群众身边，书写有温度的历史，具备资料翔实、贴近生活、富于可读性的特点。要注意反映细节，记录与基层民众生产生活息息相关的事物，保存基层社会鲜活具体的原生态资料，反映城镇化进程中的经济发展与基层社会状况的关系；要注意突出特色，避免面面俱到，善于利用灵活的体例结构，总结和记述具有鲜明本地印记的事物，彰显各自的神韵风采；要注意增强可读性，增加人文内容的记述，多记述一些与群众息息相关的社会现象，同时要让志书在内容、款式、设计、价格等诸多方面与普通老百姓拉近距离。

（三）坚持用打造传世精品标准指导乡镇志编纂

志书编纂要把好质量关。近年来，随着地方志事业外延的拓展，一些地区把乡镇志编纂工作提上了议事日程，开展了积极的探索实践。但由于编纂经验和社会条件的限制，这些志书质量参差不齐，部分志书与人民群众的期待还存在差距。质量是志书的生命线。打造堪存堪鉴的精品志书，是乡镇志编纂工作的必然要求。要合理设置篇目，乡镇志书不能照搬市、县志书模式，一味求全，应因地制宜，灵活运用各种体裁，突出镇域的地方特色，同时也要避免过度创新，失掉志体风格；要广泛收集资料，资料的质量在一定程度上决定志书的质量，要深入挖掘档案、报刊、广播、电视、谱牒等资料，开展当事人口述资料整理，并认真做好资料鉴别工作；要把握好记述层次，乡镇地域范围小、层次低，在记述内容上应避免与市县志记述内容重复，更加注重微观、具体事物的记述，突出有价值、有亮点的具体事例。

三、讲方法，从构建治理模式的角度去部署落实

"中国之治"源于"中国之制"。党的十九届四中全会通过了《中共中央关于坚持和完善中国特色社会主义制度、推进国家治理体系和治理能力现代化若干重大问题的决定》，强调推进中国国家治理体系和治理能力的现代化。具体到乡镇志编纂工作上，就是要通过一系列良好的制度设计，不断丰富管理形式，拓宽管理渠道，推动构建科学化、规范化的修志管理模式和工作体制。

（一）依法治志，建立健全乡镇志编纂的制度体系

2015年，国办印发《规划纲要》，提出"坚持依法治志"，这是全面推进依法治国的应有内涵与必然要求。依法治志就是地方志事业要按制度办事，要纳入法治轨道。具体到乡镇志的编纂，至少要做到三个方面：一要搞好顶层设计。当前新一轮的规划纲要正在紧锣密鼓的谋划当中，在新的规划中要进一步明确鼓励编纂乡镇志，进一步扩大编纂覆盖面。二要出台指导文件。省市县各级地方志机构可以根据经济社会发展的具体情况，适时研究制定出台针对本行政区域内乡镇志编纂的具体实施方案，把乡镇志纳入统一组织管理。三要制定质量标准。要结合国家有关志书质量管理的文件、梳理已编纂的乡镇志成果，制定详细的编纂

规范，确保乡镇志在数量增长的同时质量也有所提升。

（二）强化保障，建立健全乡镇志编纂的投入体系

按照我国现有的地方志工作模式，地方志机构一般设置到县一级，各级地方志机构的法定职责是编纂省市县三级志书，并不包括县以下的乡镇志。乡镇修志一般由本级党委政府部门组织，由于部分基层领导对方志认识水平不足，基层修志人员专业知识欠缺、流动性大，修志工作常常得不到充分保障。要解决这一问题，必须要加大保障力度，完善修志投入体系。一要建立上下联动的工作机制。省、市地方志机构要做好乡镇志编纂工作的业务指导。县级地方志机构具体负责组织发动、业务指导、审查备案等工作。乡镇党委政府负责组建编写班子，做好资料搜集、志稿撰写、内部评审等工作。二要把乡镇志编纂纳入发展规划，提供必要的人力、物力、财力支持。要加强顶层设计，把乡镇志编纂作为文化建设的重要任务，搞好资源整合，纳入各级文化建设工程，为乡镇村志编纂工作创造良好的政策环境。三要做好乡镇志编纂情况和志书质量评估。有条件的地方可以把乡镇志编纂列入工作考核的内容，设置奖励措施，加大对乡镇志编纂工作开展情况的评估和奖励力度。

（三）加强培训，建立健全乡镇志编纂的人才体系

人才资源是第一资源，也是创新活动中最为活跃、最为积极的因素。目前我们乡镇志编纂的主力军通常是老干部、老党员、老教师，他们有好的文笔，也有较高的修志热情，但是在志书体例和专业知识的把握上往往与专业修志人员还有一定差距。加强乡镇志编纂人才队伍建设是做好乡镇志编纂工作的重要抓手。一要壮大修志人才队伍。要加大宣传发动力度，组织和动员更多的专家学者、老干部、老党员、老教师以及知情者、当事人参与乡镇村志编纂工作。二要吸纳更多的青年修志人才。年轻人知识新、热情高，接受新事物速度快。吸纳年轻人加入修志队伍，与老专家实现修志优势互补，既是优化修志队伍年龄结构的需要，也是储备修志接班人和扩大修志群众基础的有效措施。三要开展有针对性的培训工作。要发挥省市县级地方志工作机构的专业指导作用，分层次开展对乡镇志主编、主笔及参与修志人员的业务培训。

2020年是国家实现全面建成小康社会之年，也是我们完成《规划纲要》提出的主要目标任务，尤其是省市县三级志鉴全覆盖的"两全目标"任务之年。新时代再出发，我们还要科学谋划2021年至2025年的全国地方志事业，确定事业发展的总体思路、主要目标和重点任务；新时代再前行，我们还要坚持质量导向，全力打造高质量高水平志鉴，以更多的精品志鉴奉献人民。

为打造精品名村志和抗日战争志
不懈努力*

在全国地方志系统学懂弄通做实习近平新时代中国特色社会主义思想尤其是习近平总书记关于地方志工作的重要论述，深入学习贯彻党的十九届四中全会精神，决胜地方志"两全目标"，精心谋划未来5年地方志事业科学发展的大背景下，我们在山清水秀的历史文化名城重庆召开第三届全国名村论坛和中国抗日战争志研讨会，这是地方志以党和国家利益、经济社会发展需求、以人民为中心"三大主题"开拓创新的重要举措，对全面推进新时代地方志转型升级和地方志事业跨越发展具有重要意义。

中指办选择在重庆召开第三届全国名村论坛和中国抗日战争志研讨会，是经过认真考虑的，具有特殊的意义。这既是对重庆市地方志工作的充分肯定，也是对重庆在中国抗日战争史上地位作用的充分认可。近两年来，重庆市地方志办公室新一届领导班子在市委市政府的坚强领导下，勇于创新、敢于担当、攻坚克难、砥砺前行，带领全市地方志工作者，

---

* 根据2019年12月18日在第三届全国名村论坛和中国抗日战争志研讨会上的讲话修改整理。

精准聚焦主业，打好"两全目标"攻坚战，地方志书、地方综合年鉴编纂出版工作总体态势良好；围绕服务党委政府决策、经济社会发展和人民群众文化需要，系统整理重庆历史人物先进事例，作为领导干部学习习近平总书记重要讲话精神、加强政德建设的参考读物，编纂《重庆地情概览》《重庆市情概览》《重庆大事记》《建国70周年重庆图志》等地情书籍，精心组织《重庆抗日战争志》的编纂工作；着力补齐短板，全面推进地方志事业协调发展，制定修订编纂规范性文件，打造一批名村名镇志，扎实开展旧志整理，加快信息化建设步伐。可以说，重庆市的地方志工作取得长足进展，方志人的精神面貌也焕然一新，可喜可贺。希望重庆市地方志办公室以这次会议召开为契机，振奋精神、奋力开拓，推动各项工作百尺竿头，更进一步。

举办第三届全国名村论坛，开展中国名村志文化工程，是国办印发的《规划纲要》明确提出的重要任务。截至目前，中指办组织出版了中国名村志丛书3批59部，分别在北京人民大会堂、云南德宏举办第一届、第二届名村论坛，已经成为全国地方志系统重要的文化品牌，引起了社会各界的高度关注与好评。这届名村论坛，旨在总结第三批中国名村志丛书编纂经验、部署中国名村志文化工程下一步工作，统一思想，提高认识，全力编纂出高质量的中国名村志丛书，为推进中国名村志文化工程的深入实施奠定坚实基础。

一、要认识到中国名村志文化工程的重大意义

随着社会的全面发展，城镇化进程逐步加快，大量的乡村人口向城市迁移，乡村成为"荒芜的农村、留守的农村、记忆中的故园"，一些久负盛名的村落开始消失。编纂中国名村志丛书，对保存记录农村的村情村貌、传播乡土文化、弘扬农村风韵具有不可替代的作用，可以让百姓记得住乡思、留得下乡愁、听得见乡音、传承下乡俗。乡村是我国最基层的组织，名村志记述的是最基层的内容，讲的是老百姓耳熟能详的故事。这有助于扩大地方志在基层、村庄、广大群众的影响力，让地方志成果融入平常百姓家，更好地普及方志文化。

二、要以堪存堪鉴、堪读堪传为标准编纂好中国名村志丛书

编纂中国名村志丛书在资料选择上要以记载村域范围内的微观资料为主，注重选用特色资料、调查资料和口述资料。要在坚守志体的前提下，抓住名村的"名"和"特"，对其进行深度挖掘和提炼，通过控制篇幅、图文并茂，突出特色性、可读性、传播性，打造一批无愧于时代、无愧于人民、无愧于历史的精品佳志。

三、要充分发挥中国名村志文化工程在服务乡村振兴战略中的重要作用

乡村振兴战略是习近平总书记在党的十九大报告中提出的重大战略。实施中国名村志文化工程是地方志系统服务乡村振兴战略的实际行动，是推行乡村文化振兴的"记忆工程"、是活的"乡村博物馆"。中国名村志丛书则完整保留了乡村文化的地理风貌、物产、生产和生活状况，让农民了解农村的文化瑰宝，增强乡村文化自信。要充分发挥乡村文化自信凝聚人心的作用，让人们找到"根"的归属感。与此同时，以中国名村志丛书为蓝本拍摄的《中国影像志·名村》，以更加直观、形象、立体的方式展示名村的历史与现状，在传承乡土文化、留存乡愁记忆等方面发挥了独特作用，进一步提升了名村志创作力、表现力、传播力和影响力。下一步要高质量推进中国名村志文化工程，翔实地记录名村风貌，准备把握乡村社会变化特征，更好地助推乡村社会治理能力和治理水平，探寻乡村振兴的"密码"，延续乡村文化根脉，在实施乡村振兴战略中贡献"志"力。

《中国抗日战争志》是为贯彻落实习近平总书记在中央政治局第二十五次集体学习时的重要讲话精神，由全国哲学社会科学工作办公室下达的国家社科基金抗日战争研究专项工程项目；中国地方抗日战争志工程是以国家利益为导向、服务经济社会发展全局、提升地方志影响力，由中指办组织领导，各省区市地方志工作机构分工负责、具体实施的重大任务。抗日战争志自启动编纂以来，中国抗日战争志项目各课题

组和各省区市地方志工作机构严格按照编纂方案要求，以科学的治学精神和严谨的学术作风，稳步推动编写工作，取得了阶段性成果。截至目前，《中国抗日战争志》社会志率先完成初稿，总述卷、文化志已基本完成初稿，军事志、政治志、经济志、外交志、国际援助志、大事记完成部分初稿，人物志基本完成资料长编，文献辑录完成篇目设计；此外，各课题组成员还围绕抗战志编纂和抗战研究，出版了专著，发表了一系列论文，有的还被《新华文摘》和人大报刊复印资料转载。大部分省区市采取和高校、科研、党史、档案等机构合作的模式，积极开展学术研讨，推动本地区的抗日战争志编纂，北京、甘肃、青海等省市基本拿出了初稿，不少省区市正在搜集资料、撰写初稿。

这两项工程既是学术工程，又是文化工程，更是政治工程。功在当代、利在千秋，意义重大、影响深远。我们要以强烈的时代责任感和历史使命感，用百倍努力，编纂出资政辅治、堪存堪鉴的精品志书。

第一，要以习近平新时代中国特色社会主义思想尤其是习近平总书记关于中国抗日战争的重要论述为根本遵循，坚持正确方向、把握正确导向，准确把握中国人民抗日战争的历史进程、主流、本质，正确评价重大事件、重要党派、重要人物，让历史说话，用史实发言，以事实批驳歪曲历史、美化侵略战争的错误言论，以史实证明以爱国主义为核心的伟大民族精神是中国人民抗日战争胜利的决定因素，中国共产党的中流砥柱作用是中国人民抗日战争胜利的关键，全民族抗战是中国人民抗日战争胜利的重要法宝。

第二，要严格按照志书编纂的理论方法，确保志书质量。习近平同志1989年在宁德地方志工作会议上的讲话中强调："志书要注意质量，能经得起时间和历史的检验……要把质量放在第一位，对社会负责，对事业负责，对子孙后代负责。"编纂抗日战争志，是国内首次将抗日战争研究和志书编纂进行创新性结合，务必认清我们编纂的既不是抗日战争史，也不是民国史、民国志，而是围绕军事抗战、政治抗战、经济抗战、文化抗战、社会抗战、国际援助抗战等方面编纂的志书，要始终遵循志书的编纂要求，实现抗战史研究和志书编纂的完美融合，防止最后生产的文化产品既非志书，也非史书。要尽量掌握抗战档案、文献、照片、实物等第一手材料，广泛搜集未刊资料和新发现资料，把历史结论建立在翔实准确的史料支撑和深入细致的研究分析基础之上，切实维护抗战志工程的权威性和示范性。

第三，要有紧迫感，以有力措施扎实推进抗战志编纂工作。我们计划到2020年完成抗战志编纂工作，中国抗日战争志各课题组和各省级地方志工作机构要制定清晰的任务书、时间表、路线图，以科学规划引领编纂工作的有序进行。各课题组要细化任务、明确分工、强化责任、督促检查，确保各阶段性任务圆满完成。各省级地方志工作机构要努力解决人员、经费、资料搜集等问题，按时保质保量完成编纂任务。

参加中国抗日战争志研讨会的人员，有来自高等院校、科研机构、党校、抗战纪念机构的知名抗战史学者，有各省区市具有丰富志书编纂经验的地方志工作者，还有方志界有影响力的专家学者。这是一次方志人和历史学者面对面交流的难得机会，希望大家认真总结编纂经验，认真评审社会志和文化志初稿，相互借鉴、相互学习，把会议办成一场高水平的学术研讨会，为保证志书质量打下坚实基础。

全面实施全国地方志"十加X"工程*

所谓"十加X"工程,系继中指办在策划实施推进"十大工程"后,又策划实施的中国名山志文化工程、中国名水志文化工程、中国名酒志文化工程、中国名街志文化工程、中国名桥志文化工程、中国名楼(阁)志文化工程、中国名茶志文化工程、中国名吃志文化工程,以及中国影像志文化工程等系列专志工程,后者可统称为"中国地方专志工程"。

隆隆寒冬日,山色韵正浓。我们齐聚栗林山庄,召开2020年全国地方史志期刊编纂培训暨理论研讨会议和中国地方专志评审会,总结一年来全国地方史志期刊工作,交流期刊发展经验,研讨方志理论,开展期刊编纂培训,评议专志志稿,审定专志工程编纂资格。这是一次难得的聚会,也是推进期刊和专志工作十分宝贵的机会。我们邀请到多位来自高校、研究机构、主管部门和地方志工作机构的专家、代表等与会,我谨代表中指办对各位专家、各位代表和各位学员的到来表示热烈的欢迎。

党的十九届五中全会明确提出到2035年建成文化强国的

---

* 根据2020年12月1日在2020年全国地方史志期刊编纂培训暨理论研讨会议和中国地方专志评审会上的讲话修改整理。

远景目标,并强调在"十四五"时期推进社会主义文化强国建设,这是以习近平同志为核心的党中央基于历史和现实、着眼全局和长远作出的战略决策。以习近平同志为核心的党中央高度重视地方志工作,今年7月,习近平总书记对地方志工作作出重要批示,我们要全力做好《中国扶贫志》《中国全面小康志》编纂工作。这在实现地方志"两个一百年"奋斗目标进程中具有里程碑的意义,标志着地方志工作迈进新的历史阶段,这也必将激发全体方志人干事创业的昂扬斗志,进一步增强方志文化自信。

习近平总书记强调,"文化是一个国家、一个民族的灵魂。文化兴国运兴,文化强民族强。没有高度的文化自信,没有文化的繁荣兴盛,就没有中华民族伟大复兴。"文化自信是更基础、更广泛、更深厚的自信,是更基本、更深沉、更持久的力量。以志书为载体的方志文化独树一帜,它是我们中华民族根与魂得以栖息的精神家园,是世界文化发展史上一颗璀璨的明珠,历经2000多年的历史风霜而生生不息,熠熠生辉,并在新时期焕发出勃勃生机。"十三五"时期全国地方志系统深入贯彻落实《规划纲要》,着力攻坚实现"两全目标",协同发展"十大工程",为人民群众提供了丰富多彩的方志精神食粮,方志事业步入全面、协调、可持续发展的轨道。

方志事业的可持续发展,离不开方志理论的创新发展。方志理论研究是推进地方志事业持续发展的基础工程和战略工程,在地方志事业发展中起着决策参谋、指导实践、推动创新的重要作用。理论是实践的先导,每一次方志理论的创新与突破,都带来方志实践的发展繁荣。离开方志理论创新,方志事业的发展如同无源之水、无本之木,只有积极引导方志理论创新、搭建方志理论交流与传播的平台,培育方志理论创新发展的良好氛围,才能形成方志理论百家争鸣、百花齐放的良性发展格局。当下,史志期刊依然是方志理论传播的主流阵地,史志期刊质量的高低优劣,一方面是由方志理论发展的高度来决定,另一方面则受编纂水平的支配。因此,提高史志期刊的质量,则需要方志理论的创新发展与编纂水平的完善提升,这也是举办本次史志期刊编纂培训与理论研讨会的题中应有之义。

　　方志事业的可持续发展，离不开方志成果的推陈出新。方志成果涵盖了志、鉴、地方史、地情书等多个种类，志又包含了综合志、专业志、部门志、行业志等。今年是"两全目标"的收官之年，在"两全目标"完成后的一段时间内，专志工作将接力赛跑。我们没有大张旗鼓地开展专志工作，而是一步一个脚印，不断总结经验与规律，将该项工作做深做实。中国名街志、名酒志文化工程率先垂范，先试先行，为专志工作的顺利开展奠定了良好的基础，并将形成一批中国名街志、名酒志文化工程志书成果。这些成果将不断丰富壮大方志成果群，同时也为方志事业的永续发展添砖加瓦。我们举办此次中国地方专志评审会的目的之一，就是对中国名街志、名酒志文化工程的编纂成果做一个阶段性总结，以便更好地开展专志工作。

　　下面，我对史志期刊和专志工作谈几点意见，供大家参考：

一、推进方志理论创新，打造一流史志期刊

　　长期以来，地方志理论研究滞后于工作实践，新方志学术理论体系尚需进一步完善与发展，这在一定程度上影响了史志期刊的学术竞争力。在推进社会主义文化强国建设的新形势下，加强方志理论研究，比以往任何时候都更为重要。作为中华优秀传统文化的传承者，作为社会主义文化的建设者，我们要树牢守土有责的阵地意识，深刻领会方志理论研究的新任务新要求，把握新形势下方志理论研究的方向和重点，不断推进方志理论创新。要紧紧围绕地方志事业转型发展开展理论创新，围绕服务党委政府中心工作、服务经济社会发展、服务人民群众开展方志理论研究，为打造一流史志期刊创造理论条件。

二、聚焦人才队伍建设，培养一流编纂人才

　　"发展是第一要务、人才是第一资源、创新是第一动力"，做好史志期刊编纂和专志编纂工作，关键是要有一支思想政治过硬、专业素养高、操作能力强的编纂人才队伍。近年来各级地方志系统不断加大史志

期刊编纂队伍培养与培训力度，一定程度上提高了编纂整体水平，提升了史志期刊质量。但与打造一流的史志期刊期望相比，差距依然不容忽视，仍然要清醒地认识到史志期刊编纂面临的外部人才供给不足、内部人才需求增加的现实，需要高度重视编纂人才队伍建设，实施人才强刊战略，积极做好编纂人才培养工作，充分发挥人才对史志期刊和专志高质量发展的引领作用。

三、总结专志工作经验，夯实专志工作根基

专志工作的组织化、规模化开展是以中国系列名志文化工程的实施为标志，之前也有专志这项工作，但都还处于无系统组织的自发状态。中国系列名志文化工程实施以来，受到了各部委、地方行政主管部门和各级地方志系统的关注与重视，申报该项工程的单位也越来越多。如山岳管理部门申报编纂名山志、水利管理部门专门发文组织申报编纂名水志，街区部门申报编纂名街志、名酒企业申报编纂名酒志。通过发挥地方志系统和各职能部门的专业优势，合力打造集专业性、知识性、功能性为一体的中国名山志、名水志、名街志、名酒志丛书。专志工作从分散走向集中，从边缘走向中心，从系统内走向系统外，从小众走向大众，从中国走向世界，这一系列的发展与变化需要我们认真总结经验与教训，及时调整专志工作思路与方法，通盘谋划专志工作未来发展蓝图，不断筑牢专志工作根基。

2020年是风雨兼程的一年，也是砥砺奋进的一年。面对突如其来的新冠肺炎疫情带来的严峻挑战，中国人民和中华民族铸就了生命至上、举国同心、舍生忘死、尊重科学、命运与共的伟大抗疫精神，我们全体方志人有责任有义务以文化为媒，将这一伟大抗疫精神载入志册，弘扬伟大抗疫精神，战胜前进道路上各种风险挑战，不断开创地方志事业发展新局面。

努力打造乡村特色文化品牌*

在全国上下高举习近平新时代中国特色社会主义思想伟大旗帜，深入传达学习贯彻党的十九届五中全会精神之际，我们在历史悠久、风光秀丽的智造名城山东省德州市举办第五届全国名镇论坛暨第四届全国名村论坛，谋划中国名镇志、名村志文化工程发展方向，展示新一批名镇志、名村志编纂成果。在疫情防控常态化情况下，第五届全国名镇论坛暨第四届全国名村论坛能在德州召开，让我们切实感受到了德州这座城市的担当。会议得到了山东省委省政府、山东省地方史志研究院，德州市委市政府及德州市地方史志研究院的高度重视和大力支持。在此，我谨代表中指组及其办公室，向与会代表表示热烈的欢迎！向关心重视这次会议的山东省委省政府、德州市委市政府的领导和为举办这次会议付出辛勤劳动的山东省地方史志研究院、德州市地方史志研究院的同志们表示衷心的感谢！

山东是我国的经济大省、人口大省、资源大省和文化大省，是中华文明的重要发祥地和儒家文化的发源地，历史悠

---

* 根据 2020 年 12 月 17 日在第五届全国名镇论坛暨第四届全国名村论坛上的讲话修改整理。

久，人文荟萃，素有"孔孟之乡、礼仪之邦"的美誉。近年来，在习近平新时代中国特色社会主义思想的指导下，山东全省上下深入贯彻落实党的十九大精神，按照"走在前列、全面开创"的总体思路，全面实施新旧动能转换重大工程，加快推进创新发展、持续发展、领先发展，经济持续健康发展，综合实力显著增强，人民生活水平不断提高。在省委、省政府的正确领导下，山东地方志各方面工作实现重大突破，取得显著成果，在全国第一个出台省级史志事业发展规划纲要，第一个提出修志、编鉴和方志馆建设"三全目标"，第一个实现省市县三级地情网站全覆盖，第一个由省政府办公厅转发了《关于做好乡镇村志编修工作的意见》，提前两年全面完成第二轮修志任务，连续两年实现省市县三级综合年鉴编纂"一年一鉴、公开出版"全覆盖，多项工作走在了全国前列，形成了全国地方志系统的"山东经验"。希望山东省的地方志工作继续保持良好势头，再接再厉，再创佳绩。

中国名镇志文化工程、中国名村志文化工程是新时代地方志深化改革，方志事业转型升级背景下，围绕党和国家利益、以经济社会发展、以人民为中心三大服务开拓创新的重要举措，是强化顶层设计，推动全国地方志事业发展大格局，科学规划的"十大工程"之一。中国名镇志文化工程自2015年启动以来，累计发布名镇志93部，连续在北京人民大会堂、贵州黔东南、湖北孝感、湖南湘西举办名镇论坛4届；中国名村志文化工程自2016年启动以来，累计发布名村志64部，连续在北京人民大会堂、云南德宏、重庆举办名村论坛3届。今天，我们在德州举办第五届全国名镇论坛暨第四届全国名村论坛，是全国名镇论坛和全国名村论坛合并召开后的首次会议，将推出第五批名镇志13部、第四批名村志5部。

5年来，一批优秀名镇志、名村志成果持续出版，引起社会的广泛关注，在地方志传承中华优秀传统文化，抢救和保护乡村记忆，助力乡村振兴战略方面发挥了十分显著的作用。中国名镇志、名村志文化工程以创新驱动地方志事业的转型升级，让方志文化深入基层、走进寻常百姓家，在方志文化的普及、名镇名村的宣传、传统文化的传承发展等方面发挥了重要作用,已逐步成长为全国地方志系统重要的文化品牌。回顾5年以来的历程,中国名镇志、名村志文化工程的顺利推进,有许多值得肯定和总结的地方。下面,结合中国名镇志、名村志文化工程的有关情况,我就新时代地方志工作尤其是镇村志编纂谈几点意见:

一、总结经验,继续实施名镇志、名村志编纂中好的做法

全国名镇论坛、名村论坛举办以来,到现在已经是第5个年头了。这5年以来,中国名镇志、名村志文化工程,经历了从无到有,从有到好的一个发展过程。中国名镇志、名村志文化工程之所以能够克服各种困难,不断发展壮大,逐步成长为地方志系统的优秀品牌,离不开全国地方志工作者的科学谋划和辛勤付出。回顾过去,我觉得,有三条经验值得总结。

(一)坚定自信

我们地方志的工作长期以来四平八稳,相对来说缺少工作活力。这里面的原因很多,但分析起来,往往不是因为不能,而是因为不敢。之所以不敢,和地方志机构长期以来作为冷部门、边缘单位,很少走到舞台中央,不被特别重视有很大关系。缺少底气、缺少自信心,是方志机构和方志人的一大弱点。中国名镇志、名村志文化工程的顺利启动和持续推进,离不开时任中指组领导的科学战略谋划以及对成功打造方志系统国家级文化工程的充分自信。实践证明,方志事业是大有可为的。地方志是中华优秀传统文化的瑰宝,地方志的独有价值和现实功用,是我们方志文化自信的来源。进入新时代,全国地方志工作者以习近平新时代中国特色社会主义思想为指导,围绕党和国家根本利益、经济社会发展、以人民为中心开拓创新,让地方志事业不断"活起来""立起来""强起来",得到了各级领导和社会各界的欢迎和好评。坚定方志文化自信,是方志人必须具备的精神品格,也是地方志事业兴旺发达的精神基础。

(二)敢于创新

创新是地方志事业发展的出路。传统志书作为起源于古代,重在记

述一个地区地理、沿革、风俗、物产、人物等事项的资料性书籍，在内容承载上是复杂的，在表达方式上是严肃的，除了搞研究的专家学者和业内人士，很少有人会阅读此类书籍。地方志要更好地服务于当代，服务于人民群众，就需要与日益发展的社会生活相结合，表现出更好的适应性和多样性。中国名镇志、中国名村志丛书设计之初，就考虑到了这个问题，不按照传统志书的写法，跳出惯性思维，不主张面面俱到，而是要突出"名"和"特"，把一个地方最鲜活、最吸引人的地方展示给大家，从而大大提升了可读性，这也是我们的名镇志名村志丛书广受欢迎，能够成功的一个重要因素。地方志的创新不仅仅在内容，也同样在形式。名镇名村的创新不仅仅包括志书内容的编纂，更在一项立体化的文化工程的打造。在志书的征编过程中，各地收集的实物资料、文献资料带动了乡村博物馆、村史馆、村情馆、村情网的建设。同时，中指办开展的名镇、名村系列影像志的制作，把名镇、名村通过影像志的形式"立"起来、"活"起来，成为对外宣传乡村的文化名片。

（三）善于交流

受工作内容和机构设置等因素的影响，地方志长期以来给外界的印象始终是冷部门、弱单位，不主动接触外面的世界，总是躲在偏僻的角落里自娱自乐。缺乏对外交流与沟通，在一定程度上影响和限制了地方志事业的发展。发起中国名镇志、名村志文化工程，也是打开了一扇地方志沟通外界的窗。中国名镇志、名村志专家委员会不仅有地方志系统内部的专家学者，也邀请了历史学、社会学界的领导专家参与。中国名镇志、名村志的论坛取名为全国名镇论坛、全国名村论坛，而不是全国名镇志论坛、全国名村志论坛，也是期望把论坛办成社会各界共同参与的盛会，而不仅仅是地方志系统内部的交流研讨。5年来，每年都有各级地方政府、专家学者、社会各界人士出席论坛，为我们带来了丰富的人脉和崭新的认知。今年，我们特意邀请了特色产业界的专家学者到会，也是想在地方志助推特色产业发展方面做一番文章。

二、分析形势，正确面对当前镇村志编纂的机遇和挑战

2020年是全面建成小康社会和"十三五"规划实现之年，也是我国全面打赢脱贫攻坚战收官之年。党的十九届五中全会明确了"十四五"时期接续推进脱贫攻坚迈向乡村振兴的路线图：优先发展农业农村，全面推进乡村振兴。同时还提出，促进满足人民文化需求和增强人民精神力量相统一，推进社会主义文化强国建设。新的社会形势，新的社会发展目标，给镇村志编纂带来了新的机遇和挑战。

（一）国家高度重视赋予新时代地方志新的使命

党的十九届五中全会明确提出到2035年建成文化强国，为在全面建设社会主义现代化国家新征程中推动建成文化强国提供了行动指南，为我们深刻认识新时代文化建设新使命、创造中华文化新辉煌明确了前进方向，体现了我们党在推进中华民族伟大复兴进程中创造中华文化新辉煌的信心和决心。地方志作为中华民族独有的优秀文化传统，承载着传承中华文明、弘扬中华优秀传统文化的历史重任。新时代的地方志工作，要始终围绕党和国家工作大局，及时跟进历史的步伐，真实、客观、准确地记载好历史，接通好中国历史文化的发展文脉，发挥自身在增强文化自信、传承中华文明、提升国家文化软实力的优势，总结提炼中华民族伟大复兴历程中的宝贵经验和智慧，为国家治理体系和治理能力现代化提供借鉴和参考，为社会主义精神文明的塑造提供引领和指导。

（二）人民迫切需要对新时代镇村志编纂提出新的要求

在"十三五"乡村振兴实现良好开局的背景下，"十四五"时期乡村振兴战略将全面推进，更多深入推进农村改革举措将会陆续推进。以全面建成小康社会为新起点，脱贫攻坚、乡村振兴两大战略的"衔接与转型"不仅是先后接续相继，更是以城乡融合发展为方向，推进脱贫攻坚到乡村振兴的全面转型。十九届五中全会提出"推进以人为核心的新型城镇化"。前不久，国务院副总理胡春华指出，"不能违背农民意愿强行推进村庄撤并"。在全面建成小康社会和全面打赢脱贫攻坚战两大目

标顺利实现后的农村，农民群众对物质生活的满足已经达到一定水平，对精神文化生活的需求水平将会进一步提高。镇村志编纂是对农业、农村、农民问题深刻调查和系统梳理，对于保留乡愁，凝聚人心，助力新农村产业发展，塑造积极向上的乡村风貌都有着十分积极的作用，也将更加受到基层组织和农村群众的关注和需要。

（三）长期的实践积累为广泛编纂新时代镇村志提供了现实可能

2017年，中共中央办公厅、国务院办公厅印发的《国家"十三五"时期文化发展改革规划纲要》，强调要开展"部分有条件的镇志、村志编纂"。2018年9月，中共中央、国务院实施《乡村振兴战略规划（2018—2022年）》明确要求"鼓励乡村史志修编"。"十三五"期间，部分有条件的地区和组织积极开展镇村志编纂工作，取得了很好的效果，积累了丰富的实践经验。在中央层面上，中国名镇志文化工程、中国名村志文化工程持续实施，得到了社会各界的欢迎和好评。部分省市制定了工作规划，出台了指导意见，启动了系统性的镇村志编纂工作。大量的实践和探索，为"十四五"时期，镇村志编纂取得突破奠定了基础。2020年7月，习近平总书记对编纂《中国扶贫志》作出重要批示，在国家层面将地方志工作融入新时代扶贫工作，融入经济社会发展大局。《中国扶贫志》《中国全面小康志》编纂工作是党中央给地方志提出的新任务。全面建成小康社会和决胜脱贫攻坚都和乡村振兴息息相关。"两志"的编纂，也将为镇村志的编纂工作提供大量基础资料和编纂经验。"两全目标"全面完成之后，各级地方志机构也将有充足的人力和物力，为镇村志编纂提供有力支持，使得大规模的镇村志编纂具备了可能性。

三、展望未来，努力打造乡村特色文化品牌

随着"两全目标"的全面完成，镇村志作为新时代社会主义志书体系的重要组成部分，必将得到更加广泛的关注，发挥越来越重要的作用。镇村志在民心教化、文化传承、民族信仰等方面发挥着不可替代的作用，是践行社会主义核心价值观的重要动力。通过镇村志编纂，为世

人的乡愁在志书中找到归宿，是一项资政辅治、教化当代的大事。

（一）开发出喜闻乐见的文化产品

镇村志的编纂要因地制宜，因人制宜。根据服务群体和社会功用的不同，志书在内容和体例的设计上也应当有所区别。在篇目设计上要结合记述对象的特点灵活进行设置，在语言记述上要贴近群众，更加通俗易懂。在表现形式上，要充分利用现代声、光、电技术手段，突破纸质书的单一传播模式，通过拍摄影像方志、出版电子书、制作音频书等方式，立体化展示方志成果，让农村群众更觉亲切和喜爱。在宣传途径上要多管齐下。要积极借助方志馆、博物馆、地情馆、镇史馆、村史馆等陈列场所，建立方志书屋，为百姓提供各类方志书籍、历史典籍和书刊等，充分发挥其弘扬传统文化、培育文明乡风的积极作用。要结合各乡村建设实际情况，要提供文化活动平台，定期举办方志文化节、读书节、家训家风展等活动，形成浓厚的乡村文化氛围。

（二）发挥好引领风气的铸魂作用

要让地方志走进乡村，融入百姓的工作生活，引发情感共鸣，在潜移默化的熏陶和影响中发挥教化育人的作用，激发群众在乡村振兴建设中的内在动力。

要利用地方志资源开展思想道德教育，服务乡村精神文明建设，大力弘扬社会主义核心价值观。依托方志书屋、乡村文化活动中心、校园等场所，定期为乡村群众开展历史文化、家训家风、非物质文化遗产传承等方志文化传播活动，培育人们的文化自觉和文化自信。培育乡贤文化，整理汇编当地古代名贤资料及其文献著作，考证当地古代名贤有历史价值的遗迹、故居，以乡贤的社会力量、创新思想及高尚品德，影响乡村周边群众，转变村民观念。激发村规民约、家训家风在乡村治理中的积极作用。通过编纂镇村志搜集整理内容涉及村风民俗、社会公德、公共管理等方面规定的优秀村规民约、家风家训，取其精华去其糟粕，发挥其在乡村文明创建中的激励作用，推动建立和完善自治、德治、法治相结合的乡村治理体系。

（三）建立起行之有效的编纂模式

要建立健全志书编纂的制度体系。搞好顶层设计，省市县各级地方志机构可以根据经济社会发展的具体情况，适时研究制定出台针对本行政区域内镇村志编纂的具体实施方案，把镇村志纳入统一组织管理。制定质量标准，要结合国家有关志书质量管理的文件、梳理已编纂的镇村志成果，制定详细的编纂规范，确保镇村志在数量增长的同时质量也有所提升。要建立健全志书编纂的人才体系，壮大修志人才队伍。要加大宣传发动力度，组织和动员更多的专家学者、老干部、老党员、老教师以及知情者、当事人参与镇村志编纂工作。吸纳更多的青年修志人才加入修志队伍，与老专家实现修志优势互补，优化修志队伍年龄结构，扩大修志群众基础。发挥省市县各级地方志工作机构的专业指导作用，分层次开展对镇村志主编、主笔及参与修志人员的业务培训。建立健全志书编纂的投入体系。要把镇村志编纂纳入发展规划，提供必要的人力、物力、财力支持。要加强顶层设计，把镇村志编纂作为文化建设的重要任务，搞好资源整合，纳入各级文化建设工程，为乡镇村志编纂工作创造良好的政策环境，同时做好镇村志编纂情况和志书质量评估。

2021年马上就要来临。新的一年，我们要牢记使命，奋发图强，把思想认识统一到习近平总书记关于史志工作重要论述精神上来，坚定信心推动"两全目标"尽快高质量完成，精心筹备和推动《中国扶贫志》和《中国全面小康志》编纂工作，科学谋划2021年至2025年的全国地方志事业发展，全力打造高质量高水平志鉴，以更多的精品志鉴奉献人民。让我们高举新时代中国特色社会主义思想伟大旗帜，坚定文化自信，不断开拓创新，加强开放交流，强化系统建设，为繁荣社会主义文化、助力文化强国建设作出新的更大的贡献。

加快构建方志学一级学科

地方志是我国独有的全面系统记述一个行政区域内自然、政治、经济、文化和社会的历史与现状的文化载体,具有政治性、民族性、地域性、包容性、功能性、资料性、权威性等基本属性。我国官修地方志的传统已经有 2000 多年的历史。目前保存下来的宋、元以来的旧志书多达 8000 余种、10 多万卷,占我国现存古籍的十分之一还多。新中国成立后,社会主义新方志事业蓬勃发展。方志学学科建设自 20 世纪 70 年代末 80 年代初启动以来,在各级地方志工作机构、科研院所的共同努力下取得了长足发展。毋庸置疑,方志学是中国特色哲学社会科学的重要组成部分,但是作为一个"冷门"学科,方志学在中国特色哲学社会科学学科体系中的存在感不强,关注度不高,话语权不够,日益成为影响地方志事业高质量发展的"最短板"。应尽快明确方志学学科定位,加快构建方志学学科体系,为推动地方志事业高质量发展提供人才储备和理论支撑。

一、加快构建方志学学科体系意义重大

地方志是传承中华优秀传统文化、挖掘历史智慧、服务

新时代发展的重要载体,在培根铸魂、文化传承、资政辅治等方面发挥了积极作用,日益成为增强文化自信,推动社会主义文化繁荣兴盛不可或缺的重要力量。党的十八大以来,在党中央、国务院坚强领导下,全国地方志系统认真履行"为党立言、为国存史、为民修志"的职责使命,推动新时代地方志工作正从传统的"一本书主义"向志、鉴、馆、史"四驾马车"并驾齐驱,志、鉴、史、馆、库、网、用、会、刊、研"十业并举"转变,在全国范围内推进从一项工作到一项事业转型升级。于2020年底如期完成省市县三级有志有鉴的"两全目标",开创了世界文化史上的盛举。

(一)方志学学科体系建设是充分发挥地方志"存史、资政、育人"三大功能的基础

方志学是具有重要文化价值和传承意义的"绝学",是加快构建中国特色哲学社会科学"三大体系"的重要内容,是发掘历史智慧、总结提炼中华文化精髓,培育中华民族"根"与"魂"的前导性工程,是探索方志发展规律、指导志鉴编修、弘扬方志文化的基础性工作,对于发展中国特色社会主义先进文化,繁荣中国特色社会文化事业,增强文化自信,建设社会主义文化强国具有重要意义。

(二)方志学学科体系建设是推进地方志事业高质量发展的前提

当前,全国地方志系统已经进入系统总结第二轮修志、科学谋划第三轮修志的新发展阶段。地方志如何记录好、书写好、传承好新时代,关系到当代人和后世子孙对中国共产党领导下的中国特色社会主义建设的认识和判断,是方志学学科建设面临的重大理论和现实问题。当前,中指组及其办公室已启动编修《中国扶贫志》《中国全面小康志》《中国抗击新冠肺炎疫情志》,第三轮修志、重大专题志的组织形式、编纂方式、管理模式、保障措施,以及如何利用新技术、新媒体进行地情资源开发等面临重大变革,亟需加强方志学学科体系建设,动员全社会的资源和力量开展学术探讨和理论研究,为地方志事业第二次转型升级提供学理支持。

(三)地方志工作实践为方志学学科体系建设奠定了坚实基础

两轮修志的丰富实践,为方志学学科体系建设积累了实践经验。理

论研究的丰硕成果，形成了相对独立的理论体系和研究方法，为方志学学科体系建设奠定了知识基础。海量地情资源汇聚成了规模宏大的社会科学成果群，为加快构建中国特色哲学社会科学"三个体系"提供了丰富的基础数据和实践样本。全国不少高校开展了较长时间的方志学学历教育和人才培养工作，形成了一批具有较高理论水平和丰富编纂经验的方志学专家学者，为方志学学科体系建设提供了人才储备。

二、方志学学科建设现状及问题

经过改革开放40多年的发展，方志学已经发展成为集政治学、经济学、历史学、法学、社会学、文学、考古学、民族学与文化学、统计学等多学科知识为一体、哲学社会科学与自然科学交叉融合的独立学科。方志学形成了固定的研究对象，包括方志的起源发展、性质类别、功能价值、编纂理论、整理利用，以及运行规律等。方志学形成了诸多分支学科，包括方志学、年鉴学、方志馆学、地方史学等。

然而受"方志无学"等传统观念的影响，方志学学科建设相对滞后。当前，方志学附属于历史学一级学科的二级学科专门史，学科定位不够准确，学科体系不健全，学术体系不完善，话语体系尚未建立，与地方志事业蓬勃发展的新形势新任务不适应、不协调、不匹配，对地方志事业高质量发展产生负面效应。

（一）学科建设的组织实施不顺

方志学学科定位不够准确，直接影响到方志学学科建设的目标任务、实施原则、实施步骤、保障措施的统筹规划，导致方志学学科建设思路不明确，学科体系构建办法不多、成效不大，屡屡错过发展机遇，对方志学科学发展产生了不利影响，无法发挥方志学在地方志事业转型升级中的基础性支撑作用。

（二）方志学理论研究质量不高

当前全国地方志系统存在重编纂实践、轻理论概括，重业务指导、轻学科建设，重经验总结、轻理论创新的倾向，方志学研究"各自为战、缺少协同"，对方志学基础理论问题争鸣多，达成共识性的结论少。

特别是 2008 年各级地方志工作机构陆续参照公务员法管理后,地方志从业人员理论研究热情有所降低,对学科体系构建研究的深度不够,方志学理论研究成果质量不高。

（三）方志学人才队伍素质不强

由于方志学远不是"显学",尚未引起全国地方志系统以外专家、学者的重视。放眼全国,方志学研究领域的权威专家不多,而且缺少旗帜性的领军人物和拔尖人才,"群龙无首"。目前方志学教育没有全国认可的权威教材,没有系统完整的本科、硕士、博士教育体系,导致方志人才队伍青黄不接、水平良莠不齐。

三、构建方志学一级学科体系的建议

当前,全国地方志事业进入第二次转型升级的新发展阶段,方志学学科建设亟待加强。建议尽快明确方志学一级学科定位,加快构建方志学一级学科体系,努力拉长和补齐方志学"短板",实现方志学"代有传承",为以"中国之志"记录"中国之治"保驾护航。

（一）明确方志学一级学科定位

明确学科定位是加强方志学一级学科建设的基础。建议把方志学从历史学一级学科中独立出来,设立方志学一级学科,在此基础上研究制定方志学一级学科建设发展规划。抓住国务院学位办 2030 年左右调整学科目录的时机,力争把方志学纳入一级学科目录。

（二）加强方志学人才培养体系建设

人才培养体系是方志学一级学科建设的基础。建议加大对方志学人才培养体系建设的支持力度,探索建立方志学学科带头人制度,组建国家级方志专家库。依托中国社会科学院大学、中国人民大学、北京大学、宁波大学等高校,扩大方志学教育在高校的覆盖面,形成较为完整的国民教育体系。

（三）推进方志学学术体系建设

学术体系是方志学一级学科建设的核心。建议大力推动方志学基础理论研究,组织编写权威的方志学通用教材,集中开展方志学重大课题攻关，形成一整套方志学学说、知识、学术、研究方法。总结前两轮修志的经验教训，推动方志学理论创新发展，提升学术原创力和影响力，为第三轮修志和重大专题志编纂提供理论支持、组织保障和人才储备。

（四）注重方志学话语体系建设

方志学话语体系包括用方志学解读中国实践，提炼中国方志走向世界的标识性概念，在世界范围内设置方志学议题，利用国际舞台发出中国方志的声音，引导国际学术界展开方志学研究和讨论等。建议立足中华文化走出去战略，加大外文版志书编译出版力度，有计划地向海外推介一批高质量的地方志成果。利用世界图书馆与信息大会等平台，广泛开展国际学术交流活动。定期召开中国方志文化国际学术研讨会，宣传中国方志文化，讲述中国故事，传播中国声音。

总之，方志学一级学科体系建设是加快构建中国特色哲学社会科学"三大体系"的应有之义。建议充分调动各级党委政府、高校、科研机构、社会力量的积极性、主动性、创造性，齐抓共管，集思广益，共同把方志学建成具有广泛影响力、权威学术力和持续发展力的一级学科。

中国名镇志、名村志是一项长久文化工程*

在举国上下高举习近平新时代中国特色社会主义思想伟大旗帜，深入传达学习习近平总书记"七一"重要讲话之际，我们在胶东文化发祥地和胶东革命根据地的主体、国家历史文化名城山东省烟台市举办中国名镇志、中国名村志丛书编纂业务培训班、业务研讨会。这是全国地方志系统深入贯彻习近平总书记"七一"重要讲话精神的重要举措。当前和今后一个时期，全国地方志系统的首要任务，是以学习贯彻习近平总书记"七一"重要讲话精神为契机，弘扬伟大建党精神，进一步增强历史自觉、担当历史使命，把学习习近平总书记重要讲话精神的成果转化为新时代地方志高质量发展新征程的实际行动。

刚才，山东省副省长、烟台市委书记傅明先和山东史志研究院赵国卿院长分别致辞。在此，我代表中指组及其办公室向关心重视这次会议的山东省委省政府、烟台市委市政府的领导和为举办这次会议付出辛勤劳动的山东省地方史志研

---

* 2021年7月20日在中国名镇志、中国名村志丛书编纂业务培训班、业务研讨会开幕式上的讲话。

究院、烟台市地方史志研究院的同志们表示衷心的感谢！近年来，山东史志工作在省委、省政府的正确领导下，在中指组、中指办的科学指导下，各方面工作实现重大突破，取得显著成果，走在了全国前列。烟台市地方史志研究院不断拓展服务领域、搭建服务平台，在存史上不断推出新成果，在资政上展现新作为，在育人上取得新成效，得到各级领导的肯定、社会各界的关注和支持。希望山东省、烟台市的地方志工作继续保持良好势头，再接再厉，再创佳绩。

风雨兼程百年路，不忘初心再出发。习近平总书记在庆祝中国共产党成立100周年大会上的讲话中指出，"以史为鉴，可以知兴替。我们要用历史映照现实、远观未来，从中国共产党的百年奋斗中看清楚过去我们为什么能够成功、弄明白未来我们怎样才能继续成功，从而在新的征程上更加坚定、更加自觉地牢记初心使命、开创美好未来。"地方志系统要在历史新方位中自觉担当文化使命，弘扬伟大建党精神，为在文明互鉴视野下增进人类文明共识讲好中国故事，为中国方志文化在世界的传播鼓与呼。新时代方志人要自觉心系"国之大者"，担当起新时代筑牢民族伟大复兴的精神根基的使命，为开启全面建设社会主义现代化国家新征程、向第二个百年奋斗目标进军积淀"不可逆转"的底气和力量。要正确认识地方志事业发展形势和时代要求，站在更高起点，坚持高标准，凝聚起推动中国名镇志、中国名村志文化工程高质量发展的强大动力。借此机会，我谈几点意见：

一、立足高起点，开创中国名镇志、中国名村志文化工程新局面

2021年，是"十四五"开局之年。面对过去与未来的接替、承续和更新，我们立足新起点，必须开阔视野、明确方向、清醒研判，牢牢把握地方志事业发展的机遇期、转型期、增长期，开创中国名镇志、中国名村志工程高质量发展的新局面。

（一）全新方位中，地方志事业迎来重大机遇期

党的十八大以来，以习近平同志为核心的党中央高度重视地方志工

作，出台一系列政策文件，大力促进乡镇村志编纂，已经迎来快速发展的重要机遇期。2015年8月，国办印发《规划纲要》，首次对全国地方志事业发展作出了全面科学的顶层设计，明确提出"指导有条件的乡镇（街道）、村（社区）做好志书编纂工作，做好中国名镇志文化工程、中国名村志文化工程组织编纂工作"。2017年5月，中共中央办公厅、国务院办公厅印发《国家"十三五"时期文化发展改革规划纲要》明确规定，"开展旧志整理和部分有条件的镇志、村志编纂"，首次将镇志、村志的编纂纳入五年规划文化发展的目标任务。2018年9月，中共中央、国务院印发《乡村振兴战略规划（2018—2022年）》，明确提出"鼓励乡村史志修编"，要求地方志工作向基层延伸，标志着乡村史志编修步入发展的"快车道"。推进乡村史志编修是时代赋予方志人一项迫切的工作任务，是地方志事业向基层延伸，向民间发展的需要，拓展了地方志事业发展路径，彰显了新时代地方志的重要价值与作用，为地方志事业更好更快发展提供了新支撑、新动力和新机遇。

（二）发展航程中，地方志事业处于转型升级期

回望全国地方志事业的发展历程，我们不难发现，中国名镇志、名村志文化工程与地方志事业转型升级的步伐有着千丝万缕的联系。2015年8月，以《规划纲要》的发布为标志，推动在全国范围内地方志从一项工作向一项事业的转型升级，彻底摒弃"一本书主义"，逐步实现志、鉴、史、馆"四驾马车"并驾齐驱，和志、鉴、史、馆、库、网、用、会、刊、研"十业并举"。到2020年底，全国地方志系统已基本完成国家"十三五"规划期间地方志事业发展的基本目标与任务，基本完成省市县三级志书和综合年鉴全覆盖，实现了地方志事业的第一次转型升级。"十四五"时期，要持续学懂弄通做实习近平新时代中国特色社会主义思想，大力推进全国地方志事业第二次转型升级，实现从"有没有"的数量的规模化，到"好不好"的质量的法治化，持续紧紧围绕党和国家利益、经济社会发展和以人民为中心"三大主题"开拓创新地方志工作，实现地方志"五起来"，即"用起来""立起来""活起来""热起来""强起来"。在实现这一重大转变的过程中，需要不断改革创新，

深入实施以中国名镇志、中国名村志文化工程为代表的"十加X"工程，成为地方志事业实现第二次转型升级的有力抓手，主动打破过去的"冷局面"，把地方志事业做细、做深、做新，做成"不待扬鞭自奋蹄"的"热事业"。

（三）新发展阶段，地方志事业处于快速增长期

"十四五"规划提出，全面实施乡村振兴战略，着力加强美丽宜居乡村建设，不断完善乡村治理体系，加快推进农业农村现代化。地方志承载着传承中华文明、弘扬中华优秀传统文化的历史重任，因其特征和性质成为服务国家战略，助力乡村振兴的重要角色，是新时代中国特色社会主义文化建设的重要组成部分。近年来，地方志在文旅产业、非物质文化遗产传承、传统村落保护等多个领域推陈出新，逐渐展现出庞大的潜在发展空间和助力乡村振兴美丽乡村建设的巨大潜能。基于地方志事业发展第二个百年奋斗目标，实现《中华人民共和国志》、省市县三级志书、乡镇志、村志、社区志的全覆盖，用志书全面记载、代代传承国家、民族、社会的历史和现状，让地方志走进千家万户。基于"十四五"时期的具体目标，积极推动《中国扶贫志》《中国全面小康志》《中国抗击新冠肺炎疫情志》编纂工程，继续深入实施中国名镇志、中国名村志文化工程，做好成果转化，进一步扩大社会影响，进一步提升社会认知度、市场认可度和社会效益，成长为全国方志文化精品和乡村文化建设的重要增长极。

"所当乘者势也，不可失者时也。""怎么看"启示"怎么干"的方向。只有牢牢把握重大机遇期和转型升级关键期，应势而动、顺势而为，才能实现地方志事业快速增长、赢得高质量发展的先机。

二、落实高要求，总结经验谋划中国名镇志、中国名村志文化工程健康发展

中国名镇志、中国名村志文化工程是新时代地方志深化改革，方志事业转型升级的重要举措。中国名镇志文化工程自2015年启动以来，累计发布名镇志93部，连续在北京人民大会堂、贵州黔东南、湖北孝

感、湖南湘西、山东德州举办名镇论坛5届；中国名村志文化工程自2016年启动以来，累计发布名村志64部，连续在北京人民大会堂、云南德宏、重庆、山东德州举办名村论坛4届。论坛围绕城镇化建设、保护传统村落、服务乡村振兴等重点议题进行研讨，扩大了地方志的影响力，极大地助力了地方志事业保持高位运行。按地区来看，中国名镇志、中国名村志丛书涵盖了包括香港在内的33个省（自治区、直辖市）；按类型来看，中国名镇志、中国名村志丛书包括历史文化名镇名村、经济强镇强村、其他特色镇村、新农村建设示范村等多种类型；按风格来看，中国名镇志、中国名村志丛书独具地域特色、时代特色、民族特色和人文特色；按工作措施来看，建立了严控资格申报、加强篇目把关、强化志稿审读、完善制度建设等工作机制。中国名镇志、中国名村志丛书在数量和质量上，均取得突破性进展。我们要以本次培训及业务研讨为契机，及时总结经验，准确把握发展规律，研究解决问题，科学谋划部署，高标准谋划地方志事业高质量发展。

以创新作为引领地方志高质量发展的第一动力。中国名镇志、中国名村志文化工程自启动之日起，就把创新作为高质量发展的强引擎和硬支撑，以打造精品名志为目标，在体裁运用、篇目设计、资料运用上，与传统志书相比变化非常大，屡见创新之处。灵活的体例为突出名镇名村的"名"和"特"释放了空间，避免了传统志书的庞大臃肿与细琐繁杂，更易于传播与利用。内容记述上，反映的是与老百姓息息相关的，是贴近生活的。乡村里有什么，志书记什么，以记载域内的微观资料为主，详市县志之所略，使得中国名镇志、名村志丛书成为讲好百姓故事，让百姓喜闻乐见、耳目一新的新型志书。

以协调为基础构建高效运行的体制机制。中国名镇志、中国名村志文化工程在组织机制上，形成从国家到乡镇村五级编纂组织模式，建立了高效协调上下联动的体制机制，成为新方志编纂史上从未有过的系统整合、举国共襄的严密组织形式。从国家层面，一是做好顶层设计，对工程的主要任务、编纂要求、申报和审查验收、组织领导、基本篇目和编纂规范做出详实明确、操作性强的规范。二是建立篇目论证机制。邀请高等院校、科研机构、地方志系统的专家学者对申报的篇目逐一进行论证,并提出具体修改方案,必要时对篇目进行二轮完善,从而保证了后续编写工作的稳步有效开展。三是建立人员培训机制。先后举办五次全国范围的业务培训班,为广大一线主编人员授课,解决编纂过程中遇到的普遍性和突出性问题,帮助广大学员快速提升业务水平。四是建立畅通的作者、审稿、编辑沟通机制。由专家审读和学术委员会委员评议,对每部志书从篇目设置、内容记述、编写规范、文字等方面进行认真把关,并提出具体的评审意见。出版社提前介入,在编校质量上进行把关,形成顺畅的编者、专家、作者往来互动良性循环。五是建立协调联络机制。中国名镇志、名村志丛书编纂委员会办公室同各省级地方志工作机构协作组、联络员,加强日常联络和业务指导,解决以往信息沟通不畅引起的"绕弯转圈"现象,确保提高工作效率。

以开放包容的姿态助力方志文化走出去。近年来,中指组及其办公室与中央电视台积极推进《中国影像方志》及《中国影像志》名镇名村系列的制作和播出。《中国影像方志》累计播出810期,今年年内已播出77期。作为讲好中国故事的精品文化纪录片,《中国影像志》名镇名村系列之周庄、江村、李庄、高碑店、王兰庄、凌庄子6部影像志,先后通过中央电视台农业频道和中央广播电视总台国际频道国家级外宣平台长城精品频道,已在美国、加拿大、澳大利亚、法国、老挝等地播出。同时,中指办、方志出版社与加拿大新学术出版社联合,就第二批名镇志中的《乌镇志》翻译成英文版,并经中央网络安全和信息化领导小组办公室批准,被纳入第四届世界互联网大会的会议材料推介给与会代表,同时还在加拿大英属哥伦比亚省出版发行,成为第一本在海外出版发行的中国名镇志。之后,《周庄镇志》《枫泾镇志》《开弦弓村志》《中洪村志》英文版也陆续出版,还启动了包括乌尔都语、俄语、越南语、马来西亚语、泰语、乌克兰语、土耳其语7个语种在内的多个小语种图书出版。中国名镇志、中国名村志文化工程已经成为"方志文化走向世界工程"的桥头堡,成为弘扬中华文化的国际工程,向世界传播中华文明。

以共享发展理念让地方志走进千家万户。习近平总书记指出："人民对美好生活的向往，就是我们的奋斗目标。"地方志工作要坚持以人民为中心的工作导向，顺应人民群众对美好生活的向往，毫不动摇地走群众路线，把服务群众同依靠群众结合起来。中国名镇志、中国名村志文化工程已经从编纂出版名镇志、名村志的试点起步阶段迈入让方志文化真正走入社会、走进群众的共享发展阶段，带动多个领域和群体持续关注地方志和乡村文化，进一步扩大了社会影响，提高了社会知名度，增强了社会效益。中国名镇志、中国名村志丛书正在从深闺走向市井，成为广大读者想看、爱看的反映中国乡村历史文化、经济变迁的"百科全书"。中国名镇志、中国名村志丛书之所以产生了良好的社会反响，究其根本，一方面是着眼于广大群众的关切，着眼于与群众切身利益密切相关的现实问题，编纂出群众所熟悉所喜闻乐见的文化精品，实现"地方志走进千家万户"的目的，让每一个人都能在方志中找到自己的根，找到自己在历史中的坐标。另一方面，在于始终坚持依靠群众，发挥人民群众的主体作用，挖掘群众中的丰富资源，从人民群众的伟大实践中汲取方志文化工作的不竭动力和活的源泉，把顶层设计与实践探索结合起来，推动地方志转型升级由点及面不断拓展和深化，让广大人民群众成为地方志改革创新的实践参与者、成效评价者和成果享有者，筑牢地方志人民性的根基。

三、坚持高质量，推动地方志事业第二次转型升级

质量是志书的价值所在，也是其权威性的基石。2021年全国省级地方志机构主任工作会议明确，质量建设成为当前及今后一段时期地方志工作中迫切需要解决的问题，也是地方志事业高质量发展、可持续发展的关键问题。

把握正确政治方向，不断巩固壮大地方志工作阵地。地方志工作是党领导的工作，一定要把握正确方向。党的十八大以来，习近平总书记始终高度重视史志工作。面对世界百年未有之大变局，地方志要增强政治意识，强化政治担当，增强责任感，坚持以习近平新时代中国特色社

会主义思想为统领，准确把握历史发展和党史发展的主题、主线、主流、本质。要敢于"举旗""亮剑"，敢于反击，要旗帜鲜明地反对历史虚无主义。坚决抵制错误观点、错误倾向，始终确保地方志工作的正确方向。坚持党的领导，坚持习近平新时代中国特色社会主义思想，坚持正确的政治方向来引领地方志工作，确保我们的地方志成果经得起历史和人民的检验。把握正确的政治方向，一定要按照马克思主义辩证唯物主义、历史唯物主义的立场、观点、方法来分析研究地方志工作，正确处理好政治和学术、研究和宣传、历史和现实的关系，坚持党性原则和科学精神的统一。要始终站在党的立场、人民的立场上记史、留史、存史、启史。

构建学术标准体系，大力打造精品佳志。"千淘万漉虽辛苦，吹尽狂沙始到金。"志书之所以称为官书，成为权威的资料性文献，就在于它的编纂过程就如同沙里淘金一样，经过众手长时间的细细打磨而成。清章学诚提出"志属信史"和"持论不可不恕，立例不可不严，采访不可不慎，商榷不可不公"四大要求。我们要继承和发扬方志编纂的优良传统，严把政治关、保密关、文字关、史实关，着力解决对涉密内容、敏感内容记述不当，编纂思路因循守旧、千志一面，体裁体例认识不足、运用不当，框架设计不合理、层次不清，时代特色和地方特色不突出，图表使用不规范，资料性不强等问题。要反复考据，字斟句酌，增删取舍，好中选优，精益求精，力出精品。

建设质量管控体系，切实提升志书质量管理水平。随着地方志系统对质量管理重要性认识程度的不断加深，构建更为全面高效的质量管理体系成为探索地方志高质量发展的方向之一。如针对质量管理制定专项规范，创建培训体系与人才队伍、做好总体设计与资料管理、完善审定程序与出版监督等。整体来看，地方志质量管理工作仍存在着重视程度不够、落实过程不畅、体系完善度不高等现象。根据新时代地方志事业发展的新要求、新变化，各省级地方志工作机构要事前有明确目标，加快研究本省乡镇村志编纂工作推进计划，形成分期分批编纂工作体系，统一研究制定编纂大纲和细则规范，加强业务培训，多种形式建立一支专业与兼职相结合的修志队伍。要事中有程序控制，建立统一的、自上而下的工作体系和管理机制，畅通文稿编纂、质量把关、理论研究、专家指导等渠道，进一步规范编纂流程和责任清单，通过探索科学规范的评价标准和评审办法，切实落实初审、复审和终审的"三审"制度。要事后有检验评估，建立质量追踪制度，对照志书质量评估体系的各项标准进行综合审查与评估，软硬兼施、多管齐下，为地方志事业高质量发展保驾护航。

四、认真开展学习研讨，努力做到有的放矢

最后，我就开好这次培训及研讨提一些要求。这次会议除邀请专家围绕中国名镇志名村志篇目设计、资料征集及运用、行文规范及出版要求做专题授课外，还特别选择了《十八洞村志》《古现街道志》，以评代训、以评促学，以此为契机就名镇名村志如何记述脱贫攻坚和全面建成小康社会历史进程进行研讨。"十四五"时期，《中国扶贫志》《中国全面小康志》《中国抗击新冠肺炎疫情志》就是编纂任务的主线，是各级地方志工作机构的主责主业。要把"三志"编纂同全国第三轮修志和以中国名镇志、中国名村志文化工程为代表的乡镇（村）志编纂结合起来，构建起地方志编修体系、理论研究和学科建设体系、质量保障体系、资源开发利用体系、工作保障体系"五位一体"的地方志事业发展综合体系，构建起文化交流和文明互鉴的方志话语体系，发挥地方志"存史、资政、育人"的整体效能，使地方志成为文化强国建设的新亮点。这次会议，我们对两项工程的实施方案进行了充实调整，请各位与会同志充分开展研讨，积极建言献策，使《实施方案》更加科学合理、能落地、行得通、用得好，真正把中国名镇志、中国名村志丛书的品质提升一个档次。

方志乃经国之大业，不朽之盛事。让我们高举习近平新时代中国特色社会主义思想伟大旗帜，全面落实习近平总书记重要讲话的精神，开创方志事业的新局面。相信在一代代方志人的不懈努力下，中国名镇志、中国名村志丛书必将成为传承文化、寻找根脉、激发自信的国家宝

藏，使方志文化不仅仅在纸上得到体现，更重要的是在每个人心中得到回响！相信在一代代方志人的奋力拼搏下，持续提升志鉴质量，切实履行好"为党立言、为国存史、为民修志"的光荣使命，为地方志事业高质量发展作出新贡献。

第四编

转型升级

党的十八大以来，以习近平同志为核心的党中央高度重视历史文化在实现"两个一百年"奋斗目标和中华民族伟大复兴中国梦的伟大征程中的重要作用，中指组及其办公室抓住机遇、开拓创新，不仅推动国办印发地方志历史上的第一个《规划纲要》，实施全国地方志"十大工程"，实现我国历史上第一次省市县志书和综合年鉴全覆盖，提出依法治志、方志人精神、方志文化自信等系列理论观点和实践创新，而且着力推动在全国范围内全面实现地方志从一项工作向一项事业转型升级，使新时代十年成为地方志发展史上成就最辉煌、成果最丰硕、影响力最大的时期。"转型升级"的主要内容，就是通过地方志的"六个转变"，实现地方志的"六化"，即一是从围绕自身工作向围绕经济社会发展大局转变，实现地方志事业的大局化；二是从单纯修志编鉴一项工作向"十业并举"全面发展转变，实现地方志事业的全面化；三是从依规修志向依法治志转变，实现地方志事业的法治化；四是从地方志机构修志向党委领导、政府主持、地方志机构组织实施、社会各界广泛参与转变，实现地方志事业的社会化；五是从单一纸媒体志向广泛运用数字媒体志转变，实现地方志事业的信息化；六是从地方志局限于当地经济社会发展向地方志立足全国、走向世界转变，实现地方志事业的全国化、国际化。

——题记

迎接地方志发展的春天[*]

党的十八大以来,地方志工作得到党和国家的空前重视,第五届中指组的高度重视,新一届中指办领导班子担当作为,全国地方志工作发展进入历史最好时期,很多地方志工作者感慨"地方志的春天到来了"。

一、充分把握当前全国地方志事业发展的大好形势

党中央、国务院高度重视地方志工作,习近平总书记、李克强总理、刘延东副总理自2014年以来就地方志工作作出系列重要讲话、重要批示。2015年8月25日,国办印发《规划纲要》,为地方志事业的跨越式发展提供了重大战略机遇、勾画了宏伟和美好的蓝图。自2013年底完成换届以来,第五届中指组全力推进全国地方志工作的转型发展,不到两年的时间,中指组组长王伟光、常务副组长李培林已经到27个省(自治区、直辖市)调研和开展业务指导,亲自领导各项重要工作的推进,推出系列的重要政策措施,开创了全国地方志事业发展的新局面。

---

* 2015年10月19日在2015年全国地方志工作机构新任负责人培训班上的动员讲话。

（一）依法治志全面推进

依法治志是依法治国在地方志工作领域的具体体现。伴随依法治国的深入推进，国务院《条例》的贯彻落实不断深化，截至目前，全国有27个省（自治区、直辖市）由人大或者政府出台了地方志工作条例、规定、实施办法等法规规章，形成了以国务院《条例》为上位法，以省级地方志法规规章为组成部分的依法治志法规规章体系。特别是第五届中指组换届以来，依法治志作为依法修志的升级版，不断向市县延伸，有不少副省级城市、地级市、县区由政府出台了本地区的地方志工作规章。依法治志，就是要实现有法可依、有法必依。目前，全国地方志系统在有法可依的基础上，正在逐步实现有法必依，用法治的手段全面推进地方志工作。

（二）"一纳入、八到位"的贯彻落实不断深化

"一纳入、八到位"是第五届中指组全面总结改革开放以来地方志工作实践和经验，刘延东副总理代表党中央、国务院在第五次全国地方志工作会议上对各级政府提出的明确要求。"一纳入"，就是把地方志工作纳入各地国民经济和社会发展规划地方各级政府工作任务之中，"八到位"，就是要切实做到认识到位、领导到位、机构到位、编制到位、经费到位、设施到位、规划到位、工作到位。实践证明，"一纳入、八到位"贯彻落实好的地方，地方志工作就做得成绩突出；贯彻落实不到位的地方，地方志工作就出现这样那样的困难和问题。这几年，各级党委政府加大对地方志工作的重视和支持力度，多个省份的党委政府主要领导就地方志工作作出多次批示、发表讲话，党委政府出台了加强地方志工作的规范性文件，有不少地方志工作机构实现了升格或者独立，在经费、基础设施建设上给予倾斜。特别是进入2015年以来，利用今年是"十三五"规划制定年和全面贯彻《规划纲要》的有利时机，有不少省份正在制定地方志工作"十三五"规划，做好今后五年发展的顶层设计。

（三）地方志事业全面发展格局基本形成

改革开放以来，全国地方志事业发展经历从"一本书"主义，到

"志鉴编纂齐头并进",到以修志编鉴为主业,数据库、方志馆、地情网、开发利用、理论研究等各业全面发展的新格局。截至2014年底,全国地方志系统形成了由7000多部省市县三级地方志书,2万多部行业志、部门志、军事志、武警志、专题志、乡镇村志,1900多种、1.5万多部地方综合年鉴,1000多种、7000多部专业年鉴以及大量的地情文献资料组成的成果体系;建成1个国家级地方志网站、27个省级地方志网站、1000余个市县级网站,还有日益增多的微信公众号、手机报;建成1个国家方志馆、16个省级方志馆、近300个市县级方志馆;方志理论研究和学科建设不断深入,出版了大量理论专著和论文等,全国地方志出版专业基地也在建设当中。

(四)地方志工作的社会影响不断扩大

经过30余年的不断积累,地方志这座文化资源宝库正在发挥越来越重要的社会效益,"存史、资政、育人"的社会功能日益凸显。特别是近几年来,各级地方志工作机构通过不断创新服务手段,比如紧紧围绕党委政府中心工作推出资治志鉴成果、地情读物,通过简报为党委政府领导提供地情信息参阅,通过网络、数据库为社会公众提供地情信息咨询服务,通过进社区、进学校、进部队推广地方志成果,通过方志馆为公众全面展现本地地情,通过科研项目推出高质量的地情研究成果等。

二、在思想上高度重视地方志工作

地方志工作机构是"冷部门",地方志工作要坐"冷板凳","艰苦、辛苦、清苦",做好地方志工作并不容易。但是,我们又要看到地方志工作的重要性,特别是党的十八大以来,党中央、国务院高度重视文化工作,高度重视传统文化的继承和发展,把实现社会主义文化大发展大繁荣当作全面建成小康社会、实现中华民族伟大复兴中国梦的必然要求。中央领导同志的重要讲话、批示和国务院办公厅文件,进一步明确地方志事业发展在实现"两个百年"奋斗目标和中华民族伟大复兴中国梦进程中的地位和作用,把促进地方志事业发展作为协调推进"四个全面"战略布局在文化领域的一项重要工作来抓,提升到新的高度。在座的各位都是各级地方志工作机构的主要负责人,一个地区、一个部门地方志工作的好坏系于一身。要做好工作,首先要做到认识到位,在思想上高度重视。

(一)树立奉献意识

王伟光组长在多次讲话中强调,地方志工作虽然是坐"冷板凳",但是方志人要有热心肠,要热爱地方志事业,要弘扬"修志问道,直笔著史"的方志人精神,要以高度的事业心,使"冷部门"火起来。热爱地方志事业,首先是要树立奉献意识。一直以来,淡泊名利、甘于奉献、恪尽职守、锲而不舍都是方志人的精神追求。干好地方志工作,离不开热心肠,离不开奉献意识。

(二)树立法治意识

党的十八届四中全会开启了中国法治新时代,依法治志是今后推进地方志工作的根本保障。比如,国务院《条例》明确规定:"县级以上地方人民政府应当加强对本行政区域地方志工作的领导。地方志工作所需经费列入本级财政预算",这就是各级政府必须做好地方志工作的法律依据。《条例》还规定了县级以上地方人民政府负责地方志工作的机构主管本行政区域的地方志工作,履行五项职能,规定了"以县级以上行政区域名称冠名、列入规划的地方志书经审查验收,方可以公开出版""以县级以上行政区域名称冠名的地方综合年鉴,经本级人民政府或者其确定的部门批准,方可以公开出版",这就是依法授予各级地方志工作机构的职能和各级地方志工作机构可以行使综合志书、年鉴出版的行政审批权的法律依据。大家一定要吃透《条例》,吃透各地地方法规规章,努力做到有法必依。用《条例》的规定建立"党委领导、政府主持,各级地方志工作机构组织实施,社会各界广泛参与"的组织领导机制,用《条例》的规定推进"一纳入、八到位"的贯彻落实。

(三)树立大局意识

不谋全局者不足以谋一域,不谋万世者不足以谋一时。牢固树立高度自觉的大局意识,自觉从大局看问题,把工作放到大局中去思考、定位、设计,做到正确认识大局、自觉服从大局、坚决维护大局,地方志工作才能上层次，才能上高度。树立大局意识，要从两个方面看问题。首先是要从当地经济社会发展的大局中看问题，自觉把地方志工作发展和当地党委政府的中心工作紧密结合起来；其次要从当前全国地方志事业发展的大局看问题，自觉把当地地方志工作发展和全国地方志事业发展的新形势、新格局紧密结合起来。

（四）树立创新意识

创新是地方志工作和事业发展的不竭动力。地方志编修能够连绵2000多年而不断，从地记到图经，再到方志的定型和古代地方志编修的繁荣，再到民国时期的转型和社会主义新编地方志事业的大发展大繁荣，靠的就是不断地创新，不断适应经济社会文化发展的需要。越是面临新形势、新机遇，越要不断进行创新。与时俱进、开拓进取、推陈出新是一种创新；勇于探索、不断变革、狠抓落实、解决难题也是一种创新。只有不断强化创新意识，才能自觉破除不合时宜的陈旧思想观念、领导方式和工作套路，才能不断适应新形势、新发展，才能不断解决新问题、新困难。

三、高质量完成当前面临的主要任务

当前和今后一个时期，全国地方志系统的核心任务就是全面贯彻落实习近平总书记系列重要讲话，李克强总理、刘延东副总理关于地方志工作的重要批示和讲话，国办印发的《规划纲要》。最近几个月以来，王伟光组长、李培林常务副组长发表了多次讲话、撰写了专门的文章，中指组及其办公室印发了相应的文件，大家一定要利用培训期间，认认真真学，实实在在学，结合老师的授课，吃透精神实质，吃透任务部署，在今后的工作中带头贯彻落实。贯彻落实一定要做到有的放矢，当前地方志事业发展面临的主要任务，重点是要打造"四个体系"。

（一）紧紧围绕"两个全面"打造志鉴编修体系

到2020年全面完成第二轮修志规划任务、实现省市县三级综合年鉴编纂的全覆盖，是《规划纲要》确定的硬指标、硬任务。这是规定动作，必须完成。志鉴编纂是主业，是事业发展的根基和活力所在，是衡量地方志工作开展好与坏的核心指标，必须始终牢牢抓好，力争出精品佳志。同时，大家还要看到，伴随地方志的社会影响不断扩大，社会关注度不断提高，最近几年，部门志、行业志、专题志、乡镇村志、部门年鉴、行业年鉴的编纂日益增多，成为地方志工作发展新的增长点和亮点。地方志作为资料性文献，形成以综合志鉴为龙头，以部门志、行业志、专题志、乡镇村志、部门年鉴、行业年鉴为组成部分，不同志鉴互相补充的成果体系，将大大提升地方志事业发展的质量，大大提升地方志成果的价值。自2014年以来，中指办相继启动了中国名镇志文化工程、经济欠发达地区志书出版资助工程，即将启动中国志书精品工程，正是适应这种发展趋势的具体举措。

（二）紧紧围绕依法治志和"一纳入、八到位"打造地方志工作保障体系

从事地方志工作以后，大家可能会感到工作推动起来很难。难在什么地方？难在是"冷部门"，难在有的领导不重视，难在我们推动工作的手段行政约束力不够，难在体制机制不健全等。新形势下的地方志工作，需要完成硬指标、硬任务，需要事业全面发展。要适应新形势，必须建立起以依法治志为核心，以"一纳入、八到位"为总抓手，以"党委领导，政府主持，各级地方志工作机构组织实施，社会各界广泛参与"为领导机制，以执法检查、行政督查为管理手段的地方志工作保障体系。

（三）紧紧围绕当地经济社会发展水平打造事业发展体系

志、鉴、史、馆、库、网、开发利用、方志学会、理论研究等各业齐头并进，是几代方志人实践和努力的结果，是国办《规划纲要》确定的地方志事业今后发展的基本方向。实现地方志事业的全面发展，既是地方志工作不断适应国家经济社会文化发展新形势的需要，也是地方志工作自身不断发展的客观要求。地方志工作要做大做强，要发挥更大的社会效益，就必须当事业来做。大家一定要有事业观，不能举步不前。当然，也要因地制宜，与当地的经济社会发展水平相适应，不能脱离实际，不能一蹴而就。

（四）紧紧围绕地方志独特优势打造资源开发利用体系

与其他部门相比，各级地方志工作机构最大的优势就是掌握了全面系统丰富的地情资料。如何发挥优势，用方便快捷、群众喜闻乐见的方式发挥地方志文化资源的社会效益，建立地方志资源开发利用体系，是摆在我们面前的重要命题。地方志资源开发利用体系的建立，关键在于明确服务对象、完善基础设施、拓宽服务路径。地方志工作的属性决定了地方志成果属于公共文化范畴，是公益性的，必须为社会公众提供服务，以满足人民群众的文化需求为目的。而要提供高质量的公共文化服务，需要以地方志网站、数据库、方志馆等基础设施为依托，通过提供地情咨询服务、宣传地情信息、编纂地情读物、开展地情调查等有效路径来实现。当前，打造地方志资源开发利用体系还处于探索阶段，服务对象还不够广泛，基础设施还不够健全，服务路径还比较单一，需要大家去不断探索。

地方志事业发展的新形势、新机遇、新要求，需要我们有新思维、新姿态、新举措，希望大家不辜负当前地方志事业发展的大好形势，奋发有为、努力拼搏，开辟地方志工作和事业发展的新天地。

书写地方志发展新篇章*

2009年，为了进一步提升方志理论研究水平，切实解决编纂中出现的重点与难点问题，有效推动第二轮志书编纂工作，中指办创办了新方志论坛。论坛每年举办一次，自首届论坛在苏州举办以来，已连续成功举办六届。六年来，论坛除了对志书社会、经济、政治、文化、自然等五大部类编纂的理论和实践问题进行专门研讨外，同时还对志书编纂的热点和难点问题，如方志基础理论、方志文化、改革开放及地域文化记述等进行了专题研讨。

目前，地方志事业迎来千载难逢的发展机遇，党中央、国务院非常重视地方志工作，国办前不久印发了《规划纲要》，为了贯彻落实中央领导同志关于地方志工作的系列重要讲话和批示，深入学习贯彻《规划纲要》，本次论坛以"修志问道、依法治志和修志之道"为主题，目的是通过深入研讨地方志事业发展的目的意义、法治建设、理论方法等重要问题，为进一步推动地方志事业在"四个全面"战略布局中发挥更大作用、实现更大发展贡献力量。结合此次论坛

---

* 2015年10月20日在2015年新方志论坛上的讲话。

主题，我谈三点意见：

一、认真学习贯彻中央领导同志关于地方志工作重要批示和讲话精神，修志问道，开拓前进，推动全国地方志事业迈上新台阶

习近平总书记非常了解地方志，十分重视地方志工作。习近平总书记曾在福建工作多年，一直重视地方志工作。习近平总书记在福建宁德工作时曾说，"要马上了解一个地方的重要情况，就要了解它的历史，而了解历史的可靠方法就是看地方志"。他特别指出，"修志是一项很有意义的工作"，可以"鉴古知今"。尤其是今年7月，习近平总书记在中央政治局第二十五次集体学习时强调，要整合协调党史、军史、档案、政协文史资料、地方志、社科院、高校等部门和机构的力量，对抗战进行系统研究，首次将地方志与党史、军史、档案、政协文史资料、社科院、高校等并列，给我们方志人以极大鼓舞。

李克强总理就第五次全国地方志工作会议作出重要批示，强调"修志问道，以启未来"，并希望方志工作者"进一步做好地方志编纂、管理和开发利用工作，为弘扬优秀传统文化、服务经济社会发展做出新的贡献"，首次将地方志工作的价值意义提升到求道问道的极高境界，为地方志事业发展创新明确了目标。刘延东副总理在与第五次全国地方志工作会议部分代表座谈时指出，"推动地方志事业的发展，既能展示中华文化的博大精深和无穷魅力，也能体现现代文明与历史文明的一脉相承"，"对实现'两个百年'和中华民族伟大复兴中国梦的奋斗目标具有重要意义"。习近平总书记系列重要讲话、李克强总理重要批示和刘延东副总理重要讲话，高屋建瓴，意义深远，极大提升了地方志工作地位，明确了地方志事业目标指向，我们一定要认真学习领会中央领导同志重要批示、讲话精神，并切实贯彻于具体工作之中。

（一）进一步明确修志工作的重要意义，做到"修志明道"

编史修志不仅仅是一项工作，更是中华民族源远流长的一项文化传统，是一项具有崇高意义的伟大事业。我们方志人要有一种为事业献

身、文化传承献身的伟大精神，也就是中指组王伟光组长在云南调研时指出的"司马迁精神"，以"究天人之际，通古今之变"的开阔胸襟与史家心怀编史修志，积极探索，求道明道，直笔存信史，继往开来。

（二）进一步夯实志书编纂工作，做到"修志载道"

一地之志实乃一方之史，是传承中华文明、发掘历史智慧的重要载体。广大方志工作者要认真研究地方志书编纂的内在规律，全面、客观、系统地记录当代经验教训，把握时代脉搏，反映发展轨迹，"让历史说话，用史实发言"，从而实现保存历史智慧，福泽千秋后世的长远目标。

（三）进一步拓展修志工作的空间，做到"修志弘道"

地方志工作要有创新意识，在坚持修志主业的同时，要加大开发利用力度，积极服务中心工作，为政治、经济、社会、文化、生态建设提供智力支持，为弘扬中华优秀传统文化、实现中华民族伟大复兴中国梦贡献力量。

二、全面贯彻落实国办《全国地方志事业发展规划纲要（2015—2020年）》各项要求，积极推进依法治志，确保地方志事业健康发展

2015年8月25日，国办印发《规划纲要》。这是继2006年5月国务院颁布施行《条例》后，出台的关于地方志工作的又一个国家级重要文件，也是全国地方志事业发展的第一个规划性文件，是指导今后相当长时期全国地方志工作的重要政策性文件。它标志着地方志从一项工作向一项事业的转型。《规划纲要》出台后，中指组、中指办第一时间启动学习宣传工作。9月8日，中指组印发《关于学习贯彻〈国务院办公厅关于印发全国地方志事业发展规划纲要（2015—2020年）的通知〉的通知》，要求各省级地方志工作机构及军队、武警、国务院有关部委局史志机构组织学习宣传、贯彻落实。9月10日、11日，中国社会科学院党组书记、院长，中指组组长王伟光；中国社会科学院党组成员、副院长，中指组常务副组长李培林就《规划纲要》的出台，分别在《人民

日报》《光明日报》上发表署名文章。9月11日，中指办组织召开学习贯彻《规划纲要》动员部署会议，李培林常务副组长出席会议并讲话，强调《规划纲要》出台的意义，要求抓紧抓好《规划纲要》的学习宣传和贯彻落实工作。同日，中指办在《中国社会科学报》以4版的篇幅，专版宣传学习《规划纲要》。方志中国微信公众平台、方志中国手机报、中国地方志网、中国方志出版网和各地网站、平台都对《规划纲要》进行了大力报道。全国各地兴起了学习高潮。为了进一步夯实学习贯彻工作，中指办还专门制订《关于学习贯彻落实〈全国地方志事业发展规划纲要（2015—2020年）〉的意见》，将全国地方志工作任务进行分解，共分为15大项67小项，目前正在征求意见阶段。在这一系列部署安排之后，全国各地掀起了学习贯彻《规划纲要》的热潮。作为地方志事业未来5年的任务书、时间表、路线图，学习贯彻落实《规划纲要》仍是目前工作的重中之重，借此机会，我想强调几点：

（一）必须坚持依法治志

全面理解、领会、把握、贯彻依法治志的内涵和外延。依法治志是全面推进依法治国方略在地方志事业中的重要体现，是贯彻落实《规划纲要》的法治保障。《规划纲要》首次确立了依法治志的原则。如果说《条例》的颁布，标志着地方志工作步入依法修志的新阶段，《规划纲要》的出台，则标志着地方志事业进入到依法治志的新阶段。依法治志就是要用法律的认识、法律的思维、法律的方式来开展地方志工作，切实做到依法识志、依法修志、依法管志、依法用志、依法存志、依法传志，在方志理论研究中，就是要依法研志。依法治志所依之"法"，不仅包括《条例》和《规划纲要》以及地方性法规规章，还包括宪法、法律等。根据《条例》和《规划纲要》的要求，地方志工作不是想不想干、要不要做的事，而是必须完成的一项法定职责。各级地方政府必须承担的主体责任，各级地方志工作机构承担的是执行责任。依法治志要求要做到地方志"一纳入、八到位"，实现从一项工作到一项事业的转型升级。

（二）必须坚持"一纳入、八到位"

"一纳入、八到位"是贯彻落实《规划纲要》的机制保障。"一纳入、八到位"，即把地方志工作纳入各地国民经济和社会发展规划、地方各级政府工作任务，认识、领导、机构、编制、经费、设施、规划、工作到位，这是刘延东副总理在与第五次全国地方志工作会议部分会议代表座谈时明确提出来的。"一纳入、八到位"既是贯彻落实党和国家领导人重要讲话、重要批示精神的具体要求，又是对国务院《条例》各项规定的总体凝练和具体深化。准确把握落实"一纳入、八到位"这条主线，就能理清思路，明确目标，稳步推进，完成《规划纲要》规定的各项工作任务。调研发现，凡是"一纳入、八到位"贯彻得好的地方，地方志工作就开展得好；凡是"一纳入、八到位"贯彻得不好的地方，地方志工作也开展得不好。

（三）必须确保完成《规划纲要》设定的目标和任务

这是贯彻落实《规划纲要》的最终体现。《规划纲要》设定了今后5年地方志事业发展的总体目标，即基本形成地方志书编修体系、理论研究体系和学科建设体系、质量保障体系、资源开发利用体系、工作保障体系"五位一体"地方志事业发展综合体系。《规划纲要》还明确了今后5年必须完成的主要任务，共11项，包括志书编修、年鉴工作、旧志整理、理论建设、队伍建设、质量建设、资料建设、信息化建设、开发利用、交流合作以及地方史编纂等，覆盖了地方志工作的各个主要方面。其中两项任务尤为紧迫，即"两个全面"：一个是至2020年，全面完成第二轮省市县三级志书编纂规划任务；另一个是至2020年，实现省市县三级综合年鉴编纂全覆盖，一年一鉴，公开出版。这两项"硬任务"是我们贯彻落实工作的重点，也是难点，需要我们下功夫、花力气，做好统筹规划，具体详细地安排好时间进度，确保2020年前不折不扣地完成。

三、系统总结两轮修志经验，大兴方法理论研究之风，深入探索修志之道，谱写地方志事业发展新篇章

首轮修志是在理论和实践准备都不充分的情况下启动的，尽管取得

了很多成果，积累了很多经验，但也出现了不少问题。第二轮修志有首轮修志经验可循，一些问题本可避免，可以少走弯路，但由于首轮修志结束后，全国范围内系统、全面地总结首轮修志经验教训活动开展得不够充分，很多修志经验、修志理论没有很好地梳理和提炼，以至于第二轮修志仍然存在很多问题，包括法治建设、制度建设、编修模式、队伍建设、质量建设、区域差异、学科建设、资料收集等。这些问题，有的是新情况，更多的是"老面孔"，需要引起重视。根据《规划纲要》，各地要全面总结首轮、第二轮修志的经验教训，将大家公认的经验和做法及时推广，以达到促进第二轮修志工作，提高第二轮志书编纂质量的效果，同时也为第三轮修志做好充分准备。

（一）探索修志之道，始终坚持质量第一

质量是志书价值所在，也是修志工作的根本追求。《规划纲要》要求5年之内完成第二轮修志规划任务。时间非常紧迫，任务相当艰巨，但这并不意味着可以一味追求编纂进度，而置编纂质量于不顾。无论时间多么紧，任务多么重，修志工作一定要将质量意识放到第一位。要遵循志书编纂规律，快成稿，精改稿，慢出书，这是提高编纂质量的内在要求；要培养人才，建设队伍，这是提高编纂质量的基本前提；要强化资料建设，这是提高编纂质量的重要基础；要强化管理，严把质量控制关，这是提高编纂质量的关键手段。第二轮修志大多采用众手成志的模式，涉及部门多、行业广、人员多，如果质量上稍稍放松，把控不严，一定会出现问题。在志书出版阶段，把好"五关"，即政治关、史实关、文字关、体例关、保密关。目前中指办已经启动中国志书精品工程、中国年鉴精品工程，其目的就是为了提高志鉴质量。

（二）加强业务钻研，营造良好学习氛围

志鉴编纂工作是地方志工作主业，也是地方志工作的基础。从业务来看，地方志工作是一项学术性、业务性很强的事业，无论组织管理还是志鉴编纂，都必须要了解、熟悉编纂业务。从学科属性来看，地方志属于历史学科，地方志工作者必须学习史学基本理论，掌握其观点方法。当前，方志学在历史学科中作为二级学科还没有被充分认识，这很遗憾。根据我这两年作为方志出版社总编辑终审志书、年鉴的体会，只有历史学知识是不足以编出一部高质量的志书的，方志学应该是集历史学、法学、经济学、社会学等学科于一体的交叉综合学科，应该向一级学科发展。

（三）打造研讨平台，壮大方志研究力量

充分发挥各级地方志学会和方志期刊、网站的阵地作用，办好地方志学术年会、新方志论坛及相关方志理论研讨会，创建方志理论研究的交流平台，广泛吸引、联络各方面人才，形成方志理论研究的合力，扩大方志理论研究的影响，丰富方志理论研究的成果，提升方志理论研究的水平，夯实方志学科建设的基础，推动实践，尽快建立成熟的方志学学科体系。组织各方面研究力量，集中开展方志重大课题研究，解决修志工作中重点、难点问题。加强与相关学科的交流合作，探索方志研究的新天地，开辟方志研究的新领域。

良好的开始是成功的一半。2015年既是《规划纲要》出台之年，也是《规划纲要》贯彻落实的开局之年。只要我们认清形势，抓住机遇，坚定信心，发扬敢打硬仗、敢闯险滩的精神，就一定能攻坚克难，全面完成《规划纲要》设立的目标任务，实现地方志从一项工作到一项事业的转型。

推进马克思主义方志文化阵地建设[*]

地方志是传承中华文明、发掘历史智慧的重要载体，绵延不断地编修地方志是中华民族在世界文化中独有的优秀文化传统。在中国社会科学院马克思主义传播阵地建设中，地方志以其独有的"存史、资政、育人"功能，成为一个重要平台。2015年3月19日，经中国社会科学院党组会议研究决定，"名志"成为中国社会科学院名优建设工程新成员。地方志名志建设工程包含名社、名刊、名网、名馆、名报、名库六个方面的内容。

一、名社建设

2015年，方志出版社继续坚持"团结立社，依法治社，质量强社，效益兴社"方针，紧紧围绕建成全国地方志出版基地建设目标，开拓创新，深化改革，推出名志、名鉴、名镇、名村、名训"五名"图书系列。中国志书精品工程、中国年鉴精品工程、中国名镇志文化工程、中国名村志文化工程被纳入《规划纲要》。为落实中央"三严三实"专题教育活

---

[*] 2015年12月22日在中国社会科学院2015年度名优建设工程工作会议上的主题发言。

动，策划出版《中华家训精编100则》《中国古代为官箴言》，其中《中华家训精编100则》得到中央文明办的高度重视和推介，入选国家新闻出版广电总局"2015年主题出版重点出版物选题"。2015年12月21日，方志书苑书店正式迁址揭牌。2015年，方志出版社三步并作两步走，职工年收入比2013年翻了一番，提前完成了"一年一小步、三年一大步"的发展目标。

2016年，是方志出版社转型发展关键之年。根据院党组"名社"建设要求，围绕中指组、中指办贯彻落实《规划纲要》实施的"十大工程"，按照《方志出版社发展规划纲要（2014—2020年）》要求，拟在华北太原、东北哈尔滨、华东绍兴、中南广州、西南成都、西北乌鲁木齐六大区建立方志出版社分社，真正把方志出版社建设成为全国地方志专业出版基地。

二、名刊建设

2015年《中国地方志》期刊办刊宗旨实现了从工作指导、理论研究并重转移到以理论研究为主。通过举办2015年新方志论坛、召开研讨会等活动，积极推动方志理论研究，学术影响力不断提升。

2016年，《中国地方志》期刊将坚持特色办刊，关注学术前沿，坚持学术创新，实行开放办刊，广纳名家名作。在依法治志的背景下，为贯彻落实《规划纲要》中加强方志理论研究和方志学科建设的要求，推出一批有影响力的论作。

三、名网建设

2015年，名网建设是"名志"建设工程的一大亮点。5月21日，成立信息处；7月1日，开通方志中国微信公众号；9月1日，开通方志中国手机报；12月1日，开通中国地情网、中国方志网。在方志中国微信公众号的影响下，方志上海、方志江西等微信公众平台陆续推出，方志微信矩阵初见规模，成为全国关注地方志的新渠道。方志中国手机报的发送范围覆盖全国地方志系统近4000人，在宣传地方志工作，普及地方志知识，传播地方志文化，扩大地方志影响方面发挥了积极作用。

2015年12月1日，中国地情网、中国方志网正式开通。中国地情网的开通，实现了国家、省、市、县四级地情网站全覆盖。中国地情网是全国地情网站的集群，致力于各地地情网站资源的整合与开发，努力打造全国地情信息的展示、检索、服务和共享中心。中国方志网是全国地方志系统门户网站，将努力打造成全国地方志系统的信息发布平台、在线服务平台和互动交流平台。中国方志网采用目前最先进的政府网站前台设计理念，具有一屏展示、标签化、智能化、集约化等特点，凸显方志文化特色。

2016年，将以实施"全国信息方志与数字方志建设工程"为抓手，加快地方志信息化建设。计划利用五年左右的时间，按照统一规划、统一标准、分级建设、资源共享、安全保密的原则，分期分步建设、完善中国方志网、中国地情网、中国国情网、国家数字方志馆、地方志综合办公平台、地方志新媒体传播平台（简称"三网一馆两平台"），大力推进地方志信息化建设，实现全国地方志系统的数字化资源共享共用，为党政机关和社会各界提供国情、地情信息服务，为中国特色新型智库建设提供强大数字资源支撑，充分发挥地方志在发掘历史智慧、加强公共文化服务体系建设中的重要作用。

四、名馆建设

2015年，国家方志馆建设工程全面启动。制定方志中国成果展览大纲并基本完成布展工作，开展国情展览大纲的研讨，启动方志馆展前整治工作，筹备成立中国地方志学会方志馆专业委员会，完成方志馆图书从通州回迁工作，开展图书编目上架工作。

2016年，国家方志馆将对社会开放。将完成国情展布展、图书编目上架、国家方志馆业务人员与管理人员到位、国家方志馆院落整治、成立中国地方志学会方志馆专业委员会等工作，实现国家发展改革委关于"国家方志馆是一个多功能的为社会公众服务的文化设施，具有藏书、展览、科研、编修、学术交流、人才培训、志书资源开发利用、数字化方志和服务社会的功能"的要求，逐步建设成为全国志鉴编修中心、全国地方志人才培训中心、全国地方志系统信息中心、全国方志图书交流中心、中国方志文化研究与传播中心。

五、名报建设

2015年，推进《中国方志》报创刊。针对全国地方志系统至今没有一份全国性报纸的实际，应全国广大地方志工作者的需求，为更好地传递中央声音，权威解读政策，交流工作动态，宣传先进人物，推介方志成果，中指办党组提出创办《中国方志》报。在充分调研的基础上，研究制定《中国方志》报可行性报告，并广泛征求中指组领导意见，形成创办《中国方志》报实施方案。目前方案已上报院党组，各项工作已准备就绪，待院党组会议研究通过后即可出版。

2016年每月出版两期。今后在内刊出版逐步成熟的基础上，进一步完善版式风格，丰富发布内容，缩短出版周期，扩大采编力量，提高出版质量，实现公开出版。

六、名库建设

2015年，在高翔同志的领导和相关职能部门的大力支持下，地方志办公室启动实施全国方志海量数据库建设。在充分调研的基础上，制定了国家数字方志馆建设方案，该方案为建设全国数字方志资源海量数据库奠定基础。

2016年将完成国家数字方志馆（一期）建设。开发国家数字方志馆展示平台，搭建国家数字方志馆框架，建设志书数据库、年鉴数据库、旧志数据库、音视频数据库，实现信息发布、在线资料检索等功能。

国家、省、市、县四级地情网站、方志中国微信公众平台、方志中国手机报、《中国方志》报、全国方志海量数据库的一体化建设，实现了全媒体时代方志领域的媒介融合。

21世纪是各国"软实力"较量的时代，也是以文化力量为中心的时代,地方志是我国社会主义先进文化的重要组成部分。院党组决定的"名志"建设工程,涵盖了"名社""名刊""名网""名馆""名报""名库"六名建设,2016年"名志"建设工作任务艰巨,使命光荣。我们将坚持"创新、协调、绿色、开放、共享"发展理念,努力弘扬"修志问道,直笔著史"的方志人精神,积极培养公众的方志文化意识,着力提升中国方志文化的传播能力,大力推动中国方志文化走向世界并影响世界。

要把地方志工作做成一项伟大事业*

党的十八大以来,党中央、国务院更加重视地方志工作。习近平总书记两次对地方志工作作出重要指示,2014年2月在北京首都博物馆考察时,强调要高度重视修史修志,把历史智慧告诉人们;2015年7月在主持中共中央政治局第二十五次集体学习时,要求地方志部门与其他机构共同对中国人民抗日战争进行系统研究,做到让历史说话,用史实发言。李克强总理三次对地方志工作作出重要批示,2014年4月对第五次全国地方志工作会议作出批示,提出"修志问道,以启未来"的殷切期望;11月,就《汶川特大地震抗震救灾志》出版作出批示,要求有关方面认真研究志书总结的汶川抗震救灾经验;去年12月28日,对全国地方志系统先进模范座谈会作出批示,希望地方志工作者"直笔著信史,彰善引风气","为当代提供资政辅治之参考,为后世留下勘存勘鉴之记述"。刘延东副总理先后多次对地方志工作发表重要讲话或作出重要批示,提出"一纳入、八到位"的总体要求,即将地方志工作纳入各地经济社会发展规划和政府工作目标

---

* 2016年1月14日在东莞市大朗镇《巷头年鉴》创刊号首发仪式上的致辞。

任务之中，切实做到认识到位、领导到位、机构到位、编制到位、经费到位、设施到位、规划到位、工作到位。此外，为更好地贯彻落实2006年5月国务院颁布施行的《条例》，大力推动依法治志，去年8月25日，国办印发《规划纲要》，并于9月3日，即中国人民抗日战争暨世界反法西斯战争胜利纪念日正式向社会公布，将地方志工作纳入到地方各级政府工作任务当中，凸显了地方志事业的巨大价值和无穷魅力。习近平总书记、李克强总理、刘延东副总理的重要指示、重要批示、重要讲话精神，《规划纲要》提出的目标任务，我们要认真学习领会，坚决贯彻落实，不辜负党中央、国务院的厚望和重托。

党中央、国务院的关心支持，地方各级党委政府的坚强领导，广大地方志工作者的接续奋斗，推动全国地方志事业呈现出喜人的强劲发展势头，可谓高潮迭起、春天常驻。作为地方志事业发展坚固支撑和重要组成部分的年鉴事业，也取得了值得称赞的不凡业绩。突出表现在：一是年鉴种类数量快速增加。目前全国省市县三级综合年鉴达到2300多种，北京、上海、安徽、湖北、广东等省市实现地方综合年鉴编纂全覆盖；一些地区还配套编纂出版综合年鉴英文版和简本，创办珠江三角洲、长江三角洲、武汉城市圈等经济区域年鉴和乡镇村年鉴，使年鉴大家庭时常有新的面孔、新的惊喜出现。二是年鉴编纂出版质量不断提高。各地按照中指组颁发的《地方综合年鉴编纂出版规定》，在编纂体例、资料搜集、内容记述、编校质量等方面严格规范、勇于创新、狠下功夫，全力打造品牌年鉴；中指办通过开展队伍培训、举办质量评比、开展年鉴工作试点、实施中国年鉴精品工程等措施，引领年鉴编纂方向，推动年鉴质量不断迈上新的台阶。三是年鉴的社会影响力和使用价值日益增强。各地利用编纂年鉴所搜集到的年度统计数据、地方大事要闻和各类图片资料，编纂出版形式多样的地情资料书籍和地域文化著述，为党委政府科学决策提供信息参考，为社会各界提供咨询服务；通过数字化、网络化建设，广泛传播年鉴资料信息，推动年鉴成果惠及更广大的人民群众。

在全国地方志事业发展的大好形势下，在广东省地方志工作一直作为全国排头兵的良好氛围中，东莞市和大朗镇的地方志工作，既扎实前行，又敢为人先，成绩可圈可点，亮点随处可见。比如，东莞市在广东省第一个全面铺开镇街志编修，编纂出版全国第一部篮球志，编纂出版广东省第一部规范性村志；以《东莞年鉴》为龙头，带动全市13个中心镇编纂年鉴；成功承办第三届中国地方志学术年会，活跃理论研究气氛；编纂系列地情书籍，服务党委政府中心工作和经济社会发展大局；积极开展地方志成果进校园、进社区、进企业活动，强化乡土感情，弘扬东莞精神；大朗镇成立全省第一个镇级方志馆，公开出版全国第一部乡镇级综合年鉴、第一部村级年鉴，等等。综合来看，东莞市和大朗镇的地方志工作走在全国同级地方志工作的前列。也正是因为成绩显著，2015年，东莞市地方志办公室受到人力资源和社会保障部、中指组的联合表彰，被授予全国地方志系统先进集体荣誉称号。

《巷头年鉴》出版发行、走向社会，不仅为东莞市和大朗镇的方志文化宝库增添了一颗璀璨明珠，作为新的年鉴品种，也必将引发全国年鉴界的关注，引发对年鉴编纂的新思考和新定位。因此，《巷头年鉴》编纂工作者要敢于面对挑战，勇于承担使命，发挥引领作用。

第一，抓质量、创品牌。质量是年鉴的灵魂和生命。在年鉴编纂出版中，要毫不动摇地坚持质量第一的原则，始终坚持政治的坚定性、框架的科学性、资料的实用性、体裁的灵活性、文风的朴实性、编校的严谨性、出版的时效性；要牢固树立创新理念和开放意识，建立健全信息搜集、专家评议制度，努力打造出具有年度特点和地方特色的高质量文化品牌，努力成为中国年鉴精品工程中的出色成员，努力成为全国村级年鉴编纂的试验田和引领者。

第二，抓开发、增效益。年鉴编纂，重在致用。只有用鉴，才能体现年鉴的价值，才能提升年鉴的生命力。要扩大宣传，普及年鉴知识，提高年鉴的社会知名度；要放下身段，主动作为，推动年鉴走进机关、走进企业，走进千家万户。要以年鉴为依托，开展重大事件、优秀人物的评选，激发社会正能量，弘扬社会主义核心价值观；要以年鉴为纽带，促进生长在这块地方、生活在这块地方的各个阶层、各个群体的联系，使人们更加热爱自己的家乡，更加钟情于这片沃土；要以年鉴为窗口，宣传本地的风土人情和发展成就，吸引更多的有识之士来投资兴业。

第三，抓队伍、固根本。队伍壮、人才旺，方能事业兴。没有高素质的年鉴队伍，年鉴的发展最终只能是镜中花、水中月。要建立培训机制和学习机制，为年鉴撰稿人、组稿人、编辑队伍提供更多的学习机会，提高他们的理论素质和业务水平，真正成为年鉴编纂的行家里手；要建立激励机制和交流机制，让熟悉地方情况的年鉴编纂人员感到工作有盼头、社会有位置，发展没有天花板；要为他们创造更好的工作环境和生活条件，根除后顾之忧，提高他们工作的积极性、主动性、创造性。唯有培养了人才，留住了人才，年鉴质量才能保证，年鉴事业才能持续健康发展，地方文化建设才能永葆生机和活力。

以年鉴事业引领地方志转型升级 *

中指组及其办公室花大力气抓优秀年鉴成果的评审，主要有以下三个方面的考虑。

一、打造精品，学懂弄通做实习近平总书记关于史志工作重要讲话精神

党的十八大以来，新一届中央领导集体高度重视地方志工作。习近平总书记两次对地方志工作作出重要指示，李克强总理三次对地方志工作作出重要批示，刘延东副总理多次作出重要批示、发表重要讲话。习近平总书记指示要高度重视修史修志，把历史智慧告诉人们。李克强总理对地方志工作者提出"修志问道，以启未来"的厚望，强调地方志要"为当代提供资政辅治之参考，为后世留下堪存堪鉴之记述"。刘延东副总理充分肯定地方志的巨大历史价值。她指出："回顾浩瀚的人类历史长河，审视世界不同文明的源流演变，我国历代先贤圣哲通过修史修志，以文字记述为主要形式，传承着中华民族的文化血脉，这体现了中华文化和中华民族之伟

---

* 2016年6月1日在全国地方志优秀成果（年鉴类）评审会议上的讲话。

大。"希望地方志成为地方的"精神名片",提出"要通过学术交流与合作,推介高质量地方志成果,充分展示地方志的当代价值和恒久魅力,展示中国形象,讲好中国故事,服务中华文化走出去,增强中华文化影响力,让世界更多了解中国的过去,更好理解中国的现在和未来"。中央领导同志对地方志工作寄予厚望、赋予重托,年鉴编纂作为地方志工作的重要组成部分,广大年鉴工作者责任重大、使命光荣,要力争编纂出版的年鉴,不仅能宣传地情、展示国情,更能辅助科学决策、承载当代智慧、传承中华文化。

充分发挥年鉴的重要作用,必须要打造精品佳作,编纂出紧跟时代步伐、具有浓郁地方特色的年鉴,编纂出具有中国特色、中国风格、中国气派的年鉴,编纂出经得起社会、时代和历史检验的年鉴。而打造精品年鉴,就必须多管齐下,建立完善的体制机制,形成科学的评价体系。为打造精品年鉴,去年中指办启动了中国年鉴精品工程,确定了包括吉林省延吉市史志办在内的10家试点单位,今年4月上旬在北京举办了精品年鉴培训会议,有计划、有步骤地培育精品年鉴。这次优秀年鉴成果评审,也是强化精品意识、打造精品年鉴的关键一环。评审出来的优秀年鉴,可以依照精品年鉴要求和实际情况纳入中国年鉴精品工程进行重点扶持,使其成为年鉴编纂的典型和标杆,成为精品年鉴不断涌现的助推器和催化剂。

二、提升质量,努力实现年鉴编纂从量到质的转型升级

上世纪80年代以来,尤其是2006年国务院《条例》颁布施行以后,年鉴的数量种类快速增长。目前,全国编纂省市县三级综合年鉴2300多种,地方行业、部门、企事业单位年鉴1200多种;中央各部委局及所属企事业单位还编纂了为数众多、种类多样的年鉴,江苏、广东等省市的一些乡镇村和社区也在积极创办年鉴。据初步测算,全国各级各类年鉴应在5000多种。去年8月国办印发的《规划纲要》又提出,到2020年,全国实现省市县三级综合年鉴的全覆盖,要求地方志工作机构加强对专业、部门、单位年鉴编纂的业务指导和管理。完全可以预见,

随着《规划纲要》的贯彻落实,年鉴的数量还会逐步增加,我国将成为世界上名副其实的年鉴第一大国。

年鉴数量的增长固然可喜,但质量的提升更为关键。没有质量作为基础的数量增长,只会是一串毫无意义的数字,不仅会损毁年鉴事业发展的根基,更会流毒当代、贻误子孙。不可否认,现在一些年鉴尤其是县区级年鉴,存在质量不高的问题,比如分类不科学,叙述不规范,毫无价值的信息偏多,编校质量不过关,等等。像法治栏目,相当数量的综合年鉴在分类方面、概念使用方面、内容记述方面就存在或多或少的问题。因此,我们既要抓数量,也要抓质量,坚持两手抓,两手都要硬。开展优秀年鉴成果评审,充分表明了中指组及其办公室在推动年鉴编纂全覆盖的同时,高度重视年鉴质量,毫不松懈地抓年鉴质量。希望各地各部门地方志工作机构和年鉴编纂单位,以这次年鉴评审为契机,在年鉴工作中始终坚持质量第一的原则,做到数量和质量同步前进,并逐步实现年鉴编纂从量到质的转变。

三、检阅成果,大力激发广大年鉴工作者干事创业的热情

经过30多年的发展,全国年鉴从业人数不断增加。粗略测算,目前,全国年鉴专兼职编纂人员有2万多人,参与撰稿的人员保守估计也有20多万人。这是一支能战斗、能吃苦的队伍,是一支不计名利、默默奉献的队伍,也是一支与时俱进、勇于创新的队伍。正是这支队伍的接续奋斗、协同创业,才谱写出今天年鉴事业发展的华美篇章。

30多年来的经验告诉我们,队伍的兴衰决定事业的成败,人才是年鉴事业发展的第一动力和第一资源。我们要尽最大努力关心爱护这支队伍,大力宣传他们为建设社会主义文化事业所做出的不凡成绩,褒扬他们"修志问道,直笔著史"的修志人精神,让全社会了解他们,认识他们,让他们成为人人称道的最美年鉴人。开展优秀年鉴评审,其中一个重要目的,就是想通过检阅五年来的年鉴成果,肯定广大年鉴工作者的成绩。现在,国家公务员局已经同意中指组对评审出来的优秀年鉴给予表扬通报。按照国家公务员局的要求和中指组王伟光组长、李培林常务

副组长的批示精神，中指组计划于7月初在山西省太原市召开的第一次全国年鉴工作会议上，为获得优秀年鉴成果奖的单位和个人颁发荣誉证书，充分展示广大年鉴工作者的精神风貌，鼓舞争当年鉴工作排头兵的闯劲干劲。

地方志转型升级的理论准备[*]

中国地方志学会年鉴工作专业委员会第二届理事会自2009年11月成立以来，在田嘉会长的带领下，通过各会员单位和各位理事的共同努力，做了大量的工作，取得了突出的成绩。这些成绩都将载入全国年鉴事业发展的史册之中。此次将专业委员会更名为研究会，并不是对原来专业委员会工作的否定，而是接力，是在前一届工作委员会各位领导和同志们经过多年的努力并做出了业绩的基础上，站在他们的肩膀上，接过接力棒，继续攀登地方志事业发展的高峰。

成立年鉴研究会的意义在于"八个字、四句话"：举旗、誓师、团结、奋进。

一、这是一次举旗的会议

高举年鉴旗帜，团结在中指组一杆大旗下，通过我们共同努力，在当前大好形势中实现年鉴事业的新跨越。在刚才的交流发言中，黑龙江省和江苏省地方志办公室的负责同志都谈了他们过去的做法和今后的设想。这一届研究会要按照

---

[*] 2016年7月16日在中国地方志学会年鉴研究会第三届理事会第一次会议上的讲话。

国务院《条例》和国办《规划纲要》赋予中指组以及我们研究会的相关职责来担当和履行，要在年鉴这片天地里组织好、耕耘好。

二、这是一次誓师的会议

按照李培林常务副组长所作的题为《统一思想，凝心聚力，深入贯彻落实〈规划纲要〉，努力实现年鉴事业发展新跨越》主题报告的思想，通过年鉴研究会的组织优势、人才优势和专业优势，组织年鉴专家学者，进一步活跃学术研究，深化理论研讨，努力为年鉴事业发展提供有效、全面的智力支持。在研究会下设立了学术委员会，也明确了相关的负责同志，很快会研究和确定各工作部的组成、职责以及下一步的工作任务。

三、这是一次团结的会议

各会员单位和各位会员、各位理事应积极参与年鉴研究会组织的各项活动，积极地建言献策，为年鉴研究会当好参谋。一方面李培林常务副组长主题报告中的凝心聚力，表达着我们要团结；另一方面从大家在分组讨论发言以及会后同志们相互之间的交流中，都能听到和看到大家对于凝心聚力，对共同谋划好年鉴事业发展这一目标追求的一致性。

四、这是一次奋进的会议

要全面贯彻落实中央领导对地方志的重要批示、重要讲话精神，按照新一届中指组的要求，完成《规划纲要》提出的年鉴工作目标任务，年鉴研究会应配合完成好这些工作任务。虽然在地方志工作中，长期以来存在重志轻鉴的问题，但是上午从大家的讨论中感觉到年鉴的地位在显著提升。过去说志、鉴是车之两轮、鸟之两翼，现在两翼两轮已经趋于平衡。年鉴研究会为年鉴事业发展注入新的动力，通过我们共同努力来实现当前大好机遇中年鉴事业的新跨越。

年鉴研究会成立后，它的基本目标和指导思想就是全面贯彻落实党和国家领导人关于地方志事业的重要批示和讲话，紧紧围绕着新一届中指组对全国地方志事业的顶层设计，着力完成全国地方志事业发展规划纲要中所设定的关于年鉴的目标任务。其重要抓手就是研究会要积极配合中指组、中指办、全国各级地方机构和广大地方工作者一起实现三级年鉴全覆盖的目标，其中《全国年鉴事业发展规划纲要（2016—2020年）》的制定尤为重要。关于年鉴研究会下一步的工作，要实现"五个一"。

一是一年召开一次全国年鉴工作会议。总结过去一年年鉴工作的情况，布置新一年年鉴工作的任务、目标和采取的主要措施。二是每年召开一次年鉴学术研讨会，对年鉴编纂、年鉴管理以及年鉴事业发展中的重大问题进行研讨。三是至少每年举办一期年鉴培训班，对年鉴队伍进行培训。四是每年安排一组课题，组织年鉴专家学者进行重大课题攻关。五是每年编写出版一部《中国年鉴发展报告》，对年鉴事业发展进行总结，对发展前景进行分析、预测。

新的一届理事会及常务理事会已经产生，这就为年鉴事业发展搭建了新的平台，提供了新的动力。新一届理事会要紧紧抓住党和国家高度重视地方志工作、重视年鉴工作的大好机遇，按照《规划纲要》提出的要求，在中国地方志学会的领导下，充满豪情地工作，充满激情地创造，为繁荣发展年鉴事业作出新的更大贡献。

新时代地方志发展要有新思路、新目标*

上一届西北地区地方志工作协作会是 2015 年 8 月 5 日在青海省西宁市召开的，我代表中指办参加了会议并与青海省的地方志工作者代表进行了座谈。一年多来，中指组及其办公室一如既往地高度重视西北地区的地方志工作。继中指组王伟光组长、李培林常务副组长 2014 年 6 月在兰州主持召开甘青宁三省区地方志工作座谈会，李培林常务副组长 2014 年 8 月参加在西安召开的首届西北地区地方志工作协作会并对陕西省地方志工作进行调研之后，2015 年 10 月，中指组党组书记赵芮陪同李培林常务副组长又到新疆维吾尔自治区地方志编委会和新疆生产建设兵团开展工作调研；今年 8 月，我陪同王伟光组长到新疆克拉玛依、和田等地调研地方志工作；上个月陪同李培林常务副组长到青海、宁夏调研，了解《规划纲要》贯彻落实情况。去年和今年 9 月，中指办分别在银川和兰州举办了全国地方综合年鉴编纂高级研修班和第六届中国地方志学术年会。开展这些活动，充分表明中指组和

---

* 2016 年 10 月 12 日在西北五省区暨新疆生产建设兵团地方志工作协作会议上的讲话。

中指办是将西北地区地方志工作放在全国地方志事业发展全局的重要位置来考量的，也表明对西北地区方志人是满怀期待的。

一年多来，西北五省区和新疆生产建设兵团不负重托，紧紧围绕《规划纲要》的学习宣传和贯彻落实，尤其是紧紧扣住"两全目标"的如期完成，以西北人特有的胆识和豪情，主动作为，谋划有方，攻坚克难，成绩巨大，一些工作还走在全国前列，打造出了地方志工作的西北特色。

比如，陕西省印发了本省的地方志事业发展规划，继续推动《陕西通志》《西部大开发陕西志》《陕西历代旧志文库》三项方志工程，通过比赛选拔出十大修志能手，建立起全省地方志专家库。甘肃省印发本省的地方志事业"十三五"发展规划，新一届省地方史志办领导班子思路新、力度大，采取有效措施督促省志编纂，加大对市县志业务指导的工作力度，努力扩大市县两级综合年鉴编纂的覆盖面，各项工作突飞猛进。青海省将地方志工作纳入本省"十三五"经济社会发展规划，印发全省地方志事业发展"十三五"规划纲要，建立了二轮志书编修督促机制，启动了第二批特色志编纂工作、旧志整理项目及志鉴数字化工程，建立了对市州级年鉴的审稿机制。宁夏回族自治区完成《宁夏通志》的编纂出版和《宁夏旧方志集成》的整理出版，实现了自治区、市、县三级综合年鉴编纂的全覆盖，《宁夏地方史话丛书》编写取得丰硕成果。新疆维吾尔自治区党委、政府主要领导相继对地方志工作作出批示，印发贯彻落实《规划纲要》的实施意见，自治区地方志编委会强力推动第二轮修志和年鉴编纂工作，翻译出版维吾尔文字的志书和年鉴，以迎接自治区成立60周年为契机，组织编纂《新疆地情通览》和《新疆大事记》，利用地方志资源为经济社会发展的中心工作服务。新疆生产建设兵团全面完成《新疆生产建设兵团志》送审稿的审查验收工作，努力抓好《兵团年鉴》的创新发展和师团两级综合年鉴的创办和编校质量。以上所列举的这些成绩，虽然仅仅是丰富多彩的西北地区地方志工作的一部分，但已经足够表明西北五省区和新疆生产建设兵团的地方志工作正在蒸蒸日上，呈现出良好的发展势头和强大的后劲。

当前，全国地方志事业发展迎来千载难逢的发展机遇。党的十八大以来，党中央、国务院高度重视地方志工作，习近平总书记、李克强总理、刘延东副总理等党和国家领导人就地方志工作作出一系列重要指示、重要批示。其中，在我看来，2014年4月，李克强总理"修志问道，以启未来"的批示，是对新时期地方志事业的新定位；2015年12月，李克强总理"直笔著信史，彰善引风气"的批示，是对当代地方志工作者的新定位；李克强总理对地方志事业和地方志工作者的定位，为地方志事业发展指明了前进方向，为方志人树立自信、敢于担当提供了动力。在党中央、国务院的关心支持和地方各级党委、政府的坚强领导下，经过各级地方志工作机构和广大地方志工作者的艰苦努力，地方志事业进入高位运行态势。西北地区也是喜讯不断、好事连连，一方面中央不断加大对西北地区的投入，丝绸之路经济带建设深入推进；另一方面西北各省区党委、政府对地方志工作日益重视，不断出台支持地方志工作的政策。古人讲，明者因时而变，知者随事而制。西北各地各级地方志工作机构要抢抓机遇，善于借力，发挥优势，拉长短板，实现地方志工作的新突破。借此机会，我谈几点意见，与大家共勉：

一、要全面贯彻落实《规划纲要》，确保"两全目标"按期完成

《规划纲要》是国务院对全国地方志事业发展的顶层设计，也是向地方各级政府和有关部门下达的工作指令，按照法定职责必须为的原则，地方各级政府有责任、有义务贯彻落实好《规划纲要》。《规划纲要》提出了方志编修、年鉴编纂、地方史编写、人才培养、理论研究和学科建设、信息化建设、地方志资源开发利用以及方志文化传播等11项任务，而中心任务就是志鉴的"两全目标"，即到2020年，全面完成第二轮修志规划任务，实现省市县三级综合年鉴编纂出版的全覆盖。

各级地方志工作机构作为本级政府管理地方志工作的部门，必然承担着完成这些任务的职责。其中，如期实现"两全目标"，是全国地方志系统向全面建成小康社会的献礼，更是地方志工作者向党中央、国

务院和全国人民立下的军令状，是政治硬指标、硬任务，决不能借口这样或那样的困难拖延时间，大打折扣，甚至使其成为一句空洞的口号。目前来看，西北地区因为受经济发展水平、人才相对匮乏等方面的限制，按时实现"两全目标"的困难会多一些，这就需要各地各级地方志工作机构和地方志工作者付出更多更艰辛的努力。西北五省区的省级地方志工作机构要勇于承担使命，真正履职尽责，围绕"两全目标"，明确时间表、路线图，建立倒逼机制，加强对省志编修和市县两级地方志工作机构的督促检查，确保和全国其他省区市同步实现"两全目标"。当然，抓编修进度也不能忽视志鉴质量，没有质量的进度只能是一串毫无意义的数字符号，进度和质量要相辅相成，相得益彰，协同共进。

二、要配合实施中指办推出的"十大工程"，抓实抓好民族地区与贫困地区志书出版资助工程

中指办根据《规划纲要》提出的目标任务，研究推出全国地方志"十大工程"，作为贯彻落实《规划纲要》各项目标任务的主要抓手。"十大工程"内容丰富，涵盖面宽广，包括民族地区与贫困地区志书出版资助工程、中国志书精品工程、中国年鉴精品工程、中国名镇志文化工程、中国名村志文化工程、全国地方志"一体两翼"用志工程、全国信息方志与数字方志建设工程、方志馆研究建设及全国地方志专业出版基地建设工程、中国地方志学科建设与人才队伍建设工程、方志文化走向世界工程。一年多来，在中指组王伟光组长、李培林常务副组长的关心下，经过各级地方志工作机构和广大地方志工作者的共同努力，"十大工程"有的即将启动实施，有的已经启动并取得阶段性成果。比如，第一批纳入中国名镇志文化工程的11部志书已经公开出版，中指办于今年5月在北京人民大会堂举办了中国名镇志丛书出版座谈会暨中国名镇论坛，第十届全国政协副主席徐匡迪出席会议并讲话。中国名村志文化工程即将在本月底正式启动，计划明年隆重举办第一批中国名村志丛书出版座谈会暨中国名村论坛。全国地方志"一体两翼"用志工程的《中

国地情报告》正在优化篇目，计划明年举办《中国地情报告》出版座谈会暨中国地情论坛；《中国方志发展报告（2015）》已经出版，《中国年鉴发展报告（2016）》已经进入编辑阶段。作为全国信息方志与数字方志建设工程的中国方志网、中国地情网与方志中国微信公众平台已经开通运行，《中国方志》报正式创刊。作为方志馆研究建设及全国地方志专业出版基地建设工程的国家方志馆"方志中国"展览已经开展，"魅力中国"展览进入深化设计阶段。刘延东副总理在2015年12月29日接见全国地方志系统先进模范代表时指出："回顾浩瀚的人类历史长河，审视世界不同文明的源流演变，我国历代先贤圣哲通过修史修志，以文字记述为主要形式，传承着中华民族的文化血脉，这体现了中华文化和中华民族之伟大。"她提出"要通过学术交流与合作，推介高质量地方志成果，充分展示地方志的当代价值和恒久魅力，展示中国形象，讲好中国故事，服务中华文化走出去，增强中华文化影响力，让世界更多了解中国的过去，更好理解中国的现在和未来。"为此，按照《规划纲要》要求，中指办近期要启动中国方志文化走向世界工程，加强与国际及港澳台地区的学术交流，弘扬中国方志文化。

当前，"十大工程"在全国地方志系统的知晓度越来越高，影响力越来越大，西北五省区和新疆生产建设兵团要积极参与、给予支持，其中重中之重是稳妥推进民族地区与贫困地区志书出版资助工程。中指办启动民族地区与贫困地区志书出版资助工程，是根据中指组王伟光组长在甘青宁地方志工作调研座谈会上的指示作出的重要决策。经过多方争取，财政部每年以项目的形式给予经费支持，中国社会科学院也从出版项目经费中给予一定的资助，目的是要帮助西部地区解决志书出版中的实际困难。西北各省区要继续加大对该工程的宣传力度，符合条件的，可以按照中指办制定的方案逐级进行申报，真正发挥这项工程在如期实现"两全目标"中的效力。待条件成熟后，中指办还要启动民族地区与贫困地区年鉴出版资助工程，加大对西北地区地方志工作的援助力度。

三、要全面推进依法治志，用法治手段解决地方志工作面临的困难

《规划纲要》在依法治志的大背景下，明确提出要坚持依法治志的原则，这个"法"，既包括我国宪法、法律、行政法规等根本法、基本法，也包括国务院《条例》和国办《规划纲要》特别法。按照"法定职责必须为"的要求，编鉴修志作为地方政府的一项"法定职责"，约束性非常强，不是想做或不想做的工作，而是必须完成好的法定工作职责。《规划纲要》强调：国家地方志工作机构依法统筹规划、组织协调、督促指导全国地方志工作；省、市、县级地方志工作机构依法履行组织、指导、督促和检查地方志工作职责。所以，各级地方志工作机构要紧紧扣住这些规定，注重运用法治思维、法治方式来思考谋划《规划纲要》的贯彻落实。要以《条例》和《规划纲要》为依据，让主管领导明白当地党委、政府应当担负的法定职责，努力争得他们的关心和重视；要争取人大、政府法制部门和政府督察部门的支持和配合，定期开展执法监督检查或行政督察，解决地方志机构、编制、人员、经费等问题，督促如期完成任务，尤其是"两全目标"任务。

我在调研中发现，各地的工作实践也充分证明，凡是依法治志力度大的地方，"一纳入、八到位"就会落到实处，实际问题就能得到解决，地方志工作就能做得风生水起、生机勃勃；凡是有法不依、执法不严或者对法视而不见的地方，就会出现缺机构、缺人员、缺经费的"三缺"现象，甚至产生无机构、无人员、无经费的"三无"极端情况，地方志工作就会比较滞后、落后。

毋庸讳言，西北地区地方志工作正处于爬坡过坎的关键阶段，工作面临着许多困难和挑战，《规划纲要》的贯彻落实尤其是"两全目标"的实现压力很大，其原因主要是依法治志没有完全到位，地方各级政府未能很好地履行抓地方志工作的主体责任。现在，国务院颁布实施《条例》已经十年了，国办印发《规划纲要》已经一年多了，西北五省区也相继出台了各自的地方志工作法规规章，所以，各级地方志工作机构要

注重运用法治思维、法治方式来思考谋划工作，要敢于找领导，反复找、反复讲，让主管领导明白地方志工作是官职、官责，是各级政府的一项重要工作，是记录当代、泽被后世的神圣事业，努力争得各级党委、政府领导的关心和重视；要争取人大、政府法制部门和政府督察部门的支持和配合，定期开展执法监督检查或行政督察，解决机构不健全、编制紧缺、人员不到位、经费不足等问题。地方志工作机构自身也要建立督促检查制度，依照《规划纲要》提出的目标要求，对所属地区、各有关部门的工作进行督办检查。

四、要善于为经济社会发展服务，做到以有为谋有位

地方志工作机构最大的优势就是熟悉当地历史文化、熟知当地情况，掌握的最宝贵资源就是志书、年鉴等地情资料和各种历史文献资料。我们要善于利用这种优势，开发好地方志资源，为经济社会发展和文化建设服务。现在，全国地方志系统在探索地方志资源开发利用方面，已经有了一套成熟的做法，取得了一些成功的经验，涌现出不少的创新和亮点。一年多来，中指办为配合社会主义核心价值观教育和"三严三实"专题教育活动，组织编辑了《中华家训精编100则》和《中国古代为官箴言》，取得了良好的社会反响；启动了中国名镇志文化工程，通过编纂出版历史文化名镇志、经济强镇志、特色镇志，力求在快速的城镇化进程中留下乡音、记住乡愁；根据习近平总书记在2015年7月中央政治局第二十五次集体学习时的讲话精神，申报编纂11卷近3000万字的《中国抗日战争志》，已由全国社科规划办作为抗日研究重大工程立项，近期将组织方志界、高校和科研机构的专家学者正式启动；为配合我国维护南海主权的斗争，计划于今年年底在海南举办南海论坛，启动《南海志》和《三沙市志》编纂，向世界宣示：南海主权，有志为证。各地也积极谋划，主动作为，有的为当地党委政府科学决策提供咨询，有的通过举办历史文献展览提高当地知名度，有的为申报世界文化遗产提供资料，有的为旅游开发提供历史依据，有的利用地方志成果帮助招商引资，这些举措展示了地方志工作的价值，促使当地党委政府更

加重视、社会更加认可地方志工作,相应地也提升了地方志工作机构的知名度和话语权。

西北地区的地方志工作要想突破困境,让"冷部门热起来,让冷事业火起来",逐步摆脱被边缘化的尴尬局面,必须做好地方志资源开发利用这篇大文章,把地方志工作放在各地党委政府的工作大局中,放在经济社会发展大局中,用创新的思维、创新的方法、创新的成果,为党委政府的中心工作服务好,为社会各界服务好。西北地区有灿烂的文化遗产,有丰厚的文化积淀,也有很好的工作基础,相信这篇大文章一定能做得更精彩。这届协作会议以丝绸之路经济带建设为着眼点,就抓住了西北地区地方志工作服务大局的"牛鼻子",可以预见,利用地方志工作机构的资源和优势,扣住这个主题做下去,西北地区的地方志工作一定会大有起色、大有前途。

我希望全国地方志工作机构及其地方志工作者,进一步深化互鉴与交流,以互鉴谋发展,以交流求创新,共享机遇,共迎挑战,全面推动地方志从一项工作向一项事业转型,实现到2020年省省有志、市市有志、县县有志,以这种伟大的文化创举向全面建成小康社会贡献"志"礼。

在全国范围内实施地方志转型升级[*]

党的十八大以来，中指办工作重心就是对全国地方志工作的顶层设计，这是2014年中指组王伟光组长在山东调研地方志工作时对新一届中指办领导班子的要求。这几年，中指办推出一系列措施，提出依法治志、"两全目标"、方志人精神、地方志是一项事业等概念和规划，地方志转型升级的理论准备和实践探索已经成熟。经中指办党组研究，并报中指组领导批准，将2017年确定为地方志转型升级元年。2017年以及今后相当长的一个时期内，各级地方志机构工作的中心就是，在全国范围内，全面推动地方志从传统被认为是编写一本书的一项工作向"十业并举"的一项事业转型升级。

一、全面总结经验，准确把握地方志事业发展规律

"欲知大道，必先为史。"要把握地方志事业发展的"大道"，全面推进地方志事业转型升级，就必须从地方志发展历史中总结经验，汲取教训，借鉴智慧，探寻规律，在自觉把握历史潮流中开辟事业的成功之路。新编地方志工作开展以

---

* 2016年12月7日第一次全国地方志工作经验交流会暨2017年全国地方志机构主任工作会议的总结讲话。

来，各地陆续积累了很多很好的经验，但遗憾的是，在全国范围内还没有全面系统总结过，还没有建立起一个国家级地方志经验交流平台供大家交流。本次召开第一次全国地方志工作经验交流会的意义就在于此。

总结新编地方志工作近70年的经验，主要有以下几点：

（一）坚定不移坚持正确政治方向

新方志编修工作开展以来，全国各级地方志工作者坚决站在党和人民的立场上，贯彻落实党的理论和路线方针政策，在思想上政治上行动上同党中央保持高度一致，坚持党的领导、坚持中国特色社会主义道路、坚持国家利益和人民利益至上，为党和国家重大决策服务、为中国特色社会主义事业服务，着力解决"为了谁，依靠谁，我是谁"的问题。秉承史家优良传统，坚持实事求是，自觉运用马克思主义的观点方法指导修志编鉴。"直笔著信史"，把地方志工作定位在"记载人民创造的历史"这个历史唯物主义的高点上，如实记录中国特色社会主义革命、建设取得的伟大成就。坚持理论联系实际，关注重大理论和现实问题，通过编修和开发利用地方志成果，为培育和践行社会主义核心价值观提供丰富、优秀的精神文化产品。地方志事业的全面转型升级必须沿着正确的政治方向推进，我们要坚决坚持。

（二）不断完善党委领导、政府主持、地方志工作机构组织实施、社会各界广泛参与的工作体制，明确"一纳入、八到位"的工作要求

事业发展保障体系的基石就是体制机制问题。根基不牢，地动山摇。纵览新编地方志工作开展近70年，特别是改革开放近40年来的地方志工作实践，最重要的一条经验，当莫过于此。完善体制，落实"一纳入、八到位"，就是抓住了转型发展的"牛鼻子"，这样，实际问题就能得到解决，地方志工作就能做得有声有色。如北京、内蒙古、辽宁、吉林、上海、福建、江西、广东、四川、云南、青海等省（区、市）和新疆生产建设兵团均将地方志工作纳入当地国民经济和社会发展规划。北京、辽宁、吉林、江苏、安徽、福建、江西、山东、河南、湖北、广东、广西、重庆、四川、贵州、云南、陕西、新疆等省（区、市）还将地方志工作纳入政府工作报告及重点工作分工方案之中。北京、天津、

内蒙古、吉林、黑龙江、江西、山东、湖南、海南、四川、贵州、云南、陕西、甘肃、青海、宁夏等省（区、市）以及新疆生产建设兵团领导高度重视，在实践中不断完善体制机制，落实"一纳入、八到位"，健全行政管理体系，落实"官职""官责"，全力推动，保障到位。其中四川积极推行政府主导的"三审制"，努力构建"政府修志、政府审志"的工作格局。实践证明，完善体制、落实"一纳入、八到位"要求是全面推进地方志事业转型升级的根基，我们必须要进一步夯实。

（三）持续不断推进地方志法治化建设

已经延续了2000多年的方志发展史证明，地方志编修持续不断，与"官修"传统分不开，与各级政府积极推动分不开。新中国建立后，地方志工作大体经历了三大发展阶段：第一阶段是新中国建立至2006年5月，为依令修志阶段。在国家层面，先后出台了《关于新修地方志提纲（草案）》《关于编写地方志工作的几点意见》《新编地方志工作暂行规定》《关于进一步加强地方志编纂工作的通知》《关于地方志编纂工作的规定》等。与此同时，各级地方政府和地方志工作机构根据党中央、国务院及有关部门的规定，也制定了一系列的规章制度，逐步加大以行政命令推动地方志工作力度。但是依令修志存在一些弊端，如工作开展与否随意性强、受领导主观好恶影响大等。第二阶段是2006年5月至2015年8月，为依法修志阶段。国务院颁布《条例》，标志着地方志工作进入有法可依的法制化新阶段和大规模、正规化修志的新时代。《条例》颁布近10年来，各地地方志工作机构不断深入贯彻落实，地方志法规体系不断健全，依法履职不断规范，依法修志环境不断优化。但是随着地方志从一项工作转向一项事业，尤其是在全面推进依法治国、建设社会主义法治国家的大背景下，《条例》已难以适应地方志事业不断发展的需要，亟待从法制化走向法治化。第三阶段是2015年8月之后，为依法治志阶段。《规划纲要》明确将"坚持依法治志"作为六大基本原则之一，其颁布施行标志着全国地方志从依法修志走向依法治志。各地坚持依法治志，通过地方志立法、建章立制、督促检查考核等深化制度化、法治化建设。如山西、吉林、安徽、山东、四川等省以地方立法为抓手，着力构建了保障地方志事业长远发展新体系。目前全国已有 28 个省（区、市）由人大常委会或政府出台了地方志工作条例、规定、实施办法等。山东省在全国率先实现省市县地方志规章全覆盖，全省 17 个市、137 个县市区全部颁布了地方志规范性文件，形成较为完善的法规体系。四川省人大常委会在《四川省地方志工作条例》颁布实施 10 周年之际对该条例进行了修订，较原条例增加了很多内容。各地陆续开展相关条例、规定、实施办法的修订工作。北京、天津、河北、浙江、西藏、新疆等省（区、市）及新疆生产建设兵团通过制定各项工作规范和标准，初步构建志鉴编修的规范体系。其中，北京联合市财政等部门制定地方志编修中审稿费等标准；河北建立修志工作调度会制度和督促检查通报制度；浙江坚持总编领导下的副总编分工负责制。北京、山西、上海、安徽、福建、江西、广东、广西、四川等省（区、市）明确本级地方志工作机构的行政权力清单，将地方志工作纳入政府依法行政范畴。把地方志工作列入政府年度重点工作目标绩效考核，已经成为各地各级推进地方志工作的重要方式。北京、河北、河南、湖北、海南等省（市）建立督促检查考核机制，大部分省（区、市）依法加大地方志法规规章的执行力度，定期开展人大执法检查或政府督促检查，依法纠正、查处执行不力和违法行为。上海、河北、福建、湖南、甘肃、宁夏等省（区、市）及新疆生产建设兵团坚持每年开展"5·18"地方志宣传推介活动，开展法规宣传。法治化建设是地方志事业全面转型升级的重要保障，要进一步坚持。

（四）始终坚持质量至上

李克强总理 2015 年 12 月就全国地方志系统先进模范座谈会召开作出的重要批示中要求："为后世留下堪存堪鉴之记述。""堪存堪鉴"就是李克强总理对地方志质量的要求。新编地方志工作大规模开展以来，一直将质量问题摆在重要的地位，始终坚持质量至上。各级地方志工作机构不断完善质量控制体系，制定编纂规范，健全志稿评议、审查验收、质量评估等制度，在确保志鉴质量方面做了大量工作。如内蒙古、吉林、河南、海南、云南等省（区）分别建立健全规范业务质量体系、质量控制体系、质量监督保证体系、志鉴质量保障机制、编审制度等，严把资料关、编纂关、审核关；辽宁坚持对志书编写全程跟踪指导；浙江通过"创优工程"评选等方式推动《浙江通志》编纂，依托省专家委员会平台强化全省志鉴指导；福建涵养"工匠精神"；江西强调反复打磨志稿，坚持严格审查，精雕细琢，精选出版机构，严编严校；湖北在省志编纂中落实4个三审程序加总纂委员会终审定稿制度；广西优化志鉴编纂、评审程序，分类指导，典型引路，提高编纂出版质量；重庆坚持一抓编修规划，二抓人员培训，三抓志稿纂写，四抓重点推进，五抓总纂定稿，六抓评审验收，七抓统一出版，保证志书编纂质量；四川加强规范审查，严控出版，力求工作成果高质量，实现形式内容相统一；贵州坚持严把质量关口，确保编纂出版的志书经得起历史的检验；新疆完善内部质量管理体系，实行志书质量责任制，严格执行审查验收制度，从程序上和制度上保证志书的质量，等等。强化质量意识，打造堪存堪鉴的地方志成果，是地方志的生命所在，要进一步坚持。

（五）以有为谋有位，服务经济社会发展大局

修志为用，地方志存在的价值就是"为当代提供资政辅治之参考，为后世留下堪存堪鉴之记述"，就是围绕党委政府中心工作，服务经济社会发展大局。近年来，各地地方志工作机构主动作为，深入挖掘地方历史文化资源，创新服务手段，拓宽服务渠道，增强服务功能，强化对地方志资源的深加工，为各级党委政府科学决策提供重要的借鉴和依据，为中国特色社会主义建设服务，为广大人民群众服务，积累了很多值得借鉴学习的经验，抓出了亮点，形成了特色，扩大了影响力与话语权。通过调研，我们发现，凡是能把地方志工作与当地的中心工作有机结合，在服务经济社会发展大局工作上有措施、有成效的地方，地方志事业发展就红红火火、后劲充足；反之，地方志工作开展就冷冷清清、困难重重。如北京、福建、四川等省（市）积极打造方志文化品牌，发挥地方志资源在当地文化中心建设和公共文化服务中的作用；山西、河南以资政服务为根本，不断拓展服务领域，全力提升地方志工作的影响力；吉林深挖方志资源开发模式，社会公益服务实现多元化并举；江苏

坚持由被动承接向主动对接转变，由"边缘"工作向贴近中心大局转变，由传统修志编鉴向现代多元开发转变，由相对单一的文化服务向经济社会综合服务转变，积极主动服务于江苏政治文化和经济社会建设，不断提升地方志的整体地位；山东以有为谋有位，善于谋长远、抓关键、借势借力，紧紧围绕中心、服务大局，赢得各级领导的高度重视，近三年来，省领导对史志工作作出83次批示，其中省长批示21次，将地方志事业摆在前所未有的重要位置；湖南大力推进省市县三级志书、年鉴和地情资源开发利用工作；贵州、云南、陕西、甘肃、青海、新疆等省（区）坚持修用并举，加大开发利用力度，服务中心工作能力不断提升。服务经济社会发展大局，是地方志事业发展的价值所在，要进一步坚持。

（六）科学规划，统筹发展

科学规划、统筹发展是地方志事业发展的必然要求，只有通过科学规划、统筹发展，才能厘清地方志创新的基本思路、主要目标，才能以新的发展理念推动新的发展，提出一些具有标志性的重大战略、重大工程、重大举措，解决制约发展的突出问题。各地注重谋划布局，构建地方志事业发展格局。北京、天津、河北、山西、吉林、黑龙江、上海、安徽、福建、江西、山东、河南、湖南、广东、广西、海南、四川、云南、陕西、甘肃、青海等省（区、市）及新疆生产建设兵团先后出台本地地方志事业发展规划或规划纲要，内蒙古、江苏、湖北、贵州、西藏、新疆等省（区）先后出台贯彻《规划纲要》的实施意见或方案，辽宁出台进一步加强地方志工作的意见，坚持顶层设计和理念创新，注重谋篇布局，统筹规划本级的地方志事业发展。河北配发进度规划表，增强规划的可行性；上海突出"大"格局，协调社会各方开展地方志工作，打造"全"方位，按照"存史、资政、育人"要求，完善工作体系、机构设置和平台建设；湖北、广西壮族自治区等省（区）科学规划志书编纂，湖北周密计划，充分论证，确保编纂方案和篇目可操作性强，广西填补1932年广西成立省级修志机构以来没有编纂出版省级综合志书的空白，同时适时调整专志、市县志编修计划；陕西坚持抓主业，基础不断稳固，谋长远，科学发展步伐不断加快；青海正确处理"抓牛鼻子"与"弹钢琴"的关系，统筹推进地方志事业协调发展，坚持突出规划的引领性和制度的保障性，加强顶层设计，努力探索地方志工作规律。科学规划、统筹规划，是地方志事业发展的必然要求，要进一步坚持。

（七）创新引领，推陈出新

党的十八届五中全会指出，"创新是引领发展的第一动力。"地方志历经千年，持续保持蓬勃生命力，就在于其常变常新，不断创新，不断适应时代发展的需要，不断拓展工作领域。经过几代方志人的不断创新，地方志事业已经形成以志鉴编纂为主业，多业并举的新格局，地方志在各地经济社会发展的定位更加清晰。各地不断创新工作理念、工作方式、工作手段，打造地方特色。如上海探索"新"实践，创立"一纲三目"志书新体系、年鉴齐全新系列、旧志点校新成果；安徽注重在修志实践中总结和推广新经验，积极探索修志新方法；贵州坚持理论创新、制度创新、管理创新，不断拓展地方志工作领域，丰富地方志成果。内蒙古、上海、江苏、浙江、福建、山东、湖南、广东、广西、四川、新疆等省（市、区）打造"互联网＋地方志"模式，推动志鉴信息化和数字化建设步伐，创新修志方式，其中浙江通过研发志鉴编纂信息系统等方式提升工作效率，广西编修影像志，开创立体修志之先河。创新是地方志全面转型升级的不竭动力，要进一步坚持。

（八）修志问道，直笔著史

理想指引人生方向，信念决定事业成败。正是在信念的引领下，几代方志人秉承"为天地立心，为生民立命，为往圣继绝学，为万世开太平"的传统，以强烈的责任感、使命感，淡泊名利，默默坚守，甘于奉献，锲而不舍，笔耕不辍，在艰苦、辛苦、清苦的工作岗位上，凝练形成了"修志问道，直笔著史"的方志人精神。正是有了这种精神，才打造出数以百亿字计的地方志成果，为国家创造出一笔巨大的精神文化财富。实践证明，凡是方志工作开展较好的地区，必然有一支能战斗、有能力、讲奉献、有干劲的工作队伍，也必然有一股精气神。各地以机关建设为支撑，奋力营造干事创业新环境，并通过多种途径，弘扬方志人精神，强化人才队伍建设。如：河北通过评比表彰和经验交流，树立典型，引领示范；山西、内蒙古、吉林、黑龙江、安徽、福建、江西、山东、四川、贵州、宁夏等省（区）及新疆生产建设兵团注重固本强基，建立健全方志人才培养长效机制，着力建设专兼职结合、结构合理、热爱修志、乐于奉献、务实敬业、修志问道、直笔著史的地方志人才队伍；浙江利用科研管理体制优势，强化人才梯队建设；宁夏注意吸收修志人才。"修志问道，直笔著史"的方志人精神是地方志事业转型升级的内在驱动，要进一步弘扬；人才队伍建设是地方志事业转型升级的内在支撑，要进一步加强。

除上述基本经验外，各地还有不少创新做法，如本次会议的承办方广东省，不断完善体制机制，全力保障地方志事业发展；始终坚持服务大局、服务人民群众，把地方志作为一项大事业科学谋划，做到理念先行、制度先行、人才先行、工作先行；形成主业突出，多业并举，自选项目精准，横向到边、纵向到底的工作格局，率先完成第二轮修志规划任务，不断推动地方志事业协调发展、创新发展、跨越式发展。这些经验来自实践，必将指导实践，推进地方志事业全面转型升级。

二、牢固树立方志文化自信，凝聚地方志事业转型升级动力

要完成时代赋予我们的任务，就必须认清形势，明确方向，坚定文化自信，牢固树立方志文化自信，强化方志文化自觉，不断增强事业转型升级的内在驱动力。

（一）牢固树立方志文化自信，是贯彻落实习近平总书记系列重要讲话精神和治国理政新理念新思想新战略的必然要求

在习近平总书记治国理政新理念新思想新战略中，"文化自信"是继道路自信、理论自信和制度自信之后，中国特色社会主义的"第四个自信"，是更基础、更广泛、更深厚的自信，融入治国理政的方方面面。习近平总书记强调，在5000多年文明发展中孕育的中华优秀传统文化，在党和人民伟大斗争中孕育的革命文化和社会主义先进文化，积淀着中华民族最深层的精神追求，代表着中华民族独特的精神标识。文化自信

鲜明地体现在三个方面，即中华优秀传统文化、革命文化和社会主义先进文化。方志文化自信是文化自信的重要组成部分，是对方志文化价值层面所拥有力量的坚强信心和充分肯定。纵观历史长河，编修地方志是中华民族优秀文化的有机组成部分。地方志已经融入了中华民族文化的血液之中，成为中华民族特有的文化基因，代代相传，历久弥新。立足现实视角，地方志忠实记录着我们党领导人民革命、建设新中国以及坚持和发展中国特色社会主义的光辉历程和丰功伟绩，为社会主义核心价值观提供最宝贵的思想源泉和最直接的精神纽带，是以马克思主义为指导的优秀革命文化和先进社会主义文化的重要载体。放眼未来发展，地方志将持续不断地保存民族记忆，传承民族优秀传统文化、革命文化和社会主义先进文化，翔实记载中华民族走向伟大复兴的历史进程，永葆当代价值和恒久魅力，成为中华民族最为独特的精神标识。贯彻习近平总书记系列重要讲话精神和治国理政新理念新思想新战略，坚定文化自信，就要牢固树立方志文化自信，通过方志文化科学阐释中华优秀传统文化、革命文化和社会主义先进文化，通过方志文化充分肯定我们党带领人民开拓奋进的伟大历史进程，通过方志文化为实现中华民族伟大复兴提供更基础、更深入、更持久的力量。

（二）牢固树立方志文化自信，是建设社会主义文化强国的客观要求

习近平总书记指出："中华民族创造了源远流长的中华文化，中华民族也一定能够创造出中华文化新的辉煌。"要建设社会主义文化强国，创造中华文化新的辉煌，就必须立足中国优秀传统文化、革命文化，坚持社会主义先进文化前进方向，加快文化改革发展。国家"十三五"规划明确将地方志事业发展置于我国社会主义文化强国建设的伟大实践中。作为国家文化战略的重要内容，牢固树立方志文化自信是大势所趋。坚定文化自信，增强文化自觉，牢固树立方志文化自信，就是要真正担负起传承民族文化的历史使命，通过编修、开发利用地方志成果，参与公共文化服务体系建设，在加强社会主义精神文明建设、培育和践行社会主义核心价值观、掌握意识形态工作领导权和话语权，提升中华

文化软实力,建设社会主义文化强国等方面发挥不可替代的积极作用;就是要主动把地方志工作融入国家战略,配合国家文化"走出去"战略,凝聚中国力量,讲好中国故事,传播好中国声音,突出中国特色、中国风格、中国气派,推动方志文化走向世界,向全世界展示中国魅力的有力话语体系,提升中国的理论、制度和文化影响力。

(三)牢固树立方志文化自信,是全面推进地方志事业转型升级的发展要求

习近平总书记在哲学社会科学工作座谈会上指出:"当代中国正经历着我国历史上最为广泛而深刻的社会变革,也正在进行着人类历史上最为宏大而独特的实践创新。"在社会转型时期,党中央、国务院高度重视地方志工作,并将地方志事业放在"四个全面"战略布局中统筹把握,地方志事业迎来了千载难逢的发展机遇。习近平总书记就传承弘扬中华传统文化发表了一系列重要讲话,还就修史修志工作作出一系列重要指示。李克强总理近两年来对地方志工作作了三次重要批示,其中"修志问道,以启未来"明确了新时期地方志事业的定位;"直笔著信史,彰善引风气"明确了当代地方志工作者的定位;"留下堪存堪鉴之记述"明确了地方志的使命和质量要求;2016年4月25日,李克强总理在夜访成都宽窄巷子时,指出应该把过去的历史资料、成都志,特别是有关宽窄巷子的历史脉络梳理清楚。刘延东副总理两次接见全国地方志会议代表并发表重要讲话、两次作出重要批示。2016年5月12日,王勇国务委员出席《汶川特大地震抗震救灾志》出版座谈会并发表讲话。在两年多的时间内,中央领导同志如此密集地就地方志工作作出重要批示、发表重要讲话,足见党中央、国务院对地方志工作之重视。在党中央、国务院的亲切关怀和地方各级党委、政府的坚强领导下,全国地方志事业实现了跨越式发展,取得了令人瞩目的成就,进入高位运行态势。但是,必须承认的是,地方志尚未形成普遍的社会意识、家喻户晓的公众意识,在一些地区,地方志仍被看作可有可无的工作;部分地方志工作者对地方志的价值还缺乏认同感和自豪感,对地方志事业的转型升级信心不足,对实现《规划纲要》目标任务有畏难情绪。这就要求我们,要

坚定文化自信，牢固树立方志文化自信，强化方志文化认同，增强全面推进地方志事业转型升级的责任感、使命感和自豪感。

三、保持高位运行态势，全面推进地方志事业转型升级

当前是地方志事业发展的黄金时代，面对实现中华民族伟大复兴的时代主题，要全面推进地方志事业转型升级，实现"两全目标"是一项伟大的世界文化创举，在"四个全面"战略布局、社会主义文化强国建设和中华民族伟大复兴的征程中有所作为，有所成就，就要牢固树立方志文化自信，以强烈的事业认同感、荣誉感以及责任感，敢于担当，勇于创新，脚踏实地，干在实处，走在前列。

（一）坚定信念，坚持正确政治方向

习近平总书记在哲学社会科学工作座谈会上强调："坚持以马克思主义为指导，是当代中国哲学社会科学区别于其他哲学社会科学的根本标志，必须旗帜鲜明加以坚持。"从一定意义上讲，地方志属于哲学社会科学范畴，地方志事业的全面转型升级，必须坚持以马克思主义为指导。首先，要主动地学习马克思主义，掌握马克思主义方法论，树立马克思主义世界观，做到真学、真懂、真信、真用，自觉地运用马克思主义的立场、观点、方法来指导地方志实践，把中国特色社会主义理论体系贯穿于地方志工作始终。其次，要始终围绕"为什么人"的核心问题开展工作，坚持"以人民为中心"，坚持为人民服务、为社会主义服务的立场，牢固树立人民是真正英雄的历史观，把党和人民满意作为检验地方志成果的最高标准，把人民群众作为评价地方志工作的最高裁决者，创作出无愧于时代、无愧于人民的精品佳作。再次，要坚持求真务实。一方面，要不唯书、不唯上、只唯实，把志鉴编修成"信史"；另一方面，要"问道"，追求真理、探究规律，为全面建成小康社会，实现中华民族伟大复兴提供重要的理论支持。

（二）强化法治意识，坚持依法治志

依法治志是在我国建设社会主义法治国家的背景下提出的，是全面推进依法治国的应有内涵和必然要求。我们要以"一纳入、八到位"为

总要求，以地方志法规规章为根本依据，以行政督促检查为重要手段，全面推进依法治志，全面保障地方志事业转型升级。一是要强化法治意识。一方面，"法定职责必须为"，各级政府、各级地方志工作机构要明确在地方志工作中的法定职责，并依法履行相关职责。另一方面，要克服依靠行政命令推动工作的老思维、老习惯，转变思维模式、工作方式，坚持用法治思维来突破发展瓶颈、破解发展难题，切实提高依法治志的自觉性和主动性。二是要健全地方志法律体系。随着依法治国的进一步推进和地方志事业的快速转型发展，《条例》已经不适应地方志事业发展需要，亟须启动修订或者立法程序，吸纳新经验，确认新成果，适应新要求。三是要严格执法程序。坚持依法治志的关键就是在法律框架下严格执法。要强化地方志工作的督促检查，加大地方志法规规章的执行力度，预防处理地方志违法行为。

（三）勇于挑战，树立创新理念

习近平总书记强调："创新是一个民族进步的灵魂，是一个国家兴旺发达的不竭动力，也是中华民族最深沉的民族禀赋。"创新也是地方志事业发展的时代要求，惟创新者进，惟创新者强，惟创新者胜。方志人要适应时代发展，就必须迎接挑战，敢于创新。一是要善于思考。"学而不思则罔，思而不学则殆。"思考的关键就在于发现问题，提出问题，并找到解决问题的正确思路和有效办法。可以说，发现问题就是找到了创新的起点，解决问题的思路与方法就是创新的成果。地方志事业就是在不断发现问题、不断思考问题、不断解决问题的过程中一步步向前，不断创新，不断发展的。二是要善于学习。学习是立身的永恒主题，也是创新的重要基础。在信息化的今天，知识爆炸，各种新知识、新情况、新事物层出不穷，这就要求我们学习、学习、再学习，否则容易陷入本领恐慌。这次经验交流会，就是给大家提供一个互相学习交流的平台。交流学习，切忌搞"拿来主义"，不顾实际，生搬硬套；切忌"蜻蜓点水"，装模作样，纸上谈兵，这对地方志事业的发展是有百害而无一利的。学习的关键是要以他山之石，来攻己之玉，真正地解决问题。三是要善于创新。要找准地方志事业发展突破点，找准本地经济社会发展和地方志事业转型升级的有机结合点，真正使创新落地生根，开花结果。要从地方志发展的实践以及本地的经济社会发展水平出发，通过梳理总结自身经验，充分借鉴兄弟单位好的经验，在思想上寻求新突破，在理论上实现新发展，在工作上形成新举措、新经验，以创新引领地方志事业全面转型升级。

（四）善作善成，向全面建成小康社会贡献"志"礼

《规划纲要》已经绘就地方志事业发展蓝图，我们要发扬钉钉子的精神，一张蓝图干到底，切实干出成效来，在全国范围内全面推进地方志事业的转型升级。一是要明确刚性任务必须刚性完成。《规划纲要》是国务院向各级政府提出的目标要求，确定了到2020年全国地方志事业发展的法定目标任务，各级政府和地方志工作机构必须紧紧围绕既定任务，切实落到实处，扎扎实实、锲而不舍、不折不扣地按时保质完成"两全目标"等硬指标、硬任务，一个县都不能少。在抓进度的同时，更要以"堪存堪鉴"为标准，抓好质量。二是要以全国地方志"十大工程"为主要抓手推动完成规划任务。《规划纲要》明确了11项主要任务，为了更科学高效贯彻落实《规划纲要》，中指组及其办公室研究推出全国地方志"十大工程"，作为最主要的抓手。面对这些任务、工程，我们要有"功成不必在我"的气魄，敢于承担，勇于亮剑，保质保量完成规定动作。三是要适应信息化发展的大趋势，主动作为，拓宽服务路径，丰富服务内容，创新服务模式，做好、做大服务经济社会发展的文章，不断完成有特色的自选动作。

在全国范围内全面推进地方志事业从一项工作向一项事业转型升级的号角已经吹响，《规划纲要》任务已经非常明确，我们要响应时代召唤，不负党和人民重托，就要坚定方志文化自信，不忘初心，以"雄关漫道真如铁、而今迈步从头越"的气魄，以"自信人生二百年、会当水击三千里"的勇气，以"咬定青山不放松"的韧劲儿，脚踏实地，在全国范围内全面推动地方志事业转型升级，为全面建成小康社会提供"志"力、贡献"志"礼。

围绕"三大主题"推进地方志转型升级*

2016年底,中指办在广州召开的第一次全国地方志工作经验交流会议上,提出地方志转型升级要求。地方志转型升级,要求在全国范围内,彻底摒弃长期以来认为地方志工作就是编写志书的"一本书主义",向志(志书)、鉴(年鉴)、史(地方史)、馆(方志馆)、库(方志数据库)、网(国情网、地情网、方志网)、用(读志用志)、会(方志学会)、刊(方志期刊)、研(理论研究)"十业并举"转型升级。这里我要进一步讲清楚的是,新时代地方志转型升级,不是简单地从编写一本志书向"十业并举"的工作数量上的增加,还包括从"一项工作"到"一项事业"的转变。"工作"与"事业"的内涵及外延都是有很大区别的,我曾经撰写过一篇文章,谈《律师的五重境界》,讲到"工作"与"事业"的界分,大家可以通过"百度"搜索阅读,我这里不赘述。当前,地方志如何实现从"一项工作"到"一项事业"转变?我认为,关键在于地方志要围绕"三大主题"开拓创新,即各级

---

* 根据2017年1月15日在南海主权与地方志论坛上的总结讲话修改整理。

各地地方志工作要围绕党和国家利益、经济社会发展、以人民为中心开拓创新。

"南海主权与地方志论坛"的举办，就是地方志工作围绕党和国家利益开拓创新的重要举措。在所谓"南海仲裁案"的背景下，我们方志人发出自己的声音，用大量的史料证明"南海主权，有志为证"，这不仅是工作层面的会议，还有地方志理论研究、学科建设，以及以"三大主题"引领地方志转型升级的事业发展的思路和方向等多层面的收获，有不少值得总结和提炼的做法和经验。

一、对地方志中关于南海的史料进行了全面梳理

从南海研究的情况看，不论是以往，还是当前，学界在论证南海主权属于中国时，大量引用历朝历代的地方志书或地域研究成果、史书，比如东汉时杨孚的《异物志》、南宋的《琼管志》、明代的《琼州府志》、清末的《新译中国江海险要图志》、民国的《南海诸岛位置图》，还有祖祖辈辈中国人民经验积累而成的《更路簿》等。通过论坛的举办，大家对历朝历代的志书、史书，以及其他文献中关于南海的史料进行了比较全面的梳理，特别是涉及南海海域的几个省份——广东、海南、广西的地方志工作机构，做了大量的工作，整理出了比较系统、全面的成果。因此，论坛既是一次重要研讨，同时也是一次动员和号召，对发动全国地方志系统对南海资料进行全面普查和梳理，具有重要的意义。

二、对地方志如何围绕中心、服务大局开拓创新进行了重要探索

第五届中指组成立以来，十分关注地方志围绕中心、服务大局问题，王伟光组长、李培林常务副组长多次在讲话中提出明确、系统的要求。地方志事业发展要有所作为，必须紧紧围绕党和国家、各级党委政府的重大决策，提供一系列的服务。只有这样，才能引起各级领导的重视，才能让各级党委政府了解地方志、了解地方志的价值，地方志才能提供资政辅治之参考，社会效益才能更加凸显。这次论坛紧紧抓住南海

主权这一国家核心利益,通过文化软实力发声,占领学术高地,抢占制高点,以此来服务中央的总体战略布局。这种做法,需要在今后的工作中继续总结和完善,以便充分发挥地方志的"存史、资政、育人"功能。

三、对地方志资源开发利用体系的完善进行了深入研究

地方志资源是一座极为丰富的重要宝库,内容包罗万象,在世界上独一无二。十余年来,中指办每年都会对全国地方志系统成果进行统计,从统计的结果看,每年都在以十分可观的数量增长。特别是国办印发《规划纲要》,提出到2020年实现"两全目标"和基本形成地方志编修体系、理论研究和学科建设体系、质量保障体系、资源开发利用体系、工作保障体系"五位一体"的地方志事业发展综合体系。最近几年,第二轮修志、综合年鉴编纂成果将会大幅度增加,部门志、行业志、乡镇村志编纂将会遍地开花,地方志资源宝库会得到极大丰富。但从目前看,地方志资源的开发利用还不够,虽然不能说是"锁在深闺无人识",但也远远没做到"天下无人不识君"。这次论坛的举办,是对地方志资源开发利用的一次十分重要的尝试,在思路、方向、方法、路径等方面,有了不少创新,提供了样板和重要借鉴。

四、对地方志学术水平的提高进行了有力推进

如何提高地方志的学术质量、学术水平,为科研提供服务,这在以往提得不多、关注度还不够。这次王伟光组长在讲话中专门提出地方志工作者要有政治意识、学术意识、服务意识,地方志成果要讲求学术质量,要以学术为本、质量求胜,是对地方志工作提出的新要求和新期望。现在,很多研究史学、社会学、经济学、人类学的学者十分关注地方志成果,大量使用地方志材料。但同时,我们也毋庸讳言,不少学者对新方志还是提出了批评,认为有些资料考证不严谨、学术价值不高,有些志书编纂不够规范等,大大影响了地方志成果的学术质量,大大降低了学术影响力,这是必须引起高度重视并且花大力气解决的问题。通过论坛的举办,我们清楚地认识到,地方志资源一方面具有十分重要的

历史价值、资料价值，能够为国家经济社会发展提供极为丰富的历史智慧和现实参考；另一方面，地方志资源又具有重要的学术价值，能够为社会科学甚至是自然科学研究提供重要的素材。这些经验，值得我们深入总结和提炼。

五、对地方志理论研究和学科建设进行了全面研讨

2016年，中指办在推动地方志理论研究和学科建设方面花了大量的精力，比如提出了方志学一级学科建设目标，根据地方志事业发展需要，在中国地方志学会下面设立了5个二级研究会，举办了一系列的培训班、理论研讨会等，进一步明确了地方志理论研究和学科建设的方向。从一系列的理论探讨中我们认识到，地方志理论研究、学科建设具有的十分重要的特征是多学科交叉。如果不融合多学科的研究方法，不借鉴相关学科的理论研究成果，地方志理论研究就不能深入，指导地方志编纂实践针对性就不够强。因此，我们提出方志学应该是集政治学、经济学、历史学、法学、社会学、文学、考古学、民族学、人类学、统计学等多学科知识于一体的综合性学科。从这次论坛大家提交的论文来看，最大的亮点就是把地方志的资料、理论研究的方法和其他学科的研究紧密结合起来，为继续推进地方志理论研究和学科建设提供了范例。

这次论坛最大的成果，是王伟光组长发表了主题鲜明、针对性强、要求具体的重要讲话。同时，论坛主题发言中很多专家学者提出的观点、意见也需要进行消化。针对论坛结束后的贯彻落实，我提几点要求：

1.深入学习贯彻中指组领导的讲话精神。王伟光组长以《坚定自信放大格局拓展功能助推实现中华民族伟大复兴中国梦》为题作了讲话，讲话除了针对论坛本身提出的要求外，突出的主题就是在新的历史时期，在全国地方志事业发展转型升级的关键阶段，如何构建高效完善的地方志资源开发利用体系，作了全面系统的阐述。在讲话中，他明确提出要明确方志文化的"五个定位"，包括在传承中华优秀传统文化、在服务经济社会发展、在弘扬社会主义核心价值观、在中华文化"走出

去"战略、在宣示中华人民共和国国家主权中的定位,深刻阐述了地方志事业发展的地位和作用。同时,讲话还明确了地方志资源开发利用要树立"三种意识",包括政治意识、学术意识、服务意识;要坚持"五个拓宽",包括拓宽资政辅治路径、地情教育路径、社会服务路径、科研利用路径、数字化开发路径等。这是为全面贯彻国办印发的《规划纲要》提出的到2020年基本形成地方志资源开发利用体系而提出的系列工作要求。在座的各位地方志工作机构负责同志回去后,要认真组织本省(自治区、直辖市)、本系统、本部门的同志进行学习,深刻领会,把明确"五个定位"、树立"三种意识"、坚持"五个拓宽"作为地方志资源开发利用的目标方向和行动指南。

2. 始终坚持以维护好国家利益为地方志工作的价值导向。通过这次论坛的举办,我们系统梳理了地方志中关于南海的资料,比如中国人民发现、和平开发利用南海的记述,还有行使主权的资料,以及一些历史人物资料等,挖掘了一些目前还没有发现和被利用的珍贵资料,得到了南海问题研究专家的高度肯定。论坛虽然结束,大家还要继续深入挖掘史料,做好资料的积累和开发利用、宣传报道等,以维护好南海主权这一国家核心利益。同时,要更加深刻认识到,地方志工作要彰显价值,引起党和国家与各级党委政府的高度重视,就必须始终坚持把握好地方志成果作为"官书"的特性,以维护好国家利益为最高标准,树立正确的价值导向,充分发挥地方志成果的社会效益。

3. 继续创新地方志围绕中心、服务大局的路径和方法。最近几年,地方志工作之所以能够引起党和国家领导、各级党委政府的高度重视,关键在于能够做到围绕中心、服务大局,采取了不少好的措施,出了很多高质量的成果,积累了丰富的经验。这次论坛为大家提供了良好的借鉴,今后,要把地方志如何围绕中心、服务大局摆在更加突出的位置,作为地方志事业发展的重要组成部分来抓,不断创新路径和方法,全面展示方志文化的魅力,真正做到有为有位。地方志工作者不能"两耳不闻窗外事,一心只修方志书",还是要睁开双眼看世界。要全面了解掌握党中央、国务院与各级党委政府当前和今后一个时期的重大决策、重要部署，结合地方志工作本身的特点、优势，出好点子、服好务。

4.不断完善地方志资源开发利用体系。到2020年，基本形成地方志编修体系、理论研究和学科建设体系、质量保障体系、资源开发利用体系、工作保障体系"五位一体"的地方志事业发展综合体系，是《规划纲要》明确的总体目标，地方志事业"五位一体"全方位发展，一个也不能少。地方志资源开发利用的好与坏，决定了地方志事业社会影响力的大与小，决定了方志文化的普及和推广的程度。因此，一定要做到高度重视，深入总结提炼以往的好经验、好做法，把地方志资源开发利用这一篇大文章做好，把地方志事业做大做强，做成各地的文化品牌和文化亮点。

5.不断提高地方志成果的学术水平和学术影响力。要抓住专家学者的心，要在学界有影响力，要全方位推进地方志理论研究和学科建设，最关键还是要不断提升地方志成果的学术水平和学术影响力。质量是志书的生命，也是地方志事业发展的根基所在。地方志成果的质量，归根结底就是学术质量，一部体例严谨、考据精细、文风清新、编纂规范的精品佳志，总是会流传后世，总是会得到学界的肯定。所以，大家一定紧紧拧住地方志成果学术质量这颗关键的螺丝钉，不断提高学术水平和影响力，让地方志成果成为具有证据属性的最权威的地情资料文献。

全面推进地方志从一项工作向一项事业转型升级*

　　中指办党组非常重视党的十八届六中全会精神和习近平总书记系列重要讲话精神的学习贯彻。一年来，中指办共安排了8次比较大的学习活动，其中2016年下半年6次，今年上半年2次。

　　主要包括：2016年6月14日上午，召开中指办、国家方志馆、方志出版社全体人员会议，对学习贯彻习近平总书记在哲学社会科学工作座谈会上的重要讲话精神进行动员部署。会上，我代表中指办党组强调，习近平总书记的重要讲话，富有时代性、战略性、前瞻性，具有很强的思想性、理论性、政治性和指导性，不仅为做好新时期哲学社会科学工作提供了根本遵循和行动指南，而且对新形势下全国地方志事业科学发展具有重要的指导意义，全国地方志工作者要认真学习领会，深入贯彻落实，努力开创全国地方志事业发展新局面。2016年6月29日，在中指办机关党委举行的纪念建党95周年专题党日活动期间，我代表中指办党组对就进一步

---

* 2017年6月15日在学习贯彻习近平总书记哲学社会科学工作座谈会重要讲话精神专题培训班上的动员讲话。

深入开展中指办、国家方志馆、方志出版社"两学一做"学习教育提出4点要求,强调中指办既要组织带领好全国地方志工作机构与地方志工作者,充分发扬"修志问道,直笔著史"的方志人精神,为实现中华民族伟大复兴的中国梦作出更大贡献;又要从自己做起,从现在做起,少点个人私欲,多点家国情怀;少点个人得失,多点忧患意识,特别是多思考有关单位、社会、国家、民族的事情;要按照中央精神和中国社会科学院党组的部署安排,进一步深入开展"两学一做"学习教育,在实际工作中创先争优、见贤思齐,团结拼搏、创新实干,保持高位运行态势,争创一流业绩。2016年7月29日,召开中指办、国家方志馆、方志出版社全体人员会议,传达中国社会科学院2016年度贯彻落实习近平总书记系列重要讲话精神专题研讨班精神以及有关文件精神。我代表中指办党组提出,中指办、国家方志馆、方志出版社要在前一阶段学习的基础上,继续深入推进对习近平总书记重要讲话精神的传达学习和贯彻落实。要把学习习近平总书记在庆祝中国共产党成立95周年大会上和在哲学社会科学工作座谈会上的讲话,与学习习近平总书记系列重要讲话精神结合起来,切实用讲话精神指导地方志各项工作,要充分认识当前地方志事业面临的千载难逢的发展机遇,开拓创新,奋发有为,加快实现《规划纲要》确定的目标和任务;要结合地方志工作实际,科学谋划事关地方志事业发展的新举措,全力破解影响地方志事业发展的新难题。2016年9月26日,召开中指办、国家方志馆、方志出版社全体人员会议,传达王伟光院长关于贯彻落实习近平总书记在哲学社会科学工作座谈会上的重要讲话精神总体方案等四个文件的讲话精神,要求通过集中学习和自学等多种方式,认真领会文件精神和王伟光院长的重要讲话精神,做好四个文件的贯彻落实工作。2016年11月2日,召开中指办、国家方志馆、方志出版社全体人员会议,传达党的十八届六中全会精神。我传达了王伟光院长概括的党的十八届六中全会的四大成果,即确立了习近平同志在党中央的核心地位;肯定了五中全会以来中央政治局的工作;审议通过了《关于新形势下党内政治生活的若干准则》和修订后的《中国共产党党内监督条例》;确定了党的十九大召开的时间。以及王伟光院长充分认识六中全会召开意义的要求,即充分认识确立习近平同志党中央核心地位的重大意义;深刻把握从严治党的重大意义;高度重视新形势下加强与规范党内政治生活的重大意义;全面认识加强党内监督的重大意义;全面认识制定两个文件的重大意义;高度重视做好党的十九大召开之前的各项工作。会上,中指办党组要求,中指办党组成员、中指办机关党委委员、方志出版社党总支委员,以及中指办、国家方志馆、方志出版社各党支部书记,都要撰写学习笔记与学习体会,结合自身实际,制定落实方案。2016年11月21日,中指办党组召开党组中心组学习扩大会议,我围绕学习贯彻党的十八届六中全会精神讲了一次专题党课,刘玉宏、邱新立两位同志分别介绍了他们学习领会党的十八届六中全会精神的体会。在党课中,我谈到,党的十八届三中、四中、五中、六中全会相继就全面深化改革、全面依法治国、全面建成小康社会、全面从严治党作出部署,使"四个全面"战略布局渐次展开、深度推进,充分体现了党中央强化顶层设计、不断推进改革开放事业的坚强决心和历史担当。党的十八届六中全会通过的《关于新形势下党内政治生活的若干准则》,为开展党内政治生活提供了根本遵循,有助于确保全党思想统一、步调一致;《中国共产党党内监督条例》为全面从严治党锻造了新的制度利器,有助于永葆党的肌体健康。我还代表中指办党组就下一步学习贯彻六中全会精神提出,要进一步深入学习领会习近平总书记在六中全会上的重要讲话精神,将其与全面贯彻党的十八大和十八届三中、四中、五中全会精神结合起来,从整体上进行把握,狠抓贯彻落实;要原原本本学习《关于新形势下党内政治生活的若干准则》《中国共产党党内监督条例》,深刻把握新时期制定两个文件的重大意义;要把学习全会精神纳入各党支部"两学一做"学习教育,各党支部书记要带头学、带头做。2017年1月22日,召开全体人员会议,传达中国社会科学院2017年度工作会议暨党风廉政建设工作会议精神。我代表中指办党组指出,要进一步深入学习贯彻习近平总书记系列重要讲话精神和治国理政新理念新思想新战略,要以党的创新理论成果,凝地方志之心,聚地方志之魂;要增强"十大意识",全面提高素质,以优异的成绩迎接党的十九大召开；要继续齐心聚力，开拓创新，高位运行，进一步强化全国地方志事业顶层设计；要抓住机遇，迎接挑战，夯实基础，切实在全国范围内全面推进地方志从一项工作向一项事业转型升级。2017年5月25日，召开中指办、国家方志馆、方志出版社全体人员会议，刘玉宏同志全文传达了习近平总书记致中国社会科学院建院40周年的贺信精神。

回顾梳理一年来的学习，我们紧紧围绕着党的十八届六中全会精神和习近平总书记"5·17"重要讲话精神，结合习近平总书记在全国宣传思想工作会议、文艺工作座谈会、党的新闻舆论工作座谈会、网络安全和信息化工作座谈会、庆祝中国共产党成立95周年大会上的讲话精神，以及致中国社会科学院建院40周年的贺信，紧扣中指办工作实际和全国地方志事业发展需要，可以说取得了显著的成绩。

今天，我们再次集中在一起，深入学习党的十八届六中全会精神，认真学习全会通过的《关于新形势下党内政治生活的若干准则》《中国共产党党内监督条例》，重温习近平总书记系列重要讲话精神尤其是"5·17"重要讲话精神和贺信精神，这是增强政治意识、大局意识、核心意识、看齐意识，坚决维护以习近平同志为核心的党中央权威的需要；是扎实推进党的建设，认真落实全面从严治党责任制的需要；更是用习近平总书记系列重要讲话精神和治国理政新理念新思想新战略这一马克思主义中国化的最新成果，指导全国地方志事业转型升级和科学发展的需要。

当前，全国地方志事业发展机遇难得、形势大好，进入历史上的黄金时期。党的十八大以来，党中央、国务院十分关心重视地方志工作，习近平总书记、李克强总理、刘延东副总理就地方志工作多次发表重要讲话、作出重要批示。2015年8月，国办印发《规划纲要》。2016年3月，"加强修史修志"被写入国家"十三五"规划。2017年1月，中办、国办印发《关于实施中华优秀传统文化传承发展工程的意见》，其中特别强调要"做好地方史志编纂工作，巩固中华文明探源成果，正确反映中华民族文明史，推出一批研究成果"。5月，中办、国办印发《国家

"十三五"时期文化发展改革规划纲要》，其中又明确强调："加强地方史编写和边疆历史地理研究。完成省、市、县三级地方志书出版工作。开展旧志整理和部分有条件的镇志、村志编纂。"这是地方志事业发展进程中又一件足以载入史册的大事，对在全国范围内全面推进地方志从一项工作向一项事业转型升级具有十分重要的意义。

党中央、国务院给予全国地方志工作者深切期望，赋予时代和历史重任，我们一定要履职尽责、不辱使命，推动地方志事业跨越式发展，形成地方志事业发展的新高潮。近年来，中指办实施"十大工程"，提出依法治志，强调放大事业格局，突出围绕国家利益开展地方志工作，加快推进方志学学科建设，倡导培育"仙人掌精神"，强化方志文化自信；还根据地方志工作规律和不同阶段的特点，确定 2015 年是调研年、培训年，2016 年是顶层设计年，2017 年是落实年、督察年。通过这些举措，中指办在全国地方志系统的号召力、影响力、顶层设计力不断增强，努力做到了王伟光院长提出的保持地方志事业高位运行态势的要求。

今年是推动地方志事业转型升级的开局之年，中指办承担的任务艰巨而繁重。上半年，我们已召开或举办 2017 年全国地方志系统通讯工作座谈会暨《关于加强全国地方志系统通讯工作的意见》《全国地方志系统通讯工作先进单位和优秀通讯员评选办法（试行）》征求意见会、"南海主权与地方志"论坛、中国名村志文化工程篇目论证会暨编纂业务培训班、《中国抗日战争志》项目暨中国地方抗日战争志工程启动会、全国第一次《汶川特大地震抗震救灾志》编纂工作经验交流会暨地方志质量建设研讨会、中国名酒志文化工程启动会、中国名镇志文化工程中国名镇影像志启动会、首届全国方志馆馆长论坛、中国苏州文化创意设计产业交易博览会"方志中国"展览、2017 年第一期全国地方志工作机构新任负责人培训班、第二轮志书（政法、政治部类）编纂业务研讨会、第二次《汶川特大地震抗震救灾志》编纂工作经验交流会、第七届中国地方志学术年会、2017 年全国地方史志期刊主编培训班等。现在来看，下半年的任务比上半年更为繁重，完成好这些任务，需要撸起袖子加油干，更需要认真思考、科学谋划。

这次专题培训，我们力争通过学习讨论，从习近平总书记系列重要讲话中获取工作方法，获取智力支持，获取发展方向，获取精神动力。所以，大家在学习中，要坚持读原著、学原文、悟原理，把握讲话的核心要义，深入领会思想精髓。通过我们的勤奋学习和努力工作，真正做到习近平总书记在贺信中所指出的：立时代潮头，通古今变化，发思想先声，繁荣中国学术，发展中国理论，传播中国思想，努力为发展21世纪马克思主义、当代中国马克思主义，构建中国特色哲学社会科学学科体系、学术体系、话语体系，增强我国哲学社会科学国际影响力作出新的更大的贡献！

为保证这次专题培训富有成效，达到预期目标，在此对培训班再提几点具体要求：一是要深刻认识举办本次专题培训班的重大意义，认真学习会议材料汇编中党的十八届六中全会重要文件和习近平总书记系列重要讲话的会议材料。二是要端正态度，脚踏实地，积极研讨，畅谈自己的所感所思所想。三是要学干结合，把学习习近平总书记系列重要讲话精神和自己的本职工作紧密结合起来，和推动地方志事业转型升级紧密结合起来。四是要遵守纪律，按照中指办党组要求，完成各项培训任务，确保培训质量。

以习近平新时代中国特色社会主义思想指导地方志转型升级[*]

5天前,党的十九大胜利闭幕。大会是在全面建成小康社会决胜阶段、中国特色社会主义进入新时代的关键时期召开的一次十分重要的会议。会议主题是:不忘初心,牢记使命,高举中国特色社会主义伟大旗帜,决胜全面建成小康社会,夺取新时代中国特色社会主义伟大胜利,为实现中华民族伟大复兴的中国梦不懈奋斗。习近平总书记在开幕会上作了振奋人心的报告。报告系统总结了党的十八大以来取得的伟大成就和发生的历史性变革;深刻阐释了中国特色社会主义进入了新时代的重大判断和新时代中国共产党的历史使命;深刻阐述了新时代中国特色社会主义思想以及坚持和发展中国特色社会主义的基本方略;深刻阐述了决胜全面建成小康社会、开启全面建设社会主义现代化国家新征程的宏伟蓝图;深刻阐述了推动构建人类命运共同体的伟大构想。报告主题鲜明、立意高远、求实创新,将新时代中国特色社会主义思想同马克思列宁主义、毛泽东思想、邓小平理论、"三个代表"

---

[*] 2017年10月29日在中国地方志学会方志学分会2017年年会、第二期全国年鉴主编培训班暨《中国年鉴研究》创刊发布座谈会上的讲话。

重要思想、科学发展观一道，确立为党必须长期坚持的指导思想，实现了我党指导思想的与时俱进，是我们党在中国特色社会主义进入新时代的政治宣言，是对中国特色社会主义认识的新飞跃，是指导全党全国各族人民在新时代进行伟大斗争、建设伟大工程、推进伟大事业、实现伟大梦想的行动纲领。

这次会议的主题就是紧紧围绕深入学习贯彻党的十九大精神，用习近平新时代中国特色社会主义思想统领地方志工作，全面推进地方志事业转型升级。下面，我就全国地方志系统如何深入学习贯彻党的十九大精神，在地方志走进新时代的新的历史条件下，在全国范围内全面推动地方志转型升级，在实现中国梦的同时实现方志梦，谈几点意见：

一、认真学习，深刻领会，将全面学习贯彻党的十九大精神作为当前全国地方志系统的首要任务

当前和今后一个时期，全国地方志系统的首要任务，就是要深入学习贯彻党的十九大精神，组织各种形式的学习宣传、贯彻落实活动，深刻领会、准确把握党的十九大的精神实质和丰富内涵，迅速掀起学习贯彻党的十九大精神的热潮。要通过深入学习贯彻党的十九大精神，牢牢把握中国特色社会主义进入新时代的新论断，牢牢把握在全面建成小康社会的基础上分两步走在本世纪中叶建成富强民主文明和谐美丽的社会主义现代化强国的新方略，牢牢把握我国社会主要矛盾已经转化为人民日益增长的美好生活需要和不平衡不充分的发展之间的矛盾的新特点，牢牢把握全面推进依法治国的总目标是建设中国特色社会主义法治体系、建设社会主义法治国家的新部署，牢牢把握深入推进党的建设新的伟大工程的新要求，等等，切实把思想和行动统一到党的十九大精神上来，切实把智慧和力量凝聚到贯彻落实党的十九大提出的各项任务上来。要通过深入学习贯彻党的十九大精神，立足地方志工作实际，充分思考和认识党的十九大精神在全国地方志事业转型升级过程中的重大指导意义，充分思考和认识坚定文化自信、不断铸就中华文化新辉煌、以我为主加强中外人文交流、在历史进步中实现文化进步等新论述对地方

志工作的新期待、新要求，充分思考和认识中国特色社会主义进入新时代大背景下地方志工作的地位和作用，充分思考和认识方志人在把我国建成富强民主文明和谐美丽的社会主义现代化强国过程中所肩负的新使命。要通过深入学习贯彻党的十九大精神，坚决拥护以习近平同志为核心的党中央，自觉用习近平新时代中国特色社会主义思想武装头脑、指导实践，恪尽职守，勤勉工作，不辱使命，不负重托，在新时代既要有新气象，更要有新作为，作出新的历史业绩，为实现党的十九大确定的新的宏伟目标作出更大贡献。

二、明确地方志事业发展的历史新方位，深入推进地方志事业转型升级，按时保质全面实现"两全目标"

习近平总书记在十九大报告中强调："经过长期努力，中国特色社会主义进入了新时代，这是我国发展新的历史方位。"习近平总书记还明确提出："从十九大到二十大，是'两个一百年'奋斗目标的历史交汇期。我们既要全面建成小康社会、实现第一个百年奋斗目标，又要乘势而上开启全面建设社会主义现代化国家新征程，向第二个百年奋斗目标进军。"作为中国优秀传统文化百花园中灿烂绚丽的一枝，地方志事业也迎来了新的历史起点和新的历史方位，更需要不断创新发展和全面推动转型升级，在全面建成小康社会和建设社会主义现代化强国的道路上发挥自己应有的作用，为实现"两个一百年"的奋斗目标献上厚重的志礼。

近年来，全国地方志事业的顶层设计不断完善，工作任务更加清晰。2015年8月国办印发《规划纲要》，明确要求"到2020年，完成第二轮地方志书规划任务，省、市、县三级地方志书全部出版"，"做到地方综合年鉴由地方志工作机构组织编纂，一年一鉴，公开出版，实现省、市、县三级综合年鉴全覆盖"。两年多来，全国各级地方志工作机构采取多项措施、多种手段，坚持依法治志，认真贯彻"一纳入、八到位"，强力推进"两全目标"，取得了许多重要的成绩，地方志事业正在从"一本书主义"转变为志、鉴、史、馆、库、网、用、会、刊、研

"十业并举"，呈现出全面开花、全面结果的前所未有的大好局面。同时，也要比较清醒地看到，长期以来制约地方志事业发展的一些重大问题，如地方志事业发展不平衡现象比较突出，少数地区和部门对地方志工作重要性认识不够，相关法规规章落实不到位，机构不健全与编制、人员和经费不足，志鉴质量有待进一步提高，人才队伍青黄不接以及人员素质亟待提升，信息化与方志馆建设比较滞后，方志文化作用有待彰显等，当前这些问题虽然大大好转，但并没有得到根本解决，地方志工作长期以来处于边缘化的状态也还没有得到根本改变。

　　站在新的历史起点和新的历史方位，全国地方志系统深入学习贯彻党的十九大精神，重中之重的任务就是按时保质全力推动实现"两全目标"，以实现"两全目标"为龙头，全面推进地方志事业转型升级。但是，"两全目标"绝不是轻轻松松、敲锣打鼓就能实现的。就目前的完成现状来看，形势尚不容乐观。一是工作进度上推进得还不够理想，任务仍然比较艰巨。截至2017年第一季度末，全国第二轮三级志书共出版2464部，仅占规划总数5652部的44%，尚有3188种尚未公开出版；地方综合年鉴方面，全国353个市（州、盟）、2844个县（市、区）中，实现公开出版综合年鉴只有2058种，只占约64.74%，地市级综合年鉴尚有45种、县区级综合年鉴尚有1094种未实现公开出版。二是质量有待进一步提高，任务也仍然比较艰巨。地方志是"官书"，必须始终坚持质量第一原则，在质量上严格把关。"两全目标"实现之时，光有数量上的达标是远远不够的，更重要的是要有一批能够充分展示地方志的当代价值及永恒魅力的高质量地方志成果。近年来，中指办大力推进中国志书精品工程、中国年鉴精品工程，就是要在全国树立一批志鉴标杆，以点带面，最终推动完成"两全目标"。全国志鉴编纂质量也有很大的提高，从目前推进效果看，中国志书精品工程只推出了《汶川特大地震抗震救灾志》、天津市《北辰区志（1979—2009）》《常州市志（1986—2010）》3部，《威海市志》即将出版，中国年鉴精品工程也只推出了《山西年鉴（2016）》《温州年鉴（2016）》《北京海淀年鉴（2016）》3部。在打造精品志书、精品年鉴的过程中，特别是在去年、今年举行的全国地方志优秀成果（年鉴类）质量评审活动中，发现当前志鉴成果在政治、史实、保密、体例、资料、文字、出版等方面还存在种种问题，让我们深感地方志质量建设任重而道远。今天上午，还要隆重举行《常州市志（1986—2010）》首发式暨立功表彰会，就是要充分表明对志鉴质量的高度重视，让精品意识更加深入人心。面对困难和问题，全国方志人要在党的十九大精神的巨大鼓舞下和习近平新时代中国特色社会主义思想的指引下，破除藩篱、积极进取，共同推动"两全目标"圆满完成。

三、紧贴党的十九大精神，紧跟时代步伐，不断推动地方志理论创新，为把方志学建成一级学科提供理论支撑

实践是理论的源泉，实践没有止境，理论创新也就没有止境。习近平总书记在党的十九大报告中指出："我们必须在理论上跟上时代，不断认识规律，不断推进理论创新、实践创新、制度创新、文化创新以及其他各方面创新。"当前地方志事业正处于发展的关键时期，全面推进转型升级，把方志学建设成一级学科，更需要不断推进理论创新，并在不断推进理论创新的基础上不断推进实践创新。唯其如此，我们才能不辜负党和国家重托，在全面建成小康社会和建成社会主义现代化强国的过程中永葆地方志的活力。

近年来，中指组及其办公室把地方志理论研究和学科建设摆在重要的位置，积极谋划、主动作为，采取了一系列积极举措，不断推进地方志理论创新，探寻地方志发展规律，提出把方志学建成一级学科。采取的主要举措有：一是进一步完善中国地方志学术年会制度。2016年，以"'一带一路'与地方志创新"为主题、2017年以"转型升级：地方志进入新时代"为主题进行深入研讨，引起强烈的反响，进一步将学术年会打造成在全国具有重要影响力的学术平台。二是进一步发挥中国地方志学会的学术平台作用。自2015年12月中国地方志学会换届会议后，新一届学会自去年以来陆续成立了信息化、年鉴、方志馆、史志期刊、方志学、编辑出版6个分会，并确立了每个分会每年举办一次学

术研讨会的制度，如今年4月方志馆分会在江苏苏州举办首届全国方志馆馆长论坛，史志期刊分会8月在新疆伊犁举办"继承中华传统，弘扬方志文化"论坛，年鉴分会8月在黑龙江齐齐哈尔召开精品年鉴与年鉴编纂创新研讨会，以及今天召开的方志学分会2017年年会，都是加强学会学术平台作用的积极步骤。三是进一步加强地方史志期刊的学术阵地功能。在《中国地方志》期刊不断推进名刊建设、向为推动实现"两全目标"倾斜的基础上，中指办克服人员少、任务重的重重困难，经过多方努力，创刊出版《中国年鉴研究》双月刊，今年年底前还将创刊出版《中国方志馆研究》年刊，为全国地方志工作者和各方面专家学者创建更多的学术阵地，以正确的政治导向、理论导向、学术导向引领地方志理论创新，推动地方志事业科学发展。四是进一步为讲好中国故事搭建学术舞台。今年9月，中指办在北京举行走向世界的中国方志文化国际学术研讨会，会上分享海内外相关研究成果，整合资源、汇聚力量，共同推动方志文化以其独特的载体形式和丰富的人文内涵走向世界，讲好中国故事，与各国人民分享中国智慧、中国经验。习近平总书记在十九大报告中强调，要"加强中外人文交流，以我为主、兼收并蓄"，要"推进国际传播能力建设，讲好中国故事，展现真实、立体、全面的中国，提高国家文化软实力"。可以说，方志人用自己的实际行动坚定不移地贯彻落实习近平新时代中国特色社会主义思想，也充分说明方志人在推进国际传播能力建设、提高国家文化软实力方面是可以大有作为的。

在相当长的一个时期内，方志学理论研究滞后于实践创新的问题十分突出。下一步，我们要重点抓好三个方面的理论创新：一是要牢牢坚持用习近平新时代中国特色社会主义思想为指导。要坚持正确的政治方向和科学的思维方式，破除落后的思想和思维模式，牢固树立与时俱进、开拓创新的理念。二是要深入开展调研。理论来源于实践，没有前期大量细致的实际调研工作，地方志理论创新就成了无本之木、无源之水，地方志理论研究和学科建设就会流于形式，无法起到真正指导实践、引领实践的作用。三是要以中国地方志学会及其6个分会为龙头，团结联系全国各地的地方志研究团体、研究人员，开展更加积极有效的工作，争取在全国地方志系统内形成人人争研究、个个能研究的态势，营造出上下联动、内外合力的浓厚的理论研究氛围。

四、坚持以人为本、人才强志，培本固元，为地方志事业发展提供坚强人才保障

人才队伍是事业发展长盛不衰的重要基础和根本保障。习近平总书记强调："要坚持党管人才原则，聚天下英才而用之，加快建设人才强国。实行更加积极、更加开放、更加有效的人才政策，以识才的慧眼、爱才的诚意、用才的胆识、容才的雅量、聚才的良方，把党内和党外、国内和国外各方面优秀人才集聚到党和人民的伟大奋斗中来。"当前，地方志事业正处于全面推进转型升级、实现"两全目标"最为关键的时期，与历史上其他时期相比，更加需要慧眼识才、大胆用才、精心育才，全力集聚培养一支能吃苦、能战斗、能奉献、能胜利的高素质人才队伍。

近年来，中指办一直以积极、开放、有效的人才政策，采取一系列积极举措精心培育地方志人才，为地方志事业发展强本固基，提供坚强保障。采取的主要举措有：一是进一步加大队伍培训力度。在以往每年举办一期全国地方志工作机构新任负责人培训班的基础上，今年起改为每年举办两期，5月在陕西延安举办第一期、9月在贵州遵义举办第二期全国地方志工作机构新任负责人培训班。在去年分别举办第一次全国性的援藏援疆、名镇志、年鉴、地方史志期刊、方志馆、信息化培训班的基础上，今年3月又在上海举办中国名村志文化工程编纂业务培训班、6月又在山西晋城举办2017年全国地方史志期刊主编培训班、7月又在西藏山南举办第二期援藏志鉴编纂业务培训班、9月又在浙江丽水举办第二次全国方志馆业务培训班，这次又在常州举办第二期全国年鉴主编培训班，11月还将在广州举办第二期全国地方志信息化业务培训班。每次培训班前，中指办都针对不同的培训对象、不同的工作任务，提前研究制定培训计划，确定授课教师，全方位推进培训班的常态化、系统

化和科学化。二是今年 7 月启动建立"中国地方志专家库"工作。该库包括方志专家库和年鉴专家库两个子库，旨在培育和打造高端专家队伍，充分发挥优秀专家的示范带动作用。目前，各地推荐报送工作已完成，下一步计划进行评选。三是加大挂职锻炼、干部遴选工作力度。去年以来，中指办选调 2 名同志分别到西藏自治区地方志办公室、新疆生产建设兵团志办公室挂职锻炼，接收 2 名地方同志到中指办挂职帮助工作，遴选考录 2 名地方基层公务员。

地方志横陈百科，包罗万象，地方志人才既需要掌握多学科知识，又需要具备相当高的专业素养。但培育人才，特别是地方志人才，远不是一蹴而就的，需要顺应新时代的要求，及时转变观念，进行科学规划、积极创新。习近平总书记提出，要"努力形成人人渴望成才、人人努力成才、人人皆可成才、人人尽展其才的良好局面，让各类人才的创造活力竞相迸发、聪明才智充分涌流"。我们要以此为目标，继续发扬"修志问道，直笔著史"的方志人精神，大力营造爱学习、勤学习的风气，通过建立地方志人才队伍培训常态机制、不断完善用人机制和激励机制，不断提升地方志人才队伍的政治素质和业务本领，让地方志人才的"创造活力竞相迸发、聪明才智充分涌流"。

今天的会议是全国地方志系统在党的十九大胜利闭幕后召开的一次十分重要的会议。会议包括三个独立的环节：一是中国地方志学会方志学分会 2017 年年会，二是第二期全国年鉴主编培训班，三是《中国年鉴研究》创刊发布座谈会。此外，会议间隙还要举行中国精品志书《常州市志（1986—2010）》首发式暨表彰会，以及江苏方志成果展。可以说，志鉴两翼齐飞，涉及理论研讨、队伍培训、期刊建设、质量建设、成果展览多个方面，内容丰富多样。我们要乘着党的十九大胜利召开的东风，认真进行学术研讨，认真进行学习交流，认真开好这次会议。

不忘初心，天下为公，地方志事业的初心就是"修志问道，直笔著史"。我们从事的是志载天下、为公为民的神圣事业，我们留下的是传承百代、历久弥新的千秋伟业。党的十九大开启了全面建成小康社会、建设社会主义现代化强国的新征程，中国特色社会主义进入新时代，全国地方志事业也走进新时代。希望全国地方志工作者站在新的历史起点上，以习近平新时代中国特色社会主义思想为指导，以高度的政治责任感和历史使命感，撸起袖子加油干，一张蓝图绘到底，不忘地方志"存史、资政、育人"之初心，牢记"为当代提供资政辅治之参考，为后世留下堪存堪鉴之记述"之使命，奋马扬鞭，砥砺前行，在新时代创造出新辉煌。

转型升级是方志人的新时代担当^{*}

近两年来，围绕贯彻落实《规划纲要》，中指组及其办公室以巨大的勇气和强烈的责任担当，强化顶层设计，奋力开拓创新，坚定方志文化自信，积极推进"两全目标"，全面推动转型升级，取得了不小的成果。可以说，全国地方志事业就像深圳这座城市一样，飞速发展，地方志事业的转型升级就像深圳的改革开放一样，在积极探索中快速、稳步推进。转型升级是当今地方志事业最鲜明的特色，是地方志进入新时代最鲜明的标识，是决定地方志事业科学发展的关键抉择和重要路径。

深入贯彻落实党的十九大精神，不断提高年鉴研究理论水平，深入推进全国地方志"一体两翼"用志工程，全面推进地方志事业转型升级。结合对地方志走进新时代的一些个人思考，谈几点意见：

一、深入贯彻落实党的十九大精神，正确把握地方志进入新时代的历史脉搏

当前和今后一个时期全国地方志系统的首要政治任务，

---

* 2017 年 12 月 21 日，在首届全国年鉴论坛暨《中国方志发展报告（2017）》《中国年鉴发展报告（2017）》出版座谈会上的讲话。

就是认真学习宣传和全面贯彻落实党的十九大精神，学习贯彻习近平新时代中国特色社会主义思想，切实把思想和行动统一到党的十九大精神上来。党的十九大报告指出，中国特色社会主义进入了新时代。学习贯彻党的十九大精神，一个重要方面就是要深刻领会"新时代"的丰富内涵，准确把握我国发展新的历史方位，更好地肩负起新时代的历史使命。与此同时，地方志工作者在新时代也要正确把握历史脉搏，踩准时代发展节奏，找准自身的时代定位和发展方向，形成新思路，采取新办法，解决新矛盾，实现新目标。

党的十九大开启了全面建成小康社会、建设社会主义现代化强国的新征程，中国特色社会主义进入新时代，全国地方志事业转型升级也进入新时代。思深方益远，谋定而后动。地方志事业在新时代要有传承、有创新、有发展，就要以坚定的方志文化自信和永不满足的创新意识，打造出更多新时代的精品佳作，逐步走近世界文化舞台中央。一是要坚持以国家利益和地方党委政府中心工作为根本出发点。近年来，中指办积极组织编写《中国南海志》《三沙市志》以及国家社科基金抗日战争研究专项工程项目"中国抗日战争志"，同时还鼓励各地编写地方抗日战争志，就是在这方面作出的积极努力，旨在引领方向，真正做到让历史说话，用史实发言。二是要坚持以人民为中心。近年来，中指办已经启动编纂的一系列中国名镇志、名村志、名酒志、名山志等专题志书、特色志书，就是希望让地方志接地气、走进寻常百姓家。我们希望，今后要让每一个中国人都能在地方志中找到自己的位置。三是要坚持服务国家"走出去"战略。今年9月，中指办在北京举行的"走向世界的中国方志文化"国际学术研讨会，得到了国内众多权威媒体的关注与宣传，其组织规模之大、宣传范围之广、影响之深远，在地方志系统中史无前例。12月初在乌镇召开的第四届世界互联网大会上，《中国名镇志·乌镇志》（中英文版）作为大会的特别礼物被赠予参会的国内外重要嘉宾。这是极具中国特色的地方志书首次以中英文双语版本的形式亮相重大国际会议，反响非常热烈。此外，中指办正在组织翻译出版《汶川特大地震抗震救灾志》总述和大事记卷，各地也陆续编纂出版年鉴英文版。未来我们还需要在更广范围、更深层次传播"方志声音",让地方志成为全世界人民的共同精神财富。

二、新时代要有新气象,全面推进"两全目标"要有新作为

明确方位才能找准方向,把握大势才能赢得未来。地方志事业站在新的历史起点和新的历史方位,当前的核心目标任务就是全面实现"两全目标"。从现在到2020年,是全面实现"两全目标"的决胜期,明确今后3年每个阶段所要实现的发展目标,与时俱进地擘画地方志事业发展的时间表、路线图,具有鲜明实践特色和深远历史意义。

随着全国地方志事业的顶层设计不断完善,工作任务更加清晰,中指组及其办公室为全力推动实现"两全目标",主要做了两方面工作:一方面,狠抓完成进度。中指办从去年起在全国地方志机构主任工作会议召开期间,同时召开全国地方志工作经验交流会,反复强调要深刻认识按时保质完成"两全目标"的重大意义,把完成"两全目标"当作头等大事来抓。为解决完成"两全目标"存在的困难和问题,今年8月在新疆伊犁召开全国地方志系统"两全目标"工作推进会暨援藏援疆工作座谈会,会后成立全国地方志系统推进"两全目标"工作督查组,研究制定关于援藏援疆工作的意见,确保统一思想,协调步骤,各地联动,举全国之力共同推动完成"两全目标"。为解决全国地方志工作发展不平衡、不充分的问题,特别是少数民族地区和部分经济欠发达地区在经费保障与人员保障上存在较大困难的问题,中指办先后实施民族地区与贫困地区志书出版资助工程、民族地区与贫困地区年鉴出版资助工程。为全面准确掌握全国地方志工作进展情况,尤其是各地"两全目标"完成情况,中指办决定在以往统计工作的基础上制定按季度统计的全国地方志系统统计制度,并筹划研发在线统计系统。此外,中指办还针对不同的对象、不同的工作任务,近两年除分别举办全国性的援藏援疆、名镇名村志、年鉴、地方史志期刊、方志馆、信息化等培训班外,今年起还将以往每年举办一期的全国地方志工作机构新任负责人培训班改为每年举办两期,全方位推进业务培训的常态化、系统化和科学化,为更高

效推进"两全目标"提供坚强的组织保障和人才保障。二是狠抓完成质量。我们深信，只有进度和数量上的增长是远远不够的，在赶进度的同时还要严把质量关，努力推出一批能够充分展示地方志的当代价值及永恒魅力的高质量地方志成果，只有这样，才能使"两全目标"工作有序、扎实地向前推进。近年来，中指办大力推进中国志书精品工程、中国年鉴精品工程，就是要在全国树立一批志鉴标杆，以点带面，使志鉴质量有明显提升，并从中涌现出更多精品佳作。与此同时，中指办从今年开始将原先每4—5年举办一次的全国地方志优秀成果（年鉴类）质量评审活动改为每年举办一次，并在去年刚刚举办一次的基础上今年又举办一次，明年还计划开展一次地方志书质量评审活动，旨在检阅志鉴成果质量，表扬先进，以先进带动后进，确保志鉴编纂质量。此外，今年7月启动筹建的包括方志专家库和年鉴专家库两个子库的"中国地方志专家库"，也是强化质量建设的一项重大举措，必将为志鉴质量建设提供强有力的智力支持与技术支持。

到2020年全面实现"两全目标"，实现省省有志鉴、市市有志鉴、县县有志鉴的伟大的世界文化创举，这是《规划纲要》赋予的法定任务，必须不折不扣地执行，没有任何讨价还价的余地。但就目前的形势看，任务仍然比较艰巨。截至2017年第一季度末，全国第二轮三级志书共出版2464部，仅占规划总数5652部的44%，尚有3188种尚未公开出版；地方综合年鉴方面，全国353个市（州、盟）、2844个县（市、区）中，实现公开出版综合年鉴只有2058种，只占约64.74%，地市级综合年鉴尚有45种、县区级综合年鉴尚有1094种未实现公开出版。面对困难和压力，我们必须紧紧围绕到2020年全面实现"两全目标"的核心目标任务，一手抓进度，一手抓质量，两手都要抓，两手都要硬。要梳理清楚今后3年每个阶段的具体目标、任务，研究切实可行的办法、拿出实实在在的举措，一个时间节点一个时间节点往前推进，确保干一件成一件，干一项成一项，一级抓一级，以钉钉子精神全面抓好落实。2018年，我们至少要保证基本实现省市县三级志鉴启动编纂，工作滞后的地方都要以高度的责任感、使命感，积极行动起来。

三、新时代提出新任务，要不断开拓创新，通过实施"一体两翼"工程实现地方志资源开发利用的新进展

"秉纲而目自张，执本而末自从。"习近平总书记在十九大报告中强调，要"增强改革创新本领，保持锐意进取的精神风貌，善于结合实际创造性推动工作"。创新驱动是引领发展的第一动力，《规划纲要》也明确将"坚持改革创新"列为一条基本原则。在新的历史时期，国家需要地方志作出更大贡献，地方志事业发展也必须走改革创新之路。中国地方志"一体两翼"工程就是地方志顺应新时代要求主动作为的一项重大创举，也是以创新思维、勇于开拓的精神参与现代国家治理体系建设的积极尝试。

中国地方志"一体两翼"工程，是明确写入《规划纲要》的任务，也是中指办为贯彻落实《规划纲要》推出的全国地方志"十大工程"中的一项工程。"一体两翼"中的"一体"是《中国地情报告》，"两翼"分别是《中国方志发展报告》《中国年鉴发展报告》，目的在于系统分析上一年度中全国各地地情概况、志鉴编修状况，以及地方志资源开发利用等方面工作开展情况，针对全国以及某一区域地方志事业发展状况和热点问题进行年度性的分析与研讨，以专业化的角度、专家学者的视野，开展系统性回顾、理论性分析和前瞻性预测。《中国地情报告》在"一体两翼"工程中具有主导性作用，其定位为年度资政类研究报告，旨在为政府决策咨询提供资政信息。其首卷《中国地情报告（2017）》已完成编写，正在印刷，12月29日将在北京人民大会堂举办首届中国地情论坛暨《中国地情报告（2017）》出版座谈会。目前，山西省已经连续3年编写出版《山西省情报告》，新疆也着手编写《新疆区情报告》。下一步，在编纂《中国地情报告》充分积累经验的基础上，中指办将积极支持各省（区、市）根据实际情况编写出版省（区、市）的地情报告。

《中国方志发展报告（2017）》实际为《中国方志发展报告》的第二卷。2016年8月，首卷《中国方志发展报告（2015）》出版问世，获

得了良好的社会反响。在第二卷编纂过程中，做了两方面的重大调整：一是充分参考皮书类编纂出版的习惯，确定了以出版年度作为报告书名。二是与改名相呼应，将报告从 2015 年度的单一年度内容调整为包含 2015—2016 年两个年度的内容，同时将首卷中区域报告部分的内容单独摘出来扩充成书，定名为《中国方志区域发展报告（2017）》，从而使《中国方志发展报告（2017）》的素材更精、内容更优、框架更合理、特点更鲜明，也更加符合报告类图书的编写要求。同样，《中国年鉴发展报告（2017）》是《中国年鉴发展报告》的首卷，也包括 2015—2016 年的内容。今天召开的两部报告出版座谈会，主要是发布研究成果，总结交流编写经验，并就两部报告的 2018 卷编写工作进行研讨。

与"两全目标"一样，"一体两翼"工程也是法定任务，是国家层面部署的刚性任务。各地必须高度重视，统一认识，将推进"一体两翼"工程与实现"两全目标"同等看待。大家知道，正因为近几年全国地方志系统主动作为、主动发声，地方志的地位才得到显著提升，社会影响力才不断增强。所以，任务虽然艰巨，但还是希望与会各位撰稿人坚定信心，群策群力，共同把这项任务完成好，编写出更多高质量的报告，发挥更大的作用。

四、新时代带来新要求，要积极探索，推动理论研究水平要达到新高度

新时代呼唤新理论，新理论引领新实践。近年来，中指组及其办公室紧密结合新的时代条件和实践要求，以全新的视野深化对地方志事业发展规律和方志理论建设规律的认识，把理论研究摆在重要位置，提出把方志学建成一级学科，并以此为契机培养方志学后备人才。为此，中指办积极谋划、主动作为，采取了一系列积极举措，主要包括：进一步完善中国地方志学术年会制度，将学术年会打造成在全国具有重要影响力的学术平台；进一步发挥中国地方志学会的学术平台作用，确立了信息化、年鉴、方志馆、史志期刊、方志学、编辑出版 6 个分会每个分会每年举办一次学术研讨会的制度；多次召开理论研讨会和学术会议，与

高等院校、科研机构合作培养硕士、博士研究生，联合培养博士后等，开展方志学理论与实践，以及方志学与相关联学科交叉研究，推进方志学学科体系建设和高层次人才培养。

在正确的政治导向、理论导向、学术导向引领下，中指办在推动年鉴理论创新上也取得了可喜成绩。一方面，中指办克服人员少、任务重的重重困难，经过多方努力创刊出版《中国年鉴研究》，并于今年10月在常州举行创刊发布座谈会，目前第二期即将出刊。下一步，要进一步强化期刊的学术阵地功能，将《中国年鉴研究》打造成在全国具有重要影响力的学术刊物。另一方面，充分发挥中国地方志学会年鉴分会的组织和引导作用，召开一系列年鉴学术研讨会，积极开展年鉴基础理论、应用理论研究，并力求做到理论研究和工作实践的紧密结合。中指办、中国地方志学会年鉴分会2017年8月在齐齐哈尔召开的精品年鉴与年鉴编纂创新研讨会和这次的首届全国年鉴论坛，都是在不同层面加强学术平台作用的积极举措。这次论坛的设计初衷，就是要整合各种年鉴学术研讨会，形成论坛制度，希望像中国地方志学术年会那样，全力打造一个具有品牌意义的年鉴理论研讨平台。这是一个美好的开始，也是长途跋涉中的一个加油站。

为新中国成立 70 周年贡献"志"礼*

今年是中华人民共和国成立 70 周年，是决胜全面建成小康社会、实现第一个百年奋斗目标的关键之年，也是完成地方志"两全目标"的攻坚年、拼搏年，是全国地方志事业转型升级的关键期，因此，在年初各项工作全面开展之际，中指办积极筹办这期全国省级地方志工作机构主要负责人培训班，目的就是以习近平新时代中国特色社会主义思想为指导，以学懂弄通做实习近平新时代中国特色社会主义思想为首要任务，以树牢"四个意识"、坚定"四个自信"、坚决做到"两个维护"为最高政治原则，总结经验，科学研判深化党和国家机构改革后地方志工作面临的新形势，进一步明确新时代地方志工作任务，切实抓好抓实地方志干部队伍中的"关键少数"，激发地方志系统的奋斗精神，统一思想、坚定信念、牢记使命，奋力开创新时代地方志事业发展新局面，向党和人民交上新时代地方志事业的优秀答卷。借此机会，我浅谈四个方面的问题：

---

* 2019 年 4 月 15 日在全国省级地方志工作机构主要负责人培训班上的讲话。

一、回顾历史,总结经验,把握地方志事业发展规律

梁启超说:"最古之史,实为方志。"编修地方志是中华民族独特的优秀文化传统,历史悠久、源远流长、连绵不断、常编常新。史志界普遍认为,地方志最早可追溯至先秦时期。自春秋战国时期的列国史、地理书、舆图,秦汉魏晋南北朝时期的地记、地志,隋唐时期的官修图经、图志,到两宋时期志书体例基本定型。上千年间,修志者对地方志性质、功能的认识不断深化,中央和地方政府修志意识进一步增强,并逐步形成志书官修制度。元明清时期,志书体例更加完备,内容更加丰富,修志制度进一步完善,进入封建王朝修志的鼎盛时期。民国时期,地方志编修传统进一步延续,体例内容开始转型,方志学理论研究日渐兴起,国民政府内政部还先后颁布了《修志事例概要》《地方志书纂修办法》等文件,指导各地编修地方志。悠悠千载的传承积淀,至今保存下来的宋元以来的旧志书多达8000余种、10多万卷,占我国现存古籍的十分之一还多。这是我国珍贵的历史文化遗产,也是中华文化"没有断流,始终传承下来"的重要载体,受到世界许多国家的重视,被誉为中国的"地方百科全书"。

中华人民共和国成立后,在毛泽东同志、周恩来同志等老一辈无产阶级革命家的关怀重视下,社会主义新方志工作逐步开展起来。1957年,国务院科学规划委员会把编写新方志列为《十二年哲学社会科学规划方案》(草案)的12个重点项目之一,并成立了地方志小组专门推进这项工作。随着全国修志工作逐步展开,为了加强领导,中国科学院和国家档案局于1959年联合成立了中国地方志小组,具体负责全国地方志编修工作的组织领导任务,并在中宣部的领导下,先后制定了《关于新修方志的几点意见》《关于新修方志提纲》《关于编修地方志工作的几点意见》等文件,对如何编写地方志提出意见建议。这一时期的修志工作也取得了可喜的成绩。据国家档案局统计,到1960年,全国有20多个省(自治区、直辖市)的530多个县开展了修志工作,其中250多个县编写出了初稿。"文化大革命"开始后,地方志编修工作基本中断。

改革开放后,我国经济快速发展,科学文化教育事业呈现出喜人的活跃局面,恢复地方志工作的环境和条件日渐形成。1980年4月,胡乔木同志在中国史学会代表大会上指出:"地方志的编纂,也是迫切需要的工作。现在这方面工作处于停顿状态,我们要大声疾呼,予以提倡。要用新的观点、新的方法、新的材料,继续编写地方志。"1981年,中国地方史志协会在山西太原召开成立大会,标志着全国范围的新编地方志工作再次启动。

总体来看,改革开放40多年来,地方志主要经历了三大发展阶段。第一阶段为依令修志阶段,时间是1981年7月至2006年5月。在这一时期,中国地方志指导小组1983年恢复组建,加强了对全国地方志工作的分类指导。国务院办公厅先后转发《中国社会科学院关于加强全国地方志编纂工作领导报告的通知》、印发《关于进一步加强地方志编纂工作的通知》等;中宣部、中央职称改革领导小组等也先后转发、批复相关地方志文件;中指组先后颁布《新编地方志工作暂行规定》《关于地方志编纂工作的规定》等规章。与此同时,地方各级党委政府和地方志工作机构陆续制定了一系列的规章制度,逐步加大地方志工作推动力度。工作机构也普遍建立。从1979年8月湖南省成立省志编委会起,至1996年6月西藏自治区成立区志编委会止,全国除港、澳、台以外的31个省(区、市)、新疆生产建设兵团以及绝大多数市、县,都建立了地方志工作机构,形成了党委领导、政府主持、地方志编纂委员会及其办公室组织实施的地方志工作格局。自上而下工作机构的普遍建立,为全面、持续开展地方志工作奠定了组织基础。

第二阶段为依法修志阶段,时间是2006年5月至党的十八大召开。在这一时期,2006年5月18日,国务院颁布了《地方志工作条例》,标志着地方志工作结束了依令修志的历史,进入有法可依的新阶段。《条例》颁布以来,地方志工作法规体系不断健全,全国有23个省(区、市)由人大或者政府出台了地方志工作条例、规定、实施办法等。同时,中指组依据《条例》精神,先后颁发《关于第二轮地方志书编纂的若干意见》《关于建立地方志书编纂规划备案制度的规定》《地方志书质量规定》等。这一阶段首轮修志任务基本完成，全国累计出版首轮规划内省市县三级地方志书 5800 余部。二轮修志工作随之全面铺开，并深入开展。相较于上一阶段，这一阶段开始建立地方志工作保障体系，深入探索党委领导、政府主持、地方志工作机构组织实施、社会各界广泛参与的工作体制机制，推进地方志工作机构列入参照公务员法管理范围等。

第三阶段为依法治志阶段，时间是党的十八大以来。2014 年 10 月 20 日至 23 日，党的十八届四中全会作出《中共中央关于全面推进依法治国若干重大问题的决定》。2015 年 8 月 25 日，国务院办公厅印发《全国地方志事业发展规划纲要（2015—2020 年）》，明确提出"坚持依法治志"基本原则。这标志着全国地方志从依法修志阶段转向依法治志阶段。依法治志不是对依法修志的否定与"抛弃"，而是对依法修志的发展与"扬弃"，是依法修志在全面推进依法治国战略下的升级版，包涵了依法识志、依法修志、依法研志、依法用志、依法管志、依法存志和依法传志等诸多内涵与外延。这一阶段，全国地方志工作开始转型升级，逐步走上法治轨道，地方志事业发展取得重大突破，开始走进新时代。主要表现如下。

地方志在国家战略中的地位不断提高。党的十八大以来，以习近平同志为核心的党中央高度重视地方志工作。从 2014 年到 2018 年，连续 5 年，党和国家领导人，党和国家的重要文件都对地方志事业发展作出重要指示或者规定，提出明确要求，这是史无前例、绝无仅有的。2014 年 2 月，习近平总书记在考察首都博物馆时强调，要高度重视修史修志；2015 年 7 月，习近平总书记在中共中央政治局第二十五次集体学习时指示，地方志要与党史、军史、档案、政协文史资料、社科院、高校等部门和机构一起，对抗战进行系统研究。李克强总理三次作出批示，提出修志问道，以启未来；希望地方志工作者直笔著信史，彰善引风气，为当代提供资政辅治之参考，为后世留下堪存堪鉴之记述。2015 年 8 月，国务院办公厅印发《规划纲要》，首次对全国地方志事业发展作出了全面科学的顶层设计。2016 年 3 月，"加强修史修志"写入国家"十三五"规划，地方志工作被纳入了国民经济和社会发展规划，纳入了党中央、国务院部署的工作任务序列；2017年1月，中办、国办印发《关于实施中华优秀传统文化传承发展工程的意见》，在重点任务中明确要求"做好地方史志编纂工作，巩固中华文明探源成果，正确反映中华民族文明史，推出一批研究成果"，地方志工作被纳入中华优秀传统文化传承发展工程；2017年5月，《国家"十三五"时期文化发展改革规划纲要》明确规定，"加强中国共产党史、中华人民共和国史编修，加强地方史编写和边疆历史地理研究。完成省、市、县三级地方志书出版工作。开展旧志整理和部分有条件的镇志、村志编纂"，地方志工作被纳入"社会主义文化强国建设"任务中；2018年9月，中共中央、国务院印发《乡村振兴战略规划（2018—2022年）》，明确提出"鼓励乡村史志修编"，要求地方志工作向基层延伸，地方志工作被纳入乡村振兴战略。地方志在中华民族伟大复兴征程中的作用愈加明显，地位大大提升，地方志事业迎来了千载难逢的发展机遇期。这是地方志走进新时代的重要标志。

地方志事业在高速发展中取得丰硕成果。党的十八大以来，按照国家全面深化改革的战略布局，中指组及其办公室提出围绕党和国家利益、经济社会发展、以人民为中心三大主题深化改革、开拓创新。出台了一系列新政策、新规划、新制度，如《〈全国地方志事业发展规划纲要（2015—2020年）〉实施方案》《全国年鉴事业发展规划（2016—2020年）》《全国地方志信息化发展规划（2016—2020年）》《关于加强全国地方志科研工作的意见》《关于加强全国地方史志期刊工作的意见》《地方综合年鉴编纂出版规定》《方志馆建设规定（试行）》《国家方志馆分馆建设管理工作规定》《关于全国地方志系统支援西藏、新疆地方志工作的意见》等。设计出若干具有标志性的重大文化工程，如贯彻落实习近平总书记关于抗战研究的指示精神，申请实施国家社科基金抗日战争研究专项工程项目"中国抗日战争志"和中国地方抗日战争志工程，启动《中国南海志》《三沙市志》编纂工作等；围绕经济社会发展，推出全国地方志"十大工程"，即民族地区与贫困地区志书出版资助工程、中国志书精品工程、中国年鉴精品工程、中国名镇志文化工程、中国名村志文化工程、全国地方志"一体两翼"用志工程、全国信息方志与数字方志建设工程、方志馆研究建设及全国地方志专业出版基地建设工程、中国地方志学科建设与人才队伍建设工程、中国方志文化走向世界工程。同时,陆续推出中国名山志文化工程、中国名水志文化工程、中国名酒志文化工程等。提出在全国范围内全面推动地方志从一项工作向一项事业转型升级的重大改革理念,要求彻底摒弃"一本书主义",实现志、鉴、史、馆"四驾马车"并驾齐驱,志、鉴、史、馆、库、网、用、会、刊、研"十业并举",形成地方志事业发展综合格局。与此同时,按照"互联网+地方志",网站、数据库、微信平台等建设突飞猛进,在国家层面开通了中国国情网、中国地情网、方志中国微信平台等,省市县三级开通了地情网站近850个、新媒体460多个,建设数字方志馆250多个。建成各级方志馆600余家。除重庆外,各地先后出台本地地方志事业发展规划或规划纲要、贯彻《规划纲要》的实施意见或方案等,统筹规划本级的地方志事业发展,构建地方志事业发展格局。据不完全统计,截至目前,全国编纂完成首轮、二轮省、市、县志书1万多部,编修部门志、行业志、专业志、乡镇村志2万多部,编纂地方综合年鉴3万多部,打造了我国有史以来最大的社会科学成果群和地情资料库。这些以反映国情、地情为主要内容,数以百亿字计的志鉴成果,与数千年来积累的古志相比,数量上翻了三番还多,已经成为世界独一无二的文化宝藏、资料宝库、知识宝库。与历史上其他阶段相比,改革开放以来,尤其是党的十八大以来,地方志成果呈现的速度、深度、宽度,都呈几何级数递增。可以毫不夸张地说,庞大的地方志成果群见证了我国改革开放40年所取得的辉煌成就、发生的沧桑巨变、展现的灿烂辉煌,见证着地方志事业进入新时代后的高速发展和巨大变化。

对地方志认识不断深化。改革开放伊始,地方志面临的首要问题是如何接续中断多年的修志传统,如何用新的观点、新的方法、新的材料继续编写地方志。在当时,人们对地方志的认识主要是编纂一本书。随着地方志工作的发展,编纂地方综合年鉴、开展方志理论研究、开发利用地方志资源等任务纳入了地方志工作范畴,并被作为地方志工作机构的职责写入了《条例》。《规划纲要》进一步明确了地方志在现阶段的总体目标和主要任务，地方志事业发展格局得以大力拓展。地方志不再是单纯修志编鉴的一项工作，而是"修志问道，以启未来""直笔著信史，彰善引风气""为当代提供资政辅治之参考，为后世留下堪存堪鉴之记述"的一项事业。这一事业包含着光荣而艰巨的时代担当与使命追求，概而言之，就是地方志要从围绕自身工作向围绕经济社会发展大局转变，实现地方志事业的大局化；从单纯修志编鉴向同时多业并举全面发展转变，实现地方志事业的全面化；从依令修志向依法治志转变，实现地方志事业的法治化；从地方志机构修志向党委领导、政府主持、地方志机构组织实施、社会各界广泛参与转变，实现地方志事业的社会化；从单一纸质媒体志向广泛运用数字媒体志转变，实现地方志事业的信息化；从修志囿于当地向把地方志推向全国、走向世界转变，实现地方志知识的大众化、国际化。认识来源于实践，又指导着实践。对于地方志认识的深化，是地方志走进新时代的基本依据。

习近平总书记指出，只有回看走过的路、比较别人的路、远眺前行的路，弄清楚我们从哪儿来、往哪儿去，很多问题才能看得深、把得准。反思中华人民共和国成立70年来地方志发展历程，我们进一步深化了对地方志事业发展规律的认识，收获了不少宝贵经验。主要有：必须坚持正确的政治方向，学习贯彻落实习近平新时代中国特色社会主义思想，坚决与以习近平同志为核心的党中央保持思想上、政治上、行动上的一致；必须坚持不断完善党委领导、政府主持、地方志工作机构组织实施、社会各界广泛参与的工作体制机制；必须坚持依法治志，持续不断推进地方志法治化建设；必须坚持科学规划，统筹发展；必须坚持质量第一，打造堪存堪鉴的方志文化成果；必须坚持"创造性转化，创新性发展"，以创新引领地方志高质量发展；必须坚持以有为谋有位，服务经济社会发展大局；必须坚持弘扬"修志问道，直笔著史"的方志人精神；等等。这些经验，是中华人民共和国成立70年来全国广大方志工作者艰辛探索的结晶，更是确保走进新时代的地方志事业高质量发展的重要法宝。我们一定要认真学习、深刻领会，并在实践中不断丰富发展。

二、立足新时代，学懂弄通做实习近平新时代中国特色社会主义思想，为书写地方志事业发展新篇章提供理论指导和根本遵循

2019年是有着特殊意义的一年。回看走过的路，100年前，五四运动爆发，新民主主义革命由此开端；70年前，中华人民共和国成立，开辟了中国历史新纪元；40年前，改革开放如火如荼。远眺前行的路，中华民族伟大复兴中国梦的实现任重道远。立足新时代，习近平新时代中国特色社会主义思想是当前和今后相当长时期党和国家事业发展的行动纲领和科学理论指导。学懂弄通做实习近平新时代中国特色社会主义思想，必将为全面建成小康社会、夺取社会主义现代化建设新胜利凝聚起伟大而磅礴的力量。

习近平新时代中国特色社会主义思想，是马克思主义中国化最新成果，是当代中国马克思主义、21世纪的马克思主义，是党和人民实践经验和集体智慧的结晶，是中国精神的时代精华，是国家政治生活和社会生活的根本指针，内涵丰富，宏阔深邃。习近平总书记在国内国际多个场合，不断就重视历史、研究历史、借鉴历史、把握历史以及高度重视修史修志等作过一系列重要论述。习近平总书记用四个"最好"概括历史的价值，即"历史是最好的老师""历史是最好的教科书，也是最好的清醒剂""中国革命历史是最好的营养剂"，这些概括准确体现了历史的价值和意义。习近平总书记强调："要马上了解一个地方的重要情况，就要了解它的历史。了解历史的可靠的方法就是看志。""修志是一项很有意义的工作，其意义，说通俗一点，就是使我们做一个明白人。""修志是一件相当'得志'的事情"。在上个月闭幕的全国"两会"上，习近平总书记向文化艺术界、社会科学界委员提出："希望大家承担记录新时代、书写新时代、讴歌新时代的使命，勇于回答时代课题，从当代中国的伟大创造中发现创作的主题、捕捉创新的灵感，深刻反映我们这个时代的历史巨变，描绘我们这个时代的精神图谱，为时代画像、为时代立传、为时代明德。"这些重要论述，立意高远，深刻阐述了历史学

研究、地方志工作的重要地位和作用，也为开拓创新新时代地方志工作提供了根本遵循。

（一）学懂弄通做实习近平新时代中国特色社会主义思想，地方志就要勇于担负培根铸魂的神圣使命

习近平总书记在党的十九大报告中指出："文化是一个国家、一个民族的灵魂。文化兴国运兴，文化强民族强。没有高度的文化自信，没有文化的繁荣兴盛，就没有中华民族伟大复兴。"习近平总书记还强调："一个国家、一个民族不能没有灵魂。文化文艺工作、哲学社会科学工作就属于培根铸魂的工作，在党和国家全局工作中居于十分重要的地位，在新时代坚持和发展中国特色社会主义中具有十分重要的作用。"作为中国特色社会主义文化事业重要组成部分的地方志，应敢于担当，承担起培根铸魂工作的责任与使命。

文化基因和精神家园是一个民族安身立命的基础、生存发展的支撑、身份归属的标志，是维系民族发展繁荣的最深沉的力量。编修地方志不仅是中华民族的一项优秀文化传统，也是熔铸中华民族特有文化基因和华夏儿女精神家园的基础性、根本性的重要手段。延绵不断、代代相继的地方志编修，记录了传承几千年的中华优秀传统文化，是传承中华文化、弘扬历史传统的重要载体。"志属信史"，"其间一事一物，皆酌考众书，厘正讹谬，然后落笔"。地方志就是这样用全面、客观、真实的资料来把中华民族文化的产生、发展状况客观而真实地记录下来，并一代一代传承下去，从而推动中华文化的发展。可以说，地方志在夯实国家文化软实力的根基，在传播当代中国的价值观念，在展示中华文化的独特魅力上，在反击历史虚无主义和文化虚无主义的谬论上有着天然优势。坚守中华文化立场，继承和弘扬中华民族优秀传统文化，维护国家安全，地方志工作者责无旁贷。

习近平总书记指出，中国共产党是用马克思主义武装起来的政党，马克思主义是中国共产党人理想信念的灵魂。回顾历史，地方志有"官修"传统，志书有"官书"性质。隋唐时期，国家统一，国力强大，国运昌盛，开始确立官修志书的制度。宋代创置九域图志局，"命所在州

郡，编纂图经"，设立了中央地方志工作机构。明清时期编修地方志逐渐形成比较统一的官修制度，朝廷多次颁布诏令，对志书编修作出规定。清雍正六年（1728年），颁布修志上谕，要求各省编修通志，"务期考据详明，采摭精当，既无阙略，亦无冒滥，以成完善之书"，书编好后报送一统志馆，以便增辑成书，焕然成乎一代之典制。民国时期，虽然战乱不断，但政府也多次颁布修志政令，管理修志事宜。新中国成立后，建立由党委领导、政府主持、地方志工作机构组织实施、社会各界广泛参与的工作体制。"官书""官责"决定了我们必须坚持以马克思主义为指导，坚持马克思主义基本原理同中国具体实际相结合，运用马克思主义立场、观点、方法来记录一地之历史，去研究解决地方志事业发展的各种问题。

钟敬文先生曾说过，"史"是前人写的，"志"是现代人写的。这一方面通俗易懂地辨别了史志的关系，另一方面也强调了地方志的时代性。地方志详今略古，以当时人、当地人而修当地的历史的性质，决定了其必须立足新时代，立足当代中国现实，坚持与时代同步伐，承担起"记录新时代、书写新时代、讴歌新时代"的使命。地方志部门有责任通过高质量、多形式的方志文化成果把"根"培得茁壮、把"魂"铸得强大，延续民族文化血脉，为国家、民族发展提供更基本、更深沉、更持久的力量，以此激发每一个中国人的政治认同、民族认同、道路认同、理论认同、制度认同、文化认同，坚定每一个中国人的道路自信、理论自信、制度自信、文化自信。

（二）学懂弄通做实习近平新时代中国特色社会主义思想，地方志就要认真履行为党立言、为国存史、为民修志的光荣职责

习近平总书记强调，"为什么人、靠什么人的问题，是检验一个政党、一个政权性质的试金石"。地方志工作首先必须搞清楚"为了谁"的问题，这是一个根本问题。"一邑之典章文物，皆系于志。""凡郡之所有，事无巨细，莫不皆然。"地方志的资料性决定了编修地方志一定要进行调查研究。这就要求我们必须遵循习近平总书记的嘱托，坚持以人民为中心，紧紧依靠人民，多到实地调查研究，了解百姓生活状况、

把握群众思想脉搏,着眼群众需要解疑释惑、阐明道理,用志书记录群众生产生活,记载党带领人民先后取得革命、建设和改革开放事业的伟大胜利。

编修地方志,就要立足新时代,如实反映现实、观照现实,全面、系统、客观地记述一定区域内自然、政治、经济、文化和社会的历史与现状,反映70年来党和人民的奋斗实践,深刻解读新中国70年历史性变革中所蕴藏的内在逻辑,把中国共产党领导人民创造的革命文化和社会主义先进文化记录好,把中华文化的过去、现在与未来连接好,把当代中国发展进步和当代中国人精彩生活展示好,把中国精神、中国价值、中国力量阐释好,坚持以精品奉献人民。

在2019年全国地方志机构主任工作会议上,谢伏瞻同志提出,"新时代地方志不仅要服务国家战略,而且要融入国家战略,成为中华优秀传统文化传承发展、乡村振兴等国家战略实施中的重要组成部分"。地方志作为国家"五位一体"总体布局和"四个全面"战略布局中的重要内容,要围绕中心服务大局,发挥好地方志的资政、育人作用。要立足中国、放眼世界,依托地方志资源优势,深入研究、分析各地在全面建成小康社会过程中的亮点与特色,挖掘城乡建设中的好经验好做法,阐释清楚历史性成就背后的中国特色社会主义道路、理论、制度、文化优势,使地方志在全面建成小康社会、乡村振兴战略、脱贫攻坚等党和人民关心的大事上有所作为。

(三)学懂弄通做实习近平新时代中国特色社会主义思想,地方志就要努力为培育和弘扬社会主义核心价值观提供丰厚滋养

习近平总书记指出,文化文艺工作者、哲学社会科学工作者都肩负着启迪思想、陶冶情操、温润心灵的重要职责,承担着以文化人、以文育人、以文培元的使命。东晋常璩在《华阳国志》中说:"夫书契有五善:达道义,章法式,通古今,表功勋,而后旌贤能。"梁启超曾说:"盖以中国之大,一地方有一地方之特点,其受之于遗传及环境者盖深且远,而爱乡土之观念,实亦人群团结进展之一要素,利用其恭敬桑梓的心理,示之以乡邦先辈之人格及其学艺,其鼓舞浚发,往往视逖远者为更

有力。"地方志在激励群众热爱家乡、团结进取上有着得天独厚的优势。绵延数千年而不绝的地方志编修，保存了中华民族的精神追求和文明进步，传承了中华民族的历史记忆和文化基因，蕴含着深厚历史积淀、宝贵精神品格、浓重家国情怀、崇高价值追求，为培育和践行社会主义核心价值观提供滋养，为中华文化在世界文化激荡中站稳脚跟奠定了坚实根基。

地方志的时代使命，就是要立足新时代，彰善引风气。地方志工作者要主动作为，不断探索，以强烈的使命感与责任感，自觉践行社会主义核心价值观，成为党执政的坚定支持者、时代变迁的忠实记录者、先进思想的积极倡导者、良好社会风尚的引领者，以激发每一个中国人的民族自尊心、自信心、自豪感，投入中华民族伟大复兴的征程中。同时，要讲好方志故事，构建有方志魅力、中国魅力的有力话语体系，传播当代中国价值观念，让更多体现中华文化特色、具有竞争力的方志文化产品走出去，向世界推介更多具有中国特色、凸显中国精神、蕴含中国智慧的方志文化，推动中华文化走向世界。

三、明确任务，开拓创新，全面推进地方志事业转型升级

当前，我国正处于全面建成小康社会的决胜阶段，改革开放不断走向深入的重要时期。走进新时代的地方志，面临新形势、新任务、新挑战。总体来看，地方志工作与党和人民的期望相比依然有很大差距。一是对焦《规划纲要》任务，尤其是"两全目标"有差距。二是对焦人民群众的需求，在地方志资源开发利用上、在志鉴成果的质量上有差距。三是对焦党和国家对地方志工作者的要求，在地方志干部队伍建设上有差距。如有的领导干部对"两全目标"任务完成的紧迫性、重要性认识不够，对正在进行的地方志工作机构改革患得患失，产生等待观望情绪等。这些都是地方志事业发展中的薄弱环节，我们要把工作重点更多地放在加强这些薄弱环节上，通过薄弱环节的突破，补齐短板，带动整个工作水平提高，推动地方志事业全面转型升级。

（一）持之以恒，切实提高政治站位

各级地方志工作机构要把学懂弄通做实习近平新时代中国特色社会主义思想作为长期政治任务，准确把握这一思想的精神实质、科学体系和实践要求，把学习成效体现到树牢"四个意识"，坚定"四个自信"，坚决做到"两个维护"的政治自觉和行动自觉上。《规划纲要》规定的第一项基本原则就是坚持正确方向。坚持走中国特色社会主义文化发展道路，坚持为人民服务、为社会主义服务的方向，通过编修和开发利用地方志成果，为培育和践行社会主义核心价值观提供丰富、优秀的精神文化产品。地方志是"官书"，首要的就是坚持地方志的政治性。要坚持以习近平新时代中国特色社会主义思想作为地方志工作的科学指南，明确新时代地方志的新使命、新要求，思考新时代地方志的新担当、新作为，更加扎实地把党中央的各项决策部署落到实处。必须强调的是，我们坚持政治性与地方志"直笔著史"的要求是统一的，将两者对立起来的认识是极其片面和错误的。地方志事业要平稳、健康、有序发展，就必须"坚持历史唯物主义立场、观点、方法，立足中国、放眼世界，立时代之潮头，通古今之变化，发思想之先声"。

（二）咬紧牙关，坚决完成"两全目标"

《规划纲要》明确提出，到2020年全面完成第二轮修志规划任务，实现省市县三级综合年鉴编纂出版的全覆盖。目前，距离全面完成"两全目标"的最后期限只剩下一年多的时间，时间紧、任务重、压力大。中指组"两全目标"督查小组将继续严格执行督查销号制度，完善"两全目标"督查台账，明确志鉴工作进度滞后地区的具体责任人和省级包保责任人，实行挂牌督办。要组织全国地方志系统"两全目标"工作推进会，重点督促工作推进不力、进展不大的地方。各地要高度重视，多措并举，全力打好"两全目标"攻坚战，创造出一项伟大的世界文化创举，为全面建成小康社会献上一份方志人的厚礼。

（三）以志经世，继续做好"三个创新"

习近平总书记在致信祝贺中国社会科学院中国历史研究院成立时强调："重视历史、研究历史、借鉴历史是中华民族5000多年文明史的一个优良传统。当代中国是历史中国的延续和发展。新时代坚持和发展中国特色社会主义,更加需要系统研究中国历史和文化,更加需要深刻把握人类发展历史规律,在对历史的深入思考中汲取智慧、走向未来。"中国特色社会主义伟大实践,新的时代呼唤地方志提供更多智慧和更大力量。在围绕党和国家根本利益开拓创新上,要积极做好地方志系统庆祝新中国成立70周年工作,集中推出一批反映新中国发展历程和伟大成就的优秀地方志成果等。继续推进《中国南海志》《三沙市志》《中国抗日战争志》和中国地方抗日战争志丛书编纂,稳步推动香港特别行政区、澳门特别行政区地方志编纂。在围绕经济社会发展开拓创新上,继续推进中国名镇志文化工程、中国名村志文化工程等,大力推进乡村史志修编,繁荣乡村文化,服务乡村振兴。在围绕以人民为中心开拓创新上,继续实施以《中国地情报告》为主体、《中国方志发展报告》《中国年鉴发展报告》为"两翼"的"一体两翼"工程,做好《中国影像方志》及《中国影像志·名镇名村系列》的制作和播出等,进一步谋划编纂社区志、居民小区志,推动方志文化进机关、进农村、进社区、进校园、进企业、进军营。

(四)筑牢根基,稳步推进地方志公共文化服务设施建设

方志馆建设是地方志事业新的增长点,要从实际出发,深入研究,稳步推进。实施国家方志馆三期工程,力争在国庆节前夕向公众开放,向新中国成立70周年献礼。统筹推进国家方志馆分馆建设,成熟一家,建设一家。深入实施全国信息方志与数字方志建设工程,扎实推进国家数字方志馆建设。各地要因地制宜开展实体方志馆和数字方志馆建设。

(五)打铁还需自身硬,大力加强队伍建设

当前,地方志事业正处于转型升级的关键期、推进"两全目标"的攻坚期,干部队伍建设尤其重要。各级地方志工作机构要按照中央统一部署,加强政治学习,坚定理想信念,牢记职责使命。要贯彻好新时代党的组织路线和干部工作方针政策,鲜明树立重实干重实绩的用人导向,努力培养一支面对大是大非敢于亮剑、面对矛盾敢于迎难而上、面对危机敢于挺身而出、面对失误敢于承担责任、面对歪风邪气敢于坚决

斗争，政治素质过硬，业务技能精湛，能力强、有担当、讲奉献的干部队伍，为地方志事业的长远发展奠定坚实根基。

四、从严要求，强化自身建设，抓好抓实"关键少数"

为政之要，莫先乎人；成事之要，关键在人。"政治路线确定之后，干部就是决定的因素。"党的十八大以来，习近平总书记要求必须抓住领导干部这个"关键少数"，强调这关乎着党和国家事业的前途命运。而抓"关键少数"首先要抓好学习。习近平总书记指出，"好学才能上进"，要求"大兴学习之风"。立足新时代地方志要回应时代新要求、担负时代新使命，最关键的也是抓好关键少数的学习，要不断抓常抓严、抓实抓细，切实提高学习能力，增强学习本领，提升领导能力。惟有如此，才能带领整个地方志系统更加主动、更加自信地推进地方志事业高质量发展。

（一）解决"为什么学"的问题，实现从"要我学"到"我要学"的升华

政治上的坚定、党性上的坚定，离不开理论上的坚定。理论上的坚定，离不开理论学习，更离不开主动地加强学习，离不开加强马克思主义理论武装。加强理论学习，是党中央对每一名党员干部提出的基本要求。习近平总书记站在全局和战略高度，十分重视抓好全党特别是领导干部的学习，多次强调学习问题，为全党切实改进学风指明了方向、提供了重要的思想指导。

提高主动学习能力，增强学习本领是党的性质宗旨使命的内在要求。学习是政党巩固之基。习近平总书记指出，"我们党依靠学习创造了历史，更要依靠学习走向未来"。我们党自成立以来的发展史本身也是一部与时俱进的学习史。毛泽东思想、邓小平理论、"三个代表"重要思想、科学发展观和习近平新时代中国特色社会主义思想就是中国共产党人依靠学习推动党的理论不断创新发展的结果。同时，我们党无论在组织层面还是在个人层面，一直传承着许多优良的学习传统。目前，"学习强国"App上线，为全体党员随时随地开展主动学习提供了强大

的平台。进入新时代，面对国内国际更加复杂多变的新形势新问题，对学习提出了更高的要求。尤其我们这些关键少数，更要主动强化学习，全面增强学习本领，才能牢牢把握工作主动权，成为始终站在时代潮头的领导者、带领者。

提高主动学习能力，增强学习本领是地方志事业高质量发展的迫切需求。学习是事业兴盛之要。地方志汇集地理学、历史学、政治学、经济学、法学等多学科知识，"纪地理则有沿革、疆域、面积、分野，纪政治则有建置、职官、兵备、大事记，纪经济则有户口、田赋、物产、关税，纪社会则有风俗、方言、寺观、祥异，纪文献则有人物、艺文、金石、古迹"，是一项专业性很强、理论性很强、文字性也很强的工作，不是谁想干就能干好的。尤其随着地方志事业的全面转型升级，新的事业增长点不断涌现，需要方志人不断与时俱进，持之以恒坚持主动学习，才能适应事业发展的要求。

提高主动学习能力，增强学习本领是党员干部修炼内功的自我需求。学习是人生成长之梯。学习是每一名党员干部的必修课，只有不断主动学习才能修炼好内功，提高自身素质和能力，实现自我价值。不学习，思想无法进步，能力无法提高，最终只得得过且过。少数党员干部有做好工作的愿望和干劲，但缺乏新形势下做好工作的本领，这在地方志系统也不例外，亟须提高主动学习的能力，做到崇尚学习、积极改造学习、持续深化学习。

（二）解决"学什么"的问题，实现从"盲目学"到"目标清晰学"的升华

盲目学习通常因为目标不明确，而影响学习效果。我们必须按照新时代党的建设总要求，围绕地方志事业发展需要，认清学习目标任务，明确学习内容重点，明晰学习思路，切实抓住抓好这一项基础性工程和战略性任务，把学习落到实处。《2018—2022年全国干部教育培训规划》中明确要培养"忠诚干净担当高素质专业化"的干部队伍。我们学习的主要内容也应该围绕着这12个字、5个词展开。

必须学习掌握马克思主义理论，坚持把学习贯彻习近平新时代中国

特色社会主义思想摆在最突出的位置，在学懂弄通做实上下功夫，自觉以习近平新时代中国特色社会主义思想为理论指导和行动指南。通过学习原文、理论培训、主题教育、社会实践等方式，学习掌握马克思主义哲学、政治经济学、科学社会主义，学习掌握中国特色社会主义理论体系，学习掌握贯穿其中的马克思主义立场观点方法，不断深化对中国共产党执政规律、社会主义建设规律、人类社会发展规律的认识，自觉坚持和运用辩证唯物主义和历史唯物主义世界观、方法论分析解决问题，增强战略思维、辩证思维、创新思维、历史思维、底线思维、法治思维，真正做到真学真懂真信真用，自觉做共产主义远大理想和中国特色社会主义共同理想的坚定信仰者、忠实实践者。

必须认真学习党的路线方针政策、国家法律法规和各方面知识。党的路线方针政策和国家法律法规，是领导干部制定决策、解决问题的基本依据，也是基本的政治素养。加强党规党纪特别是政治纪律和政治规矩学习，做到存戒惧、守底线，自觉增强党内政治生活的政治性、时代性、原则性、战斗性。

必须认真学习党史国史、党的优良传统和世情国情党情，传承红色基因，永葆政治本色。历史是最好的教科书。只有深刻领悟"我们从哪里来、现在在哪里、将到哪里去"，才能自觉汲取历史的经验教训，不断增强工作的预见性、主动性、创造性。

必须结合自身工作实际，系统学习掌握履职必备的各种知识。紧紧围绕统筹推进"五位一体"总体布局和协调推进"四个全面"战略布局，着眼地方志事业高质量发展，不断丰富专业知识、提升专业能力、锤炼专业作风、培育专业精神，不断提高适应新时代地方志事业发展要求的能力。

必须结合自身特点，有针对性地学习经济、政治、文化、社会、生态文明、党建和哲学、历史、科技、国防、外交等各方面知识，主动学习互联网、大数据、云计算、人工智能等新知识，认真学习总体国家安全观、统战、民族、宗教、金融、保密、统计、城市规划管理、质量发展、安全生产、应急管理、知识产权、心理健康等方面知识，不断提升科学人文素养。

（三）解决"怎么学"的问题，从"单纯学习"到"学思用贯通"的升华

学习方法在很大程度上决定学习效果。我们必须坚持科学的方法，在学习上下一番真功夫、实功夫、苦功夫，才能学有所获。习近平总书记关于党员干部"怎么学"的论述，对于我们更好地提高主动学习能力，增强学习本领，提升学习效果，具有重要意义。

1.全面系统学。学习习近平新时代中国特色社会主义思想，要学深悟透，要通过认真研读、反复研读，汲取思想营养，弄懂弄通其内在要求，领会其精神实质，以此来武装头脑、指导实践、推动工作。坚决杜绝蜻蜓点水式学习，避免浅尝辄止，只求数量，不求质量；坚决杜绝一知半解式学习，避免囫囵吞枣，不求甚解；坚决杜绝机械式学习，避免照本宣科，断章取义。同时，学习理论不能孤立地学，而要把所获取的各种知识联系起来，系统学习，深入思考，融会贯通，达到触类旁通、举一反三的效果。

2.及时跟进学。马克思主义思想理论博大精深、常学常新。地方志本身几千年的发展历史，就是不断适应时代发展的需要而常变常新的。这就要求我们在理论学习中，要结合时代特点去学习、去思考，把学习的内容同时代特征、国内外形势和现代化建设实际联系起来，努力增强科学判断形势的能力、驾驭市场经济的能力、应对复杂局面的能力、依法执政的能力和总揽全局的能力。同时，要求我们树立终身学习的观念，采取持之以恒的态度，养成不断学习的习惯，活到老、学到老，自觉做终身学习的表率。

3.深入思考学。"学而不思则罔，思而不学则殆。"在学习中要防止"学而不思"和"思而不学"现象，要把学习和思考紧密结合起来，要通过深入思考，把学到的东西运用于实践，真正转化为自身的理论素养、知识水平、业务本领和领导能力，切实解决本地区地方志工作机构改革后地方志事业发展等实际问题。

4.联系实际学。习近平总书记指出，学习不是背教条、背语录，而

是要用以解决实际问题。学习贵在独立思考，学用结合，学有所悟，用有所得。我们学习理论就是要把自己摆进去、把职责摆进去、把地方志工作摆进去，主动担当作为，做到学、思、用贯通，知、信、行统一；做到理论联系实际，实实在在做事情，尽心尽力干工作。

县级地方志是转型升级的基础*

2016年以来，中指办先后在广州、济南、保定召开了三次全国性的地方志工作经验交流会，分别就党的十八大以来的全国地方志工作、省级地方志工作、市级地方志工作进行了全面梳理总结。按照中指办总体部署，今年就县级地方志工作进行总结交流。县级地方志工作，对记载、保存地方历史文化至关重要，是我们做好全国地方志工作的基础，是推进地方志事业转型升级新的增长点，是中国特色社会主义文化建设的重要纽带。正因为此，我们从年初就积极筹划，要在中华人民共和国成立70周年，在"两全目标"攻坚拔寨的关键期，举办一次关于县级地方志工作的经验交流会，以期推动基层地方志工作更加高效地开展，把70年来党和人民的奋斗实践，40年来解放思想、实事求是的伟大改革原原本本记录好，把当代中国发展进步和当代中国人精彩生活展示好，把中国精神、中国价值、中国力量阐释好，向人民交上满意的答卷。

借此机会，我谈三个方面的问题：

---

* 2019年7月17日在第四次全国地方志工作经验交流会上的讲话。

一、深刻认识全国地方志事业发展形势，增强做好地方志工作的信心和决心

党的十八大以来，以习近平同志为核心的党中央高度重视地方志工作。从2014年到2018年，连续5年，党和国家领导人对地方志工作作出重要指示，党和国家的重要文件对地方志事业发展作出科学谋划，这是史无前例、绝无仅有的。习近平总书记始终高度重视修志用志。习近平总书记在宁德工作期间，1989年8月12日出席全区地方志工作会议并作题为《深刻认识修志意义，认真做好修志工作》的重要讲话，其中讲到，"要马上了解一个地方的重要情况，就要了解它的历史。了解历史的可靠的方法就是看志，这是我的一个习惯。过去，我无论走到哪里，第一件事就是要看地方志。"今年7月3日，《学习时报》刊载采访实录《"习书记指导古田县搞好产业发展"——习近平在宁德》，记录了习近平总书记任宁德地委书记期间，高度重视地方志的资政辅治作用，提出通过县志能从一个侧面了解一个地方的历史变迁；旧方志和新方志结合对照来看，对工作会有更大帮助。2014年2月，习近平总书记在考察首都博物馆时强调，要高度重视修史修志；2015年7月，习近平总书记在中共中央政治局第二十五次集体学习时指示，地方志要与党史、军史、档案、政协文史资料、社科院、高校等部门和机构一起，对抗战进行系统研究。

李克强总理三次对地方志工作作出批示，提出"修志问道，以启未来"；希望地方志工作者"直笔著信史，彰善引风气，为当代提供资政辅治之参考，为后世留下堪存堪鉴之记述"。2015年8月，国务院办公厅印发《全国地方志事业发展规划纲要（2015—2020年）》，首次对全国地方志事业发展作出了全面科学的顶层设计。2016年3月，"加强修史修志"写入国家"十三五"规划，地方志工作被纳入了国民经济和社会发展规划，纳入了党中央、国务院部署的工作任务序列；2017年1月，中办、国办印发《关于实施中华优秀传统文化传承发展工程的意见》，在重点任务中明确要求"做好地方史志编纂工作，巩固中华文明探源成

果,正确反映中华民族文明史,推出一批研究成果",地方志工作被纳入中华优秀传统文化传承发展工程;2017年5月,《国家"十三五"时期文化发展改革规划纲要》明确规定,"加强中国共产党史、中华人民共和国史编修,加强地方史编写和边疆历史地理研究。完成省、市、县三级地方志书出版工作。开展旧志整理和部分有条件的镇志、村志编纂",地方志工作被纳入社会主义文化强国建设任务之中;2018年9月,中共中央、国务院印发《乡村振兴战略规划(2018—2022年)》,明确提出"鼓励乡村史志修编",要求地方志工作向基层延伸,地方志工作被纳入乡村振兴战略。这些都充分说明,地方志在党和国家事业发展全局中的地位大大提升,在中华民族伟大复兴征程中的作用愈加明显,地方志事业迎来了千载难逢的发展机遇期。

党的十八大以来,在党中央、国务院的亲切关怀和高度重视下,在第五届中指组的坚强领导下,中指办在学习贯彻习近平新时代中国特色社会主义思想和党的十九大精神上,注重学懂、弄通、做实,不摆花架子,不唱高调,做到真学、真用,活学、活用。围绕全面深化改革,提出围绕党和国家利益、经济社会发展、以人民为中心三个方面开拓创新,彻底摒弃一本书主义,开拓志、鉴、史、馆"四驾马车"并驾齐驱,志、鉴、史、馆、库、网、用、会、刊、研"十业并举"新局面,在全国范围内全面推动地方志从一项工作向一项事业转型升级;围绕全面依法治国,提出并实施依法治志,积极推动国务院办公厅印发《规划纲要》等;围绕文化自信,提出并践行方志文化自信;围绕中国特色社会主义进入新时代,落实地方志如何在新时代新担当新作为;围绕国家"两个一百年"奋斗目标,倡导方志人应树立"两个一百年"奋斗目标,即在2020年全面建成小康社会之时,实现省省、市市、县县有志有鉴的"两全目标",实现世界文化创举,在本世纪中叶中华人民共和国成立100周年即建成富强民主文明和谐美丽的社会主义现代化强国之际,编纂《中华人民共和国志》,实现省市县三级志书,乡镇志、村志、社区志、小区志和地方综合年鉴全覆盖;围绕国家扶贫战略,编纂扶贫志,实施民族地区与贫困地区志书出版资助工程以及年鉴出版资助工程、地方志援藏援疆工程；围绕乡村振兴战略，启动中国名镇志、中国名村志文化工程，建立村史馆、村情网等，拍摄中国影像方志、中国影像志·名镇名村系列影像志等。以敢闯敢干的勇气和自我革新的担当，抢抓机遇，主动作为，扎扎实实，一步一个脚印，使全国地方志形势发生了很大变化，实现跨越式发展，不断推动地方志"用起来""立起来""活起来""热起来""强起来"。

二、认真总结县级地方志工作经验，为地方志事业发展提供历史智慧

社会主义的新方志早在20世纪五六十年代就已经在各省普遍展开。当时的县志工作得到国家领导人高度重视，在毛泽东同志的亲自关怀和倡导、周恩来同志的直接支持与指导下，编修地方志的任务被列入了国务院科学规划委员会制定的《十二年哲学社会科学规划方案（草案）》，并由中国科学院哲学社会科学学部和国家档案局联合成立了中国地方志小组。全国各地许多市县都开始进行新县志的编修，如福建就有30多个县开展了修志工作，江苏有近20个县市进行了修志工作；安徽有29个县编修县志，修了县志18部；广东省68个县（市），先后有48个县（市）成立了修志机构，组织编修新方志。据国家档案局1960年的统计，有20多个省、市、自治区的530多个县开展了新编地方志工作，其中约250个县写出了县志初稿，正式出版的有近30部，如湖北的《咸宁县简志》《浠水县简志》《应山县志》《应城县志》《黄陂县志》《石首县志》，河北的《怀来县志》，广东的《惠阳县志》，江苏的《泗阳县志》等。由于经济困难，很多县志没有出版。但是，这次大规模修志工作在全国各地播下了修志的种子。20世纪70年代末、80年代初，新编地方志工作再次掀起高潮。截至2005年3月，省市县三级首轮志书出版5000余部，约合36亿字，占第一轮修志规划任务的85%，其中县志完成了90%以上。在首轮修志中后期，部分市县地方志办公室开始编辑出版年鉴。

党的十八大以后，在第五届中指组及其办公室的指导下，地方志

由"一本书主义"向志、鉴、史、馆、库、网、用、会、刊、研"十业并举"拓展，不断实现在全国范围内的转型升级。截至2019年第一季度末，全国第二轮规划县级志书2775部，累计出版2054部，完成率为74.02%。按通过终审的指标统计，新完成27部，累计完成2328部，完成率为83.89%。其中，广东、安徽、湖北、山东、新疆生产建设兵团完成县级规划志书出版任务，出版完成率超过65%的还有14个省（区、市），分别是河南98.67%、江西98%、四川96.09%、江苏95.83%、吉林91.53%、河北86.49%、甘肃84.88%、上海83.33%、湖南80.99%、重庆79.49%、天津75%、贵州68.18%、宁夏68.18%、云南67.19%。全国应编纂出版的2840种2018年卷县级年鉴中，2693种启动编纂、覆盖率约为94.82%，1390种实现公开出版、覆盖率约为48.94%。其中，天津、上海、江苏3个省（市）实现启动编纂、一年一鉴、公开出版全覆盖。应编纂出版的2839种2019年卷县级年鉴中，2466种启动编纂、覆盖率约为86.86%。2018年底，全国有县级方志馆442家，信息化建设日新月异，地方志资源开发利用得到长足的进步，地方志围绕中心、服务大局的能力显著提升。

回顾县级地方志工作的发展历程，总结县级地方志工作近70年，尤其是党的十八大以来的经验，概而言之，主要有：

（一）旗帜鲜明讲政治是县级地方志工作的首要任务

新方志编修工作开展以来，全国各级地方志工作者坚决站在党和人民的立场上，贯彻落实党的理论和路线方针政策，在思想上政治上行动上同党中央保持高度一致，着力解决"为了谁，依靠谁，我是谁"的问题。在事关大是大非和政治原则问题上，划清是非界限，澄清模糊认识，做到为党立言、为国存史、为民修志。进入新时代，全国地方志工作者以习近平新时代中国特色社会主义思想为指导，明确地方志工作的新定位、新要求、新思路，增强推动新时代地方志高质量发展的使命感、责任感和主动性。如甘肃省会宁县要求每一位干部都要站稳政治立场，把握政治原则，明确政治方向，以政治眼光对待编鉴修志工作，对媚俗、低俗，有明显政治错误，不符合政治原则的，一概删掉，严把政治关。新疆哈密市伊州区成立文史委员会，利用研究成果，有力推进意识形态领域反分裂斗争，有力促进文化事业和文化产业繁荣发展，有力推动社会稳定和长治久安总目标落地生根。

（二）完善体制机制，明确"一纳入、八到位"是做好县级地方志工作的根本保障

回顾五六十年代的修志工作，正是由于经济基础薄弱、机构设置不到位，大批成果无法出版、无法利用、无法保存，没有起到该起的作用。党的十八大以来，各地县级地方志工作机构在当地党委政府的高度重视下，全面落实"一纳入、八到位"，地方志事业得到切实保障和全面发展。如北京市朝阳区对地方志工作体制机制、组织模式、方法步骤、保障措施等进行了探索尝试，形成了一系列行之有效的做法；内蒙古兴安盟扎赉特旗政府高度重视地方志工作，"一纳入、八到位"实施到位，有关部门和社会各界的密切配合，方志工作者锐意进取，甘于奉献，为完成"两全目标"提供坚实的保障；黑龙江省宁安市志办将地方志工作纳入全市经济社会发展规划纲要，纳入全市绩效考评体系，纳入市人大视察范围，纳入政府工作报告，纳入财政经费预算；安徽泾县在全市率先将地方志工作纳入目标管理绩效考核，积极拓宽社会各界人员参与地方志工作途径，创新组建了由在职人员、退休干部、地情文史研究爱好者组成的地情工作研究小组；湖南浏阳筑牢"保障网"，成立了市委书记任顾问、市长任主任、各相关部门主要负责人为成员的地方志编纂委员会，将地方志工作纳入全市国民经济和社会发展规划、列入年度政府工作报告、纳入年度绩效考核内容，从人力、物力、财力、精力等方面为地方志工作保驾护航。

（三）依法治志是县级地方志工作科学发展的必然要求

要持续推动地方志法治化建设，让地方志工作的组织者、参与者说话有依据、做事有目标、检查有标准、质量有保证。黑龙江宁安市为深入贯彻落实《地方志工作条例》和《黑龙江省地方志工作规定》，全面推进地方志管理规范化、科学化和法制化建设，将修志工作纳入宁安市人大视察与检查工作总体部署；利用新闻媒体、报刊、网络、微信等新

兴媒体，宣传修志意义，扩大修志的影响力，走"依法治志"之路。山西左权县坚持依法治志，大力宣传地方志法律法规，在宪法日、法制宣传月等时间节点，在公众区域悬挂地方志工作宣传标语，或利用现代媒体宣传《条例》，印制国务院和山西省两个地方志条例小册子，分发于各部门单位，营造良好的依法治志舆论氛围。云南石林以贯彻《地方志工作条例》为抓手，依法开展各项制度建设；抓住自治条例修改的时机，将方志馆建设写进新修订实施的《云南省石林彝族自治县自治条例》，为石林方志馆建设提供了法律依据；在省内率先发布实施了《石林彝族自治县地方志工作管理规定》，为深入贯彻执行国家地方志法规和省市实施办法打下了坚实的基础；先后制定出台《石林彝族自治县地方志事业发展规划（2007—2010）》《石林彝族自治县地方志事业发展规划（2011—2020）》，使得地方志工作得以持续不断的发展；在具体业务上，制定和出台《石林彝族自治县地方志编纂规范》《石林方志馆工作职责》《地方志工作手册》《石林彝族自治县史志资料征集报送制度》《石林彝族自治县地方影像志工作管理规定》等，有效推动了石林地方志事业的健康发展。西藏堆龙德庆区将《地方志工作条例》的学习和宣传作为普法教育的一项重要内容，通过召开座谈会、组织集中学习、印发有关资料等方式，抓好地方志、年鉴理论的学习和研究，强化依法修志编鉴意识，着力营造依法修志编鉴的浓厚氛围。

（四）建立一支史志工作队伍是做好编纂工作的基础

上海市黄浦区通过思想引导、提高认识，业务指导、提升能力，分层实施、有的放矢等方式，加强人才培训；对外召开区属单位撰稿员业务培训会、业务交流及答疑会、驻区单位区志编纂工作专题会等，邀请市方志办有关专家授课，提高修志人员专业素质。海南陵水县在启动县志和年鉴编纂工作时，由两办下文要求各乡镇、各单位成立本单位的县志编写小组和年鉴编写小组，建立一支专兼职结合的工作队伍。四川省武胜县多次组织业务骨干学习、培训，培养了一支能干事、会干事的方志队伍；邀请县内老干部、老战士、老专家、老教师、老模范利用自身的威望和丰富的工作经验，关心武胜发展，聚焦武胜历史文化，积极参与方志建设工作。贵州省瓮安县及时调整志办领导班子，调整内设机构，增编增人，解决缺编问题；县委组织部还下文聘请教师参与编修县教育志和校志等工作，壮大了修志队伍。西藏巴宜区充分利用对口援助的机会，增加投入，加大队伍培训力度，不断提升人员素质，提高志书编纂水平。陕西省黄陵县先后两次在全县范围内聘请修志专家和热心修志事业、具备一定文字功底的行业优秀人士20余人，承担指导部门资料搜集、志稿分纂任务；建立人才储备机制，将工作中脱颖而出的优秀人员纳入地方志人才库管理，组织开展业务技能培训和方志理论研究，推荐参与行业志、镇村志编纂工作，为修志事业培养第二、第三梯队，扭转了地方志工作后继乏人、青黄不接的被动局面。

（五）提高志书质量、完善资料收（征）集制度是编修志书的关键所在

质量是志书的生命，资料是质量的保证，无资料则无县志，搜集资料是编纂县志最基本的环节。从各地提交的材料来看，不少地方在质量建设和资料长编工作上很有亮点。如北京市朝阳区于2012年初，以区委、区政府"两办"通知形式向全区发文，正式启动一项新的地方志常态化工作——《朝阳大事记汇编（季刊）》的编写，拓宽志鉴体系建设积累资料途径。天津市西青区将"建档"和"修志"捆绑起来，实施"村村建档修志工程"，使各级档案和地方志资源实现共享；建设集档案与方志一体的区档案新馆，解决档案馆不达标和新建方志馆问题。吉林省桦甸市从2013年起，扎实推进续志资料长编工作，以市政府文件下发《桦甸市续志资料长编工作实施方案》，建立交流学习点，建立专家库，建立网络交流平台，全市107个承担编纂任务的单位全部完成了续志资料长编工作，文字总量达1000余万字。广西北流市拓宽资料收集渠道，力求全面性；注重第一手资料，确保真实性；查阅重点部门资料，突出权威性。广州市越秀区在志书编纂过程中，始终把编纂质量放在首位，严格落实志稿审核制度、集中办公制度、编辑部会议制度、专家咨询委员会制度和人员保障制度，加强沟通交流，做到文稿的撰写、把关、论

证落实到位；专门聘请地方文献专家，对入志历史资料进行史实考证，对资料的出处进行严格核实，确保志书经得起历史检验。青海省民和县编纂人员反复跑单位、查档案资料、搞调查论证，对67个县直单位和22个乡镇的续志撰稿人不断督促、及时反馈，协助查阅相关资料，协调有关部门做好资料的征集。

（六）加强地方志资源开发利用、服务党委政府中心工作是县级地方志工作可持续发展的重要途径

天津市北辰区采取"抓住一个中心、开发两条副线、打造三个平台"的工作方针，走出了一条社会参与、上下同修、学用结合、志鉴网刊齐驱的史志工作新路径。江苏省张家港市把守正创新贯穿于工作的始终，着力推进"史志鉴馆网用宣"多业并举，有效促进了地方志工作向"兴一方事业"的转变。河北省清河县积极参与全县文化建设，充分做好方志服务和综合利用，参与张氏文化活动、参与山楂花节活动、参与学思堂建设、参与文化交流，为文化旅游产业发展出谋划策。绍兴市柯桥区以库为特色，建设综合地情数据库；以研为重点，推进六类丛书编纂；以网为渠道，提供快捷便民服务，传递柯桥历史、传承柯桥文化、传播柯桥能量。福建省政和县结合地情实际实施"方志+"工程，立体盘活地方志文字、照片、影像等资料，从产业提升、旅游推介、文化挖掘、美食开发、党建开展等方面实践探索方志助力乡村高质量振兴，举办福建地方志助力乡村振兴系列活动，打造舌尖上的文化记忆，成效显著。江西省寻乌县开展"平叶楷建长宁"史实调研，为进一步认识和研究寻乌建县史实，推动当地地情研究，从而为当今社会的进步和发展提供了史实借鉴。河南省尉氏县打造三馆齐下史志新格局，方志馆建设取得长足发展，尉氏焦裕禄事迹展览馆影响力不断提升，蔡邕蔡文姬纪念馆布展初见成效。武汉市汉阳区史志研究中心深入挖掘整理汉阳历史文化资源、保护汉阳城市文脉肌理、抓实汉阳历史文化教育、扩大汉阳历史文化宣传，坚定不移转型发展，不断拓宽方志部门作为空间，史志工作取得了显著的成绩，被区委主要领导肯定为"小部门，大作为"。重庆市石柱县地方志工作为当地商标申请、产业发展、旅游发展、

文化振兴、非遗申报、民俗表演等经济、文化事业提供支持，扩大了地方志影响力。

在充分肯定成绩和经验的同时，我们还要清醒地认识到目前县级地方志工作还面临诸多"瓶颈"问题。如一些地区机构、编制、经费落实还不到位，事业发展水平地区差别明显，第二轮志书编修进度形势逼人、质量参差不齐，理论研究亟须加强，服务大局能力还需提升，方志人才青黄不接等。面对这些制约事业发展的难题，我们必须高度重视，要以改革的精神、创新的理念、实干的作风认真加以解决。

三、统筹把握地方志工作的各个方面，推动县级地方志工作健康有序开展

县级地方志工作是全国地方志事业的基础。基础不牢，地动山摇。为了推动基层地方志工作高质量发展，为全国地方志事业注入新的血液、增添新的活力，当前和今后一个时期，我们要重点处理好以下几方面的关系：

（一）处理好地方志讲政治与方志人直笔著史的关系，充分认识到两者不是对立的，而是高度统一的

地方志绝不是简单地收集和汇总资料，它有着丰富的内涵和外延，属于意识形态领域，应当旗帜鲜明讲政治。新时代的地方志工作应当坚持党的绝对领导，以习近平新时代中国特色社会主义思想为科学指南，树牢"四个意识"，坚定"四个自信"，坚决做到"两个维护"，更加扎实地把党中央的各项决策部署落到实处。必须强调的是，我们坚持政治性与方志人"直笔著史"的要求是统一的，将两者对立起来的认识是极其片面和错误的。地方志事业要平稳、健康、有序发展，就必须"坚持历史唯物主义立场、观点、方法，立足中国、放眼世界，立时代之潮头，通古今之变化，发思想之先声"，客观记载社会主义革命和中国特色社会主义建设的全过程，做到直笔著史、言必有据、事必有证，客观准确记述数据、事件、人物，力戒溢美之词和虚夸之事，为培育和践行社会主义核心价值观提供丰富、优秀的精神文化产品，编修出无愧于历

史、无愧于时代、无愧于人民的地方志成果。

（二）要处理好坚决完成"两全目标"法定任务和做好自选动作的关系，两者既有主次，又不可偏废

根据《规划纲要》，到2020年，要全面完成第二轮修志规划任务，实现省市县三级综合年鉴全覆盖。这是国务院办公厅对地方各级党委政府下达的法定任务，是全国地方志系统的核心目标，也是当前各县地方志工作机构的主责主业。只有紧紧抓住这个"牛鼻子"，才能正确把握全国地方志事业发展的方向，明确工作重心，找准工作的着力点和落脚点。尚未完成"两全目标"的地区，要积极争取领导重视，科学统筹谋划，加强业务培训，定期督查通报，按时保质完成"两全目标"任务。在完成"两全目标"硬任务的基础上，要根据各地的实际情况，结合地域文化编修特色志书。还可以积极开展村镇志编修，为地方志早日实现从国家到村镇志书编纂全覆盖打下坚实基础。

（三）处理好开展传统业务工作与围绕党委政府中心工作开拓创新的关系，统筹好"四驾马车""十业并举"和地方志服务大局，全力推进全国地方志从一项工作向一项事业转型升级

一方面，传统业务工作是服务中心工作的基础和载体，没有传统的修志编鉴业务，围绕党委政府中心工作开拓创新就只能是一句空话。应当在提高编修志书、年鉴工作质量的基础上，发挥地方志资政功能，围绕以党和国家利益为导向、围绕经济社会发展、围绕以人民为中心开拓创新。另一方面，地方志"十业并举"并不是要求事业发展十个指头一样长，而是"十业"有质量地向前不断推进。要在做好志鉴主业的同时，力争在"十业并举"其他方面有所作为，做好方志馆建设、地方志信息化、史志资源开发、方志学科理论建设等工作。

（四）处理好地方志机构改革和事业有序发展的关系，主动作为，变挑战为机遇

当前党和国家机构改革基本完成，部分省市县的地方志机构和人员随之发生了调整。但是应当明确的是，党中央、国务院对地方志工作的高度重视没有变，地方志工作在党和国家工作全局中的重要地位和作用

没有变,广大地方志工作者"存史、资政、育人"的职责使命没有变。因此,我们要牢记方志人的使命和初心,心往一处想、劲往一处使,做到思想不乱、工作不断、队伍不散、干劲不减,一张蓝图绘到底,稳步推进《规划纲要》确定的各项工作任务。希望各县级党委政府在机构改革完成后一如既往地关心、支持地方志事业,特别是要按照《规划纲要》的要求,把地方志工作纳入国民经济和社会发展规划、各级政府工作任务之中,做到认识到位、领导到位、机构到位、编制到位、经费到位、设施到位、规划到位、工作到位,保持地方志机构的稳定性、地方志人员的积极性和地方志工作的延续性。

"怀山之水,必有其源;参天之木,必有其根。"县级地方志可以说是全国地方志事业的根与源,只有固好根本,疏浚源头,地方志事业才能枝繁叶茂、源远流长。希望广大地方志工作者团结起来,为共同的事业努力奋斗,为全民共享地方志发展成果努力奋斗,为实现中华民族伟大复兴中国梦努力奋斗。

打造长三角一体化方志文化矩阵*

实施区域协调发展战略是新时代国家重大战略之一,是贯彻新发展理念、建设现代化经济体系的重要组成部分。推动长三角区域一体化发展,是习近平总书记亲自谋划、亲自部署、亲自推动的重大战略决策。在习近平总书记宣布支持长江三角洲区域一体化发展并上升为国家战略一周之际,上海市、江苏省、浙江省和安徽省地方志工作机构深入学习贯彻习近平总书记重要指示精神,认真落实《长江三角洲区域一体化发展规划纲要》,举办首届"地方志与长三角区域一体化论坛",主动服务、服从国家战略,用丰富的方志理论和研究成果,推动长江三角洲区域一体化进程,非常及时、非常必要,也非常有意义。

借此机会,我浅谈几点认识:

一、深入学习贯彻习近平新时代中国特色社会主义思想,主动服从服务国家战略是地方志工作最大的政治

地方志是一门政治属性很强的学科。地方志工作关乎历

---

* 2019 年 11 月 10 日在地方志与长三角区域一体化论坛上的讲话。

史延续、文化传承,关乎当前建设、未来发展,是社会主义文化事业的重要组成部分,是党和国家工作全局中的重要组成部分,具有高度的政治性。发展地方志事业必须讲政治,要把地方志工作放到国家战略的大局中去谋划、去推动。落实重大国家战略的过程,就是地方志实现高质量发展的过程,深度融入、服从服务国家重大战略是新时代地方志工作高质量发展的根本出路。

党的十八大以来,以习近平同志为核心的党中央紧紧围绕统筹推进"五位一体"总体布局和协调推进"四个全面"战略布局,审时度势、深谋远虑,着眼全国发展大局,提出了"一带一路"、长江经济带、京津冀协同发展、粤港澳大湾区、长三角区域一体化等重大国家战略,为实现"两个一百年"奋斗目标和中华民族伟大复兴中国梦铺路筑基。这些重大战略的实施,为地方志工作创造性转化、创新性发展提供了重大机遇。近几年来,全国地方志系统以国家利益为导向,围绕国家发展大局和国家重大战略,谋划了一系列工作指导思想,组织开展了一系列活动,实施一系列志鉴编纂项目。在全面建成小康社会战略布局中,围绕国家"两个一百年"奋斗目标,我们提出了地方志"两个一百年"奋斗目标;在国家全面深化改革战略布局中,我们提出地方志围绕党和国家根本利益、经济社会发展、以人民为中心开拓创新;在全面依法治国战略布局中,大力实施依法治志;围绕文化自信,我们提出了方志文化自信。在具体工作方面,汶川特大地震后,我们编纂出版了《汶川特大地震抗震救灾志》,是新中国成立以来第一部由国家层面上组织编纂的专题性志书。在南海仲裁案发生之后,我们举办了南海主权与地方志论坛,启动了《中国南海志》《三沙市志》的编纂。稳步推动香港特别行政区、澳门特别行政区地方志编纂。习近平总书记在中央政治局就中国人民抗日战争的回顾和思考进行集体学习时的重要讲话发表以后,我们提出了《中国抗日战争志》的编纂。为服务国家乡村振兴战略,我们实施了中国名镇志文化工程、中国名村志文化工程,拍摄中国影像方志、中国影像志·名镇名村系列等,赢得了社会各界的普遍好评。在省级地方志工作层面:北京、天津、河北地方志系统加强地方志合作,联合参加北京文博会，举办"京津冀运河文化展"，还要共同编纂《京津冀概览》，共同举办西山永定河文化展，助力京津冀协同发展。广州市政府地方志办公室积极顺应粤港澳大湾区发展的国家战略，会同粤港澳大湾区各市和香港、澳门特别行政区地方志工作机构，共同创编《粤港澳大湾区城市群年鉴》《粤港澳大湾区城市群手册》，并在香港出版《粤港澳大湾区城市群概览》（繁体版），展示粤港澳大湾区经济社会发展历程。实践证明，只有将地方志放在历史发展的长河中，放在经济社会发展的大局中，充分发挥地方志对于传承中华文化的价值和意义，全面展示地方志在中国特色社会主义文化建设中的地位和作用，才能切实增强做好地方志工作的责任感、使命感和自豪感。

二、把握长三角一体化的历史性机遇，提升优秀传统文化的凝聚力和影响力是地方志工作应有的担当

长三角位于"一带一路"和长江经济带的重要交汇点，三省一市地域面积35万平方公里，常住人口2.2亿，分别占全国的二十六分之一和六分之一。2018年，长三角创下21.3万亿人民币经济产值，占中国经济总量近四分之一，是我国经济发展最活跃、开放程度最高、创新能力最强的区域之一，在国家现代化建设大局和全方位开放格局中具有举足轻重的战略地位。长三角一体化合作由来已久，从1982年"以上海为中心建立长三角经济圈"算起，已走过了37年的历程。习近平总书记在浙江、上海工作期间，就高度重视长三角一体化发展，担任总书记后多次作出重要指示，强调继续完善长三角地区合作协调机制，加强专题合作，拓展合作内容，加强区域规划衔接和前瞻性研究，努力促进长三角地区率先发展、一体化发展。2018年11月5日，习近平总书记在首届中国国际进口博览会开幕式上宣布，支持长江三角洲区域一体化发展并上升为国家战略。2019年5月13日，习近平总书记主持召开中共中央政治局会议，审议了《长江三角洲区域一体化发展规划纲要》，赋予长三角"一极三区一高地"的战略定位（全国发展的强劲活跃增长极、高质量发展样板区、率先基本实现现代化引领区、区域一体化发展示范

区和新时代改革开放新高地），要求上海、江苏、浙江、安徽增强一体化意识，加强各领域互动合作，扎实推进长三角一体化发展。

要实现长三角地区三省一市互动合作，共同发展，首先要做的是凝聚人心、统一思想。文化是区域一体化的成长基因和共同纽带。长三角区域结成紧密的共同体，既有现实经济的基础，也有历史文化的渊源，既有不同的特质，又有一脉相承的历史、民风相近的习俗，形成了丰富复杂的文化内核和紧密联合的人文价值链。在加速推进长三角区域一体化国家战略的过程中，从历史文化上、思想认识上、情感交流上，增强区域之间凝聚力和向心力至关重要。地方志具有鲜明的地域特征，反映了不同地域的自然地理、风土物产、民风习俗、文学艺术、行为规范、价值追求等，是一座丰富的精神文化宝库，有着"存史、资政、育人"的独特功能，在增强区域之间凝聚力和向心力方面拥有着无与伦比的独特优势。长三角区域方志历史源远流长、方志文化悠久深厚、方志名家群星灿烂，地方志工作基础扎实、特色鲜明、成果丰硕，能够在推动长三角一体化过程中发挥重要作用。可以说，长三角一体化为地方志发挥自身重要作用提供了机遇，提供了展示自我价值的机会和舞台。牢牢把握长三角一体化的重大机遇，要将其视为方志人建功立业的重大机遇，拿出方志人的精神和担当，充分发挥地方志能够联结乡愁，凝聚人心的独特作用，以深挖文化内涵为抓手，以提供公共文化服务为增长点，敢于作为、有新作为，用心挖掘好、传承好、宣传好共同的文化根脉，塑造特色鲜明的区域文化软实力，提升地方志工作在长三角区域一体化发展中的话语权，在推动长三角区域一体化发展中做出属于方志人的特殊贡献。

三、加强文化交流融合，着力打造长三角一体化最大的方志文化矩阵

长三角区域一体化不仅具有重大的经济意义、战略意义，更是加强三省一市地方志工作交流、合作、发展的重要历史机遇。资料显示，2018年1月至7月，一家权威机构展开了一场针对长三角三省一市有

关市民对高质量一体化看法、评价、障碍与未来期待等方面内容的大型调研活动。此次调研主要覆盖55岁以下、学历为高中以上的受教育人群，调查覆盖公务员、国企、事业单位、民营、外资、个体、自由职业者和学生人群，调查覆盖面为上海、江苏、浙江、安徽等地，共发放问卷2000份，回收有效调查问卷1639份。在调研中，90%以上的被调查者对长三角一体化期待很高，特别是对文化教育一体化的呼声极高，占比达到55.4%。这充分说明，在长三角一体化上升为国家战略后，长三角区域文化合作的空间很大、潜力无限，也说明我们地方志工作合作的前景广阔，大有作为的空间。

我们地方志工作要在更新理念、开阔视野、放开胸怀、创新方法上下功夫，不断提升运用专业思维、专业素养、专业方法推动合作发展的能力和水平，推动长三角区域地方志工作同平台谋划、联动式合作、协同化发展。

（一）以联办活动引导合作交流

要围绕长三角区域党委、政府和人民群众关心的重点课题，通过联合举办常态性研讨会、讲座、论坛、展览等活动，提炼长三角区域既有的传统文化精髓，提高人民群众对生活方式、价值理念、思维方式、发展观念的认知度和认同感。

（二）以志鉴项目推动合作交流

长三角地区的城市地缘相近，文化相亲，有很多文化共通性。在公共文化合作上也有很多可以实际运作的项目。要深入挖掘三地历史文化资源，不断拓展合作领域，深化合作内容，健全合作机制，探索合编专题特色志书、年鉴、地情书等，推出一批高质量的成果，形成相应的专题数据库，为科学决策提供参考咨询。

（三）以成果转化促进合作交流

地方志工作每年都会产生很多智力成果，对解决实际问题、促进经济社会发展具有很大参考价值。要下大力气做好各类方志成果的转化工作，努力拓宽渠道，通过多种形式及时报送党委、人大和政府部门，使工作成果进入决策层，应用于工作实践之中。要加大宣传力度，通过报刊、电视、网络等多种媒体刊载报道地方志合作交流成果，扩大社会影响，为推进长三角区域一体化发展发挥更大作用。

（四）要以优势互补促进合作交流

长三角地区的三省一市都有着悠久的修志传统，在地方志工作开展方面，走在全国的前列。但在三省一市的各项具体工作上，推进力度和推进效果上还是存在差异的，有各自的比较优势。比如在推动"两全目标"完成方面，在方志馆建设方面，在古志整理方面，在信息化建设方面，有的走的快一点，有的走的慢一点，存在相互促进提升的空间。实现一体化，就要做一家人，希望三省一市在一体化的过程中，舍得把自己最精华的经验拿出来交流，增强优势，补齐短板，在推动地方志各项事业快速发展上实现齐头并进。

（五）要以特色创新推动合作交流

创新是事业发展壮大的驱动力。举办地方志与长三角一体化论坛，构建长三角一体化地方志合作联盟本身就是全国地方志系统的一次重大创新。一体化并不代表着就是千人一面，大家都一样，一体化的核心价值在于资源的富集和支配力的强化。希望三省一市以及相关地市一级、县一级的地方志工作机构，充分把一体化的优势发挥出来，结合各自的现实需求开拓创新，在地方志事业的各个领域寻找突破口，创造出更多崭新的、有特色的文化产品。

这次论坛是长三角三省一市地方志工作机构签订合作备忘录后举办的首届论坛，从形式到内容都可圈可点。各位专家学者将以"江南文化对长三角区域一体化的贡献"为主题，探讨进一步发挥方志文化在推进长三角一体化中的作用，可以说既是高水平的"阅兵场"，也是优势互补的"朋友圈"，更是激活长三角区域丰富的历史文化资源，让赓续文脉的地方志转化为区域发展的"孵化器"。衷心祝愿三省一市地方志工作交流合作取得更大的成果，为长三角区域一体化高质量发展作出更大贡献。

加强地方志转型升级理论研究*

在全国上下高举习近平新时代中国特色社会主义思想伟大旗帜，深入学习贯彻党的十九届五中全会精神之际，我们在"神农福地、动力之都"——株洲举办首届全国方志论坛暨中国地方志学会方志学分会2020年年会，就是以习近平新时代中国特色社会主义思想为引领，深入推进理论学习和研究，围绕服务党和国家事业发展全局，科学谋划地方志事业新一轮发展，构筑地方志事业发展理论新高地。正当其时、意义重大。

近年来，在湖南省委、省政府高度重视和大力支持下，湖南省"两全目标"推动有力，工作思路清晰，各项工作取得了显著成绩，应给予充分肯定。目前，湖南省"两全目标"已全面完成，第二轮三级志书规划编修《湖南省志》51部，市州综合志9部，县级综合志104部，进入全国前十位。同时，积极推进方志理论研究工作和名镇志、名村志等特色志编修。2019年7月，成功承办第二届走向世界的中国方志文化国际学术研讨会暨第九届中国地方志学会年会。2019年12

---

* 2020年12月23日在首届全国方志论坛暨中国地方志学会方志学分会2020年年会上的讲话。

月,第四届全国名镇论坛暨第四批中国名镇志丛书座谈会在湖南湘西自治州吉首市召开。今天,我们又选择在湖南株洲召开首届全国方志论坛暨中国地方志学会方志学分会 2020 年年会,就是基于湖南有深厚的历史文化和悠久的修志传统,基于长期以来湖南省地方志理论研究工作走在全国前列,每年举办"湘志杯"地方志理论研究征文活动,有着浓厚的学术研究氛围,也是基于中国地方志学会方志学分会的诞生地就在湖南,2016 年 10 月 25 日上午,中国地方志学会方志学分会在湖南长沙宣告成立。

中国地方志学会方志学分会作为全国性方志编纂理论研究和学科建设的学术团体,一直致力于加强地方志编纂业务研究和推动学术交流。历届学术年会就方志学学科建设、地方志功能拓展、地方志资源开发利用、村镇志编纂等进行深入交流与研讨,做了大量工作,为地方志事业转型升级提供了学术支撑。今年是"两全目标"的收官之年,全国基本实现省市县三级志书、年鉴编纂出版全覆盖这一史无前例的伟大文化创举,这次召开论坛和学术年会,再次深入学习贯彻习近平总书记关于史志工作的重要论述精神,全面总结交流第二轮志书编纂经验,谋划好第三轮志书及《中国扶贫志》《中国全面小康志》《中国抗击新冠肺炎疫情志》等重大专题志的编纂,积极探索新时代地方志事业高质量发展的路径,适得其时。要坚持问题导向、目标导向、结果导向,聚焦前沿理论,结合实践探索,力争取得一批有分量、有深度的方志理论研究成果,以创新理论指导实践、引领发展。

一、以习近平新时代中国特色社会主义思想为指导,深入贯彻落实党的十九届五中全会精神,始终把握好正确的政治方向

习近平新时代中国特色社会主义思想内涵丰富、博大精深,以崭新的思想内容丰富和发展了马克思主义,是当代中国马克思主义、21 世纪马克思主义。全国地方志系统要通过系统学、深入学、完整学,首先解决举旗定向问题,明确举什么旗、走什么路、朝什么目标前进。当前和今后一个时期,全国地方志系统还要深入学习贯彻党的十九届五中全会

精神。十九届五中全会是在全面建成小康社会胜利在望、全面建设社会主义现代化国家新征程即将开启的重要历史时刻召开的一次十分重要的会议，重点研究"十四五"规划问题并提出建议，将"十四五"规划与2035年远景目标统筹考虑，对动员和激励全党全国各族人民战胜前进道路上的各种风险挑战，为全面建设社会主义现代化国家开好局、起好步，具有十分重要的意义。全国地方志系统要以习近平新时代中国特色社会主义思想为指导，全面准确、完整系统把握和深入学习贯彻五中全会精神，引导广大地方志工作者增强"四个意识"、坚定"四个自信"、做到"两个维护"，兴起学习贯彻全会精神的热潮。

（一）深刻把握地方志工作在文化强国建设中的地位和作用

党的十九届五中全会明确提出到2035年建成文化强国，这是党的十七届六中全会提出建设社会主义文化强国以来，党中央首次明确建成文化强国的具体时间表，为在全面建设社会主义现代化国家新征程中推动建成文化强国提供了行动指南，为我们深刻认识新时代文化建设新使命、创造中华文化新辉煌明确了前进方向。连绵不断编修地方志是中华民族独有的优秀文化传统，地方志横陈百科、纵述史实，记录了中国人民自古以来自强不息的奋斗历程，留存了丰富多彩的地域文化，承载着传承中华文明、弘扬中华优秀传统文化、历史文化的重任，是展示和构建中华民族历史、延续中华文脉的重要载体。新时代地方志工作，要始终坚持放在党和国家的工作全局中去思考和谋划，把史志工作作为增强文化自信、传承中华文明、提升国家文化软实力的基础文化工程抓好抓实；要始终坚持总结提炼历史经验和历史智慧，记录党在不同历史条件下完成伟大艰巨任务积累的宝贵经验和智慧；要全面总结各地在推进经济社会发展积累的宝贵经验和智慧，人民幸福感获得感安全感不断提升积累的宝贵经验和智慧，为国家治理体系和治理能力现代化提供借鉴和参考，在文化强国建设中找准定位，发挥独特作用。

（二）深刻把握坚持以人民为中心的根本宗旨

历史是人民创造的，文明也是人民创造的。中国共产党是中国工人阶级的先锋队，同时是中国人民和中华民族的先锋队。我们党的初心和使命是为中国人民谋幸福、为中华民族谋复兴,全心全意为人民服务是我们党的根本宗旨,是我们党一切行动的根本出发点和落脚点,是我们党区别于其他一切政党的根本标志。新时代地方志工作,要始终站稳人民立场,一切为了人民、一切相信人民、一切依靠人民,诚心诚意为人民谋利益,诚心诚意记录人民铸就的历史,坚持"以人为本、以民为本"的根本立场,解决好"为了谁、依靠谁、我是谁"的问题,站在党和人民的立场上存史、写志。

(三)深刻把握地方志工作在意识形态领域中的角色定位

我们党具有重视意识形态工作的优良传统。党的十八大以来,以习近平同志为核心的党中央立足世界百年未有之大变局、统揽中华民族伟大复兴全局,针对新形势下意识形态领域的复杂情况,果断作出加强党对意识形态工作领导的战略部署。意识形态工作事关为国家立心、为民族铸魂,必须牢牢掌握好领导权、管理权、话语权。"欲知大道,必先为史。灭人之国,必先去其史,欲灭其族,必先灭其文化",地方志工作是意识形态领域的重要阵地,大家一定要增强政治意识和阵地意识,保持政治定力,树立大局观念,强化责任担当,做到守土有责、守土负责、守土尽责。最近几年,地方志系统在宣传和地方志资源开发利用上有不少创新,意识形态领域工作的手段和方式就是要不断创新,尤其是要着眼于满足人民群众日益增长的精神文化需求,做到"究天人之际,通古今之变",在讲好中国故事、彰显地域文化方面谋作为、出实效,采取春风化雨、润物无声的方式唱响主旋律,弘扬正能量,充分体现地方志工作的社会效益。

(四)深刻把握弘扬社会主义核心价值观这一价值追求

社会主义核心价值观既凝结着全体人民共同的价值追求,又蕴含着社会主义现代化的价值目标,是当代中国精神的集中体现,是凝聚民心、汇聚民力的强大力量。地方志工作的社会价值追求,必须抓住社会主义核心价值观这个根本。要坚持把弘扬和践行社会主义核心价值观作为地方志工作凝魂聚气、强基固本的基本要求,同时继承和弘扬尊士、崇德、向善、忠义、孝亲等传统价值,强化教育引导,在加强爱国主义、集体主义、社会主义教育中有所作为，引导人们增强坚守共同理想、实现共同梦想的信心和决心，为夯实全民族全社会休戚与共、团结奋进的思想道德基础，更好构筑中国精神、中国价值、中国力量再立新功。

（五）深刻把握坚持党的全面领导这一根本原则

坚持和加强党的全面领导，关系党和国家前途命运，各行各业工作都应该建立在这个基础之上，都应该根植于这个最本质特征和最大优势。在坚持党的领导这个决定党和国家前途命运的重大原则问题上，各级地方志工作机构和广大地方志工作者要丝毫不能含糊、片刻不能动摇，脑子要特别清醒、眼睛要特别明亮、立场要特别坚定，时刻保持高度的思想自觉、政治自觉、行动自觉。

二、继承和发扬经世致用的优良传统，在强化地方志理论研究上实现重大突破

"方志流传绵延千载，贵在史识，重在致用。"经世致用是中国的优良文化传统，是方志人念兹在兹的立身、立学之本，是方志事业不断发展、持续繁荣的源泉和动力。经世致用饱含着方志人"直笔著信史，彰善引风气"的精神，体现着方志人"为当代提供资政辅治之参考，为后世留下堪存堪鉴之记述"的事业追求。同时，还要看到这几年地方志事业发展的一些新情况新变化新趋势新问题，比如国家对地方志工作高度重视带来的社会地位和作用的变化、机构改革后管理体制机制转变带来的变化、"两全目标"完成后工作重点的变化、地方志社会影响力提升后社会效益和价值的变化等，都是当前方志界需要通过理论研究解决的重点问题。新时代的地方志理论研究，要始终坚持与国家的历史发展进程相结合，放在时代背景下思辨，才能实现升华，推动方志事业跃上新台阶。

（一）在修志理论探索上下足功夫

连绵不断编修地方志作为中华民族独有的优秀文化传统，经过前人和当代方志人的不断探索和数百年的积淀，在方志源流、方志发展史、

方志性质、方志编纂、方志管理等方面有了诸多研究成果，方志学作为独立学科的理论框架基本搭建起来。修志为用，前提还是要修好志。编纂高质量的地方志成果，是地方志事业发展的根基所在，也是地方志理论研究的基本落脚点。相比方志学研究的其他方面，尤其是经过自改革开放以来的两轮修志实践，当代方志人边实践、边总结，形成了规模较大的地方志编纂理论研究成果。但总体上看，仍然存在不够系统完整、碎片化现象较为突出等问题。当前，"两全目标"基本完成是强化地方志编纂理论研究一个十分重要的契机，方志界要沉下心来，对地方志编纂理论进行系统梳理，尤其是要拿出适应新时代修志工作要求的编纂理论研究成果，这样启动第三轮修志工作才能行稳致远。大家一定要吸取第二轮修志启动较为仓促，理论准备不充分的教训，把理论根基扎牢。要通过着力解决地方志编纂实践中遇到的现实问题和理论问题，提升运用理论指导实践的能力，努力创作经得起实践、经得起人民和历史检验的精品佳志。

（二）在用志理论探索上下足功夫

修志为用的另一方面是用的问题，这些年不论是用志的方法还是手段都有了不少创新，地方志系统通过建设方志馆、数据库和地情网站，召开论坛，编辑资治读物，推动地方志成果进机关、进农村、进校园、进社区、进企业、进军营等，不断扩大社会影响力和提升社会效益。但总的来看，用"志"工作与地方志的历史地位和资源条件是不相匹配的。世界上没有任何一个国家和地区有像我国这样成体系、成建制、内容全面系统的地方志文献宝库。如何围绕资治教化做好用志文章，既需要对实践经验的全面总结，更需要在理论研究方面进行深入探讨。如何用好志、拓宽用志的路径、丰富用志的手段，不仅仅是为了促进工作，更涉及进一步完善地方志工作机构职能、体现地方志社会价值、满足人民群众日益增长的文化需求等理论问题，要引起方志学界的重视。

（三）在方志文化传播理论探索上下足功夫

党的十八大以来，加强文化传播工作和国际话语能力建设被提升到国家战略高度，文化传播已经成为国家传播乃至全球传播的核心途径和手段。方志文化传播，关键是把握好对内"热起来"和对外"走出去"两个方面。地方志传承两千多年，但是社会认知度、辨识度还是不高，冷部门一直都是外界对地方志工作机构的基本认识。对于"冷"和"热"，大家要辩证地看。"冷"就是要有"板凳坐得十年冷，文章不写半句空"，耐得住寂寞、守得住清苦的精神；"热"就是要把地方志文化资源开发利用好，让地方志走入寻常百姓家、走向世界，为更好构筑中国精神、中国价值、中国力量，讲好中国共产党的故事、讲好中国人民的故事、讲好中国的故事，塑造文明大国、东方大国、负责任大国、社会主义大国等贡献方志力量。方志文化传播是专门的学问，关键在于围绕地方志是什么、有什么、做什么、能起到什么作用等方面去开展深入研究，为用志工作提供坚实的理论支持。

（四）在地方志管理理论探索上下足功夫

地方志作为"官修、官职、官责"，是利用公权力来组织开展的，地方志管理理论研究不容忽视。清代章学诚在《州县请立志科议》就提出："州县之志，不可取办于一时，平日当于诸典吏中，特立志科"，最早提出要建立地方志工作机构。改革开放初，在省市县三级建立地方志工作机构的同时，经过不断探索形成的"党委领导、政府主持、地方志工作机构组织实施，社会各界广泛参与"的工作体制，为地方志工作提供了坚实的组织和体制保障。同时，各地还不断建立和完善资料征集工作制度、地方志成果编纂审查验收制度等，极大丰富了地方志管理的内涵。就地方志管理理论研究，当前要关注一些新情况，比如全面加强党对意识形态工作领导和上一轮机构改革后地方志工作机构领导机制的变化；新形势如何进一步广泛借助和吸纳社会力量促进地方志事业发展；如何进一步强化地方志工作的"官职官责"；如何充分发挥地方志机构统筹规划、组织协调、督促指导的作用，形成上下同步、左右协作的工作格局等，都需要通过加强地方志管理理论研究来解决。

三、以编制地方志事业发展"十四五"规划为抓手，全面探索地方志转型升级的路径和举措

"十四五"时期是我国全面建成小康社会、实现第一个百年奋斗目标之后，乘势而上开启全面建设社会主义现代化国家新征程、向第二个百年奋斗目标进军的第一个五年。"十四五"期间，我国将迎来新的发展阶段，编制好与国家发展相适应的地方志事业发展规划，全力实现"十三五"圆满收官和"十四五"良好开局，是摆在全国方志人面前的重大课题。大家要从党和国家发展大局的高度和维度去规划地方志事业发展，扎实推进制定下一个五年发展规划，精心谋划地方志事业发展的中期、远期目标，拓展事业发展的广大和深入。

（一）对国办印发的《全国地方志事业发展规划纲要（2015—2020年）》落实情况进行全面评估

《规划纲要》是地方志工作开展以来由国务院办公厅印发的第一个五年规划，要制定新的五年规划，对上一个五年规划实施情况进行全面评估，是必要的环节，也是制定下一个五年规划的基础。中指办要牵头，组织专门力量对上一个五年规划落实情况进行专门评估，形成评估报告。要把评估过程同时作为对全国地方志工作现状进行摸底和调研的过程，把家底摸清楚，把面临的机遇挑战摸清楚，把存在的困难问题摸清楚，为下一步规划制定明确好目标方向。

（二）是把握地方志事业发展规律，科学民主谋划好下一个五年的工作重点

党的十八大以来，中指组及其办公室紧紧围绕"四个全面"战略布局，紧紧围绕坚持和发展中国特色社会主义、实现中华民族伟大复兴这个主题主线，紧紧围绕党和国家利益、经济社会发展、以人民为中心三大主题深化改革、开拓创新，出台了一系列新政策、新规划、新制度，提出在全国范围内全面推动地方志从一项工作向一项事业转型升级的重大改革理念，提出彻底摒弃"一本书主义"，实现志、鉴、史、馆"四驾马车"并驾齐驱，志、鉴、史、馆、库、网、用、会、刊、研"十业

并举"等工作要求。近年来，地方志工作在抓实抓牢主责主业，全力推进地方志"两全目标"攻坚，坚持依法治志，稳步推进地方志资源开发利用，加强人才队伍建设等方面均取得显著成效和丰硕经验，弥足珍贵，需要进行全面总结并长期坚持下来。"十四五"规划的制定，要增强机遇意识和风险意识，把握地方志事业发展规律，善于在危机中育新机，于变局中开新局，化被动为主动，布好先手棋，谋划好下一步的重点任务，做到准确识变、科学应变、主动求变。同时，要充分发扬民主，通过开门问策、网络问计，集思广益，把大家期盼、基层呼声等充分吸收到"十四五"规划编制当中，谋划好富有前瞻性、全局性、基础性、针对性的重大举措，统筹好接续改革，力争编制一个科学全面、高标准、高起点、高水平的发展规划。

（三）下好先手棋，全面推动地方志事业的转型升级

地方志"十四五"发展规划的编制，要把推动地方志事业转型升级作为主要目标任务，坚持创新、协调、开放、共享的新发展理念，优化同新发展格局相适应的地方志编修体系、理论研究和学科建设体系、质量保障体系、资源开发利用体系、工作保障体系"五位一体"的地方志事业发展综合体系；要主动融入国家战略，促使地方志工作成为中华优秀传统文化传承发展、乡村振兴、脱贫攻坚、文化强国建设等国家重大战略实施的重要组成部分；要全面深化改革，推进依法治志，增强地方志事业的系统性、整体性、协同性。要聚集正能量，讲好方志故事，构建有中国特色、中国风格、中国气派的方志学科体系、学术体系、话语体系；要在满足人民日益增长的美好生活需要上找准落脚点，推动地方志文化产品供给侧改革，着力提升成果质量。

最后，强调一下《中国扶贫志》《中国全面小康志》《中国抗击新冠肺炎疫情志》的编纂工作。国家级专题志是中国特色社会主义新时代地方志工作的一个创举，也是提升地方志在国家发展大局中的地位和作用的重要载体。"三志"的编纂，全面记录脱贫攻坚和全面建成小康社会的伟大历程，全面记录我国抗击新冠肺炎的伟大历程，全面体现社会主义制度的优越性、中华民族的优秀品质、人民军队的政治本色、中国共

产党的坚强领导、国家治理体系和治理能力现代化建设的显著成效，充分证明中国道路和中国经验的科学正确。要充分认识"三志"编纂的重要意义，坚决做到"两个维护"，在志书编纂中充分彰显我国独特的政治优势、制度优势、发展优势和机遇优势，坚持为人民服务和为社会主义服务的方向，记录和传承好中国之治，切实履行好为党立言、为国存史、为民修志的职责使命。

新时代新起点新作为，跨入全面建设社会主义现代化国家新的历史阶段的地方志工作，迎来了重大发展机遇。"船到中流浪更急，人到半山路更陡"，我们要始终坚持以习近平新时代中国特色社会主义思想为指导，深入贯彻落实党的十九届五中全会精神，为地方志事业发展开好局、起好步，凝聚力量，整合资源，深入开展理论研究，制定好下一个五年规划，组织好"三志"编纂等重大项目，构建具有中国特色、中国风格、中国气派的方志学科体系、学术体系、话语体系，为实现中华民族伟大复兴中国梦贡献力量、展现作为。

转型升级与志书政治部类编纂改革 *

进入新时代，我们提出要在全国范围内，全面推动地方志从一项工作向一项事业转型升级。对地方志转型升级的理解，既有从编写一本志书向"十业并举"的范围拓展，又有志鉴编纂体例、类目等与时俱进的改革创新。

当前，全国第二轮修志正处于深入推进最为关键的时期，需要在加快进度的同时，切实抓好质量建设，做到两手抓、两手都要硬。2017年3月初，中指办在河北石家庄组织召开全国第二轮省级志书（政法）编纂业务研讨会，这次召开政治部类编纂业务研讨会，和上次会议是一脉相承的，目的是通过对志书编纂业务的分类研讨，总结好的经验做法，分析存在的困难和问题，提出进一步提升志书编纂与时俱进、转型升级的路径和对策建议，加强地方志理论研究和实践经验探讨等。这次会议专门邀请了三位资深专家，结合《吉林省志·中共志》《常德市志·民主党派和工商联志》《钦州市志》（政治部类）三部志稿进行深入研讨，是一次重要业务研讨安排，希望与会代表高度重视，认真研讨、认真学习、认真总

---

* 2017年5月11日在全国第二轮志书（政治部类）编纂业务研讨会上的讲话。

结，进一步提升对志书政治部类编纂重要意义的认识，进一步提升编纂业务能力，进一步提升志书质量。在此，就志书政治部类的编纂，我提出几点意见：

一、充分认识政治部类在全志中的重要地位

国务院《条例》规定，"地方志书，是指全面系统地记述本行政区域自然、政治、经济、文化和社会的历史与现状的资料性文献。"一般来说，志书的总体框架除了概述、大事记、人物、艺文、附录等以外，基本按照自然、政治、经济、文化、社会五大部类来谋篇布局。从首轮到第二轮修志，对于政治部类的编纂有很多的研究成果，但对政治部类在全志中的地位认识还不够清晰，定位还不够准确。

（一）政治部类是志书的灵魂

政治作为上层建筑，不仅包含了政治、法律制度，还包括军队、警察、检察、法院、监狱、政府部门、政党等国家机器和政治组织。志书的政治部类，记述的是本行政区域内的国家机器、政治组织的活动、成绩、机构队伍建设，推进当地经济建设、政治建设、文化建设、社会建设、生态文明建设等情况，反映的是建设中国特色社会主义在本行政区域的具体实践和取得的成果，体现了中国特色社会主义道路的优越性，体现了在中国共产党领导下各地经济社会建设取得的伟大成就。1957年毛泽东同志在《关于正确处理人民内部矛盾的问题》中指出："没有正确的政治观点，就等于没有灵魂。"志书政治部类，就是全志政治观点的集中体现，是全志的灵魂。

（二）政治部类是志书时代特色的方向标

改革开放以来，我国的经济社会建设取得了举世瞩目的成就，成为世界第二大经济体，综合国力稳步提升。在实现强国之路的过程中，政治体制改革作为全面深化改革的重要组成部分，对经济社会发展发挥着重要的保障和促进作用。正是始终坚定不移走中国特色社会主义政治发展道路，始终坚持和完善人民代表大会制度这一根本政治制度，始终坚持中国共产党领导的多党合作和政治协商的基本政治制度，始终坚持司

法体制改革和推进依法治国建设，始终坚持行政体制改革释放市场活力和社会创造力，始终坚持完善权力运行制约和监督体系，才能够保持社会的稳定、经济的繁荣、民生的改善。志书的政治部类，反映了我国政治体制改革的进程和成就，体现了改革开放这一新时代的基本特征，是志书时代特色的集中体现。

（三）政治部类是志书实现社会价值的依托

修志是一项文化工作，志书作为"官书"，属于意识形态范畴，既有资料性、学术性，还有政治性。同时，志书还具有"存史、资政、育人"等社会价值，"国有史，邑有志""治天下者以史为鉴，治郡国者以志为鉴"。因此，志书的重要功能是为国家治理体系和治理能力现代化提供历史智慧、历史营养。政治部类的内容，不仅只涉及政治领域，还囊括了国家机器和政治组织推进本地发展的方方面面内容，突出表现为顶层设计和各项具体的工作举措、组织落实，集中反映的是中国特色社会主义制度的逐步完善，以及推进国家治理体系和治理能力现代化的进程，是资政的最好素材，能够为当地方方面面建设提供历史的借鉴和实实在在的经验做法，是志书实现"存史、资政、育人"功能的主要依托。

二、始终把增强"四个意识"贯穿于政治部类编纂的全过程

2016年1月29日，中共中央政治局召开会议，首次公开提出"增强政治意识、大局意识、核心意识、看齐意识"。"四个意识"的提出，标志着中国政治、中国治理进入一个新阶段。志书政治部类的编纂，必须始终坚持"四个意识"。

（一）增强政治意识

政治意识，主要是指政治思想、政治观点，以及对于政治现象的态度和评价。"求木之长者，必固其根本"，志书政治部类是志书中最能体现政治思想、政治立场、政治观点的部分，在编纂中必须始终坚持正确的政治立场，始终坚守对马克思主义的信仰、对中国特色社会主义和共产主义的信念、对党和人民的绝对忠诚。在政治部类的编纂中必须时刻增强政治意识，保持清醒的政治头脑，保持敏锐的政治观察力和鉴别

力，这是基本要求和必须坚持的根本遵循。

（二）增强大局意识

大局意识，就是自觉从大局看问题，把工作放到大局中去思考、定位、摆布，做到正确认识大局、自觉服从大局、坚决维护大局。"不谋全局者，不足谋一域"，志书的政治部类，是国家机器和政治组织在本行政区域谋大局、办大事的全面反映，记述的是对本行政区域改革发展最核心、最重要的顶层设计和具体举措，政治部类能否记得好，重要的衡量标准就是能否反映出本区域的总体发展思路、脉络、措施、成绩等。志书政治部类的编纂，要善于从全局高度、用长远眼光观察形势、分析问题，要有大局观，善于围绕党和国家、本区域的大势认识和把握局面，将大局牢牢记在心上、扛在肩上、抓在手上、落实在编纂上，自觉在顾全大局的前提下来谋好篇、布好局、入好志。

（三）增强核心意识

核心意识，就是要坚持中国共产党的领导，坚决听从党中央的决策部署，与以习近平同志为核心的党中央保持高度一致。政治部类反映的是党中央、地方党委带领全党和本区域的人民继往开来、奋发有为，凝心聚力、革故鼎新，推动地区发展面貌焕然一新的总历程。通过志书政治部类，要突出党的领导核心地位，突出在党的领导下，高举旗帜、励精图治，开拓进取，担当实干，坚定不移地保持对党唯一的、彻底的、无条件的、不掺任何杂质的绝对忠诚，自觉在思想上、政治上、行动上同党中央、本级党委保持高度一致。

（四）增强看齐意识

看齐意识，就是向党中央看齐，向党的理论和政策看齐，保持高度团结统一。"上下同欲者胜"，志书政治部类要反映出本行政区域内广大党员干部群众与党中央、本级党委齐心协力，党的国家机器和政治组织层层立标杆、上下做示范，凝心聚力、群策群力、团结统一、步调一致，看得齐、跟得上、立得稳、行得远，为区域发展、人民幸福谋发展而作出的卓越努力。政治部类的编纂，要始终以遵循党的路线方针政策为准绳，做到大事不糊涂，真正树立起看齐意识。

三、志书政治部类的编纂要做到"七个坚持"

在政治部类编纂过程中始终树立"四个意识",并不是一句空话,而是要作为思想指引,既要通过增强"四个意识"解决认识问题,还要把握好如何在编纂实践中坚持"四个意识",如何进一步突出政治部类的政治性、时代性、引领性,重点要做到"七个坚持"。

(一)坚持突出中国共产党的领导核心地位

"水有源,故其流不穷;木有根,故其生不穷。"中国共产党的领导核心地位,绝不是机缘巧合,而是深深植根中国实际,在马克思主义中国化道路上探索不息、奋斗不止的结果,是历史和人民的最终选择。志书政治部类,要记述好党的地方组织为了实现改革发展义不容辞担负起的重任,所作出的重大部署、重大决策,交出的成功答卷;要记述好党在全面建成小康社会进程中披荆斩棘、愈战愈勇,坚如磐石、百炼成钢的具体实践,等等。用实实在在的业绩、真实的历史,刻画好中国共产党全心全意为人民服务的根本宗旨,刻画好党带领和团结广大人民从一个胜利走向另一个胜利的历程,刻画好在党的领导下本行政区域取得的建设成就,用生动的事实证明没有党的领导就没有今天取得的伟大成就。

(二)坚持突出中国特色社会主义的制度自信

新中国成立以来,中国特色社会主义制度建设经过反复探索,特别是改革开放以来不断深化政治体制改革,取得了丰硕成果。回顾这一段历史,我们要充分认识到,中国特色社会主义制度是几代共产党人和广大人民群众历经艰辛建构起来的,既吸收了现代文明制度体系的优点,又经过与中国传统制度文明、传统文化的不断磨合,符合中国国情和人民利益。政治部类要充分记述好中国特色社会主义制度的不断完善、不断优化的进程,记述好能够最大限度地整合社会资源、集中力量办大事的体制机制优势;记述好能够最大限度地发扬人民民主、激发全社会创造活力的政治优势;记述好能够最大限度地解放和发展社会生产力,推动科学发展、和谐发展的经济优势;记述好能够最大限度地凝聚社会共识、形成共同理想、构建中华民族共有精神家园的思想优势，以此体现社会主义制度的优越性，彰显制度自信。

（三）坚持突出人民当家作主这一社会主义民主政治的本质和核心

人民代表大会制度是符合中国国情、体现中国社会主义国家性质、能够保证人民当家作主的根本政治制度。新中国成立以来特别是改革开放以后，人民代表大会制度理论和实践创新不断推进，人大监督制度和讨论、决定重大事项制度及依据宪法实施监督机制和程序进一步健全，中国特色社会主义法律体系不断完善，立法工作得到加强。志书政治部类，就要记述好各级人大依法行使立法、监督、决定、任免等职权，记述好人大充分履行最高国家权力机关职责的实施，记述好人民如何通过人大行使国家权力，充分展示社会主义民主政治的蓬勃生机。

（四）坚持突出行政管理体制改革的总体进程

行政管理体制改革是政治体制改革的重要内容，是上层建筑适应经济基础客观规律的必然要求，贯穿我国改革开放和社会主义现代化建设的全过程。志书政治部类，对于行政管理体制改革的记述要总揽全局、突出重点，着力记述好政府转变职能、理顺关系、优化结构、提高效能，形成权责一致、分工合理、决策科学、执行顺畅、监督有力的服务型政府的改革历程；着力记述好通过改革提供优质公共服务、维护社会公平正义，实现政府组织机构及人员编制向科学化、规范化、法治化，行政运行机制和政府管理方式向规范有序、公开透明、便民高效的根本转变；着力记述好以"放、管、服"改革为核心，以简政放权为"先手棋"，以深化行政审批制度改革为"突破口"，持续发力推进简政放权、放管结合、优化服务，激发市场活力和社会创造力的改革重点内容。

（五）坚持突出中国共产党领导下的多党合作和政治协商这一基本政治制度

新中国成立以来，多党合作和政治协商作为我国的基本政治制度，不断丰富完善，在国家政治生活中发挥着越来越重要的作用。社会主义协商民主不断制度化，逐渐成为我国人民民主的重要形式。作为政治建设的基本内容之一，志书政治部类要认真记述好在中国共产党领导下，通过多党合作和政治协商，人民内部各方面围绕改革发展稳定的重大问题和涉及群众切身利益的实际问题开展广泛协商，努力形成共识的民主协商过程，记述好政协协商的方式和内容；认真记述好统一战线在协商民主中的重要作用，人民政协作为协商民主重要渠道作用进一步强化的过程；认真记述好政治协商、民主监督和参政议政的制度化、规范化和程序化的过程。

（六）坚持突出全面推进依法治国的伟大历程

依法治国，是坚持和发展中国特色社会主义的本质要求和重要保障，是实现国家治理体系和治理能力现代化的必然要求，事关我们党执政兴国，事关人民幸福安康，事关党和国家的长治久安。作为我国基本治国方略，依法治国走过了不平凡的历程，在党和国家工作全局中的地位更加突出、作用更加重大。志书政治部类，要紧紧围绕在中国共产党领导下，坚持中国特色社会主义制度，贯彻中国特色社会主义法治理论，逐渐形成完备的法律规范体系、高效的法治实施体系、严密的法治监督体系、有力的法治保障体系，逐渐形成完善的党内法规体系，坚持依法治国、依法执政、依法行政共同推进，坚持法治国家、法治政府、法治社会一体建设，实现科学立法、严格执法、公正司法、全民守法，促进国家治理体系和治理能力现代化的总历程，突出中国共产党的领导、人民的主体地位、法律面前人人平等、依法治国和以德治国相结合、坚持从实际出发等基本要求，掌握好改革的重点内容、重要节点、重大成果等。

（七）坚持突出权力运行制约和监督体系的不断强化

健全权力运行制约和监督体系作为推进我国政治体制改革的重要任务之一，取得的成就有目共睹。特别是最近几年，制度的笼子越扎越紧，把权力关进制度的笼子里，不敢腐的惩戒机制、不能腐的防范机制、不易腐的保障机制正在形成。虽然第二轮志书记述的下限一般到21世纪初，记述时限还不涉及党的十八大以后，但要通过对时限内完善权力运行制约和监督体系的记述，充分反映我们党始终以制度制约权力、以权力制约权力、以监督制约权力、以权利制约权力。特别是要记述好权力监督的变化，比如在监督主体上，逐渐从单纯的党委和纪检监察机关监督，发展到全党监督、全民监督；在监督内容上，逐渐从个别领域拓展到党和政府工作的各个方面、各个环节；在监督方式上，逐渐从事后监督发展到事前监督、事中监督，从内部监督发展到公开监督，逐步实现党内监督、民主监督、法律监督、舆论监督的有机统一。

编纂好志书政治部类是地方志工作者的政治义务和责任担当，希望与会代表以此次会议的召开为契机，进一步提高认识，进一步深化对编好政治部类的理论研讨和实践总结，总体反映出我国政治建设的发展历程和伟大成就，为编纂好志书政治部类探索出好的经验做法。

转型升级,吉林先行*

中指组将2017年确定为地方志转型升级年和《规划纲要》落实年、督查年,主要目标是把地方志做成一项伟大事业,全面督促检查落实《规划纲要》的各项任务,特别是大力推进实现"两全目标"。

一、团结一致,锐意进取,全面推进地方志事业转型升级

党的十八大以来,以习近平同志为核心的党中央十分关心地方志工作,习近平总书记、李克强总理、刘延东副总理就地方志工作多次发表重要讲话、作出重要批示,国办印发《规划纲要》,"加强修史修志"写入国家"十三五"规划,党中央、国务院对地方志工作的重视前所未有。在第五届中指组的领导下,全国地方志事业发展呈现出重大变化,顶层设计日臻完善,大力推动实现"六个转变",努力构建转型升级新格局。

去年,中指组及其办公室完成国务院交办的《汶川特大

---

* 2017年2月23日在吉林省地方志工作机构主任会议上的讲话。

地震抗震救灾志》编纂工作，在北京人民大会堂举行首发式；在北京人民大会堂召开首届全国名镇论坛暨中国名镇志丛书首发式；启动中国名村志文化工程；召开第一次全国地方志基层基础工作会议，第一次全国方志馆工作会议，第一次全国地方志科研工作会议，第一次全国地方史志期刊工作会议等10多个全国性会议；成立中国地方志学会方志学研究会、年鉴研究会、方志馆研究会、信息化研究会、史志期刊研究会5个研究会；制定了《〈全国地方志事业发展规划纲要（2015—2020年）〉实施方案》《全国年鉴事业发展规划（2016—2020年）》《全国地方志信息化发展规划（2016—2020年）》《关于加强全国地方志科研工作的意见》《关于加强全国地方史志期刊工作的意见》等全国性专项规划和指导性文件。

贯彻落实《规划纲要》是当年全国地方志工作机构的首要任务，特别是坚决完成《规划纲要》确定的"两全目标"，确保到2020年，实现省省有志鉴、市市有志鉴、县县有志鉴，向全面建成小康社会献礼。同时，立足于拓展地方志工作服务经济社会大局能力，全面推进全国地方志"一体两翼"用志工程等，取得了阶段性成果，社会反响很大。以中国志书精品工程和中国年鉴精品工程两大工程为抓手，狠抓志鉴编纂质量；加快推进全国地方志专业出版基地建设工程，先后在四川、湖南、山西、黑龙江、山东等地设立方志出版社分支机构，从出版环节严把质量关。不断强化全国地方志队伍培训，举办第一次全国年鉴主编培训班、第一次全国方志馆培训班、第一次全国地方志信息化培训班、第一次全国地方史志期刊培训班、全国地方志工作机构新任负责人培训班等；与中国社会科学院研究生院合作办学，培养地方志专业人才，不断提升地方志队伍素质水平。全力推进全国信息方志与数字方志建设工程、方志馆建设与研究工程，完成"方志中国"布展并对外开放，积极推进"魅力中国"布展工作，发挥中国地方志学会的桥梁纽带和学术引领作用，做好《中国地方志》编辑等，打造网、馆、刊新平台。

中指组及其办公室在顶层设计上下了很大的功夫，全国各地也紧跟步伐，团结一致，锐意进取，地方志工作全面提升，加速发展，取得了突出成绩，全力推动地方志事业转型升级。志书编修体系进一步完善，年鉴工作又上新台阶，旧志整理工作稳步推进，信息化建设加快推进，方志馆建设取得长足发展，用志领域不断拓宽，服务大局能力不断提升，地方志理论研究稳步推进，依法治志取得较大进展，地方志机构队伍建设不断强化。

以上成绩的取得，得益于党中央、国务院对地方志工作的高度重视，得益于地方各级党委政府的大力支持，得益于有关部门和社会各界的协同配合和积极参与，尤其是各级地方志工作机构和广大地方志工作者团结一致、勇于奉献、敢于担当的结果，成绩来之不易。

二、抓住机遇，乘势而上，转型升级，吉林先行

中国社会科学院党组书记、院长，中指组组长王伟光同志曾评价吉林省地方志工作"做得有声有色，可圈可点，很多经验值得在全国推广"。吉林省地方志工作在吉林省委、省政府的正确领导下，得到全面发展，党委领导、政府主持、人大监督、地方志工作机构依法组织实施、社会各界广泛参与的地方志工作体制日臻完善，在这种体制下地方志工作面临的实际困难都及时地得以解决。吉林初步形成了地方法规、政府规章和部门工作制度相配套的地方志法规制度体系，为推进依法治志奠定了坚实基础。2009年和2016年先后两次，吉林省人大组成执法调研组，到各市进行"两个《条例》"贯彻执行情况执法调研，发挥了人大监督的作用，也切实发挥了吉林省地方志编委会督查、落实的作用。吉林省地方志工作连续被纳入吉林省"十二五"和"十三五"规划，"推进二轮修志工作，新方志馆建设"列入吉林省政府2016年重点工作，地方志工作连续4年被写入政府工作报告。努力构建协调健康可持续发展的地方志工作格局。由"编一本书"向"兴一方事业"的转变，不断创新地方志工作方法，努力向"十业并举"探索奋进。吉林省地方志工作方法切合实际、针对性强、很有特点，具有开拓性、前瞻性，凝聚着吉林省地方志系统全体工作者开拓的思维、创新的火花、进取的精神。

在此，我代表中指组及其办公室向吉林省地方志这些年取得的成绩表示衷心的祝贺。

2017年，是在全国范围内全面推进地方志事业转型升级的关键一年，是全面贯彻落实《规划纲要》任务的重要一年。为此，就如何做好吉林省地方志工作，我提几点要求：

（一）全面贯彻落实《规划纲要》，确保"两全目标"任务的顺利完成

《规划纲要》是国务院向各级政府提出的目标要求，确定了到2020年全国地方志事业发展的法定目标任务。全面贯彻落实《规划纲要》的首要任务是要完成"两全目标"，中指组将2017年确定为督查年、落实年，吉林省各级政府和地方志工作机构必须紧紧围绕既定任务，切实落到实处，扎扎实实、锲而不舍、不折不扣地按时保质完成"两全目标"的硬指标、硬任务。从吉林省地方志事业发展现状来看，吉林省完成"两全目标"的难度不大，但仍不能松懈，还要以钉钉子的精神扎实推进。在抓进度的同时，也要以"堪存堪鉴"为标准，抓好志书质量。希望吉林省积极参与"十大工程"，在参与中贡献吉林方志的力量。

（二）坚定方志文化自信，确保地方志工作在中华优秀传统文化传承发展中有所作为

"文化自信"是习近平总书记治国理政思想的重要内容，方志文化自信是文化自信的重要组成部分。年初，中办、国办印发《关于实施中华优秀传统文化传承发展工程的意见》，这为树立方志文化自信，通过方志文化科学阐释中华优秀传统文化提供了难得的契机。方志人要牢固树立方志文化自信，找准地方志工作在中华优秀传统文化传承发展中的定位，切实担负起传承民族文化的历史使命，通过编修、开发利用地方志成果，参与公共文化服务体系建设，在加强社会主义精神文明建设、培育和践行社会主义核心价值观、掌握意识形态工作领导权和话语权、提升中华文化软实力、建设社会主义文化强国等方面发挥积极作用。吉林省要主动把地方志工作融入文化强省战略，讲好吉林故事，写出吉林特色，为吉林振兴提供强有力的文化和精神支持。

（三）努力实现"六个转变"，力争率先完成地方志事业的全面转型升级

地方志事业的转型升级，要紧紧围绕"六个转变"，大力推进"十业并举"，努力构建地方志事业的大格局。全面转型升级，一方面要实现地方志由一项工作到一项事业的转型，另一方面要实现地方志全面提供公共文化服务的升级。吉林省要积极探索新时期地方志工作的新途径、新模式，补齐短板，借新建吉林省方志馆的契机，切实打造现代化的公益服务平台，不断提升公共服务能力和水平，增强地方志事业发展活力，为社会提供"存史、资政、育人"全方位服务，力争早日实现吉林省地方志事业的全面转型升级。

（四）大力推进依法治志，积极探索地方志工作向现代法治化治理体系转型发展

依法治志是在全面深化改革，全面推进依法治国，建设社会主义法治国家的新形势下，以"一纳入、八到位"为总要求，使地方志从单一的依法修志，向依法识志、依法修志、依法研志、依法用志、依法管志、依法存志、依法传志转型发展，最终实现地方志事业发展的常态化、制度化、法治化。吉林省已经在依法修志方面作出了有益的探索和实践，并取得了良好成效。希望吉林省在深入贯彻落实国务院《地方志工作条例》和《吉林省地方志工作条例》的基础上，采取有效措施，积极探索依法治志的实现路径和方法。通过继续加大宣传力度，使地方政府、部门领导和社会各界加深对地方志工作的认识，强化依法识志。要以修订《吉林省地方志工作条例》为契机，进一步推动全省地方志工作的法治化建设，努力构建省市县三级法律体系，确定地方志工作机构的主体责任、权力清单，不断完善依法修志。努力建立各级政府依法履行领导责任、各级地方志工作机构依法履行组织实施和管理职责、政府各部门和社会各界依法履行修志义务的法治化工作格局。各级地方志工作机构要真正树立法治理念，善于运用法治思维、法治手段来组织、指导、督促和检查地方志工作，使依法研志、依法用志、依法管志、依法存志、依法传志逐步纳入法治化轨道，保证地方志事业全面、协调、创新、持续发展。

（五）坚持修志为用，切实发挥地方志在振兴吉林、促进经济社会发展中的重要作用

修好志，更要用好志。吉林省地方志工作在"围绕中心、服务大局"，为社会各界提供服务方面采取了很多措施和方法，服务能力在不断增强，社会效益日渐显现。但用发展的眼光来看，还存在服务意识不强、服务手段单一、服务能力较弱的情况。吉林省现处于振兴东北老工业基地的重要时期，如何发挥地方志资源优势，为吉林省的经济、文化、生态文明建设服好务，应该是有事可做，大有可为的。在今后工作中要调准工作角度和切入点，为当地党委政府中心任务服务、为经济社会发展服务，充分发挥地方志资政的重要功能，成为党委政府事业发展的得力助攻手。同时，让方志文化在服务经济社会发展、服务群众中发扬光大，成为实现中国梦、振兴吉林的文化源动力。

新的历史时期，赋予了地方志工作者新的使命。希望吉林能抓住机遇，紧紧围绕《规划纲要》总体目标和主要任务，坚定方志文化自信，以依法治志为重要保障，以"一纳入、八到位"为总体要求，进一步振奋精神，积极进取，创新工作，全面推动地方志事业转型升级，为社会主义文化事业的繁荣发展、为打造文化强省作出应有的贡献。

转型升级的山东经验[*]

山东省史志工作在不到两年的时间,在新班子的带领下开拓创新,跨越发展,成绩突出,已经成为全国地方志工作的排头兵。

山东省史志办的工作,我觉得至少有"四有",即有高度,有谋略,有章法,有成绩。

一、有高度

刘爱军主任这个班子在谋划山东省地方志工作中,不是仅从山东看山东、仅从方志看方志,而是站在全国地方志事业发展的高度、站在全省中心工作开展的高度,来看待山东省地方志工作,眼光长远,特别是把地方志工作与山东省中心工作相结合,站位高,视野广。

二、有谋略

这个谋略不仅是一个方面,而且是多个方面。从山东省的经验介绍和大家的发言中可以听到,大家都能在志书、年

---

[*] 2015年4月27日在山东省地方志工作调研座谈会上的讲话。

鉴、旧志整理、方志馆建设、地情网站建设,以及管志、修志、用志、传志等多个方面,多面开花,结出了丰硕成果。这些谋略体现了一个省的方志领导机构统筹规划、引领发展、顶层设计的能力。在地情网建设方面,山东省史志办已经成为山东省地方志工作的指挥中心,也希望中指办能成为全国地方志系统的"110"。山东省在这方面不仅是全国地方志工作的排头兵,也为中指办的工作树立了榜样、积累了经验。

三、有章法

刘爱军主任不仅有眼光、谋略多,而且办法多、资源多、人脉广。他不仅用地方志系统的老办法,还创造了很多新方法。他在开源节流方面有大手笔,过去向财政要钱有困难,现在有关部门对地方志高看一眼。他率领的新一届领导班子不仅在山东,而且与全国多个地方志机构有着密切的来往。既传输山东的经验,又借鉴其他省的先进经验,同时还和中指组及其办公室保持着密切的联系。之所以全国地方志系统第一个国情调研基地在山东挂牌,之所以全国地方志系统十大先进工作者山东能占一名,之所以全国四个名镇志模板山东能占其一,都是因为山东省史志办有一个有章法的领导班子。

四、有成绩

不仅是省史志办的成绩突出,刚才听了九个市史志办主任的发言,也觉得亮点份量、各有特色。包括没来参加这次座谈会的,像菏泽市地方志工作,十年磨一剑,把《菏泽市志》打磨得具有了进入精品志书的可能性。

刚才,九位同志的发言各有特点。潍坊最大的特点是出了好典型,争取到了中国地方志第一个国情调研基地。临朐以前在我的印象中是沂蒙山区、贫穷落后。我到地方志系统工作后,一说到"临朐经验",眼前一亮。在威海的座谈会上,我就对临朐的工作产生了浓厚的兴趣。经过了解,特别是听了省领导的介绍,我又专门去考察,果然名不虚传。开展地方志工作,山东省内比临朐基础条件好的县(市、区)还有很多,但是中国社会科学院的国情调研基地设在了临朐。作为党中央、国务院思想库和智囊团这样一个团队的调研基地设在临朐，不是仅仅就地方志而调研，而是从临朐的地方志调研为切入点，推动临朐在政治、经济、文化、社会、生态文明等方面进一步发展。所以，我们要充分认识建立这个基地的重要意义。

青岛总编室、专家库、"五轮十校"的制度，业务指导、政策扶持、志书评议的三个环节，政府主导、课题开放、专家参与的模式，以及"存史、资政、育人"功能的进一步定位，尤其是向地方公共文化服务领域拓展，走在了全国的前列。青岛不仅是经验，建议也很好。《规划纲要》由国办转发，正在积极推动，将成为继国务院《条例》之后又一个里程碑式的事件。

淄博早就是全国的先进。在方志出版社以前组织的精品志书的评选中，全国有四本志书入选，《淄博市志》是其中一本。淄博组织编纂《淄博抗战记忆》，组织抗战胜利70周年纪念宣传活动，可以跟方志出版社联系，我们正在通过中国社会科学院向国家报送抗战系列图书的出版资助。若初稿成熟，可以通过方志出版社申报国家出版基金。淄博建议中指办加强顶层设计，加强行政管理职能，谈得既坦率又真诚。

东营在方志馆建设中体现黄河文化的特色，提出要加挂国家方志馆黄河分馆的牌子，对此，王伟光院长在威海给予肯定，刘爱军主任为此到中指办沟通了几次，中指办党组已经在考虑，现在进入了操作层面。你们把要求再细化一点，下一步我去实地了解一下，从国家方志馆分馆这个角度看看你们还缺什么，再进行沟通。地情网站建设，山东走在全国前列，东营做得非常有特点。开展全国数字方志与信息方志工程建设，中指办想找几个典型，在全国推动这项工作。另外，"快乐修志"应当成为我们全体史志同仁的新常态。为了征集志书，有些五六十岁的同志，包括女同志，好几个夜晚都在列车上度过；为了编纂《东营图志》，好几个编纂人员七个月没休过双休日，这都是非常感人的事迹，地方志工作能做到这样一种程度是令人钦佩的。"快乐修志"很重要，这点东营做到了，山东刘爱军主任带领大家做到了。我来地方志工作才一年多的时间，深切感受到地方志工作大有作为、大有可为。

烟台打造胶东红色文化龙头城市、搞村村修志工程，这两点非常好。胶东红色文化龙头城市还有威海和青岛，烟台做龙头不是容易的事。但是口号提出来了，关键在于动作要快，地方志"冷部门"的人也要热情做事、激情做事。红色文化龙头城市建设如果动作不快，青岛、威海也能去做。今年中国名镇志丛书首发式之后，马上就要启动中国名村志文化工程。烟台的村村修志能不能往前推进，中国名村志如果搞样板，可以看看烟台有没有经验可以总结，有没有样板可以提供。

威海也是出经验的地方，耿祥星主任到位时间也不长，原来的毕吉玲主任是地方志的先进人物，这给你的工作提出了更高要求、更高标准。《威海市志》要好好打磨，努力争取进入第一轮的中国地方志精品工程。

日照2002年到2012年史志工作停滞了10年，2012年8月启动市志编修，短时间也取得了成绩，在与市委、市政府的沟通方面效果很好。但是，前面的底子不好、困难也很多，可以积极联系省里和中指办，争取多参与一些项目和活动。

莱芜的年鉴质量不断得到提升，要争取进入中国年鉴精品工程。莱芜提出要在全市启动村镇志、部门志、行业志、企业志等基层部门、行业志书的编修，也走在了全国的前列。说山东是排头兵，莱芜也是一个代表。莱芜提的建议很好，建议修改《地方志工作条例》，提高依法治志水平，地方志系统搞学历学位教育，刚才赵芮书记做了很好的回应。中国地方志博士后工作站依托方志出版社设立，目前已经上报。博士后工作站设立后，将在全国招收博士后，开展对地方志立法和方志学理论以及用志、管志、修志、传志等问题的研究。

滨州提出"既要栽树，也要乘凉"，用台历和手册的方式传志，很有意义。你们在全国率先开发出首套方志馆数字化管理软件，值得国家方志馆建设中予以调研。孝文化挖掘也是滨州的特色。孝文化在中华传统文化中具有独特的价值和作用，特别是当前习近平总书记重视从历史文化传统中发掘我们实现中国梦的智慧和办法，滨州提出依托地方特色引导孝文化，这个设想非常好。

九个地方有很多经验、有很多特色、有很多好的建议，但是各地工作还存在发展不平衡的问题。有的地方第二轮修志还没启动，能不能在 2020 年之前完成，值得担忧。我们应该既看到成绩，也看到不足和后劲。

当前，我们要在全面深化改革的形势下考虑如何深化地方志改革，在全面推进依法治国的形势下考虑如何推进依法治志。依法治志是中指组五届二次会议的新提法，经过了精心论证。依法治志不仅是对地方志机构及地方志工作者的要求，而且是对各级政府、相关单位和个人在法律调整的范围、框架之内开展地方志工作作出的指引。

近期，中指办正在着手实施"六大工程"，将要实施"四大工程"，加起来是"十大工程"。

一是经济欠发达地区志书出版资助工程。属于经济欠发达地区，在志书编纂方面有困难的地区，可以申报该项工程。二是中国名镇志文化工程。临朐《冶源镇志》已经入选，其他地区可以在省史志办统一协调指导下开展工作，争取推出第一批名镇志的时候山东省能占一定比例。三是中国志书精品工程。所有入选的精品志书，统一设计封面，并颁发证书和牌匾。四是"一体两翼"文化工程。以《中国地情报告》为主体、《中国方志发展报告》《中国年鉴发展报告》为"两翼"，均为每年出版一本，其中《中国方志发展报告》已经基本完成。围绕中心工作和社会热点开展报告的编纂，在全国进行排名，每年发布，这是相当有冲击力的，有助于让地方志机构从"冷部门"变成"热部门"。同时，还要搞中国地情论坛。五是全国地方志出版基地建设工程。不但考虑志书的出版，而且要规范、统一、讲求质量。六是中华家训文化工程。习近平总书记有良好的家风，对家训十分重视。中指组编纂的《中华家训精编 100 则》即将出版，下一步各省要组织编修家训，最后形成中华家训集成。这项工作我们不做，可能有人去做。地方志不能"闭着眼睛打瞌睡，醒来之后修修志"，而要"瞪起眼睛往前冲"，要把想做的工作做好，把想得到的果实装进我们的筐子里。

将要开展的四大工程包括：一是数字方志与信息方志工程。今年，地方志工作被纳入中国社会科学院"八名"工程，并在国家方志馆加挂国家数字方志馆牌子。各地在与一些公司合作信息化工作的同时，要具有高度的敏感性和保密性。二是方志学学科建设工程。下一步的人才培养、队伍培训等工作都要一体化考虑。三是中国年鉴精品工程。四是中国名村志文化工程。这"十大工程"，中指办欢迎大家积极参加。

我提几点要求：

1. 抓住机遇，坚定信心。地方志工作已到了难得的大好时期，机遇难得。越是"冷部门"，越容易做出"热事业"，越容易体现我们的人格魅力、事业心和社会责任。为官一任，并不见得留下多少东西，但历史却通过我们的手为一座城市、一个地区留下可以名垂青史的珍贵资料和灿烂文化。地方志书上写有你们的名字，这就是沉甸甸的历史责任，也是一份很厚重的礼物。从中指组到山东省史志办，给予大家这么好的条件，大家应该有信心，更要抓住机遇。

2. 取人之长，补己之短。寸有所长，尺有所短。每个单位都有自己的长处和经验，每个单位也有需要提高的地方。如果大家能按照中指办和山东省史志办的要求去做，就会少走很多弯路，获得最佳的路径选择。我们不必走太远，向我们身边的同志，如毕吉玲同志、刘建国同志学习，看看一个条件并不太好的县的史志办是如何把工作做到副省长和中指办、省史志办领导为他们的基地揭牌的。

3. 勇当先进，帮扶后进。王伟光院长和李培林副院长早已肯定了山东的成绩。今天王随莲副省长百忙之中为基地揭牌，体现了省领导对地方志工作的关怀。山东省要勇当先进，各地也要争当先进。我们不仅要有一个刘建国，还要有更多的张建国、王建国。不仅要在一个地方创造经验，还要在多个地方创造经验，东营、莱芜等地要好好总结。同时要帮扶后进，全国还有一些地方志工作较为落后，山东省能不能在这方面带个头，支援落后地区的地方志工作，确保2020年全面完成修志任务。

4. 众志成城，开创方志。习近平总书记、李克强总理、刘延东副总理等党和国家领导人，自2014年2月以来多次对地方志工作发表重要讲话、作出重要批示。山东省史志办有这样一个坚强的班子，要有众志成城的精神，不仅要搞好内部建设，而且要把地方志向社会各界和各行各业拓展，让大家都知道地方志。去年我参加广东省地方志工作30年纪念大会，得知陈强主任从事地方志工作17年。我有感而发，提出要创造一个概念，创造一个用来表扬与肯定人的概念，希望这个概念不仅可以用在方志人身上，而且可以用在各行各业淡泊名利、甘于奉献、默默付出、不求回报的人身上，这个概念就是"你真方志"。而且，我们已经把它做到牌匾上，在今年全国地方志机构主任工作会议上颁发给了3位离职的省级方志办主任，成为推介方志人精神和地方志工作的一个口号，也成为我们方志文化的一个重要组成部分。希望在座的各位，发扬山东人不怕困难、敢于牺牲的精神，在新形势、新机遇下作出更大的成绩，到时候，"你真方志"牌匾也能发到你的手中。

实施全国地方志第二次转型升级*

刚才，谢伏瞻组长做了题为《发扬成绩 谋划长远 抓好开局 奋力推动全国地方志事业向法治化高质量转型升级》的讲话。通篇讲话站位高远、立意深远、谋划长远、内涵丰富，是指导"十四五"时期全国地方志事业法治化、高质量发展的纲领性文件。我们一定要认真学习领会，抓好贯彻落实。根据会议安排，我对全国地方志系统贯彻落实《规划纲要》情况，以及2020年工作进行总结，对"十四五"时期以及2021年重点工作予以安排。

一、"十三五"时期地方志工作情况

党的十八大以来，党中央、国务院十分关心重视地方志工作。习近平总书记强调要高度重视修史修志，把历史智慧告诉人们。李克强总理提出"修志问道，以启未来"。"十三五"时期是全国地方志事业发展的重要战略机遇期。在中指组的坚强领导下，全国地方志系统坚持以习近平新时代中国特色社会主义思想为指导，认真学习党的十九大和十九

---

* 2021年3月19日在2021年全国地方志机构主任工作会议上的工作报告。

届二中、三中、四中、五中全会精神,深刻领悟习近平总书记在哲学社会科学工作座谈会上的重要讲话、致中国社会科学院三次贺信、关于地方志工作重要论述特别是宁德地方志工作重要讲话精神,加强党对地方志工作的全面领导,坚持"一纳入、八到位"工作要求,着力顶层设计,实施依法治志,奋力开拓创新,坚定方志文化自信,推动在全国范围内地方志从一项工作向一项事业的转型升级,彻底摒弃"一本书主义",逐步实现志、鉴、史、馆"四驾马车"并驾齐驱,和志、鉴、史、馆、库、网、用、会、刊、研"十业并举"。到2020年底,全国地方志系统已基本完成国家"十三五"规划期间地方志事业发展的基本目标与任务,基本完成省市县三级志书和综合年鉴全覆盖,实现了地方志事业的第一次转型升级,实现了地方志第一个百年奋斗目标,成为一项世界文化史上的盛举。

(一)地方志法治体系基本形成

"十三五"时期,全国地方志系统坚持以习近平法治思想为统领,在国家全面依法治国的大背景下,提出论证并全面实施依法治志,在全国地方志系统搭建起地方志事业发展的四梁八柱,地方志法治体系基本形成。

1.地方志工作纳入国家战略。2015年8月,国务院办公厅印发《规划纲要》,确立了依法治志的基本原则。2016年3月,《中华人民共和国国民经济和社会发展第十三个五年规划纲要》将地方志工作纳入国民经济和社会发展规划,纳入党中央、国务院部署的工作任务。2017年1月,中共中央办公厅、国务院办公厅印发《关于实施中华优秀传统文化传承发展工程的意见》,在重点任务中明确要求"做好地方史志编纂工作,巩固中华文明探源成果,正确反映中华民族文明史,推出一批研究成果",将地方志工作纳入了中华优秀传统文化传承发展工程。2017年5月,中共中央办公厅、国务院办公厅印发《国家"十三五"时期文化发展改革规划纲要》,强调"加强中国共产党史、中华人民共和国史编修,加强地方史编写和边疆历史地理研究。完成省、市、县三级地方志书出版工作。开展旧志整理和部分有条件的镇志、村志编纂",将地方志工作纳入社会主义文化强国建设任务之中。2018年9月，中共中央、国务院印发《乡村振兴战略规划（2018—2022年）》，提出要"鼓励乡村史志编修"，要求地方志工作向基层延伸。

2. 强化顶层设计。"十三五"期间，中指组及其办公室工作一大核心就是强化顶层设计，在充分调研的基础上对全国地方志工作予以统筹规划指导。不仅推动国务院办公厅制定了历史上的第一个《规划纲要》，中指办还陆续制定《〈全国地方志事业发展规划纲要（2015—2020年）〉实施方案》《全国年鉴事业发展规划（2016—2020年）》《全国地方志信息化发展规划（2016—2020年）》等全国性专项规划，指导全国地方志事业发展。2019年，经中央宣传部批准并报国务院同意，顺利完成第六届中指组换届工作，组建新一届中国地方志指导小组，并根据工作需要，对部分中指组成员进行了调整。2019年，中指办启动《全国地方志事业发展规划纲要（2021—2025年）》编制工作。拟写了规划纲要文本（草案），通过召开不同层面研讨会，广泛征求全国地方志系统和社会各界的意见建议。目前，规划纲要起草工作已经完成。

3. 加快立法进程。中指办开展《地方志工作条例》修订完善、《中华人民共和国史志法》立法可行性调查研究。举行系列论证会、征求意见会、立法研讨会，2018年5月举办"依法治国与依法治志"论坛，为进一步完善地方志法规体系、提升法律效力打下坚实基础。推动全国人大代表、全国政协委员在2019年全国"两会"上提出关于地方志立法的议案、提案，积极推动《中华人民共和国史志法》立法进程。截至目前，除辽宁、重庆外，各省（区、市）均出台地方志法规规章。山东实现省、市、县三级地方志法规规章全覆盖。广东省委办公厅、省政府办公厅印发《关于进一步加强新时代地方志工作的通知》。重庆出台《关于大力促进新时代地方志事业发展的意见》，新疆生产建设兵团印发《关于进一步加强新形势下兵团史志工作的实施意见》。2020年，《广西壮族自治区地方志工作办法》正式实施。

4. 加强督促指导。一是强化统筹协调。中指办每年明确工作重点，循序渐进，做到一张蓝图绘到底。2015年是培训年、调研年，2016年是改革年、创新年，2017年是落实年、督查年，2019年是拼搏年、冲锋年，2020年决胜年、收官年。每年召开全国地方志工作经验交流会，先后推出"广东经验""山东经验""保定经验""浏阳经验"。二是注重业务指导。"十三五"时期，中指办组织召开若干第一次全国性专业性会议。例如召开第一次全国年鉴工作会议、第一次全国地方志基层基础工作会议、第一次全国方志馆工作会议、第一次全国地方志科研工作会议、第一次全国地方志信息化工作会议、第一次全国地方史志期刊工作会议、第一次全国地方志工作经验交流会，以及首届全国名镇论坛、首届全国名村论坛、首届全国方志馆馆长论坛、首届全国年鉴论坛、首届全国方志论坛等。三是健全督查制度。2017年召开全国地方志系统"两全目标"工作推进会，2019年召开全国地方志系统"两全目标"工作调度会，2020年召开全国地方志系统"两全目标"推进工作调度会。中指组成立"两全目标"督查小组，实行季通报制度。从2018年第一季度起通报"两全目标"工作进度。累计通报12次。建立"两全目标"完成情况督查台账，实行督查销号制度，对工作进度相对滞后的规划志书、综合年鉴进行全过程督查。对上海、江西、山西、辽宁、青海等省（市）进行重点督查。2019年，中指组印发《关于全力做好省市县三级综合年鉴2020年卷编纂出版工作的通知》。2020年，中指组印发《关于全力做好省市县三级综合年鉴2021年卷编纂出版工作的通知》。2020年，中指组向如期完成"两全目标"的省（区、市）党委、政府致贺信，收到良好效果。四是优化法治环境。北京、上海、福建、江西、广东、广西、四川等省（区、市）政府正式公布地方志工作机构权力清单、责任清单。上海、福建、宁夏坚持每年开展地方志法规宣传活动；辽宁、广西、海南、陕西、新疆等省（区）组织开展纪念《地方志工作条例》颁布施行10周年纪念活动，开展法规宣传。各地把法治教育纳入方志系统培训内容，通过组织法治培训班、法治宣讲团、知识竞赛、法治内容考试等方式，不断提升各级政府和地方志工作机构贯彻《规划纲要》的自觉性，增强地方志工作者运用法治思维和法治方式开展地方志工作的能力。

(二)地方志编修体系不断完善

"十三五"时期,全国地方志系统以推进"两全目标"为统领,积极推进专业志鉴、部门志鉴、行业志鉴和乡镇村志编纂工作,做好旧志整理工作,地方志编修体系进一步完善。

1. 如期完成"两全目标"。截至2020年12月31日,全国第二轮三级志书规划5395部。除上海市、江西省外,编纂完成率为100%。目前,编纂完成5198部,完成率约为96.35%;公开出版4917.5部,完成率约为91.15%。全国省、市、县三级综合年鉴2020年卷应编纂出版3212部,全部完成编纂、全部移交出版,完成率均为100%;公开出版2843部,完成率约为88.51%。

2. 专业志鉴编修方兴未艾。"十三五"时期全系统专业志鉴编修成果丰富。截至2019年底,部门志、行业志、专题志累计出版25100余部。2018—2019年,行业年鉴、部门年鉴、专业年鉴出版800余部。2019年,出版地方史著作67部。中指办编纂出版《中国地方志年鉴》5卷。广州市实施部门志行业志编修工程。2020年,四川、重庆签署《深化川渝地方志工作合作推动成渝地区双城经济圈建设合作协议》,启动《成渝地区双城经济圈建设年鉴》编纂。

3. 乡镇村志成果丰硕。乡镇志、村志编修大规模铺开。截至2019年底,乡镇志、村志累计出版6000余部。2018年,北京开展全市21部国家级传统村落、23部市级传统村落志书编纂。山东、江苏开展省级名镇名村志编纂。江苏出版首部全媒体志书《东山镇志》。上海第一部社区(居住区)志《时光里的家园——上海市静安社区微志选辑》出版发行。湖南编纂《湖南乡镇简志》(14卷)。广东开展自然村落历史人文普查,《全粤村情》累计出版368册,推出《广东名村系列丛书》《广东乡村集萃系列丛书》等成果,建成全粤村情数据平台,被省政数局列为粤政图十大应用示范之一。

4. 旧志整理不断攀升。截至2019年底,全国地方志系统整理出版旧志累计达3500余部。北京制定旧志整理规划。黑龙江与国家图书馆出版社签订《黑龙江旧志》战略合作协议。上海点校出版《上海府县旧志丛书》，翻译出版中国内地第一本年鉴——《上海年鉴（1852）》（英文版）。《江苏历代方志全书》列入"2011—2020年国家古籍整理出版规划项目"。《河南历代方志集成》汇编影印河南历代综合性方志586种。广东编辑完成《广东历代方志南海史料辑录》，出版《广东历代方志集成序跋集》《民国广东年鉴》《广东家风家训选编》《广东历代方志研究丛书》（9册）等。四川出版《四川历代方志集成（1—4）辑》108册。2020年，《重庆历代方志集成》（全套100册）、《云南历代方志集成（省卷第一辑）》付印出版。

（三）方志馆集群逐步壮大

"十三五"时期，全系统稳步推进方志馆建设，各级方志馆不断丰富馆藏，举办各种专题展，提升服务力，增强影响力。

1.积极推动国家方志馆建设。先后完成"方志中国""魅力中国"布展并对外开放。2017年，中指组印发《方志馆建设规定（试行）》。2017年11月，举办贯彻落实党的十九大精神"中国梦·方志情"首届全国方志馆讲解员大赛。2018年4月，举办苏州创博会"方志中国"展暨首届方志馆馆长论坛。国家方志馆通过组织各地捐赠、接受个人捐赠、多方购买等途径，收藏各类志鉴史图书12余万册。2020年，启动"讲述黄河故事、传承黄河文化"系列活动。

2.稳步推进国家方志馆分馆建设。2018年，中指组出台《国家方志馆分馆建设管理工作规定》。积极推动国家方志馆分馆建设，黄河分馆、知青分馆正式开馆，中原分馆、南水北调分馆、南方丝绸之路分馆列入规划。国家方志馆黄河分馆开馆以来参观人数达30万人次。2020年，国家方志馆黄河分馆承办黄河文化国际论坛。

3.各地方志馆建设方兴未艾。中指办先后召开全国方志馆建设经验交流会、国家方志馆分馆建设研讨会，每年召开全国方志馆业务培训班，指导全国方志馆建设。截至目前，全系统立项、在建和建成省市县三级方志馆611家，其中建成省级方志馆24家。北京出台《关于加强北京市方志（地情）馆（室）建设的指导意见》。山东省政府办公厅印发《全省方志馆建设管理规范》。福建出台《全省市、县（区）方志馆

（书库）建设指导意见（2017—2020）》。四川提出"全域建馆"的理念，并出台全省建馆指导意见。2020年，广东起草《广东省方志馆发展规划》；海南省史志馆开馆运营。"川渝共建"四川大学、重庆大学、西华师范大学3所方志馆高校分馆开馆。陕西建成村史馆375个，开展村史馆建设工作调研，形成《全省村史工作调研报告（2020）》。

（四）信息化建设稳步推进

2017年2月，中指办印发《全国信息方志与数字方志建设工程实施方案》。全系统落实"互联网+地方志"的理念，深入实施全国信息方志与数字方志建设工程，"三网一馆两平台"建设成效显著，地方志信息化、网络化、数据化水平进一步提升。

1.网站群规模不断壮大。2015年12月，开通中国地情网、中国方志网。2018年，开通中国国情网。截至2019年底，省市县三级建成地情网站397个。截至2020年末，"内蒙古区情网"网站点击量突破9000万次。

2.地方志大数据建设稳步推进。2017年，国家数字方志馆正式揭牌。中指办研究制定国家数字方志馆《资源加工规范》《元数据规范》，建成国家数字方志馆一期项目。截至2019年底，省市县三级建成数字方志馆（数据库）100个。2015年，陕西省与百度公司合作建成百度百科·陕西数字方志馆。湖南建设"湖南数字方志馆"，省情馆、文献馆、专题馆三大分馆在线运行。福建省启动"数字方志"项目。广东数字方志馆收入旧志89部，家谱412部，古籍丛书13部。2020年，贵州"方志云"作为全国首家省级方志云上线，实现志书在线查询和在线编纂。云南方志大数据中心建设项目纳入"数字云南"建设三年行动计划。

3.新媒体传播平台形成集群化效应。2015年7月，开通"方志中国"微信公众号。2018年，"方志中国"微信矩阵正式上线。截至2019年底，省市县三级建成新媒体403个。山东制作孔子、孟子等齐鲁历史名人动漫和《走进山东二十四节气动漫》。《广东印记》系列微视频完成99集拍摄，获评广东"十佳视觉精品"，并在学习强国平台开通"方志广东"专题。四川构筑"两微六号一网一台一刊一店"新媒体矩阵。"方志四川"新媒体矩阵阅读量突破1.1亿次。云南启动"一部手机读云南"平台建设，打造"一个数据中心、四个应用平台"。实施省情系列微视频推广工程，推出《美哉云南》第一季和《美丽云南》（第二季），《云南历史名人》动漫10集。

4.综合办公平台不断完善。2018年，中指办开发"两全目标"在线统计系统和地方志年度统计系统，规范统计指标，提高了统计效率。吉林省方志委开发办公自动化（OA）系统。安徽使用"中国通"年鉴在线编纂云平台编纂《安徽年鉴》。甘肃建成地方志在线编纂系统。新疆建成办公自动化系统。

（五）理论研究和学科体系不断发展

"十三五"时期，中指办出台《关于加强全国地方志科研工作的意见》《关于加强全国地方史志期刊工作的意见》，依托中国地方志学会，开展学术研讨、课题研究、学历学位教育，稳步推进方志学学科体系建设，全系统理论研究水平不断提高。

1.重视学会工作。2015年12月，中国地方志学会第六届理事会成立。推动中国地方志学会改革，设立专家顾问委员会，成立方志学分会、年鉴分会、方志馆分会、信息化分会、史志期刊分会、编辑出版分会等6个分支机构。2020年，按照民政部和中国社会科学院要求，重新审议通过了修订后的《中国地方志学会章程》。与中指办联合举办学术年会五次，国际学术研讨会两次，理论研讨会一次，座谈会四次。主题内容涉及一带一路与地方志创新、地方志转型升级理论与实践探索、方志学一级学科建设、新时代方志学与历史学发展、走向世界的中国方志文化等方面。累计收到学术论文1000余篇，推出了一大批高水平的学术论文，推介了一大批潜心学术的专家学者。

2.强化名刊建设。"十三五"时期，《中国地方志》累计编辑出版54期；期刊不断提高学术品位，多篇论文为新华文摘、社科文摘、人大报刊复印资料转载，进入五大期刊评价系统，列入全国中文核心期刊目录（2020年版）、中国科技核心期刊（2019、2020年）。创刊《中国年鉴研究》，编辑出版14期，被国家哲学社会科学文献中心发布的《国家哲学社会科学文献中心学术期刊数据库用户关注度报告（2019年度）》评为历史学科关注度第1名。创刊出版《中国方志馆研究》集刊，出版2辑。同时，各期刊在人大报刊复印资料中心等报刊评价机构的转载率明显提升，有力提高了期刊的影响因子。《巴蜀史志》"抗击新型冠状病毒肺炎疫情"专刊，在"战疫——四川抗击新冠肺炎疫情专题展"展出，并入选第二十七届北京国际图书博览会（BIBF）"2020中国精品期刊展"。

3. 深入开展理论研讨。中指办先后举办依法治国与依法治志论坛——《地方志工作条例》颁行12周年座谈会、中国社会科学院历史学部第十七届史学理论研讨会、纪念章学诚诞辰280周年座谈会、举办"南岳衡山杯"首届全国地方志系统优秀论文评选活动、新时代的方志学与历史学理论研讨会。各级地方志工作机构和地方志学会积极举办学术年会和理论研讨会，设立专项研究课题，组织优秀论文评选，编辑出版论文集，努力推动地方志基础理论研究、编纂理论研究、应用理论研究和工作管理研究。截至2019年底，累计出版教材、理论著述、工具书1300余部。中指办编纂出版《方志百科全书》《地方综合年鉴编纂教程》。河北、安徽联合举办五届"冀皖方志理论研讨会"。吉林实施"方志理论研究三百工程"。上海主办地方志与地方史理论研讨会，与复旦大学共建"上海市地方志发展研究中心"。浙江《中国方志馆研究》课题成果经全国哲学社会科学规划办公室鉴定公布为"优秀"等级。湖南依托地方志研究与传播中心，每年举办"湘志杯"地方志理论研究征文活动。广东推行课题研究制度化，公开向社会征集研究成果，全省地方志资源开发利用项目申报358项，立项213项，结项166项。海南出台《科研工作促进办法》。

4. 注重学历学位教育。2015年，中指办与中国社会科学院研究生院联合举办非全日制公共管理硕士（MPA）（地方志方向）专业学位研究生班，并有多位业内专家学者受聘为MPA学术导师和社会实践导师，培养公共管理硕士（MPA）研究生15人。与中国社会科学院当代中国研究所合作招收中国当代方志史方向博士研究生，培养博士研究生3人。2015年，方志出版社经人力资源社会保障部批准，设立博士后科研工作站，共接收博士后3人，现2人已出站。"十三五"时期，复旦大学、西南民族大学、宁波大学等高校继续招收培养方志学专业的本科生、研究生。宁波大学方志学方向的本科毕业生30人。

（六）质量保障体系不断健全

"十三五"时期，中指办印发《地方综合年鉴编纂出版规定》《关于地方综合年鉴编纂出版若干问题的补充规定》。全系统以《地方志书质量规定》和两个年鉴规定为抓手，规范志书编纂各环节，严格把好质量关，不断提高志书、年鉴质量。

1.实施精品志鉴工程。中指办深入实施中国志书精品工程和中国年鉴精品工程，狠抓志鉴编纂质量。截至目前，打造中国精品志书6部、中国精品年鉴4批31部。

2.开展年鉴评审活动。为提高年鉴质量，共举办五届全国地方志优秀成果（年鉴类）质量评审活动，通报表扬4次，通报表扬年鉴1310部。

3.各地狠抓质量建设。各地通过制定加强质量建设的意见，印制编纂教材和编辑手册，健全和落实质量责任体系，严格志稿编写、审查验收、质量评估、互评互审、集中审读等制度，采取加大业务培训力度、建立健全评审专家库、开展质量建设年、举办优秀志书评比活动等措施，规范评审验收流程，提高志鉴编纂质量。天津印发《关于充分发挥区级地方志编修委员会作用的通知》《乡镇村和街道社区志书编修及审查验收规定（试行）》。山西制定《地方综合年鉴编纂出版规范》。江苏印发《江苏名镇名村志评审验收办法》。四川印发《关于实施地方志工作质量提升行动的意见》，起草四川省志、市县志、乡镇村志、综合年鉴4个质量体系建设纲要。广西制定《地方志工作质量提升行动计划（2019—2020年）》。青海印发《关于进一步加强志鉴质量管理的意见》。2020年，天津制定《市级专业志书报备管理工作规定（试行）》，将市级专业志书纳入修志管理体系，实现各级各类志书管理的全覆盖。

（七）资源开发利用体系不断丰富

"十三五"时期，地方志工作紧扣党和国家利益、经济社会发展、以人民为中心"三大主题"开拓创新，地方志"存史、资政、育人"三大功能发挥实现新突破。

1. 以党和国家利益为导向开拓创新。编纂出版11卷13册、约1400万字的《汶川特大地震抗震救灾志》，高标准、高质量完成国务院交办的重大任务。组织编纂《三沙市志》《中国南海志》《八一镇志》。实施国家社科基金重大项目《中国抗日战争志》工程及中国地方抗日战争志工程。开展《中华人民共和国志》可行性研究。中指办出台《关于全国地方志系统支援西藏、新疆地方志工作的意见》，实施民族地区与贫困地区志书、年鉴出版资助工程，确定资助并出版志书8批38部；确定资助年鉴4批59部。开展"学习总书记宁德地方志工作重要讲话、庆祝新中国成立70周年"系列活动。2020年12月，《香港志》首册——《总述·大事记》出版记者会暨上架仪式在中国香港地区举行。河北通过编纂村志做好农村关心下一代工作，受到中国关工委的充分肯定。山西编印《三晋英模》《山西革命烈士家书》。青海编纂出版《青海解放70年大事记》，作为"不忘初心，牢记使命"主题教育学习参考读物或学习书目。福建开展"方志特色记忆"助力乡村振兴系列活动。浙江举办"文化浙江方志之乡——新中国成立七十周年浙江方志成果展"。上海以"地方志与上海解放70周年"为主题开展全市性的地方志法规宣传纪念活动，举办"江南与上海"主旨演讲，发布《上海市方志馆建设与发展报告》。山东编纂出版《山东抗日战争实录》《山东抗战口述史》《山东省对口支援新疆志》《山东省对口支援西藏志》。重庆编纂出版《重庆历史政德人物》《重庆近现代政德人物资料汇编》。贵州编纂出版《贵州省减贫志》。陕西编纂出版《扶贫开发志》。

2. 围绕经济社会发展开拓创新。实施中国名镇志、中国名村志文化工程，举办5届全国名镇论坛暨中国名镇志丛书出版座谈会，发布名镇志5批93部。举办4届全国名村论坛暨中国名村志丛书出版座谈会，发布4批64部。实施全国地方志"一体两翼"用志工程，先后举办三届中国地情论坛，共出版"一体两翼"工程图书3批10部。积极推动中国系列名志工程，启动实施中国名酒志、名山志、名水志、名街志系列文化工程，审议通过 8 部名酒志、11 部名山志、2 部名街志编纂单位资格。评审中国名街志 2 部，中国名酒志 4 部。第十一届中国北京国际文化创意产业博览会举办"记住乡愁——让地方志延续北京历史文脉"发布会。北京编纂出版《北京大兴国际机场建设图志》《中共中央北京香山革命历史丛书》，深度参与中共中央香山革命纪念地建设。天津编纂《中国命运大决战——平津战役胜利暨天津解放 70 周年纪念文集》。黑龙江创办《资政史志专送》，专送副省级以上领导，发挥地方志资政功能。2019 年起，上海、江苏、安徽、浙江联合举办"地方志与长三角一体化论坛"，签署《共同推动长三角区域一体化地方志合作备忘录》。山东编纂出版《山东省历史地图集》《齐鲁历史名人传略》《山东简史》《山东地方治理历史经验参考》《山东省历史文化村镇》。河南编纂《河南省抗疫实录》。海南编纂出版《特区足迹——海南建省办经济特区 30 年大事记》《海南战"疫"——琼岛抗击新型冠状病毒肺炎纪实》《岛记忆·我记忆——海南解放 70 周年影像集》《海南解放 70 年大事记》。云南推出《志滇问道》《云南省情活页》，为党委政府提供资政参考。四川编纂出版《汶川特大地震四川抗震救灾志》。陕西组织开展"坚定文化自信讲好陕西故事"活动，出版《古今故事话陕西》系列丛书。青海组织编纂《丝绸之路·青海道志》。

3. 以人民为中心开拓创新。2015 年，中指办编纂出版《中华家训精编 100 则》《中国古代为官箴言》，中指办积极谋划并鼓励乡镇（街道）村和社区、居民小区编纂志书、年鉴，建立村史馆、村情网；与中央电视台联合拍摄《中国影像方志》，已累计播出 733 期，拍摄《中国影像志·名镇名村》6 集。河北参与组织"荣归故里——将英烈精神在山水间传递"公益活动，最终有 22 名烈士的后人得到确认。辽宁地方志文献研究助力"经远舰"考古发现。吉林出版青少年"知家乡爱家乡"系列方志读物 5 部。《中国影像志·福建名镇名村影像志》首批拍摄 6 集，在福建电视台、海峡卫视播出。广东连续 4 年举办"多彩乡村·情系故里"主题教育实践活动。湖北编纂"湖北要览丛书"，拍摄湖北方志形象宣传片。湖南浏阳《淮川街道朝阳社区梅花小区志》已完成初稿并进行专家评审。四川在"喜马拉雅FM"开通"方志四川"官方电台，播出音频节目《舌尖上的四川》。广西组织"天津支边医生在广西"专题展，牵头组织编纂出版《"天津支边医生在广西"史料选编》。

（八）方志文化国际影响力逐步增强

"十三五"时期，全系统实施中国方志文化走向世界工程，推介地方志文化成果，开展对外文化交流，宣传方志文化，讲述中国故事，传播中国声音，增强方志文化自信，推动中国方志文化走向世界。

1. 开展国际学术交流。截至目前，中指办组织学术出访团组16批62人次，接待境外来访团组6批25人次。中指办先后在加拿大维多利亚大学、美国加州大学洛杉矶分校举办学术讲座，传播中国方志文化，并与美国伯克利大学、马来西亚拉曼大学等磋商建立中国地方志海外收藏研究中心。2018年、2019年，连续两年应邀参加国际图联大会。国家方志馆顺利加入国际图书馆协会联合会，成为其机构会员，中指办领导当选其方志与家谱专业组常务委员。哈尔滨地方志办公室与俄罗斯阿穆尔国立大学和国家文学博物馆建立沟通交流机制。

2. 召开国际学术会议。2017年，在北京召开第一届方志文化国际学术研讨会。2019年，在湖南长沙召开走向世界的中国地方志——第二届方志文化国际学术研讨会，国际图书馆协会联合会（IFLA）当选主席克里斯汀·玛丽·麦肯锡应邀出席会议。应邀参加在希腊举办的国际图书馆协会联合会大会并作主旨演讲，扩大了中国方志在国际舞台上的影响。

3. 开发外文版方志成果。2015年，《上海年鉴》《江苏年鉴》英文版影响力持续扩大，《广东年鉴》英文版、《海南年鉴》英文版简本创刊。2017年，首部中英文版名镇志《中国名镇志·乌镇志》亮相第四届世界互联网大会。2018年，《中国名镇志·枫泾镇》《中国名镇志·周庄镇》英文版、《中国名村志·开弦弓村》英文版出版发行。2020年，《中国名村志·中洪村志》英文版出版发行。《中国名镇志·乌镇志》入选国家"丝路书香出版工程"，被翻译成越南语版和泰语版，进入越南、泰国等"一带一路"国家。《中国名镇志·周庄镇》（英文版）亮相世界遗产城市组织第三届亚太区大会，为周庄申报世界文化遗产助力。四川编著《大熊猫图志》（中英文双语版），被海内外媒体广泛报道，成为四川对外宣传名片。

（九）工作保障体系不断完善

"十三五"时期，中指办提出并弘扬"修志问道，直笔著史"的方志人精神，激发地方志工作者干事创业的激情。全系统深入实施中国地方志学科建设与人才队伍建设工程，通过教育培训、典型引领，加强人才队伍建设，在全系统形成将"冷板凳"坐热、在"冷部门"干出"热事业"的干事创业氛围。

1. 加强机构队伍建设。2015年，江西省志办由原来的"小厅小处"升格为"小厅大处"，提高了干部职工的积极性；广东按照《规划纲要》要求迅速调整省志办内设机构，增设地方史处；四川省地方志编纂委员会更名为四川省地方志工作办公室，理顺依法治志体制。2016年，江苏省11个市辖区建立地方志工作机构，实现省、市、县三级修志机构全覆盖。山东调整省志办内设机构，省情资料处更名为信息工作处。2016年，中指办调整内设机构设置，由6个处调整为10个处，2019年又新增1个处。广东建立省情专家库。湖南设立方志专家库。2020年，湖北制定《湖北省地方志专家库建设方案》，建立省级专家库。

2. 积极适应机构改革新形势。2019年深化党和国家机构改革完成后，32个省级地方志工作机构中党委管理的9个，新增6个，党委对地方志工作的领导进一步强化。针对党和国家机构改革后面临的新形势，2019年4月，在北京举办全国省级地方志工作机构主要负责人培训班，达到了统一思想、凝聚共识的效果。中指办在充分调研的基础上，起草《关于深化党和国家机构改革后如何进一步做好地方志工作的调研报告》。天津完成《关于机构改革后地方志事业创新发展对策的调研报告》。黑龙江协调省委编办印发《关于规范全省市县史志工作机构名称和领导职务有关事宜的通知》。

3. 注重教育培训。采取教育培训、业务研讨等形式，进一步强化人才培训，提高地方志系统干部队伍的整体素质。2016年，举办第一次全国年鉴主编培训班、第一次全国方志馆培训班、第一次全国地方志信息化培训班、第一次全国地方史志期刊培训班、全国地方志工作机构新任负责人培训班等；2018年，全国地方志系统首个培训基地——宁德培训基地在宁德师范学院挂牌成立。2019年，举办中国名镇志名村志编纂业务、年鉴主编、方志馆业务、信息化、地方史志期刊编辑等不同层次不同范围的业务培训班13期，培训全系统人员1500余人次。从2012年开始，中指办对省市县三级地方志工作机构新任负责人进行培训。截至目前，已经累计举办了13期，累计培训1700余人，为提高全系统领导干部队伍的整体素质发挥了积极作用。2019年6月，在青海西宁举办全国民族地区志鉴编纂业务培训班。广东省地方志办公室与阳江市政府、阳江应用型本科院校共建岭南文献交流中心、与广东省技术师范学院共建广东省情推介中心。

4. 注重示范引领。2015年，与人力资源和社会保障部联合表彰全国地方志系统32个先进集体和10名先进工作者。2015年12月，全国地方志系统先进模范座谈会在北京人民大会堂隆重召开。李克强总理作出重要批示。刘延东副总理接见与会代表并讲话。2019年下半年，全国地方志系统分别推荐了101个全国地方志工作先进集体、100名全国地方志先进工作者、95名社会力量参与地方志工作先进典型。挖掘整理了云南省红河州地方志办公室原副主任吴志宏同志先进事迹，与人社部联合追授其为全国地方志系统先进工作者，印发《关于学习宣传吴志宏同志先进事迹的通知》。五年一次的全系统先进集体和先进工作者评选表彰工作正在有序推进。通过典型的示范引领，发挥了凝心聚力、鼓舞士气的正向激励作用。

5. 加强制度建设。2019年，中指办出台《关于进一步激励机关干部新时代新担当新作为的实施意见》《聘用人员管理办法》《考勤工作管理办法》等，加强日常管理监督。北京印发《关于进一步加强市区两级地方志工作保障的通知》，湖南印发《关于建设地情专家库的意见》，四川印发《四川省市（州）地方志工作考核办法（试行）》。

（十）全国地方志专业出版基地建设卓有成效

"十三五"时期，深入实施全国地方志专业出版基地建设工程，方志出版社实施依法治社，勠力同心，攻坚克难，确定"团结立社，制度治社，质量强社，效益兴社"的方针，提出"一年一小步、三年一大步"的目标，制定《方志出版社发展规划（2014—2020年）》，陆续在成都、长沙、太原、哈尔滨、潍坊、绍兴、济南成立7个分支机构，规模不断壮大，效益不断改善，方志出版社职工人数增加1倍多，收入增加3倍多，初步建成全国地方志专业出版基地。

二、"十四五"时期地方志工作重点

全国地方志系统的第二个百年奋斗目标是：在本世纪中叶中华人民共和国成立100周年即建成富强民主文明和谐美丽的社会主义现代化强国之际，实现《中华人民共和国志》和省、市、县、乡镇、村、社区志鉴的全覆盖，用志鉴全面记载、代代传承国家、民族、社会的历史和现状，让地方志走进千家万户。

"十四五"时期，要持续学懂弄通做实习近平新时代中国特色社会主义思想，大力推进全国地方志事业第二次转型升级，实现从"有没有"的数量的规模化，到"好不好"的质量的法治化，持续紧紧围绕党和国家利益、经济社会发展和以人民为中心"三大主题"开拓创新地方志工作，实现地方志"五起来"，即"用起来""立起来""活起来""热起来""强起来"。具体目标为：全面开展第三轮修志工作，全面巩固省、市、县三级综合年鉴编纂出版，打造一批经得起时代和历史检验的地方志精品，建设一批展示地方综合情况、反映地方文化的方志馆，培养一批高素质专业化的人才队伍，进一步拓宽"十业并举"地方志事业发展新格局，基本形成全面依法治志格局，完善地方志编修体系、理论研究和学科建设体系、质量保障体系、资源开发利用体系、工作保障体系"五位一体"的地方志事业发展综合体系，发挥地方志服务经济社会发展的作用。

（一）全面开展第三轮修志工作

全面总结第一轮、第二轮修志工作经验教训，为第三轮修志提供借鉴。2021年，开始科学编制第三轮修志规划，筹备开展第三轮修志试点。2023年，启动全国第三轮省、市、县三级地方志书编纂工作。设立第三轮新编地方志工作领导机构，强化组织管理。认真研究第三轮修志的组织模式、编修方式、记述时限、体例内容等。推动中华人民共和国志编修。

（二）继续大力推进地方综合年鉴全覆盖工作

坚持地方综合年鉴由地方志工作机构组织编纂，继续推动省、市、县三级综合年鉴编纂出版全覆盖，一年一鉴，公开出版。

（三）推动重大专题志、专业志鉴、民族地区地方志编纂工作

启动《中国扶贫志》《中国全面小康志》《中国抗击新冠肺炎疫情志》编纂。统筹协调地方志援藏援疆工作，加大对民族地区地方志工作的支持力度。继续开展中国名镇志、中国名村志、中国名街志、中国名山志、中国名水志、中国名酒志文化工程，推进中国名桥志、中国名茶志、中国名食志等名志文化工程。

（四）深化地方志质量建设

开展第二轮志书质量检查专项工作，深入推进中国年鉴精品工程，完善精品年鉴质量评审标准及流程，建立健全精品年鉴奖励和激励机制，充分发挥质量建设引领作用和示范效应。

（五）深入开展地方史编写工作以及旧志、谱牒等地方文献的整理研究

加强与国内外高等院校、科研机构、图书机构、档案馆等单位的交流与合作。实施中国谱牒文化抢救工程，开展全国谱牒资源普查工作，加强对谱牒工作的研究和业务指导。

（六）加强地方志理论研究和学科建设

强化方志学一级学科理论研究。完善方志、年鉴理论和方志学、年鉴学学科建设规划，健全方志、年鉴理论研究学术规范和方志学、年鉴学学科体系，基本形成方志学二级学科框架。充分发挥史志、年鉴期刊和各级地方志学会的作用，开展理论研讨，推动学科建设。

（七）加强人才队伍建设

实施地方志人才工程，制订新时代全国地方志人才队伍建设的实施

意见，编制全国地方志人才队伍建设规划。完善教育培训制度，编制五年培训规划。分级实施对地方志工作机构新任负责人、志鉴主编（总纂）的专项培训，推动地方志系统开展职称评聘工作。持续做好方志学博士后工作站和地方志专业方向研究生培养教育工作，推进成立方志学系，开展本科生教育。开展先进集体和先进工作者评选表彰活动。

（八）强化地方志资料建设

健全和完善地情资料搜（征）集及管理制度，拓展资料搜（征）集范围和渠道，建立能够全方位适应地方志编纂、地方志事业发展和方志文化建设需要的地方志资料保障机制。推行资料年报制度，完善地方志资料年报体系。

（九）加强方志馆建设

推进国家、省、市、县、乡、村六级方志馆建设，全面构建新时代中国方志馆体系。将各级方志馆建设纳入政府公共文化服务体系建设范围，全面提升方志馆公共文化服务水平。充分发挥存史、资政、育人功能，将方志馆建设成为地情展览展示中心、地情资料收藏保护中心、地情研究中心、地方文化交流中心和爱国主义教育基地。

（十）加快地方志信息化建设

实施信息化建设系统工程，继续加大信息化基础设施投入，实现全国地方志重要信息数据互联互通、资源共享。加强地方志数据资源管理，建立国家统筹、各部门与各地区分工负责的采集、汇交、保存和展示机制；建立统一开放的地方志资源共享平台和全文数据库。积极开发专题数据库、地方志资料年报系统。

（十一）提高地方志资源开发利用水平

深入发掘地方志资源，积极拓展地方志工作领域和工作内涵，围绕党和国家利益、经济社会发展、以人民为中心三大主题开拓创新。组织好《中国影像方志》《中国影像志·名镇名村》拍摄制作工作。

（十二）扩大地方志交流与合作

探索建立完善省、市、县地方志工作机构交流合作机制。加强与中国香港、澳门和台湾地区以及国外高等院校、科研机构、图书机构、档案机构等的学术交流与合作。鼓励和支持香港特别行政区、澳门特别行政区志书编纂工作。服务国家文化"走出去"战略，实施中国方志文化走出去工程。积极申报国家"丝路书香"工程资助、"经典中国"工程资助。

三、2021年地方志工作要点

2021年是"十四五"规划的开局之年，也是全国地方志系统完成"两全目标"的收尾之年，是全面总结二轮修志、谋划启动三轮修志的总结年、提升年。全国地方志系统要以习近平新时代中国特色社会主义思想为指导，不忘初心、牢记使命，砥砺奋进、担当作为，坚持稳中求进的工作思路，进一步完善顶层设计，统筹推进各项重点任务，实现地方志事业高质量发展，用"中国之志"资政、记录"中国之治"。

（一）进一步加强思想政治建设

以习近平新时代中国特色社会主义思想为指导，深入学习贯彻党的十九大、十九届二中、三中、四中、五中全会精神和习近平总书记关于哲学社会科学系列重要讲话精神、致中国社会科学院三次贺信精神、关于地方志工作重要讲话、重要指示精神，以政治建设为统领，以党史学习教育为抓手，全面加强党的建设，加强理论武装，突出政治引领，全面落实党中央、国务院决策部署。

（二）推动印发《全国地方志事业发展规划纲要（2021—2025年）》

向国务院汇报有关工作，与国家发展改革委等部门沟通，力争年底前由中央办公厅、国务院办公厅印发《全国地方志事业发展规划纲要（2021—2025年）》，确定未来五年地方志事业发展的指导思想、基本原则、总体目标、主要任务和保障措施。

（三）召开中指组六届一次会议和第六次全国地方志工作会议

及时向党中央、国务院汇报地方志工作进展，加强与有关部门沟通对接，精心筹备、周密部署，全力筹备组织好中指组六届一次会议和第六次全国地方志工作会议，为未来五年地方志事业科学发展把向定调。

（四）做好"两全目标"收官扫尾工作

加强对上海市和江西省综合志书全覆盖督查工作，确保到2021年彻底实现"两全目标"。

（五）全面系统总结全国第二轮修志经验，着手做好第三轮修志前期准备工作

举办全国地方志工作经验交流会和方志理论研讨会，总结推广第二轮修志工作中的好经验、好做法；研究讨论第三轮修志的组织模式、篇目内容和记述时限等，做到第三轮修志"全国一盘棋"推进。

（六）稳步推动《中国扶贫志》《中国全面小康志》《中国抗击新冠肺炎疫情志》编纂工作

加强与各承编单位和各地的沟通联系，成立编纂领导机构和工作机构，加强前期人才培训和资料收集工作，做好组织协调和业务指导，确保国家"三志"和各省区市"三志"编纂有序开展。

（七）继续加强年鉴工作，努力打造精品年鉴

坚持地方综合年鉴由地方志工作机构组织编纂，继续推动省、市、县三级综合年鉴编纂出版全覆盖，一年一鉴，公开出版。积极推动《全国年鉴事业发展规划（2021—2025年）》出台及贯彻落实工作。召开2021年全国年鉴研讨会，举办第六期全国年鉴主编培训班、第五届全国年鉴论坛等活动。

（八）继续推动地方志围绕党和国家利益、经济社会发展和以人民为中心"三大主题"开拓创新

开展好建党100周年纪念活动。基本完成《中国抗日战争志》和中国地方志抗日战争志丛书编纂，持续实施中国名镇志文化工程、中国名村志文化工程、中国名酒志文化工程、中国名街志文化工程，实施中国名山志文化工程、中国名水志文化工程、中国名茶志文化工程等系列中国名志工程。

（九）继续推动香港志、澳门志和《中国南海志》编纂工作

与香港地方志中心沟通协调，继续推动香港志编纂工作。继续推进澳门志和《中国南海志》编纂工作。

（十）加强地方志书、年鉴质量建设

开展第二轮志书质量检查专项工作，继续推进中国年鉴精品工程，按时开展精品年鉴申报、评审工作。

（十一）加强方志馆建设，规范方志馆管理

制定出台《全国方志馆事业发展规划》。召开全国方志馆建设工作经验交流会，加强对各地方志馆指导工作。继续推动国家方志馆分馆建设。开展全国第二轮修志成果集中报送工作，将二轮修志编鉴成果集中保存在国家方志馆。制定出台《国家方志馆志鉴图书著录规则》，规范志鉴著录标准。做好国家方志馆展览对社会开放的参观接待、维护、升级改造、内容更新等工作。

（十二）加快信息化建设，推进地方志资源数字化、网络化

完成国家数字方志馆（一期）建设，"国家数字方志馆"上线运行，加强数据资源建设，组织推动地方志系统数据资源入库；继续做好中国方志网、中国地情网、中国国情网和"方志中国"微信公众号的日常维护、信息发布、安全保障等工作。

（十三）扎实推进理论研究和学科建设，加强对外文化交流

加强理论研究，推进学科建设，举办学术年会和方志、年鉴论坛，大力推进名刊建设，继续做好《中国地方志》《中国年鉴研究》按期出版，编好《中国方志馆研究》。继续加强地方志对外交流活动。

（十四）加强人才队伍建设

通过举办全国地方志工作机构新任负责人培训班，举办方志、年鉴、信息化、期刊、方志馆等不同类型专题培训班，锻造一支高素质专业化地方志人才队伍。在全国地方志系统深入开展"学习吴志宏、建功新时代"主题宣教活动，争当新时代吴志宏式方志人。召开全国地方志系统先进模范座谈会，进一步弘扬正气、凝聚力量、鼓舞士气、激发动力。

（十五）推动方志出版社持续健康发展

推进方志出版社公司制改革，强化领导班子建设和人员素质提高，加强质量管理控制，重视数字出版工作，推动方志出版社持续

健康发展。

当前,世界百年未有之大变局加速演进,新冠肺炎疫情对国际格局产生深刻影响。我国进入新发展阶段,发展基础更加坚实,发展条件深刻变化,进一步发展面临新的机遇和挑战。地方志事业同样是机遇与挑战并存,动力与压力共生,风险与发展同在。让我们以习近平新时代中国特色社会主义思想为指导,不忘初心、牢记使命,坚定信心、担当奉献,在危机中育新机、于变局中开新局,努力推动地方志事业转型升级,奋力开启地方志第二个百年奋斗目标新征程。

结 语

开启地方志
第二个一百年目标新征程

地方志两个一百年目标即在中国共产党成立一百周年，我国全面建成小康社会之时，即到2020年，实现省省有志鉴、市市有志鉴、县县有志鉴；到中华人民共和国成立一百周年，我国建成富强民主文明和谐美丽的社会主义现代化强国之时，即到2050年，完成《中华人民共和国志》编纂，实现省、市、县、乡镇、村、居民小区和行业、系统、单位志鉴全覆盖。截至2020年底，除上海市、江西省部分志书尚未出版外，地方志第一个一百年的目标基本实现。从2021年开始，全国地方志工作的中心是向实现地方志第二个一百年目标而努力。

——题记

第五届中指组及其办公室：开拓创新，创造辉煌

2013年12月，第五届中指组换届，王伟光任组长、李培林任常务副组长。第五届中指组及其办公室坚持以习近平新时代中国特色社会主义思想为指导，深入贯彻落实党的十八大、十九大精神，紧紧抓住地方志事业千载难逢的发展机遇，积极推动国办印发《规划纲要》并狠抓贯彻落实，紧紧围绕"两全目标"攻坚，紧扣党和国家利益、经济社会发展、以人民为中心"三大主题"开拓创新，着力实施全国地方志"十大工程"，在全国范围内全面推动地方志从一项工作向一项事业转型升级，取得了重大成绩。

一、深入学习贯彻习近平新时代中国特色社会主义思想和党的十八大精神、十九大精神，努力做新时代地方志事业优秀答卷人

第五届中指组及其办公室始终将学懂弄通做实习近平新时代中国特色社会主义思想作为首要政治任务，用以武装头脑、指导工作，特别是全面贯彻落实习近平总书记关于加强修史修志工作的重要指示精神，着重把握其精神实质、基本

内涵和主要观点，坚持理论联系实际，深刻领会其对全国地方志事业转型升级的重大指导意义。2014年2月，习近平总书记在考察首都博物馆时强调，要高度重视修史修志；2015年7月，习近平总书记在中共中央政治局第二十五次集体学习时指示，地方志要与党史、军史、档案、政协文史资料、社科院、高校等部门和机构一起，对抗战进行系统研究。同时，李克强总理三次就地方志工作作出批示，提出"修志问道，以启未来""直笔著信史，彰善引风气"。正是在党中央、国务院的关心重视下，2015年8月，国办印发《规划纲要》，首次对全国地方志事业发展作出了全面科学的顶层设计。2016年3月，国家"十三五"规划中明确提出"加强修史修志"。2017年1月，中共中央办公厅、国务院办公厅印发《关于实施中华优秀传统文化传承发展工程的意见》，在重点任务中明确要求"做好地方史志编纂工作"。2017年5月，中共中央办公厅、国务院办公厅印发《国家"十三五"时期文化发展改革规划纲要》，明确规定"完成省、市、县三级地方志书出版工作。开展旧志整理和部分有条件的镇志、村志编纂"。2018年9月，中共中央、国务院印发《乡村振兴战略规划（2018—2022年）》，明确提出"鼓励乡村史志修编"。在短短5年时间里，党和国家领导人如此关心关怀关注地方志工作，中央的重大政策性文件如此密集地体现地方志的内容，对地方志事业发展作出部署，是史无前例、极其珍贵的。地方志在中华民族伟大复兴征程中的作用愈加明显，地位大大提升，地方志事业迎来了千载难逢的发展机遇期。

新时代催生新使命，新使命呼唤新作为。围绕学懂弄通做实习近平新时代中国特色社会主义思想，第五届中指组及其办公室立足于新的历史方位、新的事业定位、新的时代要求，不断解放思想，立足方向引领，推动方志理念与时俱进，积极构建方志文化认同，不断为地方志事业发展注入新动能。如方志理念创新，提出在全国范围内全面推动地方志从一项工作向一项事业转型升级的重大改革理念，要求彻底摒弃"一本书主义"，实现志、鉴、史、馆"四驾马车"并驾齐驱，志、鉴、史、馆、库、网、用、会、刊、研"十业并举"，形成地方志事业发展综合格局，同时多措并举让地方志"用起来""立起来""活起来""热起来""强起来"。如围绕国家"四个全面"战略布局，提出地方志"两个一百年"奋斗目标，提出地方志围绕党和国家根本利益、经济社会发展、以人民为中心开拓创新，提出全面依法治志并着力推动《中华人民共和国史志法》立法，等等。

二、明确历史新方位，不断强化顶层设计

第五届中指组成立后，在深入调研基础上，高度重视顶层设计，召开了一系列重要会议，出台了一系列重要政策性、规划性文件，完成了国务院交办的《汶川特大地震抗震救灾志》编纂出版任务。

（一）召开第五次全国地方志工作会议，明确全国地方志工作的目标和任务

第五届中指组成立后，王伟光、李培林两名领导先后到北京、河北、江苏等地调研，深入基层了解情况。在此基础上，2014年4月第五次全国地方志工作会议召开，李克强总理作出重要批示，刘延东副总理与部分会议代表座谈。会议就编制《规划纲要》、开展全国地方志系统表彰先进活动等作出部署，明确了今后五年全国地方志工作的目标和任务。2014年1月，在第五届中指组领导的努力下，经与中编办沟通协商，明确中指办不参加事业单位分类改革。这在全国地方志系统产生了积极影响，各地纷纷参照执行，稳定了机构和队伍。

（二）广泛开展调研，向国务院提交专题报告

第五届中指组成立之初，中指组领导定下了要把31个省（区、市）和新疆生产建设兵团全部调研一遍的计划。几年里，这一计划超额完成，实现了中指组领导在一届任期内到31个省（区、市）和新疆生产建设兵团调研的"全覆盖"，部分省（区、市）还多次进行调研。这是中指组历史上仅有的，有力推动了《规划纲要》和第五次全国地方志工作会议精神的贯彻落实。2014年11月，中指组向国务院报送了《当前全国地方志工作和事业发展情况报告》，刘延东副总理专门作出批示。随后，刘延东副总理还就编制《规划纲要》作出批示。2015年3月，中指组五届二次

会议召开，总结第五届中指组成立以来的工作，研究布置今后的工作。

谢伏瞻同志担任第五届中指组组长后，利用召开全国省级地方志主任工作会议之机，召开地方志专题座谈会，推动贯彻落实《规划纲要》。第六届中指组组建后，在不到一个月时间里，常务副组长高翔同志先后到我国香港、澳门地区和福建、安徽、江苏、广东等多地调研，推动香港、澳门地方志编纂和"两全目标"推进工作。

（三）积极推动《规划纲要》出台并狠抓贯彻落实，出台一系列重要政策性、规划性文件

在充分调研基础上，第五届中指组及其办公室形成了一系列新思想、新观点，并积极与国务院办公厅、国家发展改革委沟通协调，推动《规划纲要》制订工作。2015年8月，国务院办公厅印发《规划纲要》。随后，第五届中指组及其办公室狠抓贯彻落实，通过多种形式，在全国范围内迅速掀起学习宣传、贯彻落实《规划纲要》的高潮，营造出通过科学规划引领地方志事业发展的浓厚氛围。

为贯彻落实《规划纲要》，第五届中指组坚持科学规划，不断强化顶层设计。一方面，就修订完善《地方志工作条例》、开展《中华人民共和国史志法》立法可行性调查研究，举行系列论证会、征求意见会、立法研讨会，2018年5月举办"依法治国与依法治志"论坛，为进一步完善地方志法规体系、提升法律效力打下坚实基础。另一方面，出台了一系列新政策、新规划、新制度，包括《全国地方志信息化发展规划（2016—2020年）》《全国年鉴事业发展规划（2016—2020年）》《关于加强全国地方志科研工作的意见》《关于加强全国地方史志期刊工作的意见》《方志馆建设规定（试行）》《地方综合年鉴编纂出版规定》《关于全国地方志系统支援西藏、新疆地方志工作的意见》《国家方志馆分馆建设管理工作规定》等。

在第五届中指组的有力带动下，全国地方志工作的依法治志水平和规划编制水平得到了很大提高，形成了除辽宁省、重庆市外都有地方志工作法规规章的比较完备的法规体系和除重庆市外都有规划性文件的比较完备的规划体系。

（四）举行全国地方志系统先进模范座谈会，表彰全国地方志系统先进集体、先进工作者

中指组、人力资源和社会保障部曾于2006年、2010年开展两次全国地方志系统先进集体、先进工作者表彰活动，这也是全国地方志系统唯一的全国性表彰活动。2015年12月，中指组、人力资源和社会保障部在北京人民大会堂联合召开全国地方志系统先进模范座谈会。会前，李克强总理作出重要批示，刘延东副总理接见与会代表并发表重要讲话。会上，表彰全国地方志系统32个先进集体代表和10名先进工作者。

（五）编纂出版《汶川特大地震抗震救灾志》，高标准、高质量完成国务院交办的重大任务

2016年5月，《汶川特大地震抗震救灾志》出版座谈会在北京人民大会堂举行。该志出版前，李克强总理专门作出重要批示。国务委员王勇出席座谈会并讲话，肯定该志"是一部难得的上乘之作、传世佳品"。该志是新中国成立以来第一部由国家层面上组织编纂的专题性志书，也是国务院交由中指组牵头编纂的第一部也是目前唯一一部国家级志书。编纂工作自2008年11月启动，由中指组牵头组织国家发展改革委、民政部、人力资源和社会保障部等部门，历时7年多时间高标准、高质量完成。全志共11卷13册、约1400万字，其中《总述》《大事记》《附录》3卷由中指办专家亲自编纂。

三、聚焦"两全目标"，着力破解事业发展难题

围绕深入贯彻落实《规划纲要》，特别是确保如期完成"两全目标"任务，中指办根据工作实际，确定不同年度的工作重点，将2015年确定为培训年、调研年，2016年确定为顶层设计年，2017年确定为督查年、落实年，2018年确定为攻坚年、质量年，2019年确定为冲锋年、拼搏年，有序开展各项工作。

（一）召开年度会议，确保工作引领

从2005年起，中指办每年召开一次全国省级地方志工作机构主任

会议，研究布置工作。2015年起，中指办对会议的性质、名称、规格和内容等进行了全新设计，并确定每年12月召开下一年度的工作部署会议。2016年起，将原定会议内容的经验交流部分进行重新设计，提格为全国地方志工作经验交流会，每年召开一次，分别围绕综合、省级、市级、县级工作经验进行交流，加大经验交流的力度，先后推出"广东经验""山东经验""保定经验""浏阳经验"等先进典型。

2016年是贯彻落实《规划纲要》的开局之年，为落实好"顶层设计年"要求、迅速打开局面，第五届中指组及其办公室积极谋划，在优化资源配置、完善工作推动机制等方面向前大踏步前进。2016年，中指办陆续开创召开了第一次的全国地方志基层基础工作、信息化工作、年鉴工作、方志馆工作、地方史志期刊工作、科研工作会议，以后逐年召开，借以统筹规划、分类指导全国地方志工作，多层次破解地方志事业发展难题方面。

（二）加大督查力度，确保工作进度

为加快推进完成"两全目标"，2017年中指组召开全国地方志系统"两全目标"工作推进会暨援藏援疆工作座谈会，第一次通报"两全目标"工作推进情况，并统筹部署全国地方志系统援藏援疆工作。随后，成立中指组"两全目标"督查小组，并于2018年3月开始实行"两全目标"工作进度季通报制度，截至目前共进行6次通报。据统计，截至2019年第一季度末，全国第二轮三级志书规划5522部，累计出版3200.5部、约占规划总数的57.97%，与2013年底出版的1400多部、约占规划总数的25.35%比较，增幅明显。地方综合年鉴方面，全国三级综合年鉴2017年卷应编纂出版3221部，启动编纂2862部、覆盖率约88.85%，公开出版2130部、覆盖率约66.13%；2018年卷应编纂出版3220部，启动编纂3070部、覆盖率约95.34%，公开出版1643部、覆盖率51.02%，很多正在等待出版。与2013年底年鉴编纂的1700余部相比，启动编纂率、公开出版率都大幅增加。

（三）严把评审关口，确保工作质量

地方志是"官书"，必须始终坚持质量第一原则。在全国严格规范管理有关评比达标表彰活动的情况下,第五届中指组及其办公室主要在地方综合年鉴质量评审方面做了一些工作。中指组曾于 2004 年、2010 年举办两届全国年鉴评奖。2016 年起,鉴于各"两全目标"攻坚阶段尤须重视质量问题的大背景,中指组及其办公室决定每年开展一次年鉴评审活动。2016 年、2017 年、2018 年,第三届、第四届、第五届质量评审活动分别通报表扬年鉴 406 部、370 部、270 部。2019 年,第六届质量评审活动正稳步推进。

(四)推动"名志"建设,确保工作标准

2015 年 3 月,中国社会科学院党组会议决定,把"名志"纳入中国社会科学院名优建设工程,在原有的"报、刊、出版、馆、网、库、学术评价"基础上,形成"八名"建设新格局。刚纳入"八名"建设的"名志",主要集中在地方志信息化建设方面,随后"名志"内涵延伸到地方志"十业"的其他领域,在名优建设工程中的影响越来越大。在名优建设工程的引领带动下,相关"名志"标准对中指组及其办公室组织实施的若干重大工程产生了积极的影响。

(五)加强信息沟通,确保工作指导

1. 做好《中国地方志年鉴》编纂出版工作。《中国地方志年鉴》创办于 2002 年,每年编纂 1 卷。2014 年至今,共编纂出版 4 卷,2017 年卷、2018 年卷即将出版。

2. 做好《方志中国》编印工作。《方志中国》原名《中国方志通讯》,是内部工作简报,2016 年初变更为内部准印的《方志中国》半月刊,其信息沟通平台作用大大强化。截至目前,《方志中国》半月刊共编印 82 期。

3. 做好地方志信息年度统计工作。在信息统计基础上,中指办适时形成相关专题报告,为中指组决策提供服务。

(六)加大宣传力度,确保工作实效

第五届中指组及其办公室深刻认识到做好宣传工作的重要性,不断加大宣传工作力度,逐步扩大地方志在全社会的辐射力和影响力。

1. 加强宣传引导。如 2015 年 3 月,中指办举行宣传工作新闻通气会，向多家新闻机构及媒体记者通报宣传工作重点。2016年8月，出台《中指办新闻宣传工作管理办法（试行）》，推出新闻发言人制度，并举行首次新闻发布会。

2. 畅通宣传渠道。中指办积极加强与传统媒体、新兴媒体的密切联系，运用中指办创办的中国方志网、方志中国微信公众号、方志中国手机报、《中国方志》报等，全面宣传报道中指组、中指办举办的各类重要会议、重大活动以及各种重大成果。2016年，在《规划纲要》颁布一周年之际，中指办还配合《光明日报》做好《以史鉴今·地方志的故事》专栏的制作发布，宣传各地方志人的典型故事。

3. 拓展宣传手段。一方面，王伟光、李培林等领导同志带头在《人民日报》《光明日报》等中央报纸上就地方志发表署名文章，这在以往是很少见的。另一方面，2015年9月、2018年7月，李培林同志、冀祥德同志分别就依法治国与依法治志、"走进新时代的地方志"接受人民网记者专访，在全国地方志系统和社会各界引起强烈反响。

4. 创新宣传方式。一方面，创新运用现代影像技术来大力宣传推广方志文化。2016年5月、2017年12月，在北京人民大会堂举办的首届全国名镇论坛、首届全国名村论坛上，分别播放与中央电视台联合拍摄的《品读名镇记住乡愁》《乡愁何处得安放》宣传片，得到热烈响应。其后的历届全国名镇论坛、全国名村论坛均拍摄宣传片，提高传播力、影响力。2017年9月，中指组印发《关于做好影像志工作的意见》，对全国地方志系统影像志拍摄进行了安排部署。另一方面，主动服务党风廉政建设和"三严三实"专题教育，编纂出版《中华家训精编100则》《中国古代为官箴言》两书。《中华家训精编100则》还得到中央文明办的高度重视和推介，并入选中宣部和国家新闻出版广电总局"2015年主题出版重点出版物选题"，得到国家出版基金规划办专项支持。

四、握牢做实"总抓手"，十大工程结出硕果

中指办紧紧抓住全国地方志事业迎来前所未有大好局面的重要发展机遇，从2015年起陆续推出全国地方志"十大工程"，将其作为贯彻落

实《规划纲要》最重要的抓手。截至目前,各项工程顺利实施,结出了累累硕果。

(一)稳步推进民族地区与贫困地区志书、年鉴出版资助工程

为打赢脱贫攻坚战贡献方志力量,中指办分别于 2015 年、2017 年启动民族地区与贫困地区志书出版资助工程、年鉴出版资助工程。2018 年,根据工作实际,调整相关资助政策,实现资助志书、年鉴出版全额资助。截至目前,确定资助志书 4 批 35 部,其中出版 10 部、即将出版 6 部;确定资助年鉴 4 批 59 部,其中 15 部即将出版。

(二)扎实推进中国志书精品工程

编修出堪存堪鉴的高质量志书,是方志人的不懈追求。2015 年 10 月,中指办启动中国志书精品工程,旨在进一步培育精品意识,示范引领全国地方志系统在提高志书质量方面探索出切实可行的路子。截至目前,《汶川特大地震抗震救灾志》、天津市《北辰区志》、江苏省《常州市志》、山东省《威海市志》4 部中国精品志书先后出版;《天津市志·公安志》、江西省《赣州市志》2 部中国精品志书通过评审,即将出版。

(三)深入推进中国年鉴精品工程

中国年鉴精品工程是中国志书精品工程的姊妹工程。2015 年底,确定山西省地方志办公室等 10 家工程试点单位。2017 年 5 月,工程正式启动。截至目前,工程共接受三批申报年鉴 53 部,评审打造出《山西年鉴(2018)》《北京海淀年鉴(2018)》等中国精品年鉴 18 部。

(四)重点推进中国名镇志、中国名村志文化工程

为适应全国各地编纂乡镇村志兴起的热潮,积极服务乡村振兴战略,2015 年、2016 年中指办先后启动中国名镇志文化工程、中国名村志文化工程。2016—2018 年,中指办举办三届全国名镇论坛暨中国名镇志丛书出版座谈会,分别发布名镇志 11 部、26 部、28 部,共计 3 批 65 部;举办两届全国名村论坛暨中国名村志丛书出版座谈会,分别发布名村志 27 部、20 部,共计 2 批 47 部。首批名村志中的《开弦弓村志》还入选第八届书香中国·北京阅读季 2018 年第一季好书推荐书目。通过培育,中国名镇志、名村志文化工程已成为全国地方志系统的重要品牌。

同时，中指办还牵头帮助编纂出版西藏第一部名镇志——林芝市《八一镇志》。

（五）系统推进全国地方志"一体两翼"用志工程

实施全国地方志"一体两翼"用志工程，是地方志向社会主动提供服务的关键一环。"一体"为《中国地情报告》，"两翼"分别为《中国方志发展报告》《中国年鉴发展报告》，每年各出版 1 部。2016 年 8 月，工程的首项成果《中国方志发展报告（2015）》出版。截至目前，中指办先后举办两届中国地情论坛，共出版"一体两翼"工程图书 3 批 8 部。

（六）加速推进全国信息方志与数字方志建设工程

第五届中指组成立前，中指办的信息化工作进展比较缓慢。2015 年 5 月，中指办设立信息处，启动全国信息方志与数字方志建设工程。2015 年 6 月，中国方志网（中国国情网、中国地情网）项目列入中国社会科学院重大信息化项目。2017 年 2 月，中指办印发《全国信息方志与数字方志建设工程实施方案》，工程建设内容主要包括中国方志网、中国地情网、中国国情网、国家数字方志馆、地方志综合办公平台、地方志新媒体传播平台，简称"三网一馆两平台"。中国方志网是全国地方志系统门户网站，2015 年 12 月开通，其后不断优化功能和栏目，有序推进升级改版。中国地情网是全国地情网站的集群，2015 年 12 月开通，目前二期项目完成功能升级和栏目改造，并通过专家验收。中国国情网 2018 年 1 月开通，目前手机网站、App 手机客户端开发完成，并通过专家验收。国家数字方志馆于 2016 年 5 月揭牌，目前一期项目通过中国社会科学院专家评审，并批准立项，正在推进开发工作。地方志综合办公平台建设，目前"两全目标"在线统计系统设计开发完成，通过专家验收并投入使用；全国地方志系统统计平台设计完成，正在开发建设。地方志新媒体传播平台建设，2015 年 7 月"方志中国"微信公众号开通，截至目前累计发布 1000 余期，受其影响，各级地方志工作机构积极开通微信公众号，目前共计 450 个，方志微信矩阵形成规模；2015 年 9 月方志中国手机报开通，截至 2018 年 12 月累计发布 131 期；2016 年,《中国方志》报创刊出版，截至目前累计编印 33 期。

（七）全力推进方志馆研究建设工程

2013年12月，国家方志馆完成装修改造，中指办整体搬入国家方志馆工作。2015年，中指办启动方志馆研究建设工程，引领推动全国方志馆建设取得了跨越式的发展。

1. 办好"方志中国""魅力中国"展览。2016年5月、2018年1月，"方志中国"展览、"魅力中国"展览先后开展。截至目前，"方志中国"展览共接待参观194批次1941人次，"魅力中国"展览共接待参观87批次1249人次。2017年4月，中指办还组织中国苏州文化创意设计产业交易博览会"方志中国"展。

2. 推动国家方志馆设施建设。2015年以来，国家方志馆围绕展前综合整治、加固和改造实施两期改造工程。目前，正在谋划制定《国家方志馆建设发展规划》，计划实施三期改造工程，争取在2019年国庆节前正式开馆。

3. 加快国家方志馆馆藏建设。2015年以来，通过组织各地捐赠、接受个人捐赠、多方购买等途径，不断增加馆藏图书资料和实物资源，共计收藏各类图书近10万册。目前，已完成书库建设和馆藏古籍清理核实工作，编纂完成馆藏年鉴总目，正在全力推进图书编目和上架工作。

4. 积极推动国家方志馆分馆建设。2018年5月，国家方志馆黄河分馆正式开馆。该馆建筑面积2万多平方米，是中指组批准建设并建成的第一个国家方志馆分馆。2018年8月，第二个分馆知青分馆依托知青博物馆在黑河市揭牌。截至目前，黄河分馆共接待游客11.48万人次，知青分馆共接待游客44.67万人次，中原分馆、特区分馆等正积极申报。

5. 全面指导全国各级方志馆建设。在国家方志馆的指导和推动下，全国已经建成包括国家方志馆在内的各级方志馆共604家，较2013年底增加336家，建馆速度大大加快。

（八）科学推进中国地方志学科建设与人才队伍建设工程

当前地方志事业正处于发展的关键时期，全面推进转型升级，建设方志学建设一级学科，更需要不断推进理论创新。第五届中指组及其办公室积极响应时代的呼唤，以创新的思路，积极谋划、主动作为。一方面，于2015年5月成立科研处，加强对全国地方志系统科研工作的统筹规划、业务指导、规范管理；另一方面，启动中国地方志学科建设与人才队伍建设工程，围绕工程实施打出了一套"组合拳"，大大改观了方志理论研究的面貌。

1. 推动中国地方志学会改革，充分发挥学会的桥梁纽带和学术引领作用。2015年12月，第六届中国地方志学会召开换届大会，就发挥学会优势、把握发展机遇进行了安排部署。2016年，学会对原先的2个分支机构进行改造，陆续成立了信息化分会、年鉴分会、史志期刊分会、方志馆分会、方志学分会、编辑出版分会6个分支机构，分别召开成立大会，研究部署今后五年的工作。各分会成立后，每年召开一次理事会议研究布置工作、举行一次研讨活动开展理论研究，极大地拓展了与各方面专家学者的接触面。

2. 丰富完善地方志学术年会制度，以正确的政治导向、理论导向、学术导向引领地方志理论创新。中国地方志学会自2011年起整合原先的相关论坛、研讨会，建立起中国地方志学术年会制度，逐渐成为具有重要影响力的学术平台和学术品牌。2014年至2019年，中国地方志学术年会每年举行一次，为提高方志学学科建设水平、推动地方志转型升级提供了坚实的理论基础。2017年9月和今年7月，中指办在北京、长沙先后举办两次以"走向世界的中国方志文化"为主题的方志文化国际学术研讨会，为谱响方志文化世界篇章唱响了序曲。2018年，中指办还承办了中国社会科学院历史学部第十七届史学理论研讨会。中国地方志学会各分会也积极组织学术研讨活动，从不同角度研讨理论和学术问题。如年鉴分会参照中国地方志学术年会的办法，建立全国年鉴论坛制度，连续举办三届；史志期刊分会举办两届新方志论坛，方志学分会举行两次年会，方志馆分会举办首届全国方志馆馆长论坛等。2014年至2018年，中指办共举办全国性的大型学术研讨会议20余次，此外还围绕方志学学科建设、《史志法》立法、一统志编纂论证、省志编纂、抗日战争志编纂、方志馆建设、地方史编写等重点课题举行了一系列的学术研讨会。

3.深化地方志期刊名刊建设,进一步加强地方史志期刊的学术阵地功能。《中国地方志》期刊不断提高学术品位,2014年被评为中国人文社会科学核心期刊,2015年起办刊宗旨实现从工作指导、理论研究并重改为以理论研究为主,2018年起由月刊改为双月刊。2014年至今,该刊共编辑出版57期及1期增刊。2017年,《中国年鉴研究》季刊创刊出版,至今共编辑出版7期。2017年还创刊出版《中国方志馆研究》年刊,至今编辑出版2辑。同时,各期刊在人大报刊复印资料中心等报刊评价机构的转载率明显提升,有力提高了期刊的影响因子。

4.加大地方志队伍业务培训力度,全力集聚培养一支高素质专业化的地方志人才队伍。为满足各地对业务培训的巨大需求,改变分层分类培训相对较少的情况,中指办将2015年确定为培训年,组织开展系列培训。随后几年,中指办积极破题、破局,陆续开创举办第一期年鉴主编、地方史志期刊编辑、地方志信息化、方志馆、援藏志鉴编纂、援疆志鉴编纂、中国名镇志丛书编纂、中国名村志丛书编纂、地方志行政管理等业务培训班,随后有的逐年举办,有的每两年举办一次,2017年起全国地方志工作机构新任负责人培训班也由每年1期改为每年2期。此外,受人力资源和社会保障部委托,由中国社会科学院人事教育局主办,中指办还分别承办了2015年、2017年"专业技术人才知识更新工程"全国地方综合年鉴资源开发利用高级研修班、全国地方志系统信息化高级研修班。2015—2018年4年间,分别举办培训班5期、6期、8期、8期。2019年4月、6月,先后举办首次全国省级地方志工作机构主要负责人培训班、首次全国民族地区志鉴编纂培训班,反响非常热烈,随后又举办中国名镇志、中国名村志丛书编纂业务培训班和全国年鉴主编培训班。综上,第五届中指组成立以来,共举办培训班33期,培训人员4000余人次。同时,中指办也加强对自身干部职工的业务培养,2016年3月创办"方志大讲堂",截至目前已举办22讲,成为一个有重要影响力的学术品牌。

5.探索地方志学位学历教育,提升地方志的学科地位和学术话语权。中指办积极探索与有关高等院校、科研机构合作办学,发展方志学学位、学历教育。2015年起，中指办与中国社会科学院当代中国研究所合作招收"中国当代方志史"方向博士研究生；与中国社会科学院研究生院联合举办非全日制公共管理硕士（MPA）（方志学方向）专业学位研究生班。2016年1月，与暨南大学文学院合作举办历史文献学专业（方志学方向）研究生课程进修班顺利结束，24名学员结业。2017年10月，方志出版社博士后科研工作站揭牌仪式暨首届方志学博士后进站典礼举行，3名博士后进站研究。2018年，首届方志学方向博士研究生1人、首届方志学方向公共管理硕士（MPA）研究生14人顺利毕业。

6.编纂出版地方志理论研究书籍，推动构建方志学、年鉴学的理论、概念、指标体系。2016年3月、2017年1月，中指办组织编写的《地方综合年鉴编纂教程》《方志百科全书》先后出版，前者是全国第一部系统、权威的地方综合年鉴培训教材，后者是方志界第一部百科全书，与2010年出版的《中国方志通鉴》交相辉映。此外，中指办还编辑出版了《清代方志序跋汇编·通志卷》《中国地方志论文论著索引（1913—2007）》《〈中国地方志〉优秀论文选编（1981—2011）》《史志集刊》及多届中国地方志学术年会论文集等理论著作10余部。

（九）积极推进中国方志文化走向世界工程

中指办原先对外学术交流活动开展得不多，甚至一度中断。2016年底开始，随着中国方志文化走向世界工程的组织实施，对外学术交流活动逐渐打开了一个全新的局面。

1."走出去"。一方面，从2016年12月中指办港澳地方志工作考察团的"破冰之旅"开始，截至目前共组织学术出访11批、43人次，出访地包括我国香港、澳门、台湾地区和日本、马来西亚、美国、加拿大、英国、法国、德国、埃及等国家。2018年8月、2019年4月，在马来西亚、埃及举办的国际图联第84届世界图书馆与信息大会、"郭沫若文化周"系列学术文化交流活动上，中指办领导分别作主旨演讲，受到热烈欢迎。此外，通过出访，中指办还多方推动香港、澳门地方志编纂。另一方面，服务国家文化"走出去"战略，组织向世界推介一批高质量地方志成果。2017年12月，在第四届世界互联网大会上，中指办组织编纂出版的《中国名镇志·乌镇志》（中英文版）作为特别礼物被赠予参会的国内外重要嘉宾，开志书助力重大国际会议的先河。随后，《中国名镇志》丛书的《枫泾镇志》（英文版）、《周庄镇志》（英文版）和中国名村志丛书的《开弦弓村志》（英文版）出版发行。目前，中指办正积极推动《汶川特大地震抗震救灾志·总述》（英文版）出版。

2."引进来"。一方面，以走向世界的中国方志文化国际学术研讨会邀请海外学者参会为标志，积极加强与国外高等院校、科研机构、档案机构与图书馆等单位研究人员的联系沟通，热情接待他们到国家方志馆访问交流。另一方面，加强和国外方志收藏机构的交流与合作，积极推动国外藏地方志资源数字化引进。2014年2月开始，中指办委托美国哈佛大学哈佛文理学院燕京图书馆将其馆藏的全部善本中国地方志转化成数字化图像，主要为明代和清乾隆中期以前的地方志，共包括763种、7522卷，将近100万幅。目前，该项目已结项，即将免费向社会提供使用。

（十）高质量推进全国地方志专业出版基地建设工程

方志出版社创建于1995年，是全国唯一以出版志鉴类图书为主的国家级出版机构。2013年，中国社会科学院党组适时调整了方志出版社领导班子，新领导班子根据实际确定了"方圆天下、志书今古"的理念，"志书精品、社科奇葩"的定位，"团结立社、制度治社、质量强社、效益兴社"的方针，制定了《方志出版社发展规划纲要（2014—2020年）》。2015年起，全国地方志专业出版基地建设工程启动实施。近年来，方志出版社紧紧围绕工程实施，大力开展名社建设、依法治社体系建设和图书质量保障体系建设，经济效益、社会效益大大提高，彻底改变了原来在中国社会科学院5家出版社中人数最少、收入最低、告状信最多的落后局面，职工腰包鼓起来、腰杆挺起来、精气神提起来了，发生了根本性的变化。

五、围绕"三大主题"开拓创新，夯实事业发展根基

（一）以国家利益为导向开拓创新

1.坚持国家利益至上，组织编纂《中国南海志》《三沙市志》。所谓

的南海仲裁案发生后，中指办迅速组织整理、挖掘志书中关于南海主权的证据。2017年1月，经国务院批准，中指办在海口市召开《中国南海志》《三沙市志》编纂启动会、举办南海主权与地方志论坛，积极发声，提出"南海主权，有志为证"，引起较大反响。目前，在外交部等部门的指导下，《中国南海志》编纂进展顺利；《三沙市志》基本完稿，正组织精干力量精打细磨。

2. 牵头编纂国家社科基金重大项目《中国抗日战争志》及中国地方抗日战争志丛书。这是方志界贯彻落实习近平总书记关于对抗战进行系统研究重要指示精神的重大举措。2016年6月，《中国抗日战争志》项目在国家社科基金抗日战争研究专项工程中获准立项。2017年4月，《中国抗日战争志》项目暨中国地方抗日战争志工程正式启动。《中国抗日战争志》共11卷，目前稳步推进。中国地方抗日战争志各省级行政区域分志也陆续启动编纂。

3. 组织中华一统志和国志编修可行性论证。多年来，方志界关于倡修一统志的呼声从未间断，《规划纲要》也明确了开展一统志编纂可行性研究的任务。中指办多次召开论证会、研讨会，提出《关于编纂〈中华一统志〉的建议》《关于编纂〈《中华人民共和国志》〉的建议》等。

（二）围绕经济社会发展开拓创新

第五届中指组及其办公室注重推动地方志的"创造性转化、创新性发展"，围绕经济社会发展，提升服务大局能力，2017年起陆续启动实施中国名酒志、中国名山志、中国名水志、中国名街志文化工程，不断推动地方志延伸触角、拓展领域。这些工程与中国酒业协会、中国山岳旅游联盟等行业组织或社团紧密合作，申报工作踊跃。随着这些工程的实施，地方志的"溢出"效应日渐彰显。截至目前，中国名酒志文化工程共申报志书16部，8家通过编纂资格评定，其中茅台集团、古井贡集团积极申报的《茅台酒志》《古井贡酒志》已完成编纂，等待评审出版；中国名山志文化工程共申报志书15部，中国名水志文化工程共申报志书2部，中国名街志文化工程共申报志书5部。

（三）以人民为中心开拓创新

第五届中指组及其办公室围绕以人民为中心，积极倡导让地方志走进千家万户、走进寻常百姓家。一方面，除实施中国名镇志、中国名村志文化工程外，积极谋划并鼓励乡镇（街道）村和社区、居民小区编纂志书、年鉴，建立村史馆、村情网等，以保留乡土文化记忆。另一方面，与中央电视台联合拍摄《中国影像方志》《中国影像志·名镇名村》等。《中国影像方志》大型系列纪录片以各地县志为基础，每县1集，每集40分钟，计划拍摄2300集以上，2017年端午节期间开播至今累计播出280集。《中国影像志·名镇名村》首批拍摄6集，前3集已于近期在中央电视台军事农业频道播出。此外，中指办还积极参与中宣部、中国社会科学院组织的国情、百城百县百企、百村调研工作，撰写调研报告，供决策参考。

六、扎实推进中指办内部建设，提高干部职工凝聚力战斗力

在中国社会科学院党组的关心重视和院属各职能部门的大力支持下，中指办领导班子团结带领全体干部职工，以更好引领推动地方志转型升级为目标，以加强思想政治建设、组织建设、作风建设、干部队伍建设为抓手，不断增强履职尽责的使命感、责任感，提高凝聚力、战斗力。

（一）加强思想政治建设，不断强化政治保障

按照党中央和中国社会科学院党组部署，以第一时间学习传达的"方志速度"，积极学习贯彻习近平总书记系列重要讲话精神、中央和中国社会科学院党组重要会议或重要文件精神，树牢"四个意识"，坚定"四个自信"，坚决做到"两个维护"。

（二）加强组织建设，不断强化制度保障

中指办党组充分发挥领导核心作用，不断完善管理机制，建立了包括党组办公会议、党组理论中心组学习会议、室务工作例会、专题工作会议等一系列会议制度。优化处室设置，在2015年将原6个处室调整为8个处室、国家方志馆设置2个部基础上，2019年初又增设1个处。

加强党的组织建设，积极开展机关党委、机关纪委及各党支部换届工作，创办《方志党建》《方志纪检》，严格落实"三会一课"制度，充分发挥基层党组织的战斗堡垒作用。

（三）加强作风建设，不断强化纪律保障

中指办党组强化主体责任履行，认真组织学习贯彻落实中央八项规定及其实施细则、中国社会科学院党组关于贯彻落实中央八项规定及其实施细则的实施办法精神，全面落实党要管党、从严治党的要求，2016年根据中央第一巡视组巡视和审计整改要求圆满完成整改任务，2018年主动开展作风整改活动，深入查摆、整改自身问题，营造了风清气正的办公环境，同时织密制度笼子，制定了中指办党组贯彻落实中央八项规定及其实施细则的办法和关于调研、会议活动、新闻报道、外事、公务接待、公务用车、办公用房等一系列专项制度文件。

（四）加强队伍建设，不断强化人才保障

第五届中指组及其办公室领导将"人才强志"摆在非常突出的位置，相较于以往，中指办干部队伍的培养选拔工作可谓动作较大。五年多来，中指办正局级领导内部提拔使用1人次、调入配备2人次、提拔调出1人次，副局级领导内部提拔使用1人次；正处级干部提拔使用8人次，副处级干部提拔使用11人次。此外，还派出2名正处级干部分别到西藏、新疆生产建设兵团挂职锻炼；接受2名地方正处级干部到中指办挂职锻炼。培养选拔工作的开展，有效激发了干部职工干事创业的热情。

第六届中指组及其办公室：接续奋进，勇毅前行

2018年8月，第六届中指组换届，谢伏瞻同志任组长，高翔同志任常务副组长。虽然因为种种原因，本应召开的第六次全国地方志工作会议、第六届中指组会议至今未能举行，机构改革给地方志工作带来很大挑战，但是，在新一届中指组领导下，中指办及其全国各级地方志机构接续奋进，攻坚克难，勇毅前行，高举地方志讲政治大旗，以习近平新时代中国特色社会主义思想为指导，紧紧围绕《规划纲要》，全面落实依法治志，奋力推进"两全目标"攻坚，继续紧扣党和国家利益、经济社会发展、以人民为中心"三大主题"开拓创新，着力推动全国地方志"十加X工程"，实现地方志第一次转型升级，完成地方志第一个一百年目标。

2019年以来，全国地方志系统坚持以习近平新时代中国特色社会主义思想为指导，认真学习党的十九大精神，深刻领悟习近平总书记在哲学社会科学工作座谈会上的重要讲话、致中国社会科学院三次贺信、关于地方志工作重要论述特别是宁德地方志工作重要讲话精神，加强党对地方志工作的全面领导，坚持"一纳入、八到位"工作要求，着力顶层设计，

实施依法治志，奋力开拓创新，坚定方志文化自信，推动在全国范围内地方志从一项工作向一项事业的转型升级，彻底摒弃"一本书主义"，逐步实现志、鉴、史、馆"四驾马车"并驾齐驱，和志、鉴、史、馆、库、网、用、会、刊、研"十业并举"。到2021年底，全国地方志系统已基本完成国家"十三五"规划期间地方志事业发展的基本目标与任务，基本完成省市县三级志书和综合年鉴全覆盖，实现了地方志事业的第一次转型升级，实现了地方志第一个百年奋斗目标，成为一项世界文化史上的盛举。

（一）地方志法治体系建设

在国家全面依法治国的大背景下，中指办提出论证并全面实施依法治志，在全国地方志系统搭建起地方志事业发展的四梁八柱，地方志法治体系基本形成。

1.地方志工作纳入国家战略。2015年8月，国办印发《规划纲要》，确立了依法治志的基本原则。中指组及其办公室工作一大核心就是强化顶层设计，在充分调研的基础上对全国地方志工作予以统筹规划指导。不仅推动国务院办公厅制定了历史上的第一个《规划纲要》，中指办还陆续制定《〈全国地方志事业发展规划纲要（2015—2020年）〉实施方案》《全国年鉴事业发展规划（2016—2020年）》《全国地方志信息化发展规划（2016—2020年）》等全国性专项规划，指导全国地方志事业发展。2019年，中指办启动《全国地方志事业发展规划纲要（2021—2025年）》编制工作，拟写了第二个规划纲要文本，通过召开不同层面研讨会，广泛征求全国地方志系统和社会各界的意见建议后报送中指组。

2.加快立法进程。中指办开展《地方志工作条例》修订完善、《中华人民共和国史志法》立法可行性调查研究。举行系列论证会、征求意见会、立法研讨会，2018年5月举办"依法治国与依法治志"论坛，为进一步完善地方志法规体系、提升法律效力打下坚实基础。推动全国人大代表、全国政协委员在2019年全国"两会"上提出关于地方志立法的议案、提案，积极推动《中华人民共和国史志法》立法进程。截至目前，除辽宁、重庆外，各省（区、市）均出台地方志法规规章。山东实现省市县三级地方志法规规章全覆盖。广东省委办公厅、省政府办公厅印发《关于进一步加强新时代地方志工作的通知》。重庆出台《关于大力促进新时代地方志事业发展的意见》，新疆生产建设兵团印发《关于进一步加强新形势下兵团史志工作的实施意见》。2020年，《广西壮族自治区地方志工作办法》正式实施。

3. 加强督促指导。一是强化统筹协调。中指办每年明确工作重点，循序渐进，做到一张蓝图绘到底。将2019年定为拼搏年、冲锋年，2020年定为决胜年、收官年。每年召开全国地方志工作经验交流会，推广各地先进工作经验。二是注重业务指导。2019年召开全国地方志系统"两全目标"工作调度会，2020年召开全国地方志系统"两全目标"推进工作调度会。成立"两全目标"督查小组，实行季通报制度。从2018年第一季度起通报"两全目标"工作进度。累计通报12次。建立"两全目标"完成情况督查台账，实行督查销号制度，对工作进度相对滞后的规划志书、综合年鉴进行全过程督查。对上海、江西、山西、辽宁、青海等省（市）进行重点督查。2019年，中指组印发《关于全力做好省市县三级综合年鉴2020年卷编纂出版工作的通知》。2020年，中指组印发《关于全力做好省市县三级综合年鉴2021年卷编纂出版工作的通知》。2020年，中指组向如期完成"两全目标"的省（区、市）党委、政府致贺信，收到良好效果。四是优化法治环境。北京、上海、福建、江西、广东、广西、四川等省（区、市）政府正式公布地方志工作机构权力清单、责任清单。上海、福建、宁夏坚持每年开展地方志法规宣传活动；辽宁、广西、海南、陕西、新疆等省（区）组织开展纪念《地方志工作条例》颁布施行10周年纪念活动，开展法规宣传。各地把法治教育纳入方志系统培训内容，通过组织法治培训班、法治宣讲团、知识竞赛、法治内容考试等方式，不断提升各级政府和地方志工作机构贯彻《规划纲要》的自觉性，增强地方志工作者运用法治思维和法治方式开展地方志工作的能力。

（二）地方志编修体系不断完善

全国地方志系统以推进"两全目标"为统领，积极推进专业志鉴、部门志鉴、行业志鉴和乡镇村志编纂工作，做好旧志整理工作，地方志编修体系进一步完善。

1. 如期完成"两全目标"。截至2021年，全面实现"两全目标"，编纂省市县三级地方志书5300余部，历时二十多年的第二轮修志任务圆满完成；每年编纂省市县三级综合年鉴3000多种，年鉴全覆盖成果得到进一步巩固。截至2020年12月31日，全国省市县三级综合年鉴2020年卷应编纂出版3212部，全部完成编纂、全部移交出版，完成率均为100%；公开出版2843部，完成率约为88.51%。其中，省级综合年鉴应编纂出版32部，公开出版30部，完成率为93.75%；市级综合年鉴应编纂出版346部，公开出版318部，完成率约为91.91%；县级综合年鉴应编纂出版2834部，公开出版2496部，完成率约为88.07%。

2. 编纂"两志"是党中央交给全国地方志系统的重大政治任务，是地方志工作者服务新时代的重要举措，是当前和今后一个时期全系统的重点工作。2019年以来，按照中央领导同志批示精神、中央宣传部安排部署和中指组具体要求，制定出台"两志"工程实施方案，积极稳妥推进"两志"编纂工作。目前，中国扶贫志已被列入出版业"十四五"时期发展规划。当前的工作重点是要统筹谋划好"两志"编纂，加强顶层设计；开展"两志"试点工作，在各地试点的基础上，选取不同类型的编纂单位，形成国家级试点；抓好"两志"编纂培训，根据区域差别开展有针对性的培训；组织"两志"理论研讨，为保证"两志"编纂质量夯实基础。

3. 启动中国抗击新冠肺炎疫情志编纂试点工作。2020年9月8日，习近平总书记在全国抗击新冠肺炎疫情表彰大会上发表重要讲话，指出我们党团结带领全国各族人民，进行了一场惊心动魄的抗疫大战，经受了一场艰苦卓绝的历史大考，付出巨大努力，取得抗击新冠肺炎疫情斗争重大战略成果，创造了人类同疾病斗争史上又一个英勇壮举。中指办建议并经中指组领导同意，实施中国抗击新冠肺炎疫情志编纂工程，确定北京朝阳区、浙江温州市等试点单位，开展抗疫志编纂试点工作，同时要求各地方志机构做好资料收集整理工作，适时启动抗疫志编纂。

4.乡镇村志成果丰硕。乡镇志、村志编修大规模铺开。截至2020年底，乡镇志、村志累计出版6300余部。

5.旧志整理不断攀升。上海翻译出版中国内地第一本年鉴——《上海年鉴（1852）》（英文版）。2020年，《重庆历代方志集成》（全套100册）、《云南历代方志集成（省卷第一辑）》付印出版。《江苏历代方志全书》列入"2011—2020年国家古籍整理出版规划项目"。2022年5月17日，历经13年辛苦编纂，堪称江苏历代方志文化集大成之作的《江苏历代方志全书》在南京正式首发。

（三）方志馆集群逐步壮大

1.积极推动国家方志馆建设。先后完成"方志中国""魅力中国"布展。2020年，启动"讲述黄河故事、传承黄河文化"系列活动。

2.稳步推进国家方志馆分馆建设。2018年，中指组出台《国家方志馆分馆建设管理工作规定》。积极推动国家方志馆分馆建设，黄河分馆、知青分馆正式开馆，中原分馆、南水北调分馆、南方丝绸之路分馆列入规划。国家方志馆黄河分馆开馆以来参观人数达30万人次。2020年，国家方志馆黄河分馆承办黄河文化国际论坛。

3.各地方志馆建设方兴未艾。中指办先后召开全国方志馆建设经验交流会、国家方志馆分馆建设研讨会，每年召开全国方志馆业务培训班，指导全国方志馆建设。截至目前，全系统立项、在建和建成省市县三级方志馆611家，其中建成省级方志馆24家。北京出台《关于加强北京市方志（地情）馆（室）建设的指导意见》。山东省政府办公厅印发《全省方志馆建设管理规范》。福建出台《全省市、县（区）方志馆（书库）建设指导意见（2017—2020）》。四川提出"全域建馆"的理念，并出台全省建馆指导意见。2020年，广东起草《广东省方志馆发展规划》；海南省史志馆开馆运营。"川渝共建"四川大学、重庆大学、西华师范大学3所方志馆高校分馆开馆。陕西建成村史馆375个，开展村史馆建设工作调研，形成《全省村史工作调研报告（2020）》。

（四）信息化建设稳步推进

2017年2月，中指办印发《全国信息方志与数字方志建设工程实施方案》。全系统落实"互联网+地方志"的理念，深入实施全国信息方志与数字方志建设工程，"三网一馆两平台"建设成效显著，地方志信息化、网络化、数据化水平进一步提升。

1. 网站群规模不断壮大。自2015年12月，开通中国地情网、中国方志网。2018年，开通中国国情网。截至2020年底，省市县三级建成地情网站369个。

2. 地方志大数据建设稳步推进。2017年，国家数字方志馆正式揭牌。中指办研究制定国家数字方志馆《资源加工规范》《元数据规范》，建成国家数字方志馆一期项目。截至2019年底，省市县三级建成数字方志馆（数据库）116个。

3. 新媒体传播平台形成集群化效应。截至2020年底，省市县三级建成新媒体535个。《广东印记》系列微视频完成99集拍摄，获评广东"十佳视觉精品"，并在学习强国平台开通"方志广东"专题。四川构筑"两微六号一网一台一刊一店"新媒体矩阵。"方志四川"新媒体矩阵阅读量突破1.1亿次。云南启动"一部手机读云南"平台建设，打造"一个数据中心、四个应用平台"。实施省情系列微视频推广工程，推出《美哉云南》第一季和《美丽云南》（第二季），《云南历史名人》动漫10集。

4. 综合办公平台不断完善。2018年，中指办开发"两全目标"在线统计系统和地方志年度统计系统，规范统计指标，提高了统计效率。吉林省方志委开发办公自动化（OA）系统。安徽使用"中国通"年鉴在线编纂云平台编纂《安徽年鉴》。甘肃建成地方志在线编纂系统。新疆建成办公自动化系统。

（五）理论研究和学科体系不断发展

中指办依托中国地方志学会，开展学术研讨、课题研究、学历学位教育，稳步推进方志学学科体系建设，全系统理论研究水平不断提高。

1. 重视学会工作。2020年，按照民政部和中国社会科学院要求，重新审议通过了修订后的《中国地方志学会章程》。与中指办联合举办学术年会五次，国际学术研讨会两次，理论研讨会一次，座谈会四次。主题内容涉及一带一路与地方志创新、地方志转型升级理论与实践探索、方志学一级学科建设、新时代方志学与历史学发展、走向世界的中国方志文化等方面。累计收到学术论文 1000 余篇，推出了一大批高水平的学术论文，推介了一大批潜心学术的专家学者。2021 年 3 月 19 日，召开中国地方志学会会员代表大会，完成学会换届工作。

2. 强化名刊建设。近年来，《中国地方志》期刊不断提高学术品位，多篇论文为新华文摘、社科文摘、人大报刊复印资料转载，进入五大期刊评价系统，列入全国中文核心期刊目录（2020 年版）、中国科技核心期刊（2019、2020 年）。创刊《中国年鉴研究》，被国家哲学社会科学文献中心发布的《国家哲学社会科学文献中心学术期刊数据库用户关注度报告（2019 年度）》评为历史学科关注度第 1 名。创刊出版《中国方志馆研究》集刊。同时，各期刊在人大报刊复印资料中心等报刊评价机构的转载率明显提升，有力提高了期刊的影响因子。《巴蜀史志》"抗击新型冠状病毒肺炎疫情"专刊，在"战疫——四川抗击新冠肺炎疫情专题展"展出，并入选第二十七届北京国际图书博览会（BIBF）"2020 中国精品期刊展"。

3. 深入开展理论研讨。中指办先后举办依法治国与依法治志论坛——《地方志工作条例》颁行 12 周年座谈会、中国社会科学院历史学部第十七届史学理论研讨会、纪念章学诚诞辰 280 周年座谈会、举办"南岳衡山杯"首届全国地方志系统优秀论文评选活动、新时代的方志学与历史学理论研讨会。各级地方志工作机构和地方志学会积极举办学术年会和理论研讨会，设立专项研究课题，组织优秀论文评选，编辑出版论文集，努力推动地方志基础理论研究、编纂理论研究、应用理论研究和工作管理研究。截至 2019 年底，累计出版教材、理论著述、工具书 1900 余部。中指办编纂出版《方志百科全书》《地方综合年鉴编纂教程》。河北、安徽联合举办"冀皖方志理论研讨会"。吉林实施"方志理论研究三百工程"。上海主办地方志与地方史理论研讨会，与复旦大学共建"上海市地方志发展研究中心"。浙江《中国方志馆研究》课题成果经全国哲学社会科学规划办公室鉴定公布为"优秀"等级。湖南依托地方志研究与传播中心，每年举办"湘志杯"地方志理论研究征文活动。广东推行课题研究制度化，公开向社会征集研究成果。海南出台《科研工作促进办法》。

4.注重学历学位教育。2015年，中指办与中国社会科学院研究生院联合举办非全日制公共管理硕士（MPA）（地方志方向）专业学位研究生班，并有多位业内专家学者受聘为MPA学术导师和社会实践导师，培养公共管理硕士（MPA）研究生15人。与中国社会科学院当代中国研究所合作招收中国当代方志史方向博士研究生，培养博士研究生3人，目前在读博士生3人。

（六）质量保障体系不断健全

2020年12月30日，为确保地方综合年鉴编纂出版质量，中指组印发《关于地方综合年鉴编纂出版若干问题的补充规定》，加上之前的。全系统以《地方志书质量规定》和《地方综合年鉴编纂出版规定》《关于地方综合年鉴编纂出版若干问题的补充规定》为抓手，规范志书编纂各环节，严格把好质量关，不断提高志书、年鉴质量。

中指办深入实施中国志书精品工程和中国年鉴精品工程，狠抓志鉴编纂质量。为提高年鉴质量，每年举办全国地方志优秀成果（年鉴类）质量评审活动。各地通过制定加强质量建设的意见，印制编纂教材和编辑手册，健全和落实质量责任体系，严格志稿编写、审查验收、质量评估、互评互审、集中审读等制度，采取加大业务培训力度、建立健全评审专家库、开展质量建设年、举办优秀志书评比活动等措施，规范评审验收流程，提高志鉴编纂质量。天津印发《关于充分发挥区级地方志编修委员会作用的通知》《乡镇村和街道社区志书编修及审查验收规定（试行）》。2018年四川印发《关于实施地方志工作质量提升行动的意见》后，起草四川省志、市县志、乡镇村志、综合年鉴4个质量体系建设纲要。广西制定《地方志工作质量提升行动计划（2019—2020年）》。2020年，天津又制定《市级专业志书报备管理工作规定（试行）》，将市级专业志书纳入修志管理体系，实现各级各类志书管理的全覆盖。

（七）资源开发利用体系不断丰富

近年来，地方志工作紧扣党和国家利益、经济社会发展、以人民为中心"三大主题"开拓创新，地方志"存史、资政、育人"三大功能发挥实现新突破。

1. 以党和国家利益为导向开拓创新。继续推进国家社科基金重大项目《中国抗日战争志》工程及中国地方抗日战争志工程。2020年12月，《香港志》首册——《总述·大事记》出版。2021年12月，《香港参与国家改革开放志》出版，夏宝龙、林郑月娥、谢伏瞻等领导或以视频形式或出席首发式并讲话。河北通过编纂村志做好农村关心下一代工作，受到中国关工委的充分肯定。山西编印《三晋英模》《山西革命烈士家书》，作为该省"不忘初心，牢记使命"主题教育学习参考读物。浙江举办"文化浙江方志之乡——新中国成立七十周年浙江方志成果展"。上海以"地方志与上海解放70周年"为主题开展全市性的地方志法规宣传纪念活动，举办"江南与上海"主旨演讲，发布《上海市方志馆建设与发展报告》。陕西编纂出版《陕西省志·扶贫开发志》，系统总结陕西省人民与贫困作斗争的艰辛历程，全面展示扶贫开发成果，激励广大扶贫工作者不忘初心、牢记使命，决战脱贫攻坚，实现脱贫攻坚与乡村振兴的历程。

2. 围绕经济社会发展开拓创新。实施中国名镇志、中国名村志文化工程，举办全国名镇论坛暨中国名镇志丛书出版座谈会，举办全国名村论坛暨中国名村志丛书出版座谈会。实施全国地方志"一体两翼"用志工程，先后举办三届中国地情论坛。积极推动中国系列名志工程，启动实施中国名酒志、名山志、名水志、名街志系列文化工程。2019年起，上海、江苏、安徽、浙江联合举办"地方志与长三角一体化论坛"，签署《共同推动长三角区域一体化地方志合作备忘录》。河南编纂《河南省抗疫实录》。海南编纂出版《海南战"疫"——琼岛抗击新型冠状病毒肺炎纪实》《岛记忆·我记忆——海南解放70周年影像集》《海南解放70年大事记》。云南推出《志滇问道》《云南省情活页》，为党委政府提供资政参考。

3. 以人民为中心开拓创新。与中央电视台联合拍摄《中国影像方志》，拍摄《中国影像志·名镇名村》。河北参与组织"荣归故里——将英烈精神在山水间传递"公益活动，最终有22名烈士的后人得到确认。《中国影像志·福建名镇名村影像志》首批拍摄6集，在福建电视台、海峡卫视播出。湖北编纂"湖北要览丛书"，拍摄湖北方志形象宣传片。湖南浏阳淮川街道朝阳社区《梅花小区志》完成出版，是全国第一部小区志。四川在"喜马拉雅FM"开通"方志四川"官方电台，播出音频节目《舌尖上的四川》。广西组织"天津支边医生在广西"专题展，牵头组织编纂出版《"天津支边医生在广西"史料选编》。

（八）方志文化国际影响力逐步增强

2019年，继续实施中国方志文化走向世界工程，推介地方志文化成果，开展对外文化交流，宣传方志文化，讲述中国故事，传播中国声音，增强方志文化自信，推动中国方志文化走向世界。

1. 开展国际学术交流。2018年、2019年，连续两年应邀参加国际图联大会。国家方志馆顺利加入国际图书馆协会联合会，成为其机构会员，我当选方志与家谱专业组常务委员。后受疫情影响，对外交流活动受到一定影响。

2. 召开国际学术会议。2019年7月，在湖南长沙召开走向世界的中国地方志——第二届方志文化国际学术研讨会暨第九届中国地方志学术年会，国际图书馆协会联合会（IFLA）当选主席克里斯汀·玛丽·麦肯锡应邀出席会议。8月，我应邀参加在希腊举办的国际图书馆协会联合会大会并作主旨演讲，扩大了中国方志在国际舞台上的影响。

3. 开发外文版方志成果。2020年，《中国名村志·中洪村志》（英文版）出版发行。《中国名镇志·乌镇志》入选国家"丝路书香出版工程"，被翻译成越南语版和泰语版，进入越南、泰国等"一带一路"国家。《中国名镇志·周庄镇》（英文版）亮相世界遗产城市组织第三届亚太区大会，为周庄申报世界文化遗产助力。四川编著《大熊猫图志》（中英文双语版），被海内外媒体广泛报道，成为四川对外宣传名片。

缩略语简表

缩略语	全称 / 解释
条例	地方志工作条例
规划纲要	全国地方志事业发展规划纲要（2015—2020年）
史志法	中华人民共和国史志法
中指组	中国地方志指导小组
中指办	中国地方志指导小组办公室
一本书主义	认为地方志工作就是编写一本志书
转型升级	2016年12月在全国省级地方志负责人工作会议暨全国第一次地方志工作经验交流会议上提出，通过地方志的"六个转变"，实现地方志的"六化"，即一是从围绕自身工作向围绕经济社会发展大局转变，实现地方志事业的大局化；二是从单纯修志编鉴一项工作向"十业并举"全面发展转变，实现地方志事业的全面化；三是从依规修志向依法治志转变，实现地方志事业的法治化；四是从地方志机构修志向党委领导、政府主持、地方志机构组织实施、社会各界广泛参与转变，实现地方志事业的社会化；五是从单一纸媒体志向广泛运用数字媒体志转变，实现地方志事业的信息化；六是从地方志局限于当地经济社会发展向地方志立足全国、走向世界转变，实现地方志事业的全国化、国际化
十业并举	志（志书），鉴（年鉴），史（地方史），馆（方志馆），库（方志数据库），网（国情网、地情网、方志网），用（读志用志），会（方志学会），刊（方志期刊），研（理论研究）
依法治志	把地方志工作纳入法治化轨道，依法识志，依法修志，依法研志，依法用志，依法管志，依法存志，依法传志
两全目标	按照《规划纲要》要求，到2020年，实现历史上第一个省市县三级地方志书和综合年鉴全覆盖
三大主题	新时代地方志围绕党和国家利益、经济社会发展和以人民为中心开拓创新
四驾马车	志（志书），鉴（年鉴），史（地方史），馆（方志馆）
五起来	把地方志"用起来"，将地方志"立起来"，让地方志"活起来"，叫地方志"热起来"，使地方志"强起来"

续表

缩略语	全称/解释
方志六有	有一种精神叫方志精神，有一种效率叫方志效率，有一种担当叫方志担当，有一种情怀叫方志情怀，有一种自信叫方志自信，有一种梦想叫方志梦想
一纳入、八到位	把地方志工作纳入各地国民经济和社会发展规划、地方各级政府工作任务，做到认识到位、领导到位、机构到位、编制到位、经费到位、设施到位、规划到位、工作到位
十大工程	系为落实《规划纲要》的11项目标任务而实施的文化工程项目，包括：一是民族地区与贫困地区志书出版资助工程，二是中国志书精品工程，三是中国年鉴精品工程，四是中国名镇志文化工程，五是中国名村志文化工程，六是全国地方志"一体两翼"用志工程，七是全国信息方志与数字方志建设工程，八是方志馆研究建设及全国地方志专业出版基地建设工程，九是中国地方志学科建设与人才队伍建设工程，十是方志文化走向世界工程
十加X工程	系继"十大工程"后，策划实施的中国名山志文化工程、中国名水志文化工程、中国名酒志文化工程、中国名街志文化工程、中国名桥志文化工程、中国名楼（阁）志文化工程、中国名茶志文化工程、中国名吃志文化工程，以及中国影像志文化工程等
方志人精神	修志问道，直笔著史
方志人定位	为当代提供资政辅治之参考，为后世留下堪存堪鉴之记述
地方志"两个一百年"目标	在中国共产党成立100周年，我国全面建成小康社会之时，实现省省有志鉴、市市有志鉴、县县有志鉴；到中华人民共和国成立100周年，我国建成富强民主文明和谐美丽的社会主义现代化强国之时，完成《中华人民共和国志》编纂，省、市、县、乡、村、居民小区和行业、系统、单位志鉴全覆盖
地方志事业第二次转型升级	2021年3月在全国省级地方志主任工作会议上提出，地方志从已经实现的"有没有"的数量的规模化，转向"好不好"的质量的法治化